增訂十一版

大法官解釋彙編 Ⅱ

三民書局

國家圖書館出版品預行編目資料

大法官解釋彙編II／――增訂十一版一刷.――臺
北市：三民，2015
　　面；　　公分
　含索引
　ISBN 978–957–14–6045–1　（平裝）

　1.中華民國憲法 2.憲法解釋

581.24　　　　　　　　　　　　　　104012842

ⓒ　大法官解釋彙編II

發 行 人	劉振強
著作財產權人	三民書局股份有限公司
發 行 所	三民書局股份有限公司
	地址　臺北市復興北路386號
	電話　(02)25006600
	郵撥帳號　0009998–5
門 市 部	（復北店）臺北市復興北路386號
	（重南店）臺北市重慶南路一段61號
出版日期	初版一刷　1995年4月
	增訂九版一刷　2011年7月
	增訂十版一刷　2013年3月
	增訂十一版一刷　2015年8月
編　　號	S 584550

行政院新聞局登記證局版臺業字第○二○○號

有著作權·不准侵害

ISBN　978–957–14–6045–1　（平裝）

http://www.sanmin.com.tw　三民網路書店
※本書如有缺頁、破損或裝訂錯誤，請寄回本公司更換。

增訂十一版序

憲法為國家最高規範,法律牴觸憲法者無效,而法律與憲法有無牴觸發生疑義時須予以解釋,此即由司法院大法官所掌理。

近幾年來,隨著社會經濟發展迅速,法治觀念益臻進步,聲請司法院大法官釋憲之案件與日俱增,為配合收錄近年來大法官解釋及其理由書,本書內容不斷予以更新補充,以期符合實用。

本書第一冊收錄第一號解釋至第五五〇號解釋,第二冊則收錄第五五一號以下之解釋,每號解釋內容之相關條文亦列舉於後;除第一號解釋至第七九號解釋外,均詳附解釋理由書,對於讀者查閱相關內容應有所助益。本書雖經多次校對,縝密為之,仍恐未臻精確,尚祈讀者不吝指正,曷勝感幸。

編輯部　謹識

中華民國一百零四年七月

目　次

大法官解釋彙編 II

釋字第五五一號解釋　　（憲八、一五、二三，毒品危害一六，刑一六九）

九十一年十一月二十二日公布

人民身體之自由與生存權應予保障，為憲法第八條、第十五條所明定，國家為實現刑罰權，將特定事項以特別刑法規定特別之罪刑，其內容須符合目的正當性、手段必要性、限制妥當性，方符合憲法第二十三條之規定，業經本院釋字第四七六號解釋闡釋在案。中華民國八十七年五月二十日修正公布之毒品危害防制條例，其立法目的係為肅清煙毒、防制毒品危害，維護國民身心健康，藉以維持社會秩序及公共利益，乃以特別法加以規範。有關栽贓誣陷或捏造證據誣告他人犯該條例之罪者，固亦得於刑法普通誣告罪之外，斟酌立法目的而為特別處罰之規定。然同條例第十六條規定：「栽贓誣陷或捏造證據誣告他人犯本條例之罪者，處以其所誣告之罪之刑」，未顧及行為人負擔刑事責任應以其行為本身之惡害程度予以非難評價之刑法原則，強調同害之原始報應刑思想，以所誣告罪名反坐，所採措置與欲達成目的及所需程度有失均衡；其責任與刑罰不相對應，罪刑未臻相當，與憲法第二十三條所定比例原則未盡相符。有關機關應自本解釋公布之日起兩年內通盤檢討修正，以兼顧國家刑罰權之圓滿正確運作，並維護被誣告者之個人法益；逾期未為修正者，前開條例第十六條誣告反坐之規定失其效力。

解釋理由書

憲法第八條、第十五條定人民身體之自由與生存權應予保障。立法機關為實現國家刑罰權，本於一定目的，對於特定事項以特別刑法規定特別之罪刑，其內容須符合憲法第二十三條所定要件。法律對於人民自由之處罰或剝奪其生存權，除應有助於達成立法目的，尚須考量有無其他效果相同且侵害人民較少之手段，處罰程度與所欲達成目的間並應具備合理必要之關係，方符合憲法第二十三條規定之比例原則，業經本院釋字第四七六號解釋闡釋在案。八十七年五月二十日修正公布之毒品危害防制條例，其立法目的係為肅清煙毒、防制毒品危害，維護國民身心健康，藉以維持社會秩序及公共利益，乃以特別法加以規範，例如第四條規定：「製造、運輸、販賣第一級毒品者，處死刑或無期徒刑；處無期徒刑者，得併科新臺幣一千萬元以下罰金。」「製造、運輸、販賣第二級毒品者，處無期徒刑或七年以上有期徒刑，得併科新臺幣七百萬元以下罰

金。」「製造、運輸、販賣第三級毒品者，處五年以上有期徒刑，得併科新臺幣五百萬元以下罰金。」「製造、運輸、販賣專供製造或施用毒品之器具者，處一年以上七年以下有期徒刑，得併科新臺幣一百萬元以下罰金。」「前四項之未遂犯罰之。」同條例第五條、第六條、第七條、第八條及第十二條等規定亦然。有關栽贓誣陷或捏造證據誣告他人犯該條例之罪者，若衡酌其惡害程度非輕，須受較重之非難評價，固亦得於刑法普通誣告罪之外，斟酌立法目的而為特別處罰之規定。然同條例第十六條規定：「栽贓誣陷或捏造證據誣告他人犯本條例之罪者，處以其所誣告之罪之刑。」此項規定係承襲原戡亂時期肅清煙毒條例第十五條規定而來，固有其時代背景及立法政策之考量，然與該條例規定製造、運輸、販賣、施用、轉讓、持有或栽種毒品等行為之不法內涵及暴利特質兩不相侔，逕依所誣告之罪反坐，顯未考量行為人之誣告行為並未涉及毒品或其原料、專供施用器具等之製造、散布或持有，亦無令他人施用毒品致損及健康等危險，與該條例肅清煙毒、防制毒品危害之立法目的與嚴於其刑之規定，並無必然關聯，而未顧及行為人負擔刑事責任應以其行為本身之惡害程度予以非難評價之刑法原則，強調同害之原始報應刑思想，以所誣告罪名反坐，所採措置與欲達成目的及所需程度有失均衡；其責任與刑罰不相對應，罪刑未臻相當，與憲法第二十三條規定之比例原則未盡相符。有關機關應自本解釋公布之日起兩年內通盤檢討修正，以兼顧國家刑罰權之圓滿正確運作，並維護被誣告者之個人法益；逾期未為修正者，前開條例第十六條誣告反坐之規定失其效力。

釋字第五五二號解釋　（憲二二、二三，民九八八、一〇五〇、一〇五二、一〇五六、一〇五七，民訴六四〇，兩岸人民關係六四）

九十一年十二月十三日公布

本院釋字第三六二號解釋謂：「民法第九百八十八條第二款關於重婚無效之規定，乃所以維持一夫一妻婚姻制度之社會秩序，就一般情形而言，與憲法尚無牴觸。惟如前婚姻關係已因確定判決而消滅，第三人本於善意且無過失，信賴該判決而與前婚姻之一方相婚者，雖該判決嗣後又經變更，致後婚姻成為重婚，究與一般重婚之情形有異，依信賴保護原則，該後婚姻之效力，仍應予以維持。首開規定未兼顧類此之特殊情況，與憲法保障人民結婚自由權利之意旨未盡相符，應予檢討修正。」其所稱類此之特殊情況，並包括協議離婚所導致之重婚在內。惟婚姻涉及身分關係之變更，攸關公共利益，後婚姻之當事人就前婚姻關係消滅之信賴應有較為嚴格之要求，僅重婚相對人之善意

且無過失，尚不足以維持後婚姻之效力，須重婚之雙方當事人均為善意且無過失時，後婚姻之效力始能維持，就此本院釋字第三六二號解釋相關部分，應予補充。如因而致前後婚姻關係同時存在時，為維護一夫一妻之婚姻制度，究應解消前婚姻或後婚姻、婚姻被解消之當事人及其子女應如何保護，屬立法政策考量之問題，應由立法機關衡酌信賴保護原則、身分關係之本質、夫妻共同生活之圓滿及子女利益之維護等因素，就民法第九百八十八條第二款等相關規定儘速檢討修正。在修正前，對於符合前開解釋意旨而締結之後婚姻效力仍予維持，民法第九百八十八條第二款之規定關此部分應停止適用。在本件解釋公布之日前，僅重婚相對人善意且無過失，而重婚人非同屬善意且無過失者，此種重婚在本件解釋後仍為有效。如因而致前後婚姻關係同時存在，則重婚之他方，自得依法向法院請求離婚，併此指明。

解釋理由書

一夫一妻婚姻制度係為維護配偶間之人格倫理關係，實現男女平等原則，及維持社會秩序，應受憲法保障。民法第九百八十八條第二款關於重婚無效之規定，即本此意旨而制定。婚姻自由雖為憲法上所保障之自由權，惟應受一夫一妻婚姻制度之限制。本院釋字第三六二號解釋謂：「民法第九百八十八條第二款關於重婚無效之規定，乃所以維持一夫一妻婚姻制度之社會秩序，就一般情形而言，與憲法尚無抵觸。惟如前婚姻關係已因確定判決而消滅，第三人本於善意且無過失，信賴該判決而與前婚姻之一方相婚者，雖該判決嗣後又經變更，致後婚姻成為重婚，究與一般重婚之情形有異，依信賴保護原則，該後婚姻之效力，仍應予以維持。首開規定未兼顧類此之特殊情況，與憲法保障人民結婚自由權利之意旨未盡相符，應予檢討修正。」其所稱類此之特殊情況，並包括協議離婚等其他足以使第三人產生信賴所導致之重婚在內。就協議離婚言，雖基於當事人之合意，但依民法第一千零五十條規定應為離婚之戶籍登記，第三人對此離婚登記之信賴，亦應同受保護。惟婚姻不僅涉及當事人個人身分關係之變更，且與婚姻人倫秩序之維繫、家庭制度之健全、子女之正常成長等公共利益攸關，後婚姻之當事人就前婚姻關係消滅之信賴應有較為嚴格之要求，僅重婚相對人之善意，尚不足以維持後婚姻之效力，須重婚之雙方當事人均為善意且無過失時，後婚姻效力始能維持，以免重婚破壞一夫一妻婚姻制度，就此本院釋字第三六二號解釋相關部分，應予補充。如因而致前後婚姻關係同時存在時，為維護一夫一妻之婚姻制度，究應解消前婚姻或後婚姻、婚姻被解消之當事人，即解消後婚時，對後婚善意且無過失之重婚相對人；於解消前婚時，對前婚之重婚者他方，應如何保護，及對前後婚姻關係存續

中所生之子女，在身分、財產上應如何保障，屬立法政策考量之問題，應由立法機關衡酌信賴保護原則、身分關係之本質、夫妻共同生活之圓滿及子女利益之維護等因素，就民法第九百八十八條第二款等相關規定儘速檢討修正。在修正前，對於符合前開解釋意旨而締結之後婚姻效力仍予維持，民法第九百八十八條第二款之規定關此部分應停止適用。在本件解釋公布之日前，僅重婚相對人善意且無過失，而重婚人非同屬善意且無過失者，此種重婚在本件解釋後仍為有效。如因而致前後婚姻關係同時存在，則後婚之重婚相對人或前婚之重婚者他方，依民法第一千零五十二條第一項第一款或第二項規定，自得向法院請求離婚，併此指明。

釋字第五五三號解釋　（憲七八、一一八，憲增修五，地方七五、八三，訴願一、六一、七九，行訴四）　　　　　　　　　九十一年十二月二十日公布

本件係臺北市政府因決定延期辦理里長選舉，中央主管機關內政部認其決定違背地方制度法第八十三條第一項規定，經報行政院依同法第七十五條第二項予以撤銷；臺北市政府不服，乃依同條第八項規定向本院聲請解釋。因臺北市為憲法第一百十八條所保障實施地方自治之團體，且本件事關憲及地方制度法制定後，地方與中央權限劃分及紛爭解決機制之釐清與確立，非純屬機關爭議或法規解釋之問題，亦涉及憲法層次之民主政治運作基本原則與地方自治權限之交錯，自應予以解釋。

地方制度法第八十三條第一項規定：「直轄市議員、直轄市長、縣（市）議員、縣（市）長、鄉（鎮、市）民代表、鄉（鎮、市）長及村（里）長任期屆滿或出缺應改選或補選時，如因特殊事故，得延期辦理改選或補選。」其中所謂特殊事故，在概念上無從以固定之事故項目加以涵蓋，而係泛指不能預見之非尋常事故，致不克按法定日期改選或補選，或如期辦理有事實足認將造成不正確之結果或發生立即嚴重之後果或將產生與實現地方自治之合理及必要之行政目的不符等情形者而言。又特殊事故不以影響及於全國或某一縣市全部轄區為限，即僅於特定選區存在之特殊事故如符合比例原則之考量時，亦屬之。上開法條使用不確定法律概念，即係賦予該管行政機關相當程度之判斷餘地，蓋地方自治團體處理其自治事項與承中央主管機關之命辦理委辦事項不同，前者中央之監督僅能就適法性為之，其情形與行政訴訟中之法院行使審查權相似（參照訴願法第七十九條第三項）；後者除適法性之外，亦得就行政作業之合目的性等實施全面監督。本件既屬地方自治事項又涉及不確定法律概念，上級監督機關為適法性監督之際，固應尊重該地方自治團體所為合法性之判斷，但如其判斷有恣意濫用及其他

違法情事，上級監督機關尚非不得依法撤銷或變更。

憲法設立釋憲制度之本旨，係授予釋憲機關從事規範審查（參照憲法第七十八條），除由大法官組成之憲法法庭審理政黨違憲解散事項外（參照憲法增修條文第五條第四項），尚不及於具體處分行為違憲或違法之審理。本件行政院撤銷臺北市政府延期辦理里長選舉之決定，涉及中央法規適用在地方自治事項時具體個案之事實認定、法律解釋，屬於有法效性之意思表示，係行政處分，臺北市政府有所不服，乃屬與中央監督機關間公法上之爭議，惟既屬行政處分是否違法之審理問題，為確保地方自治團體之自治功能，該爭議之解決，自應循行政爭訟程序處理。臺北市如認行政院之撤銷處分侵害其公法人之自治權或其他公法上之利益，自得由該地方自治團體，依訴願法第一條第二項、行政訴訟法第四條提起救濟請求撤銷，並由訴願受理機關及行政法院就上開監督機關所為處分之適法性問題為終局之判斷。

解釋理由書

本件係臺北市政府因決定延期辦理里長選舉，中央主管機關內政部認其決定違背地方制度法第八十三條第一項規定，經報行政院依同法第七十五條第二項予以撤銷；臺北市政府不服，乃依同條第八項規定逕向本院聲請解釋。因臺北市為憲法第一百十八條所保障實施地方自治之團體，且本件事關修憲及地方制度法制定後，地方與中央權限劃分及紛爭解決機制之釐清與確立，非純屬機關爭議或法規解釋之問題，亦涉及憲法層次之民主政治運作基本原則與地方自治權限之交錯，自應予以解釋。本件聲請屬地方政府依據中央法規辦理自治事項，中央與地方政府間對於中央法規之適用發生爭議，非屬本院釋字第五二七號解釋之範圍，本院依地方制度法第七十五條第八項受理其聲請，與該號解釋意旨無涉，合先敘明。

地方制度法第八十三條第一項所謂特殊事故得延期辦理改選或補選，在概念上無從以固定之事故項目加以涵蓋，而係泛指不能預見之非尋常事故，致不克按法定日期改選或補選，或如期辦理有事實足認將造成不正確之結果或發生立即嚴重之後果或將產生與實現地方自治之合理及必要之行政目的不符等情形者而言。又特殊事故不以影響及於全國或某一縣市全部轄區為限，即僅於特定選區存在之特殊事故如符合比例原則之考量時，亦屬之。上開法條使用不確定法律概念，即係賦予該管行政機關相當程度之判斷餘地，蓋地方自治團體處理其自治事項與承中央主管機關之命辦理委辦事項不同，前者中央之監督僅能就適法性為之，其情形與行政訴訟中之法院行使審查權相似（參照訴願法第七十九條第三項）；後者得就適法性之外，行政作業之合目的性等實施全面

監督。本件既屬地方自治事項又涉及不確定法律概念，上級監督機關為適法性監督之際，固應尊重地方自治團體所為合法性之判斷，但如其判斷有恣意濫用及其他違法情事，上級監督機關尚非不得依法撤銷或變更。對此類事件之審查密度，揆諸學理有下列各點可資參酌：㈠事件之性質影響審查之密度，單純不確定法律概念之解釋與同時涉及科技、環保、醫藥、能力或學識測驗者，對原判斷之尊重即有差異。又其判斷若涉及人民基本權之限制，自應採較高之審查密度。㈡原判斷之決策過程，係由該機關首長單獨為之，抑由專業及獨立行使職權之成員合議機構作成，均應予以考量。㈢有無應遵守之法律程序？決策過程是否踐行？㈣法律概念涉及事實關係時，其涵攝有無錯誤？㈤對法律概念之解釋有無明顯違背解釋法則或牴觸既存之上位規範。㈥是否尚有其他重要事項漏未斟酌。又里長之選舉，固有例外情事之設計如地方制度法第五十九條第二項之遴聘規定，但里長之正常產生程序，仍不排除憲法民主政治基本原則之適用，解釋系爭事件是否符合「特殊事故」而得延辦選舉，對此亦應一併考量，方能調和民主政治與保障地方自治間之關係。本件因不確定法律概念之適用與上級監督機關撤銷之行政處分有不可分之關係，仍應於提起行政訴訟後，由該管行政法院依照本解釋意旨並參酌各種情狀予以受理審判。

本件臺北市政府對於行政院依地方制度法第七十五條第二項撤銷其延選決定，臺北市政府有所不服，乃屬與中央監督機關間公法上之爭議，雖得依地方制度法第七十五條第八項聲請本院解釋，然因係中央監督機關之撤銷處分違憲或違法之具體審理，衡諸憲法設立釋憲制度之本旨，係授予釋憲機關從事規範審查權限（參照憲法第七十八條），除由大法官組成之憲法法庭審理政黨違憲解散事項外（參照憲法增修條文第五條第四項），尚不及於具體處分違憲或違法之審理（本院釋字第五二七號解釋理由書參照）。本件行政院撤銷臺北市政府延期辦理里長選舉之行為，係中央主管機關認有違法情事而干預地方自治團體自治權之行使，涉及中央法規適用在地方自治事項時具體個案之事實認定、法律解釋，屬於有法效性之意思表示，係行政處分，並非行政機關相互間之意見交換或上級機關對下級機關之職務上命令。上開爭議涉及中央機關對地方自治團體基於適法性監督之職權所為撤銷處分行為，地方自治團體對其處分不服者，自應循行政爭訟程序解決之。其爭訟之標的為中央機關與地方自治團體間就地方自治權行使之適法性爭議，且中央監督機關所為適法性監督之行為是否合法，對受監督之地方自治團體，具有法律上利益。為確保地方自治團體之自治功能，本件臺北市之行政首長應得代表該地方自治團體，依訴願法第一條第二項、行政訴訟法第四條提起救濟請

求撤銷，並由訴願受理機關及行政法院就上開監督機關所為處分之適法性問題為終局之判斷，受訴法院應予受理。其向本院所為之釋憲聲請，可視為不服原行政處分之意思表示，不生訴願期間逾越之問題（參照本院院字第四二二號解釋及訴願法第六十一條），其期間應自本解釋公布之日起算。惟地方制度法關於自治監督之制度設計，除該法規定之監督方法外，缺乏自治團體與監督機關間之溝通、協調機制，致影響地方自治功能之發揮。從憲法對地方自治之制度性保障觀點，立法者應本憲法意旨，增加適當機制之設計。

本件聲請意旨另指地方制度法第七十五條第二項有違憲疑義，核與司法院大法官審理案件法第五條第一項要件不符；又聲請統一解釋與已解釋部分有牽連關係，均不另為不受理之諭知，併此指明。

釋字第五五四號解釋　（憲二二、二三，刑二三九、二四五）

九十一年十二月二十七日公布

婚姻與家庭為社會形成與發展之基礎，受憲法制度性保障（參照本院釋字第三六二號、第五五二號解釋）。婚姻制度植基於人格自由，具有維護人倫秩序、男女平等、養育子女等社會性功能，國家為確保婚姻制度之存續與圓滿，自得制定相關規範，約束夫妻雙方互負忠誠義務。性行為自由與個人之人格有不可分離之關係，固得自主決定是否及與何人發生性行為，惟依憲法第二十二條規定，於不妨害社會秩序公共利益之前提下，始受保障。是性行為之自由，自應受婚姻與家庭制度之制約。

婚姻關係存續中，配偶之一方與第三人間之性行為應為如何之限制，以及違反此項限制，應否以罪刑相加，各國國情不同，應由立法機關衡酌定之。刑法第二百三十九條對於通姦者、相姦者處一年以下有期徒刑之規定，固對人民之性行為自由有所限制，惟此為維護婚姻、家庭制度及社會生活秩序所必要。為免此項限制過嚴，同法第二百四十五條第一項規定通姦罪為告訴乃論，以及同條第二項經配偶縱容或宥恕者，不得告訴，對於通姦罪附加訴追條件，此乃立法者就婚姻、家庭制度之維護與性行為自由間所為價值判斷，並未逾越立法形成自由之空間，與憲法第二十三條比例原則之規定尚無違背。

解釋理由書

婚姻與家庭為社會形成與發展之基礎，受憲法制度性保障（參照本院釋字第三六二號、第五五二號解釋）。婚姻制度植基於人格自由，具有維護人倫秩序、男女平等、養育子

女等社會性功能，國家為確保婚姻制度之存續與圓滿，自得制定相關規範，約束夫妻雙方互負忠誠義務。性行為自由與個人之人格有不可分離之關係，固得自主決定是否及與何人發生性行為，惟依憲法第二十二條規定，於不妨害社會秩序公共利益之前提下，始受保障。是性行為之自由，自應受婚姻與家庭制度之制約。

按婚姻係一夫一妻為營永久共同生活，並使雙方人格得以實現與發展之生活共同體。因婚姻而生之此種永久結合關係，不僅使夫妻在精神上、物質上互相扶持依存，並延伸為家庭與社會之基礎。至於婚姻關係存續中，配偶之一方與第三人間之性行為應為如何之限制，以及違反此項限制，應否以罪刑相加，因各國國情不同，立法機關於衡酌如何維護婚姻與家庭制度而制定之行為規範，如選擇以刑罰加以處罰，倘立法目的具有正當性，刑罰手段有助於立法目的之達成，又無其他侵害較小亦能達成相同目的之手段可資運用，而刑罰對基本權利之限制與立法者所欲維護法益之重要性及行為對法益危害之程度，亦處於合乎比例之關係者，即難謂與憲法第二十三條規定之比例原則有所不符。

婚姻共同生活基礎之維持，原應出於夫妻雙方之情感及信賴等關係，刑法第二百三十九條規定：「有配偶而與人通姦者，處一年以下有期徒刑，其相姦者，亦同。」以刑罰手段限制有配偶之人與第三人間之性行為自由，乃不得已之手段。然刑法所具一般預防功能，於信守夫妻忠誠義務使之成為社會生活之基本規範，進而增強人民對婚姻尊重之法意識，及維護婚姻與家庭制度之倫理價值，仍有其一定功效。立法機關就當前對夫妻忠誠義務所為評價於無違社會一般人通念，而人民遵守此項義務規範亦非不可期待之情況下，自得以刑罰手段達到預防通姦、維繫婚姻之立法目的。矧刑法就通姦罪處一年以下有期徒刑，屬刑法第六十一條規定之輕罪；同法第二百四十五條第一項規定，通姦罪為告訴乃論，使受害配偶得兼顧夫妻情誼及隱私，避免通姦罪之告訴反而造成婚姻、家庭之破裂；同條第二項並規定，經配偶縱容或宥恕者，不得告訴，對通姦罪追訴所增加訴訟要件之限制，已將通姦行為之處罰限於必要範圍，與憲法上開規定尚無牴觸。

釋字第五五五號解釋　　（憲八六，戒嚴時期人民受損權利回復條例三，戒嚴時期人民受損權利回復條例施行細則三）　　　　　九十二年一月十日公布

戒嚴時期人民受損權利回復條例第三條規定之適用範圍，其中關於公務人員涵義之界定，涉及我國法制上對依法令從事公務之人員使用不同名稱之解釋問題。依憲法第八

十六條及公務人員任用法規定觀之，稱公務人員者，係指依法考選銓定取得任用資格，並在法定機關擔任有職稱及官等之人員。是公務人員在現行公務員法制上，乃指常業文官而言，不含武職人員在內。戒嚴時期人民受損權利回復條例施行細則第三條第一項規定：「本條例第三條第一項第二款所稱公務人員，指各機關組織法規中，除政務官、民選人員及聘僱人員外，受有俸（薪）給之文職人員」，係對該條例第三條第一項第二款所稱「任公務人員、教育人員及公職人員之資格」中有關公務人員涵義之界定，不包括武職人員，乃基於事物本質之差異，於平等原則無違，亦未逾越母法之授權，與憲法規定尚無牴觸。至任武職人員之資格應否回復，為立法機關裁量形成範圍，併此敘明。

解釋理由書

戒嚴時期人民受損權利回復條例第三條規定之適用範圍，其中關於公務人員涵義之界定，涉及我國法制上對依法令從事公務之人員使用不同名稱之解釋問題。又依憲法第八十六條及公務人員任用法規定觀之，稱公務人員者，係指依法考選銓定取得任用資格，並在法定機關擔任有職稱及官等之人員。現行與公務員有關之法規，凡使用公務人員名稱者，包括上開公務人員任用法，以及公務人員俸給法、公務人員保障法、公務人員陞遷法、公務人員考績法、公務人員退休法、公務人員撫卹法等，均不適用於武職人員。是公務人員在現行公務員法制上，乃指常業文官（或稱常任文官）而言，不含武職人員在內。

戒嚴時期人民受損權利回復條例第三條第一項規定：「人民於戒嚴時期，因犯內亂罪、外患罪，經裁判確定、或交付感化、或提起公訴、或通緝有案尚未結案而喪失或被撤銷之下列資格，有向將來回復之可能者，得由當事人申請主管機關，依有關法令處理之，其經准許者，溯自申請之日起生效：一、公務人員暨專門職業及技術人員考試及格之資格。二、任公務人員、教育人員及公職人員之資格。三、專門職業及技術人員執業之資格。四、為撫卹金、退休金或保險金領受人之資格」，乃對人民於戒嚴時期，因犯內亂罪、外患罪所喪失或被撤銷之各種資格，於符合一定要件下，得申請回復之規定。其第二款所規定之「公務人員」，與教育人員、公職人員並列，參照前述說明，其適用範圍限定於文職人員，不包括武職人員在內，與第四款規定回復領受撫卹金、退休金或保險金之資格，不限於文職人員者有別，同條第五項係僅就文職人員回復該等資格所為之規定，並未排除武職人員回復此等資格之權利，該條例施行細則第六條「本條例第三條第一項第四款所稱退休金，包括公務人員、教育人員之一次退休金、

月退休金及軍人之退休俸、生活補助費、退伍金、贍養金」，即係本此意旨而為規定。戒嚴時期人民受損權利回復條例施行細則第三條第一項規定：「本條例第三條第一項第二款所稱公務人員，指各機關組織法規中，除政務官、民選人員及聘僱人員外，受有俸（薪）給之文職人員」，係對該條例第三條第一項第二款「任公務人員、教育人員及公職人員之資格」中有關公務人員涵義之界定，不包括武職人員，乃因其從事戰鬥行為或其他與國防相關之任務，攸關國家安全及軍事需要，且該等人員之養成過程、官階任用資格之年齡限制、陞遷條件及服從之義務等均與文職人員有別，是基於事物本質之差異，於平等原則無違，亦未逾越母法之授權，與憲法規定尚無牴觸。至任武職人員之資格應否回復，為立法機關裁量形成範圍，併此敘明。

釋字第五五六號解釋　　（組織犯罪三、一八，刑一五四）

九十二年一月二十四日公布

犯罪組織存在，法律所保護之法益，即有受侵害之危險，自有排除及預防之必要。組織犯罪防制條例乃以防制組織型態之犯罪活動為手段，達成維護社會秩序及保障個人法益之目的。該條例第三條第一項及第二項所稱之參與犯罪組織，指加入犯罪組織成為組織之成員，而不問參加組織活動與否，犯罪即屬成立，至其行為是否仍在繼續中，則以其有無持續參加組織活動或保持聯絡為斷，此項犯罪行為依法應由代表國家追訴犯罪之檢察官負舉證責任。若組織成員在參與行為未發覺前自首，或長期未與組織保持聯絡亦未參加活動等事實，足以證明其確已脫離犯罪組織者，即不能認其尚在繼續參與。本院釋字第六十八號解釋前段：「凡曾參加叛亂組織者，在未經自首或有其他事實證明其確已脫離組織以前，自應認為係繼續參加」，係針對懲治叛亂條例所為之釋示，茲該條例已經廢止，上開解釋併同與該解釋相同之本院其他解釋（院字第六六七號、釋字第一二九號解釋），關於參加犯罪組織是否繼續及對舉證責任分擔之釋示，與本件解釋意旨不符部分應予變更。又組織犯罪防制條例第十八條第一項所為過渡期間之規定，其適用並未排除本解釋前開意旨，與憲法保障人身自由之規定並無牴觸。

解釋理由書

以犯罪為宗旨或以其成員從事犯罪活動具有集團性、常習性及脅迫性或暴力性之組織，其從事之組織犯罪，與通常之犯罪行為迥異，對社會秩序、人民權益侵害之危險性，尤非其他犯罪行為可比，自有排除及預防之必要，此為中華民國八十五年十二月十一日公布組織犯罪防制條例之所由設。但組織係一抽象組合，其本不可能有任何行為或

動作，犯罪宗旨之實施或從事犯罪活動皆係由於成員之參與。該條例所稱參與犯罪組織，指加入犯罪組織成為組織之成員，而不問參加組織活動與否，犯罪即屬成立，至其行為於追訴權時效完成前是否仍在繼續中，則以其有無持續參加組織活動或保持聯絡為斷，此項犯罪行為依法應由代表國家追訴犯罪之檢察官負舉證責任。若組織成員在參與行為未發覺前自首，或長期未與組織保持聯絡亦未參加活動等事實，足以證明其確已脫離犯罪組織者，即不能認其尚在繼續參與狀態。相關之追訴時效自應分別情形自加入、最後參加活動或脫離組織時起算。本院釋字第六十八號解釋：「凡曾參加叛亂組織者，在未經自首或有其他事實證明其確已脫離組織以前，自應認為係繼續參加。如其於民國三十八年六月二十一日懲治叛亂條例施行後仍在繼續狀態中，則因法律之變更並不在行為之後，自無刑法第二條之適用。至罪犯赦免減刑令原以民國三十五年十二月三十一日以前之犯罪為限，如在以後仍在繼續犯罪中，即不能援用。」係就參加叛亂組織是否繼續所為解釋，茲該條例已於八十年五月十七日廢止，上開解釋併同與該號解釋相同之本院其他解釋（院字第六六七號、釋字第一二九號解釋），關於參加犯罪組織是否繼續及對舉證責任分擔之釋示，與本件解釋意旨不符部分，應予變更。至其參加組織活動而另犯組織犯罪防制條例以外之罪者，則應依同條例第五條規定處理，乃屬當然。

參與犯罪組織係屬可罰性之行為（參照刑法第一百五十四條），組織犯罪防制條例第十八條第一項：「本條例施行前已成立之犯罪組織，其成員於本條例施行後二個月內，未發覺犯罪前，脫離該組織，並向警察機關登記者，免除其刑。其發起、主持、操縱或指揮者於本條例施行後二個月內，未發覺犯罪前，解散該組織，並向警察機關登記者，亦同。」旨在鼓勵參與犯罪組織者之自新，其過渡期間之設，復有避免無條件遽為溯及之適用，且該條對成員參與犯罪組織行為之認定，未排除本解釋前開意旨之適用，與憲法保障人身自由之規定並無牴觸。

釋字第五五七號解釋　（公任三三，公退二，公退施二）

九十二年三月七日公布

行政機關、公立學校或公營事業機構，為安定現職人員生活，提供宿舍予其所屬人員任職期間居住，本屬其依組織法規管理財物之權限內行為；至因退休、調職等原因離職之人員，原應隨即歸還其所使用之宿舍，惟為兼顧此等人員生活，非不得於必要時酌情准其暫時續住以為權宜措施。行政院基於全國最高行政機關之職責，盱衡國家有

限資源之分配，依公教人員、公營事業機構服務人員任用法規、俸給結構之不同，自得發布相關規定為必要合理之規範，以供遵循。

行政院於中華民國四十九年十二月一日以臺四十九人字第六七一九號令，准許已退休人員得暫時續住現住宿舍，俟退休人員居住房屋問題處理辦法公布後再行處理。繼於五十六年十月十二日以臺五十六人字第八○五三號令，將上開令文所稱退休人員限於依法任用並依公務人員退休法辦理退休之公務人員為其適用範圍。又於七十四年五月十八日以臺七十四人政肆字第一四九二七號函稱：對於事務管理規則修正前配住宿舍，而於該規則修正後退休之人員准予續住至宿舍處理時為止等語，並未改變前述函令關於退休人員適用範圍之涵義。臺灣省菸酒公賣局為公營事業機構，其職員之任用非依公務人員任用法，其退休亦非依公務人員退休法辦理，自非行政院臺四十九人字第六七一九號令及臺七十四人政肆字第一四九二七號函適用之對象。

解釋理由書

行政機關、公立學校或公營事業機構，為安定現職人員生活，提供宿舍予其所屬人員任職期間居住，本屬其依組織法規管理財物之權限內行為；至因退休、調職等原因離職之人員，原應隨即歸還其所使用之宿舍，惟為兼顧此等人員生活，非不得於必要時酌情准其暫時續住以為權宜措施。行政院基於全國最高行政機關之職責，盱衡國家有限資源之分配，依公教人員、公營事業機構服務人員任用法規、俸給結構之不同，自得發布相關規定為必要合理之規範，以供遵循。

行政院於四十六年六月六日以臺四十六人字第三○五八號令頒事務管理規則，適用於行政機關、公營事業機構及公立學校之事務管理，各機關編制內之正式人員，合於申配標準者，均得申請配給單身或眷屬宿舍。受配住宿舍人員嗣後因退休、調職等原因而離去原任職機關者，即應返還，俾公有宿舍得以循環使用。同院於四十九年十二月一日以臺四十九人字第六七一九號令，准許已退休人員得暫時續住現住宿舍，俟退休人員居住房屋問題處理辦法公布後再行處理。繼於五十六年十月十二日以臺五十六人字第八○五三號令，將上開令文所稱退休人員限於依法任用並依公務人員退休法辦理退休之公務人員為其適用範圍（五十八年十二月八日臺五十八人政肆字第二五七六八號令及六十一年七月十九日臺六十一人政肆字第二○七三三號令亦同），係對事務管理規則及上揭四十九年令所為之補充規定，均符合首開意旨。至行政院於七十四年五月十八日以臺七十四人政肆字第一四九二七號函稱：對於事務管理規則修正前配住宿舍，而於該規則修正後退休之人員准予續住至宿舍處理時為止等語，並未改變前述函令關

於退休人員適用範圍之涵義。

臺灣省菸酒公賣局為公營事業機構，於六十三年一月一日起實施單一薪俸，六十九年一月一日起實施用人費率，因單一薪俸制已將公營事業機構人員各種生活補助、宿舍供應等因素考量在內，與一般公務人員俸給結構不同。又公營事業機構人員之任用，依公務人員任用法第三十三條規定，應另以法律定之，在此項法律制定前，依公務人員退休法第二條及該法施行細則第二條規定，公營事業機構人員無從依公務人員退休法辦理退休（本院釋字第二七○號解釋參照）。臺灣省菸酒公賣局之職員係依據「臺灣地區省（市）營事業機構人員遴用暫行辦法」任用，並依據「臺灣省政府所屬省營事業機關職員退休辦法」暨「臺灣省政府所屬省營事業機構人員退休撫卹及資遣辦法」辦理退休。是臺灣省菸酒公賣局退休人員既非依公務人員任用法任用，亦非依公務人員退休法辦理退休，自非上開行政院臺四十九人字第六七一九號令及臺七十四人政肆字第一四九二七號函之適用對象。

釋字第五五八號解釋　　（憲一○、二三，憲增修一一，國安三、六，入出國三、五、七，入出國施四）　　　　　　九十二年四月十八日公布

憲法第十條規定人民有居住、遷徙之自由，旨在保障人民有自由設定住居所、遷徙、旅行，包括入出國境之權利。人民為構成國家要素之一，從而國家不得將國民排斥於國家疆域之外。於臺灣地區設有住所而有戶籍之國民得隨時返回本國，無待許可，惟為維護國家安全及社會秩序，人民入出境之權利，並非不得限制，但須符合憲法第二十三條之比例原則，並以法律定之。

動員戡亂時期國家安全法制定於解除戒嚴之際，其第三條第二項第二款係為因應當時國家情勢所為之規定，適用於動員戡亂時期，雖與憲法尚無牴觸（參照本院釋字第二六五號解釋），惟中華民國八十一年修正後之國家安全法第三條第一項仍泛指人民入出境均應經主管機關之許可，未區分國民是否於臺灣地區設有住所而有戶籍，一律非經許可不得入境，並對未經許可入境者，予以刑罰制裁（參照該法第六條），違反憲法第二十三條規定之比例原則，侵害國民得隨時返回本國之自由。國家安全法上揭規定，與首開解釋意旨不符部分，應自立法機關基於裁量權限，專就入出境所制定之法律相關規定施行時起，不予適用。

　　解釋理由書

本件係臺灣高等法院於審理案件時，認所適用之國家安全法第三條第一項規定：「人民

入出境，應向內政部警政署入出境管理局申請許可。未經許可者，不得入出境。」有違憲疑義，向本院聲請解釋。因違反上開規定者，依同法第六條第一項規定處三年以下有期徒刑、拘役或科或併科新臺幣九萬元以下罰金，此項處罰條款對於受理法院在審判上有重要關連性，而得為釋憲之客體，合先說明。

憲法第十條規定人民有居住、遷徙之自由，旨在保障人民有自由設定住居所、遷徙、旅行，包括入出國境之權利。人民為構成國家要素之一，從而國家不得將國民排斥於國家疆域之外。於臺灣地區設有住所而有戶籍之國民得隨時返回本國，無待許可，惟為維護國家安全及社會秩序，人民入出境之權利，並非不得限制，但須符合憲法第二十三條之比例原則，並以法律定之，方符憲法保障人民權利之意旨，本院釋字第四五四號解釋即係本此旨趣。依現行憲法增修條文第十一條規定，自由地區與大陸地區間人民權利義務關係及其他事務之處理，得以法律為特別之規定，是法律就大陸地區人民進入臺灣地區設有限制，符合憲法上開意旨（參照本院釋字第四九七號解釋）。其僑居國外具有中華民國國籍之國民若非於臺灣地區設有住所而有戶籍，仍應適用相關法律之規定（參照入出國及移民法第三條第一款、第五條第一項、第七條規定），此為我國國情之特殊性所使然。至前開所稱設有戶籍者，非不得推定具有久住之意思。

七十六年公布之動員戡亂時期國家安全法制定於解除戒嚴之際，其第三條第二項第二款係為因應當時國家情勢所為之規定，適用於動員戡亂時期，與憲法尚無抵觸，業經本院釋字第二六五號解釋在案。但終止動員戡亂時期及解除戒嚴之後，國家法制自應逐步回歸正常狀態。立法機關盱衡解嚴及終止動員戡亂時期後之情勢，已制定入出國及移民法，並於八十八年五月二十一日公布施行，復基於其裁量權限，專就入出境所制定之相關法律規定施行日期。國家安全法於八十一年修正，其第三條第一項仍泛指人民入出境均應經主管機關許可，未區分國民是否於臺灣地區設有住所而有戶籍，一律非經許可不得入境，對於未經許可入境者，並依同法第六條第一項規定處三年以下有期徒刑、拘役或科或併科新臺幣九萬元以下罰金，違反憲法第二十三條規定之比例原則，侵害國民得隨時返回本國之自由，國家安全法上揭規定，與首開解釋意旨不符，應自入出國及移民法之相關規定施行時起，不予適用。

釋字第五五九號解釋　（憲二三，行執四，行訴三〇六，家暴一三、一五、二〇、五二，警察機關執行保護令及處理家庭暴力案件辦法一九）

九十二年五月二日公布

基於法治國家之基本原則，凡涉及人身自由之限制事項，應以法律定之；涉及財產權者，則得依其限制之程度，以法律或法律明確授權之命令予以規範。惟法律本身若已就人身之處置為明文之規定者，應非不得以法律具體明確之授權委由主管機關執行之。至主管機關依法律概括授權所發布之命令若僅屬細節性、技術性之次要事項者，並非法所不許。家庭暴力防治法第二十條第一項規定保護令之執行機關及金錢給付保護令之強制執行程序，對警察機關執行非金錢給付保護令之程序及方法則未加規定，僅以同法第五十二條為概括授權：「警察機關執行保護令及處理家庭暴力案件辦法，由中央主管機關定之。」雖不生牴觸憲法問題，然對警察機關執行上開保護令得適用之程序及方法均未加規定，且未對辦法內容為具體明確之授權，保護令既有涉及人身之處置或財產之強制執行者（參照家庭暴力防治法第十三條及第十五條），揆諸前開解釋意旨，應分別情形以法律或法律具體明確授權之命令定之，有關機關應從速修訂相關法律，以符憲法保障人民權利之本旨。

行政執行法之執行機關除金錢給付之執行為法務部行政執行署所屬行政執行處外，其餘事件依其性質分由原處分機關或該管機關為之（參照行政執行法第四條），依上述家庭暴力防治法規定，警察機關有執行金錢給付以外保護令之職責，其於執行具體事件應適用之程序，在法律未依上開解釋修改前，警察機關執行保護令得準用行政執行法規定之程序而採各種適當之執行方法。

解釋理由書

基於法治國家之基本原則，凡涉及人身自由之限制事項，應以法律定之；涉及財產權者，則得依其限制之程度，以法律或法律明確授權之命令予以規範。惟法律本身若已就人身之處置為明文之規定者，應非不得以法律具體明確之授權委由主管機關執行之。至主管機關依法律概括授權所發布之命令若僅屬細節性、技術性之次要事項者，並非法所不許，經本院解釋有案。從而家庭暴力防治法第五十二條規定：「警察機關執行保護令及處理家庭暴力案件辦法，由中央主管機關定之。」尚不生牴觸憲法問題。主管機關內政部依家庭暴力防治法上開授權，於中華民國八十八年六月二十二日發布之警察機關執行保護令及處理家庭暴力案件辦法，其內容與立法機關授權之本意並無違背，該辦法第十九條第一、二項規定：「警察機關依保護令執行交付未成年子女時，得審酌被害人與相對人之意見，決定交付之時間、地點及方式。」「前項執行遇有困難無法完成交付者，應記錄執行情形，並報告保護令原核發法院。」係對執行法院所核發保護令之細節性事項，亦無違法可言。

家庭暴力防治法所稱之民事保護令係法院為防治家庭暴力，基於保護被害人及其未成年子女或其他特定家庭成員，而依聲請或依職權對實施家庭暴力者所核發。同法第二十條第一項：「保護令之執行，由警察機關為之。但關於金錢給付之保護令，得為執行名義，向法院聲請強制執行。」僅規定保護令之執行機關、金錢給付保護令之執行程序。同法第五十二條雖授權訂定非關金錢給付事件之執行辦法，但對警察機關執行上開保護令得適用之程序及方法均未加規定，且未對辦法內容為具體明確之授權，保護令既有涉及人身之處置或財產之強制執行者（參照家庭暴力防治法第十三條及第十五條），揆諸前開解釋意旨，應分別情形以法律或法律具體明確授權之命令定之，有關機關應從速修訂相關法律，例如在家庭暴力防治法中，就非金錢給付之保護令明定其執行機關及執行程序所依據者為行政執行法或強制執行法；若授權訂定執行辦法者，應就作為及不作為義務之執行等，如何準用上開法律，作細節性規定，以符憲法保障人民權利之本旨。行政執行法之執行機關除金錢給付之執行為法務部行政執行署所屬行政執行處外，其餘事件依其性質分由原處分機關或該管機關為之（參照行政執行法第四條）。按各級法院裁判之執行，以由該管地方法院依強制執行法為之為原則，如法律有特別規定亦得委由行政機關依行政執行法執行（參照行政訴訟法第三百零六條第一項及第二項）。遇此情形，有執行權限之行政機關，亦屬上開行政執行法第四條所稱之該管機關。依上述家庭暴力防治法規定，警察機關有執行金錢給付以外保護令之職責，其於執行具體事件應適用之程序，在法律未依上開解釋修改前，警察機關執行保護令得準用行政執行法規定之程序而採各種適當之執行方法。

釋字第五六〇號解釋　（憲七、一五、二三，勞保一、六、八、九、一五、六二、六六，就業服務四三 (81.05.08)，就業服務四六 (91.01.21)）

九十二年七月四日公布

勞工保險乃立法機關本於憲法保護勞工、實施社會保險之基本國策所建立之社會福利制度，旨在保障勞工生活安定、促進社會安全。勞工保險制度設置之保險基金，除由被保險人繳納之保險費、雇主分擔額所構成外，另有各級政府按一定比例之補助在內。依勞工保險條例規定，其給付主要係基於被保險人本身發生之事由而提供之醫療、傷殘、退休及死亡等之給付。同條例第六十二條就被保險人之父母、配偶、子女死亡可請領喪葬津貼之規定，乃為減輕被保險人因至親遭逢變故所增加財務負擔而設，自有別於一般以被保險人本人發生保險事故之給付，兼具社會扶助之性質，應視發生保險

事故者是否屬社會安全制度所欲保障之範圍決定之。中華民國八十一年五月八日制定公布之就業服務法第四十三條第五項，就外國人眷屬在勞工保險條例實施區域以外發生死亡事故者，限制其不得請領喪葬津貼，係為社會安全之考量所為之特別規定，屬立法裁量範圍，與憲法第七條、第十五條規定意旨尚無違背。

解釋理由書

勞工保險係國家為實現憲法保護勞工、實施社會保險等基本國策所建立之社會福利制度，旨在保障勞工生活安定，促進社會安全。該勞工保險制度設置之保險基金，依勞工保險條例規定，除由被保險人繳納之保險費、投保單位之分擔額所構成外，另有各級政府按一定比例之補助在內，保險制度之運作亦由國家以財政支持（勞工保險條例第十五條及第五章參照）。依同條例規定，其給付主要係基於被保險人本身發生之事由而提供之醫療、傷殘、退休及死亡等之給付。勞工保險條例第六十二條規定，被保險人之父母、配偶或子女死亡時，可請領一個半月至三個月之平均月投保薪資，考其意旨，乃就被保險人因至親遭逢變故致增加財務支出所為之喪葬津貼，藉以減輕勞工家庭負擔，維護其生活安定。該項給付既以被保險人以外之人發生保險事故作為給付之項目，自有別於以被保險人發生保險事故者，而係兼具社會扶助之性質，立法機關得視發生保險事故者是否屬社會安全制度所保障，而本於前揭意旨形成此項給付之必要照顧範圍。

八十一年五月八日公布之就業服務法，係為促進國民就業，增進社會及經濟發展而制定。同法第四十三條第五項規定（九十一年一月二十一日修正公布之就業服務法已改列第四十六條，並刪除此項規定）受聘僱外國人其眷屬在勞工保險條例實施區域外死亡者，不得請領保險給付，係指該眷屬未與受聘僱之外國人在條例實施區域內共同生活，而在區域外死亡者，不得請領眷屬死亡喪葬津貼而言。就業服務法上開限制之規定，乃本於社會安全制度功能之考量，並因該喪葬津貼給付之性質，與通常勞工保險之給付有別，已如前述。就社會扶助之條件言，眷屬身居國外未與受聘僱外國人在條例實施區域內共同生活者，與我國勞工眷屬及身居條例實施區域內之受聘僱外國人眷屬，其生活上之經濟依賴程度不同，則基於該項給付之特殊性質，並按社會安全制度強調社會適當性，盱衡外國對我國勞工之保障程度，立法機關為撙節保險基金之支出，適當調整給付範圍乃屬必要，不生歧視問題。是就業服務法第四十三條第五項規定符合憲法第二十三條規定之意旨，與憲法第七條平等權、第十五條財產權之保障尚無違背。

釋字第五六一號解釋　（憲二三，民四四〇，三七五減租一、六、一七，臺灣省耕地租約登記辦法六）　　　　　　　　　九十二年七月四日公布

臺灣省耕地租約登記辦法係基於耕地三七五減租條例第六條第二項授權而訂定，該辦法第六條第二項第三款規定，出租人依上開條例第十七條第一項第三款申請租約終止登記者，除應填具申請書外，並應檢具租約、欠租催告書、逾期不繳地租終止租約通知書及送達證明文件，或耕地租佃委員會調解、調處成立證明文件，或法院確定判決書。此係主管機關基於法律授權發布命令就申請人應檢具證明文件等細節性、技術性次要事項為必要補充規定，尚非憲法所不許。耕地三七五減租條例第一條規定：「耕地之租佃，依本條例之規定；本條例未規定者，依土地法及其他法律之規定。」民法第四百四十條第一項關於承租人租金支付有遲延者，出租人得定相當期限，催告承租人支付租金之規定，於出租人依本條例第十七條第一項第三款終止契約時，亦適用之。是前開耕地租約登記辦法第六條第二項第三款關於應檢具欠租催告書等規定，並未逾越法律授權，亦未增加法律所無之限制，與憲法尚無牴觸。

　　解釋理由書

本件聲請人據以聲請解釋之中華民國七十二年修正耕地三七五減租條例第六條規定：「本條例施行後，耕地租約應一律以書面為之；租約之訂立、變更、終止或換訂，應由出租人會同承租人申請登記。」「前項登記辦法，由省（市）政府擬定，報請行政院核定之。」當時之臺灣省耕地租約登記辦法係依據此項授權而訂定。該辦法第六條第二項第三款規定，出租人依上開條例第十七條第一項第三款申請租約終止登記者，除應填具申請書外，並應檢具租約、欠租催告書、逾期不繳地租終止租約通知書及送達證明文件，或耕地租佃委員會調解、調處成立證明文件，或法院確定判決書。此乃主管機關基於法律授權發布命令就申請人應檢具證明文件等細節性、技術性次要事項為必要補充規定，尚非憲法所不許（本院釋字第三六七號、第四四三號及第五四七號解釋等參照）。

耕地三七五減租條例第一條：「耕地之租佃，依本條例之規定；本條例未規定者，依土地法及其他法律之規定。」所稱「其他法律」包括民法租賃之規定在內。民法第四百四十條第一項：「承租人租金支付有遲延者，出租人得定相當期限，催告承租人支付租金，如承租人於其期限內不為支付，出租人得終止契約」，即出租人須對承租人定期催告支付遲延之租金，始有終止租約之權利，其立法目的旨在保護承租人，於出租人依耕地三七五減租條例第十七條第一項第三款終止契約時，亦應適用之，最高法院本此意旨，

著有四十五年臺上字第二〇五號判例。是前開耕地租約登記辦法第六條第二項第三款，符合本條例第一條、第十七條、民法第四百四十條等規定意旨，並未增加法律所無之限制，與憲法尚無牴觸。

至於本件聲請人認最高行政法院八十九年度判字第二七五四號判決所適用之前開耕地租約登記辦法第二條、第四條、第五條有違憲疑義部分，查係爭執法院認事用法之當否，並未具體指摘該確定終局判決所適用之法令究有何牴觸憲法之處，核與司法院大法官審理案件法第五條第一項第二款規定不合，依同條第三項規定，應不受理，併此敘明。

釋字第五六二號解釋　（民八一九、八二〇、八二八、八三〇，土地三四之一，土三四要點一二）　　　　　九十二年七月十一日公布

土地法第三十四條之一第一項規定：「共有土地或建築改良物，其處分、變更及設定地上權、永佃權、地役權或典權，應以共有人過半數及其應有部分合計過半數之同意行之。但其應有部分合計逾三分之二者，其人數不予計算。」同條第五項規定：「前四項規定，於公同共有準用之。」其立法意旨在於兼顧共有人權益之範圍內，促進共有物之有效利用，以增進公共利益。同條第一項所稱共有土地或建築改良物之處分，如為讓與該共有物，即係讓與所有權；而共有物之應有部分，係指共有人對共有物所有權之比例，性質上與所有權並無不同。是不動產之應有部分如屬公同共有者，其讓與自得依土地法第三十四條之一第五項準用第一項之規定。內政部七十七年八月十八日臺（七七）內地字第六二一七六七號函頒修正之土地法第三十四條之一執行要點第十二點規定：「分別共有土地或建物之應有部分為數人所公同共有，公同共有人就該應有部分為處分、變更或設定負擔，無本法條第一項之適用」，於上開範圍內，就公同共有人公同共有不動產所有權之行使增加土地法上揭規定所無之限制，應不予適用。

解釋理由書

共有乃一物之所有權由二人以上共同享有之制度，係基於社會生活需要而存在，然各共有人因均享有同一之所有權，其權利之行使遂受相互之限制（民法第八百十九條第二項、第八百二十條、第八百二十八條參照），自不免影響共有物用益及處分之順利進行，甚而有礙共有物之自由流通，致生社會經濟上之不利益。土地法第三十四條之一第一項至第五項規定：「共有土地或建築改良物，其處分、變更及設定地上權、永佃權、地役權或典權，應以共有人過半數及其應有部分合計過半數之同意行之。但其應有部

分合計逾三分之二者，其人數不予計算。」「共有人依前項規定為處分、變更或設定負擔時，應事先以書面通知他共有人；其不能以書面通知者，應公告之。」「第一項共有人，對於他共有人應得之對價或補償，負連帶清償責任。於為權利變更登記時，並應提出他共有人已為受領或為其提存之證明。其因而取得不動產物權者，應代他共有人申請登記。」「共有人出賣其應有部分時，他共有人得以同一價格共同或單獨優先承購。」「前四項規定，於公同共有準用之。」其立法意旨係在於兼顧共有人之權益範圍內，排除民法第八百十九條第二項、第八百二十八條第二項規定之適用，以便利不動產所有權之交易，解決共有不動產之糾紛，促進共有物之有效利用，增進公共利益。

按應有部分乃共有人對共有物所有權之比例，性質上與所有權本無不同；而土地法第三十四條之一第一項所稱共有土地或建築改良物之處分，係與變更及設定地上權、永佃權、地役權或典權併列，是所謂共有土地或建築改良物之處分，就讓與該共有物言，即係讓與其所有權，共有物其他物權之讓與，亦屬該物權之處分。況公同共有不動產應有部分之讓與，若得準用土地法上揭第一項規定，亦可便利不動產所有權之交易，或進而減少共有人之人數或消滅共有關係，促進共有物之有效利用，實現土地法首揭規定之立法意旨。是以，公同共有不動產應有部分之讓與，自得依土地法第三十四條之一第五項準用第一項之規定。至公同共有人讓與公同共有之應有部分，係消滅該應有部分之公同共有關係（參照民法第八百三十條第一項），與公同共有人將公同共有變更登記為分別共有，係公同共有人間調整共有物內部之法律關係，兩者不同，不容混淆。內政部因執行土地法之規定，基於職權固得發布命令，為必要之釋示，然僅能就執行法律之細節性、技術性次要事項加以規定，其內容更不能牴觸土地法或增加其所無之限制。內政部七十七年八月十八日臺（七七）內地字第六二一七六七號函頒修正之土地法第三十四條之一執行要點第十二點規定：「分別共有土地或建物之應有部分為數人所公同共有，公同共有人就該應有部分為處分、變更或設定負擔，無本法條第一項之適用」，於上開範圍內，就公同共有人公同共有不動產所有權之行使增加土地法上揭規定所無之限制，應不予適用。

釋字第五六三號解釋　（憲一一、二三、一五八、一六二，教育基本二、八，大學一、一七、二五、二五之一，大學施二九，學位授予六）

九十二年七月二十五日公布

憲法第十一條之講學自由賦予大學教學、研究與學習之自由，並於直接關涉教學、研

究之學術事項，享有自治權。國家對於大學之監督，依憲法第一百六十二條規定，應以法律為之，惟仍應符合大學自治之原則。是立法機關不得任意以法律強制大學設置特定之單位，致侵害大學之內部組織自主權；行政機關亦不得以命令干預大學教學之內容及課程之訂定，而妨礙教學、研究之自由，立法及行政措施之規範密度，於大學自治範圍內，均應受適度之限制（參照本院釋字第三八〇號及第四五〇號解釋）。

碩士學位之頒授依中華民國八十三年四月二十七日修正公布之學位授予法第六條第一項規定，應於研究生「完成碩士學位應修課程，提出論文，經碩士學位考試委員會考試通過」後，始得為之，此乃國家本於對大學之監督所為學位授予之基本規定。大學自治既受憲法制度性保障，則大學為確保學位之授予具備一定之水準，自得於合理及必要之範圍內，訂定有關取得學位之資格條件。國立政治大學於八十五年六月十四日訂定之國立政治大學研究生學位考試要點規定，各系所得自訂碩士班研究生於提出論文前先行通過資格考核（第二點第一項），該校民族學系並訂定該系碩士候選人資格考試要點，辦理碩士候選人學科考試，此項資格考試之訂定，未逾越大學自治之範疇，不生憲法第二十三條之適用問題。

大學學生退學之有關事項，八十三年一月五日修正公布之大學法未設明文。為維持學術品質，健全學生人格發展，大學有考核學生學業與品行之權責，其依規定程序訂定有關章則，使成績未符一定標準或品行有重大偏差之學生予以退學處分，亦屬大學自治之範疇；立法機關對有關全國性之大學教育事項，固得制定法律予以適度之規範，惟大學於合理範圍內仍享有自主權。國立政治大學暨同校民族學系前開要點規定，民族學系碩士候選人兩次未通過學科考試者以退學論處，係就該校之自治事項所為之規定，與前開憲法意旨並無違背。大學對學生所為退學之處分行為，關係學生權益甚鉅，有關章則之訂定及執行自應遵守正當程序，其內容並應合理妥適，乃屬當然。

　　解釋理由書

大學自治為憲法第十一條講學自由之保障範圍，大學對於教學、研究與學習之學術事項，諸如內部組織、課程設計、研究內容、學力評鑑、考試規則及畢業條件等，均享有自治權。國家依憲法第一百六十二條對大學所為之監督，應以法律為之，並應符合大學自治之原則，俾大學得免受不當之干預，進而發展特色，實現創發知識、作育英才之大學宗旨。是立法機關不得任意以法律強制大學設置特定之單位，致侵害大學之內部組織自主權，行政機關亦不得以命令干預大學教學之內容及課程之訂定，而妨礙教學、研究之自由，立法及行政措施之規範密度，於大學自治範圍內，均應受適度之

限制，教育主管機關對大學之運作亦僅屬於適法性監督之地位（參照本院釋字第三八○號及第四五○號解釋）。

大學以研究學術、培育人才、提升文化、服務社會、促進國家發展為宗旨（大學法第一條第一項）。大學作為教育機構並肩負發展國民道德、培養學生健全人格之任務（憲法第一百五十八條及教育基本法第二條第二項參照）。八十三年一月五日修正公布之大學法關於大學學生之退學事項未設明文，惟為實現大學教育之宗旨，有關學生之學業成績及品行表現，大學有考核之權責，其依規定程序訂定章則，使成績未符一定標準或品行有重大偏差之學生予以退學處分，屬大學自治之範疇；立法機關對有關全國性之大學教育事項，固得制定法律予以適度之規範，惟大學於合理範圍內仍享有自主權。國立政治大學暨同校民族學系前開要點規定，民族學系碩士候選人兩次未通過學科考試者以退學論處，係就該校之自治事項所為之規定，與前開憲法意旨並無違背。

有關碩士學位之頒授，七十二年五月六日修正公布之學位授予法規定，研究生須「修業二年以上，並完成碩士學位應修課程及論文，經考核成績及格者，得由該所提出為碩士學位候選人」（第四條第一項），「碩士學位候選人考試通過，經教育部覆核無異者」，由大學授予碩士學位（同條第二項）。上開規定於八十三年四月二十七日修正為「大學研究所碩士班研究生，完成碩士學位應修課程，提出論文，經碩士學位考試委員會考試通過者，授予碩士學位」（第六條第一項），其意旨係免除教育部之覆核程序，提高大學頒授學位之自主權，因而僅就學位之授予為基本之規定。該條文雖刪除「經考核成績及格者」並將「碩士學位候選人考試通過」修正為「經碩士學位考試委員會考試通過者」，惟大學自治既受憲法制度性保障，則大學為確保學位之授予具備一定之水準，自得於合理及必要之範圍內，訂定有關取得學位之資格條件。前開大學法第二十五條第二項規定：「碩士班、博士班研究生修業期滿，經考核成績合格，由大學分別授予碩士、博士學位」，亦同此意旨。國立政治大學校務會議於八十五年六月十四日通過之國立政治大學研究生學位考試要點規定，各系所得自訂碩士班研究生於提出論文前先行通過資格考核（第二點第一項），該校民族學系並於八十五年九月十九日修訂該系碩士候選人資格考試要點，辦理碩士候選人學科考試，此項資格考試要點之訂定，未逾越大學自治之範疇，不生憲法第二十三條之適用問題。

學生之學習權及受教育權，國家應予保障（教育基本法第八條第二項）。大學對學生所為退學或類此之處分，足以改變其學生身分及受教育之權利，關係學生權益甚鉅（本院釋字第三八二號解釋參照）。大學依其章則對學生施以退學處分者，有關退學事由及

相關內容之規定自應合理妥適，其訂定及執行並應踐履正當程序。大學法第十七條第一項：「大學為增進教育效果，應由經選舉產生之學生代表出席校務會議，並出席與其學業、生活及訂定獎懲有關規章之會議。」同條第二項：「大學應保障並輔導學生成立自治團體，處理學生在校學習、生活與權益有關事項；並建立學生申訴制度，以保障學生權益」，係有關章則訂定及學生申訴之規定，大學自應遵行，乃屬當然。

釋字第五六四號解釋　（憲一五、二三、一一〇，憲增修九，地方一九，交通處罰三、八二、八三）

九十二年八月八日公布

人民之財產權應予保障，憲法第十五條設有明文。惟基於增進公共利益之必要，對人民依法取得之土地所有權，國家並非不得以法律為合理之限制。道路交通管理處罰條例第八十二條第一項第十款規定，在公告禁止設攤之處擺設攤位者，主管機關除責令行為人即時停止並消除障礙外，處行為人或其雇主新臺幣一千二百元以上二千四百元以下罰鍰，就私有土地言，雖係限制土地所有人財產權之行使，然其目的係為維持人車通行之順暢，且此限制對土地之利用尚屬輕微，未逾越比例原則，與憲法保障財產權之意旨並無牴觸。

行政機關之公告行為如對人民財產權之行使有所限制，法律就該公告行為之要件及標準，須具體明確規定，前揭道路交通管理處罰條例第八十二條第一項第十款授予行政機關公告禁止設攤之權限，自應以維持交通秩序之必要為限。該條例第三條第一款所稱騎樓既屬道路，其所有人於建築之初即負有供公眾通行之義務，原則上未經許可即不得擺設攤位，是主管機關依上揭條文為禁止設攤之公告或為道路擺設攤位之許可（參照同條例第八十三條第二款），均係對人民財產權行使之限制，其公告行為之作成，宜審酌准否設攤地區之交通流量、道路寬度或禁止之時段等因素而為之，前開條例第八十二條第一項第十款規定尚欠具體明確，相關機關應儘速檢討修正，或以其他法律為更具體之規範。

解釋理由書

人民之財產權應予保障，憲法第十五條設有明文。惟基於增進公共利益之必要，對人民依法取得之土地所有權，國家並非不得以法律為合理之限制，此項限制究至何種程度始逾人民財產權所應忍受之範圍，應就行為之目的與限制手段及其所造成之結果予以衡量，如手段對於目的而言尚屬適當，且限制對土地之利用至為輕微，則屬人民享受財產權同時所應負擔之社會義務，國家以法律所為之合理限制即與憲法保障人民財

產權之本旨不相抵觸。

騎樓通道建造係為供公眾通行之用者，所有人雖不因此完全喪失管理、使用、收益、處分之權能，但其利用行為原則上不得有礙於通行，道路交通管理處罰條例第三條第一款即本此而將騎樓納入道路管制措施之適用範圍。同條例第八十二條第一項第十款規定在公告禁止設攤之處擺設攤位者，主管機關除責令行為人即時停止並消除障礙外，並處行為人或其雇主新臺幣一千二百元以上二千四百元以下罰鍰；又依同條例第八十三條第二款，未經許可在道路擺設攤位不聽勸阻者，處所有人新臺幣三百元以上六百元以下罰鍰，並責令撤除。上述規定均以限制騎樓設攤，維護道路暢通為目的，尚屬適當。主管機關依上開條例第八十二條第一項第十款之規定公告禁止在特定路段設攤，係以提高罰鍰以加強交通管理，雖皆非為限制人民財產權而設，然適用於具體個案則有造成限制人民財產權之結果。故於衡量其限制之適當性外，並應考量所造成損害之程度。按上開規定所限制者為所有權人未經許可之設攤行為，所有權人尚非不能依法申請准予設攤或對該土地為其他形式之利用。再鑑於騎樓所有人既為公益負有社會義務，國家則提供不同形式之優惠如賦稅減免等，以減輕其負擔。從而人民財產權因此所受之限制，尚屬輕微，自無悖於憲法第二十三條比例原則之要求，亦未逾其社會責任所應忍受之範圍，更未構成個人之特別犧牲，難謂國家對其有何補償責任存在，與憲法保障人民財產權之規定並無違背。國家之行為如涉及限制人民權利之行使者，其要件應以法律明文定之，如授權行政機關發布相關命令或作成處分行為，其規定應具明確性，迭經本院解釋闡明在案。前揭道路交通管理處罰條例第八十二條第一項第十款授予行政機關公告禁止設攤之權限，同條例第八十三條第二款則授予行政機關為道路擺設攤位之許可，是行政機關依上開規定授權公告禁止設攤或許可擺設攤位，既均對人民財產權之行使有所影響，自應就前開條例維持交通安全秩序之立法目的，具體審酌准否設攤地區之交通流量、道路寬度、准否之時段（如特定節慶活動）等因素而為之，方副前述解釋意旨。準此，上開道路交通管理處罰條例第八十二條第一項第十款與第八十三條第一項第二款規定，就作成公告禁止設攤或許可設攤處分之構成要件，尚未達於類型化之明確程度，為使主管機關從事符合於立法本旨之適當管制，相關機關應依本解釋意旨儘速檢討修正補充上開條例，或以其他法律為更具體之規定，俾便主管機關維護交通秩序之同時，兼顧人民之權益。又道路交通管理處罰條例以到案日期為提高罰鍰下限額度之標準，此屬法律授權主管機關就裁罰事宜所訂定之裁量基準，並未違反法律保留原則，於憲法保障人民財產權之意旨亦無抵觸，業經本院釋字第五

一一號解釋在案，併此敘明。

釋字第五六五號解釋　　（憲七、一九，證券交易所得課徵所得稅注意事項五，獎
勵投資條例二七）　　　　　　　　　　　　　　　九十二年八月十五日公布

憲法第十九條規定：「人民有依法律納稅之義務。」第七條規定：「中華民國人民，無分男女、宗教、種族、階級、黨派，在法律上一律平等。」國家對人民稅捐之課徵或減免，係依據法律所定要件或經法律具體明確授權行政機關發布之命令，且有正當理由而為合理之差別規定者，與租稅法定主義、平等原則即無違背。

財政部於中華民國七十七年十月二十九日以臺財稅字第七七○六六五一四○號函發布經行政院核定之證券交易所得課徵所得稅注意事項第五項規定：「個人出售民國七十八年一月一日以後取得之上市股票，其全年出售總金額不超過新臺幣壹千萬元者，其交易所得自民國七十八年一月一日起至七十九年十二月三十一日止，繼續停徵所得稅兩年。但停徵期間所發生之證券交易損失，不得自財產交易所得中扣除」，係依據獎勵投資條例（已於七十九年十二月三十一日因施行期間屆滿而當然廢止）第二十七條授權行政機關視經濟發展、資本形成之需要及證券市場之狀況，對個人出售證券，在一定範圍內，就其交易所得所採行之優惠規定，與憲法第十九條所定租稅法定主義尚無牴觸。又此項停徵證券交易所得稅，係行政機關依法律授權，為增進公共利益，權衡經濟發展階段性需要與資本市場實際狀況，本於專業之判斷所為合理之差別規定，與憲法第七條平等原則亦無違背。

　　解釋理由書

憲法第十九條規定：「人民有依法律納稅之義務。」第七條規定：「中華民國人民，無分男女、宗教、種族、階級、黨派，在法律上一律平等。」國家對人民稅捐之課徵或減免，係依據法律所定要件或經法律具體明確授權行政機關發布之命令，且有正當理由而為合理之差別規定者，與租稅法定主義、平等原則即無違背。

獎勵投資條例（已於七十九年十二月三十一日因施行期間屆滿而當然廢止）係以稅捐減免等優惠措施，獎勵投資活動，加速國家經濟發展而制定。該條例第二十七條規定：「為促進資本市場之發展，行政院得視經濟發展及資本形成之需要及證券市場之狀況，決定暫停徵全部或部分有價證券之證券交易稅，及暫停徵全部或部分非以有價證券買賣為專業者之證券交易所得稅。但於停徵期間因證券交易所發生之損失，亦不得自所得額中減除。」財政部於七十七年十月二十九日以臺財稅字第七七○六六五一四○號函

發布經行政院同年月二十日臺七十七財字第二八六一六號函核定之證券交易所得課徵所得稅注意事項第五項規定:「個人出售民國七十八年一月一日以後取得之上市股票,其全年出售總金額不超過新臺幣壹千萬元者,其交易所得自民國七十八年一月一日起至七十九年十二月三十一日止,繼續停徵所得稅兩年。但停徵期間所發生之證券交易損失,不得自財產交易所得中扣除」,乃基於獎勵投資條例之授權,為促進資本市場之發展,對個人出售之證券,在一定範圍內,就其交易所得所採行之優惠規定,符合前開條例對稅捐減免優惠限於非以有價證券買賣為專業者之立法意旨,與憲法第十九條租稅法定主義尚無牴觸。

憲法第七條平等原則並非指絕對、機械之形式上平等,而係保障人民在法律上地位實質平等。依租稅平等原則納稅義務人固應按其實質稅負能力,負擔應負之稅捐。惟為增進公共利益,依立法授權裁量之範圍,設例外或特別規定,給予特定範圍納稅義務人減輕或免除租稅之優惠措施,而為有正當理由之差別待遇者,尚非憲法第七條規定所不許。前開課徵所得稅注意事項第五項明定僅停徵一定證券交易金額者之證券交易所得稅,其所採租稅優惠措施,係行政機關依法律授權,為增進公共利益,權衡經濟發展階段性需要與資本市場實際狀況,本於專業之判斷所為合理之差別規定,與憲法第七條平等原則亦無違背。

釋字第五六六號解釋　　(憲一九、二三,土地八二、八三,遺贈稅一七、二〇,農發三、三八,農發施二)　　　　　　　九十二年九月二十六日公布

中華民國七十二年八月一日修正公布之農業發展條例第三十一條前段規定,家庭農場之農業用地,其由能自耕之繼承人繼承或承受,而繼續經營農業生產者,免徵遺產稅或贈與稅。七十三年九月七日修正發布之同條例施行細則第二十一條後段關於「家庭農場之農業用地,不包括於繼承或贈與時已依法編定為非農業使用者在內」之規定,以及財政部七十三年十一月八日臺財稅第六二七一七號函關於「被繼承人死亡或贈與事實發生於修正農業發展條例施行細則發布施行之後者,應依該細則第二十一條規定,即凡已依法編定為非農業使用者,即不得適用農業發展條例第三十一條及遺產及贈與稅法第十七條、第二十條規定免徵遺產稅及贈與稅」之函釋,使依法編為非農業使用之土地,於其所定之使用期限前,仍繼續為從來之農業使用者,不能適用七十五年一月六日修正公布之農業發展條例第三十一條免徵遺產稅或贈與稅之規定及函釋,均係增加法律所無之限制,違反憲法第十九條租稅法律主義,亦與憲法保障人民財產權之

意旨暨法律保留原則有違，應不再適用。

解釋理由書

本件解釋所由生之具體事件係發生於八十二年及八十五年間，自應適用當時有效之法令。查農業發展條例於七十二年八月一日修正公布，同條例施行細則亦於七十三年九月七日修正發布，嗣同條例於七十五年一月六日雖修正公布第二條，惟同條例施行細則並未修正。從而本解釋之適用法令，自應以此為範圍，至八十九年一月二十六日同條例之再修正及同年六月七日同條例施行細則之再修正，均非本件具體事件所適用之法令，不在本解釋之範圍，合先敘明。

憲法第十九條規定，人民有依法律納稅之義務，係指人民有依法律所定之納稅主體、稅目、稅率、納稅方法及稅捐減免等項目，負繳納稅捐之義務或享受減免稅捐之優惠，主管機關基於法律概括授權而訂定之施行細則，僅得就實施母法所定納稅義務及其要件有關之事項予以規範，不得另為增減，否則即屬違反租稅法律主義；又有關人民自由權利之限制，應以法律定之，且不得逾越必要之程度，憲法第二十三條定有明文，如立法機關授權行政機關發布命令為補充規定者，行政機關於符合立法意旨且未逾越母法規定之限度內，亦得就執行法律有關之細節性、技術性事項以施行細則定之，惟其內容不得牴觸母法或對人民之自由權利增加法律所無之限制，迭經本院釋字第三一三號、第三六七號、第三八五號、第四一三號、第四一五號、第四五八號等解釋闡釋甚明。是租稅法律主義之目的，亦在於防止行政機關恣意以行政命令逾越母法之規定，變更納稅義務，致侵害人民權益。

七十二年八月一日修正公布之農業發展條例第三十一條前段規定：「家庭農場之農業用地，其由能自耕之繼承人一人繼承或承受，而繼續經營農業生產者，免徵遺產稅或贈與稅」。農業用地經主管機關編定為非農業使用後，發生繼承之事實，依七十三年九月七日修正公布之農業發展條例施行細則之規定，不能免徵遺產稅，惟依財政部八十三年十一月二十九日臺財稅字第八三〇六二五六八二號函則可按一定條件免稅，此一免稅規定於八十九年六月七日修正上開施行細則時正式予以納入。就引發本件解釋之事實而言，農業發展條例有關徵免遺產稅之規定並未修正，行政機關前後行政命令卻已實質變更納稅人之租稅負擔，此種情形難謂與租稅法律主義相符。上開條例第三十一條所稱「農業用地」，依同條例第三條第十款規定，指「供農作、森林、養殖、畜牧及與農業經營不可分離之農舍、畜禽舍、倉儲設備、曬場、集貨場、農路、灌溉、排水及其他農用之土地」，立法者並未限定該土地須為經依法編定為一定農牧、農業用途或

田、旱地目，始為農業用地，惟基於法律適用之整體性，該土地仍須以合法供農用者為限，而不包括非法使用在內。又依土地法第八十三條規定，土地經編為某種使用地之土地，於其所定之使用期限前，仍得繼續為從來之使用。故土地雖經編為非農業使用，除不得供其他用途之使用外，於所定使用期限前，仍非不得繼續為從來之使用，如其繼續經營不滿五年者，仍應追繳應納稅賦不予優惠（參照當時適用之農業發展條例第三十一條但書）。前述農業發展條例關於農業用地之認定，除該條例所作之定義性規定外，雖亦應與土地法等相關法律規定為整體性闡釋，以定其具體適用範圍。惟若逾越此一範圍，任意擴張、縮減法律所定租稅義務或減免之要件，即非憲法第十九條規定之租稅法律主義所許，縱財政部認該條例第三十一條關於免稅要件及範圍規定過寬，影響財稅政策或有不合獎勵農業發展之原意，有修正必要，亦應循母法修正為之，殊不得任意以施行細則或解釋性之行政規則逕加限縮其適用範圍。七十三年九月七日修正發布之農業發展條例施行細則第二十一條後段關於「家庭農場之農業用地，不包括於繼承或贈與時已依法編定為非農業使用者在內」之規定，以及財政部七十三年十一月八日臺財稅第六二七一七號函關於「被繼承人死亡或贈與事實發生於修正農業發展條例施行細則發布施行之後者，應依該細則第二十一條規定，即凡已依法編定為非農業使用者，即不得適用農業發展條例第三十一條及遺產及贈與稅法第十七條、第二十條規定免徵遺產稅及贈與稅」之函釋，對於向來作為家庭農場之農業用地，因繼承開始前或贈與事實發生前依法編為非農業使用之土地，而於繼承人死亡或贈與事實發生後，於其所定使用期限前，仍可繼續為從來之農業使用者，亦不適用當時之農業發展條例第三十一條免徵遺產稅或贈與稅之規定及函釋部分，即令符合獎勵農業發展之目的，惟其逕以命令訂定，限縮當時有效之同條例第三條第十款「農業用地」定義可適用之範圍，均為增加法律所無之限制，違反憲法第十九條租稅法律主義，亦與憲法保障人民財產權之意旨暨法律保留原則有違，應不再適用（參照本院釋字第二一〇號解釋意旨）。至同條例第三條第十一款關於「耕地」之定義，係基於政策考量，僅在解釋同條例條文中有「耕地」之文字者，例如第三十條（現改為第十六條）關於耕地分割及移轉禁止之情形（現行條例另增第二十條、第二十一條、第二十二條關於耕地租賃之特別規定），自不能據該款解釋，限縮同條第十款「農業用地」之意義範圍，併此說明。

釋字第五六七號解釋　（憲八、一一、二三，戡亂時期預防匪諜再犯管教辦法二，

戒嚴時期人民受損權利回復條例六，冤賠一)　　九十二年十月二十四日公布

人民身體之自由應予保障，非由法院依法定程序，不得審問、處罰，憲法第八條設有明文。戒嚴時期在戒嚴地域內，最高司令官固得於必要範圍內以命令限制人民部分之自由，惟關於限制人身自由之處罰，仍應以法律規定，且其內容須實質正當，並經審判程序，始得為之。戡亂時期預防匪諜再犯管教辦法第二條規定：「匪諜罪犯判處徒刑或受感化教育，已執行期滿，而其思想行狀未改善，認有再犯之虞者，得令入勞動教育場所，強制工作嚴加管訓（第一項）。前項罪犯由執行機關報請該省最高治安機關核定之（第二項）。」未以法律規定必要之審判程序，而係依行政命令限制人民身體之自由，不論其名義係強制工作或管訓處分，均為嚴重侵害人身自由之處罰。況該條規定使國家機關僅依思想行狀考核，認有再犯之虞，即得對已服刑期滿之人民再行交付未定期限之管訓，縱國家處於非常時期，出於法律之規定，亦不符合最低限度之人權保障，與憲法第八條及第二十三條之規定有所牴觸，應不予適用。

戒嚴時期人民受損權利回復條例第六條第一項第四款規定，人民於戒嚴時期因犯內亂、外患、懲治叛亂條例或檢肅匪諜條例之罪，於有罪判決或交付感化教育、感訓處分，執行完畢後，未依法釋放者，得聲請所屬地方法院準用冤獄賠償法相關規定，請求國家賠償，係指於有罪判決或感化教育、感訓處分裁判執行完畢後，任意繼續延長執行，或其他非依法裁判所為限制人身自由之處罰，未予釋放，得請求國家賠償之情形而言，從而上開規定與憲法平等保障人民權利之意旨，尚無不符。

　　解釋理由書

憲法第八條第一項規定：「人民身體之自由應予保障。除現行犯之逮捕由法律另定外，非經司法或警察機關依法定程序，不得逮捕拘禁。非由法院依法定程序，不得審問處罰。非依法定程序之逮捕、拘禁、審問、處罰，得拒絕之。」揆其意旨，係指關於限制人身自由之處罰，應以法律規定，並經審判程序，始得為之。立法機關於制定法律時，其內容更須合於實質正當，縱為防止妨礙他人自由、避免緊急危難、維持社會秩序、或增進公共利益之必要，仍不得逾越必要之限度，復為憲法第二十三條所明定。我國於動員戡亂時期與戒嚴時期，係處於非常時期之國家體制，國家權力與人民權利之保障固與平時不可同日而語。但人民身體自由享有充分保障，乃行使其憲法上所保障其他權利之前提，為重要之基本人權，縱於非常時期，對人民身體自由之處罰仍須合於憲法第八條及第二十三條之規定。

戡亂時期預防匪諜再犯管教辦法第二條規定：「匪諜罪犯判處徒刑或受感化教育，已執

行期滿，而其思想行狀未改善，認有再犯之虞者，得令入勞動教育場所，強制工作嚴加管訓（第一項）。前項罪犯由執行機關報請該省最高治安機關核定之（第二項）。」依此規定，對匪諜罪犯受徒刑或感化教育已執行期滿者，不予釋放而逕行拘束其身體自由於一定處所，不論其名義係強制工作或管訓處分，實與剝奪人民行動自由之刑罰無異，性質上均為嚴重侵害人民身體自由之處罰，依憲法第八條之規定，應由法院依法定程序始得為之。前開管教辦法規定由法院以外之機關，即該省最高治安機關依行政命令核定其要件並予執行，與憲法第八條之規定顯有牴觸。又限制人民身體之自由，應由立法機關制定法律加以規範，且其內容須實質正當。前開辦法僅係行政機關自行訂定之命令，即得對已服刑期滿之人民再行交付未定期限之管訓，不符合憲法第八條及第二十三條規定之意旨，應不予適用。

非常時期，國家固得為因應非常事態之需要，而對人民權利作較嚴格之限制，惟限制內容仍不得侵犯最低限度之人權保障。思想自由保障人民內在精神活動，是人類文明之根源與言論自由之基礎，亦為憲法所欲保障最基本之人性尊嚴，對自由民主憲政秩序之存續，具特殊重要意義，不容國家機關以包括緊急事態之因應在內之任何理由侵犯之，亦不容國家機關以任何方式予以侵害。縱國家處於非常時期，出於法律規定，亦無論其侵犯手段是強制表態，乃至改造，皆所不許，是為不容侵犯之最低限度人權保障。戡亂時期預防匪諜再犯管教辦法第二條規定國家機關得以人民思想行狀未改善，認有再犯之虞為理由，令入勞動教育場所強制工作嚴加管訓，無異於允許國家機關得以強制方式改造人民之思想，違背憲法保障人民言論自由之本旨，亦不符合最低限度之人權保障，併予指明。

戒嚴時期人民受損權利回復條例第六條第一項第四款規定，人民於戒嚴時期因犯內亂、外患、懲治叛亂條例或檢肅匪諜條例之罪，於有罪判決或交付感化教育、感訓處分，執行完畢後，未依法釋放者，得聲請所屬地方法院準用冤獄賠償法相關規定，請求國家賠償，係指於有罪判決或感化教育、感訓處分裁判執行完畢後，任意繼續延長執行，或其他非依法裁判所為限制人身自由之處罰，未予釋放，得請求國家賠償之情形而言，從而上開規定與憲法平等保障人民權利之意旨，尚無不符。

聲請人認司法院冤獄賠償覆議委員會九十年度臺覆字第二六四號及九十一年度臺覆字第八五號決定與臺灣板橋地方法院八十八年度賠字第六一號、臺灣士林地方法院八十九年度賠字第五六號及臺灣臺中地方法院八十九年度賠字第六五號等決定適用同一法令所表示之見解有異而聲請統一解釋部分，經查係屬相同審判機關間裁判所生之歧異，

並非不同審判機關間之確定終局裁判適用同一法律或命令所表示之見解有異，核與司法院大法官審理案件法第七條第一項第二款之要件不符，依同條第三項規定，應不受理，附此敘明。

釋字第五六八號解釋　（憲二三、一五三、一五五，憲增修一〇，大法官審案五，農保一四，健保三〇，勞保一一、一七、一九，勞保施一八）

九十二年十一月十四日公布

勞工依法參加勞工保險及因此所生之公法上權利，應受憲法保障。關於保險效力之開始、停止、終止及保險給付之履行等事由，係屬勞工因保險關係所生之權利義務事項，攸關勞工權益至鉅，其權利之限制，應以法律定之，且其立法目的與手段，亦須符合憲法第二十三條之規定。若法律授權行政機關發布命令為補充規定者，該命令須符合立法意旨且未逾越母法授權之範圍，始為憲法所許。勞工保險條例施行細則第十八條關於投保單位有歇業、解散、破產宣告情事或積欠保險費及滯納金經依法強制執行無效果者，保險人得以書面通知退保；投保單位積欠保險費及滯納金，經通知限期清償，逾期仍未清償，有事實足認顯無清償可能者，保險人得逕予退保之規定，增加勞工保險條例所未規定保險效力終止之事由，逾越該條例授權訂定施行細則之範圍，與憲法第二十三條規定之意旨未符，應不予適用。

解釋理由書

按本件聲請人因勞保事件，認最高行政法院九十一年度判字第一五六號判決所適用之勞工保險條例施行細則第十八條規定有牴觸憲法之疑義而聲請解釋，雖未載明係以司法院大法官審理案件法第五條第一項第二款就人民於其憲法上所保障之權利，遭受不法侵害，經依法定程序提起訴訟，對於確定終局裁判所適用之法律或命令發生有牴觸憲法疑義者，得聲請解釋憲法之規定為據，而誤引同條項第一款作為聲請之依據，惟其聲請書既已具體指摘前開確定終局判決所適用之勞工保險條例施行細則第十八條規定牴觸母法，增加法律所無之限制，應宣告無效等語，應認符合前開審理案件法第五條第一項第二款規定之要件，爰予受理，合先敘明。

勞工保險係國家為實現憲法第一百五十三條保護勞工生活及憲法第一百五十五條、憲法增修條文第十條第八項實施社會保險制度之基本國策而建立之社會安全措施，為社會保險之一種。勞工保險條例即係依上開憲法意旨而制定之法律。勞工依該條例參加勞工保險及因此所生之公法上權利，應受憲法保障。關於保險效力之開始、停止、終

止及保險給付之履行等事由，係屬勞工因保險關係所生之權利義務事項，攸關勞工權益至鉅，其權利之限制，應以法律定之，且其立法目的與手段，亦須符合憲法第二十三條之規定。若法律授權行政機關發布命令為補充規定者，該命令須符合立法意旨且未逾越母法授權之範圍，始為憲法所許。

勞工參加勞工保險為被保險人，於保險有效期間內發生保險事故者，被保險人或其受益人得依法向保險人請領保險給付（勞工保險條例第十九條第一項規定參照）。勞工保險條例對於投保單位逾期繳納保險費者，規定保險人於法定寬限期間經過後，應加徵滯納金，若於加徵滯納金十五日後仍未繳納者，應依法訴追，並自訴追之日起，在保險費及滯納金未繳清前，發生暫行拒絕給付之效力（同條例第十七條第一、二、三項規定參照），並未規定保險人得以上開事由逕行將被保險人退保；同條例施行細則第十八條卻規定：「投保單位有歇業、解散、破產宣告情事或積欠保險費及滯納金經依法強制執行無效果者，保險人得以書面通知退保。保險效力之停止，應繳保險費及應加徵滯納金之計算，以上述事實確定日為準，未能確定者，以保險人查定之日為準（第一項）。投保單位積欠保險費及滯納金，經通知限期清償，逾期仍未清償，有事實足認顯無清償可能者，保險人得逕予退保，其保險效力之停止，應繳保險費及應加徵滯納金之計算，以通知限期清償屆滿之日為準（第二項）。」顯已增加勞工保險條例所未規定之保險效力終止事由，逾越該條例授權訂定施行細則之範圍，與憲法第二十三條規定之意旨未符，應不予適用。又為確保保險財務之健全，與勞工保險之永續經營，國家就社會保險制度縱有較大之自由形成空間，於投保單位積欠應繳之保險費及滯納金，強制執行無效果或顯無清償可能時，若許保險人得將被保險人予以退保者，亦宜依比例原則就被保險人是否已繳納保險費或有無其他特別情事，予以斟酌而有不同之處置；上開條例第十七條第三項但書亦明定，被保險人應繳部分之保險費已扣繳或繳納於投保單位者，不因投保單位積欠保險費及滯納金而對其發生暫行拒絕給付之效力，併此指明。

釋字第五六九號解釋 （憲一六、二三，大法官審案五，刑二三九，刑訴二二八、二三二～二三四、二三九、二五二、二六六、三〇三、三二一、三四三）

九十二年十二月十二日公布

憲法第十六條明定人民有訴訟之權，旨在確保人民權益遭受不法侵害時，有權訴請司法機關予以救濟。惟訴訟權如何行使，應由法律規定；法律於符合憲法第二十三條意

旨之範圍內，對於人民訴訟權之實施自得為合理之限制。刑事訴訟法第三百二十一條規定，對於配偶不得提起自訴，係為防止配偶間因自訴而對簿公堂，致影響夫妻和睦及家庭和諧，乃為維護人倫關係所為之合理限制，尚未逾越立法機關自由形成之範圍；且人民依刑事訴訟法相關規定，並非不得對其配偶提出告訴，其憲法所保障之訴訟權並未受到侵害，與憲法第十六條及第二十三條之意旨尚無牴觸。

刑事訴訟法第三百二十一條規定固限制人民對其配偶之自訴權，惟對於與其配偶共犯告訴乃論罪之人，並非不得依法提起自訴。本院院字第三六四號及院字第一八四四號解釋相關部分，使人民對於與其配偶共犯告訴乃論罪之人亦不得提起自訴，並非為維持家庭和諧及人倫關係所必要，有違憲法保障人民訴訟權之意旨，應予變更；最高法院二十九年上字第二三三三號判例前段及二十九年非字第一五號判例，對人民之自訴權增加法律所無之限制，應不再援用。

解釋理由書

本件聲請人因妨害婚姻案件，認系爭確定終局判決所適用之最高法院二十九年上字第二三三三號及二十九年非字第一五號判例有牴觸憲法之疑義，聲請解釋。按上開判例係以告訴不可分之原則限制人民不得對於與其配偶共犯告訴乃論罪之人提起自訴，其意旨與本院院字第三六四號及院字第一八四四號解釋之有關部分相同。上開解釋雖非本件聲請解釋之標的，惟與系爭判例關聯密切，為貫徹釋憲意旨，應一併納入審查範圍，合先說明。憲法第十六條明定人民有訴訟之權，旨在確保人民憲法上之權利或法律上之利益遭受不法侵害時，有權依法請求救濟。有配偶而與人通姦，悖離婚姻忠誠，破壞家庭和諧，侵害憲法第二十二條所保障之自由權利，刑法第二百三十九條並明文施予處罰，其配偶自得依法訴請司法機關予以救濟（本院釋字第五〇七號、第二四二號與第五五四號解釋參照）。惟訴訟權如何行使，應由法律予以規定；法律於符合憲法第二十三條意旨之範圍內，對於人民訴訟權之實施自得為合理之限制。刑事訴訟法第三百二十一條規定，對於配偶不得提起自訴，係為防止配偶間因自訴而對簿公堂，致影響夫妻和睦及家庭和諧，為維護人倫關係所為之合理限制，尚未逾越立法機關自由形成之範圍；且人民依刑事訴訟法第二百三十二條、第二百三十三條第一項、第二百三十四條第二項等規定，並非不得對其配偶提出告訴，其憲法所保障之訴訟權並未受到侵害，與憲法第十六條及第二十三條之意旨尚無牴觸。

刑事訴訟法第三百二十一條規定：「對於直系尊親屬或配偶，不得提起自訴」；是配偶犯刑法第二百三十九條之通姦罪者，人民固不得對其配偶提起自訴，惟對於與其配偶

相姦之人，則並無不得提起自訴之限制。然依最高法院二十九年上字第二三三三號判例前段：「告訴乃論罪依刑事訴訟法第二百十八條規定，對於共犯中之一人告訴，其效力及於其他共犯，故共同被告之一人為被害人之配偶時，被害人既不得對之提起自訴，則依告訴不可分之原則，對於其他被告亦即不得自訴」，及同院二十九年非字第一五號判例：「對於配偶不得提起自訴，刑事訴訟法第三百十三條有明文規定，被告與自訴人之妻某氏相姦，本為觸犯刑法第二百三十九條之罪，依同法第二百四十五條第一項須告訴乃論，自訴人對於其妻某氏既不得提起自訴，依告訴不可分之原則，即對於被告亦不得提起自訴」之意旨，人民對於與其配偶相姦之人或其他與其配偶共犯告訴乃論罪之人亦不得提起自訴。又行憲前制定公布之刑事訴訟法對於不得提起自訴之對象，或為「直系親屬、配偶或同財共居親屬」（中華民國十七年七月二十八日國民政府公布之刑事訴訟法第三百三十九條），或為「直系尊親屬或配偶」（二十四年一月一日修正公布之同法第三百十三條）。然本院院字第三六四號解釋：「有夫之婦與人通姦，本夫對於姦婦既屬配偶，應受刑事訴訟法第三百三十九條之限制，不許自訴，僅得向檢察官告訴，依公訴程序辦理。（參照院字第四○號解釋）其對姦夫，依告訴乃論之罪告訴不可分之原則，亦僅得告訴，不適用自訴程序」，及院字第一八四四號解釋(三)後段：「戊自訴其妻己與庚通姦，或共同輕微傷害。戊與己係屬配偶，既受刑訴法第三一三條限制，不得提起自訴，依告訴不可分原則，戊對於庚之自訴，自應併予不受理」，亦均以告訴不可分原則，擴大對人民自訴權之限制。

刑事訴訟法第二百三十九條前段規定：「告訴乃論之罪，對於共犯之一人告訴或撤回告訴，其效力及於其他共犯」，此為就告訴乃論罪之告訴，對人之效力，又稱為主觀之效力，亦即上開解釋及判例所稱之告訴不可分原則。惟所謂告訴係由犯罪被害人或其他有告訴權之人，向刑事司法偵查機關人員陳述犯罪嫌疑事實，請求追訴嫌疑人，其乃偵查起因之一（同法第二百二十八條第一項），於告訴乃論罪案件，並為訴訟之條件，非經合法告訴，不得提起公訴及為實體判決（同法第二百五十二條第五款、第三百零三條第三款參照）；而自訴則係由犯罪被害人或其他有自訴權之人自任當事人之原告，對被告犯罪案件向法院起訴，請求審判，其性質與告訴有別，而與公訴相似；故同法第三百四十三條規定：「自訴程序，除本章有特別規定外，準用第二百四十六條、第二百四十九條及前章第二節、第三節關於公訴之規定」，不惟不準用同法第二百三十九條告訴不可分原則，且自訴對人之效力（即主觀之效力）自應準用同法第二百六十六條「起訴之效力，不及於檢察官所指被告以外之人」之規定，亦即主觀上可分，從而同

法第三百二十一條禁止人民對於配偶提起自訴之規定，自不應擴張解釋，使及於與其配偶共犯告訴乃論罪之人。況如夫妻之間為維持家庭和諧，不願對配偶進行追訴，在無法單獨對相姦人自訴之情形下，若提出告訴，依同法第二百三十九條前段之規定，其效力必及於其配偶，於人倫關係之維護，反有不利之影響。如必於告訴之後，再對配偶部分撤回告訴（同法第二百三十九條後段），以勉力維持婚姻關係，則亦有虛耗司法資源之虞。是上開解釋相關部分對人民自訴權之限制，並非為維持家庭和諧及人倫關係所必要，與憲法第二十三條規定之意旨不符，應予變更；最高法院二十九年上字第二三三三號判例前段及二十九年非字第一五號判例，對人民之自訴權增加法律所無之限制，應不再援用。

另本件聲請人指摘：刑法、刑事訴訟法及民法未規定提起自訴及刑事附帶民事訴訟後，刑事追訴權時效及民事請求權時效期間中斷，亦未規定自訴不受理確定後，應依聲請移送該案於管轄之檢察署；刑事訴訟法第二十九條、第三十一條第一項、第三十七條第一項及第二項、第四百零四條不得抗告之範圍過廣；司法院院解字第三八八九號解釋、刑事訴訟法第四十七條及第四百二十九條，自訴人不得檢閱卷宗及證物之規定；及法院以內規剝奪聲請人主動調查權，且有利於聲請人之證據均故意不調查等，有牴觸憲法之疑義。查聲請人上開主張及其相關規定均非確定終局裁判所適用之法令，核與司法院大法官審理案件法第五條第一項第二款不合，依同條第三項規定，應不受理。此外，聲請人認臺灣高等法院九十二年度上易字第四一五號刑事判決及同院九十二年度重附民上字第六號刑事附帶民事訴訟判決，適用最高法院七十九年臺非字第一四七號刑事判決，對自訴為不受理判決；與臺灣高等法院九十一年度上易字第三三八一號刑事判決及同院九十一年度重附民上字第七一號刑事附帶民事訴訟判決，適用臺灣高等法院七十四年座談會結論，駁回其移轉管轄之聲請，有違憲疑義。查最高法院判決與臺灣高等法院座談會結論並非司法院大法官審理案件法所稱之法令，與司法院大法官審理案件法第五條第一項第二款不合，依同條第三項規定，亦應不受理，併此敘明。

釋字第五七〇號解釋　　（憲二三，行序一七四之一，警察二、九，社維六三，玩具槍管理規則八之一）　　　　　　　　　　九十二年十二月二十六日公布

人民自由及權利之限制，依憲法第二十三條規定，應以法律定之。其得由法律授權以命令為補充規定者，則授權之目的、內容及範圍應具體明確，始得據以發布命令。中華民國八十一年十二月十八日經濟部及內政部會銜修正發布之玩具槍管理規則（已

廢止），其第八條之一規定：「玩具槍類似真槍而有危害治安之虞者，由內政部公告禁止之」。內政部乃於八十二年一月十五日發布臺（八二）內警字第八二七○○二○號公告（已停止適用）：「一、為維護公共秩序，確保社會安寧，保障人民生命財產安全，自公告日起，未經許可不得製造、運輸、販賣、攜帶或公然陳列類似真槍之玩具槍枝，如有違反者，依社會秩序維護法有關條文處罰」，均係主管機關基於職權所發布之命令，固有其實際需要，惟禁止製造、運輸、販賣、攜帶或公然陳列類似真槍之玩具槍枝，並對違反者予以處罰，涉及人民自由權利之限制，應由法律或經法律明確授權之命令規定。上開職權命令未經法律授權，限制人民之自由權利，其影響又非屬輕微，與憲法第二十三條規定之法律保留原則不符，均應不予適用。

解釋理由書

人民自由及權利之限制，依憲法第二十三條規定，應以法律定之。得由法律授權以命令為補充規定者，其授權之目的、內容及範圍應具體明確，始得據以發布命令，以符合憲法保障人民自由權利之本旨。

內政部為中央警察主管機關，依警察法第二條暨第九條第一款規定，固得依法行使職權發布警察命令。然警察命令內容涉及人民自由權利者，亦應受前開法律保留原則之拘束。警察法第二條規定，警察任務為依法維持公共秩序，保護社會安全，防止一切危害，促進人民福利；同法第九條第一款規定，警察有依法發布警察命令之職權，僅具組織法之劃定職權與管轄事務之性質，欠缺行為法之功能，不足以作為發布限制人民自由及權利之警察命令之授權依據。

行政機關之公告行為，如對人民之自由權利有所限制時，應以法律就該公告行為之要件及標準，具體明確規定，本院釋字第五六四號解釋足資參照。社會秩序維護法第六十三條第一項第八款固規定，製造、運輸、販賣、攜帶或公然陳列經主管機關公告查禁之器械者，處三日以下拘留或新臺幣三萬元以下罰鍰。惟該條款所謂「經主管機關公告」，係指主管機關，依據對該公告行為之要件及標準為具體明確規定之法律，所為適法之公告而言，尚不得以該條款規定，作為發布限制人民自由權利公告之授權依據。中華民國八十一年十二月十八日經濟部經（八一）商字第二三五六二五號、內政部臺（八一）內警字第八一九○○九三號令會銜修正發布玩具槍管理規則（九十一年五月八日經經濟部經商字第○九○○○二二六九二六○號與內政部臺內警字第○九一○○七五六九七號令會銜發布廢止），其第八條之一規定：「玩具槍類似真槍而有危害治安之虞者，由內政部公告禁止之」。內政部乃於八十二年一月十五日依據警察法第二條及第

九條第一款、玩具槍管理規則第八條之一，發布臺（八二）內警字第八二七〇〇二〇號公告（自九十一年五月十日起停止適用）：「一、為維護公共秩序，確保社會安寧，保障人民生命財產安全，自公告日起，未經許可不得製造、運輸、販賣、攜帶或公然陳列類似真槍之玩具槍枝，如有違反者，依社會秩序維護法有關條文處罰」，係主管機關為維護社會治安，於法制未臻完備之際，基於警察職權所發布之命令，固有其實際需要，惟禁止製造、運輸、販賣、攜帶或公然陳列類似真槍之玩具槍枝，並對違反者予以處罰，涉及人民自由權利之限制，且其影響非屬輕微，應由法律或經法律授權之命令規定，始得為之。警察法第二條及第九條第一款、社會秩序維護法第六十三條第一項第八款規定，均不足以作為上開職權命令之授權依據，已如前述。又八十九年十二月二十七日增訂、九十年十二月二十八日修正公布之行政程序法第一百七十四條之一規定，乃基於法安定性原則所訂定之過渡條款，縱可作為該法施行前須以法律規定或以法律明列其授權依據訂定之事項，行政機關以職權命令訂定者，於該法施行後二年內繼續有效之法律依據，惟此一不涉及適法與否之效力存續規定，尚不得作為相關職權命令之概括授權法律，且本件行為時及裁判時，行政程序法尚未公布施行，故不發生該法第一百七十四條之一規定，對於系爭玩具槍管理規則及內政部臺（八二）內警字第八二七〇〇二〇號公告之效力有何影響之問題。綜上所述，上開職權命令未經法律授權，限制人民之自由權利，其影響又非屬輕微，與憲法第二十三條規定之法律保留原則不符，均應不予適用。

釋字第五七一號解釋　（憲七、二三、一五五，憲增修二，緊急命令（九二一震災）一，緊急命令執行要點三）　　　　　　　九十三年一月二日公布

憲法增修條文第二條第三項規定，總統為避免國家或人民遭遇緊急危難或應付財政經濟上重大變故，得經行政院會議之決議發布緊急命令，為必要之處置。又對於人民受非常災害者，國家應予以適當之扶助與救濟，憲法第一百五十五條亦定有明文。此項扶助與救濟，性質上係國家對受非常災害之人民，授與之緊急救助，關於救助之給付對象、條件及範圍，國家機關於符合平等原則之範圍內，得斟酌國家財力、資源之有效運用及其他實際狀況，採取合理必要之手段，為妥適之規定。臺灣地區於中華民國八十八年九月二十一日發生罕見之強烈地震，人民遭遇緊急之危難，對於災區及災民，為實施緊急之災害救助、災民安置及災後重建，總統乃於同年月二十五日依上開憲法規定之意旨，發布緊急命令。行政院為執行該緊急命令，繼而特訂「中華民國八十八

年九月二十五日緊急命令執行要點」（以下簡稱執行要點）。該緊急命令第一點及執行要點第三點第一項第四款規定目的之一，在對受災戶提供緊急之慰助。內政部為其執行機關之一，基於職權發布八十八年九月三十日臺（八八）內社字第八八八五四六五號、八十八年十月一日臺（八八）內社字第八八八二三三九號及八十八年十月三十日臺（八八）內社字第八八八五七一一號函，對於九二一大地震災區住屋全倒、半倒者，發給慰助金之對象，以設籍、實際居住於受災屋與否作為判斷依據，並設定申請慰助金之相當期限，旨在實現前開緊急命令及執行要點規定之目的，並未逾越其範圍。且上述設限係基於實施災害救助、慰問之事物本質，就受非常災害之人民生存照護之緊急必要，與非實際居住於受災屋之人民，尚無提供緊急救助之必要者，作合理之差別對待，已兼顧震災急難救助之目的達成，手段亦屬合理，與憲法第七條規定無違。又上開函釋旨在提供災害之緊急慰助，並非就人民財產權加以限制，故亦不生違反憲法第二十三條之問題。

解釋理由書

憲法增修條文第二條第三項規定，總統為避免國家或人民遭遇緊急危難或應付財政經濟上重大變故，得經行政院會議之決議發布緊急命令，為必要之處置。又對於人民受非常災害者，國家應予以適當之扶助與救濟，憲法第一百五十五條亦定有明文。此項扶助與救濟，性質上係國家對受非常災害之人民，授與之緊急救助。關於救助之給付對象、條件及範圍，國家機關於符合平等原則之範圍內，得斟酌國家財力、資源之有效運用及其他實際狀況，採取合理必要之手段，為妥適之規定，享有較大之裁量空間。臺灣地區於八十八年九月二十一日發生罕見之強烈地震，人民遭遇緊急之危難，對於災區及災民，為實施緊急之災害救助、災民安置及災後重建，總統乃於同年月二十五日依上開憲法規定意旨，發布緊急命令。該緊急命令以及執行機關所為之補充規定，其程序與本院釋字第五四三號解釋意旨，雖有未合，尚不生違憲問題，業經該號解釋有案，惟其內容仍應符合法治國家憲法之一般原則，以維憲政體制。

緊急命令具有暫時變更或代替法律之效力。上開緊急命令第一點規定，中央政府為籌措災區重建之財源，應縮減暫可緩支之經費，對各級政府預算得為必要之變更，調節收支移緩救急，並在新臺幣八百億元限額內發行公債或借款，由行政院依救災、重建計畫統籌支用，並得由中央各機關逕行執行，必要時得先行支付其一部分款項。又上揭執行要點第三點第一項第四款規定，緊急命令第一點所定之救災、重建計畫統籌支用項目，包括受災戶慰助、補貼及減免在內。上開緊急命令第一點及執行要點第三點

第一項第四款規定目的之一，乃在由執行機關衡酌國家財力、資源之有效運用及其他實際情況，對地震災區之受災戶提供緊急之慰助，符合憲法第一百五十五條規定之意旨。且為執行之迅速及實效，緊急命令之執行機關，非僅指中央政府之行政院，依有關災害救助、災民安置及災後重建等不同業務性質，並得由中央各該主管機關逕予執行，內政部即為執行該命令中央主管機關之一。

為執行前開緊急命令，內政部乃對於九二一大地震受災區之住屋全倒或半倒者，給予一定之救助、慰問金，並基於職權發布八十八年九月三十日臺（八八）內社字第八八八五四六五號及八十八年十月一日臺（八八）內社字第八八八二三三九號及八十八年十月三十日臺（八八）內社字第八八八五七一一號函，敘明對於九二一大地震災區住屋全倒、半倒者，發給救助及慰助金之對象，限於災前有戶籍登記者為準，且實際居住於受災屋之現住戶，由戶長或現住人員具領，未居住於受災毀損住屋者，不予發放。至如未設籍而有實際居住之事實者，得以切結書由村、里長認定後申領，並應於一定期間申請等情。九二一震災發生後，實際居住於受災屋之人民，於劫難倖存之餘，因房屋倒塌或受嚴重之毀損，斷垣殘壁，頓失風雨之遮蔽，生活起居將暴露於大自然外力之間，甚或流離失所，生命、身體、財產之安全及精神之安寧均陷於重大之危懼，基本生活之維持有難以為繼之虞，亟需國家即時之緊急慰助。且實際居住於受災屋而受非常災害之人民，具有生存照護之緊急必要，與未實際居住於受災毀損之住屋者，尚有安身立命之所，所需照護之迫切程度，兩者相較，緩急輕重，自屬有別，所處危困之境遇，亦截然不同。是上開函釋鑑於地震災區之實際狀況，斟酌生存緊急照護之迫切差異性，於採取上述緊急救助措施時，對於九二一大地震災區住屋全倒、半倒者發給慰助金，以設籍、實際居住於受災屋與否作為判斷依據，並設定申請慰助金之相當期限，係基於實施災害救助、慰問之事物本質，以合理之手段作不同之處理，為差別之對待，已兼顧震災急難慰助之目的達成，乃在實現前開緊急命令及其執行要點規定之目的，所為必要之補充規定，並未逾越其範圍，與憲法第七條規定亦無牴觸。又此項緊急慰助之給付，旨在提供受非常災害者之緊急慰助，並非對人民財產權損失之補償，是對於不符合慰助條件者，不予給付，本質上並未涉及人民財產權之限制，故不生違反憲法第二十三條之問題。

釋字第五七二號解釋　（憲七、一五、二三，大法官審案五、七、八，刑三三、二七一）　　　　　　　　　　　　　　　　九十三年二月六日公布

按法官於審理案件時，對於應適用之法律，依其合理之確信，認為有牴觸憲法之疑義者，各級法院得以之為先決問題，裁定停止訴訟程序，並提出客觀上形成確信法律為違憲之具體理由，聲請大法官解釋，業經本院釋字第三七一號解釋在案。其中所謂「先決問題」，係指審理原因案件之法院，確信系爭法律違憲，顯然於該案件之裁判結果有影響者而言；所謂「提出客觀上形成確信法律為違憲之具體理由」，係指聲請法院應於聲請書內詳敘其對系爭違憲法律之闡釋，以及對據以審查之憲法規範意涵之說明，並基於以上見解，提出其確信系爭法律違反該憲法規範之論證，且其論證客觀上無明顯錯誤者，始足當之。如僅對法律是否違憲發生疑義，或系爭法律有合憲解釋之可能者，尚難謂已提出客觀上形成確信法律為違憲之具體理由。本院釋字第三七一號解釋，應予補充。

解釋理由書

本件聲請人聲請意旨，以其審理臺灣基隆地方法院九十二年度重訴字第六號殺人等案件時，認須適用刑法第二百七十一條第一項之規定，確信刑法第三十三條第三款之本文，牴觸憲法第七條、第十五條、第二十三條規定及其他憲法原則，乃依司法院釋字第三七一號解釋提出釋憲聲請，請求宣告有期徒刑十五年之上限規定立即失效，使各級法院法官在量刑時，得就個案宣告二十年至五十年之長期自由刑，並請闡明無期徒刑不應適用假釋規定等語。本院審理本件聲請案件，應依職權適用本院釋字第三七一號解釋，認有補充解釋之必要，爰予補充解釋，合先敘明。

釋字第三七一號解釋所稱，各級法院得以其裁判上所應適用之法律是否違憲為先決問題，裁定停止訴訟程序，聲請解釋憲法，其中所謂「先決問題」，係指審理原因案件之法院確信系爭法律違憲，顯然於該案件之裁判結果有影響者而言。如系爭法律已修正或廢止，而於原因案件應適用新法；或原因案件之事實不明，無從認定應否適用系爭法律者，皆難謂系爭法律是否違憲，為原因案件裁判上之先決問題。本件縱依聲請意旨為解釋，宣告刑法第三十三條第三款本文規定違憲，惟基於人權之保障及罪刑法定、刑罰從新從輕原則，憲法解釋不得使原因案件之刑事被告更受不利益之結果。是法院對原因案件之刑事被告仍應依有利於該被告之現行法為裁判，本件系爭法律是否違憲，自於裁判之結果無影響。至無期徒刑應否適用假釋規定，並非本件法官於審理案件時所應適用之法律。故其聲請，核與上揭要件不符，應不受理。

又釋字第三七一號解釋所謂「提出客觀上形成確信法律為違憲之具體理由」，係指聲請法院應於聲請書內詳敘其對系爭違憲法律之闡釋，以及對據以審查之憲法規範意涵之

說明，並基於以上見解，提出其確信系爭法律違反該憲法規範之論證，且其論證客觀上無明顯錯誤者，始足當之。如僅對法律是否違憲發生疑義，或系爭法律有合憲解釋之可能者，尚難謂已提出客觀上形成確信法律為違憲之具體理由。本件聲請意旨，就刑法第三十三條第三款本文關於自由刑為上限之規定，如何牴觸憲法第七條、第十五條及第二十三條之闡釋，對其客觀上形成確信法律為違憲之具體理由亦尚有未足，併予指明。

釋字第五七三號解釋　（憲七、一三、一五、二三、一七〇，中標二、五、六，監督寺廟條例一～三、八）　　　　　　　九十三年二月二十七日公布

依中華民國十八年五月十四日國民政府公布之法規制定標準法（以下簡稱「前法規制定標準法」）第一條：「凡法律案由立法院三讀會之程序通過，經國民政府公布者，定名為法。」第二條第三款所稱，涉及人民權利義務關係之事項，經立法院認為有以法律規定之必要者，為法律案，應經立法院三讀會程序通過之，以及第三條：「凡條例、章程或規則等之制定，應根據法律。」等規定觀之，可知憲法施行前之訓政初期法制，已寓有法律優越及法律保留原則之要求，但有關人民之權利義務關係事項，亦得以未具法律位階之條例等規範形式，予以規定，且當時之立法院並非由人民直接選舉之成員組成。是以當時法律保留原則之涵義及其適用之範圍，均與行憲後者未盡相同。本案系爭之監督寺廟條例，雖依前法規制定標準法所制定，但特由立法院逐條討論通過，由國民政府於十八年十二月七日公布施行，嗣依三十六年一月一日公布之憲法實施之準備程序，亦未加以修改或廢止，而仍持續沿用，並經行憲後立法院認其為有效之法律，且迭經本院作為審查對象在案，應認其為現行有效規範人民權利義務之法律。

人民之宗教信仰自由及財產權，均受憲法之保障，憲法第十三條與第十五條定有明文。宗教團體管理、處分其財產，國家固非不得以法律加以規範，惟應符合憲法第二十三條規定之比例原則及法律明確性原則。監督寺廟條例第八條就同條例第三條各款所列以外之寺廟處分或變更其不動產及法物，規定須經所屬教會之決議，並呈請該管官署許可，未顧及宗教組織之自主性、內部管理機制之差異性，以及為宗教傳布目的所為財產經營之需要，對該等寺廟之宗教組織自主權及財產處分權加以限制，妨礙宗教活動自由已逾越必要之程度；且其規定應呈請該管官署許可部分，就申請之程序及許可之要件，均付諸闕如，已違反法律明確性原則，遑論採取官署事前許可之管制手段是否確有其必要性，與上開憲法規定及保障人民自由權利之意旨，均有所牴觸；又依同

條例第一條及第二條第一項規定，第八條規範之對象，僅適用於部分宗教，亦與憲法上國家對宗教應謹守中立之原則及宗教平等原則相悖。該條例第八條及第二條第一項規定應自本解釋公布日起，至遲於屆滿二年時，失其效力。

解釋理由書

關於人民自由權利之限制，應以法律加以規範，憲法第二十三條定有明文。此所謂法律，依憲法第一百七十條規定，係指經立法院通過，總統公布者而言。依現行中央法規標準法第二條：「法律得定名為法、律、條例或通則。」第五條第二款所稱，關於人民之權利義務事項，應以法律定之，及第六條：「應以法律規定之事項，不得以命令定之。」等規定觀之，憲政時期之法制，就規範人民權利義務之事項，須符合法律保留原則，甚為明確。惟關於上開法律名稱中之條例一種，於今固屬法律位階，然於訓政初期，依前法規制定標準法第一條：「凡法律案由立法院三讀會之程序通過，經國民政府公布者，定名為法。」第二條：「左列事項為法律案，應經立法院三讀會程序之通過：一、關於現行法律之變更或廢止者。二、現行法律有明文規定應以法律規定者。三、其他事項涉及國家各機關之組織或人民之權利義務關係，經立法院認為有以法律規定之必要者。」及第三條：「凡條例、章程或規則等之制定，應根據法律。」第四條：「條例、章程、規則等，不得違反或抵觸法律。」第五條：「應以法律規定之事項，不得以條例、章程、規則等規定之。」等規定觀之，當時之法制，固已寓有法律優越及法律保留原則之要求，但條例尚屬命令位階（迨前法規制定標準法於三十二年六月四日修正公布後，依其第三條：「法律得按其規定事項之性質，定名為法或條例。」之規定，條例始具法律地位），然制定法律之立法機關，即隸屬於國民政府之立法院，並非由人民直接選舉之成員組成，法律案經其議決通過後，仍須經國民政府之國務會議議決始能公布（十七年十月八日公布之中華民國國民政府組織法第十三條、第三十一條參照），且依上開前法規制定標準法第二條第三款規定解釋，關於涉及人民權利義務關係之事項，如未經立法院以法律規定者，國民政府或其所屬五院或行政院各部會尚非不得制定公布或訂定發布條例、章程、規則等命令（十七年十月八日公布之中華民國國民政府組織法第十三條、第十四條、第二十三條參照），予以規範。是以當時法律保留原則之涵義及其適用之範圍，均與行憲後者未盡相同。

國民政府原於十八年一月二十五日發布由內政部所擬訂之寺廟管理條例，但當時大陸各省施行後，屢生窒礙及紛擾，內政部特呈由行政院轉呈國民政府，於同年五月二十五日，將該條例令交立法院審核，經立法院於同年第二十七次會議提出討論，認為該

條例窒礙難行，乃另行草定監督寺廟條例草案，該院於同年十一月三十日第六十三次會議，將該草案提出逐條討論，省略三讀會程序（十七年十一月十三日公布之立法院議事規則第十條、第十一條參照），通過全案，呈由國民政府於十八年十二月七日公布施行，此即本案系爭之監督寺廟條例。嗣國民政府依三十六年一月一日公布之憲法實施之準備程序，亦未加以修改或廢止，而仍持續沿用，且行憲後經立法院法規整理委員會分類整編「中華民國現行法律目錄稿本」，交由相關委員會審查後，經第一屆立法院於四十四年一月七日第十四會期第三十一次會議決議編入「中華民國現行法律目錄」，認屬現行有效之法律（見立法院公報第十四會期第八期，四十四年二月十六日印，第五十四至五十五頁、第七十四頁；立法院法規整理委員會編印，中華民國現行法律目錄稿本《截至中華民國四十三年五月八日止》，第一及二十七頁；並參考謝振民編著、張知本校訂之中華民國立法史，正中書局，三十七年一月滬一版，第六二〇頁至六二二頁），並迭經本院作為審查對象在案（本院釋字第六十五號、第二〇〇號解釋等參照），自應認其已具法律之性質及效力。是以上開條例有關人民權利義務事項之規定，尚難謂與我國行憲後之法律保留原則有所違背。

憲法第十三條規定人民有信仰宗教之自由，係指人民有信仰與不信仰任何宗教之自由，以及參與或不參與宗教活動之自由，國家不得對特定之宗教加以獎勵或禁制，或對人民特定信仰畀予優待或不利益。其保障範圍包含內在信仰之自由、宗教行為之自由與宗教結社之自由（本院釋字第四九〇號解釋參照）。人民所從事之宗教行為及宗教結社組織，與其發乎內心之虔誠宗教信念無法截然二分，人民為實現內心之宗教信念而成立、參加之宗教性結社，就其內部組織結構、人事及財政管理應享有自主權；宗教性規範苟非出於維護宗教自由之必要或重大之公益，並於必要之最小限度內為之，即與憲法保障人民信仰自由之意旨有違。憲法第十五條規定人民之財產權應予保障，旨在確保個人依其財產之存續狀態行使其自由使用、收益及處分之權能，並免於遭受公權力或第三人之侵害。寺廟之財產亦應受憲法有關財產權規定之保障。

寺廟內部之組織結構、是否加入其他宗教性人民團體（教會）成為團體會員，及其與該宗教性人民團體之內部關係，暨寺廟財產之管理、處分等事項，均屬宗教結社自由之保障範圍。監督寺廟條例第八條規定：「寺廟之不動產及法物，非經所屬教會之決議，並呈請該管官署許可，不得處分或變更。」旨在保護同條例第三條各款所列以外之寺廟財產，避免寺廟之不動產及法物遭受不當之處分或變更，致有害及寺廟信仰之傳布存續，固有其正當性，惟其規定須經所屬教會同意部分，未顧及上開寺廟之組織自主性、

內部管理機制之差異性，以及為宗教傳布目的所為財產經營之需要，對該等寺廟之宗教組織自主權及財產處分權加以限制，妨礙宗教活動自由已逾越必要之程度；且其規定應呈請該管官署許可部分，就申請之程序及許可之要件，均付諸闕如，不僅受規範者難以預見及理解，亦非可經由司法審查加以確認，已違法律明確性原則（本院釋字第四四五號、第四九一號解釋參照），遑論採取官署事前許可之管制手段是否確有其必要性，其所採行之方式，亦難謂符合最小侵害原則，抵觸憲法第二十三條規定。

憲法保障人民有信仰宗教之自由，係為維護人民精神領域之自我發展與自我實踐，及社會多元文化之充實，故國家對宗教應謹守中立及寬容原則，不得對特定之宗教加以獎勵或禁制，或對人民特定信仰畀予優待或不利益，前已述及；且憲法第七條明文規定：「中華民國人民，無分男女、宗教、種族、階級、黨派，在法律上一律平等。」是國家如僅針對特定宗教而為禁制或畀予不利益，即有悖於宗教中立原則及宗教平等原則。監督寺廟條例第三條規定，排除由政府機關、地方公共團體管理以及私人建立管理之寺廟適用該條例，僅將由信眾募資成立之寺廟（實務上稱為「募建寺廟」）納入該條例規範，其以寺廟財產來源作為差別待遇之區分標準，尚未涉及對不同宗教信仰之差別待遇，參酌前述該條例保護寺廟財產、防止弊端之立法目的，當屬考量規範對象性質之差異而為之合理差別待遇，固難謂與實質平等之要求有違。惟同條例第八條之規定，依該條例第一條所稱「凡有僧道住持之宗教上建築物，不論用何名稱，均為寺廟」，及第二條第一項所定「寺廟及其財產法物，除法律別有規定外，依本條例監督之」，僅適用於佛、道等部分宗教，對其餘宗教未為相同之限制，即與憲法第十三條及第七條所定之宗教中立原則及宗教平等原則有所不符。

綜上所述，監督寺廟條例第八條及第二條第一項之規定抵觸憲法第七條、第十三條、第十五條、第二十三條，鑒於該條例上開規定係監督前揭寺廟財產處分之主要規範，涉及管理制度之變更，需有相當時間因應，爰均應自本解釋公布日起，至遲於屆滿二年時，失其效力。

釋字第五七四號解釋　（憲七、一六、二三，民訴七七之一、四六六，民訴施八）

九十三年三月十二日公布

憲法第十六條所規定之訴訟權，係以人民於其權利遭受侵害時，得依正當法律程序請求法院救濟為其核心內容。而訴訟救濟應循之審級、程序及相關要件，則由立法機關衡量訴訟案件之種類、性質、訴訟政策目的，以及訴訟制度之功能等因素，以法律為

正當合理之規定。民事訴訟法第四百六十六條對於有關財產權訴訟上訴第三審之規定，以第二審判決後，當事人因上訴所得受之利益是否逾一定之數額，而決定得否上訴第三審之標準，即係立法者衡酌第三審救濟制度之功能及訴訟事件之屬性，避免虛耗國家有限之司法資源，促使私法關係早日確定，以維持社會秩序所為之正當合理之限制，與憲法第十六條、第二十三條尚無違背。

民事訴訟法第四百六十六條修正提高第三審上訴利益之數額時，當事人於法律修正生效後，始對第二審判決提起上訴者，原則上應適用修正後民事訴訟法第四百六十六條規定，並非法律溯及適用。惟第二審判決後，上訴期間進行中，民事訴訟法第四百六十六條修正提高第三審上訴利益之數額，致當事人原已依法取得上訴權，得提起而尚未提起上訴之事件，依新修正之規定而不得上訴時，雖非法律溯及適用，對人民之信賴利益，難謂無重大影響，為兼顧公共利益並適度保護當事人之信賴，民事訴訟法施行法第八條規定：「修正民事訴訟法施行前所為之判決，依第四百六十六條所定不得上訴之額數，於修正民事訴訟法施行後有增加時，而依增加前之法令許之者，仍得上訴」，以為過渡條款，與法治國之法律不溯及既往原則及信賴保護原則，並無違背。

最高法院民國七十四年臺抗字第一七四號判例及最高法院八十六年一月十四日第一次民事庭會議決議：「民事訴訟法第四百六十六條第一項所定不得上訴之額數有增加時，依民事訴訟法施行法第八條規定，以其聲明不服之判決，係在增加前為之者，始依原定額數定其上訴之准許與否。若其判決係在增加後為之者，縱係於第三審法院發回後所為之更審判決，皆應依增加後之額數定其得否上訴。」乃在闡釋民事訴訟法第四百六十六條第一項及民事訴訟法施行法第八條規定之內容，與上開憲法意旨並無不符，自難謂牴觸憲法第七條、第十六條及第二十三條，與法治國之法律不溯及既往原則與信賴保護原則，亦均無違背。

　　解釋理由書

憲法第十六條所規定之訴訟權，係以人民於其權利遭受侵害時，得依正當法律程序請求法院救濟為其核心內容，國家應提供有效之制度保障，以謀其具體實現，除立法機關須制定法律，為適當之法院組織及訴訟程序之規定外，法院於適用法律時，亦須以此為目標，俾人民於其權利受侵害時，有及時、充分回復並實現其權利之可能。訴訟程序倘未損於訴訟權核心內容，立法者自得斟酌憲法上有效法律保護之要求，衡諸各種案件性質之不同，就其訴訟程序為合理之不同規定，尚無違於訴訟權之保障（本院釋字第四四二號解釋參照）。

審級制度為訴訟程序之一環，有糾正下級審裁判之功能，乃司法救濟制度之內部監督機制，其應經若干之審級，得由立法機關衡量訴訟案件之性質及訴訟制度之功能等因素定之，尚難謂其為訴訟權保障之核心內容（本院釋字第三九六號、第四四二號及第五一二號等解釋參照），而要求任何訴訟案件均得上訴於第三審，始與憲法保障人民訴訟權之意旨相符。

我國民事訴訟法採審級救濟制度，以三級三審制為建構原則。第三審固有救濟之功能，但其性質為法律審，著重統一法律之解釋與適用，以維法律見解之一致性，故立法機關得衡酌訴訟事件之性質，以定其第三審上訴之程序要件。八十八年二月三日修正公布之民事訴訟法第四百六十六條第一項規定：「對於財產權訴訟之第二審判決，如因上訴所得受之利益，不逾新臺幣六十萬元者，不得上訴。」對於有關財產權訴訟上訴第三審之規定，以第二審判決後，當事人因上訴所得受之利益是否逾一定之數額，而決定得否上訴第三審之標準，乃對人民訴訟權行使程序之合理限制。嗣因我國經濟及國民所得成長，物價及爭訟數額相對提高，使第三審法院受理之財產事件大幅增加，致影響第三審法律審功能之發揮，遂於八十九年二月九日修正上開規定，將不得上訴第三審之利益數額提高為一百萬元，乃為合理分配有限之司法資源，促使私法關係早日確定，以維持社會秩序所為之正當合理之限制，與憲法第十六條、第二十三條並無違背。

法治國原則為憲法之基本原則，首重人民權利之維護、法秩序之安定及信賴保護原則之遵守。因此，法律一旦發生變動，除法律有溯及適用之特別規定者外，原則上係自法律公布生效日起，向將來發生效力。惟人類生活有其連續性，因此新法雖無溯及效力，而係適用於新法生效後始完全實現之構成要件事實，然對人民依舊法所建立之生活秩序，仍難免發生影響。此時立法者於不違反法律平等適用之原則下，固有其自由形成空間。惟如人民依該修正前法律已取得之權益及因此所生之合理信賴，因該法律修正而向將來受不利影響者，立法者即應制定過渡條款，以適度排除新法於生效後之適用，或採取其他合理之補救措施，俾符法治國之法安定性原則及信賴保護原則。

八十九年二月九日修正公布民事訴訟法第四百六十六條第一項（下稱新法），提高第三審上訴利益數額，並無溯及既往適用之特別規定，因此該項修正係自公布生效後向將來發生效力。惟如當事人於法律修正生效前，已依法提起第一審訴訟；或第一審已判決；或已提起第二審上訴，於訴訟進行中；或曾上訴第三審，經第三審廢棄原判決發回原審而回復第二審訴訟程序者，則相關訴訟事件之訴訟規畫，難免因新法向將來生效後受到影響。第因財產權訴訟第三審上訴利益之決定，應就上訴聲明範圍內訴訟標

的之金額或依起訴時之價額定之（民事訴訟法第四百六十六條第四項、第七十七條之一第二項參照），上訴利益乃上訴人依上訴聲明所得受之利益，此與原告起訴，係依原告起訴之聲明，定其客觀利益係屬兩事。第二審法院審查第三審上訴合法要件時，就上訴利益是否符合民事訴訟法第四百六十六條規定，應依職權核定之，不受原第一審法院核定訴訟標的價額之羈束。如第二審法院認定上訴利益不逾法定數額，以上訴不合法裁定駁回第三審上訴，經上訴人提起抗告時，第三審法院仍得再行斟酌核定之，亦不受第二審法院核定之羈束。職是，非至第二審法院判決時，無以認定當事人有無上訴利益，此並非於起訴時即可遽予認定。至訴訟事件提起第三審上訴，經第三審法院審理後認上訴有理由而廢棄原判決者，第二審判決即因第三審法院之廢棄而失其效力，由原第二審法院更為審判。是對於第二審法院之更審判決得否提起第三審上訴，應視更審裁判之結果而定，因此原第二審法院所為更審判決，如在民事訴訟法第四百六十六條第一項所定數額增加後為之者，對於該判決因上訴所得受之利益不逾增加之數額，不得上訴，業經本院院字第二四四六號解釋闡釋在案。故第二審之更審判決，既非原已廢棄之第二審判決，則對於原第二審判決依舊法得提起第三審上訴，於新法公布後，依法律適用之一般原則，對於經第三審法院廢棄發回第二審更審所為之判決，限制其不得提起上訴，於憲法第七條之平等原則並無違背。同時，當事人亦不得主張信賴修正前之規定得對於原第二審判決提起第三審上訴，主張新法溯及既往，侵害其既有之上訴利益。此時，立法者若未制定任何過渡條款，而使新法立即、全面適用，尚不逾越其自由形成之範圍。惟雖同屬訴訟事件之訴訟規畫自新法生效後向將來受到影響之情形，如第二審判決係在新法公布之前所為，當事人依修正前民事訴訟法第四百六十六條第一項規定，原得提起第三審上訴而尚未提起，於上訴期間進行中，法律修正生效後始提起第三審上訴者，若第二審法院或第三審法院依裁定時之新法，以上訴所得受之利益未逾新法所定數額而駁回其上訴時，勢必侵害當事人依修正前民事訴訟法第四百六十六條第一項規定原已取得之上訴第三審權益，及因此所生之合理信賴。此時，立法者若未制定過渡條款，以排除該修正規定於生效後對上開情況之適用，即有因違反信賴保護原則而違憲之虞。民事訴訟法施行法第八條規定：「修正民事訴訟法施行前所為之判決，依第四百六十六條所定不得上訴之額數，於修正民事訴訟法施行後有增加時，而依增加前之法令許之者，仍得上訴。」係立法者審酌民事訴訟之性質，以及第三審為法律審之功能，並為特別保護依修正前民事訴訟法第四百六十六條第一項規定曾經取得上訴第三審權利當事人之既得利益，所制定之過渡條款，既未逾越其

制定法律過渡條款之自由形成範圍，與法治國之信賴保護原則自亦無違背。

最高法院七十四年臺抗字第一七四號判例及最高法院八十六年一月十四日第一次民事庭會議決議：「民事訴訟法第四百六十六條第一項所定不得上訴之額數有增加時，依民事訴訟法施行法第八條規定，以其聲明不服之判決，係在增加前為之者，始依原定額數定其上訴之准許與否。若其判決係在增加後為之者，縱係於第三審法院發回後所為之更審判決，皆應依增加後之額數定其得否上訴。」乃在闡釋民事訴訟法第四百六十六條第一項及民事訴訟法施行法第八條規定之內容，並未增加法律所無之限制，與上開憲法意旨亦無不符，自難謂抵觸憲法第七條、第十六條及第二十三條規定，與法治國之法律不溯及既往原則與信賴保護原則，均無違背。

釋字第五七五號解釋　（憲七、一八、二三，戶籍五、七，戶籍施二、三，警員管理二二）　　　　　　　　　　九十三年四月二日公布

憲法第十八條規定人民有服公職之權利，旨在保障人民有依法令從事於公務，暨由此衍生享有之身分保障、俸給與退休金等權利。機關因改組、解散或改隸致對公務人員之憲法所保障服公職之權利產生重大不利影響，應設適度過渡條款或其他緩和措施，以資兼顧。

中華民國六十二年七月十七日修正公布之戶籍法第七條第二項規定：「動員戡亂時期，戶政事務所得經行政院核准，隸屬直轄市、縣警察機關；其辦法由行政院定之。」為因應動員戡亂時期之終止，八十一年六月二十九日修正公布之戶籍法第七條將上開規定刪除，並修正同條第一項及該法施行細則第三條，回復戶警分立制度，乃配合國家憲政秩序回歸正常體制所為機關組織之調整。戶政單位回歸民政系統後，戶政人員之任用，自應依公務人員任用法、各戶政單位員額編制表及相關人事法令規定為之。原辦理戶政業務之警察人員，其不具一般公務人員資格者，即不得留任，顯已對該等人員服公職權利產生重大不利影響。為謀緩和，內政部於八十一年六月十日以臺（八一）內戶字第八一〇三五三六號函發布、同年七月一日實施之「戶警分立實施方案」，使原辦理戶政業務之警政人員或可於五年內留任原職或回任警職；或可不受考試資格限制而換敘轉任為一般公務人員，已充分考量當事人之意願、權益及重新調整其工作環境所必要之期限，應認國家已選擇對相關公務員之權利限制最少，亦不至於耗費過度行政成本之方式以實現戶警分立。當事人就職缺之期待，縱不能盡如其意，相對於回復戶警分立制度之重要性與必要性，其所受之不利影響，或屬輕微，或為尊重當事人個

人意願之結果，並未逾越期待可能性之範圍，與法治國家比例原則之要求，尚屬相符。前開實施方案相關規定，涉及人民權利而未以法律定之，固有未洽，然因其內容非限制人民之自由權利，尚難謂與憲法第二十三條規定之法律保留原則有違。惟過渡條款若有排除或限制法律適用之效力者，仍應以法律定之，方符法治國家權力分立原則，併此指明。

七十二年十一月二十一日修正公布之警察人員管理條例第二十二條第二項附表附註，就警察人員轉任非警察官職務按其原敘俸級，換敘轉任職務之相當俸級至最高年功俸為止，超出部分仍予保留，係因不同制度人員間原適用不同人事法令而須重新審定俸級之特別規定，乃維護公務人員人事制度健全與整體平衡所為之必要限制，與憲法保障平等權之意旨亦無牴觸。

　　解釋理由書

憲法第十八條規定人民有服公職之權利，旨在保障人民有依法令從事於公務，暨由此衍生享有之身分保障、俸給與退休金請求等權利。公務人員如因服務機關之改組、解散或改隸致其憲法所保障之服公職權利受到重大不利影響，國家應制定適度之過渡條款或其他緩和措施，以兼顧公務人員權利之保障。

六十二年七月十七日修正公布之戶籍法第七條第二項規定：「動員戡亂時期，戶政事務所得經行政院核准，隸屬直轄市、縣警察機關；其辦法由行政院定之。」遂使警察人員原依戶警合一實施方案、戡亂時期臺灣地區戶政改進辦法等規定，可辦理戶政業務之戶警合一制度而有法律依據。嗣為因應動員戡亂時期之終止，八十一年六月二十九日修正公布之戶籍法第七條將原第二項刪除，並修正同條第一項及該法施行細則第三條，回復戶警分立制度，乃配合國家憲政秩序回歸正常體制所為機關組織之調整。戶政單位回歸民政系統後，戶政人員之任用，自應依公務人員任用法、各戶政單位員額編制表及相關人事法令規定為之。故原於戶政事務所辦理戶政業務之警察人員，其不具一般公務人員資格者，因其任用資格與人事體制規定不符，若無其他法令依據，即不得留任；產生此種後果，固係因機關組織回歸民政系統以及既有之人事制度使然，但顯已對該等人員服公職權利產生重大不利之影響。國家自有義務對相關人事為相應之安置，例如制定過渡條款或其他緩和措施，以適度降低制度變更對其權益所造成之衝擊。內政部基於保障人民權利之考慮，而以八十一年六月十日臺（八一）內戶字第八一〇三五三六號函發布、同年七月一日實施之「戶警分立實施方案」，其第四之㈡點，即規劃該等任用資格與相關人事法令有所不符之警察人員，隨同業務移撥後仍得以原任用

資格繼續留任於戶政事務所，再依其志願辦理回任警職，已賦予該等人員審慎評估未來服公職計畫之機會，即使該等人員未於五年內依內政部八十一年六月二十四日臺(八一)內警字第八一八○一三○號函發「戶警分立移撥民(戶)政單位具警察官任用資格人員志願回任警察機關職務作業要點」申請回任，仍繼續執行原職務者，復容許其得轉任為一般公務人員，繼續留任原職。至於回任之意願應於五年內表示之限制，係基於行政效能之考量，以及職務分配之需要，俾於相當期間內確定各機關之職缺以達人事之安定。綜此，戶警分立實施方案已充分考量當事人之意願、權益及重新調整其工作環境所必要之期限，足使機關改隸後原有人員身分權益所受不利益減至最低，應認國家已選擇對相關公務員之權利限制最少、亦不至於耗費過度行政成本之方式以實現戶警分立。當事人就職缺之期待，縱不能盡如其意，相對於遵守法治國原則、適當分配警察任務與一般行政任務以回復憲政體制此一重大公益之重要性與必要性，其所受之不利影響，或屬輕微，或為尊重當事人個人意願之結果，並未逾越期待可能性之範圍，與法治國家比例原則之要求，尚屬相符。

前開實施方案相關規定，涉及人民之自由權利，其未以法律定之，固有未洽。惟此乃主管機關於憲政轉型期為因應立法院於修正戶籍法時，未制定過渡條款或其他緩和措施之不得已之舉，因其內容並非限制人民之自由權利，尚難謂與憲法第二十三條規定之法律保留原則有違。茲動員戡亂時期既經終止，憲政體制已回復常態，前開情事不復存在，過渡條款若有排除或限制法律適用之效力，且非行政機關於組織或人事固有權限範圍內之事項者，仍應一併以法律定之或以法律授權相關機關以為適當規範，方符法治國家權力分立原則，併此指明。

七十二年十一月二十一日修正公布之警察人員管理條例第二十二條第二項附表(警察人員俸表)附註規定：「警察人員依本表規定敘級後，如轉任非警察官職務時，應依所轉任職務適用之俸給法，按其原敘警察官俸級，換敘轉任職務之相當俸級，以至最高年功俸為止，如有超出，仍予保留」，係因不同制度人員間原適用不同之任用、敘薪、考績(成)、考核規定，警察人員轉任非警察官職務時，須重新審定俸級所為之特別規定，以確保同一體系內公務人員之待遇公平，並保障警察人員依法敘級後之俸給利益。該規定未因轉任是否基於自願而訂定差別待遇，乃在避免具有正當目的之人事調度難以執行，係維護公務人員人事制度健全與整體平衡所為之必要限制，其手段亦屬適當，與憲法第七條保障平等權之意旨亦無牴觸。

釋字第五七六號解釋　（憲七、一四～一六、二二、二三、八〇，法組五七，行政法院組一六，大法官審案五，保險三五～三七）　九十三年四月二十三日公布

契約自由為個人自主發展與實現自我之重要機制，並為私法自治之基礎，除依契約之具體內容受憲法各相關基本權利規定保障外，亦屬憲法第二十二條所保障其他自由權利之一種。惟國家基於維護公益之必要，尚非不得以法律對之為合理之限制。

保險法第三十六條規定：「複保險，除另有約定外，要保人應將他保險人之名稱及保險金額通知各保險人。」第三十七條規定：「要保人故意不為前條之通知，或意圖不當得利而為複保險者，其契約無效。」係基於損害填補原則，為防止被保險人不當得利、獲致超過其財產上損害之保險給付，以維護保險市場交易秩序、降低交易成本與健全保險制度之發展，而對複保險行為所為之合理限制，符合憲法第二十三條之規定，與憲法保障人民契約自由之本旨，並無牴觸。

人身保險契約，並非為填補被保險人之財產上損害，亦不生類如財產保險之保險金額是否超過保險標的價值之問題，自不受保險法關於複保險相關規定之限制。最高法院七十六年臺上字第一一六六號判例，將上開保險法有關複保險之規定適用於人身保險契約，對人民之契約自由，增加法律所無之限制，應不再援用。

解釋理由書

人民於其憲法上所保障之權利，遭受不法侵害，經依法定程序提起訴訟，對於確定終局裁判所適用之法律或命令發生有牴觸憲法之疑義，依司法院大法官審理案件法第五條第一項第二款規定聲請本院解釋憲法時，本院審查之對象，非僅以聲請書明指者為限，且包含該確定終局裁判援引為裁判基礎之法令，並與聲請人聲請釋憲之法令具有重要關聯者在內。最高法院七十六年臺上字第一一六六號判例，經同院八十九年度臺上字第二四九〇號判決適用保險法第三十六條、第三十七條時一併援引為裁判基礎，其是否符合保險法上開規定之意旨，而發生牴觸憲法之疑義，亦應一併審理，合先敘明。

契約自由為個人自主發展與實現自我之重要機制，並為私法自治之基礎。契約自由，依其具體內容分別受憲法各相關基本權利規定保障，例如涉及財產處分之契約內容，應為憲法第十五條所保障，又涉及人民組織結社之契約內容，則為憲法第十四條所保障；除此之外，契約自由亦屬憲法第二十二條所保障其他自由權利之一種。惟國家基於維護公益之必要，尚非不得以法律對之為合理之限制。保險法第三十六條規定：「複保險，除另有約定外，要保人應將他保險人之名稱及保險金額通知各保險人。」同法第

三十七條規定：「要保人故意不為前條之通知，或意圖不當得利而為複保險者，其契約無效。」係基於損害填補原則，防止被保險人獲取超過損害程度之不當利益，以維護保險市場交易秩序、降低交易成本、健全保險制度之發展並兼顧投保大眾權益，而對複保險行為所為之合理限制，符合憲法第二十三條之規定，與憲法保障人民契約自由之本旨，並無抵觸。人身保險並非以填補被保險人財產上之具體損害為目的，被保險人之生命、身體完整性既無法以金錢估計價值，自無從認定保險給付是否超額，僅得於締約時，事先約定一定金額作為事故發生時給付之保險金額。故人身保險契約與填補財產上具體損害之財產保險契約有所不同，無不當得利之問題。是以保險法第三十六條、第三十七條之規定並不適用於人身保險契約。最高法院七十六年臺上字第一一六六號判例謂：「所謂複保險，係指要保人對於同一保險利益，同一保險事故，與數保險人分別訂立數個保險之契約行為而言，保險法第三十五條定有明文。依同法第三十六條規定，複保險除另有約定外，要保人應將他保險人之名稱及保險金額通知各保險人。準此，複保險之成立，應以要保人與數保險人分別訂立之數保險契約同時並存為必要。若要保人先後與二以上之保險人訂立保險契約，先行訂立之保險契約，即非複保險，因其保險契約成立時，尚未呈複保險之狀態。要保人嗣與他保險人訂立保險契約，故意不將先行所訂保險契約之事實通知後一保險契約之保險人，依保險法第三十七條規定，後一保險契約應屬無效，非謂成立在先之保險契約亦屬無效。」雖未明確指出複保險之適用範圍，惟上開判例係涉及締結複數人身保險契約之爭議，而認保險法第三十六條、第三十七條有關複保險之規定應適用於人身保險契約，已對人民受憲法保障之契約自由，增加保險法第三十六條、第三十七條所無之限制，應自本解釋公布之日起，不再援用。

至於聲請人主張前開確定終局判決所適用之保險法第三十六條、第三十七條有抵觸憲法第七條之疑義一節，經查系爭法律無論於文義上或適用上均未涉及差別待遇，不生違反平等權之問題，併此敘明。

本件聲請人認本案確定終局判決與最高法院其他判決所表示之見解有異，而聲請統一解釋部分，核其所陳，係屬同一審判機關內裁判見解所生之歧異，並非不同審判機關間之確定終局裁判適用同一法律或命令所表示之見解有異，核與司法院大法官審理案件法第七條第一項第二款之要件不符，依同條第三項規定，應不受理。

釋字第五七七號解釋　　（憲一一、一五、二三、一五七，憲增修一〇，菸害防制

八、二一、三〇）　　　　　　　　　　九十三年五月七日公布

憲法第十一條保障人民有積極表意之自由，及消極不表意之自由，其保障之內容包括主觀意見之表達及客觀事實之陳述。商品標示為提供商品客觀資訊之方式，應受言論自由之保障，惟為重大公益目的所必要，仍得立法採取合理而適當之限制。

國家為增進國民健康，應普遍推行衛生保健事業，重視醫療保健等社會福利工作。菸害防制法第八條第一項規定：「菸品所含之尼古丁及焦油含量，應以中文標示於菸品容器上。」另同法第二十一條對違反者處以罰鍰，對菸品業者就特定商品資訊不為表述之自由有所限制，係為提供消費者必要商品資訊與維護國民健康等重大公共利益，並未逾越必要之程度，與憲法第十一條保障人民言論自由及第二十三條比例原則之規定均無違背。又於菸品容器上應為上述之一定標示，縱屬對菸品業者財產權有所限制，但該項標示因攸關國民健康，乃菸品財產權所具有之社會義務，且所受限制尚屬輕微，未逾越社會義務所應忍受之範圍，與憲法保障人民財產權之規定，並無違背。另上開規定之菸品標示義務及責任，其時間適用之範圍，以該法公布施行後之菸品標示事件為限，並無法律溯及適用情形，難謂因法律溯及適用，而侵害人民之財產權。至菸害防制法第八條第一項規定，與同法第二十一條合併觀察，足知其規範對象、規範行為及法律效果，難謂其規範內容不明確而違反法治國家法律明確性原則。另各類食品、菸品、酒類等商品對於人體健康之影響層面有異，難有比較基礎，立法者對於不同事物之處理，有先後優先順序之選擇權限，相關法律或有不同規定，與平等原則尚無違背。

　　解釋理由書

憲法第十一條保障人民有積極表意之自由，及消極不表意之自由，其保障之內容包括主觀意見之表達及客觀事實之陳述。商品標示為提供商品客觀資訊之方式，為商業言論之一種，有助於消費大眾之合理經濟抉擇。是以商品標示如係為促進合法交易活動，其內容又非虛偽不實或不致產生誤導作用者，其所具有資訊提供、意見形成進而自我實現之功能，與其他事務領域之言論並無二致，應屬憲法第十一條言論自由保障之範圍，業經本院釋字第四一四號解釋所肯認。惟國家為保障消費者獲得真實而完整之資訊、避免商品標示內容造成誤導作用、或為增進其他重大公益目的，自得立法採取與目的達成有實質關聯之手段，明定業者應提供與商品有關聯性之重要商品資訊。

行政法規常分別規定行為要件與法律效果，必須合併觀察，以確定其規範對象、適用範圍與法律效果。菸害防制法第八條第一項乃行為要件之規定，其行為主體及違反效

果則規定於同法第二十一條，二者合併觀之，足以確定規範對象為菸品製造者、輸入者及販賣者，其負有於菸品容器上以中文標示所含尼古丁及焦油含量之作為義務，如有違反，主管機關得依法裁量，對製造者、輸入者或販賣者擇一處新臺幣十萬元以上三十萬元以下罰鍰，並通知製造者、輸入者或販賣者限期收回改正；逾期不遵行者，停止其製造或輸入六個月至一年；違規之菸品並沒入銷燬之。舉凡規範對象、所規範之行為及法律效果皆屬明確，並未違背法治國家法律明確性原則。國家為增進國民健康，應普遍推行衛生保健事業，重視醫療保健等社會福利工作，憲法第一百五十七條及憲法增修條文第十條第八項規定足資參照。中華民國八十六年三月十九日公布、同年九月十九日施行之菸害防制法第八條第一項規定：「菸品所含之尼古丁及焦油含量，應以中文標示於菸品容器上。」第二十一條規定：「違反第七條第一項、第八條第一項或依第七條第二項所定方式者，處新臺幣十萬元以上三十萬元以下罰鍰，並通知製造、輸入或販賣者限期收回改正；逾期不遵行者，停止其製造或輸入六個月至一年；違規之菸品並沒入銷燬之。」乃國家課予菸品業者於其商品標示中提供重要客觀事實資訊之義務，係屬對菸品業者不標示特定商品資訊之不表意自由之限制。惟此項標示義務，有助於消費者對菸品正確了解。且告知菸品中特定成分含量之多寡，亦能使消費者意識並警覺吸菸行為可能造成之危害，促其審慎判斷，作為是否購買之參考，明顯有助於維護國民健康目的之達成；相較課予菸品業者標示義務，責由各機關學校辦理菸害防制教育，固屬較小侵害手段，但於目的之達成，尚非屬相同有效手段，故課予標示義務並未違反必要原則；又衡諸提供消費者必要商品資訊與維護國民健康之重大公共利益，課予菸品業者標示義務，並非強制菸品業者提供個人資料或表達支持特定思想之主張，亦非要求其提供營業秘密，而僅係要求其提供能輕易獲得之商品成分客觀資訊，尚非過當。另鑑於菸品成癮性對人體健康之危害程度，為督促菸品業者嚴格遵守此項標示義務，同法第二十一條乃規定，對違反者得不經限期改正而直接處以相當金額之罰鍰，如與直接採取停止製造或輸入之手段相較，尚屬督促菸品業者履行標示義務之有效與和緩手段。又在相關菸品業者中，明定由製造、輸入或販賣者，負擔菸品標示義務，就菸害防制目的之達成而言，亦屬合理必要之適當手段。故上開菸害防制法規定雖對菸品業者之不表意自由有所限制，然其目的係為維護國民健康及提供消費者必要商業資訊等重大之公共利益，其手段與目的間之實質關聯，符合法治國家比例原則之要求，並未逾越維護公共利益所必要之程度，與憲法第十一條及第二十三條之規定均無違背。

於菸品容器上應為前開一定之標示，縱屬對菸品業者財產權有所限制，但該項標示因攸關國民健康，並可提供商品內容之必要訊息，符合從事商業之誠實信用原則與透明性原則，乃菸品財產權所具有之社會義務，且所受限制尚屬輕微，未逾越社會義務所應忍受之範圍，與憲法保障人民財產權之規定，並無違背。又新訂生效之法規，對於法規生效前「已發生事件」，原則上不得適用，是謂法律適用上之不溯既往原則。所謂「事件」，指符合特定法規構成要件之全部法律事實；所謂「發生」，指該全部法律事實在現實生活中完全具體實現而言。菸害防制法第八條第一項及第二十一條規定之菸品標示義務及責任，僅適用於該法公布施行後之菸品標示事件，並未規定菸品業者於該法施行前亦有標示義務，無法律溯及適用情形，自難謂因法律溯及適用而侵害人民之財產權。至立法者對於新訂法規構成要件各項特徵相關之過去單一事實，譬如作為菸品標示規範標的物之菸品，於何時製造、何時進口、何時進入銷售通路，認為有特別保護之必要者，則應於兼顧公益之前提下，以過渡條款明文規定排除或延緩新法對之適用。惟對該法施行前，已進入銷售通路，尚未售出之菸品，如亦要求須於該法施行時已履行完畢法定標示義務，勢必對菸品業者造成不可預期之財產權損害，故為保障人民之信賴利益，立法者對於此種菸品，則有制定過渡條款之義務。八十六年三月十九日公布之菸害防制法第三十條規定「本法自公布後六個月施行」，使菸品業者對於該法制定生效前已進入銷售通路之菸品，得及時就其法定標示義務預作準備，不致因法律變更而立即遭受不利益，而六個月期限，亦尚不致使維護國民健康之立法目的難以實現，此項過渡期間之規定，符合法治國家信賴保護原則之要求。至各類食品、菸品、酒類商品等，對於人體健康之影響層面有異，難有比較基礎，相關法律或有不同規定，惟立法者對於不同事物之處理，有先後優先順序之選擇權限，與憲法第七條規定之平等原則尚無違背。

釋字第五七八號解釋　（憲七、一五、二三、一五三，所得稅三三，勞基三、五三、五五、五六、七八、七九，勞工退休準備金提撥及管理辦法二、三、五）

　　　　　　　　　　　　　　　　　九十三年五月二十一日公布

國家為改良勞工之生活，增進其生產技能，應制定保護勞工之法律，實施保護勞工之政策，憲法第一百五十三條第一項定有明文，勞動基準法即係國家為實現此一基本國策所制定之法律。至於保護勞工之內容與方式應如何設計，立法者有一定之自由形成空間，惟其因此對於人民基本權利構成限制時，則仍應符合憲法上比例原則之要求。

勞動基準法第五十五條及第五十六條分別規定雇主負擔給付勞工退休金，及按月提撥勞工退休準備金之義務，作為照顧勞工生活方式之一種，有助於保障勞工權益，加強勞雇關係，促進整體社會安全與經濟發展，並未逾越立法機關自由形成之範圍。其因此限制雇主自主決定契約內容及自由使用、處分其財產之權利，係國家為貫徹保護勞工之目的，並衡酌政府財政能力、強化受領勞工勞力給付之雇主對勞工之照顧義務，應屬適當；該法又規定雇主違反前開強制規定者，分別科處罰金或罰鍰，係為監督雇主履行其給付勞工退休金之義務，以達成保障勞工退休後生存安養之目的，衡諸立法之時空條件、勞資關係及其干涉法益之性質與影響程度等因素，國家採取財產刑罰作為強制手段，尚有其必要，符合憲法第二十三條規定之比例原則，與憲法保障契約自由之意旨及第十五條關於人民財產權保障之規定並無牴觸。

勞動基準法課雇主負擔勞工退休金之給付義務，除性質上確有窒礙難行者外，係一體適用於所有勞雇關係，與憲法第七條平等權之保障，亦無牴觸；又立法者對勞工設有退休金制度，係衡酌客觀之社會經濟情勢、國家資源之有效分配，而為不同優先順序之選擇與設計，亦無違憲法第七條關於平等權之保障。復次，憲法並未限制國家僅能以社會保險之方式，達成保護勞工之目的，故立法者就此整體勞工保護之制度設計，本享有一定之形成自由。勞工保險條例中之老年給付與勞動基準法中之勞工退休金，均有助於達成憲法保障勞工生活之意旨，二者性質不同，尚難謂兼採兩種制度即屬違憲。惟立法者就保障勞工生活之立法選擇，本應隨社會整體發展而隨時檢討，勞動基準法自中華民國七十三年立法施行至今，為保護勞工目的而設之勞工退休金制度，其實施成效如何，所採行之手段應否及如何隨社會整體之變遷而適時檢討改進，俾能與時俱進，符合憲法所欲實現之勞工保護政策目標，以及國內人口年齡組成之轉變，已呈現人口持續老化現象，未來將對社會經濟、福利制度等產生衝擊，因此對既有勞工退休制度及社會保險制度，應否予以整合，由於攸關社會資源之分配、國家財政負擔能力等全民之整體利益，仍屬立法形成之事項，允宜在兼顧現制下勞工既有權益之保障與雇主給付能力、企業經營成本等整體社會條件之平衡，由相關機關根據我國憲法保障勞工之基本精神及國家對人民興辦之中小型經濟事業應扶助並保護其生存與發展之意旨，參酌有關國際勞工公約之規定，並衡量國家總體發展，通盤檢討，併此指明。

解釋理由書

國家為改進勞工之生活，增進其生產技能，應制定保護勞工之法律，實施保護勞工之政策，憲法第一百五十三條第一項定有明文，勞動基準法即係國家為實現此一基本國

策所制定之法律。至於保護勞工之內容與方式應如何設計，立法者有一定之自由形成空間，惟其因次對於人民基本權力構成限制時，則仍應符合憲法上比例原則之要求。按勞動基準法係國家本於保護勞工權益之意旨，規範各項勞動條件最低標準之法律，事業單位固得依事業性質及勞動樣態與勞工另行訂定勞動條件，但仍不得低於勞動基準法所定之最低標準。至於保護勞工最低勞動條件之內容及其保障方式等如何設計，則立法者有一定之形成空間，勞動基準法第六章有關勞工退休制度，即係國家透過立法方式所積極建構之最低勞動條件之一，旨在減少勞工流動率，獎勵久任企業之勞工，俾使其安心工作，提高生產效率，藉以降低經營成本，增加企業利潤，具有穩定勞雇關係，並使勞工能獲得相當之退休金，以維持其退休後之生活，與憲法第一百五十三條第一項規定國家應實施保護勞工政策之意旨，尚無不符。該法規定雇主應按月提撥一定之勞工退休準備金，並於勞工符合法定要件時按照法定給予標準，一次發給勞工退休金。雇主按月提撥之勞工退休準備金須專戶存儲，不得作為讓與、扣押、抵銷或擔保之標的，其按月提撥之準備金則匯集為勞工退休基金，由中央主管機關會同財政部指定金融機構保管運用，並由勞雇雙方共同組織委員會監督之（勞動基準法第五十三條、第五十五條及九十一年六月十二日修正前同法第五十六條規定參照）。

就雇主言，以強制按月提撥勞工退休準備金並為專戶存儲之規定，作為促使其履行給付勞工退休金義務之手段，雖因此使雇主自主決訂契約內容之契約自由以及自由使用、處分其財產之財產權受到限制，惟其目的乃在貫徹保護勞工之憲法意旨，並衡酌政府財政能力、強化受領勞工勞力給付之雇主對勞工之照顧義務，應屬適當。而透過專戶存儲之方式，即在使勞工退休金之財源與企業財務分哩，避免相互影響或有挪用情事發生，以穩定勞工退休時之資金來源，使勞工領取退休金之權益能獲得充分保障，同時減少雇主須於短期內籌措退休金而衍生之財務問題，明顯有助於保護勞工權益目的之達成，且雇主負擔勞工退休準備金之提撥比率（依勞工退休準備金提撥及管理辦法第二條規定，勞工退休準備金由各事業單位依每月薪資總額百分之二至百分之十五範圍內按月提撥之）、程序等事項則授權由中央主管機關衡酌實際情形訂定，均具有相當之彈性（同辦法第三條及第五條規定參照），其負擔提撥責任之同時，又享有一定之稅賦優惠（所得稅法第三十三條規定參照），故其手段仍在合理範圍內；又為促使雇主確實遵行給付勞工退休金之義務，勞動基準法第七十八條、九十一年十二月二十五日修正前同法第七十九條第一款規定，違反給付退休金或按月提撥退休準備金規定者，分別科三萬元以下罰金或處二千元以上二萬元以下罰鍰，衡諸立法之時空條件及其所干

涉之法益性質暨影響程度，並考量經濟條件居於相對弱勢之勞工，仍難以透過勞動契約或團體協定方式，與雇主協商合理之退休制度等因素，國家採取財產刑罰作為強制手段，以達成保障勞工退休後生存安養之目的，尚有其必要，符合憲法第二十三條規定之比例原則，與憲法保障契約自由之意旨及第十五條關於人民財產權保障之規定並無牴觸。

勞動基準法課雇主負擔勞工退休金之給付義務，除性質上確有窒礙難行者外，係一體適用於所有勞雇關係（八十五年十二月二十七日修正之勞動基準法第三條第一項、第三項規定參照），其雖未考慮事業單位規模之大小、存續期間之長短或勞工受僱期間之久暫而為差異性之適用規定，惟此乃立法者制定法律推動勞工政策時，照顧久任勞工退休生活所為之考量，與憲法七條平等權之保障，尚無牴觸；又立法者對勞工設有退休金制度，係基於國民工作之性質、薪給結構、收入來源等各有不同，就退休金制度，衡酌客觀之社會經濟情勢、國家資源之有效分配，為不同優先順序之選擇及設計，故亦未牴觸憲法第七條平等權之保障。

復次，憲法並未限制國家僅能以社會保險之方式，達成保護勞工之目的，故立法者就此整體勞工保護之制度設計本享有一定之形成自由，勞工保險條例中之老年給付與勞動基準法中之勞工退休金，均有助於達成憲法保障勞工生活之意旨，二者性質不同，尚難謂兼採兩種制度即屬違憲。惟立法者就保障勞工生活之立法選擇，本應隨社會整體發展而隨時檢討，勞動基準法自七十三年立法施行至今，為保護勞工目的而設之勞工退休金制度，其實施成效如何，所採行之手段應否及如何隨社會整體情勢之變遷而適時檢討改進，俾能與時俱進，符合憲法所欲實現之勞工保護政策目標，以及國內人口年齡組成之轉變，已呈現人口持續老化現象，未來將對社會經濟、福利制度等產生衝擊，因此對既有勞工退休制度及社會保險制度，應否予以整合，由於攸關社會資源之分配、國家財政負擔能力等全民之整體利益，仍屬立法形成之事項，允宜在兼顧現制下勞工既有權益之保障與雇主給付能力、企業經營成本等整體社會條件之平衡，由相關機關根據我國憲法保障勞工之基本精神，及國人對人民興辦之中小型經濟事業應扶助並保護其生存與發展之意旨，參酌有關國際勞工公約之規定，並衡量國家總體發展，通盤檢討，併此指明。

釋字第五七九號解釋　（憲一五，大法官審案五，土地二二一，土地施五九，三七五減租二、一六、一七、一九、二五，平均地權一〇、一一，土徵三〇、三五，

獎勵投資條例三八、五四）　　　　　　　九十三年六月二十五日公布

人民之財產權應予保障，憲法第十五條定有明文。國家因公用或其他公益目的之必要，得依法徵收人民之財產，對被徵收財產之權利人而言，係為公共利益所受之特別犧牲，國家應給予合理之補償，且補償與損失必須相當。國家依法徵收土地時，對該土地之所有權人及該土地之其他財產權人均應予以合理補償，惟其補償方式，立法機關有一定之自由形成空間。

耕地承租人之租賃權係憲法上保障之財產權，於耕地因徵收而消滅時，亦應予補償。且耕地租賃權因物權化之結果，已形同耕地之負擔。平均地權條例第十一條第一項規定，依法徵收之土地為出租耕地時，應由土地所有權人以所得之補償地價，扣除土地增值稅後餘額之三分之一，補償耕地承租人；第二項規定，前項補償承租人之地價，應由主管機關於發放補償或依法提存時，代為扣交，係出租之耕地因公用徵收時，立法機關依憲法保障財產權及保護農民之意旨，審酌耕地所有權之現存價值及耕地租賃權之價值，採用代位總計各別分算代償之方法，將出租耕地上負擔之租賃權價值代為扣交耕地承租人，以為補償，其於土地所有權人財產權之保障，尚不生侵害問題。惟近年來社會經濟發展、產業結構顯有變遷，為因應農地使用政策，上開為保護農民生活而以耕地租賃權為出租耕地上負擔並據以推估其價值之規定，應儘速檢討修正，以符憲法意旨，併予指明。

　　解釋理由書

人民之財產權應予保障，憲法第十五條定有明文。國家因公用或其他公益目的之必要，得依法徵收人民之財產，對被徵收財產之權利人而言，係為公共利益所受之特別犧牲，國家應給予合理之補償，且補償與損失必須相當。國家依法徵收土地時，對該土地之所有權人及該土地之其他財產權人就因徵收被剝奪之所有權及其他財產權，均應予以合理補償，惟其補償方式，立法機關有一定之自由形成空間。

耕地承租人之租賃權，係對他人所有耕地耕作、收益之權利，屬憲法上保障之財產權，於耕地被徵收時隨同所有權而消滅，乃耕地承租人為公共利益而受之財產權特別犧牲，國家亦應予耕地承租人合理補償。又耕地地租租額，不得超過主要作物正產品全年收穫總量千分之三百七十五；耕地租約在租佃期限未屆滿前或屆滿時，非有法定情形，出租人不得終止租約或收回自耕；且出租人於耕地租期屆滿前，縱將其所有權讓與第三人，其租佃契約對於受讓人仍繼續有效，受讓人應會同原承租人申請為租約變更之登記（耕地三七五減租條例第二條第一項前段、第十六條、第十七條第一項、第十九

條第一項、第二項、第二十五條參照），耕地租賃權因而物權化之結果，已形同耕地之負擔。耕地被徵收時，原則上按照徵收當期之公告土地現值代位計算（參照平均地權條例第十條，並參考中華民國八十九年二月二日公布施行之土地徵收條例第三十條），故無論出租耕地或非出租耕地，均以相同之基準核算補償地價，是出租耕地之補償地價，實質上包括耕地所有權之現存價值及該耕地上負擔之租賃權價值。

四十九年九月十日公布施行之獎勵投資條例（已廢止）第二十八條第一項及第二項規定：「編為工業用地區域內之出租耕地，出租人如變更作工業使用時，不論為自用、出賣或出租得就變更使用部份終止租約。」「出租人依前項終止租約時，除應補償承租人為改良土地所支付之費用，及尚未收穫之農作改良物外，並應給與該土地地價三分之一數額之損失補償。」其立法理由為：「……⑵耕地終止租約，承租人喪失耕作之土地，對承租人而言，亦有莫大之損失，現行民間終止租約之習慣，亦由出租人給予承租人地價三分之一之權利金，故有本條第二項之規定」。該條規定於五十四年一月四日修正，改列為第三十八條，遞於五十九年十二月三十日修正列為第五十四條規定，並因前開規定出租人終止租約應給承租人地價三分之一之補償，未考慮出租人是否須繳納增值稅，如增值稅過多，地主實得可能較承租人為少，頗不合理，爰修正其第二項為：「前項終止租約，除補償承租人為改良土地所支付之費用及尚未收穫之農作改良物外，並應以出售地價扣除繳納土地增值稅後餘額之三分之一，補償原耕地承租人。」六十六年二月二日修正「實施都市平均地權條例」為「平均地權條例」前，對於徵收出租耕地之佃農補償問題，缺乏明確規定。政府每於實施公共建設而徵收私有出租耕地時，均發生如何給予佃農補償問題。故前開平均地權條例修正時比照獎勵投資條例第五十四條之規定，乃增訂第十一條第一項規定：「依法徵收之土地為出租耕地時，除由政府補償承租人為改良土地所支付之費用，及尚未收穫之農作改良物外，並應由土地所有權人，以所得之補償地價扣除土地增值稅後餘額之三分之一，補償耕地承租人。」第二項規定：「前項補償承租人之地價，應由主管機關於發放補償或依法提存時，代為扣交。」係衡酌耕地所有權人與承租人間之權義關係及交易習慣，推估出租耕地上負擔之租賃權價值，為出租耕地補償地價扣除土地增值稅後餘額之三分之一；並以土地所有權人為核發補償地價之受領人，但由主管機關於發放補償或依法提存時，將出租耕地上負擔之租賃權價值代為扣交耕地承租人，以為補償，旨在闡明上開法律規定之地價補償，採用代位總計各別分算代償之方法，即土地應補償之地價，原則上以徵收當期之公告土地現值代位計算，再由主管機關在補償地價之範圍內，按其他各權利負擔，分別估

定其價值，代土地所有權人發給其他權利人，再以餘款交付被徵收土地所有權人，以
為補償（參照平均地權條例第十條、土地法第二百二十一條、土地法施行法第五十九
條，並參考土地徵收條例第三十五條）。是前揭平均地權條例第十一條之規定，係就徵
收耕地補償地價之核發程序與分配額所為之規定，符合憲法保障財產權、保護農民之
意旨及補償與損失相當之原則，並未逾越立法機關就徵收補償方式自由形成之範圍，
於土地所有權人財產權之保障，尚不生侵害問題。惟近年來社會經濟發展、產業結構
顯有變遷，為因應農地使用政策，上開為保護農民生活而以耕地租賃權為出租耕地上
負擔並據以推估其價值之規定，應儘速檢討修正，以符憲法意旨，併予指明。

另司法院大法官審理案件法第五條第一項第二款規定，人民、法人或政黨於其憲法上
所保障之權利，遭受不法侵害，經依法定程序提起訴訟，對於確定終局裁判所適用之
法律或命令發生有牴觸憲法之疑義者，得聲請解釋憲法。是確定終局裁判本身，或確
定終局裁判適用法律、命令所表示之見解是否有牴觸憲法之疑義，不在人民得聲請解
釋憲法之範圍。本件聲請人指稱系爭確定終局判決適用平均地權條例第四十二條第一
項規定之見解，違背該法條之立法本旨，有牴觸憲法疑義，並聲請宣告該判決違憲無
效部分，揆諸前開說明，核與司法院大法官審理案件法第五條第一項第二款規定不合，
依同條第三項規定，應不受理。

釋字第五八○號解釋　（憲一五、二二、二三、一四三、一四六、一五三，憲增修一○，三七五減租五、六、一七、一九）　　九十三年七月九日公布

基於個人之人格發展自由，個人得自由決定其生活資源之使用、收益及處分，因而得
自由與他人為生活資源之交換，是憲法於第十五條保障人民之財產權，於第二十二條
保障人民之契約自由。惟因個人生活技能強弱有別，可能導致整體社會生活資源分配
過度不均，為求資源之合理分配，國家自得於不違反憲法第二十三條比例原則之範圍
內，以法律限制人民締約之自由，進而限制人民之財產權。

憲法第一百四十三條第四項扶植自耕農之農地使用政策，以及憲法第一百五十三條第
一項改良農民生活之基本國策，均係為合理分配農業資源而制定。中華民國四十年六
月七日制定公布之耕地三七五減租條例（以下稱減租條例），旨在秉承上開憲法意旨，
為三十八年已開始實施之三七五減租政策提供法律依據，並確保實施該政策所獲致之
初步成果。其藉由限制地租、嚴格限制耕地出租人終止耕地租約及收回耕地之條件，
重新建構耕地承租人與出租人之農業產業關係，俾合理分配農業資源並奠定國家經濟

發展方向，立法目的尚屬正當。雖未設置保護出租人既有契約利益之過渡條款，惟因減租條例本在實現憲法規定國家對於土地之分配與整理暨扶植自耕農之意旨，且於條例制定之前，減租政策業已積極推行數年，出租人得先行於過渡時期熟悉減租制度，減租條例對出租人契約自由及財產權之限制，要非出租人所不能預期，衡諸特殊之歷史背景及合理分配農業資源之非常重大公共利益，尚未違背憲法上之信賴保護原則。減租條例第五條前段關於租賃期限不得少於六年，以及同條例第六條第一項暨第十六條第一項關於締約方式與轉租禁止之規定，均為穩定租賃關係而設；同條例第十七條第一項第一款規定租賃期限內，承租人死亡無人繼承耕作之法定終止租約事由，並保留出租人收回耕地之彈性。上開規定皆有利於實現扶植自耕農及改善農民生活之基本國策，縱於出租人之契約自由及財產權有所限制，衡諸立法目的，其手段仍屬必要而且適當，亦兼顧承租人與出租人雙方之利益，與憲法第二十三條比例原則、第二十二條契約自由、第十五條財產權及第七條平等權之保障並無違背。

減租條例第十九條第一項第一款之規定，為實現憲法第一百四十三條第四項扶植自耕農之意旨所必要，惟另依憲法第一百四十六條及憲法增修條文第十條第一項發展農業工業化及現代化之意旨，所謂出租人之自任耕作，不以人力親自實施耕作為限，為農業科技化及企業化經營之自行耕作或委託代耕者亦屬之。減租條例第十九條第一項第二款規定出租人於所有收益足以維持一家生活者不得收回自耕，使租約變相無限期延長，惟立法機關嗣於七十二年十二月二十三日增訂之第二項，規定為擴大家庭農場經營規模得收回與其自耕地同一或鄰近地段內之耕地自耕，已放寬對於出租人財產權之限制。同條項第三款規定，如出租人收回耕地，承租人將失其家庭生活依據者，亦不得收回耕地，係為貫徹憲法第一百五十三條第一項保護農民政策之必要手段；且如出租人亦不能維持其一家生活，尚得申請耕地租佃委員會調處，以兼顧出租人與承租人之實際需要。衡諸憲法第一百四十三條第四項扶植自耕農、第一百四十六條與憲法增修條文第十條第一項發展農業工業化及現代化，以及憲法第一百五十三條第一項改善農民生活之意旨，上開三款限制耕地出租人收回耕地之規定，對於耕地所有權之限制，尚屬必要，與憲法第二十三條比例原則及第十五條保障人民財產權規定之意旨要無不符。

七十二年十二月二十三日增訂之減租條例第十七條第二項第三款關於租約期限尚未屆滿而農地因土地編定或變更為非耕地時，應以土地公告現值扣除土地增值稅後餘額之三分之一補償承租人之規定，乃限於依土地法第八十三條所規定之使用期限前得繼續

為從來之使用者，方有其適用。土地法所規定之繼續使用期限，係為保護土地使用人既有之法律地位而設之過渡條款，耕地出租人如欲於期前終止租約，減租條例第十七條第二項第三款即賦予補償承租人之義務，乃為平衡雙方權利義務關係，對出租人耕地所有權所為之限制，尚無悖於憲法第十五條保障財產權之本旨。惟不問情狀如何，補償額度一概為三分之一之規定，有關機關應衡酌憲法第二十二條保障契約自由之意旨及社會經濟條件之變遷等情事，儘速予以檢討修正。七十二年十二月二十三日增訂之減租條例第十九條第三項規定，耕地租約期滿時，出租人為擴大家庭農場經營規模、提升土地利用效率而收回耕地時，準用同條例第十七條第二項第三款之規定，應以終止租約當期土地公告現值扣除土地增值稅餘額後之三分之一補償承租人。惟契約期滿後，租賃關係既已消滅，如另行課予出租人補償承租人之義務，自屬增加耕地所有權人不必要之負擔，形同設置出租人收回耕地之障礙，與鼓勵擴大家庭農場經營規模，以促進農業現代化之立法目的顯有牴觸。況耕地租約期滿後，出租人仍須具備自耕能力，且於承租人不致失其家庭生活依據時，方得為擴大家庭農場經營規模而收回耕地。按承租人之家庭生活既非無依，竟復令出租人負擔承租人之生活照顧義務，要難認有正當理由。是上開規定準用同條例第十七條第二項第三款部分，以補償承租人作為收回耕地之附加條件，不當限制耕地出租人之財產權，難謂無悖於憲法第一百四十六條與憲法增修條文第十條第一項發展農業之意旨，且與憲法第二十三條比例原則及第十五條保障人民財產權之規定不符，應自本解釋公布日起，至遲於屆滿二年時，失其效力。

減租條例第二十條規定租約屆滿時，除法定收回耕地事由外，承租人如有續約意願，出租人即有續約義務，為出租人依法不得收回耕地時，保障承租人續約權利之規定，並未於不得收回耕地之諸種事由之外，另行增加耕地出租人不必要之負擔，與憲法第二十三條規定之比例原則及第十五條保障財產權之規定尚無不符。

解釋理由書

本件聲請案相關確定裁判（最高行政法院九十年度判字第一一八九號判決、最高法院九十一年度臺上字第九○八號判決、最高法院九十年度臺上字第二二三六號裁定、臺灣高等法院臺中分院八十九年度上字第一八○號判決、最高行政法院九十一年度判字第八七五號判決）所適用之法律，包括減租條例第五條前段、第六條第一項、第十六條第一項、第十七條第一項第一款與第二項第三款、第十九條第一項及第二十條等，依司法院大法官審理案件法第五條第一項第二款規定，得為解釋之客體；減租條例第

十九條第三項於耕地出租人為擴大家庭農場經營規模而收回耕地時，應準用同條例第十七條第二項第三款補償耕地承租人之規定，與第十九條第一項第二款之適用有重要關聯，應一併納入解釋範圍，合先敘明。

基於個人之人格發展自由，個人得自由決定其生活資源之使用、收益及處分，因而得自由與他人為生活資源之交換。憲法第十五條保障人民之財產權，使財產所有人得依財產之存續狀態行使其自由使用、收益及處分之權能，以確保人民所賴以維繫個人生存及自由發展其人格之生活資源；憲法第二十二條保障人民之契約自由，使契約當事人得自由決定其締約方式及締約內容，以確保與他人交換生活資源之自由。惟因個人生活技能強弱有別，可能導致整體社會生活資源分配過度不均，為求資源之合理分配，國家自得於不違反憲法第二十三條比例原則之範圍內，以法律限制人民締約之自由，進而限制人民之財產權。

憲法第一百四十三條第四項規定，國家對於土地之分配與整理，應以扶植自耕農及自行使用土地人為原則，並規定其適當經營之面積；憲法第一百五十三條第一項規定，國家為改良農民生活，增進其生活技能，應制定保護農民之法律，實施保護農民之政策，均係為合理分配農業資源而設之規定。依據主管機關相關文獻之記載，推行耕地減租政策，係鑒於當時臺灣經濟倚重農業生產，農業人口佔就業人口半數以上，大多數之農業生產者為雇農、佃農及半自耕農，農地資源集中於少數地主手中，而部分佃租偏高，租期並不固定，地主任意撤佃升租者有之，以致租權糾紛經常出現（參照臺灣省政府地政處編印，臺灣省地政統計年報第十五期，八十六年五月出版，頁三；內政部編印，臺灣光復初期土地改革實錄專輯，八十一年六月出版，頁二八二以下）。政府乃於三十六年三月二十日以從字第一〇〇五〇號訓令規定佃農應繳之耕地地租，依正產物千分之三百七十五計算，惟因當時之土地法未有明文規定，各級政府推行法令不力，上開訓令形同具文；三十八年四月十四日公布實施「臺灣省私有耕地租用辦法」，並陸續訂定「臺灣省私有耕地租用辦法施行細則」、「臺灣省辦理私有耕地租約登記注意事項」、「臺灣省推行三七五減租督導委員會組織規程」及「臺灣省各縣市推行三七五減租督導委員會組織規程」等法規，進行全省租約總檢查、糾正違約收租及違法撤佃事件、辦理換約及補訂租約，以貫徹三七五減租政策。因仍有地主以減租後收益降低，強迫撤佃，司法機關沿用土地法及相關法令無法解決訟爭，為確保推行三七五減租已獲得之初步成果，即於四十年六月七日制定公布耕地三七五減租條例，作為法律依據（參照立法院公報第二期及第三期合訂本，四十年九月三十日出版，頁四十以下）。

減租條例為保障佃農權益，藉由限制地租、嚴格限制耕地出租人終止耕地租約及收回耕地之條件，重新建構耕地承租人與出租人之農業產業關係，俾合理分配農業資源並奠定國家經濟發展之方向，立法目的尚屬正當。雖未設置保護出租人既有契約利益之過渡條款，惟因減租條例本在實現憲法規定國家對於土地之分配與整理暨保護佃農之意旨，且於條例制定之前，減租政策業已積極推行數年，出租人得先行於過渡時期熟悉減租制度，減租條例對出租人契約自由及財產權之限制，要非出租人所不能預期，衡諸特殊之歷史背景及合理分配農業資源之非常重大公共利益，尚非憲法上之信賴保護原則所不許。

減租條例第五條前段規定最低之租賃期限，藉由防止耕地出租人任意收回土地，提高承租人改良土地與改進農業生產技術之意願，以增加農地之生產力，並培植承租人經營及取得土地之能力；同條例第六條第一項規定租約以書面定之，租佃雙方應會同申請登記，用以杜絕口頭約定所經常導致之租權糾紛；同條例第十六條第一項關於轉租禁止之規定，乃為進一步穩定租賃關係，使承租人履行耕作約定，避免耕地成為中間剝削之工具；同條例第十七條第一項第一款規定之法定終止租約事由，僅適用於租賃期限內，承租人死亡而無人繼承耕作之情形，如承租人之繼承人不能自任耕作，出租人自得收回耕地，已保留出租人收回自耕之彈性。上開規定皆有利於實現扶植自耕農及改善農民生活之基本國策，縱於出租人之契約自由及財產權有所限制，衡諸立法目的，其手段仍屬必要而且適當，亦兼顧承租人與出租人雙方之利益，與憲法第二十三條比例原則、第二十二條契約自由、第十五條財產權及第七條平等權之保障並無違背。

減租條例第十九條第一項第一款規定租約期滿，出租人如無自任耕作之能力，不得收回耕地，使有耕作能力之承租人，不致無地可耕，乃實現憲法第一百四十三條第四項扶植自耕農之必要手段；惟另依憲法第一百四十六條及憲法增修條文第十條第一項發展農業工業化及現代化之意旨，為因應全球化之農業競爭環境、獎勵農業科技及多元化新產業型態之發展，所謂出租人之自任耕作，不以人力親自實施耕作為限，為農業科技化及企業化經營之自行耕作或委託代耕者亦屬之。減租條例第十九條第一項第二款規定出租人於所有收益足以維持一家生活者不得收回自耕，使租約變相無限期延長，可能降低承租人成為自耕農之意願，而偏離憲法第一百四十三條第四項規定扶植自耕農之本旨。惟立法機關嗣於七十二年十二月二十三日增訂第二項，規定為擴大家庭農場經營規模，得收回與其自耕地同一或鄰近地段內之耕地自耕，放寬對於出租人財產權之限制，使耕地之出租不致形同剝奪耕地出租人之土地所有權。減租條例第十九條

第一項第三款規定，如出租人收回耕地，承租人將失其家庭生活依據者，亦不得收回耕地，乃為保障耕地承租人之基本生活，以實現憲法第一百五十三條第一項規定改善農民生活之必要手段；且如出租人亦不能維持其一家生活，尚得依本條第四項規定，申請鄉（鎮、市、區）公所耕地租佃委員會調處之，以兼顧出租人與承租人之實際需要。衡諸憲法第一百四十三條第四項扶植自耕農、第一百四十六條與憲法增修條文第十條第一項發展農業工業化及現代化，以及憲法第一百五十三條第一項改善農民生活之意旨，上開三款限制耕地出租人收回耕地之規定，對於耕地所有權之限制，尚屬必要，與憲法第二十三條比例原則及第十五條保障人民財產權規定之意旨無違。至耕地出租人收回耕地後，是否得另行出租予他人，乃法律適用之問題。

另七十二年十二月二十三日增訂之減租條例第十七條第二項第三款關於租約期限尚未屆滿而農地因土地編定或變更為非耕地時，耕地出租人應以土地公告現值扣除土地增值稅後餘額之三分之一補償承租人之規定，乃限於依土地法第八十三條所規定之編定使用地於其所定使用期限前得繼續為從來之使用者，方有其適用。土地法所規定之繼續使用期限，係為保護土地使用人既有之法律地位而設之過渡條款，耕地租約既未屆滿，耕地於一定期限內，復尚得為從來之使用，如耕地出租人欲於期前終止租約，依減租條例第十七條第二項第三款之規定，即應承擔補償耕地承租人之義務，乃為彌補耕地承租人喪失耕地租賃權之損失，以平衡雙方權利義務關係，而對出租人耕地所有權所為之合理限制，尚無悖於憲法第十五條保障財產權之本旨。惟不問情狀如何，補償額度一概為三分之一之規定，有關機關應衡酌憲法第二十二條保障契約自由之意旨及社會經濟條件之變遷等情事，儘速予以檢討修正。

七十二年十二月二十三日增訂之減租條例第十九條第三項規定，耕地租約期滿時，出租人為擴大家庭農場經營規模、提升土地利用效率而收回耕地時，準用同條例第十七條第二項第三款之規定，應以終止租約當期土地公告現值扣除土地增值稅餘額後之三分之一補償承租人。然契約期滿後，當事人之租賃關係當然消滅，猶另行課予出租人補償承租人之義務，乃增加耕地所有權人不必要之負擔，形同設置出租人收回耕地之障礙，與鼓勵出租人收回自耕、擴大家庭農場經營規模，以促進農業現代化之立法目的顯有抵觸。況耕地租約期滿後，出租人縱為擴大家庭農場經營規模，仍須具備自耕能力，且於承租人不致失其家庭生活依據時，方得收回耕地。準此，承租人之家庭生活既非無依，竟復令出租人負擔承租人之生活照顧義務，難謂有正當理由。是上開規定準用同條例第十七條第二項第三款部分，以補償承租人作為收回耕地之附加條件，

不當限制耕地出租人之財產權，與憲法第一百四十六條、憲法增修條文第十條第一項發展農業之意旨不符，並違背憲法第二十三條比例原則之規定及第十五條對人民財產權之保障，應自本解釋公布日起，至遲於屆滿二年時，失其效力。

減租條例第二十條規定租約屆滿時，除法定收回耕地事由外，承租人如有續約意願，出租人即有續約義務，對於承租人續約權利之保障，限於出租人依法不得收回耕地之情形，出租人依法既不得收回耕地，限制出租人之締約自由，而賦予續約義務，乃為避免租佃契約陷於不確定之狀態，並未於不得收回耕地之諸種事由之外，另行增加耕地出租人不必要之負擔，與憲法第二十三條規定之比例原則及第十五條保障財產權之規定尚無不符。

釋字第五八一號解釋　（憲一五、二三，土地三〇，大法官審案五，三七五減租一九）

九十三年七月十六日公布

「自耕能力證明書之申請及核發注意事項」（以下稱注意事項）係中華民國六十五年一月二十六日內政部為執行土地法第三十條之規定（八十九年一月二十六日刪除）所訂定。七十九年六月二十二日修正之注意事項第四點規定，公私法人、未滿十六歲或年逾七十歲之自然人、專任農耕以外之職業者及在學之學生（夜間部學生不在此限），皆不得申請自耕能力證明書，致影響實質上具有自任耕作能力者收回耕地之權利，對出租人財產權增加法律所無之限制，與憲法第二十三條法律保留原則以及第十五條保障人民財產權之意旨不符，上開注意事項之規定，應不予適用。本院釋字第三四七號解釋相關部分應予變更。

解釋理由書

內政部七十九年六月二十二日修正之自耕能力證明書之申請及核發注意事項第四點，乃系爭終局判決所適用之法令，雖該注意事項已於八十九年一月二十八日停止適用，並於八十九年二月十八日廢止，因有保護聲請人基本權利之實益，依司法院大法官審理案件法第五條第一項第二款之規定，應予受理，合先敘明。

私有農地所有權之移轉，其承受人以能自耕者為限，又收回出租農地自耕，出租人須有自任耕作之能力，分別為土地法第三十條（八十九年一月二十六日刪除）、耕地三七五減租條例第十九條第一項第一款所明定。內政部基於主管機關之權限，為執行上述法律及農業發展條例等規定，於六十五年一月二十六日訂定自耕能力證明書之申請及核發注意事項（八十九年一月二十八日停止適用、八十九年二月十八日廢止）。七十九

年六月二十二日修正之注意事項第四點規定，公私法人、未滿十六歲或年逾七十歲之自然人、專任農耕以外之職業者及在學之學生（夜間部學生不在此限），皆不得申請自耕能力證明書，增加農地承受人及欲收回出租農地之出租人證明其具有自任耕作能力之困難，致影響實質上具有自任耕作能力者承受農地或收回耕地之權利，對人民財產權增加法律所無之限制，尚非僅對人民產生不便或輕微影響之執行法律之細節性、技術性次要事項，與憲法第二十三條法律保留原則以及第十五條保障人民財產權之意旨不符，上開注意事項之規定，應予適用。

七十五年十一月二十五日修正發布之上開注意事項第三點第四款規定：申請人之住所與其承受農地非在同一或毗鄰鄉（鎮、市、區）者，視為不能自耕，不准核發證明書，但交通路線距離在十五公里以內者，不在此限。此項規定嗣於七十九年六月二十二日修正為第六點第一項第二款，其內容為：承受農地與申請人之住所應在同一縣市或不同縣市毗鄰鄉（鎮、市、區）範圍內者，始得核發證明書，未考慮現代農業機械化及交通工具機動化之因素，致影響實質上具有自任耕作能力者承受農地或收回耕地之權利，與憲法第二十三條及第十五條意旨不符，本院釋字第三四七號解釋相關部分應予變更。至減租條例第十九條第一項第一款規定，與憲法第十五條保障財產權之規定並無違背，業經本院釋字第五八〇號解釋在案，併此指明。

釋字第五八二號解釋　（憲八、一六，刑訴九七、一五四～一五六、一五八之三、一五九、一八一、一八六、二七〇、二七三、二九九）

九十三年七月二十三日公布

憲法第十六條保障人民之訴訟權，就刑事被告而言，包含其在訴訟上應享有充分之防禦權。刑事被告詰問證人之權利，即屬該等權利之一，且屬憲法第八條第一項規定「非由法院依法定程序不得審問處罰」之正當法律程序所保障之權利。為確保被告對證人之詰問權，證人於審判中，應依法定程序，到場具結陳述，並接受被告之詰問，其陳述始得作為認定被告犯罪事實之判斷依據。刑事審判上之共同被告，係為訴訟經濟等原因，由檢察官或自訴人合併或追加起訴，或由法院合併審判所形成，其間各別被告及犯罪事實仍獨立存在。故共同被告對其他共同被告之案件而言，為被告以外之第三人，本質上屬於證人，自不能因案件合併關係而影響其他共同被告原享有之上開憲法上權利。最高法院三十一年上字第二四二三號及四十六年臺上字第四一九號判例所稱共同被告不利於己之陳述得採為其他共同被告犯罪（事實認定）之證據一節，對其他

共同被告案件之審判而言，未使該共同被告立於證人之地位而為陳述，逕以其依共同被告身分所為陳述採為不利於其他共同被告之證據，乃否定共同被告於其他共同被告案件之證人適格，排除人證之法定調查程序，與當時有效施行中之中華民國二十四年一月一日修正公布之刑事訴訟法第二百七十三條規定牴觸，並已不當剝奪其他共同被告對該實具證人適格之共同被告詰問之權利，核與首開憲法意旨不符。該二判例及其他相同意旨判例，與上開解釋意旨不符部分，應不再援用。

刑事審判基於憲法正當法律程序原則，對於犯罪事實之認定，採證據裁判及自白任意性等原則。刑事訴訟法據以規定嚴格證明法則，必須具證據能力之證據，經合法調查，使法院形成該等證據已足證明被告犯罪之確信心證，始能判決被告有罪；為避免過分偏重自白，有害於真實發見及人權保障，並規定被告之自白，不得作為有罪判決之唯一證據，仍應調查其他必要之證據，以察其是否與事實相符。基於上開嚴格證明法則及對自白證明力之限制規定，所謂「其他必要之證據」，自亦須具備證據能力，經合法調查，且就其證明力之程度，非謂自白為主要證據，其證明力當然較為強大，其他必要之證據為次要或補充性之證據，證明力當然較為薄弱，而應依其他必要證據之質量，與自白相互印證，綜合判斷，足以確信自白犯罪事實之真實性，始足當之。最高法院三十年上字第三○三八號、七十三年臺上字第五六三八號及七十四年臺覆字第一○號三判例，旨在闡釋「其他必要之證據」之意涵、性質、證明範圍及程度，暨其與自白之相互關係，且強調該等證據須能擔保自白之真實性，俾自白之犯罪事實臻於確信無疑，核其及其他判例相同意旨部分，與前揭憲法意旨，尚無牴觸。

　　解釋理由書

按確定終局裁判援用判例以為裁判之依據，而該判例經人民指摘為違憲者，應視同命令予以審查，迭經本院解釋在案（釋字第一五四號、第二七一號、第三七四號、第五六九號等解釋參照）。本聲請案之確定終局判決最高法院八十九年度臺上字第二一九六號刑事判決，於形式上雖未明載聲請人聲請解釋之前揭該法院五判例之字號，但已於其理由內敘明其所維持之第二審判決（臺灣高等法院八十八年度上更五字第一四五號）認定聲請人之犯罪事實，係依據聲請人之共同被告分別於警檢偵查中之自白及於警訊之自白、於第二審之部分自白，核與擄人罪被害人之父母及竊盜罪被害人指證受勒贖及失竊汽車等情節相符，並經其他證人證述聲請人及共同被告共涉本件犯罪經過情形甚明，且有物證及書證扣案及附卷足資佐證，為其所憑之證據及認定之理由，該第二審法院，除上開共同被告之自白外，對於其他與聲請人被訴犯罪事實有關而應調查之

證據,已盡其調查之能事等語;核與本件聲請書所引系爭五判例要旨之形式及內容,俱相符合,顯見上開判決實質上已經援用系爭判例,以為判決之依據。該等判例既經聲請人認有違憲疑義,自得為解釋之客體。依司法院大法官審理案件法第五條第一項第二款規定,應予受理(本院釋字第三九九號解釋參照)。

憲法第十六條規定人民有訴訟之權,就刑事審判上之被告而言,應使其在對審制度下,依當事人對等原則,享有充分之防禦權,俾受公平審判之保障(本院釋字第三九六號、第四八二號解釋參照)。刑事被告對證人有詰問之權,即屬該等權利之一。早於十七年七月二十八日公布之刑事訴訟法第二百八十六條、二十四年一月一日修正公布同法第二百七十三條即已規定「證人、鑑定人由審判長訊問後,當事人及辯護人得聲請審判長或直接詰問之。(第一項)如證人、鑑定人係聲請傳喚者,先由該當事人或辯護人詰問,次由他造之當事人或辯護人詰問,再次由聲請傳喚之當事人或辯護人覆問。但覆問以關於因他造詰問所發見之事項為限。(第二項)」嗣後五十六年一月二十八日修正公布之刑事訴訟法第一百六十六條,仍為相同之規定,九十二年二月六日修正及增定同法第一百六十六條至第一百六十七條之七,進而為更周詳之規定。刑事被告享有此項權利,不論於英美法系或大陸法系國家,其刑事審判制度,不論係採當事人進行模式或職權進行模式,皆有規定(如美國憲法增補條款第六條、日本憲法第三十七條第二項、日本刑事訴訟法第三百零四條、德國刑事訴訟法第二百三十九條)。西元一九五〇年十一月四日生效之歐洲人權及基本自由保障公約 (European Convention for the Protection of Human Rights andFundamental Freedoms) 第六條第三項第四款及聯合國於一九六六年十二月十六日通過、一九七六年三月二十三日生效之公民及政治權利國際公約 (International Covenant on Civil and Political Rights) 第十四條第三項第五款,亦均規定:凡受刑事控訴者,均享有詰問對其不利之證人的最低限度保障。足見刑事被告享有詰問證人之權利,乃具普世價值之基本人權。在我國憲法上,不但為第十六條之訴訟基本權所保障,且屬第八條第一項規定「非由法院依法定程序不得審問處罰」、對人民身體自由所保障之正當法律程序之一種權利(本院釋字第三八四號解釋參照)。

在正當法律程序下之刑事審判,犯罪事實應依證據認定之,即採證據裁判原則(本院釋字第三八四號解釋、十七年七月二十八日公布之刑事訴訟法第二百八十二條、二十四年一月一日修正公布之同法第二百六十八條、五十六年一月二十八日修正公布之同法第一百五十四條前段及九十二年二月六日修正公布同法條第二項前段參照)。證據裁判原則以嚴格證明法則為核心,亦即認定犯罪事實所憑之證據,須具證據能力,且經

合法調查，否則不得作為判斷之依據（五十六年一月二十八日及九十二年二月六日修正公布之刑事訴訟法第一百五十五條第二項參照）。所謂證據能力，係指證據得提出於法庭調查，以供作認定犯罪事實之用，所應具備之資格；此項資格必須證據與待證事實具有自然關聯性，符合法定程式，且未受法律之禁止或排除，始能具備。如證人須依法具結，其證言始具證據能力（前大理院四年非字第十號判決例、最高法院三十四年上字第八二四號判例、現行本法第一百五十八條之三參照）；被告之自白，須非出於不正之方法，始具證據資格（十七年七月二十八日公布之刑事訴訟法第二百八十條第一項、二十四年一月一日修正公布同法第二百七十條第一項、五十六年一月二十八日修正公布後同法第一百五十六條第一項參照）。所謂合法調查，係指事實審法院依刑事訴訟相關法律所規定之審理原則（如直接審理、言詞辯論、公開審判等原則）及法律所定各種證據之調查方式，踐行調查之程序；如對於證人之調查，應依法使其到場，告以具結之義務及偽證之處罰，命其具結，接受當事人詰問或審判長訊問，據實陳述，並由當事人及辯護人等就詰、訊問之結果，互為辯論，使法院形成心證〔五十六年一月二十八日修正公布前之刑事訴訟法第一編第十三章（人證）、第二編第一章第三節（第一審審判）及該次修正公布後同法第一編第十二章第一節（證據通則）、第二節（人證）及第二編第一章第三節（第一審審判）等規定參照〕。

依上述說明，被告詰問證人之權利既係訴訟上之防禦權，又屬憲法正當法律程序所保障之權利。此等憲法上權利之制度性保障，有助於公平審判（本院釋字第四四二號、第四八二號、第五一二號解釋參照）及發見真實之實現，以達成刑事訴訟之目的。為確保被告對證人之詰問權，證人（含其他具證人適格之人）於審判中，應依人證之法定程序，到場具結陳述，並接受被告之詰問，其陳述始得作為認定被告犯罪事實之判斷依據。至於被告以外之人（含證人、共同被告等）於審判外之陳述，依法律特別規定得作為證據者（刑事訴訟法第一百五十九條第一項參照），除客觀上不能受詰問者外，於審判中，仍應依法踐行詰問程序。刑事訴訟為發見真實，並保障人權，除法律另有規定者外，不問何人，於他人之案件，有為證人之義務。刑事審判上之共同被告，係為訴訟經濟等原因，由檢察官或自訴人合併或追加起訴，或由法院合併審判所形成，其間各別被告及犯罪事實仍獨立存在，故共同被告對其他共同被告之案件而言，為被告以外之第三人，本質上屬於證人，其於該案件審判中或審判外之陳述，是否得作為其他共同被告之不利證據，自應適用上開法則，不能因案件合併之關係而影響其他共同被告原享有之上開憲法上權利。至於十七年七月二十八日公布之刑事訴訟法第一百

零六條第三款、二十四年一月一日及三十四年十二月十六日修正公布之同法第一百七十三條第一項第三款、五十六年一月二十八日修正公布之同法第一百八十六條第三款雖均規定：「證人與本案有共犯關係或嫌疑者，不得令其具結」，考其立法目的，無非在於避免與被告本人有共犯關係或嫌疑之證人，為被告本人案件作證時，因具結陳述而自陷於罪或涉入偽證罪；惟以未經具結之他人陳述遽採為被告之不利證據，不僅有害於真實發現，更有害於被告詰問證人之權利的有效行使，故已於九十二年二月六日刪除；但於刪除前，法院為發現案件之真實，保障被告對證人之詰問權，仍應依人證之法定程序，對該共犯證人加以調查。又共同被告就其自己之案件，因仍具被告身分，而享有一般被告應有之憲法權利，如自由陳述權等。當被告與共同被告行使權利而有衝突時，應儘可能求其兩全，不得為保護一方之權利，而恣意犧牲或侵害他方之權利。被告於其本人案件之審判，固享有對具證人適格之共同被告詰問之權利，然此權利並不影響共同被告自由陳述權之行使，如該共同被告恐因陳述致自己受刑事追訴或處罰者，自有權拒絕陳述。刑事訴訟法賦予證人（含具證人適格之共同被告）恐因陳述受追訴或處罰之拒絕證言權（十七年七月二十八日公布之刑事訴訟法第一百條、二十四年一月一日修正公布同法第一百六十八條、五十六年一月二十八日修正公布同法第一百八十一條參照），乃有效兼顧被告與證人（含具證人適格之共同被告）權利之制度設計。再刑事訴訟法雖規定被告有數人時，得命其對質，被告亦得請求對質（十七年七月二十八日公布之刑事訴訟法第六十一條、二十四年一月一日及五十六年一月二十八日修正公布同法第九十七條參照）；惟此種對質，僅係由數共同被告就同一或相關連事項之陳述有不同或矛盾時，使其等同時在場，分別輪流對疑點加以訊問或互相質問解答釋疑，既毋庸具結擔保所述確實，實效自不如詰問，無從取代詰問權之功能。如僅因共同被告已與其他共同被告互為對質，即將其陳述採為其他共同被告之不利證據，非但混淆詰問權與對質權之本質差異，更將有害於被告訴訟上之充分防禦權及法院發見真實之實現。

最高法院三十一年上字第二四二三號判例稱「共同被告所為不利於己之供述，固得採為其他共同被告犯罪之證據，惟此項不利之供述，依刑事訴訟法第二百七十條第二項之規定，仍應調查其他必要之證據，以察其是否與事實相符，自難專憑此項供述，為其他共同被告犯罪事實之認定。」四十六年臺上字第四一九號判例稱「共同被告不利於己之陳述，固得採為其他共同被告犯罪之證據，惟此項不利之陳述，須無瑕疵可指，而就其他方面調查，又與事實相符，始得採為其他共同被告犯罪事實之認定。」其既稱

共同被告不利於己之陳述得採為其他共同被告犯罪（事實認定）之證據，惟依當時有效施行中之刑事訴訟法第二百七十條第二項（按即嗣後五十六年修正公布之同法第一百五十六條第二項）規定，仍應調查其他必要證據等語，顯係將共同被告不利於己之陳述，虛擬為被告本人（即上開判例所稱其他共同被告）之自白，逕以該共同被告之陳述作為其他共同被告之不利證據，對其他共同被告案件而言，既不分該項陳述係於審判中或審判外所為，且否定共同被告於其他共同被告案件之證人適格，排除共同被告立於證人地位而為陳述之法定程序之適用，與當時有效施行中之二十四年一月一日修正公布之刑事訴訟法第二百七十三條規定牴觸，並已不當剝奪其他共同被告對該實具證人適格之共同被告詰問之權利，核與首開憲法意旨不符。該二判例及其他相同意旨之判例（如最高法院二十年上字第一八七五號、三十八年穗特覆字第二九號、四十七年臺上字第一五七八號等），與上開解釋意旨不符部分，應不再援用。

如前所述，刑事審判基於憲法正當法律程序原則，對於犯罪事實之認定，採證據裁判及自白任意性等原則（本院釋字第三八四號解釋參照）。刑事訴訟法爰規定嚴格證明法則，必須具證據能力之證據，經合法調查，使法院形成該等證據已足證明被告犯罪之確信心證，始能判決被告有罪（十七年七月二十八日公布之刑事訴訟法第二百八十二條、第三百十五條、二十四年一月一日修正公布同法第二百六十八條、第二百九十一條、五十六年一月二十八日修正公布同法第一百五十四條、第一百五十五條第二項、第二百九十九條第一項、現行同法第一百五十四條第二項、第一百五十五條第二項、第二百九十九條第一項參照）。被告之任意性自白，雖亦得為證據，但為避免過分偏重自白，有害於真實發見及人權保障，刑事訴訟法乃規定：被告之自白，不得作為有罪判決之唯一證據，仍應調查其他必要之證據，以察其是否與事實相符（五十六年一月二十八日修正公布之刑事訴訟法第一百五十六條第二項參照；十七年七月二十八日公布之刑事訴訟法第二百八十條第二項及二十四年一月一日修正公布同法第二百七十條第二項均規定：「被告雖經自白，仍應調查其他必要之證據，以察其是否與事實相符。」）基於上開嚴格證明法則及對自白證明力之限制規定，所謂「其他必要之證據」，自亦須具備證據能力，經合法調查；且就證明力之程度，非謂自白為主要證據，其證明力當然較為強大，其他必要之證據為次要或補充性之證據，證明力當然相對薄弱，而應依其他必要證據之質量，與自白相互印證，綜合判斷，足以確信自白犯罪事實之真實性者，始足當之。最高法院三十年上字第三〇三八號、七十三年臺上字第五六三八號及七十四年臺覆字第一〇號三判例，依序稱「所謂必要之證據，自係指與犯罪事實有關

係者而言，如僅以無關重要之點，遽然推翻被告之自白，則其判決即難謂為適法。」「被告之自白固不得作為認定犯罪之唯一證據，而須以補強證據證明其確與事實相符，然茲所謂之補強證據，並非以證明犯罪構成要件之全部事實為必要，倘其得以佐證自白之犯罪非屬虛構，能予保障所自白事實之真實性，即已充分。又得據以佐證者，雖非直接可以推斷該被告之實施犯罪，但以此項證據與被告之自白為綜合判斷，若足以認定犯罪事實者，仍不得謂其非屬補強證據。」「刑事訴訟法第一百五十六條第二項規定，被告雖經自白，仍應調查其他必要之證據，以察其是否與事實相符。立法目的乃欲以補強證據擔保自白之真實性；亦即以補強證據之存在，藉之限制自白在證據上之價值。而所謂補強證據，則指除該自白本身外，其他足資以證明自白之犯罪事實確具有相當程度真實性之證據而言。雖其所補強者，非以事實之全部為必要，但亦須因補強證據與自白之相互利用，而足使犯罪事實獲得確信者，始足當之。」旨在闡釋「其他必要之證據」之意涵、性質、證明範圍及程度，暨其與自白之相互關係，且強調該證據須能擔保自白之真實性，俾自白之犯罪事實臻於確信無疑，核其及其他判例（如最高法院十八年上字第一〇八七號、二十九年上字第一六四八號、四十六年臺上字第一七〇號、第八〇九號等）相同意旨部分，與前揭憲法意旨，尚無牴觸。

法務部審核死刑案件執行實施要點，並非本案確定終局判決所適用之法令，聲請人就該要點聲請解釋部分，核與司法院大法官審理案件法第五條第一項第二款規定不符，依同條第三項之規定，應不受理。

釋字第五八三號解釋　（憲一五、一八、二三、七七、八三，公懲四、二五，公考三、八、九、一二、一四、一七、一八，公考施一四）

九十三年九月十七日公布

憲法第十八條規定人民有服公職之權，旨在保障人民得依法擔任一定職務從事公務，國家自應建立相關制度予以規範。國家對公務員違法失職行為應予懲罰，惟為避免對涉有違失之公務員應否予以懲戒，長期處於不確定狀態，懲戒權於經過相當期間不行使者，即不應再予追究，以維護公務員權益及法秩序之安定。公務員懲戒法第二十五條第三款規定，懲戒案件自違法失職行為終了之日起，至移送公務員懲戒委員會之日止，已逾十年者，公務員懲戒委員會應為免議之議決，即本此意旨而制定。公務人員經其服務機關依中華民國七十九年十二月二十八日修正公布之公務人員考績法第十二條第一項第二款規定所為免職之懲處處分，實質上屬於懲戒處分，為限制人民服公職

之權利，未設懲處權行使期間，有違前開意旨。為貫徹憲法上對公務員權益之保障，有關公務員懲處權之行使期間，應類推適用公務員懲戒法相關規定。又查公務員懲戒法概以十年為懲戒權行使期間，未分別對公務員違法失職行為及其懲戒處分種類之不同，而設合理之規定，與比例原則未盡相符，有關機關應就公務員懲戒構成要件、懲戒權行使期間之限制通盤檢討修正。公務人員考績法有關懲處之規定亦應一併及之，附此指明。

解釋理由書

憲法第十八條規定人民有服公職之權，旨在保障人民得依法擔任一定職務從事公務，國家自應建立相關制度予以規範。國家對公務員違法失職行為固應予懲罰，惟為避免對涉有違失之公務員應否予以懲戒，長期處於不確定狀態，實不利於維持法秩序之安定，亦不易獲致公平之結果，故懲戒權於經過相當期間不行使者，即不應再予追究，以維護公務員之權益及法秩序之安定。公務員違反七十六年一月十四日訂定發布之公務人員考績法施行細則第十四條第一項第二款第七目關於挑撥離間或破壞紀律，情節重大者，一次記二大過免職之規定，其服務機關依七十九年十二月二十八日修正公布之公務人員考績法第十二條第一項第二款規定所為免職之懲處處分，為限制人民服公職之權利，實質上屬於懲戒處分（本院釋字第四九一號解釋參照），同法未設懲處權行使期間之規定，是公務人員應受免職懲處之違法失職行為，自行為終了之日起經過一定繼續期間未受懲處，服務機關仍得據此行為追溯究問考評公務人員，而予免職處分，有違前開意旨，為貫徹憲法上對公務員權益之保障，有關公務員懲處權之行使期間，應類推適用公務員懲戒法相關規定。又查對公務員違法失職之行為，公務員懲戒法設有申誡、記過、減俸、降級、休職與撤職輕重不同之懲戒處分，其概以十年為懲戒權行使期間，未分別違法之失職行為性質及其懲戒之種類而設合理之規定，與比例原則未盡相符，有關機關應就公務員懲戒構成要件、懲戒權行使期間之限制通盤檢討修正。公務人員考績法有關懲處之規定亦應一併及之。再有如前述，公務人員考績法規定所為免職之懲處處分，實質上屬於懲戒處分，是以本件之解釋乃先就公務員懲戒法立論，於後始及於公務人員考績法，均附此指明。

釋字第五八四號解釋 （憲七、一五、二三，刑二二一～二二九，交通管理三七）

九十三年九月十七日公布

人民之工作權為憲法第十五條規定所保障，其內涵包括人民選擇職業之自由。人民之

職業與公共福祉有密切關係，故對於從事一定職業應具備之資格或其他要件，於符合憲法第二十三條規定之限度內，得以法律或法律明確授權之命令加以限制。中華民國八十八年四月二十一日修正公布之道路交通管理處罰條例第三十七條第一項規定：「曾犯故意殺人、搶劫、搶奪、強盜、恐嚇取財、擄人勒贖或刑法第二百二十一條至第二百二十九條妨害性自主之罪，經判決罪刑確定者，不准辦理營業小客車駕駛人執業登記。」乃基於營業小客車營運及其駕駛人工作之特性，就駕駛人個人應具備之主觀條件，對人民職業選擇自由所為之限制，旨在保障乘客之安全，確保社會之治安，及增進營業小客車之職業信賴，與首開憲法意旨相符，於憲法第二十三條之規定，尚無牴觸。又營業小客車營運之管理，因各國國情與治安狀況而有不同。相關機關審酌曾犯上述之罪者，其累再犯比率偏高，及其對乘客安全可能之威脅，衡量乘客生命、身體安全等重要公益之維護，與人民選擇職業應具備主觀條件之限制，而就其選擇職業之自由為合理之不同規定，與憲法第七條之平等原則，亦屬無違。惟以限制營業小客車駕駛人選擇職業之自由，作為保障乘客安全、預防犯罪之方法，乃基於現階段營業小客車管理制度所採取之不得已措施，但究屬人民職業選擇自由之限制，自應隨營業小客車管理，犯罪預防制度之發展或其他制度之健全，就其他較小限制替代措施之建立，隨時檢討改進；且若已有方法證明曾犯此等犯罪之人對乘客安全不具特別危險時，即應適時解除其駕駛營業小客車執業之限制，俾於維護公共福祉之範圍內，更能貫徹憲法人民工作權之保障及平等原則之意旨，併此指明。

解釋理由書

人民之工作權為憲法第十五條規定所保障，其內涵包括人民選擇職業之自由。人民之職業與公共福祉有密切關係，故對於從事一定職業應具備之資格或其他要件，於符合憲法第二十三條規定之限度內，得以法律或法律明確授權之命令加以限制（本院釋字第四〇四號、第五一〇號解釋參照）。然對職業自由之限制，因其內容之差異，在憲法上有寬嚴不同之容許標準。關於從事職業之方法、時間、地點、對象或內容等執行職業之自由，立法者為公共利益之必要，即非不得予以適當之限制。至人民選擇職業應具備之主觀條件，例如知識能力、年齡、體能、道德標準等，立法者若欲加以規範，則須有較諸執行職業自由之限制，更為重要之公共利益存在，且屬必要時，方得為適當之限制。再者，國家對人民行使公權力時，均應依據憲法第七條之意旨平等對待，固不得有不合理之差別待遇；惟憲法第七條平等原則並非指絕對、機械之形式上平等，而係保障人民在法律上地位之實質平等，立法機關基於憲法之價值體系及立法目的，

自得斟酌規範事物性質之差異而為合理之不同規定（本院釋字第四八五號解釋參照）。營業小客車為都會地區社會大眾之重要公共交通工具，因其營運與其他機動車輛有異，其駕駛人工作與乘客安危、社會治安具有密切關聯之特性。為維護乘客生命、身體及財產之安全，確保社會治安，建立計程車安全營運之優質環境，增進營業小客車之職業信賴，相關機關就營業小客車駕駛人主觀資格，設一定之限制，避免對於乘客具有特別侵害危險性者，利用駕駛小客車營業之機會從事犯罪行為，實屬防止妨礙他人之自由，維持社會秩序，增進公共利益所必要。八十八年四月二十一日修正公布之道路交通管理處罰條例第三十七條第一項規定：「曾犯故意殺人、搶劫、搶奪、強盜、恐嚇取財、擄人勒贖或刑法第二百二十一條至第二百二十九條妨害性自主之罪，經判決罪刑確定者，不准辦理營業小客車駕駛人執業登記。」係鑑於營業小客車之營運及其駕駛人工作之特性，人身及財產安全保護之重要性，對於曾犯上述之罪者，規定終身不准其申請營業小客車之執業登記，就其選擇從事營業小客車為業之主觀條件加以限制，乃為實現上述目的而設，其立法目的自屬正當，亦屬達成目的之有效手段。此觀道路交通管理處罰條例第三十七條第一項規定於八十六年一月間，首度修正為永久禁止曾犯上述之罪者駕駛營業小客車前，據內政部警政署所作計程車駕駛人曾犯上述之罪者八十六年之列管人數統計，就同一罪名之累再犯率為百分之四點二四，若將犯其他罪名者一併計入，則其累再犯率高達百分之二十二點二二（依法務部八十六年各地方法院檢察署執行案件確定判決有罪被告之犯罪次數統計，其同一罪名之累再犯率為百分之二十二點三，將犯其他罪名者一併計入，則其累再犯率為百分之四十三）。於修法後，計程車駕駛人犯上述之罪者人數已呈現下降之趨勢，足資參照。又為實現上揭目的，究須採取何種措施方屬侵害人民職業自由之最小手段，乃應由相關機關依目前之社會狀況，衡酌乘客人身安全確保之重要性、目的達成之有效性、刑事累再犯之可能性及有無累再犯之虞之區分可能性（法務部就受刑人之假釋，雖已就假釋後累再犯之危險性有所評估，然九十二年當期撤銷假釋人數對當期假釋出獄人數比率在百分之二十七點二，八十六年者，則為百分之三十，仍然偏高；又依刑事計量學方法所作之再犯預測，其預測方法及可信度，亦有待商榷。見法務部於本院九十三年二月十日調查會之報告），及各種管制措施之社會成本，與是否會根本改變受刑人出獄後依從來技能謀生之途徑或阻礙其再社會化等情事綜合予以考量，為專業之判斷。永久禁止曾犯上述之罪者駕駛營業小客車對人民選擇職業之自由，固屬嚴格之限制，惟衡諸維護搭乘營業小客車之不特定多數人生命、身體、自由、財產等公益之重要性與急迫性，並參以本

院上開調查會時，主管機關及業者表示對於如何有效維護營業小客車之安全性，例如以衛星定位營業小客車之行進路線、全面實施定點無線電叫車並加強其追蹤管理，或改裝車輛結構為前後隔離空間並加強從業人員之職前訓練等，得有效達成目的而侵害較小之具體措施，客觀上目前並無實現之可能以觀，相關機關選擇上述永久禁止之手段，以維護乘客人身、財產安全，於現階段尚屬合理及符合限制人民職業自由較小手段之要求。從而上揭法律規定，核與首開憲法意旨相符，於憲法第二十三條之規定尚無牴觸。再者，營業小客車營運之管理，因各國國情與治安狀況而有不同。相關機關審酌曾犯上述之罪者其累再犯比率偏高，相較於未犯罪者，或其他犯罪者，對營業小客車乘客人身安全之威脅性較重，衡量乘客生命、身體安全及確保社會治安等重要公益之維護，與人民選擇職業應具備主觀條件之限制，而就其職業選擇之自由為合理之不同規定，與憲法第七條之平等原則，亦屬無違。惟上述營業小客車駕駛人消極資格之終身限制規定，係基於現階段營業小客車管理制度所採取保障乘客安全之不得已措施，但究屬人民職業選擇自由之限制，自應隨社會治安之改進，犯罪預防制度之發展，駕駛人素質之提昇，營業小客車管理或其他營運制度之健全，就各該犯罪類型與乘客安全確保之直接關連性，消極資格限制範圍之大小，及有無其他侵害職業自由之較小替代措施等，隨時檢討改進；且此等犯罪行為人於一定年限後（法務部提供之八十一年至九十一年間各監獄出獄後再犯比率，於出獄第七年，平均降至百分之一點五，至第十年即降至百分之一以下），若經由個別審查之機制或其他方法，已足認其對乘客安全不具特別危險時，即應適時解除其選擇駕駛營業小客車執業之限制，俾於維護公共福祉之範圍內，更能貫徹憲法人民工作權之保障及平等原則之意旨，併此指明。

釋字第五八五號解釋　　（憲八、一〇～一二、二三、三七、四一、六二、七九、九五、九六、大法官審案五、一三，刑一六五、二一四，三一九槍擊事件真相調查特別委員會條例二、八、一一、一三）　　　　九十三年十二月十五日公布

立法院為有效行使憲法所賦予之立法職權，本其固有之權能自得享有一定之調查權，主動獲取行使職權所需之相關資訊，俾能充分思辯，審慎決定，以善盡民意機關之職責，發揮權力分立與制衡之機能。立法院調查權乃立法院行使其憲法職權所必要之輔助性權力，基於權力分立與制衡原則，立法院調查權所得調查之對象或事項，並非毫無限制。除所欲調查之事項必須與其行使憲法所賦予之職權有重大關聯者外，凡國家機關獨立行使職權受憲法之保障者，即非立法院所得調查之事物範圍。又如行政首長

依其行政權固有之權能，對於可能影響或干預行政部門有效運作之資訊，均有決定不予公開之權力，乃屬行政權本質所具有之行政特權。立法院行使調查權如涉及此類事項，即應予以適當之尊重。如於具體案件，就所調查事項是否屬於國家機關獨立行使職權或行政特權之範疇，或就屬於行政特權之資訊應否接受調查或公開而有爭執時，立法院與其他國家機關宜循合理之途徑協商解決，或以法律明定相關要件與程序，由司法機關審理解決之。

立法院調查權行使之方式，並不以要求有關機關就立法院行使職權所涉及事項提供參考資料或向有關機關調閱文件原本之文件調閱權為限，必要時並得經院會決議，要求與調查事項相關之人民或政府人員，陳述證言或表示意見，並得對違反協助調查義務者，於科處罰鍰之範圍內，施以合理之強制手段，本院釋字第三二五號解釋應予補充。惟其程序，如調查權之發動及行使調查權之組織、個案調查事項之範圍、各項調查方法所應遵守之程序與司法救濟程序等，應以法律為適當之規範。於特殊例外情形，就特定事項之調查有委任非立法委員之人士協助調查之必要時，則須制定特別法，就委任之目的、委任調查之範圍、受委任人之資格、選任、任期等人事組織事項、特別調查權限、方法與程序等妥為詳細之規定，並藉以為監督之基礎。各該法律規定之組織及議事程序，必須符合民主原則。其個案調查事項之範圍，不能違反權力分立與制衡原則，亦不得侵害其他憲法機關之權力核心範圍，或對其他憲法機關權力之行使造成實質妨礙。如就各項調查方法所規定之程序，有涉及限制人民權利者，必須符合憲法上比例原則、法律明確性原則及正當法律程序之要求。

茲就中華民國九十三年九月二十四日公布施行之「三一九槍擊事件真相調查特別委員會條例」（以下稱真調會條例），有關三一九槍擊事件真相調查特別委員會（以下稱真調會）之組織、職權範圍、行使調查權之方法、程序與強制手段等相關規定，是否符合上開憲法意旨，分別指明如下：

一、真調會條例第二條第一項前段「本會置委員十七人，由第五屆立法院各政黨（團）推薦具有專業知識、聲譽卓著之公正人士組成之，並由總統於五日內任命」、第二項後段「各政黨（團）應於本條例公布後五日內提出推薦人選，逾期未提出者，視為放棄推薦，其缺額由現額委員選出之召集委員於五日內逕行遴選後，由總統任命」、第十五條第二項「本會委員除名或因故出缺時，由原推薦之政黨（團）於五日內推薦其他人選遞補之；其逾期未提出推薦人選者，由召集委員逕行遴選後，總統於五日內任命之」暨第十六條「第二條及第十五條應由總統任命者，總統應於期限內任命；逾期未任命，

視為自動生效」等規定有關真調會委員之任命，應經立法院院會決議並由立法院院長為之，方為憲法之所許。

二、同條例雖未規定真調會委員之任期，惟於符合立法院屆期不連續原則之範圍內，尚不生違憲問題。第十一條第二項規定「本會所需經費由行政院第二預備金項下支應，行政院不得拒絕」，於符合預算法令規定範圍內，亦不生違憲問題。

三、同條例第四條規定「本會及本會委員須超出黨派以外，依法公正獨立行使職權，對全國人民負責，不受其他機關之指揮監督，亦不受任何干涉」，其中「不受其他機關之指揮監督」係指「不受立法院以外機關之指揮監督」之意；第十五條第一項「本會委員有喪失行為能力、違反法令或其他不當言行者，得經本會全體委員三分之二以上同意，予以除名」，關於真調會委員除名之規定，並非排除立法院對真調會委員之免職權，於此範圍內，核與憲法尚無違背。

四、同條例第十五條第一項「本會委員有喪失行為能力、違反法令或其他不當言行者，得經本會全體委員三分之二以上同意，予以除名」之規定，以「違反法令或其他不當言行」為除名事由，與法律明確性原則不盡相符，應予檢討修正。

五、同條例第八條第一項前段「三一九槍擊事件所涉及之刑事責任案件，其偵查專屬本會管轄」、同條第二項「本會於行使前項職權，有檢察官、軍事檢察官依據法律所得行使之權限」；第十三條第一項「本會調查結果，如有涉及刑事責任者，由調用之檢察官或軍事檢察官逕行起訴」等規定，逾越立法院調查權所得行使之範圍，違反權力分立與制衡原則。

六、同條例第十三條第三項規定「本會調查結果，與法院確定判決之事實歧異者，得為再審之理由」，違反法律平等適用之法治基本原則，並逾越立法院調查權所得行使之範圍。

七、同條例第十二條第一項規定「本會對於調查之事件，應於三個月內向立法院提出書面調查報告，並公布之。如真相仍未查明，應繼續調查，每三個月向立法院及監察院提出報告，並公布之」，其中關於向監察院報告部分，與憲法機關各有所司之意旨不盡相符，應予檢討修正。

八、同條例第八條第三項規定「本條例公布之日，各機關所辦理專屬本會管轄案件，應即檢齊全部案卷及證物移交本會」、同條第四項規定「本會行使職權，不受國家機密保護法、營業秘密法、刑事訴訟法及其他法律規定之限制。受請求之機關、團體或人員不得以涉及國家機密、營業秘密、偵查保密、個人隱私或其他任何理由規避、拖延

或拒絕」、同條第六項規定「本會或本會委員行使職權，得指定事項，要求有關機關、團體或個人提出說明或提供協助。受請求者不得以涉及國家機密、營業秘密、偵查保密、個人隱私或其他任何理由規避、拖延或拒絕」，其中關於專屬管轄、移交卷證與涉及國家機關獨立行使職權而受憲法保障者之部分，有違權力分立與制衡原則，並逾越立法院調查權所得行使之範圍。

九、同條例第八條第六項規定「本會或本會委員行使職權，得指定事項，要求有關機關、團體或個人提出說明或提供協助。受請求者不得以涉及國家機密、營業秘密、偵查保密、個人隱私或其他任何理由規避、拖延或拒絕」，其中規定涉及國家機密或偵查保密事項，一概不得拒絕之部分，應予適當修正。

十、同條例第八條第四項前段規定「本會行使職權，不受國家機密保護法、營業秘密法、刑事訴訟法及其他法律規定之限制」、同條第六項規定「本會或本會委員行使職權，得指定事項，要求有關機關、團體或個人提出說明或提供協助。受請求者不得以涉及國家機密、營業秘密、偵查保密、個人隱私或其他任何理由規避、拖延或拒絕」，其中規定涉及人民基本權利者，有違正當法律程序、法律明確性原則。

十一、同條例第八條第七項「違反第一項、第二項、第三項、第四項或第六項規定者，處機關首長及行為人新臺幣十萬元以上一百萬元以下罰鍰，經處罰後仍繼續違反者，得連續處罰之」及第八項前段：機關首長、團體負責人或有關人員拒絕真調會或其委員調查，影響重大，或為虛偽陳述者，依同條第七項之規定處罰等規定，有違正當法律程序及法律明確性原則。

十二、同條例第八條第八項後段規定「機關首長、團體負責人或有關人員拒絕本會或本會委員調查，影響重大，或為虛偽陳述者……並依刑法第一百六十五條、第二百十四條等相關規定追訴處罰」，係指上開人員若因受調查而涉有犯罪嫌疑者，應由檢察機關依法偵查追訴，由法院依法審判而言；上開規定應本此意旨檢討修正。

十三、同條例第八條第九項規定「本會或本會委員行使職權，認有必要時，得禁止被調查人或與其有關人員出境」，逾越立法院之調查權限，並違反比例原則。

上開五、六、八、十、十一、十三項有違憲法意旨部分，均自本解釋公布之日起失其效力。

司法院大法官依憲法規定獨立行使憲法解釋及憲法審判權，為確保其解釋或裁判結果實效性之保全制度，乃司法權核心機能之一，不因憲法解釋、審判或民事、刑事、行政訴訟之審判而有異。本件暫時處分之聲請，雖非憲法所不許，惟本案業經作成解釋，

已無須予以審酌。

解釋理由書

本件係因立法委員柯建銘等九十三人，認中華民國九十三年九月二十四日公布施行之「三一九槍擊事件真相調查特別委員會條例」（以下稱真調會條例），逾越憲法賦予立法院權限，爰就其行使職權適用憲法發生之疑義，並就真調會條例是否牴觸憲法之疑義，依立法委員現有總額三分之一以上聲請解釋憲法，同時聲請於本案作成解釋前為暫時處分（聲請人稱急速處分，下同），宣告真調會條例暫時停止適用。本件就聲請為暫時處分部分，依司法院大法官審理案件法第十三條第一項規定，通知聲請人代表及訴訟代理人暨關係機關三一九槍擊事件真相調查特別委員會（以下稱真調會）指派代表，於九十三年十月十四日到場，在憲法法庭行言詞辯論，同時邀請法律學者到庭陳述意見；就聲請解釋憲法部分，通知聲請人代表及訴訟代理人，暨關係機關立法院指派代表及訴訟代理人，於九十三年十月二十七日及二十九日到場，在憲法法庭行言詞辯論，同時邀請關係機關監察院、法務部、內政部指派代表，並邀請法律學者到庭陳述意見，合先說明。

本件聲請人主張略稱：一、真調會之機關屬性違憲：真調會不僅完全取代檢察機關之偵查（第八條第一、二、三項），可以借調檢察官（第九條第一項），指揮檢察官起訴（第十三條第一項），甚至干預法院獨立審判（第十三條第三項），干預監察院之調查權（第八條第三項），並擁有內部組織權，得自行籌辦辦公處所、行政事務與進用人員（第十一條第一項），且預算由行政院第二預備金項下支應，行政院不得拒絕（第十一條第二項），此種權力集中之特設機關，不受其他機關制衡，與自由民主憲政秩序完全不容。真調會無法歸屬於憲法規定之任何憲法機關，亦不受五院體制之限制，卻可同時行使司法權、監察權、立法院文件調閱權及行政權，是違憲之混合機關。二、制定真調會條例逾越立法權限：立法院透過真調會條例創設違憲之混合機關，已逾越立法權之權限範圍，牴觸民主正當性要求。三、制定真調會條例違反權力分立原則：真調會條例係針對三一九槍擊事件之個案立法，造成立法與執行的融合，違反權力分立，應認為無效。四、真調會所行使之職權已侵犯其他憲法機關權力，違反權力分立原則：㈠侵犯總統豁免權及人事任命權：依真調會條例第八條規定，真調會之調查對象包括總統，且總統亦不得以國家機密為由，拒絕真調會或真調會委員之調查，顯然違反憲法第五十二條規定而無效；真調會委員任命方式完全剝奪總統之人事任命權，違反憲法第四十一條而無效。㈡侵犯檢察官偵查權之核心領域：1.依真調會條例第八條第一、

二、三項及第九條規定，真調會已取代檢察機關。2.依真調會條例第十三條第一、三項規定，真調會不僅掌握個案之刑事偵查權，甚至可以指揮檢察官起訴，使立法權與執行權合而為一，嚴重破壞刑事訴訟上之權力分立與法治國原則。㈢侵犯司法權之核心領域：真調會條例第十三條第三項規定法院確定判決所認定之事實與真調會所認定之事實有所不同時，必須以真調會之認定為準，已經侵犯審判獨立之核心，明顯違反憲法第八十條。㈣侵犯監察院調查權之核心領域：1.真調會條例第八條第三、四、五及六項規定，將原本不屬於立法院之國會調查權，賦予真調會，逾越司法院釋字第三二五號解釋對監察院行使調查權所設定之範圍。五、真調會經費支應之規定，牴觸憲法：立法院不得要求行政院為特定預算科目之支出，否則即屬違憲。真調會條例第十一條第二項規定，嚴重混淆立法與行政之界限，紊亂責任政治體制，與憲法第七十條及司法院釋字第二六四號、第三九一號解釋牴觸。六、真調會之組成方式，牴觸憲法：㈠真調會以政黨取代人民：真調會條例第二條第二項規定真調會委員由各政黨（團）推薦，而政黨並不能代表全體人民，因此真調會委員之推薦已違反人員與組織之正當性，使中國國民黨與親民黨可推薦之委員共計九人，可以完全掌控真調會之運作。㈡真調會委員無任期規定：依真調會條例第十五條第一項規定，少數黨「推薦」的委員，隨時有被多數黨委員以「言行不當」予以除名之可能；而多數黨「推薦」之委員違憲任職後，便無人可將之解職，亦違反權力有限付託之民主原則。七、真調會條例侵害人民基本權利，不符比例原則及正當法律程序：㈠不符比例原則：真調會條例第八條第七項規定，違反同條第一、二、三、四、六項規定者，處機關首長及行為人新臺幣十萬元以上一百萬元以下罰鍰，並得連續處罰之。其所追求的目的並不合憲，因此通不過目的合憲性審查。又真調會條例第一條第一項明定以平息選舉爭議、安定政局為其立法目的，惟在手段上，就強制處分權之行使，空白、概括授權真調會委員行使，嚴重侵犯人民自由、隱私等基本權，手段既非侵害最小，手段與目的相比更屬欠缺平衡，顯與憲法第二十三條規定之比例原則不合。㈡不符正當法律程序：真調會條例第八條第四、八項規定，排除刑事訴訟法等各項限制，空白、概括授權真調會及其委員得任意行使強制處分權；對於機關首長等有關人員拒受調查，或為虛偽陳述者，除依同條第七項處罰外，並還依刑法第一百六十五條、第二百十四條等相關規定追訴處罰，顯已違反正當法律程序等語。

關係機關立法院主張略稱：一、本件聲請無關立法委員行使職權適用憲法發生疑義，或適用法律發生有牴觸憲法之疑義，不合聲請要件，不應受理解釋。二、依法律合憲

性解釋原則，真調會條例整體或部分內容均未違憲：㈠真調會之機關屬性：基於權力分立與機關功能最適原則、機關任務功能分配原則，權力之配置，應配置於功能上最適當、追求效能之機關擔當。我國憲法無行政保留領域，未明文禁止類似真調會之機構，立法院有權為此種立法。在憲法五院之外，介於國家與私人間之公法人既能夠存在，國家公權力能委託私人行使，則原則上應容許因特定任務，暫時性成立之真調會。㈡真調會條例之制定屬於立法權之範圍：立法院依憲法第六十三條對國家重要事項可以行使立法權。真調會之創設目的既在解決三一九槍擊事件真相未明所引發的政治爭議，為國家重要事項，在未侵害人民基本權利之範圍內，屬於立法權之範圍。㈢真調會所行使之職權未侵犯其他憲法機關權力，其行使職權之方式亦未違背權力分立與制衡原則：真調會條例所涵蓋之機制包含兩個：一是依真調會條例成立之真調會，專責「事實真相之調查」；二是真調會依真調會條例借調之檢察官，專責「刑事案件偵查權」之行使。真調會條例第一條至第七條係規範關於真調會「調查權限及方式」，第八條以後規範真調會借調檢察官之「刑事偵查」，第九條與第十八條則是「真調會」與「借調檢察官」之間關係的連結條款，要求真調會與借調檢察官相互協助。二機關分別行使調查權及檢察權並相互合作，均未侵犯行政與檢察機關之權力，故未違反權力分立原則。又真調會條例並未賦予真調會裁判權，自無侵害司法權（審判權）之可言。㈣真調會經費支應之規定不抵觸憲法：真調會條例第十一條第二項規定真調會所需經費得動支第二預備金，有預算法第七十條第三款及本條例第十一條第二項為法源依據，具有其合法性，且預算動支方式既未增加支出，不違反憲法第七十條；又第二預備金之動支並非行政院專屬權，立法權並非不能介入，於此並未侵害行政固有權。㈤真調會委員之任命及真調會之組成方式不抵觸憲法：真調會條例第二條規定真調會委員以政黨比例推薦之方式早存在於其他組織，並不會造成政黨的操控，合乎公正性、專業性，類似情形，如中央選舉委員會委員之推薦。真調會條例第十六條並未侵犯總統人事任命權。㈥真調會條例未侵害人民基本權利及正當法律程序：真調會條例第八條第四、六、九項及第十條等規定，必須與第八條、第九條併為整體解釋，則該等強制處分權實均屬於「借調檢察官」之既有職權，並非法律授與真調會限制人身自由之特殊權限。另真調會條例賦予真調會必要之調查權，依該條例第一條第二項、第八條第二項規定，均必須依據法律行使權限。且法律規定概括不必然違憲，可準用行政程序法第一百五十二條以下法規命令之訂定程序，訂定發布行政規則，真調會工作要點合乎此法理。且人民權利受侵害，可依情況分別提起訴願、行政訴訟或請求國家賠償等，本已提供

權利保護與救濟管道，與人民基本權利保護之要求，並無牴觸等語。

本院斟酌全辯論意旨，作成本解釋，其理由如下：

本件聲請人行使憲法第六十二條所規定之立法權，對於真調會條例是否符合憲法上權力分立之原則，發生適用憲法之疑義；又依真調會條例規定，真調會之委員由立法院各政黨（團）推薦（第二條第一、二項），其成立由立法院籌備（第十七條），並應定期向立法院報告調查結果（第十二條），上開事項均與立法委員行使職權有關，而其行使職權適用真調會條例發生牴觸憲法之疑義。經立法委員現有總額三分之一以上聲請解釋，核與司法院大法官審理案件法第五條第一項第三款之規定相符，應予受理。

立法院為國家最高立法機關，由人民選舉之立法委員組織之，代表人民行使立法權。立法院為能有效行使憲法所賦予之立法職權，本其固有之權能自得享有一定之調查權，主動獲取行使職權所需之相關資訊，俾能充分思辯，審慎決定，以善盡民意機關之職責，發揮權力分立與制衡之機能。

立法院調查權乃立法院行使其憲法職權所必要之輔助性權力。基於權力分立與制衡原則，立法院調查權所得調查之對象或事項，並非毫無限制。除所欲調查之事項必須與其行使憲法所賦予之職權有重大關聯者外，凡國家機關獨立行使職權受憲法之保障者，即非立法院所得調查之事物範圍（本院釋字第三二五號、第四六一號解釋參照）。又如行政首長依其行政權固有之權能，對於可能影響或干預行政部門有效運作之資訊，例如涉及國家安全、國防或外交之國家機密事項，有關政策形成過程之內部討論資訊，以及有關正在進行中之犯罪偵查之相關資訊等，均有決定不予公開之權力，乃屬行政權本質所具有之行政特權 (executive privilege)。立法院行使調查權如涉及此類事項，即應予以適當之尊重，而不宜逕自強制行政部門必須公開此類資訊或提供相關文書。如於具體案件，就所調查事項是否屬於國家機關獨立行使職權或行政特權之範疇，或就屬於行政特權之資訊應否接受調查或公開而有爭執時，立法院與其他國家機關宜循合理之途徑協商解決，或以法律明定相關要件與程序，由司法機關審理解決之。

立法院調查權行使之方式，並不以要求有關機關就立法院行使職權所涉及事項提供參考資料或向有關機關調閱文件原本之文件調閱權為限，必要時並得經院會決議，要求與調查事項相關之人民或政府人員，陳述證言或表示意見，並得對違反協助調查義務者，於科處罰鍰之範圍內，施以合理之強制手段，本院釋字第三二五號解釋應予補充。惟其程序，如調查權之發動及個案調查事項之範圍、行使調查權之組織、各項調查方法所應遵守之程序與司法救濟程序等，應以法律為適當之規範；如因特殊例外情形，

就特定事項之調查有委任非立法委員之人士協助調查之必要時，則須制定特別法，就委任之目的、委任調查之範圍、受委任人之資格、選任、任期等人事組織事項、特別調查權限、方法與程序等妥為詳細之規定，並藉以為監督之基礎。各該法律規定之組織及議事程序，必須符合民主原則；其個案調查事項之範圍，不能違反權力分立與制衡原則，亦不得侵害其他憲法機關之權力核心範圍，或對其他憲法機關權力之行使造成實質妨礙；如就各項調查方法所規定之程序，有涉及限制人民權利者，必須符合憲法上比例原則、法律明確性原則及正當法律程序之要求。

一、真調會之屬性

真調會條例係立法院為調查三一九槍擊事件真相，專案設置真調會所為之特別立法。依真調會條例第二條第一項、第二項、第十六條與第十七條規定觀之，真調會係由立法院籌設組成。依組織與權限不應分離，以符責任政治原理之憲政常規，真調會應屬於協助立法院行使調查權之特別委員會。同條例第十二條第一項規定真調會向立法院報告之義務，亦足資佐證。是真調會並非不屬任何憲法機關之組織，亦非同時行使立法權、行政權、司法權及監察權之混合機關。

真調會條例設置真調會，旨在查明槍擊總統、副總統候選人事件真相（同條例第一條第一項參照），乃立法院就國家重要事項進行調查，以監督行政部門，並滿足人民知之權利，合於立法院為有效行使其憲法所賦予職權，於必要時得行使調查權之要件。

立法院雖有制定真調會條例之權，惟該條例是否合憲，仍須就真調會之組織、權限範圍、議事程序、調查方法與程序，是否符合憲法所要求之民主原則、權力分立與制衡原則、比例原則、法律明確性原則及正當法律程序以為斷，不可一概而論。茲就其相關規定，是否符合上開憲法意旨，分述之。

二、真調會之組織

立法院調查權係協助立法院行使憲法職權所需之輔助性權力，其權力之行使應由立法院依法設立調查委員會為之。僅於特殊例外情形，例如所欲調查之事項具高度專業性質，由立法委員組成之調查委員會無法進行有效之調查時，始得經院會決議就一定事項之調查制定特別法，委任不具立法委員身分之相關專業人士，協助立法院行使調查權。上開委員所應具備之能力、資格審查及選任所應遵循之程序，雖屬立法院議會自治之事項，惟仍應以法律明定，其任命則應經院會決議後由立法院院長為之，與憲法第四十一條規定無涉。

真調會條例第二條第一項前段規定「本會置委員十七人，由第五屆立法院各政黨（團）

推薦具有專業知識、聲譽卓著之公正人士組成之，並由總統於五日內任命」，同條第二項後段規定「各政黨（團）應於本條例公布後五日內提出推薦人選，逾期未提出者，視為放棄推薦，其缺額由現額委員選出之召集委員於五日內逕行遴選後，由總統任命」，係立法院考量其所欲調查事項有特殊、高度專業及公正之需求，須委任立法委員以外之專業人員組成調查委員會，協助立法院行使調查權，而制定特別法所作之規定。基於議會自治原則，相關人員之選任資格及程序，應尊重立法院之決定。如立法院決定接受各政黨（團）所推薦之人選，並經院會決議後由立法院院長予以任命，即應為憲法所許。立法院如為尊重國家元首，雖亦得依憲法第四十一條規定，提請總統依法任命之，惟此非謂總統對上開人員有實質選任權限，更毋庸依憲法第三十七條之規定經行政院院長副署之。總統基於對立法院憲法職權之尊重，對於立法院所提人選，亦應予以尊重。故上開真調會條例第二條第一項及第二項規定以及第十五條第二項規定「本會委員除名或因故出缺時，由原推薦之政黨（團）於五日內推薦其他人選遞補之；其逾期未提出推薦人選者，由召集委員逕行遴選後，總統於五日內任命之」，應係指立法院各政黨（團）推薦人選或召集委員逕行遴選人選後，經立法院院會決議通過，再由立法院院長報請總統任命之意。本於上述相同意旨，同條例第十六條規定「第二條及第十五條應由總統任命者，總統應於期限內任命；逾期未任命，視為自動生效」，亦未牴觸憲法第四十一條及第三十七條之規定。

立法院調查權既應由立法院院會決議設立並由立法委員組成之調查委員會行使之，該調查委員會委員之任期至遲應於該屆立法委員任期屆滿時終止，以符民意政治原則。該屆期不連續原則自應適用於由該屆立法委員經院會決議委任非立法委員擔任調查委員會委員之情形。是真調會條例第十二條第一項規定「本會對於調查之事件，應於三個月內向立法院提出書面調查報告，並公布之。如真相仍未查明，應繼續調查……」，對真調會委員之任期並未設有明確之限制，雖非憲法所不許，惟其既係依第五屆立法委員之授權而成立，其任期至遲亦應於第五屆立法委員任期屆滿之日終止，自不待言。再者，真調會既屬立法院之特別委員會，其所需經費自應由立法院編列預算支應。惟遇事實需要而合於預算法令規定之情形者，自得依法動支第二預備金，並未侵害行政權。真調會條例第十一條第二項「本會所需經費由行政院第二預備金項下支應，行政院不得拒絕」，與前揭第十二條第一項之規定，於符合上開意旨之範圍內，尚不生違憲問題。

基於民意政治及責任政治原則，立法院就其行使調查權之成效，自應擔負政治責任，

並就其有無濫用權限，受民意之監督。縱於特殊例外情形，立法院認有授權立法委員以外之人員輔助或代為行使調查權之必要，基於民意政治及責任政治原則，立法院仍負有監督受委任人員履行職務之義務，斷無令其獨立於立法院監督之外，逕自行使立法院調查權之理。是除真調會條例第十二條第一項「本會對於調查之事件，應於三個月內向立法院提出書面調查報告，並公布之。如真相仍未查明，應繼續調查，每三個月向立法院……提出報告，並公布之」，規定真調會向立法院報告之義務外，同條例第四條規定「本會及本會委員須超出黨派以外，依法公正獨立行使職權，對全國人民負責，不受其他機關之指揮監督，亦不受任何干涉」，其中所稱之「不受其他機關之指揮監督」應非排除立法院，而係指「不受立法院以外機關之指揮監督」之意。又基於指揮監督之職責，立法院對於不適任之真調會委員，自亦有經院會決議後予以免職之權；蓋人事免職權較諸人事任命權，具有持續存在、隨時得行使之性質，而為實質有效控制、指揮相關人員調查進行所必要，更為立法院依責任政治原理履行其憲法上義務所由繫。是同條例第十五條第一項規定「本會委員有喪失行為能力、違反法令或其他不當言行者，得經本會全體委員三分之二以上同意，予以除名」，係賦予真調會對委員之除名權，惟仍須經院會決議，且不排除立法院對真調會委員之免職權。前開各項規定，於符合上述意旨範圍內，核與憲法亦無違背。惟上開規定以「違反法令或其他不當言行」為除名之事由，則與法律明確性之憲法意旨不盡相符，應一併檢討修正。又真調會職權之行使，應符合民主原則，是真調會委員開始行使調查權之最低人數，亦以明文規定為宜，併此指明。

三、真調會之職權範圍

立法院所得行使之調查權，僅係為輔助立法院行使其憲法所賦予之立法權限，自與追訴犯罪之偵查權及司法審判權有間。基於權力分立與制衡原則，立法院亦不得立法授與自身或所屬之委員會行使偵查權或審判權。真調會既為隸屬於立法院下行使立法院調查權之特別委員會，其所具有之權限，應只限於立法院調查權所得行使之權限，並僅止於三一九槍擊事件真相之調查而已，不得更進而行使檢察官或軍事檢察官依據法律所得行使之犯罪偵查權及法院之審判權。是真調會之職權應僅限於真調會條例第七條規定「本會就三一九槍擊事件，發生前、後其事件本身或衍生之相關事項均應進行調查，以查明主導人及有關人員之動機、目的、事實經過及其影響等之真相」，惟其調查亦不得排除或干預監察院或其他有權機關就同一事件，本於職權進行調查或偵查之權力。故同條例第八條第一項前段規定「三一九槍擊事件所涉及之刑事責任案件，其

偵查專屬本會管轄」，同條第二項規定「本會於行使前項職權，有檢察官、軍事檢察官依據法律所得行使之權限」及第三項規定「本條例公布之日，各機關所辦理專屬本會管轄案件，應即檢齊全部案卷及證物移交本會」，因賦予真調會之權限逾越立法院所得行使之調查權範圍，已有未合。同條例第十三條第一項規定「本會調查結果，如有涉及刑事責任者，由調用之檢察官或軍事檢察官逕行起訴」，亦因賦予被借調之檢察官或軍事檢察官之權限逾越真調會所得行使之調查權範圍，併有未合；同條第二項關於管轄權之規定失所附麗。以上各該規定，均違反權力分立與制衡原則之憲法基本規範。至同條例第九條第一項規定「本會為行使職權，得借調檢察官或軍事檢察官至本會協助調查」，為尊重被借調人與其所屬機關，其借調應經被借調人與其所屬機關之同意；被借調至真調會協助調查之檢察官或軍事檢察官，於借調期間，雖仍具檢察官或軍事檢察官之身分，但基於立法院調查權之屬性，自不得行使其原有身分依法所得行使之檢察權，乃屬當然之理。

再審為訴訟程序之一環，立法者就再審理由固有自由形成之空間；惟法律之制定，原則上應普遍適用於將來符合其構成要件之多數不確定發生之事件。真調會條例第十三條第三項規定「本會調查結果，與法院確定判決之事實歧異者，得為再審之理由」，乃針對個案所制定之再審理由，違反法律平等適用之法治國家基本原則，且逾越立法院調查權之權限範圍，應非憲法之所許。

監察院為國家最高監察機關，其為行使憲法所賦予之彈劾、糾舉、糾正、審計權，依憲法第九十五條、第九十六條具有之調查權，仍應專由監察院行使。其與立法院於憲法之職能各有所司，各自所行使之調查權在權力性質、功能與目的上並不相同，亦無重疊扞格之處。真調會既為隸屬於立法院下行使立法院調查權之特別委員會，自無須向監察院負責，亦不受監察院之監督。而其行使之調查權亦與監察院之調查權有別，且其調查權之行使及調查之結果亦不能影響監察院調查權之行使。是真調會條例第十二條第一項規定「本會對於調查之事件，應於三個月內向立法院提出書面調查報告，並公布之。如真相仍未查明，應繼續調查，每三個月向立法院及監察院提出報告，並公布之」，其中關於真調會有向監察院提出報告義務之規定，殊有悖於前述之原則，應予檢討修正，以釐清真調會之職責，並避免影響監察院調查權之行使。

四、真調會行使調查權之範圍

基於權力分立與制衡原則，立法院行使調查權所得調查之對象、事項並非毫無限制，已如上述。是真調會條例第八條第三項「本條例公布之日，各機關所辦理專屬本會管

轄案件，應即檢齊全部案卷及證物移交本會」、同條第四項「本會行使職權，不受國家機密保護法、營業秘密法、刑事訴訟法及其他法律規定之限制。受請求之機關、團體或人員不得以涉及國家機密、營業秘密、偵查保密、個人隱私或其他任何理由規避、拖延或拒絕」、第六項「本會或本會委員行使職權，得指定事項，要求有關機關、團體或個人提出說明或提供協助。受請求者不得以涉及國家機密、營業秘密、偵查保密、個人隱私或其他任何理由規避、拖延或拒絕」，上開規定關於專屬管轄、移交卷證之規定，與涉及國家機關獨立行使職權而受憲法保障者，未予明文排除於調查權範圍之外，已逾越立法院調查權所得行使之範圍，此部分與憲法前述意旨尚有未符。另涉及國家機密或偵查保密事項，行政首長具有決定是否公開之行政特權，亦已述之如前，立法院行使調查權若涉及此類事項，自應予以適當尊重，而不宜逕自強制行政部門必須公開此類資訊或提供相關文書。如於具體案件就所調查事項是否屬於國家機關獨立行使職權或行政特權之範疇，或就屬於行政特權之資訊應否接受調查或公開而有爭執時，立法院與其他國家機關宜循合理之途徑協商解決，或以法律明定相關要件與程序由司法機關審理解決之。是上開規定關於調查事項涉及國家機密或偵查保密者，相關機關一概不得拒絕之部分，不盡妥適，應予以適當之修正，以符上開意旨。

五、真調會行使調查權之方法、程序與強制手段

國家機關行使權力均須受法之節制，立法院行使憲法所賦予之權力，亦無例外，此乃法治原則之基本要求。立法院調查權之行使，依調查事項及強制方式之不同，可能分別涉及限制多種受憲法保障之人民基本權利，如憲法第八條保障之人身自由、憲法第十一條保障之消極不表意自由（本院釋字第五七七號解釋參照）、憲法第十二條保障之秘密通訊之自由、憲法第十五條所保障之營業秘密、隱私權……等等。其中隱私權雖非憲法明文列舉之權利，惟基於人性尊嚴與個人主體性之維護及人格發展之完整，並為保障個人生活秘密空間免於他人侵擾及個人資料之自主控制，隱私權乃為不可或缺之基本權利，而受憲法第二十二條所保障（本院釋字第五〇九號、第五三五號解釋參照）。立法院行使調查權如涉及限制憲法所保障之人民基本權利者，不僅應有法律之依據，該法律之內容必須明確，且應符合比例原則與正當法律程序。真調會條例第八條第四項前段「本會行使職權，不受國家機密保護法、營業秘密法、刑事訴訟法及其他法律規定之限制」及第六項「本會或本會委員行使職權，得指定事項，要求有關機關、團體或個人提出說明或提供協助。受請求者不得以涉及國家機密、營業秘密、偵查保密、個人隱私或其他任何理由規避、拖延或拒絕」之規定，賦予真調會進行調查所需

之強制權限，惟上開規定既排除現有法律所得提供被調查人之程序保障，卻未訂定相關之程序規定，如事前予受調查對象充分告知受調查事項、法定調查目的與調查事項之關聯性、給予受調查人員相當之準備期間、准許受調查人員接受法律協助、准許合理之拒絕調查、拒絕證言、拒絕提供應秘密之文件資訊等之事由、必要時備置適當之詰問機制、依調查事件之性質採取公開或秘密調查程序……等等，均付諸闕如。雖該條例第一條第二項規定「本條例未規定者，適用其他相關法律規定」，然該項規定所謂之「適用其他相關法律規定」，仍無法彌補本條例就真調會行使職權所得採用之方法與調查之程序未有妥適規定之缺失，不符正當法律程序之要求。至其對人民受憲法所保障權利之限制是否為達成調查真相目的之必要手段，因其規範內容欠缺明確，尚難論斷是否符合比例原則。是真調會條例第八條第四項及第六項規定，均不符正當法律程序及法律明確性原則之要求。

立法院為有效行使調查權，固得以法律由立法院院會決議依法對違反協助調查義務者科處適當之罰鍰，此乃立法院調查權之附屬權力。惟對違反協助調查義務者課以罰鍰之法律規定，除採用裁罰手段應為達成調查目的所必要者外，其裁罰要件及標準均需具體明確，俾使受規範者得預見其行為之可罰，且其規定得經司法審查加以確認，以符憲法第二十三條之比例原則及法律明確性原則之要求。是真調會條例第八條第七項「違反第一項、第二項、第三項、第四項或第六項規定者，處機關首長及行為人新臺幣十萬元以上一百萬元以下罰鍰，經處罰後仍繼續違反者，得連續處罰之」及第八項前段：機關首長、團體負責人或有關人員拒絕真調會或其委員調查，影響重大，或為虛偽陳述者，依同條第七項之規定處罰等規定，並未明定立法院行使此項裁罰權之程序，且於同條第四項、第六項規定未依前開意旨修正之前，其對違反協助調查義務者行使裁罰權之要件，亦非明確，與正當法律程序及法律明確性之要求均有未符。又就機關首長、團體負責人或有關人員拒受調查，影響重大，或為虛偽陳述者，同條例第八條第八項後段規定「並依刑法第一百六十五條、第二百十四條等相關規定追訴處罰」，應係指上開人員若因受調查而涉有犯罪嫌疑者，應由檢察機關依法偵查追訴，由法院依法審判而言，非謂其拒受調查或為虛偽陳述，即已符合刑法第一百六十五條、第二百十四條或其他犯罪之構成要件，上開規定應本此意旨檢討修正。

至立法院行使調查權所附屬之強制權力，應以科處罰鍰為限，真調會條例第八條第九項規定「本會或本會委員行使職權，認有必要時，得禁止被調查人或與其有關人員出境」，賦予真調會或其委員得依其裁量為限制相關人員出境之強制處分權，已逾越立法

院調查權行使強制權力之必要範圍；且其限制亦非調查真相之必要手段，違反憲法第十條及第二十三條規定之意旨。

上開真調會條例，有違憲法規定意旨部分，均自本解釋公布之日起失其效力。

按司法院大法官解釋憲法，依其法的確信而為解釋，原不受聲請人及關係機關所為關於法適用上主張之拘束。本件解釋認真調會係立法院為行使調查權，調查三一九槍擊事件真相，專案設置之特別委員會，並非不屬任何憲法機關之組織，亦非同時行使立法權、行政權、司法權及監察權之混合機關。本此乃以立法院調查權為本件解釋之論據，並分別就真調會之組織、職權範圍、行使調查權之範圍、方法、程序與其強制手段所涉及之真調會條例相關規定，對其是否符合憲法之意旨，詳加論述如上。是聲請人之主張，所謂真調會無法歸屬於任何憲法機關，關係機關立法院主張所稱真調會係在憲法五院之外，因特定任務成立之暫時性組織云云，並各自依此而為憲法適用上之陳述，本院自無再予一一准駁之必要，特此指明。

憲法第七十八條規定司法院解釋憲法，並有統一解釋法律及命令之權。依憲法第七十九條第二項及憲法增修條文第五條第四項規定，解釋憲法及組成憲法法庭審理政黨違憲之解散事項，為司法院大法官之職權。大法官依憲法規定，獨立行使憲法明文規定之上述司法核心範圍權限，乃憲法上之法官。憲法解釋之目的，在於確保民主憲政國家憲法之最高法規範地位，就人民基本權利保障及自由民主憲政秩序等憲法基本價值之維護，作成有拘束力之司法判斷。為符司法權之本質，釋憲權之行使應避免解釋結果縱有利於聲請人，卻因時間經過等因素而不具實益之情形發生。是為確保司法解釋或裁判結果實效性之保全制度，乃司法權核心機能之一，不因憲法解釋、審判或民事、刑事、行政訴訟之審判而有異。

保全制度固屬司法權之核心機能，惟其制度具基本權利與公共利益重要性，當屬法律保留範圍，應由立法者以法律明定其制度內容。於立法機關就釋憲程序明定保全制度之前，本院大法官行使釋憲權時，如因系爭憲法疑義或爭議狀態之持續、爭議法令之適用或原因案件裁判之執行，可能對人民基本權利或憲法基本原則造成不可回復或難以回復之重大損害，倘依聲請人之聲請於本案解釋前作成暫時處分以定暫時狀態，對損害之防止事實上具急迫必要性，且別無其他手段可資防免其損害時，即得權衡作成暫時處分之利弊，若作成暫時處分顯然利大於弊時，自可准予暫時處分之宣告。本件聲請於本案解釋作成前為暫時處分部分，雖非憲法所不許，惟因本案業經作成解釋，已無須予以審酌，併此敘明。

釋字第五八六號解釋　　（憲 二三，證交 四三之一、一七八、一七九，證券交易法第四十三條之一第一項取得股份申報事項要點 三、四）

九十三年十二月十七日公布

財政部證券管理委員會（後更名為財政部證券暨期貨管理委員會），於中華民國八十四年九月五日訂頒之「證券交易法第四十三條之一第一項取得股份申報事項要點」，係屬當時之證券交易主管機關基於職權，為有效執行證券交易法第四十三條之一第一項規定之必要而為之解釋性行政規則，固有其實際需要，惟該要點第三條第二款：「本人及其配偶、未成年子女及二親等以內親屬持有表決權股份合計超過三分之一之公司或擔任過半數董事、監察人或董事長、總經理之公司取得股份者」亦認定為共同取得人之規定及第四條相關部分，則逾越母法關於「共同取得」之文義可能範圍，增加母法所未規範之申報義務，涉及憲法所保障之資訊自主權與財產權之限制，違反憲法第二十三條之法律保留原則，應自本解釋公布之日起，至遲於屆滿一年時，失其效力。

　　解釋理由書

主管機關基於職權因執行特定法律之規定，得為必要之釋示，以供本機關或下級機關所屬公務員行使職權時之依據。另法官於審判時應就具體案情，依其獨立確信之判斷，認定事實，適用法律，不受行政機關函釋之拘束，乃屬當然，業經本院釋字第一三七號、第二一六號、第四〇七號等號解釋闡明在案。法條使用之法律概念，有多種解釋之可能時，主管機關為執行法律，雖得基於職權，作出解釋性之行政規則，然其解釋內容仍不得逾越母法文義可能之範圍。

七十七年一月二十九日增訂公布之證券交易法第四十三條之一第一項規定：「任何人單獨或與他人共同取得任一公開發行公司已發行股份總額超過百分之十之股份者，應於取得後十日內，向主管機關申報其取得股份之目的、資金來源及主管機關所規定應行申報之事項；申報事項如有變動時，並隨時補正之。」雖對人民之資訊自主權有所限制（本院釋字第五八五號解釋理由書參照），然該規定旨在發揮資訊完全公開原則，期使公司股權重大異動之資訊能即時且充分公開，使主管機關及投資人能瞭解公司股權重大變動之由來及其去向，並進而瞭解公司經營權及股價可能發生之變化，以增進公共利益。其所稱之「共同取得人」，於文義範圍內有多種解釋之可能，而同法並未對於該法律概念作定義性之規定，主管機關為達成前開規定立法意旨，自得基於職權，針對我國證券市場特性，予以適當之闡釋，作出具體明確之例示規定，以利法律之執行。財政部證券管理委員會（後更名為財政部證券暨期貨管理委員會）依同法第三條，為

當時之證券交易法主管機關，於八十四年九月五日訂頒「證券交易法第四十三條之一第一項取得股份申報事項要點」（財政部證券暨期貨管理委員會八十七年十月三十一日修正），係該會本於主管機關職權，為有效執行法律，落實股權重大異動之管理，對上開法律所為之解釋性行政規則，旨在闡明該規定所稱之「取得股份」、「共同取得人」、「取得方式」等概念之含義及其適用範圍，使證券取得人知悉在何種情形應履行申報義務，為執行證券交易法上開規定所必要。

惟上開要點第三條第二款：「本人及其配偶、未成年子女及二親等以內親屬持有表決權股份合計超過三分之一之公司或擔任過半數董事、監察人或董事長、總經理之公司取得股份者」亦認定為共同取得人之規定及第四條相關部分，雖係主管機關為有效揭露資訊，妥適保障投資人權益，考量親屬關係於我國企業文化之特殊性，以客觀上具備一定親屬關係與股份取得行為為標準，認定行為人間意思與行為共同之必然性所訂定。此種定義方式雖有其執行面上之實際考量，然其忽略母法「共同」二字依一般文義理應具備以意思聯絡達到一定目的（如控制、投資）之核心意義，不問股份取得人間主觀上有無意思聯絡，一律認定其意思與行為共同之必然性。衡諸社會現況，特定親屬關係影響、支配家族成員股份取得行為之情形雖屬常見，但例外情形亦難認不存在。單以其客觀上具備特定親屬關係與股份取得行為，即認定股份取得人手中持股為共同取得，屬應併計申報公開之股權變動重大資訊，可能造成股份取得人間主觀上無共同取得之意，卻因其具備客觀之親屬關係與股份取得行為，未依法併同申報而成為母法第一百七十八條第一項第一款、第一百七十九條處罰之對象，顯已逾越證券交易法第四十三條之一第一項「共同取得」之文義可能範圍，增加母法所未規範之申報義務，涉及憲法所保障之資訊自主權與財產權之限制，違反憲法第二十三條之法律保留原則，為避免證券市場失序，該項規定應自本解釋公布之日起，至遲於屆滿一年時，失其效力。

釋字第五八七號解釋　（憲二二，民一○五五～一○五五之二、一○六三、一○八九、一○九四，民訴五八九、五九四～五九六）九十三年十二月三十日公布

子女獲知其血統來源，確定其真實父子身分關係，攸關子女之人格權，應受憲法保障。民法第一千零六十三條規定：「妻之受胎，係在婚姻關係存續中者，推定其所生子女為婚生子女。前項推定，如夫妻之一方能證明妻非自夫受胎者，得提起否認之訴。但應於知悉子女出生之日起，一年內為之。」係為兼顧身分安定及子女利益而設，惟其得提

起否認之訴者僅限於夫妻之一方，子女本身則無獨立提起否認之訴之資格，且未顧及子女得獨立提起該否認之訴時應有之合理期間及起算日，是上開規定使子女之訴訟權受到不當限制，而不足以維護其人格權益，在此範圍內與憲法保障人格權及訴訟權之意旨不符。最高法院二十三年上字第三四七三號及同院七十五年臺上字第二○七一號判例與此意旨不符之部分，應不再援用。有關機關並應適時就得提起否認生父之訴之主體、起訴除斥期間之長短及其起算日等相關規定檢討改進，以符前開憲法意旨。

確定終局裁判所適用之法規或判例，經本院依人民聲請解釋認為與憲法意旨不符時，其受不利確定終局裁判者，得以該解釋為基礎，依法定程序請求救濟，業經本院釋字第一七七號、第一八五號解釋闡釋在案。本件聲請人如不能以再審之訴救濟者，應許其於本解釋公布之日起一年內，以法律推定之生父為被告，提起否認生父之訴。其訴訟程序，準用民事訴訟法關於親子關係事件程序中否認子女之訴部分之相關規定，至由法定代理人代為起訴者，應為子女之利益為之。

法律不許親生父對受推定為他人之婚生子女提起否認之訴，係為避免因訴訟而破壞他人婚姻之安定、家庭之和諧及影響子女受教養之權益，與憲法尚無牴觸。至於將來立法是否有限度放寬此類訴訟，則屬立法形成之自由。

解釋理由書

子女有獲知其血統來源之權利，為聯合國一九九○年九月二日生效之兒童權利公約 (Convention on the Rights of the Child) 第七條第一項所揭櫫；確定父子真實身分關係，攸關子女之人格權，應受憲法第二十二條所保障。民法第一千零六十三條規定：「妻之受胎，係在婚姻關係存續中者，推定其所生子女為婚生子女。前項推定，如夫妻之一方能證明妻非自夫受胎者，得提起否認之訴。但應於知悉子女出生之日起，一年內為之。」此種訴訟雖係為兼顧身分安定及子女利益而設，惟得提起否認之訴者僅限於夫妻之一方，未規定子女亦得提起否認之訴，或係為避免涉入父母婚姻關係之隱私領域，暴露其生母受胎之事實，影響家庭生活之和諧。然真實身分關係之確定，直接涉及子女本身之人格及利益，如夫妻皆不願或不能提起否認之訴，或遲誤提起該訴訟之期間時，將無從確定子女之真實血統關係，致難以維護其人格權益。是為貫徹前開憲法意旨，應肯認確定真實血統關係，乃子女固有之權利，外國立法例如德國舊民法原已規定在特殊情形子女得以補充地位提出否認生父之訴，一九九八年德國民法修正時配合聯合國兒童權利公約之規定，更明定子女自己亦得提起此項訴訟（德國民法第一六○○條、第一六○○ a 條、第一六○○ b 條參照），瑞士民法第二五六條、第二五六 c 條

亦有類似規定，足供參考。故上開民法規定，僅許夫或妻得提起否認子女之訴，而未顧及子女亦應有得獨立提起否認生父之訴之權利，使子女之訴訟權受到不當限制，而不足以維護其人格權益，此與民法規範父母子女間之法律關係，向以追求與維護子女之最佳利益為考量（民法第一千零五十五條至第一千零五十五條之二、第一千零八十九條第二項、第一千零九十四條第二項規定參照），以實現憲法保障子女人格權益之價值，亦有出入，故在此範圍內，與憲法保障人格權與訴訟權之意旨顯有未符。最高法院二十三年上字第三四七三號判例：「妻之受胎係在婚姻關係存續中者，民法第一千零六十三條第一項，推定其所生子女為婚生子女，受此推定之子女，惟受胎期間內未與妻同居之夫，得依同條第二項之規定以訴否認之，如夫未提起否認之訴，或雖提起而未受有勝訴之確定判決，則該子女在法律上不能不認為夫之婚生子女，無論何人，皆不得為反對之主張。」及同院七十五年臺上字第二〇七一號判例：「妻之受胎係在婚姻關係存續中者，夫縱在受胎期間內未與其妻同居，妻所生子女依民法第一千零六十三條第一項規定，亦推定為夫之婚生子女，在夫妻之一方依同條第二項規定提起否認之訴，得有勝訴之確定判決以前，無論何人皆不得為反對之主張，自無許與妻通姦之男子出而認領之餘地。」與此意旨不符之部分，亦應不再援用。有關機關應斟酌得提起否認生父之訴之主體、起訴之除斥期間之長短、其起算日並應考慮子女是否成年及子女與法律推定之生父並無血統關係之事實是否知悉等事項，就相關規定適時檢討改進，而使子女在一定要件及合理期間內得獨立提起否認生父之訴。

確定終局裁判所適用之法規或判例，經本院依人民聲請解釋認為與憲法意旨不符時，其受不利確定終局裁判者，得以該解釋為基礎，依法定程序請求救濟，業經本院釋字第一七七號、第一八五號解釋闡釋在案。本件聲請人如不能以再審之訴救濟者，應許其於本解釋公布之日起一年內，以法律推定之生父為被告，提起否認生父之訴。其訴訟程序，準用民事訴訟法關於親子關係事件程序中否認子女之訴部分之規定，即同法第五百八十九條、第五百九十四條、第五百九十五條、第五百九十六條第一項及第二項等相關規定。惟由法定代理人代為起訴者，應為子女之利益為之，以與民法關於父母子女間之規範，皆以追求及維護子女之最佳利益為考量之意旨相符。

現行法律不許親生父對受推定為他人之婚生子女提起否認之訴，係為避免因訴訟而破壞他人婚姻之安定、家庭之和諧及影響子女受教養之權益。且如許其提起此類訴訟，則不僅須揭發他人婚姻關係之隱私，亦須主張自己介入他人婚姻之不法行為，有悖社會一般價值之通念。故為防止妨礙他人權利、維持社會秩序而限制其訴訟權之行使，

乃屬必要，與憲法並無牴觸。至於將來立法者應否衡量社會觀念之變遷，以及應否考慮在特定條件下，諸如夫妻已無同居共同生活之事實、子女與親生父事實上已有同居撫養之關係等而有限度放寬此類訴訟之提起，則屬立法形成之自由。

釋字第五八八號解釋　　（憲八、二三，行執八、一七、一九、二一，強執二一、二二、二二之五，刑訴七五、九一、九三、一〇一、一〇一之一、一〇三、二二八）　　　　　　　　　　　　　　　　九十四年一月二十八日公布

立法機關基於重大之公益目的，藉由限制人民自由之強制措施，以貫徹其法定義務，於符合憲法上比例原則之範圍內，應為憲法之所許。行政執行法關於「管收」處分之規定，係在貫徹公法上金錢給付義務，於法定義務人確有履行之能力而不履行時，拘束其身體所為間接強制其履行之措施，尚非憲法所不許。惟行政執行法第十七條第二項依同條第一項規定得聲請法院裁定管收之事由中，除第一項第一、二、三款規定：「顯有履行義務之可能，故不履行者」、「顯有逃匿之虞」、「就應供強制執行之財產有隱匿或處分之情事者」，難謂其已逾必要之程度外，其餘同項第四、五、六款事由：「於調查執行標的物時，對於執行人員拒絕陳述者」、「經命其報告財產狀況，不為報告或為虛偽之報告者」、「經合法通知，無正當理由而不到場者」，顯已逾越必要程度，與憲法第二十三條規定之意旨不能謂無違背。

行政執行法第十七條第二項依同條第一項得聲請拘提之各款事由中，除第一項第二款、第六款：「顯有逃匿之虞」、「經合法通知，無正當理由而不到場」之情形，可認其確係符合比例原則之必要條件外，其餘同項第一款、第三款、第四款、第五款：「顯有履行義務之可能，故不履行者」、「就應供強制執行之財產有隱匿或處分之情事者」、「於調查執行標的物時，對於執行人員拒絕陳述者」、「經命其報告財產狀況，不為報告或為虛偽之報告者」規定，顯已逾越必要程度，與前揭憲法第二十三條規定意旨亦有未符。

人身自由乃人民行使其憲法上各項自由權利所不可或缺之前提，憲法第八條第一項規定所稱「法定程序」，係指凡限制人民身體自由之處置，不問其是否屬於刑事被告之身分，除須有法律之依據外，尚須分別踐行必要之司法程序或其他正當法律程序，始得為之。此項程序固屬憲法保留之範疇，縱係立法機關亦不得制定法律而遽予剝奪；惟刑事被告與非刑事被告之人身自由限制，畢竟有其本質上之差異，是其必須踐行之司法程序或其他正當法律程序，自非均須同一不可。管收係於一定期間內拘束人民身體自由於一定之處所，亦屬憲法第八條第一項所規定之「拘禁」，其於決定管收之前，自

應踐行必要之程序、即由中立、公正第三者之法院審問，並使法定義務人到場為程序之參與，除藉之以明管收之是否合乎法定要件暨有無管收之必要外，並使法定義務人得有防禦之機會，提出有利之相關抗辯以供法院調查，期以實現憲法對人身自由之保障。行政執行法關於管收之裁定，依同法第十七條第三項，法院對於管收之聲請應於五日內為之，亦即可於管收聲請後，不予即時審問，其於人權之保障顯有未週，該「五日內」裁定之規定難謂周全，應由有關機關檢討修正。又行政執行法第十七條第二項：「義務人逾前項限期仍不履行，亦不提供擔保者，行政執行處得聲請該管法院裁定拘提管收之」、第十九條第一項：「法院為拘提管收之裁定後，應將拘票及管收票交由行政執行處派執行員執行拘提並將被管收人逕送管收所」之規定，其於行政執行處合併為拘提且管收之聲請，法院亦為拘提管收之裁定時，該被裁定拘提管收之義務人既尚未拘提到場，自不可能踐行審問程序，乃法院竟得為管收之裁定，尤有違於前述正當法律程序之要求。另依行政執行法第十七條第二項及同條第一項第六款：「經合法通知，無正當理由而不到場」之規定聲請管收者，該義務人既猶未到場，法院自亦不可能踐行審問程序，乃竟得為管收之裁定，亦有悖於前述正當法律程序之憲法意旨。憲法第八條第一項所稱「非經司法或警察機關依法定程序，不得逮捕、拘禁」之「警察機關」，並非僅指組織法上之形式「警察」之意，凡法律規定，以維持社會秩序或增進公共利益為目的，賦予其機關或人員得使用干預、取締之手段者均屬之，是以行政執行法第十九條第一項關於拘提、管收交由行政執行處派執行員執行之規定，核與憲法前開規定之意旨尚無違背。

上開行政執行法有違憲法意旨之各該規定，均應自本解釋公布之日起至遲於屆滿六個月時失其效力。

解釋理由書

立法機關基於重大之公益目的，藉由限制人民自由之強制措施，以貫徹其法定義務，於符合憲法上比例原則之範圍內，應為憲法之所許。行政執行法係為貫徹行政法令、保障其有效之執行，以國家之強制力，促使人民履行其公法上義務之程序規範。其中關於公法上金錢給付，該法定義務人經通知等合法程序後，本即應自動給付，無待國家之強制，而此項公法上金錢給付之能否實現，攸關國家之財政暨社會、衛生、福利等措施之完善與否，社會秩序非僅據以維護，公共利益且賴以增進，所關極為重大。「管收」係就義務人之身體於一定期間內，拘束於一定處所之強制處分，目的在使其為義務之履行，為間接執行方法之一，雖屬限制義務人之身體自由，惟行政執行法關

於「管收」處分之規定，既係在貫徹公法上金錢給付義務，於法定義務人確有履行之能力而不履行時，拘束其身體所為間接強制其履行之措施，亦即對負有給付義務且有履行之可能，卻拒不為公法上金錢給付之人所為促使其履行之強制手段，衡諸前述之說明，尚非憲法所不許。

比例原則係屬憲法位階之基本原則，在個別法規範之解釋、適用上，固應隨時注意，其於「立法」尤然，目的在使人民不受立法機關過度之侵害。行政執行法第十七條第二項依同條第一項規定得聲請法院裁定管收之事由中，除第一項第一、二、三款規定：「顯有履行義務之可能，故不履行者」、「顯有逃匿之虞」、「就應供強制執行之財產有隱匿或處分之情事者」，均以執行機關執有相當證據足認義務人確有履行能力為前提（行政執行法第八條第一項第三款參照）始得為之，自難謂其已逾必要之程度，可認係屬正當者外，其餘同項第四、五、六款事由：「於調查執行標的物時，對於執行人員拒絕陳述者」、「經命其報告財產狀況，不為報告或為虛偽之報告者」、「經合法通知，無正當理由而不到場者」，不論法定義務人是否確有履行之能力而不為，亦不問於此情形下執行機關是否尚有其他較小侵害手段可資運用（如未用盡可行之執行方法），以查明所欲執行之責任財產，一有此等事由，可不為財產之追查，即得聲請法院裁定管收，顯已逾越必要程度，與憲法第二十三條規定之意旨不能謂無違背。至履行能力有無之判斷，則應就義務人整體之收入與財產狀況暨工作能力予以觀察，究竟是否可期待其經由工作收入或其他途徑（如處分財產、減少生活費用之支出），以獲得支付（履行）之方法；且其中並應注意維持生計所必需者（行政執行法第二十一條第一款參照），而「工作能力」亦應考慮年齡之大小、健康之狀態與勞動市場供需之情形等，乃當然之事理。

拘提為強制義務人到場之處分，亦為拘束人身自由之一種，行政執行法第十七條關於對義務人之拘提，係以強制其到場履行、陳述或報告為目的，拘束人身自由為時雖較短暫，與管收之侵害程度尚屬有間，但如此亦非謂可排除前述憲法第二十三條有關比例原則規定之適用。行政執行法第十七條第二項依同條第一項得聲請拘提之各款事由中，除第一項第二款、第六款：「顯有逃匿之虞」、「經合法通知，無正當理由而不到場」之情形，尚可認其確係符合比例原則之必要條件外，其餘同項第一款、第三款、第四款、第五款：「顯有履行義務之可能，故不履行者」、「就應供強制執行之財產有隱匿或處分之情事者」、「於調查執行標的物時，對於執行人員拒絕陳述者」、「經命其報告財產狀況，不為報告或為虛偽之報告者」規定，不問執行機關應否先逕就責任財產予以

執行或另為財產之追查，或義務人是否已在執行人員之面前為陳述而毋庸拘提等情形，於限期仍不履行，亦不提供擔保之時，均構成得為裁定拘提之聲請事由，顯已逾越必要程度，與前揭憲法第二十三條規定意旨亦有未符。

人身自由乃人民行使其憲法上各項自由權利所不可或缺之前提，憲法第八條第一項規定所稱「法定程序」，係指凡限制人民身體自由之處置，不問其是否屬於刑事被告之身分，除須有法律之依據外，尚須分別踐行必要之司法程序或其他正當法律程序，始得為之（本院釋字第三八四號解釋參照）。此項程序固屬憲法保留之範疇，縱係立法機關亦不得制定法律而遽予剝奪；惟刑事被告與非刑事被告之人身自由限制，畢竟有其本質上之差異，是其必須踐行之司法程序或其他正當法律程序，自非均須同一不可。管收係於一定期間內拘束人民身體自由於一定之處所，雖亦屬憲法第八條第一項所規定之「拘禁」，然與刑事程序之羈押，目的上尚屬有間。羈押重在程序之保全，即保全被告俾其於整個刑事程序均能始終到場，以利偵查、審判之有效進行，以及判決確定後之能有效執行；管收則有如前述，目的在使其為金錢給付義務之履行，為間接執行方法之一種，並非在保全其身體，故其所踐行之司法程序自無須與羈押完全相同。然雖如此，其於決定管收之前，仍應踐行必要之司法程序則無二致，此即由中立、公正第三者之法院審問，並使法定義務人到場為程序之參與，除藉之以明管收之是否合乎法定要件暨有無管收之必要外，並使法定義務人得有防禦之機會，提出有利之相關抗辯以供法院調查，期以實現憲法對人身自由之保障。

行政執行法第十七條第二、三項：「義務人逾前項限期仍不履行，亦不提供擔保者，行政執行處得聲請該管法院裁定拘提管收之」、「法院對於前項聲請，應於五日內裁定。行政執行處或義務人不服法院裁定者，得於十日內提起抗告；其程序準用民事訴訟法有關抗告程序之規定」、第十九條第一項：「法院為拘提管收之裁定後，應將拘票及管收票交由行政執行處派執行員執行拘提並將被管收人逕送管收所」，其中關於管收之裁定，依同法第十七條第五項規定，雖係準用強制執行法、刑事訴訟法，但行政執行法係將拘提管收一併予以規定（該法第十七條第二項以下），此與強制執行法有異（見該法第二十一條、第二十二條第一、二項），亦與刑事訴訟法有間（見該法第七十五條以下、第九十三條、第一百零一條以下、第二百二十八條第四項後段）。是除單獨之「拘提」、「管收」或「拘提後之管收」外，行政執行處依法固可合併為拘提且管收之聲請，法院亦可合併為拘提管收之裁定。另前揭行政執行法第十九條第一項：「法院為拘提管收之裁定後……執行拘提並將被管收人逕送管收所」，此亦為其特別規定，強制執行法

無論矣，即刑事訴訟法亦無拘提到案還送看守所之明文（該法第九十一條前段、第一百零三條第一項參照），此等自無準用強制執行法、刑事訴訟法之餘地。又依行政執行法第十七條第三項，法院對於管收之聲請，應於「五日內」為之，此亦係該法之特別規定，而與強制執行法（第二十二條之五）所準用之刑事訴訟法不同。依刑事訴訟法第九十三條第五項規定，法院於受理羈押之聲請後，應即時訊問，同法第一百零一條、第一百零一條之一復規定，「被告經法院訊問後」認得予羈押或有羈押之必要者，得（裁定）羈押之，亦即法院受理羈押之聲請後，應即時訊問，而於訊問後即應決定羈押之與否。其所以規定即時訊問，乃在使「被告」得就聲請羈押之事由為答辯，法院亦得就羈押之聲請為必要之調查；其所以規定訊問後應即決定羈押之與否，目的在保障人權，俾免被告身體之自由遭受無謂之限制。茲行政執行法前開之規定，法院竟可於管收聲請後，不予即時審問，而猶得於「五日內」為裁定，其於人權之保障顯有未週，該「五日內」裁定之規定，未兼顧及此，應予檢討修正。

又行政執行處倘為拘提且管收之聲請者，該被裁定拘提管收之義務人於裁定之時，既尚未拘提到場，自不可能踐行審問程序，法院係單憑行政執行處一方所提之聲請資料以為審查，無從為言詞之審理，俾以查明管收之聲請是否合乎法定要件暨有無管收之必要，更未賦予該義務人以防禦之機會，使其能為有利之抗辯，指出證明之方法以供法院審酌，即得為管收之裁定，且竟可於拘提後將之還送管收所，亦無須經審問程序，即連「人別」之訊問（即訊問其人有無錯誤）亦可從缺，尤有違於前述正當法律程序之要求。再者，前開法院得為裁定管收之事由中，其「經合法通知，無正當理由而不到場」之此款，亦係強制執行法（第二十二條第一、二項）及刑事訴訟法（第一百零一條、第一百零一條之一）之所無，而該義務人既猶未到場，自亦不可能踐行審問程序，乃法院竟得依聲請而為管收之裁定，此一容許為書面審理之規定，其有悖於前述正當法律程序之憲法意旨，更不待言。

至於上述所稱關於管收之審問程序，其應賦予義務人到場之機會，此乃絕對之必要。法院對於行政執行處聲請管收所提資料，若認尚有未足或尚有不明者，得命該處派員到場為一定之陳述或補正，於此，行政執行處不得拒絕，固屬當然；而該處就此所為之聲請，要以自由證明為已足，法院之心證，亦非須至不容合理懷疑之確信程度為必要，附此指明。

「警察」係指以維持社會秩序或增進公共利益為目的，而具強制（干預、取締）手段特質之國家行政作用或國家行政主體，概念上原屬多義之用語，有廣、狹即實質、形

式兩義之分。其採廣義、即實質之意義者，乃就其「功能」予以觀察，凡具有上述「警察」意義之作用、即行使此一意義之權限者，均屬之；其取狹義、即形式之意義者，則就組織上予以著眼，而將之限於警察組織之形式——警察法，於此法律所明文規定之機關及人員始足當之，其僅具警察之作用或負警察之任務者，不與焉。上述行政執行法既已就管收、拘提為明文之規定，並須經法院之裁定，亦即必須先經司法審查之准許，則其「執行」自非不得由該主管機關、即行政執行處之人員為之（本院釋字第五五九號解釋參照）。是憲法第八條第一項所稱「非經司法或警察機關依法定程序，不得逮捕、拘禁」之「警察機關」，乃採廣義，凡功能上具有前述「警察」之意義、即法律規定以維持社會秩序或增進公共利益為目的，賦予其機關或人員得使用干預、取締之手段者，概屬相當，並非僅指組織法上之形式「警察」之意。是以行政執行法第十九條第一項關於拘提、管收交由行政執行處派執行員執行之規定，核與憲法前開規定之意旨尚無違背。

上開行政執行法有違憲法意旨之各該規定，均應自本解釋公布之日起至遲於屆滿六個月時失其效力。

釋字第五八九號解釋　（憲九三，憲增修七，大法官審案五，政務官給與條例四、五、一五，政務人員給與條例四、六、一九，退撫條例四、九、一〇、二一，退撫條例施八，公退六，教休五，陸海空軍軍官士官服役條例二五）

九十四年一月二十八日公布

法治國原則為憲法之基本原則，首重人民權利之維護、法秩序之安定及信賴保護原則之遵守。行政法規公布施行後，制定或發布法規之機關依法定程序予以修改或廢止時，應兼顧規範對象信賴利益之保護。受規範對象如已在因法規施行而產生信賴基礎之存續期間內，對構成信賴要件之事實，有客觀上具體表現之行為，且有值得保護之利益者，即應受信賴保護原則之保障。至於如何保障其信賴利益，究係採取減輕或避免其損害，或避免影響其依法所取得法律上地位等方法，則須衡酌法秩序變動所追求之政策目的、國家財政負擔能力等公益因素及信賴利益之輕重、信賴利益所依據之基礎法規所表現之意義與價值等為合理之規定。如信賴利益所依據之基礎法規，其作用不僅在保障私人利益之法律地位而已，更具有藉該法律地位之保障以實現公益之目的者，則因該基礎法規之變動所涉及信賴利益之保護，即應予強化以避免其受損害，俾使該基礎法規所欲實現之公益目的，亦得確保。

憲法對特定職位為維護其獨立行使職權而定有任期保障者，其職務之性質與應隨政黨更迭或政策變更而進退之政務人員不同，此不僅在確保個人職位之安定而已，其重要意義，乃藉任期保障，以確保其依法獨立行使職權之目的而具有公益價值。故為貫徹任期保障之功能，對於因任期保障所取得之法律上地位及所生之信賴利益，即須充分加以保護，避免其受損害，俾該等人員得無所瞻顧，獨立行使職權，始不違背憲法對該職位特設任期保障之意旨，並與憲法上信賴保護原則相符。

憲法增修條文第七條第五項規定：「監察委員須超出黨派以外，依據法律獨立行使職權。」為維護監察權之獨立行使，充分發揮監察功能，我國憲法對監察委員之任期明定六年之保障（憲法第九十三條及憲法增修條文第七條第二項規定參照）。查第三屆監察委員之任期六年，係自中華民國八十八年二月一日起，至九十四年一月三十一日止。該屆監察委員開始任職時，七十四年十二月十一日修正公布之政務官退職酬勞金給與條例尚無落日條款之規定，亦即第三屆監察委員就任時，係信賴其受任期之保障，並信賴於其任期屆滿後如任軍、公、教人員年資滿十五年者，有依該給與條例第四條擇領月退職酬勞金之公法上財產權利。惟為改革政務人員退職制度，而於九十三年一月七日另行制定公布政務人員退職撫卹條例（以下簡稱「退撫條例」），並溯自同年月一日施行。依新退撫條例，政務人員與常務人員服務年資係截然區分，分段計算，並分別依各該退休（職）法規計算退休（職）金，並且政務人員退撫給與，以一次發給為限，而不再有月退職酬勞金之規定。雖該退撫條例第十條設有過渡條款，對於新退撫條例公布施行前，已服務十五年以上者，將來退職時仍得依相關退職酬勞金給與條例，選擇月退職酬勞金。但對於受有任期保障以確保其依法獨立行使職權之政務人員於新退撫條例公布施行前、後接續任年資合計十五年者，卻無得擇領月退職酬勞金之規定，顯對其應受保護之信賴利益，並未有合理之保障，與前開憲法意旨有違。有關機關應即依本解釋意旨，使前述人員於法律上得合併退撫條例施行前後軍、公、教年資及政務人員年資滿十五年者，亦得依上開政務官退職酬勞金給與條例及八十八年六月三十日修正公布之政務人員退職酬勞金給與條例之規定擇領月退職酬勞金，以保障其信賴利益。

解釋理由書

司法院大法官審理案件法第五條第一項第一款規定：「中央或地方機關，於其行使職權，適用憲法發生疑義，或因行使職權與其他機關之職權，發生適用憲法之爭議，或適用法律與命令發生有牴觸憲法之疑義者」得聲請解釋。本件聲請人監察院為處理政務人

員退職案件，適用九十三年一月七日公布並溯自同年月一日施行之政務人員退職撫卹條例，發生有牴觸憲法之疑義，聲請本院解釋，核與首開規定相符，應予受理，合先敘明。

法治國原則為憲法之基本原則，首重人民權利之維護、法秩序之安定及信賴保護原則之遵守。行政法規公布施行後，制定或發布法規之機關依法定程序予以修改或廢止時，應兼顧規範對象信賴利益之保護。除法規預先定有施行期間或因情事變遷而停止適用，不生信賴保護問題外，其因公益之必要廢止法規或修改內容致人民客觀上具體表現其因信賴而生之法律上利益受損害，應採取合理之補救措施，或訂定過渡期間之條款，以減輕其損害或避免影響其依法所取得之法律上地位，方符憲法公益與私益平衡之意旨。受規範對象如已在因法規施行而產生信賴基礎之存續期間內，對構成信賴要件之事實，有客觀上具體表現之行為，且有值得保護之利益者，即應受信賴保護原則之保障（本院釋字第五二五號解釋參照）。至於如何保障其信賴利益，究係採取減輕或避免其損害，或避免影響其依法所取得法律上地位等方法，則須衡酌法秩序變動所追求之政策目的、國家財政負擔能力等公益因素及信賴利益之輕重、信賴利益所依據之基礎法規所表現之意義與價值等為合理之規定。如信賴利益所依據之基礎法規，其作用不僅在保障私人利益之法律地位而已，更具有藉該法律地位之保障以實現公益之目的者，則因該基礎法規之變動所涉及信賴利益之保護，即應強化以避免其受損害，俾使該基礎法規所欲實現之公益目的，亦得確保。

憲法對特定職位為維護其獨立行使職權而定有任期保障者，其職務之性質與應隨政黨更迭或政策變更而進退之政務人員不同，此不僅在確保個人職位之安定而已，其重要意義，乃藉任期保障，以確保其依法獨立行使職權之目的而具有公益價值。故為貫徹任期保障之功能，對於因任期保障所取得之法律上地位及所生之信賴利益，即須充分加以保護，避免其受損害，俾該等人員得無所瞻顧，獨立行使職權，始不違背憲法對該職位特設任期保障之意旨，並與憲法上信賴保護原則相符。

憲法增修條文第七條第五項規定：「監察委員須超出黨派以外，依據法律獨立行使職權。」為維護監察權之獨立行使，充分發揮監察功能，我國憲法對監察委員之任期明定六年之保障（憲法第九十三條及憲法增修條文第七條第二項規定參照），以確保監察委員職位之安定，俾能在一定任期中，超然獨立行使職權。查第三屆監察委員之任期六年，係自八十八年二月一日起，至九十四年一月三十一日止。該屆監察委員開始任職時，七十四年十二月十一日修正公布之政務官退職酬勞金給與條例（以下簡稱「舊給

與條例」）尚無落日條款之規定，該條例係於其任職後於八十八年六月三十日修改名稱為「政務人員退職酬勞金給與條例」（以下簡稱「新給與條例」）時，始有施行期間「本條例自修正條文公布之日起一年六個月失其效力」（新給與條例第十九條第三項規定參照）之增訂。亦即第三屆監察委員就任時，係信賴其受任期之保障，並信賴於其任期屆滿後如任軍、公、教人員年資滿十五年者，有依舊給與條例第四條擇領月退職酬勞金之公法上財產權利。本此信賴而就任，即是其對構成信賴要件之事實，有客觀上具體表現之行為，而須受信賴之保護。惟為改革政務人員退職制度，乃廢止政務人員退職酬勞金給與條例，而於九十三年一月七日另行制定公布政務人員退職撫卹條例，並溯自同年月一日施行。依新退撫條例，政務人員與常務人員服務年資係截然區分，分段計算，並分別依各該退休（職）法規計算退休（職）金，並且政務人員退撫給與，以一次發給為限（退撫條例第四條、第九條規定參照），而不再有月退職酬勞金之規定。雖該退撫條例第十條規定，九十二年十二月三十一日前服務年資、應領之退職金及支給機關，適用新、舊給與條例規定辦理，即於新退撫條例公布施行前，已服務十五年以上者，將來退職時仍得依新、舊給與條例，選擇月退職酬勞金。但受有任期保障之政務人員於新退撫條例公布施行前、後接續任年資合計十五年者，原得依新、舊給與條例擇領月退職酬勞金，而新退撫條例卻無得擇領月退職酬勞金之規定，顯對其應受保護之信賴利益，並未有合理之保障，與前開憲法意旨有違。

又縱依退撫條例第十條第二項及同條例施行細則第八條規定暨銓敘部九十三年七月十九日部退二字第〇九三二三三四二〇七號函釋「本條例施行前後續任政務人員，……如九十二年十二月三十一日前之服務年資未滿十五年，且具有軍、公、教人員年資，則九十三年一月一日以後之年資，得選擇不領取公提儲金本息，並按轉任前軍、公、教人員之等級對照軍、公、教人員退撫基金繳費費率補繳退撫基金，併計軍、公、教人員年資滿十五年，且年滿六十歲者，亦得選擇支領月退休金。……」。惟實際上依此規定得領取之月退休金與依新、舊給與條例規定得領取之月退職酬勞金，因計算給與之基準不同（七十四年十二月十一日修正公布之政務官退職酬勞金給與條例第四條第三項、八十八年六月三十日修正公布之政務人員退職酬勞金給與條例第四條第三項、八十四年一月二十八日修正公布之公務人員退休法第六條第三項、八十九年一月十二日修正公布之學校教職員退休條例第五條第三項、九十一年六月五日修正公布之陸海空軍軍官士官服役條例第二十五條第一項第二款規定參照），兩者數額相差甚鉅，故依此規定及函釋，新退撫條例第十條之過渡條款規定，對於八十八年六月三十日給與條

例修法增訂落日條款前已就任，且受憲法任期保障並獨立行使職權之人員權益而言，尚非合理之補救措施，與憲法上信賴保護原則有所不符。有關機關應即依本解釋意旨，使前述人員於法律上得合併退撫條例施行前後軍、公、教年資及政務人員年資滿十五年者，亦得依上開政務官退職酬勞金給與條例及政務人員退職酬勞金給與條例之規定擇領月退職酬勞金，以保障其信賴利益。

釋字第五九〇號解釋 （憲八、一六、二三、七八、八〇，憲增修五，性交易防制九、一五、一六，刑訴一〇八、一一四） 九十四年二月二十五日公布

法官於審理案件時，對於應適用之法律，依其合理之確信，認為有牴觸憲法之疑義者，各級法院得以之為先決問題，裁定停止訴訟程序，並提出客觀上形成確信法律為違憲之具體理由，聲請本院大法官解釋。此所謂「法官於審理案件時」，係指法官於審理刑事案件、行政訴訟事件、民事事件及非訟事件等而言，因之，所稱「裁定停止訴訟程序」自亦包括各該事件或案件之訴訟或非訟程序之裁定停止在內。裁定停止訴訟或非訟程序，乃法官聲請釋憲必須遵循之程序。惟訴訟或非訟程序裁定停止後，如有急迫之情形，法官即應探究相關法律之立法目的、權衡當事人之權益及公共利益、斟酌個案相關情狀等情事，為必要之保全、保護或其他適當之處分。本院釋字第三七一號及第五七二號解釋，應予補充。

解釋理由書

本件聲請人聲請意旨，以其審理臺灣苗栗地方法院九十年度護字第三一號兒童保護安置事件時，認須適用兒童及少年性交易防制條例第十六條之規定，確信該條及相關之同條例第九條及第十五條第二項規定，有牴觸憲法第八條及第二十三條之疑義，乃依司法院釋字第三七一號解釋提出釋憲聲請，然為免受保護者遭受不利益，故先為本案之終局裁定，並請求就依該號解釋聲請釋憲時，是否必須停止訴訟程序為補充解釋等語。本院審理本件聲請案件，對此所涉之聲請程序問題，認上開解釋確有補充之必要，爰予補充解釋。

依本院釋字第三七一號及第五七二號解釋，法官於審理案件時，對於應適用之法律，依其合理之確信，認為有牴觸憲法之疑義者，各級法院得以之為先決問題，裁定停止訴訟程序，並提出客觀上形成確信法律為違憲之具體理由，聲請本院大法官解釋，以排除法官對遵守憲法與依據法律之間可能發生之取捨困難，亦可避免司法資源之浪費。此所謂「法官於審理案件時」，係指法官於審理刑事案件、行政訴訟事件、民事事件及

非訟事件等而言。因之，所稱「裁定停止訴訟程序」自亦包括各該事件或案件之訴訟或非訟程序之裁定停止在內。

法官聲請解釋憲法時，必須一併裁定停止訴訟程序，蓋依憲法第七十八條及憲法增修條文第五條第四項規定，宣告法律是否牴觸憲法，乃專屬司法院大法官之職掌。各級法院法官依憲法第八十條之規定，應依據法律獨立審判，並無認定法律為違憲而逕行拒絕適用之權限。因之，法官於審理案件時，對於應適用之法律，依其合理之確信，認為有牴觸憲法之疑義而有聲請大法官解釋之必要者，該訴訟程序已無從繼續進行，否則不啻容許法官適用依其確信違憲之法律而為裁判，致違反法治國家法官應依實質正當之法律為裁判之基本原則，自與本院釋字第三七一號及第五七二號解釋意旨不符。是以，裁定停止訴訟或非訟程序，乃法官依上開解釋聲請釋憲必須遵循之程序。

憲法第十六條規定人民有訴訟權，旨在使人民之權利獲得確實迅速之保護，國家機關自應提供有效救濟之制度保障。各類案件審理進行中，訴訟或非訟程序基於法定事由雖已停止，然遇有急迫之情形，法官除不得為終結本案之終局裁判外，仍應為必要之處分，以保障人民之權利並兼顧公共利益之維護。法官因聲請釋憲，而裁定停止訴訟或非訟程序後，原因案件已不能繼續進行，若遇有急迫之情形，法官即應探究相關法律之立法目的、權衡當事人之權益及公共利益、斟酌個案相關情狀等情事，為必要之保全、保護或其他適當之處分，以貫徹上開憲法及解釋之旨趣。又為求處分之適當，處分之前，當事人、利害關係人應有陳述意見之機會；且當事人或利害關係人對該處分，亦得依相關程序法之規定，尋求救濟，乃屬當然。至前述所謂遇有急迫狀況，應為適當處分之情形，例如證據若不即刻調查，行將滅失，法官即應為該證據之調查；又如刑事案件有被告在羈押中，其羈押期間刻將屆滿，法官應依法為延長羈押期間之裁定或為其他適當之處分（刑事訴訟法第一百零八條參照）；或如有刑事訴訟法第一百十四條第三款之情形，法官應為准予具保停止羈押之裁定等是。再以本件聲請案所涉之兒童及少年性交易防制條例第十六條規定而言，主管機關依同條例第十五條第二項規定將從事性交易或有從事性交易之虞之兒童或少年，暫時安置於其所設置之緊急收容中心，該中心依第十六條第一項規定，於安置起七十二小時內，提出報告，聲請法院裁定時，法院如認為該七十二小時之安置規定及該條關於裁定應遵循程序之規定有牴觸憲法之疑義，依本院釋字第三七一號及第五七二號解釋裁定停止非訟程序，聲請本院解釋憲法者，則在本院解釋以前，法院對該受安置於緊急收容中心之兒童或少年即不得依該條例第十六條第二項規定，為不予安置之裁定，亦不得裁定將該兒童或少

年交付主管機關安置於短期收容中心或其他適當場所，致該兒童或少年繼續安置於緊急收容中心，形同剝奪受安置兒童、少年之親權人、監護人之親權或監護權，對受緊急安置之兒童、少年人身自由保護之程序及其他相關權益之保障，亦顯有欠缺。遇此急迫情形，法官於裁定停止非訟程序時，即應為必要之妥適處分，諸如先暫交付其親權人或監護權人，或於該兒童或少年之家庭已非適任時，則暫將之交付於社會福利機構為適當之輔導教養等是。本院釋字第三七一號及第五七二號解釋應予補充。未按法官於審理案件時，對於應適用之法律，認為有牴觸憲法之疑義，依本院釋字第三七一號及第五七二號解釋，聲請本院大法官解釋者，應以聲請法官所審理之案件並未終結，仍在繫屬中為限，否則即不生具有違憲疑義之法律，其適用顯然於該案件之裁判結果有影響之先決問題。本件據以聲請之臺灣苗栗地方法院九十年度護字第三一號兒童保護安置事件，聲請法官已適用兒童及少年性交易防制條例第十六條第二項規定為本案之終局裁定，事件已脫離其繫屬，是其認所適用之該條規定及相關之同條例第九條及第十五條第二項，有牴觸憲法之疑義，依本院上開解釋聲請釋憲部分，核與各該解釋所示聲請釋憲之要件不符，應不予受理。

釋字第五九一號解釋 （憲一六、仲裁一、二、三三、三七、三八、四〇）

九十四年三月四日公布

憲法第十六條所保障之訴訟權，旨在確保人民於其權利受侵害時，有依法定程序提起訴訟，並受法院公平審判之權利。惟訴訟應循之程序及相關要件，立法機關得衡量訴訟案件之種類、性質、訴訟制度之功能及訴訟外解決紛爭之法定途徑等因素，為正當合理之規定；倘其規範內容合乎上開意旨，且有其必要性者，即與憲法保障訴訟權之意旨無違。

民事紛爭事件之類型，因社會經濟活動之變遷趨於多樣化，為期定分止爭，國家除設立訴訟制度外，尚有仲裁及其他非訴訟之機制。基於國民主權原理及憲法對人民基本權利之保障，人民既為私法上之權利主體，於程序上亦應居於主體地位，俾其享有程序處分權及程序選擇權，於無礙公益之一定範圍內，得以合意選擇循訴訟或其他法定之非訴訟程序處理爭議。仲裁係人民依法律之規定，本於契約自由原則，以當事人合意選擇依訴訟外之途徑處理爭議之制度，兼有程序法與實體法之雙重效力，具私法紛爭自主解決之特性，為憲法之所許。

中華民國八十七年六月二十四日修正公布之仲裁法規定「仲裁判斷書應附理由而未附

者」，當事人得對於他方提起撤銷仲裁判斷之訴（第四十條第一項第一款、第三十八條第二款前段），雖未將仲裁判斷之理由矛盾列為得提起訴訟之事由，要屬立法機關考量仲裁之特性，參酌國際商務仲裁之通例，且為維護仲裁制度健全發展之必要所為之制度設計，尚未逾越立法機關自由形成之範圍，與憲法第十六條保障人民訴訟權之本旨並無牴觸。

解釋理由書

憲法第十六條明定人民有訴訟之權，固在確保人民於其權利受侵害時，有依法定程序提起訴訟之權利，法院亦有為公平審判之義務。惟訴訟應循之程序及相關要件，立法機關得衡量訴訟案件之種類、性質、訴訟制度之功能及訴訟外解決紛爭之法定途徑等因素，為正當合理之規定；倘其規範內容合乎上開意旨，且有其必要性者，即與憲法所保障之訴訟權無違。

民事紛爭事件之類型，因社會經濟活動之變遷趨於多樣化。為期定分止爭，國家除設立訴訟制度外，尚有諸如仲裁、調解、和解及調處等非訴訟機制。現代法治國家，基於國民主權原理及憲法對人民基本權利之保障，人民既為私法上之權利主體，於訴訟或其他程序亦居於主體地位，故在無礙公益之一定範圍內，當事人應享有程序處分權及程序選擇權，俾其得以衡量各種紛爭事件所涉之實體利益與程序利益，合意選擇循訴訟或其他法定之非訴訟程序處理爭議。仲裁係人民關於一定之法律關係，及由該法律關係所生之爭議，依當事人協議交付仲裁庭依規定之程序為判斷，以解決私法爭議之制度（仲裁法第一條、第二條及第三十七條參照）。此項解決爭議之機制，係本於契約自由原則，以當事人之合意為基礎，選擇依訴訟外之途徑處理爭議問題，兼有程序法與實體法之雙重效力，具私法紛爭自主解決之特性，為憲法之所許。

為促進仲裁制度之健全發展，國家固應對於仲裁為必要之協助與監督，惟立法機關衡酌仲裁制度之性質，尊重當事人依訴訟外途徑解決爭議之合意，以法律對仲裁當事人請求撤銷仲裁判斷之事由為適當之規定，則為國際間普遍採行之制度。聯合國大會決議通過，並推薦各國採用之一九八五年聯合國國際商務仲裁法範本 (UNCITRAL Model Law onInternational Commercial Arbitration) 規定，當事人聲請法院撤銷仲裁判斷之事由，除「仲裁判斷違反本國之公共秩序者」，涉及實體事項者外，其餘諸如仲裁協議之當事人不適格、仲裁協議無效、仲裁人之選定或仲裁程序之進行未經合法通知或有其他原因致使當事人未獲陳述之機會、仲裁判斷逾越仲裁協議之範圍、仲裁庭之組成或仲裁程序牴觸仲裁協議或仲裁法，及爭議事件不具仲裁容許性等，均為有關程序之重

大瑕疵（第三十四條，另第五條參照）。上開規定之目的，在於避免司法機關動輒對仲裁判斷之實質問題為全面之審理，俾維護仲裁制度之自主原則並發揮迅速處理爭議之功能。

仲裁法（八十七年六月二十四日修正前稱為商務仲裁條例）第四十條第一項明定當事人得對於他方提起撤銷仲裁判斷訴訟之各種情形，其中第一款規定之事由包括：「仲裁判斷與仲裁協議標的之爭議無關，或逾越仲裁協議之範圍者」、「仲裁判斷書應附理由而未附者」、「仲裁判斷，係命當事人為法律上所不許之行為者」。是除仲裁判斷之實質內容有違法律之強制或禁止規定等為法律上所不許之情形者外，仲裁判斷書如有應附理由而未附者，固得提起撤銷仲裁判斷訴訟，惟仲裁判斷有理由矛盾之情形者，則不在得提起訴訟之範圍。考其原意，乃依仲裁法第三十三條第二項第五款規定，仲裁判斷書原則上固應記載事實及理由，但當事人約定無庸記載者，得予省略。是仲裁判斷書是否有應附理由而未附之情形，法院得依仲裁判斷書及仲裁協議等相關文件之記載而為認定。然是否有理由矛盾之情形，則須就仲裁事件之相關事實及仲裁判斷之理由是否妥適，重為實體內容之審查始能認定，與「應附理由而未附」之情形顯有不同。立法機關考量仲裁之特性，係為實現當事人以程序自治解決爭議之原則，爰參酌國際商務仲裁之通例，而為合理之規定，乃促進仲裁制度之健全發展所必要，並未逾越立法機關自由形成之範疇，與憲法第十六條保障人民訴訟權之本旨尚無牴觸。

釋字第五九二號解釋　（憲八、一六，刑訴一五六、一五九、一六六、二〇六、二七三之二、二八七之一、二八七之二，刑訴施七之三，大法官審案五，性侵害防治一五，性交易防制一〇，家暴二八，組織犯罪一二）

九十四年三月三十日公布

本院釋字第五八二號解釋，並未於解釋文內另定應溯及生效或經該解釋宣告違憲之判例應定期失效之明文，故除聲請人據以聲請之案件外，其時間效力，應依一般效力範圍定之，即自公布當日起，各級法院審理有關案件應依解釋意旨為之。至本院釋字第五八二號解釋公布前，已繫屬於各級法院之刑事案件，該號解釋之適用應以個案事實認定涉及以共同被告之陳述，作為其他共同被告論罪之證據者為限。

解釋理由書

本件聲請人最高法院依法行使其統一法令見解之職權時，適用本院釋字第五八二號解釋，對於該憲法解釋之時間效力、範圍發生疑義聲請補充解釋部分，符合司法院大法

官審理案件法第五條第一項第一款規定，且有補充解釋之必要，應予受理，合先敘明。

本院大法官依人民聲請所為法令違憲審查之解釋，原則上應自解釋公布當日起，向將來發生效力；經該解釋宣告與憲法意旨不符之法令，基於法治國家法安定性原則，原則上自解釋生效日起失其效力，惟為賦予聲請人救濟之途徑，本院大法官依人民聲請所為之解釋，對聲請人據以聲請之案件，亦有效力，其受不利確定終局裁判者，得以該解釋為再審或非常上訴之理由，此觀本院釋字第一七七號、第一八五號解釋自明。刑事確定判決所依據之刑事實體法規經大法官解釋認違反基本人權而牴觸憲法者，應斟酌是否賦予該解釋溯及效力。惟本院釋字第五八二號解釋宣告與憲法意旨不符之最高法院三十一年上字第二四二三號、四十六年臺上字第四一九號判例等為刑事訴訟程序法規，且已行之多年，相關刑事案件難以計數，如依據各該違憲判例所為之確定判決，均得依刑事訴訟法之規定提起非常上訴，將造成社會秩序、公共利益之重大損害，故該解釋除對聲請人據以聲請解釋之案件，具有溯及效力外，並未明定賦予一般溯及效力。

又本院大法官依人民聲請所為之憲法解釋，有拘束全國各機關及人民之效力，各機關自解釋公布當日起，處理有關事項，應依解釋意旨為之，固屬本院大法官解釋之一般效力，本院釋字第一八五號、第一八八號解釋足資參照。本件衡酌法安定性之維持與被告基本權利之保障，於本院釋字第五八二號解釋公布前，已繫屬於各級法院之刑事案件，該號解釋之適用應以個案事實認定涉及以共同被告之陳述，作為其他共同被告論罪之證據者為限。至中華民國九十二年二月六日增訂公布、同年九月一日施行之刑事訴訟法第二百八十七條之一：「法院認為適當時，得依職權或當事人或辯護人之聲請，以裁定將共同被告之調查證據或辯論程序分離或合併。前項情形，因共同被告之利害相反，而有保護被告權利之必要者，應分離調查證據或辯論。」第二百八十七條之二：「法院就被告本人之案件調查共同被告時，該共同被告準用有關人證之規定」等規定，與本院釋字第五八二號解釋意旨相同。是上開法律施行後，已依各該法條踐行審判程序之案件，自無適用本院釋字第五八二號解釋之必要，併予指明。

另違背司法院大法官解釋之判例，於該解釋公布後，當然失其效力（本院釋字第一八五號、第二〇一號解釋參照）。本院釋字第五八二號解釋以最高法院三十一年上字第二四二三號及四十六年臺上字第四一九號判例所稱共同被告不利於己之陳述得採為其他共同被告犯罪事實認定之證據一節，核與憲法第十六條、第八條第一項規定不符，該二判例及其他相同意旨判例，與解釋意旨不符部分，應不再援用。其中所謂「其他相

同意旨判例」應不再援用部分，即係依本院釋字第一八五號、第二〇一號解釋意旨所為之闡釋；又查二十四年修正公布之刑事訴訟法第一百七十三條第一項第三款、第二百七十三條第一項，均於五十六年一月二十八日修正，依序改列同法第一百八十六條第三款、第一百六十六條第一項，內容並無不同。嗣上開規定於九十二年二月六日修正公布，前者業經刪除，後者內容亦經修改，本件聲請人陳稱上開「其他相同意旨判例」究何所指，及二十四年修正公布之刑事訴訟法第一百七十三條第一項第三款、第二百七十三條第一項應屬違憲，聲請補充解釋部分，均無補充解釋之必要。復查二十四年修正公布之刑事訴訟法第二百七十六條、現行刑事訴訟法第一百五十六條第二項、第一百五十九條第二項前段、第一百五十九條之一、第一百五十九條之二、第一百五十九條之四、第一百五十九條之五、第二百零六條、第二百七十三條之二、第二百八十七條之二、現行刑事訴訟法施行法第七條之三但書相關部分、性侵害犯罪防治法第十五條第二項、兒童及少年性交易防制條例第十條第二項、家庭暴力防治法第二十八條第二項、組織犯罪防制條例第十二條暨檢肅流氓條例中有關秘密證人筆錄等傳聞證據之例外規定，均非本院釋字第五八二號解釋之對象，自不生就此等規定聲請補充解釋之問題。是本件聲請人此部分補充解釋之聲請，應不受理。

釋字第五九三號解釋　（憲七、一五、二三，公路二七、七五，汽車燃料使用費徵收及分配辦法二、三）　　　　九十四年四月八日公布

國家基於一定之公益目的，對特定人民課予繳納租稅以外之金錢義務，涉及人民受憲法第十五條保障之財產權，其課徵目的、對象、額度應以法律定之，或以法律具體明確之授權，由主管機關於授權範圍內以命令為必要之規範。該法律或命令規定之課徵對象，如係斟酌事物性質不同所為之合目的性選擇，其所規定之課徵方式及額度如與目的之達成具有合理之關聯性，即未牴觸憲法所規定之平等原則與比例原則。

中華民國七十三年一月二十三日修正公布之公路法第二十七條第一項規定：「公路主管機關，為公路養護、修建及安全管理所需經費，得徵收汽車燃料使用費；其徵收費率，不得超過燃料進口或出廠價格百分之五十」，已就汽車燃料使用費之徵收目的、對象及額度上限予以明定；同條第二項並具體明確授權交通部會商財政部，訂定汽車燃料使用費徵收及分配辦法，其授權之目的、範圍及內容均有明確之規定，與授權明確性原則並無不合。主管機關基於上開授權於八十六年九月二十六日修正發布汽車燃料使用費徵收及分配辦法，其第二條規定：「凡行駛公路或市區道路之各型汽車，除第四條規

定免徵之車輛，均依本辦法之規定，徵收汽車燃料使用費」。第三條規定：「汽車燃料使用費按各型汽車每月耗油量，依附表費額，由交通部或委託省（市）分別代徵之。其費率如下：一、汽油每公升新臺幣二點五元。二、柴油每公升新臺幣一點五元（第一項）。前項耗油量，按各型汽車之汽缸總排氣量、行駛里程及使用效率計算之（第二項）。」均未逾越公路法之授權範圍，符合憲法第二十三條法律保留原則之要求。上開辦法第二條所定之徵收對象、第三條所定之徵收方式，並未牴觸憲法第七條之平等原則與第二十三條之比例原則。汽車燃料使用費與使用牌照稅之徵收亦不生雙重課稅之問題。

解釋理由書

國家基於一定之公益目的，對特定人民課予繳納租稅以外之金錢義務，涉及人民受憲法第十五條保障之財產權，其課徵之目的、對象、額度應以法律定之，或依法律具體明確授權，由主管機關以命令為必要之規範。而有關繳納金錢之義務，則應本於正當之立法目的，在必要範圍內對適當之對象以合理之方式、額度予以課徵，以符合憲法所規定之平等原則與比例原則。

國家對特定人民課徵金錢給付義務，應以法律明定課徵之目的、對象與額度，如以法律具體明確授權主管機關以命令為必要之規範，應就授權法律整體規定之關聯意義，綜合判斷立法機關之授權是否符合授權明確原則，及行政主管機關之命令是否逾越母法授權或與之牴觸。七十三年一月二十三日修正公布之公路法第二十七條第一項規定：「公路主管機關，為公路養護、修建及安全管理所需經費，得徵收汽車燃料使用費；其徵收費率，不得超過燃料進口或出廠價格百分之五十」；同條第二項前段授權交通部會商財政部，訂定汽車燃料使用費徵收及分配辦法。同法第七十五條並規定汽車所有人不依規定繳納汽車燃料使用費者，公路主管機關應限期通知其繳納。是公路法已就汽車燃料使用費之徵收目的、對象及徵收費率之上限予以明定，並就徵收方式及徵收後之分配辦法，授權主管機關訂定。其授權之目的、範圍及具體內容均已明確規定，符合授權明確性原則。

交通部依上開公路法相關規定之授權，於八十六年九月二十六日修正發布汽車燃料使用費徵收及分配辦法，其第二條規定行駛公路或市區道路之各型汽車，除依同辦法第四條規定免徵者外，均應依法繳納汽車燃料使用費。同辦法第三條規定以汽油每公升新臺幣二點五元、柴油每公升新臺幣一點五元之費率，依各型汽車之汽缸總排氣量、行駛里程及使用效率推算耗油量，再依附表費額由交通部或委託省（市）徵收。系爭

辦法規定汽車所有人為徵收對象，係在上開公路法第七十五條所定範圍內，故不生逾越公路法授權範圍之問題。至於徵收方式是否逾越公路法相關規定之授權，則須就公路法整體規定，綜合判斷授權開徵汽車燃料使用費之目的而定。依上開公路法第二十七條第一項規定，汽車燃料使用費之開徵係為支應公路養護、修建、安全管理之財政需要，而非以控制燃油使用量為其主要政策目的，倘主管機關所採之計徵方式，係在法定費率範圍內，並足以相對反映公路使用量之多寡，自得綜合考量稽徵成本、行政效率、運輸政策、道路工程計畫、環境保護或其他公路法授權所為維護之公益，作適當之政策判斷，不因公路法使用「汽車燃料使用費」之名稱，並規定以燃油之價格定其費率，即得遽予論斷主管機關應以個別汽車使用燃油之實際用量，採隨油課徵方式徵收，方與授權意旨相符。系爭規定按各型汽車之汽缸總排氣量、行駛里程及使用效率，推計其耗油量，以反映用路程度多寡，雖不若以個別汽車實際耗油量計徵精確，惟乃主管機關考量稽徵成本與技術所作之選擇，尚未逾越公路法之授權意旨，與憲法第二十三條之法律保留原則並無違背。

按等者等之，不等者不等之，為憲法平等原則之基本意涵。是如對相同事物為差別待遇而無正當理由，或對於不同事物未為合理之差別待遇，均屬違反平等原則。法規範是否符合平等原則之要求，其判斷應取決於該法規範所以為差別待遇之目的是否合憲，其所採取之分類與規範目的之達成之間，是否存有一定程度的關聯性，以及該關聯性應及於何種程度而定。本件汽車燃料使用費徵收及分配辦法第二條規定，向各型汽車所有人課徵汽車燃料使用費，其主要目的係為籌措上開公路法第二十七條第一項規定之公路養護、修建及安全管理所需經費，已屬合憲之重大公益目的。雖汽車所有人未必完全等同於公路使用人，惟駕駛汽車實為使用公路之主要態樣。欲使享有汽車所有權之利益能獲得最大之發揮，須以完善、安全、四通八達的公路網絡為前提，無論汽車所有人是否自為駕駛，均直接、間接享受此等利益。再者，主管機關所徵得之汽車燃料使用費分配各中央、地方機關後，均由受分配機關採取收支並列方式，專用於汽車燃料使用費之稽徵、道路交通安全管理、道路養護與修建，故實際上汽車所有人亦相當程度得享用徵收汽車燃料使用費後之利益。是系爭規定以主要享用公路養護等利益之汽車所有人為對象，課徵專用於公路養護等目的之汽車燃料使用費，而未及於所有使用公路之人，固對汽車所有人有差別待遇，惟以汽車所有人為課徵對象，並非恣意選擇，符合國家基於達成公路養護等之立法目的，對特定人民課予繳納租稅以外金錢義務之意旨，與憲法第七條之平等原則尚無抵觸。又汽車燃料使用費徵收及分配辦

法第三條，雖未對使用汽油之汽車所有人，依其使用九二無鉛汽油、九五無鉛汽油或九八無鉛汽油之不同，規定不同之計算費率，惟主管機關係基於稽徵成本、行政效率及其他公共政策之考量，尚難認係恣意或不合理；且對所有使用汽油之汽車所有人採取相同之計算費率，與目的之達成亦有合理之關聯性，故與平等原則亦尚無牴觸。

課徵汽車燃料使用費之主要目的係為籌措公路養護、修建及安全管理所需經費，屬重大之公益目的，已如前述。至於前開辦法第三條所定之徵收方式，縱非根據各汽車駕駛人事實上之燃油使用量或對公路之使用、耗損程度定其應納數額，惟按汽缸總排氣量推計，仍不能遽論完全悖於常理。例如汽車之汽缸總排氣量愈大，往往消耗愈多燃油；或可能因其總噸數隨之提高，而對公路造成更高之負擔與損傷。又其區別營業與自用車而異其徵收次數（同辦法第五條參照），係反映營業用車較諸自用車普遍有較高之燃油及公路使用量。至於對每公升柴油課徵之汽車燃料使用費低於汽油，除柴油之價格與汽油有相當差距外，則係出於運輸及產業政策之考量所致。是基於公路養護、修建及安全管理之目的，而向各型汽車所有人，按汽車汽缸總排汽量、行駛里程及使用效率推算耗油量，並分別依其使用汽油或柴油而定其費率課徵汽車燃料使用費，尚難認屬恣意之決定，且與課徵目的之達成亦具合理關聯性，故上開公路法第二十七條、汽車燃料使用費徵收及分配辦法第三條，與憲法第二十三條之比例原則並無牴觸。

末按使用牌照稅係為支應國家一般性財政需求，而對領有使用牌照之使用公共水陸道路交通工具所有人或使用人課徵之租稅，汽車燃料使用費則為公路養護、修建及安全管理所徵收之費用，二者之性質及徵收目的迥然不同，不生雙重課稅問題。

釋字第五九四號解釋　（憲八、一五、二三，刑二五三，商標一、六二、七七）

九十四年四月十五日公布

人民身體之自由與財產權應予保障，固為憲法第八條、第十五條所明定；惟國家以法律明確規定犯罪之構成要件與法律效果，對於特定具社會侵害性之行為施以刑罰制裁而限制人民之身體自由或財產權者，倘與憲法第二十三條規定之意旨無違，即難謂其牴觸憲法第八條及第十五條之規定，本院釋字第四七六號、第五五一號解釋足資參照。商標權為財產權之一種，依憲法第十五條之規定，應予保障。又商標或標章權之註冊取得與保護，同時具有揭示商標或標章所表彰之商品或服務來源，以保障消費者利益，維護公平競爭市場正常運作之功能。中華民國八十二年十二月二十二日修正公布之商標法第七十七條準用第六十二條第二款規定，旨在保障商標權人之權利，並避免因行

為人意圖欺騙他人，於有關同一商品或類似商品之廣告、標帖、說明書、價目表或其他文書，附加相同或近似於他人註冊商標圖樣而陳列或散布，致一般消費者對商品或服務之來源、品質發生混淆誤認而權益受有損害，故以法律明定之犯罪構成要件，處行為人三年以下有期徒刑、拘役或科或併科新臺幣二十萬元以下罰金，符合法律明確性之要求，且為保障商標權人權利、消費者利益及市場秩序所必要，並未牴觸憲法第二十三條規定，與憲法第八條、第十五條保障人民身體自由及財產權之意旨，尚無違背。

解釋理由書

人民身體之自由與財產權應予保障，固為憲法第八條、第十五條所明定；惟國家以法律明確規定犯罪之構成要件與法律效果，對於特定具社會侵害性之行為施以刑罰制裁而限制人民之身體自由或財產權，倘與憲法第二十三條規定之意旨無違，即難謂其牴觸憲法第八條及第十五條之規定，本院釋字第四七六號、第五五一號解釋足資參照。又立法者於立法定制時，得衡酌法律所規範生活事實之複雜性及適用於個案之妥當性，從立法上適當運用不確定法律概念而為相應之規定。如法律規定之意義，自立法目的與法體系整體關聯性觀點非難以理解，且個案事實是否屬於法律所欲規範之對象，為一般受規範者所得預見，並可經由司法審查加以認定及判斷者，即無違反法律明確性原則，亦迭經本院釋字第四三二號、第五二一號解釋闡釋有案。

商標權為財產權之一種，依憲法第十五條之規定，應予保障。又商標或標章權之註冊取得與保護，同時具有揭示商標或標章所表彰之商品或服務來源，以保障消費者利益、維護公平競爭市場正常運作及增進公共利益之功能，此觀八十二年十二月二十二日修正公布之商標法第一條規定「為保障商標專用權及消費者利益，以促進工商企業之正常發展，特制定本法」之意旨自明。

商標法為實現上開憲法所保障之財產權及公共利益之目的，於第七十七條關於服務標章之保護準用第六十二條第二款規定：意圖欺騙他人，於有關同一商品或類似商品之廣告、標帖、說明書、價目表或其他文書，附加相同或近似於他人註冊商標圖樣而陳列或散布者，處三年以下有期徒刑、拘役或科或併科新臺幣二十萬元以下罰金。旨在保護他人註冊之商標或標章權，並避免一般消費者對商品或服務之來源、品質發生混淆誤認致權益受有損害，其目的洵屬正當。且本件立法機關衡酌商標或標章權之侵害，對於人民財產權、消費者利益、公平競爭之經濟秩序及工商企業發展危害甚鉅，乃對意圖欺騙他人之行為施以刑罰制裁；又考量法益受侵害之程度及態樣，而選擇限制財

產或人身自由之刑罰手段，以補充刑法第二百五十三條偽造仿造商標商號罪適用上之不足，尚未逾越必要之範圍，並未牴觸憲法第二十三條規定，與憲法第八條、第十五條保障人民身體自由及財產權之意旨，尚無違背。

上開法律規定所禁止之行為，應以行為人所附加之商標或標章與他人註冊商標或標章是否相同或近似，依相關消費者施以通常之注意力，猶不免發生混淆誤認之虞為斷，其範圍應屬可得確定，從合理謹慎受規範行為人立場，施以通常注意力即可預見，無悖於罪刑法定原則中之構成要件明確性原則，符合法治國原則對法律明確性之要求，故立法機關是否採行由行政程序就具體個案進行第一次判斷或施行行政管制後，受規範行為人仍繼續或重複其違法行為者，始採取刑罰制裁，乃立法者自由形成範圍，併予指明。

釋字第五九五號解釋　　（勞基二八、七九，積欠工資墊償基金提繳及墊償管理辦法二、一四）　　　　　　　　　　　　　　九十四年五月六日公布

勞動基準法第二十八條第一項、第二項規定，雇主應繳納一定數額之積欠工資墊償基金（以下簡稱墊償基金）；於雇主歇業、清算或破產宣告時，積欠勞工之工資，未滿六個月部分，由該基金墊償，以保障勞工權益，維護其生活之安定。同條第四項規定「雇主積欠之工資，經勞工請求未獲清償者，由積欠工資墊償基金墊償之；雇主應於規定期限內，將墊款償還積欠工資墊償基金」，以及「積欠工資墊償基金提繳及墊償管理辦法」（以下簡稱墊償管理辦法）第十四條第一項前段規定：「勞保局依本法第二十八條規定墊償勞工工資後，得以自己名義，代位行使最優先受清償權（以下簡稱工資債權）」，據此以觀，勞工保險局以墊償基金所墊償者，原係雇主對於勞工私法上之工資給付債務；其以墊償基金墊償後取得之代位求償權（即民法所稱之承受債權，下同），乃基於法律規定之債權移轉，其私法債權之性質，並不因由國家機關行使而改變。勞工保險局與雇主間因歸墊債權所生之私法爭執，自應由普通法院行使審判權。

　　解釋理由書

勞動基準法第二十八條第一項規定：「雇主因歇業、清算或宣告破產，本於勞動契約所積欠之工資未滿六個月部分，有最優先受清償之權。」第二項前段規定：「雇主應按其當月僱用勞工投保薪資總額及規定之費率，繳納一定數額之積欠工資墊償基金，作為墊償前項積欠工資之用」，此乃政府為保障勞工權益，改善勞工處境，促進社會安定與經濟發展所為之規定，避免企業經營陷入困境，宣告破產，或惡性倒閉，致勞工對於

雇主依勞動契約所積欠之工資，無以獲償而蒙受損害。雇主須依此規定向墊償基金提繳一定數額之款項，於雇主歇業、清算或破產宣告時，其所積欠勞工之工資未滿六個月部分，由該基金墊償，以保障勞工之工資於此範圍內確能獲得支付。

同法第二十八條第四項規定：「雇主積欠之工資，經勞工請求未獲清償者，由積欠工資墊償基金墊償之；雇主應於規定期限內，將墊款償還積欠工資墊償基金」，以及依同條規定訂定之墊償管理辦法第十四條第一項前段規定：「勞保局依本法第二十八條規定墊償勞工工資後，得以自己名義，代位行使最優先受清償權」，就此以觀，勞工保險局以墊償基金所墊償者，原係雇主對於勞工私法上之工資給付債務。雖墊償基金由中央主管機關設置管理，惟墊償基金之資金來源乃由雇主負責繳納，其墊償行為並非以國庫財產提供人民公法上給付，而是以基金管理者之身分，將企業主共同集資形成之基金提供經營不善企業之勞工確實獲得上開積欠工資之保障，蓋勞工保險局於墊償勞工後，取得對雇主之代位求償權，其債權範圍、內容與原來之私法上工資債權具相同性質。再勞工保險局為墊償基金行使此項代位求償權時，乃處於與勞工之同一地位，不因墊償基金由中央主管機關設置管理委員會管理，基金收繳有關業務由勞工保險機構辦理（勞動基準法第二十八條第五項），或墊償基金之設立具有公益上理由，而異其性質。亦即原勞工之工資債權改由勞工保險局行使，乃係基於法律規定之債權移轉，其所具私法債權之性質並不因由國家機關行使而改變。勞工保險局與雇主間因前述債權所生之私法爭執，自應由普通法院行使審判權。至於雇主違背繳納基金費用之義務，應依中華民國九十一年十二月二十五日修正公布前之勞動基準法第七十九條第一款規定裁處罰鍰，係屬違背公法上義務，則應循行政訴訟途徑為之。

又本件係聲請機關就其職權適用勞動基準法第二十八條、墊償管理辦法第十四條第一項規定，關於其訴訟事件應屬何機關審判之見解與他機關有異，而聲請本院為統一解釋，憲法第十六條規定之訴訟權內涵及各該民事、行政訴訟法法條本身，概非聲請解釋之標的，本件解釋自不併予及之，均併此敘明。

釋字第五九六號解釋 （憲一五、一八、二三、八三、一五三，憲增修六，民二九四、三三四、三三八，強執五二、五三、一二二，敬老福利生活津貼暫行條例三，勞基五六、五八、六一，公退一四，勞退條例八、二九）

九十四年五月十三日公布

憲法第七條規定，中華民國人民在法律上一律平等，其內涵並非指絕對、機械之形式

上平等，而係保障人民在法律上地位之實質平等；立法機關基於憲法之價值體系及立法目的，自得斟酌規範事物性質之差異而為合理之差別對待。國家對勞工與公務人員退休生活所為之保護，方法上未盡相同；其間差異是否牴觸憲法平等原則，應就公務人員與勞工之工作性質、權利義務關係及各種保護措施為整體之觀察，未可執其一端，遽下論斷。勞動基準法未如公務人員退休法規定請領退休金之權利不得扣押、讓與或供擔保，係立法者衡量上開性質之差異及其他相關因素所為之不同規定，屬立法自由形成之範疇，與憲法第七條平等原則並無牴觸。

解釋理由書

憲法第七條規定，中華民國人民在法律上一律平等，其內涵並非指絕對、機械之形式上平等，而係保障人民在法律上地位之實質平等，立法機關基於憲法之價值體系及立法目的，自得斟酌規範事物性質之差異而為合理之差別對待。憲法第一百五十三條第一項規定，國家為改良勞工之生活，增進其生產技能，應制定保護勞工之法律，實施保護勞工之政策。惟保護勞工之內容與方式應如何設計，立法者有一定之自由形成空間。憲法第十五條保障人民之財產權，使財產所有人得依財產之存續狀態行使其自由使用、收益及處分之權能，以確保人民所賴以維繫個人生存及自由發展其人格之生活資源。惟為求資源之合理分配，國家自得於不違反憲法第二十三條比例原則之範圍內，以法律對於人民之財產權予以限制。人民於私法上之債權，係憲法第十五條財產權保障之範圍，國家為保護人民私法上之債權，設有民事強制執行制度，俾使債權人得依據執行名義，聲請執行法院，使用強制手段，對於債務人之財產加以執行，以實現其債權，至債務人於強制執行中，雖有忍受國家強制力之義務，惟為維護其受憲法第十五條所保障之生存權及其他基本人權，立法者仍得衡酌債權人私法上債權實現及債務人生存保護必要，於不違反憲法第七條及第二十三條之範圍內，立法禁止對於債務人部分財產之執行。強制執行法第五十二條、第五十三條規定，禁止查封債務人及其共同生活親屬二個月間生活所必需之食物、燃料及金錢，以及其他為維持生活所必需之財物，並於第一百二十二條規定，債務人對於第三人之債權，係維持債務人及其共同生活之親屬生活所必需者，不得為強制執行；又民法第三百三十八條規定，禁止扣押之債，其債務人不得主張抵銷等規定，雖因此限制債權人之債權之實現，但為保障債務人及其共同生活之親屬之生存權所必要，尚無違於憲法上之比例原則。至禁止執行之債務人財產範圍，並不以上開強制執行法規定者為限，倘立法者基於憲法保障特定對象之意旨，或社會政策之考量，於合於比例原則之限制範圍內，仍得以法律規範禁

止執行特定債務人之財產。

勞工請領退休金之權利，屬於私法上之債權，亦為憲法財產權保障之範圍。民法第二百九十四條雖規定債權依其性質不得讓與，或債權禁止扣押者，即不具讓與性。惟勞動基準法對於勞工請領退休金之權利，並未如勞工受領職業災害補償之權利明文規定不得讓與、抵銷、扣押或擔保（第六十一條參照），退休勞工自得依其權利存續狀態，享有自由處分之權能，得為讓與或供債務之擔保。勞工之雇主或債權人亦得對勞工請領退休金之權利主張抵銷，或依法向法院聲請扣押，以實現其債權。倘立法者於勞動基準法第五十六條第一項雇主按月提撥勞工退休準備金專戶存儲，不得作為讓與、扣押、抵銷或擔保之標的外，又規定勞工請領退休金之權利不得讓與、扣押、抵銷或供擔保，對於勞工退休生活之安養而言，固係保障，惟對於勞工行使「請領退休金之權利」亦將形成限制，對於勞工之雇主或其他債權人而言，則屬妨害其私法上債權之實現，限制其受憲法所保障之財產權。因此是否規定勞工請領退休金之權利不得為讓與、抵銷、扣押或供擔保之標的，既然涉及勞工、雇主及其他債權人等財產權行使之限制，自應由立法者依客觀之社會經濟情勢，權衡勞工退休生活之保護與勞工、雇主及其他債權人之財產權行使限制而為規範。憲法第十八條規定人民有服公職之權利，旨在保障人民有依法令從事於公務暨由此衍生之身分保障、俸給與退休金等權利（本院釋字第五七五號解釋參照）。憲法第八十三條暨憲法增修條文第六條設置國家機關掌理公務人員退休法制之事項，亦旨在立法保障公務人員退休後之生活（本院釋字第二八○號解釋理由書參照）。按國家為公法人，其意思及行為係經由充當國家機關之公務人員為之。公務人員與國家間係公法上之職務關係，國家對公務人員有給予俸給、退休金等保障其生活之義務，公務人員對國家亦負有忠誠、執行職務等義務（本院釋字第四三三號解釋理由書參照）。然勞雇關係，則係人民相互間本諸契約自由而成立，勞工為雇主提供勞務，從事特定工作，雇主則給付勞工相當之報酬，其性質為私法上權利義務關係，惟國家基於憲法第一百五十三條保護勞工之基本國策，仍得以立法之方式介入勞雇關係，要求雇主協力保護勞工之退休生活。是公務人員與勞工之工作性質、權利義務關係不同，國家對勞工與公務人員退休生活所為之保護，方法上自亦未盡相同，公務人員退休法暨公教人員保險法中關於「養老給付」之規定等，係國家為履行憲法保障公務人員之退休生活而設。勞動基準法第六章「退休」暨勞工保險條例第四章第六節「老年給付」之規定等，則係國家為保護勞工退休生活而定。其間差異是否牴觸憲法平等原則，應就各種保護措施為整體之觀察，未可執其一端，遽下論斷。例如敬

老福利生活津貼暫行條例第三條規定，公務人員退休後已領取公務人員月退休金或一次退休金者，即不得領取敬老福利生活津貼（同條第一項第二款參照），此乃立法者權衡公務人員及勞工退休後老年生活之保護必要，以及國家資源之合理分配，所為之設計，俾貫徹保護勞工之基本國策以及保障人民之生存權之憲法意旨。公務人員退休法第十四條規定：「請領退休金之權利，不得扣押、讓與或供擔保。」雖限制退休公務人員及其債權人之財產權之行使，惟其目的乃為貫徹憲法保障公務人員退休生活之意旨，權衡公務人員及其債權人對其退休金行使財產上權利之限制而設。勞動基準法未如公務人員退休法規定勞工請領退休金之權利不得扣押、讓與或供擔保，係立法者考量公務人員與勞工之工作性質、權利義務關係不同，並衡酌限制公務人員請領退休金之權利成為扣押、讓與或供擔保之標的，對於公務人員及其債權人財產上權利之限制，與限制勞工請領退休金之權利成為扣押、讓與或供擔保之標的，對於勞工、雇主或其他債權人等財產權行使之限制，二者在制度設計上，所應加以權衡利益衝突未盡相同，並考量客觀社會經濟情勢，本諸立法機關對於公務人員與勞工等退休制度之形成自由，而為不同之選擇與設計，因此，無由以公務人員退休法對於公務人員請領退休金之權利定有不得扣押、讓與或供擔保之規定，而勞動基準法未設明文之規定，即認為對於勞工之退休生活保護不足，違反憲法第一百五十三條保護勞工之意旨，並違反憲法第七條之平等原則。中華民國九十三年六月三十日公布之勞工退休金條例第二十九條規定，勞工退休金及請領退休金之權利不得讓與、扣押、抵銷或供擔保，係立法者考量當今之社會經濟情勢，與勞動基準法制定當時之不同，所採取之不同立法決定，均係立法自由形成之範圍，於平等原則亦無違背，勞工得依有利原則，自行權衡適用勞工退休金條例或勞動基準法之規定（勞工退休金條例第八條參照）。至於勞動基準法既有之勞工退休制度，是否應增訂勞工請領退休金之權利不得讓與、扣押、抵銷或供擔保之規定，則仍屬立法者自由形成之範圍，併此指明。

釋字第五九七號解釋　（憲一五、一九，所得稅四、一三、一四，遺贈稅一，遺贈稅施二七）　　　　　　　　　　九十四年五月二十日公布

憲法第十九條規定，人民有依法律納稅之義務。所謂依法律納稅，係指租稅主體、租稅客體、稅基、稅率等租稅構成要件，均應依法律明定之。各該法律之內容且應符合量能課稅及公平原則。遺產及贈與稅法第一條第一項規定，凡經常居住中華民國境內之中華民國國民死亡時遺有財產者，應就其全部遺產，依法課徵遺產稅；又所得稅法

第十三條及中華民國八十六年十二月三十日修正前同法第十四條第一項第四類規定，利息應併入個人綜合所得總額，課徵個人綜合所得稅。財政部八十六年四月二十三日臺財稅第八六一八九三五八八號函釋示，關於被繼承人死亡日後所孳生之利息，係屬繼承人之所得，應扣繳個人綜合所得稅等語，符合前開遺產及贈與稅法與所得稅法之立法意旨，與憲法所定租稅法律主義並無牴觸，尚未逾越對人民正當合理之稅課範圍，不生侵害人民受憲法第十五條保障之財產權問題。

解釋理由書

憲法第十九條規定，人民有依法律納稅之義務。所謂依法律納稅，係指租稅主體、租稅客體、稅基、稅率等租稅構成要件，均應依法律明定之。各該法律之內容且應符合量能課稅及公平原則。惟法律之規定不能鉅細靡遺，有關課稅之技術性及細節性事項，尚非不得以行政命令為必要之釋示。故主管機關於適用職權範圍內之法律條文發生疑義者，本於法定職權就相關規定為闡釋，如其解釋符合各該法律之立法目的、租稅之經濟意義及實質課稅之公平原則，即與租稅法律主義尚無違背（本院釋字第四二〇號、第四六〇號、第五一九號解釋參照）。

遺產及贈與稅法第一條第一項規定，凡經常居住中華民國境內之中華民國國民死亡時遺有財產者，應就其全部遺產，依本法規定，課徵遺產稅；同法第十四條規定，遺產總額應包括被繼承人死亡時依第一條規定之全部財產。又所得稅法第十三條及八十六年十二月三十日修正公布前同法第十四條第一項第四類規定，利息應併入個人綜合所得總額，課徵個人綜合所得稅；八十七年六月二十日修正公布前所得稅法第四條第十七款前段則規定，因繼承、遺贈或贈與而取得之財產，免納所得稅。

繼承人繼承附有利息約定之定期存款者，除本金債權外，關於從屬本金債權之利息約定部分，僅繼承約定利息之基本權及繼承發生時已實現之利息。遺產及贈與稅法施行細則第二十七條規定，繼承人於繼承發生時所繼承之定期存款，其債權之估價，以其債權額為其價額，其有約定利息者，應加計至被繼承人死亡之日止已經過期間之利息額，即係本此意旨。至定期存款自存款人死亡之翌日起，至存款屆滿日止，依該被繼承人原訂定期存款契約而由繼承人於繼承開始後所取得之利息，究應認係該被繼承人之財產而計入其遺產課稅，或應認係繼承人本人之利息所得，而課繼承人個人之綜合所得稅，法律未設特別規定。衡諸前述繼承人繼承附有利息約定之定期存款者，僅繼承約定利息之基本權及繼承發生時已實現之利息，而不及於繼承發生後因期間經過所具體發生之利息，故該利息基本權縱有財產價值，與基於該利息基本權而發生之利息，

性質仍迥然不同。因此定期存款自存款人死亡之翌日起，至該存款屆滿日止所生之利息，係繼承開始後，由繼承人所繼承之定期存款本金及所從屬之抽象利息基本權，隨時間經過而具體發生，故該利息並非被繼承人死亡時遺有之財產，自非屬應依遺產及贈與稅法第一條第一項規定課徵遺產稅者，亦非依八十七年六月二十日修正公布前所得稅法第四條第十七款前段規定，繼承人因繼承、遺贈或贈與取得之財產而免納所得稅者，乃繼承人本人之利息所得，而應依所得稅法第十三條及八十六年十二月三十日修正公布前同法第十四條第一項第四類規定，課徵繼承人個人綜合所得稅，以符扣繳稅款與租稅客體之實質歸屬關係。財政部八十六年四月二十三日臺財稅第八六一八九三五八八號函釋示，關於被繼承人死亡日後所孳生之利息，係屬繼承人本人之所得等語，乃主管機關本於法定職權，所為必要之釋示性行政規則，符合遺產及贈與稅法、所得稅法之立法目的及租稅之經濟意義，與憲法第十九條之租稅法律主義及上開法律規定均無牴觸，尚未逾越對人民正當合理之稅課範圍，不生侵害人民受憲法第十五條保障之財產權問題。又本件並無就同一租稅客體課稅二次以上之情形，故無重複課稅可言。

釋字第五九八號解釋　（憲一五、二三、一七二，土登一三、一四、二九、一二二，土地三七、四三、四八、五九、六九）　　　九十四年六月三日公布

土地法第六十九條規定：「登記人員或利害關係人，於登記完畢後，發見登記錯誤或遺漏時，非以書面聲請該管上級機關查明核准後，不得更正」；為執行本條更正登記之意旨，中華民國八十四年七月十二日修正發布，同年九月一日施行之土地登記規則第一百二十二條第一項規定：「登記人員或利害關係人於登記完畢後，發見登記錯誤或遺漏時，應申請更正登記。登記機關於報經上級地政機關查明核准後更正之」；此一規定，符合母法意旨，且對於人民之財產權並未增加法律所無之限制，與憲法第十五條及第二十三條之規定，均無牴觸。

上開土地登記規則第一百二十二條第二項規定：「前項登記之錯誤或遺漏，如純屬登記人員記載時之疏忽，並有原始登記原因證明文件可稽者，上級地政機關得授權登記機關逕行更正之」；同條第三項：「前項授權登記機關逕行更正之範圍，由其上級地政機關定之」；及同規則第二十九條第一項第一款：「依第一百二十二條第二項規定而為更正登記」者，「得由登記機關逕為登記」，無須報經上級機關之核准。此等權限授予之規定，逾越六十四年七月二十四日修正公布之土地法第三十七條第二項之範圍，並牴

觸同法第六十九條之規定，與憲法第二十三條法律保留及第一百七十二條法律優位原則有違，均應自本解釋公布之日起，至遲於屆滿一年時，失其效力。

解釋理由書

土地登記為不動產權利之公示制度，依法具有公信力（土地法第四十三條參照）。主管機關辦理土地總登記並發給書狀之前，應履行嚴謹之實質審查程序，諸如調查地籍、公布登記區及登記期限、接收文件、審查並公告等（土地法第四十八條）；公告期間內如土地權利關係人提出異議，地政主管機關應予調處；異議人如不服調處者，應於規定期間內，訴請司法機關決定權利之歸屬（土地法第五十九條）。為確保登記內容翔實無誤，土地法第六十九條並設有更正登記規定：「登記人員或利害關係人，於登記完畢後，發見登記錯誤或遺漏時，非以書面聲請該管上級機關查明核准後，不得更正」；為執行本條更正登記之意旨，內政部依土地法第三十七條第二項授權訂定之土地登記規則（內政部八十四年七月十二日臺（八四）內地字第八四七七五○六號令修正發布，同年七月二十六日臺內地字第八四一一一七號令定自八十四年九月一日施行）第一百二十二條第一項規定：「登記人員或利害關係人於登記完畢後，發見登記錯誤或遺漏時，應申請更正登記。登記機關於報經上級地政機關查明核准後更正之」（現行土地登記規則改列為第一百三十四條）。此一更正制度之目的，係為匡正登記之錯誤與遺漏，提高土地登記之正確性，以保障人民財產權。

土地法第六十九條所稱登記錯誤或遺漏，依上開土地登記規則第十四條規定，「係指登記之事項與登記原因證明文件所載之內容不符而言」（現行土地登記規則改列為第十三條，並於後段增訂「所稱遺漏，係指應登記事項而漏未登記者」等語）。依實務作法，登記錯誤之更正，亦以不妨害原登記之同一性者為限（參照行政法院四十八年判字第七二號判例，及內政部八十一年五月二十二日臺（八一）內地字第八一七三九五八號函訂頒之更正登記法令補充規定第七點）。是土地法第六十九條之規定，係於無礙登記同一性之範圍內所為之更正登記。亦即使地政機關依法應據登記原因證明文件為翔實正確之登記，並非就登記所示之法律關係有所爭執時，得由地政機關逕為權利歸屬之判斷。上開土地登記規則第一百二十二條第一項係為執行土地法第六十九條之意旨，並有同法第三十七條第二項之依據，且其規範內容亦未對人民財產權增加法律所無之限制，與憲法第十五條財產權之保障及第二十三條之法律保留原則，均無牴觸。

土地法第三十七條第二項雖授權中央地政機關訂定土地登記規則，惟其內容應符合授權意旨，並不得牴觸憲法之規定（憲法第一百七十二條，並參照本院釋字第四○六號

及第二六八號解釋)。依土地法第六十九條規定,登記錯誤或遺漏「非以書面聲請該管上級機關查明核准後,不得更正」,是已依法指定原登記機關之上級機關為得否更正登記之核准機關,且以經其「查明核准」為法定程序,並無使主管機關得以行政命令授權其他機關行使權限之餘地。上開土地登記規則第一百二十二條第二項:「前項登記之錯誤或遺漏,如純屬登記人員記載時之疏忽,並有原始登記原因證明文件可稽者,上級地政機關得授權登記機關逕行更正之」;同條第三項:「前項授權登記機關逕行更正之範圍,由其上級地政機關定之」;同規則第二十九條第一項第一款:「依第一百二十二條第二項規定而為更正登記」者,「得由登記機關逕為登記」,無須報經上級機關之核准(現行規則改列為第二十八條第一項第二款後段),雖有簡化行政程序之便,然已逾越土地法第三十七條第二項之授權範圍,且與同法第六十九條辦理更正登記應力求審慎,並應由上級機關查明核准之意旨不符,與憲法第二十三條法律保留及第一百七十二條法律優位原則有違,均應自本解釋公布之日起,至遲於屆滿一年時,失其效力。

釋字第五九九號解釋　　(大法官審案五,九十四年全面換發國民身分證作業程序執行計畫二,戶籍八)　　　　　　　　　九十四年六月十日公布

司法院大法官依據憲法獨立行使憲法解釋及憲法審判權,為確保其解釋或裁判結果實效性之保全制度,乃司法權核心機能之一,不因憲法解釋、審判或民事、刑事、行政訴訟之審判而異。如因系爭憲法疑義或爭議狀態之持續、爭議法令之適用或原因案件裁判之執行,可能對人民基本權利、憲法基本原則或其他重大公益造成不可回復或難以回復之重大損害,而對損害之防止事實上具急迫必要性,且別無其他手段可資防免時,即得權衡作成暫時處分之利益與不作成暫時處分之不利益,並於利益顯然大於不利益時,依聲請人之聲請,於本案解釋前作成暫時處分以定暫時狀態。據此,聲請人就戶籍法第八條第二項及第三項規定所為暫時處分之聲請,應予准許。戶籍法第八條第二項、第三項及以按捺指紋始得請領或換發新版國民身分證之相關規定,於本案解釋公布之前,暫時停止適用。本件暫時處分應於本案解釋公布時或至遲於本件暫時處分公布屆滿六個月時,失其效力。

另就中華民國九十四年七月一日起依法應請領或得申請國民身分證,或因正當理由申請補換發之人民,有關機關仍應製發未改版之國民身分證或儘速擬定其他權宜措施,俾該等人民於戶籍法第八條第二項及第三項停止效力期間仍得取得國民身分證明之文件,併此指明。

聲請人就戶籍法第八條所為暫時處分之聲請，於同條第一項之部分應予駁回。

解釋理由書

司法院大法官依據憲法獨立行使憲法解釋及憲法審判權，為確保其解釋或裁判結果實效性之保全制度，乃司法權核心機能之一，不因憲法解釋、審判或民事、刑事、行政訴訟之審判而異。如因系爭憲法疑義或爭議狀態之持續、爭議法令之適用或原因案件裁判之執行，可能對人民基本權利、憲法基本原則或其他重大公益造成不可回復或難以回復之重大損害，而對損害之防止事實上具急迫必要性，且別無其他手段可資防免時，即得權衡作成暫時處分之利益與不作成暫時處分之不利益，並於利益顯然大於不利益時，依聲請人之聲請，於本案解釋前作成暫時處分以定暫時狀態，本院釋字第五八五號解釋足資參照。本件係三分之一以上立法委員認戶籍法第八條有牴觸憲法之疑義，而依司法院大法官審理案件法第五條第一項第三款之規定，向本院聲請解釋憲法，聲請人並同時請求本院先行宣告系爭戶籍法第八條暫時停止適用。

指紋為個人之身體上重要特徵，比對指紋亦為人別之辨識方法。中華民國八十六年五月二十一日修正公布之戶籍法第八條規定：「人民年滿十四歲者，應請領國民身分證；未滿十四歲者，得申請發給（第一項）。依前項請領國民身分證，應捺指紋並錄存。但未滿十四歲請領者，不予捺指紋，俟年滿十四歲時，應補捺指紋並錄存（第二項）。請領國民身分證，不依前項規定捺指紋者，不予發給（第三項）。」前開規定可否為國家定時全面換發國民身分證之依據？全面換發國民身分證時是否亦有第二項、第三項之適用？國民身分證之發給可否以按捺指紋為要件？以及事實上強制錄存指紋是否對人民受憲法保障之基本權利構成侵害？均可能導致憲法解釋上之重大爭議。茲內政部以九十四年三月四日臺內戶字第〇九四〇〇七二四七二號函頒九十四年全面換發國民身分證作業程序執行計畫，訂於九十四年七月一日起展開國民身分證換證作業，故人民自九十四年七月一日起即須按捺指紋，始能取得新版國民身分證。其因此可能發生之損害，事實上已屬全面且急迫，而別無其他手段足資防免，並不能以換發新版國民身分證之期間頗長，不擬按捺指紋者得俟釋憲結果後方為申請，而否定全國人民於九十四年七月一日後皆有隨時依法請領或換發新版國民身分證之權利與事實上需要，自不能據以認定，按捺指紋可能造成之損害無急迫性。茲因立法機關尚未就釋憲程序明定保全制度，本院大法官行使釋憲權時，即應本於本院釋字第五八五號解釋之意旨，審酌是否准予宣告暫時處分之聲請。本件倘戶籍法第八條第二項及第三項嗣後經本院為違憲之解釋，前揭主管機關錄存人民指紋之既成事實，如已對人民基本權利造成重大

損害，其損害可謂不可回復或難以回復；況國家執行指紋檔案之錄存，本須付出一定之人力、物力等行政成本，錄存之指紋檔案若因所依據之法律違憲而須事後銷毀，其耗損大量之行政資源，對公益之影響亦堪稱重大。

反之，戶籍法第八條第二項及第三項於本案解釋作成前暫時停止適用，實為戶政現況之延伸，即便本院就本案之實體爭議嗣後為系爭條文合憲之解釋，於戶籍管理尚無重大妨礙或損害情事，對現已持有國民身分證之人民而言，亦不致對其日常生活造成妨害；且有關機關縱須擬就若干權宜措施，致令行政成本有所增加，惟與人民基本權利之侵害相較，仍屬較小之損害。又暫時處分期間，人民依本解釋意旨，僅得請領或換發未改版之身分證明文件，故系爭法令如經本院大法官解釋為合憲時，主管機關即應依法辦理請領及換發新版國民身分證作業，並不發生無法取得領取未改版身分證明文件者指紋之問題。據此，聲請人就戶籍法第八條第二項及第三項規定所為暫時處分之聲請，應予准許。戶籍法第八條第二項、第三項及以按捺指紋始得請領或換發新版國民身分證之相關規定，於本案解釋公布之前，暫時停止適用。本件暫時處分應於本案解釋公布時或至遲於本件暫時處分公布屆滿六個月時，失其效力。

另就九十四年七月一日起依法應請領或得申請國民身分證，或因正當理由申請補換發之人民，有關機關仍應製發未改版之國民身分證或儘速擬定其他權宜措施，俾該等人民於戶籍法第八條第二項及第三項停止效力期間仍得取得國民身分證明之文件，併此指明。

國民身分證為人民身分之重要識別依據，尚未持有或因故喪失持有國民身分證之人民若不能依法取得，對其社會生活將構成立即而重大之不便，且戶籍法第八條第一項僅就人民取得國民身分證之義務及權利為年齡上之一般規定，聲請人亦未具體指陳戶籍法第八條第一項之規定如何侵害憲法保障之權益，故聲請人就戶籍法第八條所為暫時處分之聲請，於同條第一項之部分應予駁回。

釋字第六〇〇號解釋　　（憲一五、二三，民七九九、八一七，土地三六、三七、四七，土登七五，地籍測量實施規則二七九）　　九十四年七月二十二日公布

依土地法所為之不動產物權登記具有公示力與公信力，登記之內容自須正確真實，以確保人民之財產權及維護交易之安全。不動產包括土地及建築物，性質上為不動產之區分所有建築物，因係數人區分一建築物而各有其一部，各所有人所享有之所有權，其關係密切而複雜，故就此等建築物辦理第一次所有權登記時，各該所有權客體之範

圍必須客觀明確，方得據以登記，俾貫徹登記制度之上述意旨。內政部於中華民國八十四年七月十二日修正發布之土地登記規則與八十七年二月十一日修正發布之地籍測量實施規則分別係依土地法第三十七條第二項及第四十七條之授權所訂定。該登記規則第七十五條第一款乃係規定區分所有建築物共用部分之登記方法。上開實施規則第二百七十九條第一項之規定，旨在確定區分所有建築物之各區分所有權客體及其共用部分之權利範圍及位置，與建築物區分所有權移轉後之歸屬，以作為地政機關實施區分所有建築物第一次測量及登記之依據。是上開土地登記規則及地籍測量實施規則之規定，並未逾越土地法授權範圍，亦符合登記制度之首開意旨，為辦理區分所有建築物第一次測量、所有權登記程序所必要，且與民法第七百九十九條、第八百十七條第二項關於共用部分及其應有部分推定規定，各有不同之規範功能及意旨，難謂已增加法律所無之限制，與憲法第十五條財產權保障及第二十三條規定之法律保留原則及比例原則，尚無牴觸。

建築物（包含區分所有建築物）與土地同為法律上重要不動產之一種，關於其所有權之登記程序及其相關測量程序，涉及人民權利義務之重要事項者，諸如區分所有建築物區分所有人對於共用部分之認定、權屬之分配及應有部分之比例、就登記權利於當事人未能協議或發生爭議時之解決機制等，於土地法或其他相關法律未設明文，本諸憲法保障人民財產權之意旨，尚有未周，應檢討改進，以法律明確規定為宜。

　　解釋理由書

憲法第十五條規定，人民之財產權應予保障，旨在確保個人依財產之存續狀態行使其自由使用、收益及處分之權能（本院釋字第四○○號解釋參照）。立法機關為確保人民財產權，並兼顧他人自由與公共利益之維護，得在符合憲法第二十三條比例原則之範圍內，制定法律或明確授權行政機關訂定法規命令，形成各種財產制度予以規範。不動產物權為憲法上所保障之財產權，民法第七百五十八條規定：「不動產物權，依法律行為而取得、設定、喪失及變更者，非經登記，不生效力。」同法第七百五十九條規定：「因繼承、強制執行、公用徵收或法院之判決，於登記前已取得不動產物權者，非經登記，不得處分其物權。」是不動產物權登記為不動產物權變動或處分之要件。土地法及其授權訂定之法令乃設有登記制度，以為辦理不動產物權登記之準據。依土地法令所設程序辦理上開不動產物權登記，足生不動產物權登記之公示力與公信力（土地法第四十三條、本院院字第一九五六號解釋參照），為確保個人自由使用、收益及處分不動產物權之重要制度，故登記須遵守嚴謹之程序，一經登記，其登記內容更須正確真

實，俾與不動產上之真實權利關係完全一致，以保障人民之財產權及維護交易之安全。不動產包含土地及建築物，性質上為不動產之區分所有建築物係數人區分一建築物而各有其一部，各區分所有人不僅對其專有部分享有所有權，並對該建築物專有部分以外之其他部分及其附屬物亦即共用部分，依一定之應有部分而共有之（民法第七百九十九條、公寓大廈管理條例第三條第二、三、四款參照），而共用部分不僅因建築物結構、形式或功用之不同致其位置、範圍有異，且又因是否為全部區分所有人所共有，而有全部區分所有人之共用部分及部分區分所有人之共用部分之別；建築物區分所有人對各該所有權之客體，於物理上相互連接，在使用上亦屬密不可分，各所有人所享有之專有部分及共用部分，彼此間之權利關係密切而錯綜複雜。於辦理區分所有建築物第一次所有權登記時，各該所有權客體即專有部分及共用部分之範圍及位置等自須客觀明確，地政機關方得據以登記，俾貫徹登記制度之上述意旨。

民法第七百九十九條、第八百十七條第二項關於共用部分及其應有部分雖設有推定之實體法原則規定，但為確保登記內容正確真實，關於規定不動產物權登記與測量程序之不動產物權登記程序法，就其登記程序自非不得為較具體之技術性規範。易言之，區分所有建築物之共用部分若尚未登記或有爭執者，區分所有人之權利固受民法上開規定之保障，然若辦理登記時，為求登記權利內容之詳實，則仍應依不動產物權登記程序法所設之登記程序為之。內政部八十四年七月十二日修正發布之土地登記規則與八十七年二月十一日修正發布之地籍測量實施規則係分別依當時之土地法第三十七條第二項及第四十七條之授權所訂定。上開實施規則第二百七十九條第一項規定：「申請建物第一次測量，應填具申請書，檢附建物使用執照、竣工平面圖及其影本，其有下列情形之一者，並應依各該規定檢附文件正本及其影本：一、區分所有建物，依其使用執照無法認定申請人之權利範圍及位置者，應檢具全體起造人分配協議書（第一款）。二、申請人非起造人者，應檢具移轉契約書或其他證明文件（第二款）。」前者（第一款）係在建築物使用執照無從確定申請人之建築物區分所有權、共用部分之客體範圍及位置時，由建築物區分所有人全體依協議確認各該客體之權利範圍及位置，以確定各建築物區分所有權及共用部分分別共有之內容；後者（第二款），則係為確定建築物區分所有權如具有移轉原因後，其所有權之歸屬狀態，均在以之作為地政機關實施測量與登記時客觀明確之程序依據。又該登記規則第七十五條第一款（九十年修正為第八十一條第一款）規定：「區分所有建物之共同使用部分，應另編建號，單獨登記，並依左列規定辦理：一、同一建物所屬各種共同使用部分，除法令另有規定外，應視各

區分所有權人實際使用情形，分別合併，另編建號，單獨登記為各相關區分所有權人共有。但部分區分所有權人不需使用該共同使用部分者，得予除外。」係在規定區分所有建築物共用部分之登記方法。至其所稱共同使用部分，應視各區分所有權人實際使用情形，登記為各相關區分所有權人共有之規定，乃在提供認定是否為區分所有建築物共用部分之準據，亦即係以該部分之固有使用方法，性質上為建築物區分所有人利用該建築物所必要者而言。上開各規定均係基於區分所有建築物之專有部分及共用部分彼此間所有關係之複雜性，以及地政機關就登記內容所涉權利之有無，並無實體之判斷權（土地法第三十四條之一第六項、第四十六條之二第二項、第五十六條、第五十九條參照）而設，應未逾越土地法之授權範圍，且符合登記制度之前開意旨，為辦理區分所有建築物第一次測量、所有權登記程序上所必要，與民法第七百九十九條、第八百十七條第二項關於共用部分及其應有部分推定規定，兩者各有不同之規範功能及意旨，前開規則之規定難謂已增加法律所無之限制，與憲法第十五條財產權保障及第二十三條規定之法律保留原則及比例原則，尚無牴觸。

建築物（包含區分所有建築物）與土地同為法律上重要不動產之一種，土地法雖於第五條就建築改良物設定義規定，繼於第三十七條第一項，指明該法之土地登記，係謂土地及建築改良物之所有權與他項權利之登記，然關於建築物所有權之登記程序及其相關測量程序，不僅缺乏原則規定之明文，且涉及人民權利義務之重要事項者，諸如區分所有建築物區分所有人對於共用部分之認定、權屬之分配及應有部分之比例、就登記權利於當事人未能協議或發生爭議時之解決機制等，亦未如土地總登記於土地法或其他相關法律設相當之規範（土地法第三十八條第二項、第四十八條至第七十一條參照，此部分建築物則未及之），或完全委諸法規命令（土地登記規則第七十八條至第八十四條參照），本諸憲法保障人民財產權之意旨，均有未周，自應檢討改進，以法律明確規定為宜。

釋字第六〇一號解釋　（憲六三、八〇、八一，憲增修五～七，司院組五，大法官審案五，總統副總統及特任人員月俸公費支給暫行條例二，司法人事三八～四〇）　　　　　　　　　　　　　　　　九十四年七月二十二日公布

司法院大法官由總統提名，經立法院同意後任命，為憲法第八十條規定之法官，本院釋字第三九二號、第三九六號、第五三〇號、第五八五號等解釋足資參照。為貫徹憲法第八十條規定「法官須超出黨派以外，依據法律獨立審判，不受任何干涉」之意旨，

大法官無論其就任前職務為何，在任期中均應受憲法第八十一條關於法官「非受刑事或懲戒處分，或禁治產之宣告，不得免職。非依法律，不得停職、轉任或減俸」規定之保障。法官與國家之職務關係，因受憲法直接規範與特別保障，故與政務人員或一般公務人員與國家之職務關係不同。

憲法第八十一條關於法官非依法律不得減俸之規定，依法官審判獨立應予保障之憲法意旨，係指法官除有懲戒事由始得以憲法第一百七十條規定之法律予以減俸外，各憲法機關不得以任何其他理由或方式，就法官之俸給，予以刪減。

司法院大法官之俸給，依中華民國三十八年一月十七日公布之總統副總統及特任人員月俸公費支給暫行條例第二條規定及司法院組織法第五條第四項前段、司法人員人事條例第四十條第三項、第三十八條第二項之規定以觀，係由本俸、公費及司法人員專業加給所構成，均屬依法支領之法定經費。立法院審議九十四年度中央政府總預算案時，刪除司法院大法官支領司法人員專業加給之預算，使大法官既有之俸給因而減少，與憲法第八十一條規定之上開意旨，尚有未符。

司法院院長、副院長，依憲法增修條文第五條第一項規定，係由大法官並任，其應領取司法人員專業加給，而不得由立法院於預算案審議中刪除該部分預算，與大法官相同；至司法院秘書長職司者為司法行政職務，其得否支領司法人員專業加給，自應依司法人員人事條例第三十九條等相關法令個案辦理，併予指明。

　　解釋理由書

壹、受理程序

本件聲請意旨，以立法院於審議九十四年度中央政府總預算案時，刪除司法院院長、副院長、大法官及秘書長九十四年度司法人員專業加給之預算，認有違憲疑義，並聲請本院解釋憲法第八十一條規定等語，符合司法院大法官審理案件法第五條第一項第三款規定之程序，應予受理，合先說明。

法官就其依法受理之案件，均應本諸良知，獨立完成憲法與法律所賦予之職責，除有法律明文之規定外，其他之人固不得任意將之拒卻於所受理案件之外，法官本人亦不得任意以個人之原因拒絕為該案件之審理。茲所謂「法律明文規定」，其於訴訟法，則除「管轄」之外，即為「迴避制度」。

國家任何公權力之行使，本均應避免因執行職務人員個人之利益關係，而影響機關任務正確性及中立性之達成，是凡有類似情形即有設計適當迴避機制之必要，原不獨以職掌司法審判之法院法官為然（行政程序法第三十二條、第三十三條、公務員服務法

第十七條參照）。惟司法審判係對爭議案件依法所為之終局判斷，其正當性尤繫諸法官執行職務之公正與超然，是迴避制度對法院法官尤其重要。司法院大法官行使職權審理案件，自亦不能有所例外。司法院大法官審理案件法第三條規定，大法官審理案件之迴避事由，準用行政訴訟法。依行政訴訟法第十九條規定，關於法官應自行迴避之事由中，其第二款至第六款之情形，與本聲請釋憲案均無何關涉。至於該法條第一款所稱「有民事訴訟法第三十二條第一款至第六款情形之一者」，亦僅第一款「法官為該訴訟事件當事人者」，或尚有探究之必要。按司法院大法官審理案件法第五條第一項第三款規定，立法委員現有總額三分之一以上，就其行使職權適用憲法發生疑義或適用法律發生有牴觸憲法之疑義者，得聲請解釋憲法。其當事人應係指聲請人，聲請解釋對象則為發生疑義之憲法規定或有牴觸憲法疑義之法律規定。故其重在客觀憲法秩序之維護，而非立法委員個人或其他國民主觀權利之救濟。因是，釋憲機關之大法官依據此等立法委員之聲請而為之憲法解釋，縱因此使部分國民（包括立法機關與釋憲機關之成員）經濟上利益有所增加或減少，亦僅屬該憲法解釋之反射作用所間接形成之結果，其既非聲請解釋之對象，自不能執此而謂該等經濟上利益增加或減少之人亦同為聲請釋憲案之當事人。

迴避制度之設計原僅為避免執行職務之個別公職或公務人員，與其職務間之利益衝突。倘機關之任務無論由何人擔任，均可能與擔任職務之公職或公務人員之利害相關，則無迴避必要，亦無迴避可能，蓋除非對機關職權之行使別有安排，否則無從解決反射性之利害關聯問題。例如行政院釐定公務員年度調薪方案，縱行使此項職權之人員亦受其利，仍無迴避之必要。又如立法院審議中央政府總預算案自包含立法院之預算在內，要無使立法院迴避審議此部分預算之理。

訴訟法上之「迴避」，係為確保司法之公正，透過法律之規定，或以自行迴避之原因或於當事人有所聲請時，將該法官從其所受理之案件予以排除之一種制度。是其對象乃特定之法官，非法官所屬之機關——法院，亦即僅對於法官個人而為者始可，此觀諸訴訟法關於迴避之規定，均以「法官」為規範之對象即明（行政訴訟法第十九條、第二十條、民事訴訟法第三十二條以下、刑事訴訟法第十七條以下參照）。其對性質上屬於國家機關之法院為迴避之聲請者，要非迴避制度之所許。至其聲請最高法院（或最高行政法院、公務員懲戒委員會）全體法官或司法院大法官全體迴避者，非特因此等之全體法官或大法官如予迴避即已無其他機關可予審判，其迴避之本身亦無他人可為裁定，乃有違迴避制度之本質。聲請迴避如此，其自行迴避者尤然。況且個別法官之

迴避，仍須有其他適於執行職務之法官續行審理，俾以維持法院審判功能於不墜；倘有因法官之迴避致已無法官可行使審判權之情形，即不能以迴避為由而拒絕審判。

本件聲請解釋案涉及憲法第六十三條、第八十條、第八十一條及憲法增修條文第五條之解釋，具體之爭點包括司法院大法官是否為憲法上之法官？大法官是否適用憲法第八十條及第八十一條之規定？司法獨立原則是否為立法院行使預算審議權之憲法界限等，均係關乎權力分立、司法獨立及違憲審查等基本憲政制度之重要憲法問題。司法院大法官依憲法第七十八條、第七十九條、第一百七十一條第二項及九十四年六月十日修正公布之憲法增修條文第五條第四項規定，行使解釋憲法、統一解釋法令、違憲審查及審理總統、副總統之彈劾與政黨違憲解散事項之權。就其職權範圍內之案件如本案者，大法官實為最終且唯一之有權解釋或裁判機關。本院大法官倘執憲法解釋之反射作用所間接形成之結果而自行迴避，則無異於凡涉及司法權與行政權、立法權等間爭議之類似案件，或涉及全國人民（當然包括大法官）利害之法規違憲審查案件，均無從透過司法機制予以解決。此種結果已完全失卻迴避制度之本旨，而必然癱瘓憲法明文規定之釋憲制度，形同大法官對行使憲法上職權之拒絕，自無以維持法治國家權力分立之基本憲法秩序。

大法官之俸給，五十餘年來均依主管機關訂定之法律或命令支給。相關法令既未修正或廢止，則立法院於審議九十四年度中央政府總預算案時，是否得刪除大法官九十四年度司法人員專業加給之預算，乃前述憲法相關規定之解釋爭議。本件係大法官被動、依法定程序，就憲法相關規定之爭議，為維護憲法秩序之客觀審查，既非主動就大法官俸給事項自為解釋，而解釋之結果，對大法官依現行有效法令所應支給之俸給，亦無任何增益，自與權責機關為該機關或該機關個人之利益，而自行依職權為增益決定之情形，不容相提並論。

本件聲請釋憲對象為九十四年度中央政府總預算案第五款「司法院主管部分」，第一項「司法院」中第一目「一般行政」「人事費」下司法人員專業加給院長、副院長、大法官部分「預算案之議決」。聲請意旨，以立法院於審議九十四年度中央政府總預算案時，刪除司法院院長、副院長、大法官及秘書長九十四年度司法人員專業加給之預算，認有違憲疑義，並聲請本院解釋憲法第八十一條規定等語。縱大法官俸給受本件憲法解釋反射作用所間接形成結果之影響，但大法官並非本件聲請案當事人，且大法官依現行有效法令所應支給之俸給並不因本件解釋而有所增益，均如前述。揆諸上開說明，大法官於本件聲請釋憲案尚不生自行迴避之問題。

貳、司法院大法官為憲法上法官

大法官憲法解釋之目的，在於確保民主憲政國家憲法之最高法規範地位，就人民基本權利保障及自由民主憲政秩序等憲法基本價值之維護，作成有拘束力之司法判斷。大法官為具體實現人民訴訟權、保障其憲法或法律上之權利，並維護憲政秩序，而依人民或政府機關聲請就個案所涉之憲法爭議或疑義作成終局之判斷，其解釋並有拘束全國各機關與人民之效力，屬國家裁判性之作用，乃司法權之核心領域，故與一般法官相同，均為憲法上之法官，迭經本院釋字第三九二號、第三九六號、第五三〇號、第五八五號等解釋有案。

法官依據法律獨立審判，憲法第八十條定有明文。惟憲法之效力既高於法律，法官有優先遵守之義務，因此法官於個案審判中，應對所擬適用之法律為合乎憲法意旨之解釋，以期法律之適用能符合整體憲法基本價值，並得進而審查該法律之合憲性，一旦形成該法律違憲之確信，依司法院大法官審理案件法第五條第二項及本院釋字第三七一號、第五七二號、第五九〇號解釋意旨，各級法院得以之為先決問題裁定停止訴訟程序，聲請大法官解釋。俟大法官就該先決問題作成有拘束力之憲法上判斷後，審理原因案件之法院始得以之作為裁判基礎，續行個案之審理程序。又依司法院大法官審理案件法第五條第一項第二款規定，人民、法人或政黨於其憲法上所保障之權利，遭受不法侵害，經依法定程序提起訴訟，對於確定終局裁判所適用之法律或命令發生有牴觸憲法之疑義者，得聲請解釋憲法，而確定終局裁判所適用之法律或命令，經大法官解釋認為與憲法意旨不符，其受不利確定終局裁判者，得以該解釋為再審或非常上訴之理由並拘束受訴法院，業經本院釋字第一七七號、第一八五號解釋有案；同法第七條第一項第二款規定，人民、法人或政黨於其權利遭受不法侵害，認確定終局裁判適用法律或命令所表示之見解，與其他審判機關之確定終局裁判，適用同一法律或命令時所已表示之見解有異者，得聲請統一解釋，而引起歧見之該案件，如經確定終局裁判，其適用法令所表示之見解，經大法官解釋為違背法令之本旨時，是項解釋得據為再審或非常上訴之理由並拘束受訴法院，亦經本院釋字第一八八號解釋有案。是依我國現行司法制度，各級法院（包括公務員懲戒委員會）就具體個案之審理而適用法律時，固為憲法解釋作用之一環；而大法官就人民、法人或政黨提起之法規違憲審查、統一解釋，以及就法院提起之具體規範審查、統一解釋，雖未直接涉及個案之事實認定，惟亦同為個案審判之一環，至為明顯。至憲法第七十九條第二項及憲法增修條文第五條第四項明定，司法院大法官具有憲法與法令之最終解釋權，則僅為制度上不同

法院間之職務分工，於大法官及法官均係被動依法定程序對個案之憲法、法律或事實上爭議，獨立、中立作成終局性、權威性之憲法或法之宣告之本質，則無二致，故同屬行使司法權之憲法上法官。

憲法增修條文第五條第二項明定大法官任期八年，並不得連任。同條第三項規定九十二年總統提名之大法官，其中八位大法官任期四年。上開有關任期之規定，雖與憲法第八十一條法官為終身職之規定有別，但大法官有一定任期，與法官為終身職，皆同為一種身分之保障，自不能因大法官有任期而謂其非法官。大法官雖亦為中央、地方機關或立法院行使職權適用憲法發生疑義時之最終解釋權責機關，然尚不得因大法官亦審理此類案件，即否定其為行使司法裁判權之法官，而影響其為法官之地位。司法院大法官審理案件法第二條固規定：「司法院大法官，以會議方式，合議審理司法院解釋憲法與統一解釋法律及命令之案件；並組成憲法法庭，合議審理政黨違憲之解散案件」。是大法官行使職權雖有會議或法庭方式之不同，惟其均為合議審理依法受理案件之本質，則無二致；而解釋與裁判，亦僅名稱之不同，其具有主文與理由之形式且被動依法定程序作成具有最終拘束力之司法決定，則無差異，自不能因大法官依據法律規定，以會議方式行使職權，或其有拘束力之司法決定稱為解釋，即謂其非屬裁判，進而否定大法官為法官。公務員懲戒委員會處務規程第十六條規定：「本會委員辦理懲戒案件，以審議會議決行之」；其合議作成有拘束力之司法決定，依公務員懲戒法第二十八條規定，稱為議決書，然均無礙於公務員懲戒委員會委員乃法官之身分，亦為適例。至憲法增修條文第五條第一項後段「司法院大法官除法官轉任者外，不適用憲法第八十一條及有關法官終身職待遇之規定」，僅就非由法官轉任大法官者卸任後之身分保障為排除規定，其未設合理之替代規定，雖有未合；惟此一規定，係以大法官亦為憲法上之法官為前提，否則即無設此排除規定之必要，自無執此而否定大法官為法官之理由。因此九十年五月二十三日修正公布之司法院組織法第五條第四項前段規定「大法官任期屆滿而未連任者，視同停止辦理案件之法官，適用司法人員人事條例第四十條第三項之規定」，即以大法官與一般法院法官所行使職權之本質並無不同為基礎。

九十四年六月十日修正公布之憲法增修條文第五條第四項復規定，大法官應組成憲法法庭審理總統、副總統之彈劾及政黨違憲之解散事項；司法院大法官審理案件法第五條第一項第一款中段及第三款規定，大法官同時亦為中央或地方機關間或立法院少數與多數間憲政爭議之司法解決機制，則除非肯定大法官之法官地位，大法官始得依據憲法與法律獨立就個案爭議作成有拘束力之最終司法判斷，否則其權限之行使，將嚴

重欠缺實質正當性，自與憲法上權力分立原則之本旨不符。

綜上所述，自憲法與法律相關規定及大法官解釋觀之，司法院大法官為憲法上法官，無可置疑。

參、立法院刪除司法院大法官支領司法人員專業加給之預算，與憲法第八十一條規定意旨尚有未符

法官與國家之職務關係，因受憲法直接規範與特別保障，故與政務人員或一般公務人員與國家之職務關係不同。為使法官作成最終有拘束力之憲法與法律上判斷時，足以抗拒來自各個層面之各種壓力，因而民主法治國家對法官審判獨立，莫不予以制度性保障。憲法第八十條規定：「法官須超出黨派以外，依據法律獨立審判，不受任何干涉。」旨在要求法官必須獨立、公正行使審判職權，使尋求司法救濟之當事人確信職司審判權者，乃客觀、超然及受適當之制度保障而較能作出正確判斷之中立第三者，既不因其職稱為法官或大法官而有異，尤其大法官審理案件，常以國家機關為當事人，為期裁判公正，排除干涉，尤須以遵守憲法第八十條規定為其憲法上義務。惟審判獨立與身分保障之關係，密不可分，故憲法第八十一條規定：「法官為終身職，非受刑事或懲戒處分，或禁治產之宣告，不得免職。非依法律，不得停職、轉任或減俸」。又憲法增修條文第五條第一項後段「司法院大法官除法官轉任者外，不適用憲法第八十一條及有關法官終身職待遇之規定」，僅就非由法官轉任大法官者卸任後之身分保障為排除規定，究其意旨，並非謂憲法第八十一條關於法官「非受刑事或懲戒處分，或禁治產之宣告，不得免職。非依法律，不得停職、轉任或減俸」之規定，不適用於大法官，此乃基於司法獨立原則，對上開憲法增修條文規定所應為之解釋，否則豈非謂由法官轉任之大法官依憲法規定，非依法律不得懲戒、減俸；而對其餘大法官仍可任意為之？故大法官無論就任前職務為何，為貫徹憲法第八十條之意旨，於任期中均受憲法第八十一條有關法官職務及俸給之保障。

憲法第八十一條關於法官非依法律不得減俸之規定，依其文義，係指關於法官之減俸，必須依憲法第一百七十條規定之法律為之，本不得反面解釋為只須有法律依據，即可對法官減俸；尤其該規定乃為貫徹法官審判獨立之身分保障而設，自不得違反制憲目的，將之解釋為授權國家機關，得以事後制定或消極不制定法律之形式，使法官既有俸給金額因而減少。換言之，凡關於法官之俸給，形式上固非依憲法第一百七十條規定之法律，不得使其既有金額有所減少；實質上各該法律並應符合法官審判獨立應予制度性保障之意旨。又依憲法第八十條及第八十一條規定法官審判獨立應予制度性保

障之意旨，則憲法第八十一條關於法官非依法律不得減俸之規定，應係指對於法官除有懲戒事由始得以憲法第一百七十條規定之法律予以減俸外，各憲法機關不得以任何其他理由或方式，就法官之俸給，予以刪減。司法人員人事條例第三十七條規定：「實任司法官非依法律受降級或減俸處分者，不得降級或減俸」，即係本此意旨。否則國家機關如得以任何其他理由，依其職權或制定法律或消極不制定相關法律，使法官既有之俸給金額因而減少，則憲法規定法官審判獨立應予制度性保障之意旨，即無以實現（例如美國聯邦憲法第三條第一項後段、澳大利亞憲法第七十二條第一項第三款、日本國憲法第七十九條第六項、第八十條第二項、大韓民國憲法第一百零六條第一項、南非憲法第一百七十六條第三項等，亦皆設有法官於任職期間不得減俸或非受懲戒處分不得減俸之明文或相同意旨之規定，均為確保司法獨立之適例）。

公務員之任命程序與職務並無必然關聯，如憲法增修條文第五條第一項、第六條第二項、第七條第二項規定，司法院院長、副院長、大法官、考試院院長、副院長、考試委員、監察院院長、副院長、監察委員，均由總統提名，經立法院同意任命之。但並非謂經此一特別任命程序任命之公務員，其職務之性質即完全相同。司法院大法官由總統提名，經立法院同意後任命，為憲法第八十條規定之法官。其任命程序、職位雖與一般法官不同，但其職務與一般法官並無二致，應受憲法第八十條及第八十一條之規範與保障，均如前述，故與政務人員必須隨政黨進退、政策變更而定去留、或其他因政治性之需要為主要考量而依特別程序任命者不同。如以大法官為特任公務員而非法官；或以大法官為法官而不得為特任；或以大法官係依特別任命程序任命，故為政務人員，皆係就大法官之任命程序、職位與職務相互混淆而有所誤會。

大法官之俸給，為符合公務人員之俸給與其身分、職務必須相當之法理，須以專法或法律專章為特別規定，或以法律明定分別準用特任公務員之俸給法及適用法官之俸給法。惟國家編列預算之主管機關，於法制未備時，依現時有效之公務人員俸給法令相關規定，本於司法院大法官在整體公務人員中之身分、職位與職務，以法令確認司法院大法官依法所應具領之俸給，若該法令符合俸給法令之支給目的及憲法意旨，即非憲法與法律所不許。

行政院為健全司法人員之俸給體制，於四十一年四月二日以行政院臺（四一）歲三字第五一號代電司法院及司法行政部之司法人員補助費支給標準第一項第一款規定，司法人員補助費應以後列人員為限：⑴大法官、行政法院評事及公務員懲戒委員會委員。……乃以司法院大法官行使司法權之職務性質，作為其應具領司法人員補助費之依據；

其第二項規定：前項一、二兩款簡任及「簡任以上」人員，月各支領補助費新臺幣二百八十元……。則以大法官在整體司法人員職位體系上之地位及憲法上應有之職位，訂其適用範圍及支領標準，既副司法人員補助費之支給目的，無違於相同職務應領取相同工作補助費之實質平等原則，與大法官之憲法上職位亦無抵觸。司法院大法官依此支領司法人員補助費（嗣改稱司法人員專業加給），自屬有據。且此一法規經行政院、立法院及司法院等憲法機關五十餘年先後反覆適用，而被確信具有法效力之規範。

九十年五月二十三日修正公布之司法院組織法第五條第四項前段規定「大法官任期屆滿而未連任者，視同停止辦理案件之法官，適用司法人員人事條例第四十條第三項之規定」。依該規定之體系解釋及法官審判獨立應予身分保障之憲法意旨，其任期已屆滿未辦理案件之大法官既得適用司法人員人事條例第四十條第三項之規定領取專業加給，則任期未屆滿仍在辦理案件之大法官基於憲法要求獨立審判之本旨，自亦應以同一規定為領取司法人員專業加給之法律依據。否則現任大法官辦理司法審理業務但不得領取司法人員專業加給，而卸任之大法官不再辦理司法審理業務反得領取司法人員專業加給，即不免有違司法人員專業加給之給付目的與憲法上之平等原則，而造成法官身分、職務與俸給體系之失衡。

司法院大法官之俸給，依三十八年一月十七日公布之總統副總統及特任人員月俸公費支給暫行條例第二條規定「特任人員、大法官、考試委員月俸定為八百元」、第三條第一項規定「行政院、司法院、考試院院長公費定為二千元，行政院、司法院、考試院副院長公費定為一千元；其他特任人員、大法官、考試委員公費定為八百元。」及司法院組織法第五條第四項前段、司法人員人事條例第四十條第三項、第三十八條第二項規定之合憲解釋，係由本俸、公費及司法人員專業加給所構成，符合大法官在整體公務人員中職務與地位相當之俸給給與，均屬依法支領之法定經費（預算法第五條第一項第三款參照）。立法院審議九十四年度中央政府總預算案時，既非本於法律，尤非本於懲戒性法律，而逕以預算刪除之方式改變行之五十餘年之大法官俸給結構，如為憲法所許，無異促使預算權責機關藉年度預算案審議而影響大法官職權之行使。職司司法違憲審查權之大法官，倘無明確穩定之俸給保障，年年受制於預算權責機關，將嚴重影響民主憲政秩序之穩定與健全，與大法官依據憲法及法律獨立行使職權以維護自由民主憲政秩序、保障人民基本權利，故應受法官審判獨立制度性保障之憲法意旨，尚有未符。

憲法增修條文第五條第一項規定「司法院設大法官十五人，並以其中一人為院長、一

人為副院長，由總統提名，經立法院同意任命之，自中華民國九十二年起實施」，是現任司法院院長、副院長，係由大法官並任，其應領取司法人員專業加給，而不得由立法院於預算案審議中刪除該部分預算，與大法官相同；至司法院秘書長職司者為司法行政職務，其得否支領司法人員專業加給，自應依司法人員人事條例第三十九條等相關法令個案辦理，併予指明。

釋字第六〇二號解釋　（憲七、一五、一六、二二、二三，民二五四～二五六、三五九、三六二、三六三，公平交易二三、三五，多層次傳銷五）

九十四年七月二十九日公布

中華民國八十年二月四日制定公布之公平交易法第二十三條第一項規定：「多層次傳銷，其參加人如取得佣金、獎金或其他經濟利益，主要係基於介紹他人加入，而非基於其所推廣或銷售商品或勞務之合理市價者，不得為之。」其中所稱「主要」、「合理市價」之認定標準，係以參加人取得經濟利益之來源，推廣或銷售商品或勞務之價格為判斷，其範圍應屬可得確定。且多層次傳銷之營運計畫或組織之訂定，傳銷行為之統籌規劃，係由多層次傳銷事業為之，則不正當多層次傳銷事業之行為人，對於該事業之參加人所取得之經濟利益，主要係基於介紹他人加入，而非基於參加人所推廣或銷售商品或勞務之合理市價，依其專業知識及社會通念，非不得預見，並可由司法審查予以認定及判斷，符合法律明確性原則。又同法第三十五條明定，以違反上開第二十三條第一項規定為犯罪構成要件，與罪刑法定原則中之構成要件明確性原則及罪刑相當原則尚無不符，且為維護社會交易秩序，健全市場機能，促進經濟之安定與繁榮所必要，並未牴觸憲法第二十三條之規定，與憲法第八條、第十五條保障人民身體自由及財產權之意旨，尚無違背。

上開公平交易法第二十三條第二項規定：「多層次傳銷之管理辦法，由中央主管機關定之。」中央主管機關行政院公平交易委員會依據上開授權，於八十一年二月二十八日訂定發布多層次傳銷管理辦法，其第五條（已刪除）規定，涉及人民退出多層次傳銷計畫或組織之權利義務事項，已非單純行政機關對事業行使公權力之管理辦法，顯然逾越上開公平交易法第二十三條第二項授權之範圍，違背憲法第二十三條規定之法律保留原則，應不予適用。

　　解釋理由書

一、八十年二月四日制定公布之公平交易法（以下簡稱舊公平交易法）第二十三條第

一項及第三十五條與憲法第八條、第十五條及第二十三條並無牴觸

人民身體之自由與財產權應予保障，固為憲法第八條、第十五條所明定；惟國家以法律明確規定犯罪之構成要件與法律效果，對於特定具社會侵害性之行為施以刑罰制裁而限制人民之身體自由或財產權者，倘與憲法第二十三條規定之意旨無違，即難謂其牴觸憲法第八條及第十五條之規定（本院釋字第四七六號、第五五一號、第五九四號解釋參照）。又法律明確性之要求，非僅指法律文義具體詳盡之體例而言，立法者於立法定制時，仍得衡酌法律所規範生活事實之複雜性及適用於個案之妥當性，適當運用不確定法律概念而為相應之規定。在罪刑法定之原則下，處罰犯罪必須依據法律為之，犯罪之法定性與犯罪構成要件之明確性密不可分。有關受規範者之行為準則及處罰之立法使用抽象概念者，苟其意義非難以理解，且個案事實是否屬於法律所欲規範之對象，為一般受規範者所得預見，並可經由司法審查加以認定及判斷者，即無違反法律明確性原則（本院釋字第四三二號、第五二一號、第五九四號解釋參照）。

多層次傳銷係指就推廣或銷售之計畫或組織，參加人給付一定代價，以取得推廣、銷售商品或勞務及介紹他人參加之權利，並因而獲得佣金、獎金或其他經濟利益之行銷方式（舊公平交易法第八條第一項參照，又九十一年二月六日修正公布之公平交易法第八條第一項規定亦同）。多層次傳銷，如其參加人取得佣金、獎金或其他經濟利益，主要係基於介紹他人加入其計畫或組織，而非基於參加人所推廣或銷售商品或勞務之合理市價，乃屬不正當之多層次傳銷，蓋此種主要以介紹他人參加而獲利之設計，將成為參加人更加速介紹他人參加之誘因，而使後參加人成幾何倍數之增加，終至後參加人將因無法覓得足夠之「人頭」而遭經濟上之損失，其發起或推動之人則毫無風險，且獲暴利，破壞市場機能，嚴重妨害經濟之安定與繁榮。是舊公平交易法第二十三條第一項規定：「多層次傳銷，其參加人如取得佣金、獎金或其他經濟利益，主要係基於介紹他人加入，而非基於其所推廣或銷售商品或勞務之合理市價者，不得為之。」又同法第三十五條規定，違反前開第二十三條第一項之規定者，處行為人三年以下有期徒刑、拘役或科或併科新臺幣一百萬元以下罰金，顯在維護社會交易秩序，健全市場機能，促進經濟之安定與繁榮，其目的洵屬正當。立法機關衡酌前述多層次傳銷事業統籌規劃行為人之不正當傳銷方式，對於參加人之利益、社會交易秩序、經濟之安定與發展危害甚鉅，乃對該不正當傳銷之行為施以刑罰制裁；並考量法益受侵害之程度及態樣，而選擇限制人身自由或財產之刑罰手段，與罪刑法定原則中之構成要件明確性原則及罪刑相當原則尚無不符，並未逾越必要之範圍，符合憲法第二十三條之規定，

與憲法第八條、第十五條保障人民身體自由及財產權之意旨，尚無違背。

舊公平交易法第二十三條第一項規定所謂「主要」、「合理市價」之認定標準，係以參加人取得經濟利益之來源，推廣或銷售商品或勞務之價格為判斷，其範圍應屬可得確定。且多層次傳銷之營運計畫或組織之訂定，傳銷行為之統籌規劃，係由多層次傳銷事業為之，則不正當多層次傳銷事業之行為人，對於該事業之參加人所取得之經濟利益，主要係基於介紹他人加入，而非基於參加人所推廣或銷售商品或勞務之合理市價，依其專業知識及社會通念，非不得預見，並可由司法審查予以認定及判斷，無悖於罪刑法定原則中之構成要件明確性原則，符合法治國原則對法律明確性之要求。又八十一年三月二十三日行政院公平交易委員會公研釋字第○○八號解釋，就公平交易法第二十三條「主要」及「合理市價」之認定標準案，其研析意見：「一、『主要』——㈠多層次傳銷，其參加人利潤來源若可清楚劃分為二，一為單純來自介紹他人加入，一為來自所推廣或銷售商品或勞務之價格，此時先認定其利潤來源，若主要係來自介紹他人加入，即違反公平交易法第二十三條第一項之規定。至於『主要』如何認定，美國法院解釋『主要』為『顯著地』，並曾以五○％作為判定標準之參考，屆時再依個案是否屬蓄意違法及檢舉受害層面和程度等實際狀況做一合理認定。㈡多數之多層次傳銷，參加人利潤來源無法明確分割多少純係來自介紹他人，多少純係來自推廣或銷售商品或勞務，即兼含此兩種報酬，此時欲判斷其是否符合公平交易法第二十三條第一項之規定，應從其商品售價是否係『合理市價』判定之。二、『合理市價』——㈠市場有同類競爭商品或勞務：此時欲認定是否係『合理市價』時，國內外市場相同或同類產品或勞務之售價、品質應係最主要之參考依據，此外，多層次傳銷事業之獲利率，與以非多層次傳銷方式行銷相同或同類產品行業獲利率之比較，亦可供參考，其他考慮因素尚包括成本、特別技術及服務水準等。㈡市場無同類競爭商品或勞務：此時因無同類商品或勞務可資比較，認定『合理市價』較為困難，不過只要多層次傳銷事業訂有符合多層次傳銷管理辦法退貨之規定，並確實依法執行，則其所推廣或銷售商品或勞務之價格，基本上應可視為『合理市價』。」其有關「主要」部分之研析意見，與舊公平交易法第二十三條第一項之規定，尚無不合。惟有關市場無同類商品或勞務可資比較，只要多層次傳銷事業訂有符合多層次傳銷管理辦法退貨之規定，並確實依法執行，則其所推廣或銷售商品或勞務之價格，基本上應可視為「合理市價」部分之研析意見，與上開條項規定之意旨則有未符，併此指明。

二、八十一年二月二十八日訂定發布之多層次傳銷管理辦法第五條規定違反法律保留

原則，應不予適用

人民權利之限制，依憲法第二十三條規定，應以法律定之。其得由法律授權以命令補充規定者，則授權之目的、內容及範圍應具體明確，始得據以發布命令。又契約自由為個人自主發展與實現自我之重要機制，並為私法自治之基礎。契約自由，依其具體內容分別受憲法各相關基本權利規定保障，例如涉及財產處分之契約內容，應為憲法第十五條所保障，又涉及人民組織結社之契約內容，則為憲法第十四條所保障；除此之外，契約自由亦屬憲法第二十二條所保障其他自由權利之一種（本院釋字第五七六號解釋參照）。

舊公平交易法第二十三條第二項規定：「多層次傳銷之管理辦法，由中央主管機關定之。」中央主管機關行政院公平交易委員會依據上開授權，於八十一年二月二十八日以（八一）公私法字第○○三號令訂定發布多層次傳銷管理辦法，其第五條（已刪除，業於八十八年二月三日增訂為公平交易法第二十三條之一至第二十三條之三）規定：「前條第一項第八款（即多層次傳銷事業於參加人加入其傳銷計畫或組織前，應告知參加人退出計畫或組織之條件及因退出而生之權利義務）所定內容，應包括左列事項：一、參加人得自訂約日起十四日內以書面通知多層次傳銷事業解除契約。二、多層次傳銷事業應於契約解除生效後三十日內，接受參加人退貨之申請，取回商品或由參加人自行送回商品，並返還參加人於契約解除時所有商品之進貨價金及其他加入時給付之費用。三、多層次傳銷事業依前款規定返還參加人所為之給付時，得扣除商品返還時已因可歸責於參加人之事由致商品毀損滅失之價值，及已因該進貨而對參加人給付之獎金或報酬。前款之退貨如係該事業取回者，並得扣除取回該商品所需運費。四、參加人於第一款解約權期間經過後，得隨時以書面終止契約，退出多層次傳銷計畫或組織。五、參加人依前款規定終止契約後三十日內，多層次傳銷事業應以參加人原購價格百分之九十買回參加人所持有之商品，但得扣除已因該項交易而對參加人給付之獎金或報酬，及取回商品之價值有減損時，其減損之價額。六、參加人依第一款及第四款行使解除權或終止權時，多層次傳銷事業不得向參加人請求因該契約解除或終止所受之損害賠償或違約金（第一項）。前項第二款、第三款及第五款關於商品之規定，於提供勞務者準用之（第二項）。」其中關於參加人契約解除權，多層次傳銷事業對於參加人應負接受退貨、返還價金及加入費用之義務，參加人契約終止權，多層次傳銷事業負買回商品之義務，且不得對參加人請求因契約解除或終止所受之損害賠償或違約金等規定，增加民法所無之參加人得自訂約起十四日內以書面任意解除契約（民法

第二百五十四條至第二百五十六條、第三百五十九條、第三百六十二條、第三百六十三條參照），或於訂約十四日後，得隨時以書面任意終止契約之規定，且變更民法有關契約解除或終止之效力規定（民法第二百五十九條、第二百六十條、第二百六十三條、十八年十一月二十二日制定、十九年五月五日施行之民法第二百五十條參照），涉及人民退出多層次傳銷計畫或組織之權利義務事項，已非單純行政機關對事業行使公權力之管理辦法，顯然逾越上開公平交易法第二十三條第二項授權之範圍，違背憲法第二十三條規定之法律保留原則，應不予適用。

釋字第六〇三號解釋　　（憲二二、二三，戶籍七、八）

九十四年九月二十八日公布

維護人性尊嚴與尊重人格自由發展，乃自由民主憲政秩序之核心價值。隱私權雖非憲法明文列舉之權利，惟基於人性尊嚴與個人主體性之維護及人格發展之完整，並為保障個人生活私密領域免於他人侵擾及個人資料之自主控制，隱私權乃為不可或缺之基本權利，而受憲法第二十二條所保障（本院釋字第五八五號解釋參照）。其中就個人自主控制個人資料之資訊隱私權而言，乃保障人民決定是否揭露其個人資料、及在何種範圍內、於何時、以何種方式、向何人揭露之決定權，並保障人民對其個人資料之使用有知悉與控制權及資料記載錯誤之更正權。惟憲法對資訊隱私權之保障並非絕對，國家得於符合憲法第二十三條規定意旨之範圍內，以法律明確規定對之予以適當之限制。

指紋乃重要之個人資訊，個人對其指紋資訊之自主控制，受資訊隱私權之保障。而國民身分證發給與否，則直接影響人民基本權利之行使。戶籍法第八條第二項規定：依前項請領國民身分證，應捺指紋並錄存。但未滿十四歲請領者，不予捺指紋，俟年滿十四歲時，應補捺指紋並錄存。第三項規定：請領國民身分證，不依前項規定捺指紋者，不予發給。對於未依規定捺指紋者，拒絕發給國民身分證，形同強制按捺並錄存指紋，以作為核發國民身分證之要件，其目的為何，戶籍法未設明文規定，於憲法保障人民資訊隱私權之意旨已有未合。縱用以達到國民身分證之防偽、防止冒領、冒用、辨識路倒病人、迷途失智者、無名屍體等目的而言，亦屬損益失衡、手段過當，不符比例原則之要求。戶籍法第八條第二項、第三項強制人民按捺指紋並予錄存否則不予發給國民身分證之規定，與憲法第二十二條、第二十三條規定之意旨不符，應自本解釋公布之日起不再適用。至依據戶籍法其他相關規定換發國民身分證之作業，仍得繼

續進行，自不待言。

國家基於特定重大公益之目的而有大規模蒐集、錄存人民指紋、並有建立資料庫儲存之必要者，則應以法律明定其蒐集之目的，其蒐集應與重大公益目的之達成，具有密切之必要性與關聯性，並應明文禁止法定目的外之使用。主管機關尤應配合當代科技發展，運用足以確保資訊正確及安全之方式為之，並對所蒐集之指紋檔案採取組織上與程序上必要之防護措施，以符憲法保障人民資訊隱私權之本旨。

　　解釋理由書

本件因立法委員賴清德等八十五人，認中華民國八十六年公布施行之戶籍法第八條違反憲法第二十二條及第二十三條，爰依司法院大法官審理案件法第五條第一項第三款規定聲請解釋憲法，同時聲請本院於本案作成解釋前，宣告暫時停止戶籍法第八條之適用。

本院就聲請人聲請暫時處分部分，已於九十四年六月十日作成釋字第五九九號解釋，暫停戶籍法第八條第二項及第三項之適用，並駁回聲請人就戶籍法第八條第一項為暫時處分之聲請。就聲請解釋憲法部分，本院依司法院大法官審理案件法第十三條第一項規定，邀請聲請人代表、關係機關、學者專家及民間團體於九十四年六月三十日、七月一日在司法院舉行說明會，並通知聲請人代表及訴訟代理人、關係機關行政院代表及訴訟代理人，於同年七月二十七日、二十八日在憲法法庭舉行言詞辯論，並邀請鑑定人到庭陳述意見。

聲請人聲請解釋之範圍，經聲請人減縮為戶籍法第八條第二、三項規定是否違憲之審查，合先敘明。

本件聲請人主張略稱：一、本件聲請符合司法院大法官審理案件法第五條第一項第三款規定，應予受理。二、戶籍法第八條第二項強制十四歲以上國民於請領身分證時按捺指紋，因侵犯人性尊嚴、人身自由、隱私權、人格權及資訊自主權等基本權利，並違反比例原則、法律保留、法律明確性及正當法律程序原則而違憲：(一)指紋資料構成抽象人格一部分，為人格權之保障範圍，且基於指紋資料可資辨識個人身分等屬性，其公開與提供使用為個人有權決定事項，應受憲法上隱私權及資訊自主權之保障。戶籍法第八條第二項強制採集人民指紋，建立資料庫，不僅侵入個人自主型塑其人格之私人生活領域，侵犯人民人格權，並限制人民對其個人資訊之自主權、隱私權。(二)戶籍法第八條第二項要求所有十四歲以上國民按捺指紋，卻未明定蒐錄指紋之目的，違反限制基本權利之法律須於法律中明示其目的之原則。其所稱「增進戶籍管理人別辨

識」之立法目的並非實質重要，亦過於概括廣泛。且強制按捺指紋並錄存，無法有效達成內政部所稱「辨識身分」、「防止身分冒用」等立法目的，亦非達成目的之最小侵害手段，其所能達成之效益與所造成之損害間不合比例，違反比例原則。(三)強制人民按捺指紋並錄存為影響人民權利重大之公權力行為，應以法律為明確之規定。現行戶籍法第八條之立法目的、按捺並錄存指紋之用途不明確。且戶籍法第八條第二項之規定，只適用於年滿十四歲第一次請領身分證者，若使所有年滿十四歲國民於全面換發身分證時均適用，則違反法律保留原則。(四)強制按捺指紋性質上屬於強制處分，須依憲法第八條及刑事訴訟相關法律始得為之，現行法使行政機關得事前逕予蒐錄人民指紋資料，違背正當法律程序原則。(五)世界各國要求指紋與證件結合之實例，往往限定於特定用途之證件，用來便利查核身分或資格之有無，即使在蒐集和使用國民生物特徵資料的國家，對於是否建立集中型的生物特徵資料庫，通常採取否定的態度。生物特徵資料庫的使用，就其目前的發展程度，僅屬一正在發展當中的趨勢，並非具有全面普及性或必然性的國際趨勢。三、戶籍法第八條第三項之規定因違反不當連結禁止原則、比例原則及平等保護原則而違憲：(一)戶籍法第八條第三項以發給身分證為條件強制人民按捺指紋，然國民身分證與指紋錄存間無實質關聯，以不捺指紋為由拒絕發給國民身分證，違反不當連結禁止原則。(二)為達到強制人民按捺指紋之手段中，有較不發給身分證侵害更小之手段，且以按捺指紋作為發給身分證之條件，所欲追求之利益與人民因此造成之不利益間，不合比例。(三)在身分識別文件發給事項上，國家基於憲法所不許之理由拒絕部分國民領取身分證，違反憲法平等保護原則等語。

關係機關行政院略稱：一、本件聲請無關立法院行使職權適用憲法發生疑義，或適用法律發生有牴觸憲法之疑義，不合聲請要件，應不受理。戶籍法於八十六年即通過施行，其執行為行政機關之職權，與立法委員之職權無關，亦非立法委員適用之法律，其聲請不合法。二、戶籍法第八條第二項與比例原則、法律保留原則及明確性原則無違：(一)指紋為受人格權、隱私權及資訊自決權保護之個人資料，國家對之蒐集與利用，於公眾有重大利益，而符合比例原則之前提下，得以法律為之。(二)戶籍法第八條之立法目的係在建立全民指紋資料，以「確認個人身分」、「辨識迷失民眾、路倒病患、失智老人及無名屍體」，並可防止身分證冒用，為明確且涉及重大公益之立法目的。(三)指紋因其人各有別、終身不變之特性，可以有效發揮身分辨識之功能，為確保國民身分證正確性之要求之適當手段；指紋為經濟且可靠安全之辨識方法，與其他生物辨識方法相比，為侵害較小而有效之手段；其立法可以保障弱勢、穩定社會秩序，有重大立

法利益，與可能造成之侵害相較，尚合比例。㈣以按捺指紋為請領國民身分證之要件，為戶籍法第八條所明定，符合法律保留原則之要求。且法條文義並非難以理解，並為受規範者所得預見，事後亦可由司法加以審查確認。至於指紋資料之傳遞、利用與管理，則有「電腦處理個人資料保護法」規定補充，符合法律明確性原則。㈤按捺指紋為多數民意所贊成：行政院研考會、TVBS 民調中心及內政部都曾於九十年、九十一年及九十二年，分別進行民意調查，結果約有八成民眾贊成於請領國民身分證時應按捺指紋，此乃多數民意之依歸。世界各國有要求全民按捺指紋者，有只要求外國人按捺者，但無論如何規定，運用個人所擁有之生物特徵加以錄存，以呈現個人身分之真實性，並強化身分辨識之正確性，是各國共同之趨勢。而聯合國國際民航組織中，有四十餘國將在二○○六年底前，在護照上加裝電腦晶片，增加指紋、掌紋、臉部或眼球虹膜等個人生物特徵辨識功能。愈來愈多的國家與民眾願意接受錄存個人生物特徵資料以作比對，顯然是國際潮流與趨勢。三、戶籍法第八條第三項，並不違憲：㈠按捺指紋為國民身分證明之要件內涵，與身分證上顯性身分證明基本資料，均屬於辨識之基礎。國家在法律要件合致時，應依法發給國民身分證，若國民身分證之人別辨識基礎欠缺，則不具規定之要件，自應不予發給，以落實按捺指紋規定之執行，為適當之手段。不發給身分證為不踐行程序要件之附隨效果，並非處罰。其對人民生活或權利行使產生不便利，乃人民選擇不履行相對法律義務之結果，並非主管機關侵害人民權利。且指紋為電腦處理個人資料保護法所規範之個人資料之一，其處理運用有相關法律規範，與比例原則無違。㈡國民身分證為個人身分識別之重要憑證，國家發給時應確認領證人與該身分證所表彰之身分相符，而指紋因其無可變造之特性，可以輔助身分辨識功能之發揮並確保身分之正確性，二者具合理關聯等語。

本院斟酌全辯論意旨，作成本解釋，理由如下：

立法委員就其行使職權，適用法律發生有牴觸憲法之疑義時，得由現任立法委員總額三分之一以上聲請解釋憲法，司法院大法官審理案件法第五條第一項第三款定有明文。是三分之一以上立法委員行使其法律制定之權限時，如認經多數立法委員審查通過、總統公布生效之法律有違憲疑義；或三分之一以上立法委員行使其法律修正之權限時，認現行有效法律有違憲疑義而修法未果，聲請司法院大法官為法律是否違憲之解釋者，應認為符合前開司法院大法官審理案件法第五條第一項第三款規定之意旨。

本件戶籍法第八條第二、三項係於八十六年五月二十一日修正公布時所增訂。行政院以系爭戶籍法第八條第二、三項有侵害人民基本權利之虞，於九十一年及九十四年兩

次向立法院提出戶籍法第八條修正案，建議刪除該條第二、三項。立法院第六屆第一會期程序委員會決議，擬請院會將本案交內政及民族、財政兩委員會審查。立法院第六屆第一會期第九次會議（九十四年四月二十二日）決議照程序委員會意見辦理，交內政及民族、財政兩委員會審查。惟第十次會議（九十四年五月三日），立法院國民黨黨團以戶籍法第八條修正案於第五屆委員會審查時，朝野立法委員一致決議不予修正在案，且未於朝野協商時達成共識，為避免再生爭議及七月一日起實施身分證換發時程，浪費公帑危害治安等為由，依立法院議事規則相關規定提請復議，經院會決議該復議案「另定期處理」。第十四次會議（九十四年五月三十一日），國民黨黨團再次提出復議，仍作成「另定期處理」之決議。立法委員賴清德等八十五人認戶籍法第八條第二、三項有違憲疑義，乃聲請解釋。查戶籍法第八條第二、三項修正案經立法院程序委員會提報立法院院會，立法院院會一次決議交內政及民族、財政兩委員會審查，兩次就復議案決議另定期處理。本件聲請乃立法委員行使其法律修正之權限時，認經立法院議決生效之現行法律有違憲疑義而修法未果，故聲請司法院大法官為法律是否違憲之解釋，符合前開司法院大法官審理案件法第五條第一項第三款規定，應予受理。

維護人性尊嚴與尊重人格自由發展，乃自由民主憲政秩序之核心價值。隱私權雖非憲法明文列舉之權利，惟基於人性尊嚴與個人主體性之維護及人格發展之完整，並為保障個人生活私密領域免於他人侵擾及個人資料之自主控制，隱私權乃為不可或缺之基本權利，而受憲法第二十二條所保障（本院釋字第五八五號解釋參照），其中包含個人自主控制其個人資料之資訊隱私權，保障人民決定是否揭露其個人資料、及在何種範圍內、於何時、以何種方式、向何人揭露之決定權，並保障人民對其個人資料之使用有知悉與控制權及資料記載錯誤之更正權。

隱私權雖係基於維護人性尊嚴與尊重人格自由發展而形成，惟其限制並非當然侵犯人性尊嚴。憲法對個人資訊隱私權之保護亦非絕對，國家基於公益之必要，自得於不違反憲法第二十三條之範圍內，以法律明確規定強制取得所必要之個人資訊。至該法律是否符合憲法第二十三條之規定，則應就國家蒐集、利用、揭露個人資訊所能獲得之公益與對資訊隱私之主體所構成之侵害，通盤衡酌考量。並就所蒐集個人資訊之性質是否涉及私密敏感事項、或雖非私密敏感但易與其他資料結合為詳細之個人檔案，於具體個案中，採取不同密度之審查。而為確保個人主體性及人格發展之完整，保障人民之資訊隱私權，國家就其正當取得之個人資料，亦應確保其合於目的之正當使用及維護資訊安全，故國家蒐集資訊之目的，尤須明確以法律制定之。蓋惟有如此，方能

使人民事先知悉其個人資料所以被蒐集之目的，及國家將如何使用所得資訊，並進而確認主管機關係以合乎法定蒐集目的之方式，正當使用人民之個人資訊。

戶籍法第七條第一項前段規定：已辦戶籍登記區域，應製發國民身分證及戶口名簿。戶籍法施行細則第二十條第三項前段並規定：國民身分證應隨身攜帶。故國民身分證之發給對於國民之身分雖不具形成效力，而僅為一種有效之身分證明文件。惟因現行規定須出示國民身分證或檢附影本始得行使權利或辦理各種行政手續之法令眾多，例如選舉人投票時，須憑國民身分證領取選舉票（如公職人員選舉罷免法第二十一條、總統副總統選舉罷免法第十四條等規定參照）、參與公民投票之提案，須檢附提案人之國民身分證影本（公民投票法施行細則第十條規定參照）、請領護照須備具國民身分證正本及影本（護照條例施行細則第八條規定參照）、勞工依勞工退休金條例請領勞工退休金應檢附國民身分證影本（勞工退休金條例施行細則第三十七條規定參照）、參加各種國家考試須憑國民身分證及入場證入場應試（試場規則第三條）、辦理營業小客車駕駛人執業登記證須檢具國民身分證（如營業小客車駕駛人執業登記管理辦法第五條規定參照）等。且一般私人活動，如於銀行開立帳戶或公司行號聘任職員，亦常要求以國民身分證作為辨識身分之證件。故國民身分證已成為我國人民經營個人及團體生活辨識身分之重要文件，其發給與否，直接影響人民基本權利之行使。戶籍法第八條第二項規定：依前項請領國民身分證，應捺指紋並錄存。但未滿十四歲請領者，不予捺指紋，俟年滿十四歲時，應補捺指紋並錄存。第三項規定：請領國民身分證，不依前項規定捺指紋者，不予發給。對於未依規定捺指紋者，拒絕發給國民身分證，顯然形同強制按捺並錄存指紋，以作為核發國民身分證之要件。

指紋係個人身體之生物特徵，因其具有人各不同、終身不變之特質，故一旦與個人身分連結，即屬具備高度人別辨識功能之一種個人資訊。由於指紋觸碰留痕之特質，故經由建檔指紋之比對，將使指紋居於開啟完整個人檔案鎖鑰之地位。因指紋具上述諸種特性，故國家藉由身分確認而蒐集個人指紋並建檔管理者，足使指紋形成得以監控個人之敏感性資訊。國家如以強制之方法大規模蒐集國民之指紋資料，則其資訊蒐集應屬與重大公益之目的之達成，具備密切關聯之侵害較小手段，並以法律明確規定之，以符合憲法第二十二條、第二十三條之意旨。

查戶籍法就強制按捺與錄存指紋資料之目的，未有明文規定，與上揭憲法維護人民資訊隱私權之本旨，已有未合。雖有以戶籍法第八條修正增列第二項與第三項規定之修法動機與修法過程為據，而謂強制蒐集全體國民之指紋資料並建庫儲存，亦有為達成

防範犯罪之目的云云，惟動員戡亂時期終止後，回復戶警分立制度（本院釋字第五七五號解釋參照），防範犯罪明顯不在戶籍法立法目的所涵蓋範圍內。況關係機關行政院於本件言詞辯論程序亦否認取得全民指紋目的在防範犯罪，故防範犯罪不足以為系爭法律規定之立法目的。縱依行政院於本案言詞辯論中主張，戶籍法第八條規定強制人民按捺指紋並予以錄存之目的，係為加強新版國民身分證之防偽功能、防止冒領及冒用國民身分證及辨識迷途失智者、路倒病人、精神病患與無名屍體之身分等，固不失為合憲之重要公益目的，惟以強制全民按捺指紋並予錄存否則不發給國民身分證為手段，仍不符合憲法第二十三條比例原則之限制。蓋就「加強國民身分證之防偽」及「防止冒用國民身分證」之目的而言，錄存人民指紋資料如欲發揮即時辨識之防止偽造或防止冒用功能，除須以顯性或隱性方式將指紋錄存於國民身分證上外，尚須有普遍之辨識設備或其他配套措施，方能充分發揮。惟為發揮此種功能，不僅必須投入大量成本，且因缺乏適當之防護措施，並可能造成資訊保護之高度風險。依行政院之主張，目前並未於新式國民身分證上設錄存指紋資料之欄位，更無提供指紋資料庫供日常即時辨識之規畫。況主管機關已於新式國民身分證上設置多項防偽措施，如其均能發揮預期功能，配合目前既有顯性資料，如照片等之比對，已足以達成上揭之目的，並無強制全民按捺指紋並予錄存之必要。次就「防止冒領國民身分證」之目的言，主管機關未曾提出冒領身分證之確切統計數據，是無從評估因此防範冒領所獲得之潛在公共利益與實際效果。且此次換發國民身分證，戶政機關勢必藉由人民指紋資料之外之其他戶籍資料交叉比對，並仰賴其他可靠之證明，以確認按捺指紋者之身分。則以現有指紋資料以外之資訊，既能正確辨識人民之身分，指紋資料之蒐集與「防止冒領國民身分證」之目的間，並無密切關聯性。末就有關「迷途失智者、路倒病人、精神病患與無名屍體之辨認」之目的而言，關係機關行政院指出目前收容在社會福利機構迷途失智老人二七九六位，每年發現無名屍約二百具。此類有特殊辨識身分需要的國民個案雖少，但辨識其身分之利益仍屬重要之公益目的。然而就目前已身分不明、辨識困難的國民而言，於換發國民身分證時一併強制按捺並錄存指紋資料對其身分辨識並無助益，而須著眼於解決未來身分辨識之需求。惟縱為未來可能需要，並認此一手段有助前開目的之達成，然因路倒病人、失智者、無名屍體之身分辨識需求，而強制年滿十四歲之全部國民均事先錄存個人之指紋資料，並使全民承擔授權不明確及資訊外洩所可能導致之風險，實屬損益失衡、手段過當，難以符合比例原則之要求，侵害人民受憲法第二十二條保障之資訊隱私權。

揆諸上揭說明，戶籍法第八條第二項、第三項形同強制人民按捺指紋並予錄存，否則不予發給國民身分證之規定，已侵害人民受憲法保障之資訊隱私權，而就達到加強新版國民身分證之防偽功能、防止冒領及冒用國民身分證及辨識迷途失智者、路倒病人、精神病患與無名屍體之身分等目的而言，難認符合比例原則之要求，與憲法第二十二條、第二十三條意旨均有未符，應自本解釋公布之日起不再適用。至依據戶籍法其他相關規定換發國民身分證之作業，仍得繼續進行，自不待言。

國家基於特定重大公益之目的，而有大規模蒐集、錄存人民指紋，並有建立資料庫儲存之必要者，應以法律明定其蒐集之目的，其蒐集之範圍與方式且應與重大公益目的之達成，具有密切之必要性與關聯性，並應明文禁止法定目的外之使用。主管機關尤應配合當代科技發展，運用足以確保資訊正確及安全之方式為之，並對所蒐集之指紋檔案採取組織上與程序上必要之防護措施，以符憲法保障人民資訊隱私權之本旨。

至世界各國立法例與國人民意調查之結果，固不失為憲法解釋所得參考之事實資料，惟尚難作為論斷憲法意旨之依據。況全面蒐集人民指紋資訊並建立數位檔案，是否已為世界各國之立法趨勢，仍無定論。而外國相關之立法例，若未就我國戶政制度加以比較，並詳細論述外國為何及如何蒐集人民指紋資訊，則難遽予移植；又民意調查僅為國民對特定問題認知或偏好之指標，調查之可信度受其調查內容、調查方法、執行機關、調查目的等因素影響。本件關係機關雖泛稱多數國人贊成按捺指紋作為發給國民身分證之條件，但未能提出相關之問卷資料，實難據為本案解釋之參考，均併予指明。

釋字第六○四號解釋　（憲二三，違反道路交通管理事件統一裁罰標準及處理細則一二，交通處罰五六、八五之一、九二）　　　九十四年十月二十一日公布

道路交通管理處罰條例係為加強道路交通管理，維護交通秩序，確保交通安全而制定。依中華民國八十六年一月二十二日增訂公布第八十五條之一規定，係對於汽車駕駛人違反同條例第五十六條第一項各款而為違規停車之行為，得為連續認定及通知其違規事件之規定，乃立法者對於違規事實一直存在之行為，考量該違規事實之存在對公益或公共秩序確有影響，除使主管機關得以強制執行之方法及時除去該違規事實外，並得藉舉發其違規事實之次數，作為認定其違規行為之次數，從而對此多次違規行為得予以多次處罰，並不生一行為二罰之問題，故與法治國家一行為不二罰之原則，並無牴觸。

立法者固得以法律規定行政機關執法人員得以連續舉發及隨同多次處罰之遏阻作用以達成行政管制之目的，但仍須符合憲法第二十三條之比例原則及法律授權明確性原則。鑑於交通違規之動態與特性，則立法者欲藉連續舉發以警惕及遏阻違規行為人任由違規事實繼續存在者，得授權主管機關考量道路交通安全等相關因素，將連續舉發之條件及前後舉發之間隔及期間以命令為明確之規範。

道路交通管理處罰條例第八十五條之一得為連續舉發之規定，就連續舉發時應依何種標準為之，並無原則性規定。雖主管機關依道路交通管理處罰條例第九十二條之授權，於九十年五月三十日修正發布「違反道路交通管理事件統一裁罰標準及處理細則」，其第十二條第四項規定，以「每逾二小時」為連續舉發之標準，衡諸人民可能因而受處罰之次數及可能因此負擔累計罰鍰之金額，相對於維護交通秩序、確保交通安全之重大公益而言，尚未逾越必要之程度。惟有關連續舉發之授權，其目的與範圍仍以法律明定為宜。

道路交通管理處罰條例第五十六條第二項關於汽車駕駛人不在違規停放之車內時，執法人員得於舉發其違規後，使用民間拖吊車拖離違規停放之車輛，並收取移置費之規定，係立法者衡量各種維護交通秩序之相關因素後，合理賦予行政機關裁量之事項，不能因有此一規定而推論連續舉發並為處罰之規定，違反憲法上之比例原則。

　　解釋理由書

道路交通管理處罰條例係為加強道路交通管理，維護交通秩序，確保交通安全而制定（同條例第一條）。依八十六年一月二十二日增訂公布第八十五條之一規定，汽車駕駛人違反同條例第五十六條規定，經舉發後，不遵守交通勤務警察或依法令執行交通稽查任務人員責令改正者，得連續舉發之；其無法當場責令改正者，亦同。此乃對於汽車駕駛人違反同條例第五十六條第一項各款而為違規停車之行為，得為連續認定及通知其違規事件之規定。又九十年一月十七日修正公布之同法第九條第一項規定：「本條例所定罰鍰之處罰，行為人接獲違反道路交通管理事件通知單後，於十五日內得不經裁決，逕依規定之罰鍰標準，向指定之處所繳納結案；不服舉發事實者，應於十五日內，向處罰機關陳述意見或提出陳述書。其不依通知所定限期前往指定處所聽候裁決，且未依規定期限陳述意見或提出陳述書者，處罰機關得逕行裁決之。」故行為人如接獲多次舉發違規事件通知書者，即有發生多次繳納罰鍰或可能受多次裁決罰鍰之結果。按違規停車，在禁止停車之處所停車，行為一經完成，即實現違規停車之構成要件，在車輛未離開該禁止停車之處所以前，其違規事實一直存在。立法者對於違規事實一

直存在之行為，如考量該違規事實之存在對公益或公共秩序確有影響，除使主管機關得以強制執行之方法及時除去該違規事實外，並得藉舉發其違規事實之次數，作為認定其違規行為之次數，即每舉發一次，即認定有一次違反行政法上義務之行為發生而有一次違規行為，因而對於違規事實繼續之行為，為連續舉發者，即認定有多次違反行政法上義務之行為發生而有多次違規行為，從而對此多次違規行為得予以多次處罰，並不生一行為二罰之問題，故與法治國家一行為不二罰之原則，並無牴觸。

立法者固得以法律規定行政機關執法人員得以連續舉發及隨同多次處罰之遏阻作用以達成行政管制之目的，但仍須符合憲法第二十三條之比例原則及法律授權明確性原則。申言之，以連續舉發之方式，對違規事實繼續之違規行為，藉舉發其違規事實之次數，評價及計算其法律上之違規次數，並予以多次處罰，藉多次處罰之遏阻作用，以防制違規事實繼續發生，此種手段有助於目的之達成，對維護交通秩序、確保交通安全之目的而言，在客觀條件之限制下，更有其必要性及實效性。惟每次舉發既然各別構成一次違規行為，則連續舉發之間隔期間是否過密，以致多次處罰是否過當，仍須審酌是否符合憲法上之比例原則，且鑑於交通違規之動態與特性，進行舉發並不以違規行為人在場者為限，則立法者欲藉連續舉發以警惕及遏阻違規行為人任由違規事實繼續存在者，自得授權主管機關考量道路交通安全等相關因素，將連續舉發之條件及前後舉發之間隔及期間以命令為明確之規範。

八十六年一月二十二日增訂公布之道路交通管理處罰條例第八十五條之一規定：「汽車駕駛人、汽車買賣業或汽車修理業違反第三十三條、第四十條、第五十六條或第五十七條規定，經舉發後，不遵守交通勤務警察或依法令執行交通稽查任務人員責令改正者，得連續舉發之；其無法當場責令改正者，亦同。但其違規計點，均以一次核計。」僅規定於不遵守責令改正或無法當場責令改正時，得為連續舉發，至於連續舉發時應依何種原則標準為之，尤其前後舉發之間隔期間應考量何種管制目的及交通因素等加以決定，並無原則性規定。雖主管機關依道路交通管理處罰條例第九十二條之授權，於九十年五月三十日修正發布「違反道路交通管理事件統一裁罰標準及處理細則」，其第十二條第四項規定「每逾二小時，得連續舉發之」，即以上開細則為補充規定，並以「每逾二小時」為連續舉發之標準，就其因此而造成人民可能受處罰之次數及衡量人民須因此負擔繳納累計之罰鍰金額仍屬有限，衡諸維護交通秩序、確保交通安全之立法目的而言，尚未逾越必要之程度。惟有關連續舉發之授權，其目的與範圍仍應以法律明確規定為宜。

至道路交通管理處罰條例第五十六條第二項規定：「交通勤務警察或依法令執行交通稽查任務人員，應責令汽車駕駛人將車移置適當處所；如汽車駕駛人不予移置或不在車內時，得由該交通勤務警察或依法令執行交通稽查任務人員為之，或得於舉發其違規後，使用民間拖吊車拖離之，並收取移置費。」本此規定，執法機關固得於舉發其違規後，移置該違規車輛，惟顧及客觀條件之限制，同條項後段亦規定警察機關得使用民間拖吊車拖離之。然由上開條文規定「『得』於舉發其違規後，使用民間拖吊車拖離之」，可知該條文並不限定值勤員警一定要使用民間拖吊車拖離違規停放車輛，且縱要執行拖吊車輛，亦未規定必須在一次舉發後為之，此等事項均授權值勤員警視個案裁量決定。除此之外，有鑑於拖離以前仍以違規行為人自行排除交通障礙為當，故容許執勤員警視情況依其合義務性之裁量，選擇執法之方法。是以，得視違規停車狀況，決定執行移置保管或連續舉發之優先順序，係立法者衡量各種因素後，合理賦與行政機關裁量之事項，不能因有此規定而推論連續舉發並為處罰之規定，違反憲法上之比例原則。

又九十一年七月三日修正公布之道路交通管理處罰條例第八十五條之一第二項第二款規定：「逕行舉發汽車有第五十六條第一項規定之情形，而駕駛人不在場或未能將車輛移置每逾二小時者」得連續舉發，此項規定固屬明確，惟鑑於交通壅塞路段或交通尖峰時刻，違規停車狀態縱不逾二小時亦有嚴重影響交通秩序者，立法者將連續舉發之間隔期間明定於法律之同時，宜在符合授權明確性之原則下，容許主管機關得因地制宜，縮短連續舉發之法定間隔期間，避免因該法定間隔期間之僵化，而影響交通秩序之維護，併此指明。

釋字第六〇五號解釋　（憲七、一五、一八、二三，聘用三、六，公俸施一五，公考七）

九十四年十一月九日公布

憲法第十八條規定人民有服公職之權利，旨在保障人民有依法令從事於公務，暨由此衍生享有之身分保障、俸給與退休金等權利。公務人員依法銓敘取得之官等俸級，基於憲法上服公職之權利，受制度性保障（本院釋字第五七五號、第四八三號解釋參照），惟其俸給銓敘權利之取得，係以取得公務人員任用法上之公務人員資格為前提。

中華民國八十八年十一月二十五日修正發布之公務人員俸給法施行細則（以下簡稱八十八年施行細則）第十五條第三項修正規定，區別各類年資之性質，使公務人員曾任聘用人員之公務年資，僅得提敘至本俸最高級為止，與憲法第七條保障平等權之意旨

並無牴觸。

八十八年施行細則第十五條第三項修正規定，使公務人員原任聘用人員年資，依八十四年十二月二十六日修正發布之公務人員俸給法施行細則（以下簡稱八十四年施行細則）及八十七年一月十五日修正發布之公務人員俸給法施行細則（以下簡稱八十七年施行細則）第十五條第二項、第三項規定，得按年提敘俸級至年功俸最高級者，僅得提敘至本俸最高級為止。並另以指定施行日期方式，訂定過渡條款。衡量此項修正，乃為維護公務人員文官任用制度之健全、年功俸晉敘公平之重大公益，並有減輕聘用人員依八十八年修正前舊法規得受保障之利益所受損害之措施，已顧及憲法上之信賴保護原則，與平等原則亦尚無違背。

上開施行細則旨在提供公務人員於依法任用之後，其未具公務人員任用資格前所曾任之公務年資，酌予核計為公務人員年資之優惠措施，本質上並非限制人民之財產權，故不生違反憲法第二十三條之問題。

解釋理由書

憲法第十八條規定人民有服公職之權利，旨在保障人民有依法令從事於公務，暨由此衍生享有之身分保障、俸給與退休金等權利。公務人員依法銓敘取得之官等俸級，基於憲法上服公職之權利，受制度性保障（本院釋字第五七五號、第四八三號解釋參照），惟其俸給銓敘權利之取得，係以取得公務人員任用法上之公務人員資格為前提。

憲法第七條平等原則並非指絕對、機械之形式上平等，而係保障人民在法律上地位之實質平等，基於憲法之價值體系及立法目的，自得斟酌規範事物性質之差異而為合理之區別對待（本院釋字第四八五號解釋參照）。不同制度人員間原係適用不同之任用、敘薪、考績（成）、考核等規定，於相互轉任時，無從依原敘俸（薪）級逕予換敘，基於人事制度之公平性，故有俸級提敘之設計（本院釋字第五〇一號解釋參照）。聘用人員依聘用人員聘用條例（以下簡稱「聘用條例」）第三條規定，係各機關以契約定期聘用之專業或技術人員。其職稱、員額、期限及報酬，應詳列預算，並列冊送銓敘部登記備查，乃屬編制外依契約給與報酬之臨時人員。聘用無須資格，無官等職等、無法定之官稱或職稱，亦不敘俸。因其無公務人員任用資格，依聘用條例第六條，特別明定其不適用公務人員俸給法、退休法、撫卹法，無由主張公務人員俸給銓敘之權利。

惟公務人員於依法任用，取得實任資格之後，依八十四年施行細則第十五條第二項、第三項規定（八十七年施行細則第十五條第二項、第三項規定同其意旨），其曾任聘用人員之年資，如與擬任職務職等相當且性質相近者，得按年核計加級，至所銓敘審定

職等之年功俸最高級為止。八十八年施行細則第十五條第三項規定：「依公務人員任用法任用之人員，其曾任前二項以外之公務年資，如與現所銓敘審定之職等相當、性質相近且服務成績優良者，得按年核計加級至其所銓敘審定職等之本俸最高級為止。」查其意旨，係因年功俸制度之精神，重在獎拔優秀公務人員之年資與功績，以鼓勵久任。依九十年六月二十日修正公布前之公務人員考績法第七條規定，必須考績甲等或是連續兩年考績乙等者，始能晉敘年功俸一級。正式公務人員晉敘年功俸所需之考績等級，較諸晉敘本俸者為嚴。聘用人員之制度設計與正式公務人員相異，僅於約聘契約存續期間，以考核方式觀察工作績效，作為續聘或解聘之依據，並無與公務人員考績法完全相同之考核規定，然曾任聘用人員之公務年資，卻可依八十四年及八十七年施行細則第十五條規定，提敘俸級至年功俸最高級，形成銓敘合格年資不如未經銓敘合格之年資的不合理現象。為求公務人員文官任用制度之健全與年功俸晉敘之公平，乃為上開修正，對公務年資之採計，予以差別待遇，使得提敘至「年功俸最高級」之年資，不及於未具公務人員任用資格前所曾任之所有公務年資。而其不包含曾任聘用人員之公務年資，係依各類年資考核寬嚴之不同，對之採取不同之認定標準，並非恣意選擇，符合國家對整體文官制度之合理安排，以及維護年功俸晉敘公平性之目的。主管機關基於公共政策之考量，尚難認係恣意或不合理，且與目的之達成亦有合理之關聯性，故與憲法第七條保障平等權之意旨並無牴觸。

任何行政法規皆不能預期其永久實施，然行政法規發布施行後，訂定或發布法規之機關依法定程序予以修改，應兼顧規範對象信賴利益之保護。其因公益之必要修正法規之內容，如人民因信賴舊法規而有客觀上具體表現信賴之行為，並因法規修正，使其依舊法規已取得之權益，與依舊法規預期可以取得之利益受損害者，應針對人民該利益所受之損害，採取合理之補救措施，或訂定合理之過渡條款，俾減輕損害，以符憲法保障人民權利意旨。惟人民依舊法規預期可以取得之利益並非一律可以主張信賴保護，仍須視該預期可以取得之利益，依舊法規所必須具備之重要要件是否已經具備，尚未具備之要件是否客觀上可以合理期待其實現，或經過當事人繼續施以主觀之努力，該要件有實現之可能等因素決定之。至經廢止或變更之法規有重大明顯違反上位規範情形，或法規（如解釋性、裁量性之行政規則）係因主張權益受害者以不正當方法或提供不正確資料而發布者，其信賴即不值得保護（本院釋字第五二五號解釋意旨參照）。

八十八年施行細則第十五條第三項修正規定，使公務人員原任聘用人員年資，依八十四年及八十七年施行細則第十五條第二項、第三項規定，得按年提敘俸級至年功俸最

高級者，僅得提敘至本俸最高級為止。人民如信賴八十四年及八十七年施行細則第十五條第二項、第三項規定，而於八十八年施行細則修正前應公務人員高等考試，並筆試及格，開始接受實務訓練，預期於取得公務人員任用資格而實任公務人員職務時，依八十八年修正前之施行細則申請並取得提敘年資之權益，因屬客觀上可以合理期待其實現，故非不得主張信賴保護。至人民如於八十八年施行細則修正後，始為取得公務人員任用資格而報名參加考試，並無主張信賴保護之餘地，無庸贅言。

八十八年施行細則為特別保護依修正前法規已可合理期待其提敘權益者之既得利益，於第十九條第一、二項規定：「本細則自發布日施行」、「本細則修正條文第十五條、第十五條之一，自中華民國八十九年一月十五日施行」。乃以指定施行日期方式，訂定過渡條款，俾使新施行細則生效前，已依法取得公務人員任用資格，但尚未辦理提敘者，得及時辦理體級提敘，同時使部分已應公務人員考試筆試及格，於過渡期間受訓期滿，而取得公務人員任用資格之人員，亦得依舊施行細則之規定辦理體級提敘，以保障其權益，雖仍有部分已考試及格、尚未受訓期滿人員，因未能及時於過渡期間取得公務人員任用資格，而未能同享體級提敘之利益，對其權益之保護未臻周詳，惟為避免修法所追求公益目的遲未能實現，過渡期間本不宜過長，而新法規之修正本質上為正常文官制度外優惠措施之縮減，衡諸人民依舊法規本可預期得提敘體級至年功俸最高級，而依新施行細則只得提敘至本俸最高級所損失之利益，與主管機關為建立公平合理之公務員年功俸制度所欲維護之公益，新施行細則以八十九年一月十五日之特定日期為施行日期之過渡條款規定，尚屬合理，與憲法上之信賴保護原則及平等原則均尚無違背。

上開施行細則旨在提供公務人員於依法任用之後，其未具公務人員任用資格前所曾任之公務年資，酌予核計為公務人員年資之優惠措施，本質上並非限制人民之財產權，故不生違反憲法第二十三條之問題。

釋字第六〇六號解釋　（憲一五、二三，大法官審案五，產業升級一六，產業升級施四二、四七）

九十四年十二月二日公布

中華民國七十九年十二月二十九日制定公布之促進產業升級條例第十六條第三款規定，公司以未分配盈餘增資轉投資於同條例第八條所規定之重要事業者，其股東因而取得之新發行記名股票，免予計入該股東當年度綜合所得額；其股東為營利事業者，免予計入當年度營利事業所得額課稅。主管機關於八十六年九月二十四日修正發布之

同條例施行細則第四十二條規定，公司以未分配盈餘增資轉投資於該條例第八條所規定之重要事業者，應於公司登記主管機關核准增資後六個月內，檢附相關文件向管轄稽徵機關申請該次增資發放予股東之股票股利免計入股東當年度所得課稅，乃屬執行該條例第十六條第三款規定所必要，符合首開法律規定之意旨，並未逾越母法之限度，與憲法第十五條及第二十三條並無牴觸。

解釋理由書

人民營業之自由為憲法上工作權及財產權所保障，本院釋字第五一四號解釋足資參照。國家對人民自由權利之限制，應以法律定之，且不得逾越必要程度，憲法第二十三條定有明文。如為便利法律之實施，以法律授權主管機關發布命令為補充規定，其內容須符合立法意旨，且不得逾越母法規定之範圍。其在母法概括授權情形下所發布者，是否超越法律授權，不應拘泥於法條所用之文字，而應就該法律本身之立法目的，及其整體規定之關聯意義為綜合判斷，迭經本院解釋闡明在案。

七十九年十二月二十九日制定公布之促進產業升級條例第十六條第三款規定，公司以未分配盈餘增資轉投資於同條例第八條所規定之重要事業者，其股東因而取得之新發行記名股票，免予計入該股東當年度綜合所得額；其股東為營利事業者，免予計入當年度營利事業所得額課稅。揆其立法意旨，乃為加速公司資本形成，使公司以未分配盈餘增資，作為改善財務結構之特定用途者，准其因增資而配與股東之股票股利予以緩課，促使股東同意公司以未分配盈餘增資轉投資（公司法第十三條、第二百四十條及第二百四十一條參照），而影響公司累積資本之方式，對於公司之財務結構、營運及發展自有重大影響，是構成公司財產權及營業自由之重要內容。惟因增資而配與股東之股票股利是否應予依法緩課，應由主管機關核實認定之。為執行上開法律規定，主管機關於八十六年九月二十四日修正發布之同條例施行細則第四十二條規定：「公司以未分配盈餘增資轉投資於本條例第八條所規定之重要事業者，應於公司登記主管機關核准增資後六個月內，檢附下列文件向管轄稽徵機關申請該次增資發放予股東之股票股利免計入股東當年度所得課稅。一被轉投資事業經中央目的事業主管機關核發符合重要事業之核准函。二增資前後股份有限公司執照影本及股東名冊。但上市公司得免附股東名冊。三股東會會議紀錄（含增資資金來源運用明細表）。四經簽證機構簽證完畢之股票樣張及股票簽證證明文件。五轉投資相關文件（第一項）。公司未能於前項規定期限內檢齊文件者，得於期限屆滿前敘明理由提出申請，並聲明補送。但應於期限屆滿之次日起六個月內補送齊全（第二項）」，乃係基於上開促進產業升級條例第四十

三條之授權,為執行同條例第十六條第三款有關租稅緩課事項所為規定。衡諸申請緩課之相關事實資料多半掌握於公司自身,故課公司協力義務,使公司主動於一定期間內檢具相關資料申請,符合首開法律規定之意旨。其中有關六個月申請期間之規定,對依法令規定進行申報之公司而言,雖屬較短之期限,惟其並非對租稅緩課之內容或適用範圍予以限縮,況租稅緩課影響國家稅收及納稅義務人之稅務規畫,因此申請期限不宜過長,又系爭規定除六個月期間限制外,復容許提出申請之公司得於期限屆滿前敘明理由提出延期補送之申請,補送期間亦達六個月,因係考量符合重要事業核准函之取得尚非容易,且公司轉投資之行為須配合重要事業增資時間,已可緩和申請期間之限制。是衡量前揭諸項因素,應認系爭細則有關六個月期間為執行母法及相關法律所必要,符合立法意旨,且未逾越母法之限度,與憲法第十五條及第二十三條並無牴觸。

公司以未分配盈餘增資轉投資於重要事業者,因增資而配與股東之股票股利是否得予緩課,對公司之財務結構、營運及發展有重大之影響,乃構成公司財產權及營業自由之重要內容,應受憲法之保障。而上開促進產業升級條例施行細則第四十二條規定,公司申請租稅緩課只能於一定期限內為之,對公司之財產及營業發展之自由發生實質之重要影響。本件聲請人依法以自己名義向主管機關申請緩課,並已以自己名義提起行政及司法救濟,則其認確定終局判決所適用關於緩課優惠程序要件之規定,限制其憲法所保障之財產權利,發生有牴觸憲法之疑義,而向本院聲請解釋憲法,自無違於司法院大法官審理案件法第五條第一項第二款之規定。至八十四年十一月十五日修正發布之同細則第四十七條第三項規定,並非本件確定終局判決所適用之法令,故不在本件解釋範圍內,併予指明。

釋字第六○七號解釋　　(憲七、一五、一九,土徵三一、三二、三四,所得稅三、四、二四、一○○之二,所得稅施三一)　　　　九十四年十二月三十日公布

憲法第十九條規定,人民有依法律納稅之義務,係指國家課人民以繳納稅捐之義務或給予人民減免稅捐之優惠時,應就租稅主體、租稅客體、稅基、稅率等租稅構成要件,以法律明定之。各該法律規定之內容且應符合租稅公平原則。財政部中華民國八十二年七月十九日臺財稅第八二一四九一六八一號函、八十四年八月十六日臺財稅第八四一六四一六三九號函、八十七年九月二十三日臺財稅第八七一九六六五一六號函,符合所得稅法第三條及第二十四條第一項規定之意旨,並未違背租稅法律主義及憲法第

七條規定之平等原則，與憲法第十五條保障人民財產權之意旨亦無牴觸。

解釋理由書

憲法第十九條規定，人民有依法律納稅之義務，係指國家課人民以繳納稅捐之義務或給予人民減免稅捐之優惠時，應就租稅主體、租稅客體、稅基、稅率等租稅構成要件，以法律明文規定。但法律規定之內容不能鉅細靡遺，故主管機關於職權範圍內適用各該租稅法律規定時，自得為必要之釋示。其釋示如無違於一般法律解釋方法，且符合各該法律之立法目的，即與租稅法律主義尚無違背；倘亦符合租稅公平原則，則與憲法第七條平等原則及第十五條保障人民財產權之規定不相牴觸。所得稅法關於營利事業所得稅之課徵客體，為營利事業之收益，包括營業增益及非營業增益，除具有法定減免事由外，均應予以課稅。按所得稅法第二十四條第一項規定：「營利事業所得之計算，以其本年度收入總額減除各項成本費用、損失及稅捐後之純益額為所得額」。所謂「年度收入總額」及供計算所得額之項目則委由同法施行細則第三十一條規定為營業淨利＋非營業收益－非營業損失＝純益額（即所得額），至於免稅項目則列舉規定於所得稅法第四條，觀諸所得稅法第三條、第四條及第二十四條第一項規定之立法目的及其整體規定之關聯意義，尚未違背憲法第十九條規定之租稅法律主義。按營利事業係以營利為目的，投入勞務及資本從事經濟活動之經濟主體，不問係營業或非營業之增益，皆屬於營利事業追求營利目的所欲實現之利益，為營利事業之所得來源，而得成為租稅客體。營利事業因土地重劃而領取之地上物拆遷補償費，係因公權力強制介入而發生之非自願性增益，雖非因營業而發生，而屬於非營業性之營利事業所得來源，如於扣減相關之成本費用、損失後仍有餘額，即有稅負能力，就該筆所得核實課徵稅捐，與租稅公平原則並無不符。

財政部八十四年八月十六日臺財稅第八四一六四一六三九號函「營利事業因政府舉辦公共工程或市地重劃，依拆遷補償辦法規定領取之各項補償費應列為其他收入，其必要成本及相關費用准予一併核實認定」，以及自九十一年一月一日起不再援引適用之八十二年七月十九日臺財稅第八二一四九一六八一號函「××紙器股份有限公司七十九及八十年度營利事業所得稅結算申報，將政府徵收廠地之地上物及機器設備拆遷補償費，列入非營業收入項下，復自行調整為免稅所得一案，應予調整補稅並依所得稅法第一百條之二規定加計利息一併徵收」、八十七年九月二十三日臺財稅第八七一九六六五一六號函說明三「至營利事業於八十二年度以後（含八十二年）因政府舉辦公共工程或市地重劃，依拆遷補償辦法規定領取之各項補償費，仍應依本部八十二年七月十

九日臺財稅第八二一四九一六八一號函及八十四年八月十六日臺財稅第八四一六四一六三九號函釋規定，列為其他收入，其必要成本及相關費用准予一併核實認定」，乃就所得稅法第二十四條第一項及同法施行細則第三十一條關於非營業增益之規定所為之釋示。按營利事業因土地重劃所領取之地上物拆遷補償費既非所得稅法第四條所列舉之免稅項目，上開函釋將該等拆遷補償費認定為非營業增益，列為其他收入，並就其扣除屬於非營業損失及費用、必要成本及相關費用所剩盈餘，核實課徵所得稅，尚未逾越所得稅法第二十四條第一項及同法施行細則第三十一條規定之立法意旨，核與憲法第十九條規定之租稅法律主義並無不符。該等地上物拆遷補償費既為非營業性之增益，如於扣減非營業性之損失及費用仍有餘額，即有稅負能力，對該營利事業之純益額課徵營利事業所得稅，符合租稅公平原則，亦未違背憲法第十五條保障人民財產權之規定。至八十四年八月十六日臺財稅第八四一六四一六三九號函說明二所引用之七十九年四月七日臺財稅第七八○四三二七六七二號函「因政府舉辦公共工程或市地重劃而徵收土地，依拆遷補償辦法規定發給之建築改良物或農作改良物補償費、自行拆遷獎勵金及人口搬遷補助費，核屬損害補償，應准免納所得稅」，對個人與營利事業所領取之地上物拆遷補償費，如何繳納所得稅，為不同之處理（九十一年一月三十一日臺財稅字第○九一○四三五○三九六號函「個人依土地徵收條例第三十一條、第三十二條及第三十四條規定領取之建築改良物補償、農作改良物補償、土地改良物補償或遷移費等法定補償，係屬損害補償性質，尚無所得發生，不課徵綜合所得稅」亦同此意旨），乃因個人與營利事業二者之稅率、所得結構、課稅基礎、應否設帳及得否攤提折舊等均有不同，稽徵機關對於個人領取之地上物拆遷補償費，依職權就其拆遷成本採取不同之認定方式，而非將個人拆遷補償費認定為非所得，亦非對個人拆遷補償費給予法律所未規定之免稅優惠，並未針對相同規範對象給予不合理之差別待遇，核與憲法第七條規定之平等原則尚無不符。末按所得稅法第八條第十一款之規定，並非確定終局判決所適用之法令，依司法院大法官審理案件法第五條第一項第二款及第三項之規定，此部分之聲請，應不受理，附此指明。

釋字第六○八號解釋　　（憲一五、一九，民一一四七、一一四八，遺贈稅一○，遺贈稅施二九，所得稅四、一四）　　　　　　　九十五年一月十三日公布

遺產稅之課徵，其遺產價值之計算，以被繼承人死亡時之時價為準，遺產及贈與稅法第十條第一項前段定有明文；依中華民國八十四年一月二十七日修正公布之所得稅法

第四條第十七款前段規定，因繼承而取得之財產，免納所得稅；八十六年十二月三十日修正公布之所得稅法第十四條第一項第一類規定，公司股東所獲分配之股利總額屬於個人之營利所得，應合併計入個人之綜合所得總額，課徵綜合所得稅。財政部六十七年十月五日臺財稅字第三六七六一號函：「繼承人於繼承事實發生後所領取之股利，係屬繼承人之所得，應課徵繼承人之綜合所得稅，而不視為被繼承人之遺產」，係主管機關基於法定職權，為釐清繼承人於繼承事實發生後所領取之股利，究屬遺產稅或綜合所得稅之課徵範圍而為之釋示，符合前述遺產及贈與稅法、所得稅法規定之意旨，不生重複課稅問題，與憲法第十九條之租稅法律主義及第十五條保障人民財產權之規定，均無牴觸。

解釋理由書

憲法第十九條規定，人民有依法律納稅之義務。主管機關本於法定職權於適用相關租稅法律規定所為釋示，如無違於一般法律解釋方法，於符合相關憲法原則及法律意旨之限度內，即無違於憲法第十九條規定之租稅法律主義，並不生侵害人民受憲法第十五條保障之財產權問題。繼承因被繼承人死亡而開始，繼承人自繼承開始時，即承受被繼承人財產上之一切權利義務（民法第一千一百四十七條、第一千一百四十八條參照），繼承人依法繳納遺產稅之義務亦應自此時發生。遺產及贈與稅法第十條第一項前段規定：遺產價值之計算，以被繼承人死亡時之時價為準，即係本此意旨。如被繼承人遺有未上市或未上櫃股份有限公司之股票，其價值之估定，依同法施行細則第二十九條第一項規定，係以繼承開始日該公司之資產淨值，即營利事業資產總額與負債總額之差額估定之。稽徵機關於核算前開未上市或未上櫃股份有限公司之股票價值時，其營利事業資產總額縱然包含未分配盈餘，以估定被繼承人遺產股票之價值，並據以向繼承人課徵遺產稅，無論形式上或實質上均非對公司之資產總額或未分配盈餘課徵遺產稅。因繼承事實發生而形成之遺產，就因繼承而取得者而言，固為所得之一種類型，惟基於租稅政策之考量，不依一般所得之課稅方式，而另依法課徵遺產稅。八十四年一月二十七日修正公布之所得稅法第四條第十七款前段規定，因繼承而取得之財產，免納所得稅，係因繼承之財產依法應繳納遺產稅，故不再課徵所得稅。繼承人繼承未上市或未上櫃股份有限公司之股票後即成為公司股東，嗣該公司分配盈餘，繼承人因其股東權所獲分配之股利，為其個人依八十六年十二月三十日修正公布之所得稅法第十四條第一項第一類規定之營利所得，應合併計入個人之綜合所得總額，課徵綜合所得稅，並非因繼承取得而經課徵遺產稅之財產，自無適用所得稅法第四條第十七

款規定免納所得稅之餘地。是繼承人因繼承取得未上市或未上櫃股份有限公司之股票，與繼承人於繼承該股票後獲分配之股利，分屬不同之租稅客體，分別課徵遺產稅及綜合所得稅，不生重複課稅之問題。關於重複課稅是否違憲之原則性問題，自無解釋之必要。財政部六十七年十月五日臺財稅字第三六七六一號函：「繼承人於繼承事實發生後所領取之股利，係屬繼承人之所得，應課徵繼承人之綜合所得稅，而不視為被繼承人之遺產」，係主管機關基於法定職權，為釐清繼承人於繼承事實發生後所領取之股利，究屬遺產稅或綜合所得稅之課徵範圍而為之釋示，符合前述遺產及贈與稅法、所得稅法規定之意旨，與憲法第十九條之租稅法律主義及第十五條保障人民財產權之規定，均無牴觸。

釋字第六○九號解釋　　（憲二三、一五三、一五五，憲增修一○，勞保一九、二四、六二～六四、七○）　　　　　　　　九十五年一月二十七日公布

勞工依法參加勞工保險及因此所生之公法上權利，應受憲法保障。關於保險效力之開始、停止、終止、保險事故之種類及保險給付之履行等，攸關勞工或其受益人因保險關係所生之權利義務事項，或對其權利之限制，應以法律或法律明確授權之命令予以規範，且其立法之目的與手段，亦須符合憲法第二十三條之規定，始為憲法所許。中華民國八十四年二月二十八日修正之勞工保險條例第十九條第一項規定：「被保險人或其受益人，於保險效力開始後，停止前發生保險事故者，得依本條例規定，請領保險給付。」依同條例第六十二條至第六十四條之規定，死亡給付之保險事故，除法律有特別排除規定外（同條例第二十三條、第二十六條參照），係指被保險人或其父母、配偶、子女死亡而言，至其死亡之原因何時發生，應非所問。惟若被保險人於加保時已無工作能力，或以詐欺、其他不正當行為領取保險給付等情事，則屬應取消其被保險人之資格，或應受罰鍰處分，並負民、刑事責任之問題（同條例第二十四條、第七十條參照）。行政院勞工委員會七十七年四月十四日臺七七勞保二字第六五三○號函及七十九年三月十日臺七九勞保三字第四四五一號函，就依法加保之勞工因罹患癌症等特定病症或其他傷病，於保險有效期間死亡者，以各該傷病須在保險有效期間發生為條件，其受益人始得請領死亡給付，乃對於受益人請領死亡保險給付之權利，增加勞工保險條例所無之限制，與憲法第二十三條所定法律保留原則有違，於此範圍內，應不再適用。

解釋理由書

勞工保險係國家為實現憲法第一百五十三條第一項保護勞工及第一百五十五條、憲法增修條文第十條第八項實施社會保險制度之基本國策而建立之社會福利措施，為社會保險之一種，旨在保障勞工生活安定、促進社會安全，是以勞工保險具有明顯之社會政策目的。勞工依法參加勞工保險之權利，應受憲法之保障。依勞工保險條例之規定，勞工分擔之保險費係按投保勞工當月之月投保薪資一定比例計算（勞工保險條例第十三條、第十四條參照），與保險事故之危險間並非謹守對價原則，而是以量能負擔原則維持社會互助之功能；勞工保險除自願參加保險者外，更具有強制性，凡符合一定條件之勞工均應全部參加該保險（同條例第六條、第八條、第七十一條、第七十二條參照），非如商業保險得依個人意願參加。是以各投保單位依勞工保險條例規定為其所屬勞工辦理投保時，勞工保險局對其危險之高低無須為評估之核保手續，更不能因危險過高而拒絕其投保，各投保單位所屬之勞工對於是否加入勞工保險亦無選擇之權，此類勞工應依法一律強制加入勞工保險，繳納保險費，分擔自己與其他加保勞工所生保險事故之危險，此均與商業保險有間。又勞工保險因具社會保險之性質，對於何種保險事故始應為保險給付，立法機關自得衡酌勞工保險政策之目的、社會安全制度之妥適建立、勞工權益之保護、社會整體資源之分配及國家財政之負擔能力等因素，本於前述意旨形成一定之必要照顧範圍。勞工依法參加勞工保險所生之公法上權利，亦應受憲法之保障。關於保險效力之開始、停止、終止、保險事故之種類及保險給付之履行等，攸關勞工或其受益人因保險關係所生之權利義務事項，或對其權利之限制，應以法律或法律明確授權之命令予以規範，且其立法之目的與手段，亦須符合憲法第二十三條之規定，始為憲法所許。

勞工保險條例第十九條第一項規定：「被保險人或其受益人，於保險效力開始後，停止前發生保險事故者，得依本條例規定，請領保險給付。」就保險事故發生之原因係於何時存在未設任何限制。於普通事故保險，依勞工保險條例第二條及第四章之規定，保險給付計有生育給付、傷病給付、醫療給付、殘廢給付、失業給付、老年給付及死亡給付七種，各承保不同之特定保險事故。依同條例第六十二條至第六十四條之規定，死亡給付所承保之保險事故，除法律有特別排除規定外（同條例第二十三條、第二十六條參照），係指被保險人或其父母、配偶、子女死亡而言，至其死亡之原因何時發生，則非所問。蓋死亡給付乃在避免勞工於勞動期間內死亡時對家庭或受扶養親屬所造成之經濟上困頓，而以保險給付維持其生活，以符憲法保障勞工之意旨。至若被保險人於加保前，已因嚴重之傷病而不具工作能力，卻參加保險，係應取消其被保險人資格

（同條例第二十四條參照）；甚或有以詐欺或其他不正當行為領取保險給付等情事，則屬應受罰鍰之處分，並負民、刑事責任之問題（同條例第七十條參照）。

行政院勞工委員會七十七年四月十四日臺七七勞保二字第六五三〇號函謂：「依同條例（勞工保險條例）第十九條規定，被保險人或其受益人請領保險給付，以於保險效力開始後停止前發生保險事故者為限，故有關勞工於加保前發生事故導致之殘廢或死亡，應不予核發任何保險給付。」就勞工於加保前發生傷病導致之死亡，增加該死亡給付保險事故之原因須於保險有效期間發生，始得為保險給付之條件；同委員會七十九年三月十日臺七九勞保三字第四四五一號函謂：「被保險人如經查證於加保前已有嚴重身心障害或明顯外在症狀或已診斷確定罹患紅斑性狼瘡症、癌症及尿毒症等疾病者，均不得就該事故請領現金給付及醫療給付。」其中現金給付涵蓋死亡給付，是就請領死亡給付增加「於加保前須無罹患各該特定疾病」之條件。上開函釋適用於死亡給付部分，就依法加保之勞工因罹患癌症等特定病症或其他傷病，於保險有效期間死亡者，以各該傷病須在保險有效期間發生為條件，其受益人始得請領死亡給付，乃對於受益人請領死亡保險給付之權利，增加勞工保險條例所無之限制，與憲法第二十三條所定法律保留原則有違，於此範圍內，應不再適用。至罹患何種特定疾病及其與保險有效期間之時間上如何關聯，得依保險法理並參酌其他社會安全制度，排除於勞工保險給付之外，乃屬立法形成問題。

行政院勞工委員會八十二年三月十六日臺八二勞保三字第一五八六五號函謂：「有關被保險人如經查證於加保前已診斷確定罹患紅斑性狼瘡及癌症，歷經『緩解期』(Remission) 於加保後再發病者，視為加保生效後發生之事故，得依勞工保險條例之規定請領保險給付。」係就加保前罹患紅斑性狼瘡及癌症，歷經緩解期於加保後再發病之勞工，為有利之闡示，與勞工於加保前已罹患特定疾病，於保險有效期間，因該特定疾病死亡時，得否請領死亡給付尚無關聯，非屬本件解釋範圍，併此敘明。

釋字第六一〇號解釋 （憲七、一六，行訴二七六，公懲二九、三三、三四，大法官審案五，民訴五〇〇，刑訴三六〇） 九十五年三月三日公布

公務員懲戒法第三十四條第二款規定，依同法第三十三條第一項第四款為原因，移請或聲請再審議者，應自相關之刑事裁判確定之日起三十日內為之。該期間起算日之規定，於受懲戒處分人為該刑事裁判之被告，而其對該裁判不得聲明不服，僅他造當事人得聲明不服；以及受懲戒處分人非該刑事裁判之被告，僅其與該裁判相關等情形；

因現行刑事訴訟法制就檢察官或自訴人何時收受裁判之送達、其得聲明不服而未聲明不服以及該等裁判於何時確定等事項，並無法院、檢察官（署）或自訴人應通知被告及關係人等之規定，致該等受懲戒處分人未能知悉該類裁判確定之日，據以依首開規定聲請再審議。是上開期間起算日之規定，未區分受懲戒處分人於相關刑事確定裁判之不同訴訟地位，及其於該裁判確定時是否知悉此事實，一律以該裁判確定日為再審議聲請期間之起算日，與憲法第七條及第十六條人民訴訟權之平等保障意旨不符。上開受懲戒處分人以相關之刑事確定裁判聲請再審議之法定期間，應自其知悉該裁判確定之日起算，方符上開憲法規定之本旨。首開規定與此解釋意旨不符部分，應不再適用。本院釋字第四四六號解釋，應予補充。

解釋理由書

憲法第十六條所定人民之訴訟權，乃人民於其權利遭受侵害時得請求司法救濟之程序性基本權，其具體內容，應由立法機關制定相關法律，始得實現。惟立法機關所制定有關訴訟救濟程序之法律，應合乎正當法律程序及憲法第七條平等保障之意旨，人民之程序基本權方得以充分實現。公務員之懲戒事項，屬司法權之範圍，現由公務員懲戒委員會（下稱公懲會）審理，懲戒處分影響人民服公職之權利至鉅，立法形成之懲戒案件再審議制度，自應符合上開原則，始能給予受懲戒處分人合理之訴訟權保障。公務員懲戒法（下稱公懲法）第三十三條第一項第四款規定：原議決後，其相關之刑事確定裁判所認定之事實，與原議決相異者，原移送機關或受懲戒處分人，得移請或聲請再審議。其立法目的係在對公務員之懲戒一經議決即行確定，如認定事實有誤，並無其他補救措施所設之特別救濟制度。受懲戒處分人因此即於一定條件下享有聲請再審議之訴訟權。同法第三十四條第二款規定，移請或聲請再審議，「依前條第一項第二款至第四款為原因者，自相關之刑事裁判確定之日起三十日內」為之。其立法意旨則在限制移請或聲請再審議之期間及規範該期間之起算日，以維護法安定性。該期間起算日之規定，於受懲戒處分人為刑事裁判之被告而得聲明不服，他造當事人（即檢察官或自訴人）亦得聲明不服而捨棄或撤回上訴之情形，因刑事訴訟法第三百六十條規定：「捨棄上訴權或撤回上訴，書記官應速通知他造當事人」，則該受懲戒處分人於受通知後，對該裁判是否聲明不服及該裁判應於何日確定，可自行決定及計算，其聲請再審議之期間應自該裁判確定之日起算，固無問題。惟於⑴受懲戒處分人為相關刑事裁判之被告，與他造當事人俱得聲明不服，而他造當事人不為聲明不服之情形；或⑵受懲戒處分人為刑事裁判之被告，而其對該裁判（如無罪判決）不得聲明不服，僅

他造當事人得聲明不服；或(3)受懲戒處分人非該刑事裁判之被告，僅其與該裁判相關等情形；因現行刑事訴訟法制就檢察官或自訴人何時收受裁判之送達、其得聲明不服而未聲明不服暨該等裁判於何時確定等事項，並無法院、檢察官（署）或自訴人應通知被告及關係人等之規定，致該等受懲戒處分人未能知悉該類裁判之確定日，據以依上開規定聲請再審議；且因該期間屬不變期間，一旦逾期，即生失權之效果。則上開期間起算日之規定，未區分受懲戒處分人於相關刑事裁判之不同訴訟地位，及其於該裁判確定時是否知悉此事實，一律以該裁判確定之日作為再審議聲請期間之起算日，因欠缺合理正當之理由足資證明採取此種相同規範之必要性，顯係對於不同事物未予合理之差別待遇，是系爭規定違反平等原則。

類似上開公務員懲戒聲請再審議之不變期間起算日規範，民事訴訟法第五百條第二項及行政訴訟法第二百七十六條第二項，就提起再審之訴之不變期間起算日，分別規定：「前項期間，自判決確定時起算，判決於送達前確定者，自送達時起算；其再審之理由發生或知悉在後者，均自知悉時起算。但自判決確定後已逾五年者，不得提起。」及「前項期間自判決確定時起算。但再審之理由知悉在後者，自知悉時起算。」均係針對各該訴訟特別救濟事由之不同情形，分別規定該不變期間不同之起算日，就不同事物為合理之差別待遇。故前述懲戒案件之受懲戒處分人，依公懲法第三十三條第一項第四款為原因，擬聲請再審議而未能知悉其相關刑事裁判之確定日者，該不變期間應自其知悉該裁判確定之日起算，方符訴訟權平等保障之要求。公懲法第三十四條第二款關於再審議聲請期間起算日之規定，與上開解釋意旨不符部分，與憲法第七條及第十六條規定之本旨有所牴觸，應不再適用，公懲法及相關法令並應修正，另為妥適之規範，以回復合憲之狀態。惟於修正前，公懲會應按本解釋之意旨，以是類受懲戒處分人知悉相關刑事裁判確定之日，作為其聲請再審議期間之起算日。至於本聲請案已受公懲會駁回再審議聲請之聲請人等，得依本解釋之意旨聲請再審議，該期間自本解釋送達之日起算。本院釋字第四四六號解釋所稱聲請再審議法定期間之起算日，「就得聲明不服之第一審及第二審裁判言，固應自裁判確定之日起算」一節，應予補充解釋如上。至聲請人等認現行公務員懲戒制度未落實迴避制度（公懲法第二十九條準用刑事訴訟法）暨其應採取「刑先懲後」而非現行之「刑懲併行」制度，均有違憲法第十六條訴訟權保障之意旨，併請解釋部分，因該等事項所涉及之相關規定並非本件確定終局議決所適用之法令，核與司法院大法官審理案件法第五條第一項第二款規定不符，依同條第三項規定，應不受理，併此敘明。

釋字第六一一號解釋　　（憲一八、二三，公任一七、三九，公任施一五、一七）

九十五年五月二十六日公布

憲法第十八條保障人民服公職之權利，包括公務人員任職後依法令晉敘陞遷之權。晉敘陞遷之重要內容應以法律定之。主管機關依法律授權訂定施行細則時，為適用相關任用及晉敘之規定而作補充性之解釋，如無違於一般法律解釋方法，於符合相關憲法原則及法律意旨之限度內，即與法律保留原則無所牴觸。

中華民國八十五年十二月十日修正發布之公務人員任用法施行細則，係依公務人員任用法第三十九條授權所訂定，該細則第十五條第二項規定「本法第十七條第四項所稱『薦任第七職等以下職務』，指職務之列等最高為薦任第七職等者而言」，乃主管機關就同年十一月十四日修正公布之公務人員任用法第十七條第四項規定所為補充性之解釋，尚在母法合理解釋範圍之內，與憲法第十八條保障人民服公職權利及第二十三條法律保留原則均無違背。

解釋理由書

憲法第十八條保障人民服公職之權利，包括公務人員任職後依法令晉敘陞遷之權。晉敘陞遷之重要內容應以法律定之。主管機關依法律授權訂定施行細則時，為適用相關任用及晉敘之規定而作補充性之解釋，如無違於一般法律解釋方法，於符合相關憲法原則及法律意旨之限度內，即與法律保留原則無所牴觸。

八十五年十一月十四日修正公布之公務人員任用法（以下簡稱任用法）第十七條第三項規定，委任公務人員經銓敘部審定合格實授敘委任第五職等本俸最高級，最近三年年終考績二年列甲等、一年列乙等以上，並經晉升薦任官等訓練合格，且具備一定資格者，取得升任薦任第六職等任用資格，不須經升官等考試及格，不受同條第一項規定之限制。旨在既有考試陞遷制度外另設考績升等管道，使服務成績優良者得有陞遷機會。惟立法機關為避免對文官制度造成重大衝擊，阻礙考試及格任薦任官等人員日後之陞遷管道，以及影響中高級公務人員素質，故對於依該規定取得薦任第六職等任用資格者，就其考績、服務年資訂有一定之條件，並於同法第十七條第四項規定，除具有同條第一項第一款、第二款、第四款所定考試及格之資格者外，考績取得薦任官等者，以擔任薦任第七職等以下職務為限，對升任薦任官等後所得擔任職務之職務列等有所限制，藉以平衡考試陞遷之比重，乃立法形成之自由。

上開任用法第十七條第四項規定，考績升任薦任官等者，以擔任薦任第七職等以下職務為限，所謂「以擔任薦任第七職等以下職務為限」，究係指以考績升任薦任官等者，

最高只能擔任薦任第七職等之職務？抑係僅能擔任職務之列等最高列薦任第七職等以下之職務為限？揆諸立法理由，有欠明確；法條文義，未見明晰，有待解釋。故主管機關衡酌憲法第十八條保障人民服公職之權利以及維護公務人員陞遷制度之健全，於八十五年十二月十日修正發布之公務人員任用法施行細則第十五條第二項規定「本法第十七條第四項所稱『薦任第七職等以下職務』，係職務之列等最高為薦任第七職等者而言」，乃對該項規定為補充性之解釋，就其能避免委任第五職等公務人員因考績升等，而其本身依母法規定，至多僅能升任至第七職等，卻占職務列等最高超過第七職等以上之職務，致使一職務得跨列至超過第七職等以上之職務列等設計失去意義而言，該規定尚在母法合理解釋範圍之內，與任用法第十七條第四項限制考績升薦任官等人員陞遷之規定並無牴觸，亦與憲法第十八條保障人民服公職權利及第二十三條法律保留原則均無違背。

釋字第六一二號解釋　（憲一五、二三，廢棄物二〇、二一，公民營廢棄物清除處理機構管理輔導辦法一四、三一 (86.11.19)，公民營廢棄物清除處理機構管理輔導辦法五、七、一二 (88.06.29)）　　　　　　九十五年六月十六日公布

憲法第十五條規定人民之工作權應予保障，人民從事工作並有選擇職業之自由，如為增進公共利益，於符合憲法第二十三條規定之限度內，對於從事工作之方式及必備之資格或其他要件，得以法律或經法律授權之命令限制之。其以法律授權主管機關發布命令為補充規定者，內容須符合立法意旨，且不得逾越母法規定之範圍。其在母法概括授權下所發布者，是否超越法律授權，不應拘泥於法條所用之文字，而應就該法律本身之立法目的，及整體規定之關聯意義為綜合判斷，迭經本院解釋闡明在案。

中華民國七十四年十一月二十日修正公布之廢棄物清理法第二十一條規定，公、民營廢棄物清除、處理機構管理輔導辦法及專業技術人員之資格，由中央主管機關定之。此一授權條款雖未就專業技術人員資格之授權內容與範圍為明確之規定，惟依法律整體解釋，應可推知立法者有意授權主管機關，除就專業技術人員資格之認定外，尚包括主管機關對於專業技術人員如何適當執行其職務之監督等事項，以達成有效管理輔導公、民營廢棄物清除、處理機構之授權目的。

行政院環境保護署依據前開授權於八十六年十一月十九日訂定發布之公民營廢棄物清除處理機構管理輔導辦法（已廢止），其第三十一條第一款規定：清除、處理技術員因其所受僱之清除、處理機構違法或不當營運，致污染環境或危害人體健康，情節重大

者，主管機關應撤銷其合格證書，係指廢棄物清除、處理機構有導致重大污染環境或危害人體健康之違法或不當營運情形，而在清除、處理技術員執行職務之範圍內者，主管機關應撤銷清除、處理技術員合格證書而言，並未逾越前開廢棄物清理法第二十一條之授權範圍，乃為達成有效管理輔導公、民營廢棄物清除、處理機構之授權目的，以改善環境衛生，維護國民健康之有效方法，其對人民工作權之限制，尚未逾越必要程度，符合憲法第二十三條之規定，與憲法第十五條之意旨，亦無違背。

解釋理由書

憲法第十五條規定人民之工作權應予保障，人民從事工作並有選擇職業之自由，如為增進公共利益，於符合憲法第二十三條規定之限度內，對於從事工作之方式及必備之資格或其他要件，得以法律或經法律授權之命令限制之。其以法律授權主管機關發布命令為補充規定者，內容須符合立法意旨，且不得逾越母法規定之範圍。其在母法概括授權下所發布者，是否超越法律授權，不應拘泥於法條所用之文字，而應就該法律本身之立法目的，及整體規定之關聯意義為綜合判斷，迭經本院解釋闡明在案。

鑑於工商發達，產業生產擴增，物品使用之材料複雜且汰換頻仍，致廢棄物產量甚鉅、種類繁多，其中不乏污染性及有害性物質，有賴專業廢棄物清除處理機構及技術人員處理，以避免造成環境污染，並防範危害國民健康及環境生態於未然。六十九年四月九日修正公布之廢棄物清理法，為求民營廢棄物清除處理機構處理廢棄物之工具、方法、設備及場所等符合科技及專業要求，其第十五條第一項增列設置專業技術人員規定：「民營廢棄物清除處理機構，應先辦理工商登記，並列明專業技術人員及清除、處理、貯存之工具、方法、設備暨場所，申請當地主管機關核發許可證後，始得接受清除處理廢棄物之委託」；又關於專業技術人員之資格，為求省市達成一致標準，同條增列第二項規定：「前項專業技術人員資格，由中央主管機關定之」。嗣於七十四年十一月二十日修正公布之廢棄物清理法，將前開第十五條第一項規定修正改列第二十條前段；又為有效管理輔導公民營廢棄物清除處理機構，有增訂管理輔導辦法之必要，並將前開第十五條第二項移列修正第二十一條規定：「前條公、民營廢棄物清除、處理機構管理輔導辦法及專業技術人員之資格，由中央主管機關定之」（以下簡稱舊廢棄物清理法第二十一條規定）。上述第二十條前段規定復於七十七年十一月十一日修正規定：「公、民營廢棄物清除、處理機構經營廢棄物之貯存、清除或處理業務，應列明專業技術人員與貯存清除、處理之工具、方法、設備及場所，向地方主管機關申請核發許可證」（以下簡稱舊廢棄物清理法第二十條前段規定）。前開舊廢棄物清理法第二十條

前段及第二十一條規定，對於公、民營廢棄物清除、處理機構經營者及專業技術人員之工作權固有所限制，並以列明專業技術人員作為限制公、民營廢棄物清除、處理機構經營該業務之要件，惟衡諸現代廢棄物有賴專業處理，以預防環境污染而危害國民健康及環境生態事件發生，否則一旦發生損害，其影響可能延續數代而難以回復，事後制裁已非達成防制環境污染立法目的之最有效手段，故其限制，洵屬正當。

舊廢棄物清理法第二十一條規定：「前條公、民營廢棄物清除、處理機構管理輔導辦法及專業技術人員之資格，由中央主管機關定之」。此一授權條款雖未就專業技術人員資格之授權內容與範圍為明確之規定，惟廢棄物清理法所以設置專業技術人員之目的，係因應公、民營廢棄物清除、處理機構經營廢棄物之貯存、清除或處理業務時之科技及專業需求，故依法律整體解釋，上開授權條款賦予主管機關之權限，除專業技術人員資格之認定外，尚包括主管機關對於專業技術人員如何適當執行其職務之監督等事項，以達成有效管理輔導公、民營廢棄物清除、處理機構之授權目的。

行政院環境保護署於八十六年十一月十九日依據舊廢棄物清理法第二十一條規定，訂定發布公民營廢棄物清除處理機構管理輔導辦法（以下簡稱舊管理輔導辦法，此辦法於九十一年十月九日發布廢止），其第十四條規定：「清除、處理技術員應取得主管機關核發之合格證書，始得從事廢棄物清除、處理業務（第一項）。清除、處理技術員從事清除、處理業務，應負責其所受僱之清除、處理機構之正常營運及解決廢棄物清除、處理技術問題，並應審查有關許可證申請書、定期監測報告、契約書、遞送聯單及營運紀錄，確定內容無訛後，簽名蓋章（第二項）」。再者，專業技術人員之設置，為公、民營廢棄物清除、處理機構申請核發許可證或申請展延許可證有效期間之要件（舊廢棄物清理法第二十條、八十七年八月五日修正發布公民營廢棄物清除處理機構管理輔導辦法第五條、第十二條，八十八年六月二十九日修正發布同辦法第七條參照）。是廢棄物清除、處理技術員受僱於清除、處理機構後，依上開舊管理輔導辦法第十四條第二項規定，應負責該機構之正常營運，解決廢棄物清除、處理技術問題，並審查相關文件，擔負該機構能否有效清除、處理廢棄物之重任，以預防環境污染而危害國民健康及環境生態事件發生。因此舊管理輔導辦法第三十一條第一款規定，清除、處理技術員因其所受僱之清除、處理機構違法或不當營運，致污染環境或危害人體健康，情節重大者，主管機關應撤銷其合格證書，係指廢棄物清除、處理機構有導致重大污染環境或危害人體健康之違法或不當營運情形，而在清除、處理技術員執行職務之範圍內者，主管機關應撤銷清除、處理技術員合格證書而言，並未逾越前開廢棄物清理法

第二十一條授權主管機關對於專業技術人員如何適當執行其職務之監督範圍。又其旨在促使清除、處理廢棄物之專業技術人員，除應具備專業技術外，並應確實執行其職務，乃為達成前開廢棄物清理法第二十一條管理公、民營廢棄物清除、處理機構之授權目的，以實現清除、處理廢棄物，改善環境衛生，維護國民健康之廢棄物清理法立法目的之有效手段。且以清除、處理技術員所受僱之清除、處理機構所造成污染環境或危害人體健康，情節重大之違法或不當營運，作為撤銷其合格證書之要件，衡酌此等行為對於環境衛生、國民健康危害甚鉅，並考量法益受侵害之程度及態樣，而以撤銷不適任之清除、處理技術員合格證書作為手段，核與規範目的之達成具有正當合理之關聯，不生違背不當聯結禁止原則之問題，並未逾越必要之範圍，符合憲法第二十三條之規定，與憲法第十五條保障工作權之意旨，尚無違背。

釋字第六一三號解釋　　（憲一一、五三、五六，憲增修三，訴願八〇，行序一一七、一二八，公懲四，大法官審案五，國家通訊傳播委員會組織法四、一六）

九十五年七月二十一日公布

行政院為國家最高行政機關，憲法第五十三條定有明文，基於行政一體，須為包括國家通訊傳播委員會（以下簡稱通傳會）在內之所有行政院所屬機關之整體施政表現負責，並因通傳會施政之良窳，與通傳會委員之人選有密切關係，因而應擁有對通傳會委員之人事決定權。基於權力分立原則，行使立法權之立法院對行政院有關通傳會委員之人事決定權固非不能施以一定限制，以為制衡，惟制衡仍有其界限，除不能牴觸憲法明白規定外，亦不能將人事決定權予以實質剝奪或逕行取而代之。國家通訊傳播委員會組織法（以下簡稱通傳會組織法）第四條第二項通傳會委員「由各政黨（團）接受各界舉薦，並依其在立法院所占席次比例共推薦十五名、行政院院長推薦三名，交由提名審查委員會（以下簡稱審查會）審查。各政黨（團）應於本法施行日起十五日內完成推薦」之規定、同條第三項「審查會應於本法施行日起十日內，由各政黨（團）依其在立法院所占席次比例推薦十一名學者、專家組成。審查會應於接受推薦名單後，二十日內完成審查，本項審查應以聽證會程序公開為之，並以記名投票表決。審查會先以審查會委員總額五分之三以上為可否之同意，如同意者未達十三名時，其缺額隨即以審查會委員總額二分之一以上為可否之同意」及同條第四項「前二項之推薦，各政黨（團）未於期限內完成者，視為放棄」關於委員選任程序部分之規定，及同條第六項「委員任滿三個月前，應依第二項、第三項程序提名新任委員；委員出缺過半時，

其缺額依第二項、第三項程序辦理，繼任委員任期至原任期屆滿為止」關於委員任滿提名及出缺提名之規定，實質上幾近完全剝奪行政院之人事決定權，逾越立法機關對行政院人事決定權制衡之界限，違反責任政治暨權力分立原則。又上開規定等將剝奪自行政院之人事決定權，實質上移轉由立法院各政黨（團）與由各政黨（團）依其在立法院所占席次比例推薦組成之審查會共同行使，影響人民對通傳會應超越政治之公正性信賴，違背通傳會設計為獨立機關之建制目的，與憲法所保障通訊傳播自由之意旨亦有不符。是上開規定應自本解釋公布之日起，至遲於中華民國九十七年十二月三十一日失其效力。失去效力之前，通傳會所作成之行為，並不因前開規定經本院宣告違憲而影響其適法性，人員與業務之移撥，亦不受影響。

通傳會組織法第四條第三項後段規定通傳會委員由行政院院長任命之部分，及同條第五項「本會應於任命後三日內自行集會成立，並互選正、副主任委員，行政院院長應於選出後七日內任命。主任委員、副主任委員應分屬不同政黨（團）推薦人選；行政院院長推薦之委員視同執政黨推薦人選」等規定，於憲法第五十六條並無牴觸。

通傳會組織法第十六條第一項規定：「自通訊傳播基本法施行之日起至本會成立之日前，通訊傳播相關法規之原主管機關就下列各款所做之決定，權利受損之法人團體、個人，於本會成立起三個月內，得向本會提起覆審。但已提起行政救濟程序者，不在此限：一、通訊傳播監理政策。二、通訊傳播事業營運之監督管理、證照核發、換發及廣播、電視事業之停播、證照核發、換發或證照吊銷處分。三、廣播電視事業組織及其負責人與經理人資格之審定。四、通訊傳播系統及設備之審驗。五、廣播電視事業設立之許可與許可之廢止、電波發射功率之變更、停播或吊銷執照之處分、股權之轉讓、名稱或負責人變更之許可。」係立法者基於法律制度變革等政策考量，而就特定事項為特殊之救濟制度設計，尚難謂已逾越憲法所容許之範圍。而通傳會於受理覆審申請，應否撤銷違法之原處分，其具體標準通傳會組織法並未規定，仍應受行政程序法第一百十七條但書之規範。同條第二項規定：「覆審決定，應回復原狀時，政府應即回復原狀；如不能回復原狀者，應予補償。」則屬立法者配合上開特殊救濟制度設計，衡酌法安定性之維護與信賴利益之保護所為之配套設計，亦尚未逾越憲法所容許之範圍。又本件聲請人聲請於本案解釋作成前為暫時處分部分，因本案業經作成解釋，已無審酌之必要。

解釋理由書

一、本件聲請人行政院行使職權，適用通傳會組織法第四條有關通傳會之組織及委員

產生方式部分暨第十六條，發生有牴觸憲法之疑義；又因行使職權，適用憲法第五十三條及第五十六條規定，發生適用憲法之疑義；復就立法院是否有權立法，就行政院所屬行政機關之人事決定權，實質剝奪行政院院長之提名權等，與立法院行使職權發生適用憲法之爭議，聲請解釋憲法，核與司法院大法官審理案件法第五條第一項第一款規定相符，應予受理，合先敘明。

二、行政旨在執行法律，處理公共事務，形成社會生活，追求全民福祉，進而實現國家目的，雖因任務繁雜、多元，而須分設不同部門，使依不同專業配置不同任務，分別執行，惟設官分職目的絕不在各自為政，而是著眼於分工合作，蓋行政必須有整體之考量，無論如何分工，最終仍須歸屬最高行政首長統籌指揮監督，方能促進合作，提昇效能，並使具有一體性之國家有效運作，此即所謂行政一體原則。憲法第五十三條明定行政院為國家最高行政機關，其目的在於維護行政一體，使所有國家之行政事務，除憲法別有規定外，均納入以行政院為金字塔頂端之層級式行政體制掌理，經由層級節制，最終並均歸由位階最高之行政院之指揮監督。民主政治以責任政治為重要內涵，現代法治國家組織政府，推行政務，應直接或間接對人民負責。根據憲法增修條文第三條第二項規定，行政院應對立法院負責，此乃我國憲法基於責任政治原理所為之制度性設計。是憲法第五十三條所揭示之行政一體，其意旨亦在使所有行政院掌理之行政事務，因接受行政院院長之指揮監督，而得經由行政院對立法院負責之途徑，落實對人民負責之憲法要求。

據此，立法院如經由立法設置獨立機關，將原行政院所掌理特定領域之行政事務從層級式行政體制獨立而出，劃歸獨立機關行使，使其得依據法律獨立行使職權，自主運作，對行政一體及責任政治即不免有所減損。惟承認獨立機關之存在，其主要目的僅在法律規定範圍內，排除上級機關在層級式行政體制下所為對具體個案決定之指揮與監督，使獨立機關有更多不受政治干擾，依專業自主決定之空間。於我國以行政院作為國家最高行政機關之憲法架構下，賦予獨立機關獨立性與自主性之同時，仍應保留行政院院長對獨立機關重要人事一定之決定權限，俾行政院院長得藉由對獨立機關重要人員行使獨立機關職權之付託，就包括獨立機關在內之所有所屬行政機關之整體施政表現負責，以落實行政一體及責任政治。行政院院長更迭時，獨立機關委員若因享有任期保障，而毋庸與行政院院長同進退，雖行政院院長因此無從重新任命獨立機關之委員，亦與責任政治無違，且根據公務員懲戒法第四條第二項規定，行政院院長於獨立機關委員有違法、失職情事，而情節重大，仍得依職權先行停止其職務，因行政

院院長仍得行使此一最低限度人事監督權，是尚能維繫向立法院負責之關係。然獨立機關之存在對行政一體及責任政治既然有所減損，其設置應屬例外。唯有設置獨立機關之目的確係在追求憲法上公共利益，所職司任務之特殊性，確有正當理由足以證立設置獨立機關之必要性，重要事項以聽證程序決定，任務執行績效亦能透明、公開，以方便公眾監督，加上立法院原就有權經由立法與預算審議監督獨立機關之運作，綜合各項因素整體以觀，如仍得判斷一定程度之民主正當性基礎尚能維持不墜，足以彌補行政一體及責任政治之缺損者，始不致於違憲。

三、憲法第十一條所保障之言論自由，其內容包括通訊傳播自由，亦即經營或使用廣播、電視與其他通訊傳播網路等設施，以取得資訊及發表言論之自由。通訊傳播媒體是形成公共意見之媒介與平台，在自由民主憲政國家，具有監督包括總統、行政、立法、司法、考試與監察等所有行使公權力之國家機關，以及監督以贏取執政權、影響國家政策為目的之政黨之公共功能。鑑於媒體此項功能，憲法所保障之通訊傳播自由之意義，即非僅止於消極防止國家公權力之侵害，尚進一步積極課予立法者立法義務，經由各種組織、程序與實體規範之設計，以防止資訊壟斷，確保社會多元意見得經由通訊傳播媒體之平台表達與散布，形成公共討論之自由領域。是立法者如將職司通訊傳播監理之通傳會設計為依法獨立行使職權之獨立機關，使其從層級式行政指揮監督體系獨立而出，得以擁有更多依專業自主決定之空間，因有助於摒除上級機關與政黨可能之政治或不當干預，以確保社會多元意見之表達、散布與公共監督目的之達成，自尚可認定與憲法所保障通訊傳播自由之意旨相符。

四、按作為國家最高行政機關之行政院固因基於行政一體，必須為包括通傳會在內之所有行政院所屬機關之整體施政表現負責，並因通傳會施政之良窳，與通傳會委員之人選有密切關係，而擁有對通傳會委員之具體人事決定權，然為避免行政院恣意行使其中之人事任免權，致損及通傳會之獨立性，行使立法權之立法院對行政院有關通傳會委員之人事決定權仍非不能施以一定限制，以為制衡。蓋作為憲法基本原則之一之權力分立原則，其意義不僅在於權力之區分，將所有國家事務分配由組織、制度與功能等各方面均較適當之國家機關擔當履行，以使國家決定更能有效達到正確之境地，要亦在於權力之制衡，即權力之相互牽制與抑制，以避免權力因無限制之濫用，而致侵害人民自由權利。惟權力之相互制衡仍有其界限，除不能牴觸憲法明文規定外，亦不能侵犯各該憲法機關之權力核心領域，或對其他憲法機關權力之行使造成實質妨礙（本院釋字第五八五號解釋參照）或導致責任政治遭受破壞（本院釋字第三九一號解

釋參照），例如剝奪其他憲法機關為履行憲法賦予之任務所必要之基礎人事與預算；或剝奪憲法所賦予其他國家機關之核心任務；或逕行取而代之，而使機關彼此間權力關係失衡等等情形是。

立法權對行政權所擁有關於獨立機關之人事決定權之制衡，一般表現在對用人資格之限制，以確保獨立機關之專業性，暨表現在任期保障與法定去職原因等條件之設定上，以維護獨立機關之獨立性，俾其構成員得免於外部干擾，獨立行使職權。然鑑於通傳會所監督之通訊傳播媒體有形成公共意見，以監督政府及政黨之功能，通訊傳播自由對通傳會之超越政治考量與干擾因而有更強烈之要求，是立法權如欲進一步降低行政院對通傳會組成之政治影響，以提昇人民對通傳會公正執法之信賴，而規定通傳會委員同黨籍人數之上限，或增加通傳會委員交錯任期之規定，乃至由立法院或多元人民團體參與行政院對通傳會委員之人事決定等，只要該制衡設計確有助於降低、摒除政治力之影響，以提昇通傳會之獨立性，進而建立人民對通傳會能超然於政黨利益之考量與影響，公正執法之信賴，自亦為憲法所保障之通訊傳播自由所許。至於立法院或其他多元人民團體如何參與行政院對通傳會委員之人事決定，立法者雖有一定之自由形成空間，惟仍以不侵犯行政權之核心領域，或對行政院權力之行使造成實質妨礙為限。

惟依通傳會組織法第四條第二、三項規定，通傳會委員竟由各政黨（團）依其在立法院所占席次比例共推薦十五名，行政院院長推薦三名，交由各政黨（團）依其在立法院所占席次比例推薦十一名學者、專家組成之審查會以五分之三與二分之一兩輪多數決審查，審查完成後，行政院院長應於七日內依審查會通過同意之名單提名，並送立法院同意後即任命之。由於行政院長僅能推薦十八位通傳會委員候選人中之三位，審查階段對人事則完全無置喙餘地，並且受各政黨（團）依政黨比例推薦組成之審查會審查通過之名單所拘束，有義務予以提名，送請立法院同意，對經立法院同意之人選並有義務任命為通傳會委員，足見行政院所擁有者事實上僅剩名義上之提名與任命權，以及在整體選任程序中實質意義極其有限之六分之一通傳會委員候選人之推薦權，其人事決定權實質上可謂業已幾近完全遭到剝奪。又行政掌法律之執行，執行則賴人事，無人即無行政，是行政權依法就具體之人事，不分一般事務官或政治任命之政務人員，擁有決定權，要屬當然，且是民主法治國家行政權發揮功能所不可或缺之前提要件。據此，上開規定將國家最高行政機關之行政院就通傳會委員之具體人事決定權實質上幾近完全剝奪，除為憲法上責任政治原則所不許，並因導致行政、立法兩權關

係明顯失衡，而牴觸權力分立原則。

五、至於各政黨（團）依其在立法院所占席次比例推薦通傳會委員候選人，與依其在立法院所占席次比例推薦學者、專家組成審查會審查通傳會委員候選人之規定，是否違憲，端視該參與之規定是否將行政院之人事決定權予以實質剝奪而定。茲上開規定只將剝奪自行政院之人事決定權，實質上移轉由立法院各政黨（團）與由各政黨（團）依政黨比例推薦組成之審查會共同行使，明顯已逾越參與之界限，而與限制行政人事決定權之制衡功能有所扞格。況上開規定之目的既係本於通訊傳播自由之意旨，降低政治力對通傳會職權行使之影響，進而建立人民對通傳會得以公正執法之信賴，則其所採手段是否與上開目的相符，即不無疑義。按立法者如何降低政治力對通傳會之影響，進而建立人民對通傳會得以公正執法之信賴，固有立法自由形成空間，惟其建制理應朝愈少政黨干預，愈有利於建立人民對其公正性之信賴之方向設計。然上開規定卻反其道而行，邀來政黨之積極介入，賦予其依席次比例推薦及導致實質提名通傳會委員之特殊地位，影響人民對通傳會超越政治之公正性信賴。是上開規定違背通傳會設計為獨立機關之建制目的，亦與憲法所保障通訊傳播自由之意旨不符。

六、系爭通傳會組織法第四條第三項規定通傳會委員由行政院院長任命，以及同條第五項規定通傳會正、副主任委員由通傳會委員互選，並由行政院院長任命，涉及違反憲法第五十六條之疑義部分。按通傳會根據其組織編制，其層級固相當於部會等二級機關，惟通傳會既屬獨立機關性質，依法獨立行使職權，其委員之任期亦有法律規定，毋須與行政院院長同進退，為強調專業性，委員並有資格限制，凡此均與層級指揮監督體系下之行政院所屬一般部會難以相提並論，故即使規定通傳會委員由行政院院長任命，正、副主任委員則由委員互選，再由行政院院長任命，雖與憲法第五十六條有關行政院各部會首長由行政院院長提請總統任命之規定有間，尚難逕執憲法第五十六條規定指摘之，蓋第五十六條之規範範圍並不及於獨立機關。且只要行政院對於通傳會委員之人事決定權未遭實質剝奪，即使正、副主任委員係由委員互選，亦不致有違反權力分立與責任政治之虞。又通傳會為獨立機關，性質既有別於一般部會，則憲法第五十六條關於行政院副院長、各部會首長及不管部會之政務委員，由行政院院長提請總統任命之規定，自不因允許立法院或其他多元人民團體參與通傳會委員之選任而受影響，自不待言。

七、通傳會組織法第十六條第一項規定：「自通訊傳播基本法施行之日起至本會成立之

日前，通訊傳播相關法規之原主管機關就下列各款所做之決定，權利受損之法人團體、個人，於本會成立起三個月內，得向本會提起覆審。但已提起行政救濟程序者，不在此限：一、通訊傳播監理政策。二、通訊傳播事業營運之監督管理、證照核發、換發及廣播、電視事業之停播、證照核發、換發或證照吊銷處分。三、廣播電視事業組織及其負責人與經理人資格之審定。四、通訊傳播系統及設備之審驗。五、廣播電視事業設立之許可與許可之廢止、電波發射功率之變更、停播或吊銷執照之處分、股權之轉讓、名稱或負責人變更之許可。」賦予受特定不利處分而未提起行政救濟程序者，得於通傳會成立起三個月內，向通傳會提起覆審。其係賦予已逾提起訴願期間之受特定不利處分者，仍有得提起訴願之權利，而屬一種特別救濟規定，雖對法安定性之維護有所不周，惟其尚未逾越憲法所可容許之範疇。蓋憲法第十六條保障人民有訴願之權，其具體內容與能否獲得適當之保障，均有賴立法者之積極形成與建制，立法者對訴願制度因此享有廣泛之形成自由。除立法者未積極建制人民行使訴願權之必備要件，或未提供人民最低程度之正當程序保障外，本院對於立法者之形成自由宜予最大之尊重。按行政處分相對人未提起行政救濟，或提起訴願時，已逾法定期間，原處分機關或其上級機關本得衡酌公、私益等相關因素，依職權撤銷原處分；行政處分相對人亦非不得向行政機關申請撤銷、廢止或變更原處分，訴願法第八十條及行政程序法第一百十七條、第一百二十八條即係本此意旨所為之相關規定。依行政程序法第一百二十八條之規定，行政處分之相對人必須符合下列條件，始得向行政機關申請撤銷、廢止或變更原處分：一、須(1)具有持續效力之行政處分所依據之事實事後發生有利於相對人或利害關係人之變更者；或(2)發生新事實或發現新證據者，但以如經斟酌可受較有利益之處分者為限；或(3)其他具有相當於行政訴訟法所定再審事由且足以影響行政處分者等三種情形之一。二、必須非因重大過失而未能在行政程序或救濟程序主張上列事由（同條第一項規定參照）。三、該項申請必須自法定救濟期間經過後三個月內提出；如其事由發生在後或知悉在後者，則自發生或知悉時起算，但自法定救濟期間經過後已逾五年者，不得申請（同條第二項規定參照）。上開通傳會組織法第十六條第一項規定，與之相較並未設有類似之條件限制，而一律允許受特定不利處分且未提起行政救濟之人民，得於一定期間內向通傳會請求就同一事件重新作成決定；雖較其他受不利行政處分之一般人民享有較多之行政救濟機會，惟因係立法者基於法律制度變革等政策考量，而就特定事項為特殊之救濟制度設計，尚難謂已逾越憲法所容許之範圍。而通傳會於受理覆審申請，要否撤銷原處分，其具體標準通傳會組織法並未規定，仍應受行

政程序法第一百十七條但書之規範。至通傳會組織法第十六條第二項規定:「覆審決定,應回復原狀時,政府應即回復原狀;如不能回復原狀者,應予補償。」屬立法者配合上開特殊救濟制度設計,衡酌法安定性之維護與信賴利益之保護所為之配套設計,亦尚未逾越憲法所容許之範圍。

八、綜上所述,通傳會組織法第四條第二項規定關於各政黨(團)依其在立法院席次比例推薦通傳會委員並交由提名審查會審查之部分,第三項及第四項規定關於審查會由各政黨(團)依其在立法院席次比例推薦學者專家組成與其審查通傳會委員候選人之程序,以及行政院院長應依審查會通過同意之名單提名,並送立法院同意之部分,及第六項關於委員任滿或出缺應依上開第二、三項程序提名及補選之規定,實質剝奪行政院院長對通傳會委員之人事決定權,牴觸憲法所規定之責任政治與權力分立原則,惟鑑於修法尚須經歷一定時程,且該規定倘即時失效,勢必導致通傳會職權之行使陷於停頓,未必有利於憲法保障人民通訊傳播自由之行使,自須予以相當之期間俾資肆應。系爭通傳會組織法第四條第二、三、四、六項規定有關通傳會委員選任之部分,至遲應於九十七年十二月三十一日失其效力。失去效力之前,通傳會所作成之行為,並不因前開規定經本院宣告違憲而影響其適法性,人員與業務之移撥,亦不受影響。至通傳會組織法第四條第三、五項有關通傳會委員由行政院院長任命,正、副主任委員由委員互選,並由行政院院長任命之規定,並不違反憲法第五十六條規定。通傳會組織法第十六條係立法者所設之特別救濟規定,不受行政程序法第一百二十八條之限制,通傳會就申請覆審案件,亦僅能就原處分是否適法審查之,從而與憲法保障人民權利之意旨,尚無不符。

九、本件聲請人聲請於本案解釋作成前為暫時處分部分,因本案業經作成解釋,已無審酌之必要,併此指明。

釋字第六一四號解釋　　(憲七、一八、二三,公退一七,公退施一二)

九十五年七月二十八日公布

憲法上之法律保留原則乃現代法治國原則之具體表現,不僅規範國家與人民之關係,亦涉及行政、立法兩權之權限分配。給付行政措施如未限制人民之自由權利,固尚難謂與憲法第二十三條規定之限制人民基本權利之法律保留原則有違,惟如涉及公共利益或實現人民基本權利之保障等重大事項者,原則上仍應有法律或法律明確之授權為依據,主管機關始得據以訂定法規命令(本院釋字第四四三號解釋理由書參照)。公務

人員曾任公營事業人員者，其服務於公營事業之期間，得否併入公務人員年資，以為退休金計算之基礎，憲法雖未規定，立法機關仍非不得本諸憲法照顧公務人員生活之意旨，以法律定之。在此類法律制定施行前，主管機關依法律授權訂定之法規命令，或逕行訂定相關規定為合理之規範以供遵循者，因其內容非限制人民之自由權利，尚難謂與憲法第二十三條規定之法律保留原則有違。惟曾任公營事業人員轉任公務人員時，其退休相關權益乃涉及公共利益之重大事項，仍應以法律或法律明確授權之命令定之為宜，併此指明。

主管機關依法律授權所訂定之法規命令，其屬給付性質者，亦應受相關憲法原則，尤其是平等原則之拘束（本院釋字第五四二號解釋參照）。考試院依據公務人員退休法第十七條授權訂定之施行細則，於中華民國八十七年十一月十三日修正發布該施行細則第十二條第三項，就公營事業之人員轉任為適用公務人員退休法之公務人員後，如何併計其於公營事業任職期間年資之規定，與同條第二項就政務人員、公立學校教育人員或軍職人員轉任時，如何併計年資之規定不同，乃主管機關考量公營事業人員與適用公務人員退休法之公務人員及政務人員、公立學校教育人員、軍職人員之薪給結構、退撫基金之繳納基礎、給付標準等整體退休制度之設計均有所不同，所為之合理差別規定，尚難認係恣意或不合理，與憲法第七條平等原則亦無違背。

解釋理由書

憲法上之法律保留原則乃現代法治國原則之具體表現，不僅規範國家與人民之關係，亦涉及行政、立法兩權之權限分配。給付行政措施如未限制人民之自由權利，固尚難謂與憲法第二十三條規定之限制基本權利之法律保留原則有違，惟如涉及公共利益或實現人民基本權利之保障等重大事項者，原則上仍應有法律或法律明確之授權為依據，主管機關始得據以訂定法規命令。

憲法第十八條規定人民有服公職之權利，旨在保障人民有依法令從事公務，暨由此衍生享有之身分保障、俸給與退休金請求等權利。國家則對公務人員有給予俸給、退休金等維持其生活之義務。公務人員曾任公營事業人員者，其服務於公營事業之期間，得否併入公務人員年資，以為退休金計算之基礎，憲法雖未規定，立法機關仍非不得本諸憲法照顧公務人員生活之意旨，以法律定之。惟關於給付行政措施，其受法律規範之密度，自較限制人民權益者寬鬆（本院釋字第四四三號解釋理由書參照），在此類法律制定施行前，曾任公營事業人員無從辦理併計年資，主管機關自得發布相關規定為必要合理之規範，以供遵循。主管機關針對曾任公營事業之人員，於轉任公務人員

時，其原服務年資如何併計，依法律授權訂定法規命令，或逕行訂定相關規定為合理之規範以供遵循者，因其內容非限制人民之自由權利，尚難謂與憲法第二十三條規定之法律保留原則有違（本院釋字第五七五號解釋參照）。惟曾任公營事業人員轉任公務人員時，其退休相關權益乃涉及公共利益之重大事項，依現代法治國家行政、立法兩權之權限分配原則，仍應以法律或法律明確授權之命令定之為宜，併此指明。

主管機關依法律授權所訂定之法規命令，其屬給付性質者，亦應受相關憲法原則，尤其是平等原則之拘束。憲法第七條規定，中華民國人民在法律上一律平等，其內涵並非指絕對、機械之形式上平等，而係保障人民在法律上地位之實質平等；立法機關基於憲法之價值體系及立法目的，自得斟酌規範事物性質之差異而為合理之差別對待。現行法律對公務員之界定，因各該法律之立法目的而有所不同，主管機關因應各類公務員職務性質之差異性，就不同制度人員間設計不同之任用、敘薪、考績（成）、考核及退休等規定，於相互轉任時，其年資之計算原無從直接予以併計，基於人事制度之公平性，故有年資併計換算規定之設計。原任公營事業勞工保險局之人員，其退休制度係適用財政部所屬國營金融保險事業人員退休撫卹及資遣辦法相關規定，而非適用公務人員退休法之規定，本係基於不同政府機關間退休撫卹制度、基金繳納基礎及領取給付計算之不同所為相異之設計，考試院依據公務人員退休法第十七條之授權訂定施行細則，於八十七年十一月十三日修正發布該細則第十二條第三項規定：「公務人員在本法修正施行後，曾任依規定得予併計之其他公職或公營事業人員之年資，應於轉任公務人員時，由服務機關轉送基金管理機關按其任職年資、等級對照公務人員繳費標準換算複利終值之總和，通知服務機關轉知公務人員一次繳入退撫基金帳戶，始得併計其任職年資」，係就公營事業之人員轉任為適用公務人員退休法之公務人員後，如何併計其於公營事業任職期間年資之規定，其未如同施行細則第十二條第二項規定：「公務人員在本法修正施行後，曾任政務人員、公立學校教育人員或軍職人員之年資，應於轉任公務人員時，將其原繳未曾領取之基金費用之本息移撥退撫基金帳戶，始得併計其任職年資」，使曾任公營事業人員亦同於政務人員、公立學校教育人員或軍職人員，於轉任時得以將原繳未曾領取之基金費用之本息逕行移撥至轉任後之公務人員退撫基金帳戶，並據以採計年資，乃主管機關考量政務人員、公立學校教育人員或軍職人員之退休撫卹制度之設計規畫與適用公務人員退休法之公務人員一致，於制度基礎相同之前提下，允許將其直接移撥至公務人員退撫基金帳戶，並據以採計年資；至公營事業人員，因薪資結構採行單一薪給制，且按照平均薪資或現職待遇特定比例計算

退休給與，該類人員與適用公務人員退休制度者，二者之退撫基金之提撥基礎、提撥比率、給付標準與基金之運用管理等整體之制度設計及考量重點均不盡相同，故上開施行細則第十二條第三項，使曾任其他公職或公營事業之人員，於轉任公務人員時，得選擇自行負擔轉任前之公提儲金部分以併計轉任前後之年資，或不予併計，而非當然採計或一律不予採計之規定，係合理考量制度間之差異及謀求人事制度間之平衡，針對年資併計換算規定所為之相異設計，雖與政務人員、公立學校教育人員或軍職人員有別，尚難認係恣意或不合理，與憲法第七條平等原則，亦無違背。

釋字第六一五號解釋　（憲一九，所得稅一七，所得稅施二五，大法官審案五，公職選罷四五之四，總統選罷三八）　　　　　九十五年七月二十八日公布

所得稅法施行細則第二十五條第二項規定，納稅義務人選定適用標準扣除額者，於其結算申報案件經稽徵機關核定應納稅額之後，不得要求變更適用列舉扣除額，並未逾越九十年一月三日修正公布之所得稅法第十七條第一項第二款之規範目的；財政部八十一年二月十一日臺財稅字第八〇一七九九九七三號及八十七年三月十九日臺財稅字第八七一九三四六〇六號函釋，係就上開規定之適用原則，依法定職權而為闡釋，並未增加該等規定所無之限制，均與憲法第十九條租稅法律原則無違。

解釋理由書

本件聲請人就臺北高等行政法院九十二年度簡字第七三三號判決及最高行政法院九十四年度裁字第〇一三六五號裁定所適用之所得稅法施行細則第二十五條（第二項）規定及財政部八十一年二月十一日臺財稅字第八〇一七九九九七三號、八十七年三月十九日臺財稅字第八七一九三四六〇六號函釋，聲請解釋憲法。查上開最高行政法院裁定係以聲請人對上開臺北高等行政法院適用簡易程序之判決提起上訴，不符合訴訟事件所涉及之法律見解具有原則性之要件，不予許可，並未適用上開法規及函釋，而以上訴不合法從程序上予以駁回。因聲請人已依法定程序盡其審級救濟，且非對裁判適用法律所表示之見解，而係對上開法令是否違憲聲請解釋，故應以上開臺北高等行政法院判決為確定終局判決，就其所適用之上開法規及函釋予以解釋，合先敘明。

憲法第十九條規定，人民有依法律納稅之義務，係指國家課人民以繳納稅捐之義務或給予人民減免稅捐之優惠時，應就租稅主體、租稅客體、稅基、稅率等租稅構成要件，以法律明定之。

九十年一月三日修正公布之所得稅法第十七條第一項第二款規定，納稅義務人於結算

申報綜合所得稅，就個人綜合所得總額減除扣除額以計算所得淨額時，得就標準扣除額或列舉扣除額擇一申報減除。查扣除額申報減除方式之選擇，乃立法者基於租稅正確與稽徵便宜之目的，准許納稅義務人參與稅負稽徵程序，而可以選擇租稅負擔較小或申報較方便之減除方式，供稽徵機關為應納稅額之核定。惟為避免納稅義務人申報減除方式之選擇，導致租稅法律關係不確定，而不能實現上述規範之目的，有為合理限制之必要。財政部依所得稅法第一百二十一條授權訂定該法施行細則，於七十三年八月十六日修正發布該細則第二十五條第二項規定：「經納稅義務人選定適用標準扣除額，或依前項規定視為已選定適用標準扣除額者，於其結算申報案件經稽徵機關核定後，不得要求變更適用列舉扣除額。」乃以稽徵機關是否完成應納稅額之核定，作為納稅義務人上開選擇之期限規定，係為有效維護租稅安定之合理手段，已調和稽徵正確、稽徵程序經濟效能暨租稅安定之原則，要無逾越上開所得稅法第十七條第一項第二款之規範目的，與憲法第十九條租稅法律原則並無違背。

主管機關本於法定職權於適用相關租稅法律規定所為釋示，如無違於一般法律解釋方法，於符合立法意旨之限度內，即無違反憲法第十九條規定之租稅法律原則。財政部八十一年二月十一日臺財稅字第八〇一七九九七三號函：「……本件納稅義務人××七十七年度綜合所得稅結算申報案既已選定適用標準扣除額，並經稽徵機關核定，雖核定內容有誤申請更正，依首開規定亦不得要求變更適用列舉扣除額。」八十七年三月十九日臺財稅字第八七一九三四六〇六號函：「綜合所得稅納稅義務人未依限辦理結算申報，但在稽徵機關核定應納稅額前補辦申報者，可適用公職人員選舉罷免法第四十五條之四及總統副總統選舉罷免法第三十八條規定，列報候選人競選經費列舉扣除額、個人對候選人與依法設立政黨捐贈列舉扣除額；如納稅義務人已依限辦理結算申報，經選定填明適用標準扣除額或經稽徵機關視為已選定適用標準扣除額，其結算申報案件經稽徵機關核定前申請補報者亦同；惟經稽徵機關核定之案件，則不適用上述申請補報列舉扣除額之規定。」係主管機關基於法定職權，闡釋上開所得稅法第十七條第一項第二款及所得稅法施行細則第二十五條第二項之適用原則，既經稅捐稽徵機關核定應納稅額之後，即不得變更之前已選定之扣除額申報方式，並未增加所得稅法及其施行細則所無之限制，自與憲法第十九條租稅法律原則無違。

至於聲請人另聲請將首開最高行政法院裁定及臺北高等行政法院判決宣告違憲，並均予撤銷一節，因依現行法制，法院裁判本身尚不得為違憲審查之客體，本院亦不得予以撤銷，是此部分聲請，核與司法院大法官審理案件法第五條第一項第二款規定不合，

依同條第三項規定，應不予受理。

釋字第六一六號解釋　（憲一五、二三，所得稅七一、七二、七九、一〇八
(78.12.30)，所得稅一〇二之二、一〇二之三、一〇八之一 (86.12.30)）

九十五年九月十五日公布

中華民國七十八年十二月三十日修正公布之所得稅法第一百零八條第一項規定：「納稅
義務人違反第七十一條及第七十二條規定，未依限辦理結算申報，但已依第七十九條
第一項規定補辦結算申報，經稽徵機關據以調查核定其所得額及應納稅額者，應按核
定應納稅額另徵百分之十滯報金。滯報金之金額，不得少於一千五百元。」八十六年十
二月三十日增訂公布之同法第一百零八條之一第一項規定：「營利事業違反第一百零二
條之二規定，未依限辦理未分配盈餘申報，但已依第一百零二條之三第二項規定補辦
申報，經稽徵機關據以調查核定其未分配盈餘及應加徵之稅額者，應按核定應加徵之
稅額另徵百分之十滯報金。滯報金之金額，不得少於一千五百元。」乃對納稅義務人未
於法定期限內履行申報義務之制裁，其違規情節有區分輕重程度之可能與必要者，自
應根據違反義務本身情節之輕重程度為之。上開規定在納稅義務人已繳納其應納稅款
之情形下，行為罰仍依應納稅額固定之比例加徵滯報金，又無合理最高額之限制，顯
已逾越處罰之必要程度而違反憲法第二十三條之比例原則，與憲法第十五條保障人民
財產權之意旨有違，應自本解釋公布之日起，至遲於屆滿一年時，失其效力。

　　解釋理由書

違反稅法之處罰，有因納稅義務人逃漏稅捐而予處罰之漏稅罰，有因納稅義務人違反
稅法上之作為或不作為義務而予處罰之行為罰，業經本院釋字第三五六號解釋闡明在
案。七十八年十二月三十日修正公布之所得稅法第一百零八條第一項規定：「納稅義務
人違反第七十一條及第七十二條規定，未依限辦理結算申報，但已依第七十九條第一
項規定補辦結算申報，經稽徵機關據以調查核定其所得額及應納稅額者，應按核定應
納稅額另徵百分之十滯報金。滯報金之金額，不得少於一千五百元。」八十六年十二月
三十日增訂公布之同法第一百零八條之一第一項規定：「營利事業違反第一百零二條之
二規定，未依限辦理未分配盈餘申報，但已依第一百零二條之三第二項規定補辦申報，
經稽徵機關據以調查核定其未分配盈餘及應加徵之稅額者，應按核定應加徵之稅額另
徵百分之十滯報金。滯報金之金額，不得少於一千五百元。」乃對納稅義務人未於法定
期限申報所得稅及營利事業未分配盈餘之制裁規定，旨在促使納稅義務人履行其依法

申報之義務，俾能確實掌握稅源資料，建立合理之查核制度。加徵滯報金係對納稅義務人違反作為義務所為之制裁，乃罰鍰之一種，係對人民財產權之限制，具行為罰性質，其違規情節有區分輕重程度之可能與必要者，自應根據違反義務本身情節之輕重程度為之。上開所得稅法第一百零八條第一項及第一百零八條之一第一項之規定，在納稅義務人已繳納其應納稅款之情形下，行為罰仍依應納稅額固定之比例加徵滯報金，又無合理最高額之限制，顯已逾越處罰之必要程度而違反憲法第二十三條之比例原則，與憲法第十五條保障人民財產權之意旨有違，應自本解釋公布之日起，至遲於屆滿一年時，失其效力。

釋字第六一七號解釋 （憲一一、二三，大法官審案五，刑二三五，性交易防制二七、二八） 九十五年十月二十六日公布

憲法第十一條保障人民之言論及出版自由，旨在確保意見之自由流通，使人民有取得充分資訊及實現自我之機會。性言論之表現與性資訊之流通，不問是否出於營利之目的，亦應受上開憲法對言論及出版自由之保障。惟憲法對言論及出版自由之保障並非絕對，應依其性質而有不同之保護範疇及限制之準則，國家於符合憲法第二十三條規定意旨之範圍內，得以法律明確規定對之予以適當之限制。

為維持男女生活中之性道德感情與社會風化，立法機關如制定法律加以規範，則釋憲者就立法者關於社會多數共通價值所為之判斷，原則上應予尊重。惟為貫徹憲法第十一條保障人民言論及出版自由之本旨，除為維護社會多數共通之性價值秩序所必要而得以法律加以限制者外，仍應對少數性文化族群依其性道德感情與對社會風化之認知而形諸為性言論表現或性資訊流通者，予以保障。

刑法第二百三十五條第一項規定所謂散布、播送、販賣、公然陳列猥褻之資訊或物品，或以他法供人觀覽、聽聞之行為，係指對含有暴力、性虐待或人獸性交等而無藝術性、醫學性或教育性價值之猥褻資訊或物品為傳布，或對其他客觀上足以刺激或滿足性慾，而令一般人感覺不堪呈現於眾或不能忍受而排拒之猥褻資訊或物品，未採取適當之安全隔絕措施而傳布，使一般人得以見聞之行為；同條第二項規定所謂意圖散布、播送、販賣而製造、持有猥褻資訊、物品之行為，亦僅指意圖傳布含有暴力、性虐待或人獸性交等而無藝術性、醫學性或教育性價值之猥褻資訊或物品而製造、持有之行為，或對其他客觀上足以刺激或滿足性慾，而令一般人感覺不堪呈現於眾或不能忍受而排拒之猥褻資訊或物品，意圖不採取適當安全隔絕措施之傳布，使一般人得以見聞而製造

或持有該等猥褻資訊、物品之情形，至對於製造、持有等原屬散布、播送及販賣等之預備行為，擬制為與散布、播送及販賣等傳布性資訊或物品之構成要件行為具有相同之不法程度，乃屬立法之形成自由；同條第三項規定針對猥褻之文字、圖畫、聲音或影像之附著物及物品，不問屬於犯人與否，一概沒收，亦僅限於違反前二項規定之猥褻資訊附著物及物品。依本解釋意旨，上開規定對性言論之表現與性資訊之流通，並未為過度之封鎖與歧視，對人民言論及出版自由之限制尚屬合理，與憲法第二十三條之比例原則要無不符，並未違背憲法第十一條保障人民言論及出版自由之本旨。

刑法第二百三十五條規定所稱猥褻之資訊、物品，其中「猥褻」雖屬評價性之不確定法律概念，然所謂猥褻，指客觀上足以刺激或滿足性慾，其內容可與性器官、性行為及性文化之描繪與論述聯結，且須以引起普通一般人羞恥或厭惡感而侵害性的道德感情，有礙於社會風化者為限（本院釋字第四〇七號解釋參照），其意義並非一般人難以理解，且為受規範者所得預見，並可經由司法審查加以確認，與法律明確性原則尚無違背。

解釋理由書

憲法第十一條保障人民之言論及出版自由，旨在確保意見之自由流通，使人民有取得充分資訊及實現自我之機會。性言論之表現與性資訊之流通，不問是否出於營利之目的，亦應受上開憲法對言論及出版自由之保障。惟憲法對言論及出版自由之保障並非絕對，應依其性質而有不同之保護範疇及限制之準則，國家於符合憲法第二十三條規定意旨之範圍內，得以法律明確規定對之予以適當之限制。

男女共營社會生活，其關於性言論、性資訊及性文化等之表現方式，有其歷史背景與文化差異，乃先於憲法與法律而存在，並逐漸形塑為社會多數人普遍認同之性觀念及行為模式，而客觀成為風化者。社會風化之概念，常隨社會發展、風俗變異而有所不同。然其本質上既為各個社會多數人普遍認同之性觀念及行為模式，自應由民意機關以多數判斷特定社會風化是否尚屬社會共通價值而為社會秩序之一部分，始具有充分之民主正當性。為維持男女生活中之性道德感情與社會風化，立法機關如制定法律加以規範，則釋憲者就立法者關於社會多數共通價值所為之判斷，原則上應予尊重。惟性言論與性資訊，因閱聽人不同之性認知而可能產生不同之效應，舉凡不同社群之不同文化認知、不同之生理及心理發展程度，對於不同種類及內容之性言論與性資訊，均可能產生不同之反應。故為貫徹憲法第十一條保障人民言論及出版自由之本旨，除為維護社會多數共通之性價值秩序所必要而得以法律或法律授權訂定之命令加以限制

者外，仍應對少數性文化族群依其性道德感情與對社會風化之認知而形諸為性言論表現或性資訊流通者，予以保障。

有關性之描述或出版品，屬於性言論或性資訊，如客觀上足以刺激或滿足性慾，並引起普通一般人羞恥或厭惡感而侵害性的道德感情，有礙於社會風化者，謂之猥褻之言論或出版品。猥褻之言論或出版品與藝術性、醫學性、教育性等之言論或出版品之區別，應就各該言論或出版品整體之特性及其目的而為觀察，並依當時之社會一般觀念定之，本院釋字第四○七號解釋足資參照。

刑法第二百三十五條規定：「散布、播送或販賣猥褻之文字、圖畫、聲音、影像或其他物品，或公然陳列，或以他法供人觀覽、聽聞者，處二年以下有期徒刑、拘役或科或併科三萬元以下罰金。」（第一項）「意圖散布、播送、販賣而製造、持有前項文字、圖畫、聲音、影像及其附著物或其他物品者，亦同。」（第二項）「前二項之文字、圖畫、聲音或影像之附著物及物品，不問屬於犯人與否，沒收之。」（第三項）是性資訊或物品之閱聽，在客觀上足以引起普通一般人羞恥或厭惡感而侵害性的道德感情，有礙於社會風化者，對於平等和諧之社會性價值秩序顯有危害。侵害此等社會共同價值秩序之行為，即違反憲法上所保障之社會秩序，立法者制定法律加以管制，其管制目的核屬正當（United States Code, Title 18, Part Ⅰ, Chapter 71, Section 1460、日本刑法第一七五條可資參照）。又因其破壞社會性價值秩序，有其倫理可非難性，故以刑罰宣示憲法維護平等和諧之性價值秩序，以實現憲法維持社會秩序之目的，其手段亦屬合理。另基於對少數性文化族群依其性道德感情與對性風化認知而形諸為性言論表現或性資訊流通者之保障，故以刑罰處罰之範圍，應以維護社會多數共通之性價值秩序所必要者為限。是前開規定第一項所謂散布、播送、販賣、公然陳列猥褻之資訊、物品，或以他法供人觀覽、聽聞行為，係指對含有暴力、性虐待或人獸性交等而無藝術性、醫學性或教育性價值之猥褻資訊、物品為傳布，或對其他足以刺激或滿足性慾，而令一般人感覺不堪呈現於眾或不能忍受而排拒之猥褻資訊、物品，未採取適當之安全隔絕措施（例如附加封套、警告標示或限於依法令特定之場所等）而為傳布，使一般人得以見聞之行為；同條第二項規定所謂意圖散布、播送、販賣而製造、持有猥褻資訊、物品之行為，亦僅指意圖傳布含有暴力、性虐待或人獸性交等而無藝術性、醫學性或教育性價值之猥褻資訊或物品而製造、持有之行為，或對其他客觀上足以刺激或滿足性慾，而令一般人感覺不堪呈現於眾或不能忍受而排拒之猥褻資訊、物品，意圖不採取適當安全隔絕措施之傳布，使一般人得以見聞，而製造或持有該等猥褻資訊、物品

之情形，至於對於製造與持有等原屬散布、播送及販賣等之預備行為，擬制為與散布、播送及販賣等傳布性資訊或物品之構成要件行為具有相同之不法程度，乃屬立法之形成自由；同條第三項規定針對猥褻之文字、圖畫、聲音或影像之附著物及物品，不問屬於犯人與否，一概沒收，亦僅限於違反前二項規定之猥褻資訊附著物及物品。依本解釋意旨，上開規定對性言論之表現與性資訊之自由流通，並未為過度之封鎖與歧視，對人民言論及出版自由之限制尚屬合理，與憲法第二十三條之比例原則要無不符，並未違背憲法第十一條保障人民言論及出版自由之本旨。至性言論之表現與性資訊之流通，是否有害社會多數人普遍認同之性觀念或性道德感情，常隨社會發展、風俗變異而有所不同。法官於審判時，應依本解釋意旨，衡酌具體案情，判斷個別案件是否已達猥褻而應予處罰之程度；又兒童及少年性交易防制條例第二十七條及第二十八條之規定，為刑法第二百三十五條之特別法，其適用不受本解釋之影響，均併予指明。

立法者為求規範之普遍適用而使用不確定法律概念者，觀諸立法目的與法規範體系整體關聯，若其意義非難以理解，且所涵攝之個案事實為一般受規範者所得預見，並可經由司法審查加以確認，即與法律明確性原則不相違背，迭經本院釋字第四三二號、第五二一號、第五九四號及第六○二號解釋闡釋在案。刑法第二百三十五條規定所稱猥褻之資訊、物品，其中「猥褻」雖屬評價性之不確定法律概念，然所謂猥褻，指客觀上足以刺激或滿足性慾，其內容可與性器官、性行為及性文化之描繪與論述聯結，且須以引起普通一般人羞恥或厭惡感而侵害性的道德感情，有礙於社會風化者為限（本院釋字第四○七號解釋參照），其意義並非一般人難以理解，且為受規範者所得預見，並可經由司法審查加以確認，與法律明確性原則尚無違背。

釋字第六一八號解釋　　（憲七、一八、二三，憲增修一○，行訴二五二，大法官審案八，兩岸人民關係二一）　　　　　　　　九十五年十一月三日公布

中華民國人民，無分男女、宗教、種族、階級、黨派，在法律上一律平等，為憲法第七條所明定。其依同法第十八條應考試服公職之權，在法律上自亦應一律平等。惟此所謂平等，係指實質上之平等而言，立法機關基於憲法之價值體系，自得斟酌規範事物性質之差異而為合理之區別對待，本院釋字第二○五號解釋理由書足資參照。且其基於合理之區別對待而以法律對人民基本權利所為之限制，亦應符合憲法第二十三條規定比例原則之要求。中華民國八十年五月一日制定公布之憲法增修條文第十條（八十六年七月二十一日修正公布改列為第十一條）規定：「自由地區與大陸地區間人民權

利義務關係及其他事務之處理，得以法律為特別之規定。」臺灣地區與大陸地區人民關係條例（以下簡稱兩岸關係條例），即為國家統一前規範臺灣地區與大陸地區間人民權利義務關係及其他事務處理之特別立法。

八十九年十二月二十日修正公布之兩岸關係條例第二十一條第一項前段規定，大陸地區人民經許可進入臺灣地區者，非在臺灣地區設有戶籍滿十年，不得擔任公務人員部分，乃係基於公務人員經國家任用後，即與國家發生公法上職務關係及忠誠義務，其職務之行使，涉及國家之公權力，不僅應遵守法令，更應積極考量國家整體利益，採取一切有利於國家之行為與決策；並鑒於兩岸目前仍處於分治與對立之狀態，且政治、經濟與社會等體制具有重大之本質差異，為確保臺灣地區安全、民眾福祉暨維護自由民主之憲政秩序，所為之特別規定，其目的洵屬合理正當。基於原設籍大陸地區人民設籍臺灣地區未滿十年者，對自由民主憲政體制認識與其他臺灣地區人民容有差異，故對其擔任公務人員之資格與其他臺灣地區人民予以區別對待，亦屬合理，與憲法第七條之平等原則及憲法增修條文第十一條之意旨尚無違背。又系爭規定限制原設籍大陸地區人民，須在臺灣地區設有戶籍滿十年，作為擔任公務人員之要件，實乃考量原設籍大陸地區人民對自由民主憲政體制認識之差異，及融入臺灣社會需經過適應期間，且為使原設籍大陸地區人民於擔任公務人員時普遍獲得人民對其所行使公權力之信賴，尤需有長時間之培養，系爭規定以十年為期，其手段仍在必要及合理之範圍內，立法者就此所為之斟酌判斷，尚無明顯而重大之瑕疵，難謂違反憲法第二十三條規定之比例原則。

　　解釋理由書

本件聲請釋憲之標的，關於兩岸關係條例部分，乃聲請宣告八十九年十二月二十日修正公布之該條例第二十一條第一項前段規定違憲。該條例第二十一條第一項前段係關於大陸地區人民經許可進入臺灣地區者，非在臺灣地區設有戶籍滿十年，不得登記為公職候選人、擔任軍公教或公營事業機關（構）人員及組織政黨等規定。惟影響本件原因案件之裁判結果者僅其中限制擔任公務人員部分，爰依本院釋字第三七一號、第五七二號及第五九〇號解釋之意旨，本件僅就該部分之規定是否違憲為審查，其餘部分不在本件解釋範圍內，合先敘明。

中華民國人民，無分男女、宗教、種族、階級、黨派，在法律上一律平等，為憲法第七條所明定。其依同法第十八條應考試服公職之權，在法律上自亦應一律平等。惟此所謂平等，係指實質上之平等而言，立法機關基於憲法之價值體系，自得斟酌規範事

物性質之差異而為合理之區別對待，本院釋字第二〇五號解釋理由書足資參照。且其基於合理之區別對待而以法律對人民基本權利所為之限制，亦應符合憲法第二十三條規定比例原則之要求。惟兩岸關係事務，涉及政治、經濟與社會等諸多因素之考量與判斷，對於代表多元民意及掌握充分資訊之立法機關就此所為之決定，如非具有明顯之重大瑕疵，職司法律違憲審查之釋憲機關即宜予以尊重。

八十年五月一日制定公布之憲法增修條文第十條（八十六年七月二十一日修正公布改列為第十一條）規定：「自由地區與大陸地區間人民權利義務關係及其他事務之處理，得以法律為特別之規定。」八十一年七月三十一日公布之臺灣地區與大陸地區人民關係條例即係依據上開憲法增修條文之意旨所制定，為國家統一前規範臺灣地區與大陸地區間人民權利義務關係及其他事務處理之特別立法。八十九年十二月二十日修正公布之該條例第二十一條第一項前段規定，大陸地區人民經許可進入臺灣地區者，非在臺灣地區設有戶籍滿十年，不得擔任公務人員部分（與八十一年七月三十一日制定公布之第二十一條規定相同），乃係基於公務人員經國家任用後，即與國家發生公法上職務關係及忠誠義務，其職務之行使，涉及國家之公權力，不僅應遵守法令，更應積極考量國家整體利益，採取一切有利於國家之行為與決策，並鑒於兩岸目前仍處於分治與對立之狀態，且政治、經濟與社會等體制具有重大之本質差異，為確保臺灣地區安全、民眾福祉暨維護自由民主之憲政秩序，所為之特別規定，其目的洵屬合理正當。基於原設籍大陸地區人民設籍臺灣地區未滿十年者，對自由民主憲政體制認識與其他臺灣地區人民容有差異，故對其擔任公務人員之資格與其他臺灣地區人民予以區別對待，亦屬合理，與憲法第七條之平等原則及憲法增修條文第十一條之意旨尚無違背。又系爭規定限制原設籍大陸地區人民，須在臺灣地區設有戶籍滿十年，作為擔任公務人員之要件，實乃考量原設籍大陸地區人民對自由民主憲政體制認識之差異，及融入臺灣社會需經過適應期間，且為使原設籍大陸地區人民於擔任公務人員時普遍獲得人民對其所行使公權力之信賴，尤需有長時間之培養，若採逐案審查，非僅個人主觀意向與人格特質及維護自由民主憲政秩序之認同程度難以嚴密查核，且徒增浩大之行政成本而難期正確與公平，則系爭規定以十年為期，其手段仍在必要及合理之範圍內。至於何種公務人員之何種職務於兩岸關係事務中，足以影響臺灣地區安全、民眾福祉暨自由民主之憲政秩序，釋憲機關對於立法機關就此所為之決定，宜予以尊重，系爭法律就此未作區分而予以不同之限制，尚無明顯而重大之瑕疵，難謂違反憲法第二十三條規定之比例原則。

關於各級法院法官聲請本院解釋法律違憲事項應以本院釋字第三七一號解釋為準，其聲請程式準用司法院大法官審理案件法第八條第一項之規定，業經本院釋字第三七一號解釋在案。本件聲請法院係依本院釋字第三七一號解釋意旨聲請解釋憲法（釋憲聲請書第三頁貳、四參照）。是行政訴訟法第二百五十二條規定，並非聲請法院於原因案件之裁判上或本件聲請解釋程序上所應適用之法律，故此一部分違憲審查之聲請，依本院釋字第三七一號、第五七二號及第五九〇號解釋意旨，應不予受理。

釋字第六一九號解釋 （憲二三，土稅六、一六、一八、四一、五四、五八，土稅施一五，土稅減則二四、二九）　　　　　　　九十五年十一月十日公布

對於人民違反行政法上義務之行為處以裁罰性之行政處分，涉及人民權利之限制，其處罰之構成要件及法律效果，應由法律定之，以命令為之者，應有法律明確授權，始符合憲法第二十三條法律保留原則之意旨（本院釋字第三九四號、第四〇二號解釋參照）。土地稅法第五十四條第一項第一款所稱「減免地價稅」之意義，因涉及裁罰性法律構成要件，依其文義及土地稅法第六條、第十八條第一項與第三項等相關規定之體系解釋，自應限於依土地稅法第六條授權行政院訂定之土地稅減免規則所定標準及程序所為之地價稅減免而言。土地稅法施行細則第十五條規定：「適用特別稅率之原因、事實消滅時，土地所有權人應於三十日內向主管稽徵機關申報，未於期限內申報者，依本法第五十四條第一項第一款之規定辦理」，將非依土地稅法第六條及土地稅減免規則規定之標準及程序所為之地價稅減免情形，於未依三十日期限內申報適用特別稅率之原因、事實消滅者，亦得依土地稅法第五十四條第一項第一款之規定，處以短匿稅額三倍之罰鍰，顯以法規命令增加裁罰性法律所未規定之處罰對象，復無法律明確之授權，核與首開法律保留原則之意旨不符，牴觸憲法第二十三條規定，應於本解釋公布之日起至遲於屆滿一年時失其效力。

　　解釋理由書

對於人民違反行政法上義務之行為處以裁罰性之行政處分，涉及人民權利之限制，其處罰之構成要件及法律效果，應由法律定之，以命令為之者，應有法律明確授權，始符合憲法第二十三條法律保留原則之意旨（本院釋字第三九四號、第四〇二號解釋參照）。

土地稅法第六條前段規定，為發展經濟，促進土地利用，增進社會福利，對於國防、政府機關、公共設施、騎樓走廊、研究機構、教育、交通、水利、給水、鹽業、宗教、

醫療、衛生、公私墓、慈善或公益事業及合理之自用住宅等所使用之土地，及重劃、墾荒、改良土地者，得予適當之土地稅減免；同條後段並授權行政院訂定土地稅減免規則，明定減免之標準與程序。合於土地稅減免規則所定地價稅減免標準之土地，依同規則第二十四條第一項規定，須於每年（期）開徵四十日前提出申請，始能獲得減免，減免原因消滅者，自次年（期）恢復徵收。同規則第二十九條並規定，減免之原因、事實消滅時，土地權利人或管理人並負有於三十日內向主管稽徵機關申報恢復徵稅之義務。未於減免之原因、事實消滅三十日內向主管稽徵機關申報，又有逃漏稅之情事者，依土地稅法第五十四條第一項第一款規定，除補繳短匿稅額之外，應處以短匿稅額三倍之罰鍰。

土地稅法第十八條第一項為促進國家經濟發展，鼓勵增設大眾娛樂設施，獎勵興辦公用事業及保護名勝古蹟，就工業用地、礦業用地、私立公園、動物園、體育場所用地、寺廟、教堂用地、政府指定之名勝古蹟用地、經主管機關核准設置之加油站及依都市計畫法規定設置之供公眾使用之停車場用地、其他經行政院核定之土地等等大規模用地，明定其特別稅率，不適用同法第十六條之累進稅率。有同法第十八條規定得適用特別稅率用地之情形者，依同法第四十一條第一項規定，須於每年（期）地價稅開徵四十日前提出申請，始得適用特別稅率。適用特別稅率之原因、事實消滅時，則應向主管稽徵機關申報，同條第二項並定有明文。又同法第十八條第三項復明定，符合同條第一項要件適用千分之十特別稅率而不適用累進稅率土地之地價稅，若有符合同法第六條規定得減免之情形，尚可再依同法第六條減免之。

依土地稅法第六條減免地價稅與依同法第十八條第一項適用特別稅率之地價稅，雖均有減輕稅負之效果，但二者之目的未盡相同，減輕稅負之標準與程序亦顯然有異，況適用特別稅率之用地，於法律有特別規定時，亦可再視其是否有減免事由，而獲得進一步之租稅減免，故二者尚難等同視之。是土地稅法第五十四條第一項第一款規定：「納稅義務人藉變更、隱匿地目等則或於減免地價稅或田賦之原因、事實消滅時，未向主管稽徵機關申報者，依左列規定辦理：一逃稅或減輕稅賦者，除追補應納部分外，處短匿稅額或賦額三倍之罰鍰」，其中所稱「減免地價稅」之意義，因涉及裁罰性法律構成要件，依其文義及上開土地稅法第六條、第十八條第一項與第三項等相關規定之體系解釋，自應限於依第六條授權行政院訂定之土地稅減免規則所定標準及程序所為地價稅之減免而言。

土地稅法第五十八條雖授權行政院訂定該法之施行細則，但就適用特別稅率之用地，

於適用特別稅率之原因、事實消滅時,未依土地稅法第四十一條第二項規定申報之情形,是否應予以處罰或如何處罰,則未作明確之授權。土地稅法施行細則第十五條規定:「適用特別稅率之原因、事實消滅時,土地所有權人應於三十日內向主管稽徵機關申報,未於期限內申報者,依本法第五十四條第一項第一款之規定辦理」,將非依土地稅法第六條及土地稅減免規則規定之標準及程序所為之地價稅減免情形,於未依三十日期限內申報適用特別稅率之原因、事實消滅者,亦得依土地稅法第五十四條第一項第一款之規定,處以短匿稅額三倍之罰鍰,顯以法規命令增加裁罰性法律所未規定之處罰對象,復無法律明確之授權,核與首開法律保留原則之意旨不符,牴觸憲法第二十三條規定,應於本解釋公布之日起至遲於屆滿一年時失其效力。

釋字第六二〇號解釋 （憲七、一九、一五六,憲增修一〇,行法院組三〇,最高行政法院處務規程二八,大法官審案五,民一〇三〇之一,民親施一、六之一,勞基八四之二） 九十五年十二月六日公布

憲法第十九條規定,人民有依法律納稅之義務,係指國家課人民以繳納稅捐之義務或給予人民減免稅捐之優惠時,應就租稅主體、租稅客體、稅基、稅率等租稅構成要件,以法律或法律明確授權之命令定之,迭經本院闡釋在案。

中華民國七十四年六月三日增訂公布之民法第一千零三十條之一（以下簡稱增訂民法第一千零三十條之一）第一項規定:「聯合財產關係消滅時,夫或妻於婚姻關係存續中所取得而現存之原有財產,扣除婚姻關係存續中所負債務後,如有剩餘,其雙方剩餘財產之差額,應平均分配。但因繼承或其他無償取得之財產,不在此限」。該項明定聯合財產關係消滅時,夫或妻之剩餘財產差額分配請求權,乃立法者就夫或妻對家務、教養子女及婚姻共同生活貢獻所為之法律上評價。因此夫妻於婚姻關係存續中共同協力所形成之聯合財產中,除因繼承或其他無償取得者外,於配偶一方死亡而聯合財產關係消滅時,其尚存之原有財產,即不能認全係死亡一方之遺產,而皆屬遺產稅課徵之範圍。

夫妻於上開民法第一千零三十條之一增訂前結婚,並適用聯合財產制,其聯合財產關係因配偶一方死亡而消滅者,如該聯合財產關係消滅之事實,發生於七十四年六月三日增訂民法第一千零三十條之一於同年月五日生效之後時,則適用消滅時有效之增訂民法第一千零三十條之一規定之結果,除因繼承或其他無償取得者外,凡夫妻於婚姻關係存續中取得,而於聯合財產關係消滅時現存之原有財產,並不區分此類財產取得

於七十四年六月四日之前或同年月五日之後，均屬剩餘財產差額分配請求權之計算範圍。生存配偶依法行使剩餘財產差額分配請求權者，依遺產及贈與稅法之立法目的，以及實質課稅原則，該被請求之部分即非屬遺產稅之課徵範圍，故得自遺產總額中扣除，免徵遺產稅。

最高行政法院九十一年三月二十六日庭長法官聯席會議決議，乃以決議縮減法律所定得為遺產總額之扣除額，增加法律所未規定之租稅義務，核與上開解釋意旨及憲法第十九條規定之租稅法律主義尚有未符，應不再援用。

　　解釋理由書

最高行政法院在具體個案之外，表示其適用法律見解之決議，原僅供院內法官辦案之參考，並無必然之拘束力，雖不能與判例等量齊觀，惟決議之製作既有法令依據（行政法院組織法第三十條及最高行政法院處務規程第二十八條），又為代表最高行政法院之法律見解，如經法官於裁判上援用時，自亦應認與命令相當，許人民依司法院大法官審理案件法第五條第一項第二款之規定，聲請本院解釋，業經本院釋字第三七四號解釋闡釋有案，合先說明。

憲法第十九條規定，人民有依法律納稅之義務，係指國家課人民以繳納稅捐之義務或給予人民減免稅捐之優惠時，應就租稅主體、租稅客體、稅基、稅率等租稅構成要件，以法律或法律明確授權之命令定之，迭經本院闡釋在案。最高行政法院以上開決議方式表示法律見解者，須遵守一般法律解釋方法，秉持立法意旨暨相關憲法原則為之；逾越法律解釋之範圍，而增減法律所定租稅義務者，自非憲法第十九條規定之租稅法律主義所許。

增訂民法第一千零三十條之一第一項規定：「聯合財產關係消滅時，夫或妻於婚姻關係存續中所取得而現存之原有財產，扣除婚姻關係存續中所負債務後，如有剩餘，其雙方剩餘財產之差額，應平均分配。但因繼承或其他無償取得之財產，不在此限」。其立法理由為：「聯合財產關係消滅時，以夫妻雙方剩餘財產之差額，平均分配，方為公平，亦所以貫徹男女平等之原則。例如夫在外工作，或經營企業，妻在家操持家務，教養子女，備極辛勞，使夫得無內顧之憂，專心發展事業，其因此所增加之財產，不能不歸功於妻子之協力，則其剩餘財產，除因繼承或其他無償取得者外，妻自應有平均分配之權利，反之夫妻易地而處，亦然」（見立法院公報第七十四卷第三十八期院會紀錄第五十八頁及第五十九頁）。由此可知，聯合財產關係消滅時，夫或妻之剩餘財產差額分配請求權，乃立法者就夫或妻對家務、教養子女及婚姻共同生活貢獻所為之法律上

評價，性質上為債權請求權。因此聯合財產關係因配偶一方死亡而消滅，生存配偶依法行使其剩餘財產差額分配請求權時，依遺產及贈與稅法之立法目的，以及實質課稅原則，該被請求之部分即非遺產稅之課徵範圍。

任何法規皆非永久不能改變，立法者為因應時代變遷與當前社會環境之需求，而為法律之制定、修正或廢止，難免影響人民既存之有利法律地位。對於人民既存之有利法律地位，立法者審酌法律制定、修正或廢止之目的，原則上固有決定是否予以維持以及如何維持之形成空間。惟如根據信賴保護原則有特別保護之必要者，立法者即有義務另定特別規定，以限制新法於生效後之適用範圍，例如明定過渡條款，於新法生效施行後，適度排除或延緩新法對之適用（本院釋字第五七七號解釋理由書參照），或採取其他合理之補救措施，如以法律明定新、舊法律應分段適用於同一構成要件事實等（八十五年十二月二十七日修正公布之勞動基準法增訂第八十四條之二規定參照），惟其內容仍應符合比例原則與平等原則。

新法規範之法律關係如跨越新、舊法施行時期，當特定法條之所有構成要件事實於新法生效施行後始完全實現時，則無待法律另為明文規定，本即應適用法條構成要件與生活事實合致時有效之新法，根據新法定其法律效果。是除非立法者另設「法律有溯及適用之特別規定」，使新法自公布生效日起向公布生效前擴張其效力；或設「限制新法於生效後適用範圍之特別規定」，使新法自公布生效日起向公布生效後限制其效力，否則適用法律之司法機關，有遵守立法者所定法律之時間效力範圍之義務，尚不得逕行將法律溯及適用或以分段適用或自訂過渡條款等方式，限制現行有效法律之適用範圍。至立法者如應設而未設「限制新法於生效後適用範圍之特別規定」，即過渡條款，以適度排除新法於生效後之適用，或採取其他合理之補救措施，而顯然構成法律之漏洞者，基於憲法上信賴保護、比例原則或平等原則之要求，司法機關於法律容許漏洞補充之範圍內，即應考量如何補充合理之過渡條款，惟亦須符合以漏洞補充合理過渡條款之法理。

增訂民法第一千零三十條之一第一項規定之歷史事實（見立法院公報第七十四卷第三十九期第七至十頁），縱有解釋為「夫或妻於七十四年六月五日後所取得而現存之原有財產」，始得列入剩餘財產差額分配請求權計算範圍之可能，惟探求立法意旨，主要仍應取決於表現於法條文字之客觀化之立法者意思，而非立法者參與立法程序當時之主觀見解。增訂民法第一千零三十條之一就夫妻剩餘財產差額分配請求權之計算，既明確規定以「婚姻關係存續中」界定取得原有財產之時間範圍，客觀文義上顯然已無就

財產之取得時點再予分段或部分排除之可能，則司法機關適用上開規定，探究立法意旨，自無捨法條明文，而就立法者個人主觀見解之理。況本院尚應評價將立法者之決定作上開解釋，是否符合憲法保障男女平等及婚姻與家庭之意旨。

至於夫妻於民法親屬編公布施行前結婚，可否適用聯合財產制？或夫妻雖於七十四年六月四日民法親屬編修正施行前結婚，但並非自結婚時起持續適用聯合財產制者，如聯合財產關係因配偶一方死亡而消滅時，其生存配偶是否取得剩餘財產差額分配請求權？如何計算？是否免徵遺產稅？均與本件乃針對七十四年六月四日民法親屬編修正施行前結婚，並持續適用聯合財產制夫妻之剩餘財產差額分配請求權問題所為解釋之法律基礎不同，故不在本件解釋範圍內，自不待言。

最高行政法院於九十一年三月二十六日庭長法官聯席會議作成決議：「民法親屬編於七十四年六月三日修正時，增訂第一千零三十條之一關於夫妻剩餘財產差額分配請求權之規定。同日修正公布之民法親屬編施行法第一條規定：『關於親屬之事件，在民法親屬編施行前發生者，除本施行法有特別規定外，不適用民法親屬編之規定；其在修正前發生者，除本施行法有特別規定外，亦不適用修正後之規定。』明揭親屬編修正後之法律，仍適用不溯既往之原則，如認其事項有溯及適用之必要者，即應於施行法中定為明文，方能有所依據，乃基於法治國家法安定性及既得權益信賴保護之要求，而民法親屬編施行法就民法第一千零三十條之一並未另定得溯及適用之明文，自應適用施行法第一條之規定。又親屬編施行法於八十五年九月二十五日增訂第六條之一有關聯合財產溯及既往特別規定時，並未包括第一千零三十條之一之情形。準此，七十四年六月四日民法親屬編修正施行前結婚，並適用聯合財產制之夫妻，於七十四年六月五日後其中一方死亡，他方配偶依第一千零三十條之一規定行使夫妻剩餘財產差額分配請求權時，夫妻各於七十四年六月四日前所取得之原有財產，不適用第一千零三十條之一規定，不列入剩餘財產差額分配請求權計算之範圍。是核定死亡配偶之遺產總額時，僅得就七十四年六月五日以後夫妻所取得之原有財產計算剩餘財產差額分配額，自遺產總額中扣除」。第查：增訂民法第一千零三十條之一所規定剩餘財產差額分配請求權之適用條件與計算基礎，為「聯合財產關係消滅時，夫或妻於婚姻關係存續中所取得而現存之原有財產」。所謂婚姻關係存續中，從文義上理解，乃自結婚後至婚姻關係消滅時止，至於婚姻關係究係於七十四年六月四日以前或同年月五日以後發生，並非所問，本無從得出「第一千零三十條之一所規定剩餘財產差額分配請求權，僅得計入七十四年六月五日後婚姻關係存續中所取得而現存之原有財產」之結論；至於民法

親屬編施行法於八十五年九月二十五日增訂公布第六條之一規定，係為釐清聯合財產中夫妻財產之歸屬關係，與剩餘財產差額分配請求權並無直接關聯；更就立法目的而言，增訂民法第一千零三十條之一規定既為實現憲法保障男女平等、維護婚姻及家庭之目的，旨在給予婚姻關係存續中夫或妻對家務、教養子女及婚姻共同生活之貢獻，在夫妻聯合財產制度之下，前所未獲得之公平評價。如果將聯合財產關係中之原有財產，區分為七十四年六月四日以前或同年月五日以後取得者，與實現憲法目的之修法意旨實有未符。上開最高行政法院之決議，既未就立法明定夫妻剩餘財產差額分配請求權所欲實現之憲法目的，審酌增訂民法第一千零三十條之一之適用效果；亦未就該規定法律效果涵蓋之範圍，說明何以應將七十四年六月四日前所取得而現存之原有財產切割於婚姻關係存續中之聯合財產之外；更未說明七十四年六月四日之前，婚姻關係存續中夫或妻對家務、教養子女及婚姻共同生活之貢獻，與配偶之一方對於在上開日期前之原有財產不應列入剩餘財產差額分配請求權計算基礎之信賴相較，為何前者應受法律較低之評價，以及此種評價，是否符合憲法上之比例原則與平等原則；乃逕將立法者未設「限制新法於生效後適用範圍之特別規定」，新法應依一般法律適用原則適用，且已經依法適用於個案之增訂民法第一千零三十條之一所明定剩餘財產差額分配請求權之計算基礎，一律限制解釋為七十四年六月五日後婚姻關係存續中所取得而現存之原有財產，違反一般法律解釋方法，與該條規定之立法目的亦有未符。又縱使將七十四年六月四日前所取得而現存之原有財產亦計入此項剩餘財產差額分配請求權之範圍，而對於原居於較有利法律地位一方配偶有所影響，然依增訂民法第一千零三十條之一第一項規定，平均分配顯失公平者，同條第二項已設有酌減分配額之機制，且於核課遺產稅時，若有行使上開規定之剩餘財產差額分配請求權者，繼承人均有知悉之機會（財政部八十七年一月二十二日臺財稅字第八七一九二五七〇四號函、九十四年六月二十九日臺財稅字第〇九四〇四五四〇二八〇號函參照），得有上述請求救濟之途徑，以期平衡，則其影響亦僅使該較有利之一方配偶喪失可能不符合憲法保障男女平等、婚姻與家庭之目的之財產利益，並未使其符合憲法目的之財產利益遭受剝奪，與憲法上之信賴保護原則、比例原則與平等原則並無不符。尤其本院釋字第四一〇號解釋已宣示男女平等原則，優先於財產權人之「信賴」後，增訂民法第一千零三十條之一規定不具有溯及效力，已屬立法者對民法親屬編修正前原已存在之法律秩序之最大尊重，司法機關實欠缺超越法律文義，以漏洞補充之方式作成限制新法適用範圍之過渡條款之憲法基礎，否則即難免違反男女平等原則以及婚姻與家庭為社會形成與發

展之基礎，應受憲法保障之意旨（憲法第七條、第一百五十六條、憲法增修條文第十條第六項及本院釋字第五五四號解釋參照）。

最高行政法院九十一年三月二十六日庭長法官聯席會議決議，逾越法律解釋之範圍，有違增訂民法第一千零三十條之一之立法目的及婚姻與家庭應受憲法制度性保障之意旨，乃以決議縮減法律所定得為遺產總額之扣除額，增加法律所未規定之租稅義務，核與憲法第十九條規定之租稅法律主義尚有未符，應不再援用。

另財政部八十七年一月二十二日臺財稅字第八七一九二五七○四號函並非本件確定終局判決所適用之法令，故不在本件解釋範圍內，併予指明。

釋字第六二一號解釋　（憲二三、七七、七八，訴願一四、一八，行執二、一五、四三，行執施二，行訴四、一○七、一八六，民一一四七、一一四八，民訴一六八、一七六，財務案件處理辦法三七，刑訴四七○，社維五一，稅徵五○之二，行罰一八）　　　　　　　　　　　　九十五年十二月二十二日公布

行政執行法第十五條規定：「義務人死亡遺有財產者，行政執行處得逕對其遺產強制執行」，係就負有公法上金錢給付義務之人死亡後，行政執行處應如何強制執行，所為之特別規定。罰鍰乃公法上金錢給付義務之一種，罰鍰之處分作成而具執行力後，義務人死亡並遺有財產者，依上開行政執行法第十五條規定意旨，該基於罰鍰處分所發生之公法上金錢給付義務，得為強制執行，其執行標的限於義務人之遺產。

　　解釋理由書

行政罰鍰係人民違反行政法上義務，經行政機關課予給付一定金錢之行政處分。行政罰鍰之科處，係對受處分人之違規行為加以處罰，若處分作成前，違規行為人死亡者，受處分之主體已不存在，喪失其負擔罰鍰義務之能力，且對已死亡者再作懲罰性處分，已無實質意義，自不應再行科處。本院院字第一九二四號解釋「匿報契價之責任，既屬於死亡之甲，除甲之繼承人仍應照章補稅外，自不應再行處罰」，即係闡明此旨。

罰鍰處分後，義務人未繳納前死亡者，其罰鍰繳納義務具有一身專屬性，至是否得對遺產執行，於法律有特別規定者，從其規定。蓋國家以公權力對於人民違反行政法規範義務者科處罰鍰，其處罰事由必然與公共事務有關。而處罰事由之公共事務性，使罰鍰本質上不再僅限於報應或矯正違規人民個人之行為，而同時兼具制裁違規行為對國家機能、行政效益及社會大眾所造成不利益之結果，以建立法治秩序與促進公共利益。行為人受行政罰鍰之處分後，於執行前死亡者，究應優先考量罰鍰報應或矯正違

規人民個人行為之本質，而認罰鍰之警惕作用已喪失，故不應執行；或應優先考量罰鍰制裁違規行為外部結果之本質，而認罰鍰用以建立法治秩序與促進公共利益之作用，不因義務人死亡而喪失，故應繼續執行，立法者就以上二種考量，有其形成之空間。行政執行法第二條規定：「本法所稱行政執行，指公法上金錢給付義務、行為或不行為義務之強制執行及即時強制」，第十五條規定：「義務人死亡遺有財產者，行政執行處得逕對其遺產強制執行」，行政執行法施行細則基於該法第四十三條之授權，於第二條規定：「本法第二條所稱公法上金錢給付義務如下：一、稅款、滯納金、滯報費、利息、滯報金、怠報金及短估金。二、罰鍰及怠金。三、代履行費用。四、其他公法上應給付金錢之義務」，明定罰鍰為公法上金錢給付義務之一種，並未違背法律授權之意旨。揆諸公法上金錢給付之能否實現，攸關行政目的之貫徹與迅速執行。是義務人死亡遺有財產者，行政執行處得逕對其遺產強制執行，尚屬合理必要。故依現行法規定，罰鍰之處分作成而具執行力後義務人死亡並遺有財產者，依上開行政執行法第十五條規定意旨，該基於罰鍰處分所發生之公法上金錢給付義務，得為強制執行，並無不予強制執行之法律依據。惟上開行政執行法第十五條規定，係針對行政執行處所為強制執行之特別規定，其執行標的僅以義務人死亡時所留遺產為限。至本院院字第二九一一號解釋前段所謂「法院依財務法規科處罰鍰之裁定確定後，未執行前，被罰人死亡者，除法令有特別規定外，自不能向其繼承人執行」，係指如無法令特別規定，不能向其繼承人之固有財產執行而言；罰鍰處分生效後、繳納前，受處分人死亡而遺有財產者，依行政執行法第十五條規定，該遺產既得由行政執行處強制執行，致對其繼承人依民法第一千一百四十八條規定所得繼承之遺產，有所限制，自應許繼承人以利害關係人身分提起或續行行政救濟（訴願法第十四條第二項、第十八條，行政訴訟法第四條第三項、第一百八十六條，民事訴訟法第一百六十八條及第一百七十六條等參照）；又本件解釋範圍，不及於罰鍰以外之公法上金錢給付義務，均併予指明。

釋字第六二二號解釋　　（憲一五、一九，行執一五，大法官審案五，民一一三八、一一四〇、一一四八，稅徵一四、三九，遺贈稅七、一一、一五）

九十五年十二月二十九日公布

憲法第十九條規定所揭示之租稅法律主義，係指人民應依法律所定之納稅主體、稅目、稅率、納稅方法及納稅期間等項而負納稅之義務，迭經本院解釋在案。中華民國六十二年二月六日公布施行之遺產及贈與稅法第十五條第一項規定，被繼承人死亡前三年

內贈與具有該項規定身分者之財產，應視為被繼承人之遺產而併入其遺產總額課徵遺產稅，並未規定以繼承人為納稅義務人，對其課徵贈與稅。最高行政法院九十二年九月十八日庭長法官聯席會議決議關於被繼承人死亡前所為贈與，如至繼承發生日止，稽徵機關尚未發單課徵贈與稅者，應以繼承人為納稅義務人，發單課徵贈與稅部分，逾越上開遺產及贈與稅法第十五條之規定，增加繼承人法律上所未規定之租稅義務，與憲法第十九條及第十五條規定之意旨不符，自本解釋公布之日起，應不予援用。

解釋理由書

最高行政法院決議如經法官於裁判上援用，應認其與命令相當，得為憲法解釋之對象（本院釋字第三七四號、第五一六號、第六二○號解釋參照）。本件據以聲請解釋之確定終局裁判中，最高行政法院九十二年度裁字第一五八九號裁定援用聲請人所指摘之同院九十二年九月十八日庭長法官聯席會議決議，為其裁定駁回之理由。又最高行政法院九十二年度判字第一五四四號判決，形式上雖未載明援用上開決議，然其判決理由關於應以繼承人為納稅義務人，發單課徵贈與稅之論述及其所使用之文字，俱與該決議之內容相同，是該判決實質上係以該決議為判斷之基礎。而上開決議既經聲請人具體指摘其違憲之疑義及理由，自得為解釋之客體。依司法院大法官審理案件法第五條第一項第二款規定，本件聲請應予以受理（本院釋字第三九九號、第五八二號解釋參照），合先敘明。

憲法第十九條規定，人民有依法律納稅之義務，係指國家課人民以繳納稅捐之義務或給予人民減免稅捐之優惠時，應就租稅主體、租稅客體、稅基、稅率、納稅方法及納稅期間等租稅構成要件，以法律明文規定。是應以法律明定之租稅構成要件，自不得以命令為不同規定，或逾越法律，增加法律所無之要件或限制，而課人民以法律所未規定之租稅義務，否則即有違租稅法律主義。最高行政法院以決議之方式表示法律見解者，亦須遵守一般法律解釋方法，秉持立法意旨暨相關憲法原則為之；逾越法律解釋之範圍，而增減法律所定租稅義務者，自非憲法第十九條規定之租稅法律主義所許（本院釋字第六二○號解釋參照）。

六十二年二月六日公布施行之遺產及贈與稅法第十五條第一項規定：「被繼承人死亡前三年（八十八年七月十五日修正為二年）內贈與下列個人之財產，應於被繼承人死亡時，視為被繼承人之遺產，併入其遺產總額，依本法規定徵稅：一、被繼承人之配偶。二、被繼承人依民法第一千一百三十八條及第一千一百四十條規定之各順序繼承人。三、前款各順序繼承人之配偶。」將符合該項規定之贈與財產視為被繼承人之遺產，併

計入遺產總額。究其立法意旨，係在防止被繼承人生前分析財產，規避遺產稅之課徵，故以法律規定被繼承人於死亡前一定期間內贈與特定身分者之財產，於被繼承人死亡時，應視為遺產，課徵遺產稅。該條並未規定被繼承人死亡前所為贈與，尚未經稽徵機關發單課徵贈與稅者，須以繼承人為納稅義務人，使其負繳納贈與稅之義務。

稅捐稽徵法為稅捐稽徵之通則規定，該法第十四條規定：「納稅義務人死亡，遺有財產者，其依法應繳納之稅捐，應由遺囑執行人、繼承人、受遺贈人或遺產管理人，依法按稅捐受清償之順序，繳清稅捐後，始得分割遺產或交付遺贈（第一項）。遺囑執行人、繼承人、受遺贈人或遺產管理人，違反前項規定者，應就未清繳之稅捐，負繳納義務（第二項）。」依該條第一項之規定，被繼承人生前尚未繳納之稅捐義務，並未因其死亡而消滅，而由其遺囑執行人、繼承人、受遺贈人或遺產管理人，於被繼承人遺有財產之範圍內，代為繳納。遺囑執行人、繼承人、受遺贈人或遺產管理人係居於代繳義務人之地位，代被繼承人履行生前已成立稅捐義務，而非繼承被繼承人之納稅義務人之地位。惟如繼承人違反上開義務時，依同條第二項規定，稽徵機關始得以繼承人為納稅義務人，課徵其未代為繳納之稅捐。是被繼承人死亡前業已成立，但稽徵機關尚未發單課徵之贈與稅，遺產及贈與稅法既未規定應以繼承人為納稅義務人，則應適用稅捐稽徵法第十四條之通則性規定，即於分割遺產或交付遺贈前，由遺囑執行人、繼承人、受遺贈人或遺產管理人，就被繼承人之遺產，依法按贈與稅受清償之順序，繳清稅捐。違反此一規定者，遺囑執行人、繼承人、受遺贈人或遺產管理人始應就未繳清之贈與稅，負繳納義務。又稅捐債務亦為公法上之金錢給付義務，稽徵機關作成課稅處分後，除依法暫緩移送執行及稅捐稽徵法第三十九條第二項所規定之情形外，於繳納期間屆滿三十日後仍未繳納，經稽徵機關移送強制執行者，則應依行政執行法第十五條規定，以被繼承人之遺產為強制執行之標的。另遺產及贈與稅法第七條第一項規定，贈與稅之納稅義務人為贈與人，但贈與人行蹤不明，或逾法定繳納期限尚未繳納，且在中華民國境內無財產可供執行者，以受贈人為納稅義務人。故若被繼承人（贈與人）無遺產可供執行者，稽徵機關尚得依前開規定，以受贈人為納稅義務人課徵贈與稅。至依上開規定已納之贈與稅，其與繼承人依遺產及贈與稅法第十五條應繳納之遺產稅，仍有同法第十一條第二項規定之適用。

被繼承人死亡前三年內贈與特定人財產，稅捐稽徵機關於其生前尚未發單課徵贈與稅者，被繼承人死亡後，其贈與稅應如何課徵繳納之問題，最高行政法院九十二年九月十八日庭長法官聯席會議決議略謂：「被繼承人於死亡前三年內為贈與，於贈與時即負

有繳納贈與稅之義務，贈與稅捐債務成立。被繼承人死亡時，稅捐稽徵機關縱尚未對其核發課稅處分，亦不影響該稅捐債務之效力。此公法上之財產債務，不具一身專屬性，依民法第一千一百四十八條規定，由其繼承人繼承，稅捐稽徵機關於被繼承人死亡後，自應以其繼承人為納稅義務人，於核課期間內，核課其繼承之贈與稅。至遺產及贈與稅法第十五條及第十一條第二項僅規定上開贈與財產應併入計算遺產稅及如何扣抵贈與稅，並未免除繼承人繼承被繼承人之贈與稅債務，財政部八十一年六月三十日臺財稅第八一一六六九三九三號函釋關於：「被繼承人死亡前三年內之贈與應併課遺產稅者，如該項贈與至繼承發生日止，稽徵機關尚未發單課徵時，應先以繼承人為納稅義務人開徵贈與稅，再依遺產及贈與稅法第十五條及第十一條第二項規定辦理」部分，與前開規定尚無牴觸。」此決議關於被繼承人死亡前所為贈與，如至繼承發生日止，稽徵機關尚未發單課徵贈與稅者，應以繼承人為納稅義務人，發單課徵贈與稅之部分，逾越遺產及贈與稅法第十五條之規定，增加繼承人法律上所未規定之租稅義務，與憲法第十九條及第十五條規定之意旨不符，自本解釋公布之日起，應不予援用。至上開決議所採之見解是否導致贈與稅與遺產稅之課徵違反平等原則，已無庸審究。又上開贈與稅之課徵及執行，應分別情形適用稅捐稽徵法第十四條、遺產及贈與稅法第七條及行政執行法第十五條規定，併予指明。

釋字第六二三號解釋　　（憲一一、二三，性交易防制二九）

九十六年一月二十六日公布

憲法第十一條保障人民之言論自由，乃在保障意見之自由流通，使人民有取得充分資訊及自我實現之機會，包括政治、學術、宗教及商業言論等，並依其性質而有不同之保護範疇及限制之準則。商業言論所提供之訊息，內容為真實，無誤導性，以合法交易為目的而有助於消費大眾作出經濟上之合理抉擇者，應受憲法言論自由之保障。惟憲法之保障並非絕對，立法者於符合憲法第二十三條規定意旨之範圍內，得以法律明確規定對之予以適當之限制，業經本院釋字第四一四號、第五七七號及第六一七號解釋在案。

促使人為性交易之訊息，固為商業言論之一種，惟係促使非法交易活動，因此立法者基於維護公益之必要，自可對之為合理之限制。中華民國八十八年六月二日修正公布之兒童及少年性交易防制條例第二十九條規定：「以廣告物、出版品、廣播、電視、電子訊號、電腦網路或其他媒體，散布、播送或刊登足以引誘、媒介、暗示或其他促使

人為性交易之訊息者，處五年以下有期徒刑，得併科新臺幣一百萬元以下罰金」，乃以科處刑罰之方式，限制人民傳布任何以兒童少年性交易或促使其為性交易為內容之訊息，或向兒童少年或不特定年齡之多數人，傳布足以促使一般人為性交易之訊息。是行為人所傳布之訊息如非以兒童少年性交易或促使其為性交易為內容，且已採取必要之隔絕措施，使其訊息之接收人僅限於十八歲以上之人者，即不屬該條規定規範之範圍。上開規定乃為達成防制、消弭以兒童少年為性交易對象事件之國家重大公益目的，所採取之合理與必要手段，與憲法第二十三條規定之比例原則，尚無牴觸。惟電子訊號、電腦網路與廣告物、出版品、廣播、電視等其他媒體之資訊取得方式尚有不同，如衡酌科技之發展可嚴格區分其閱聽對象，應由主管機關建立分級管理制度，以符比例原則之要求，併此指明。

　　解釋理由書

憲法第十一條保障人民之言論自由，乃在保障意見之自由流通，使人民有取得充分資訊及自我實現之機會，包括政治、學術、宗教及商業言論等，並依其性質而有不同之保護範疇及限制之準則。商業言論所提供之訊息，內容為真實，無誤導性，以合法交易為目的而有助於消費大眾作出經濟上之合理抉擇者，應受憲法言論自由之保障，惟憲法之保障並非絕對，立法者於符合憲法第二十三條規定意旨之範圍內，得以法律明確規定對之予以適當之限制，業經本院釋字第四一四號、第五七七號及第六一七號解釋在案。

促使人為性交易之訊息，乃促使人為有對價之性交或猥褻行為之訊息（兒童及少年性交易防制條例第二條、第二十九條參照），為商業言論之一種。至於其他描述性交易或有關性交易研究之言論，並非直接促使人為性交或猥褻行為，無論是否因而獲取經濟利益，皆不屬於促使人為性交易之訊息，自不在兒童及少年性交易防制條例第二十九條規範之範圍。由於與兒童或少年為性交易，或十八歲以上之人相互間為性交易，均構成違法行為（兒童及少年性交易防制條例第二十二條、第二十三條、第二十四條、刑法第二百二十七條、社會秩序維護法第八十條參照），因此促使人為性交易之訊息，係促使其為非法交易活動，立法者基於維護公益之必要，自可對之為合理之限制。

兒童及少年之心智發展未臻成熟，與其為性交易行為，係對兒童及少年之性剝削。性剝削之經驗，往往對兒童及少年產生永久且難以平復之心理上或生理上傷害，對社會亦有深遠之負面影響。從而，保護兒童及少年免於從事任何非法之性活動，乃普世價值之基本人權（聯合國於西元一九八九年十一月二十日通過、一九九〇年九月二日生

效之兒童權利公約第十九條及第三十四條參照），為重大公益，國家應有採取適當管制措施之義務，以保護兒童及少年之身心健康與健全成長。兒童及少年性交易防制條例第一條規定：「為防制、消弭以兒童少年為性交易對象事件，特制定本條例」，目的洵屬正當。

兒童及少年性交易防制條例第二十九條規定：「以廣告物、出版品、廣播、電視、電子訊號、電腦網路或其他媒體，散布、播送或刊登足以引誘、媒介、暗示或其他促使人為性交易之訊息者，處五年以下有期徒刑，得併科新臺幣一百萬元以下罰金」，乃在藉依法取締促使人為性交易之訊息，從根本消弭對於兒童及少年之性剝削。故凡促使人為性交易之訊息，而以兒童少年性交易或促使其為性交易為內容者，具有使兒童少年為性交易對象之危險，一經傳布訊息即構成犯罪，不以實際上發生性交易為必要。又促使人為性交易之訊息，縱然並非以兒童少年性交易或促使其為性交易為內容，但因其向未滿十八歲之兒童少年或不特定年齡之多數人廣泛傳布，致被該等訊息引誘、媒介、暗示者，包括或可能包括未滿十八歲之兒童及少年，是亦具有使兒童及少年為性交易對象之危險，故不問實際上是否發生性交易行為，一經傳布訊息即構成犯罪。惟檢察官以行為人違反上開法律規定而對之起訴所舉證之事實，行為人如抗辯爭執其不真實，並證明其所傳布之訊息，並非以兒童及少年性交易或促使其為性交易為內容，且已採取必要之隔絕措施，使其訊息之接收人僅限於十八歲以上之人者，即不具有使兒童及少年為性交易對象之危險，自不屬該條規定規範之範圍。

保護兒童及少年免於因任何非法之性活動而遭致性剝削，乃普世價值之基本人權，為國家應以法律保護之重要法益，上開規定以刑罰為手段，取締促使人為性交易之訊息，從根本消弭對於兒童少年之性剝削，自為達成防制、消弭以兒童少年為性交易對象事件之立法目的之有效手段；又衡諸保護兒童及少年免於從事任何非法之性活動之重大公益，相對於法律對於提供非法之性交易訊息者權益所為之限制，則上開規定以刑罰為手段，並以傳布以兒童少年性交易或促使其為性交易為內容之訊息，或向未滿十八歲之兒童少年或不特定年齡之多數人傳布足以促使一般人為性交易之訊息為其適用範圍，以達防制、消弭以兒童少年為性交易對象事件之立法目的，尚未逾越必要合理之範圍，與憲法第二十三條規定之比例原則，並無牴觸。又系爭法律規定之「引誘、媒介、暗示」雖屬評價性之不確定法律概念，然其意義依其文義及該法之立法目的解釋，並非一般人難以理解，且為受規範者所得預見，並可經由司法審查加以確認，與法律明確性原則尚無違背（本院釋字第四三二號、第五二一號、第五九四號、第六〇二號

及第六一七號解釋參照)。

兒童及少年性交易防制條例第二十九條規定為危險犯,與同條例第二十二條、第二十三條、第二十四條、刑法第二百二十七條、社會秩序維護法第八十條規定之實害犯之構成要件不同,立法目的各異,難以比較其刑度或制裁方式孰輕孰重;另電子訊號、電腦網路與廣告物、出版品、廣播、電視等其他媒體之資訊取得方式尚有不同,如衡酌科技之發展可嚴格區分其閱聽對象,應由主管機關建立分級管理制度,以符比例原則之要求。至聲請人臺灣高雄少年法院法官何明晃聲請意旨主張兒童及少年性交易防制條例第二十九條規定有牴觸憲法第十五條及第一百五十二條疑義一節,僅簡略提及系爭法律間接造成人民工作權或職業自由之限制,惟就其內涵及其如何違反該等憲法規範之論證,尚難謂已提出客觀上形成確信法律為違憲之具體理由,均併此指明。

釋字第六二四號解釋 (憲七、八、七七、八〇,戒嚴時期人民受損權利回復條例六,戒嚴時期不當叛亂暨匪諜審判案件補償條例一五之一,冤賠一、四、一一、一七,冤賠注意二、五、一三、一四,戒嚴八,軍審一,國賠一三,二二八賠償二,臺灣地區戒嚴時期軍法機關自行審判及交法院審判案件劃分辦法二)

九十六年四月二十七日公布

憲法第七條規定,人民在法律上一律平等。立法機關制定冤獄賠償法,對於人民犯罪案件,經國家實施刑事程序,符合該法第一條所定要件者,賦予身體自由、生命或財產權受損害之人民,向國家請求賠償之權利。凡自由、權利遭受同等損害者,應受平等之保障,始符憲法第七條規定之意旨。

冤獄賠償法第一條規定,就國家對犯罪案件實施刑事程序致人民身體自由、生命或財產權遭受損害而得請求國家賠償者,依立法者明示之適用範圍及立法計畫,僅限於司法機關依刑事訴訟法令受理案件所致上開自由、權利受損害之人民,未包括軍事機關依軍事審判法令受理案件所致該等自由、權利受同等損害之人民,係對上開自由、權利遭受同等損害,應享有冤獄賠償請求權之人民,未具正當理由而為差別待遇,若仍令依軍事審判法令受理案件遭受上開冤獄之受害人,不能依冤獄賠償法行使賠償請求權,足以延續該等人民在法律上之不平等,自與憲法第七條之本旨有所牴觸。司法院與行政院會同訂定發布之辦理冤獄賠償事件應行注意事項(下稱注意事項)第二點規定,雖符合冤獄賠償法第一條之意旨,但依其規定內容,使依軍事審判法令受理案件遭受冤獄之人民不能依冤獄賠償法行使賠償請求權,同屬不符平等原則之要求。為符

首揭憲法規定之本旨，在冤獄賠償法第一條修正施行前，或規範軍事審判所致冤獄賠償事項之法律制定施行前，凡自中華民國四十八年九月一日冤獄賠償法施行後，軍事機關依軍事審判法令受理之案件，合於冤獄賠償法第一條之規定者，均得於本解釋公布之日起二年內，依該法規定請求國家賠償。

解釋理由書

憲法第七條規定：「中華民國人民，無分男女、宗教、種族、階級、黨派，在法律上一律平等」。立法機關制定冤獄賠償法，對於人民犯罪案件，經國家實施追訴、審判及刑罰執行等刑事程序，符合該法第一條所定要件者，賦予身體自由、生命或財產權受損害之人民，向國家請求賠償之權利。凡自由、權利遭受同等損害者，應受平等之保障，始符憲法第七條規定之意旨。

國家對人民犯罪案件所實施之刑事訴訟程序，在我國有司法審判與軍事審判程序之分，前者係由司法機關依據刑事訴訟法實施，後者則由軍事機關依據軍事審判法實施，但兩者之功能及目的，同為對犯罪之追訴、處罰。司法審判程序源自憲法第七十七條規定之司法權，軍事審判程序則係由立法機關依據憲法第九條：「人民除現役軍人外，不受軍事審判」之規定，以現役軍人負有保衛國家之特別義務，基於國家安全與軍事需要，對其所為特定犯罪而設之特別刑事訴訟程序（軍事審判法第一條參照）；惟軍事檢察及審判機關所行使對特定犯罪之追訴、處罰權，亦屬國家刑罰權之一種，具司法權之性質，其發動與運作，不得違背憲法第七十七條、第八十條等有關司法權建制之憲政原理，其涉及軍人權利之限制者，亦應遵守憲法相關規定（本院釋字第四三六號解釋參照）。是則司法審判與軍事審判兩種刑事訴訟程序，在本質上並無不同，人民之自由、權利於該等程序中所受之損害，自不因受害人係屬依刑事訴訟法令或依軍事審判法令受理之案件而有異，均得依法向國家請求賠償，方符憲法上平等原則之意旨。

如上所述，軍事審判法既屬特別之刑事訴訟法，冤獄賠償法第一條規定：「依刑事訴訟法令受理之案件，具有左列情形之一者，受害人得依本法請求國家賠償：一、不起訴處分或無罪之判決確定前，曾受羈押者。二、依再審或非常上訴程序判決無罪確定前，曾受羈押或刑之執行者（第一項）。不依前項法令之羈押，受害人亦得依本法請求國家賠償（第二項）」，其規範國家對犯罪案件實施刑事訴訟程序致人民身體自由、生命或財產權遭受損害而得請求國家賠償之範圍，依文義解釋，固可包含依軍事審判法令受理之案件遭致上述冤獄之受害人，而符合憲法平等原則之要求。惟依立法者明示之適用範圍及立法計畫，冤獄賠償法之適用僅限於司法機關依刑事訴訟法令受理案件所致

身體自由、生命或財產權受損害之人民，不包括軍事機關依軍事審判法令受理案件所致上開自由、權利受同等損害之人民，故無須為上開之解釋。蓋立法機關制定冤獄賠償法，自四十一年十二月提案，至四十八年六月二日三讀通過（立法院公報第十二會期第四期第二十九、三十九至四十四頁；第二十三會期第十五期第五十九、七十二頁參照），依其審議內容及過程，立法者係為對人民犯罪案件因國家實施刑事程序，符合該法第一條所定要件者，賦予遭受冤獄之人民向國家請求賠償之權利，以維人權，以拯無辜（立法院公報第十二會期第四期第三十九頁；第二十三會期第十一期第十一、二十九、四十、四十八、五十頁；第十二期第十二、三十九、四十八頁參照），但以其時國家情勢動盪，尚處動員戡亂及戒嚴時期，為維持軍令、軍紀，遷就當時環境，不宜將軍事審判冤獄賠償事項同時訂入冤獄賠償法（立法院公報第二十三會期第十一期第八頁；第十二期第六、三十五、三十七、三十八頁參照），遂認軍事機關依軍事審判法令與司法機關依刑事訴訟法令受理案件所致冤獄之賠償，應分別規範，因而於該法三讀通過時，決議函請行政院擬定軍事審判之冤獄賠償法案函送立法院審查（立法院公報第二十三會期第十五期第七十二頁參照）。足見冤獄賠償法第一條所規定冤獄賠償之範圍，不包括軍事機關依軍事審判法令受理案件所致冤獄之受害人。惟人民包括非軍人與軍人，刑事冤獄包括司法審判與軍事審判之冤獄，除有正當理由外，對冤獄予以賠償，本應平等對待，且戒嚴時期軍事審判機關審理之刑事案件，因其適用之程序與一般刑事案件所適用者有別，救濟功能不足，保障人民身體自由，未若正常狀態下司法程序之周全（本院釋字第四七七號解釋參照），對於其致生之冤獄受害人，更無不賦予賠償請求權之理。是根據冤獄賠償制度之目的，立法者若對依軍事審判法令受理案件所致身體自由、生命或財產權，遭受與依刑事訴訟法令受理案件所致同類自由、權利同等損害之人民，未賦予冤獄賠償請求權，難謂有正當理由，即與憲法平等原則有違。

查規範軍事審判所致冤獄賠償之法律，迄今仍未制定，致使遭受該等冤獄之軍人或非軍人，自冤獄賠償法於四十八年九月一日施行後，至七十年六月三十日，全無法律得據以請求國家賠償，迨同年七月一日之後，雖得依國家賠償法第十三條：「有審判或追訴職務之公務員，因執行職務侵害人民自由或權利，就其參與審判或追訴案件犯職務上之罪，經判決有罪確定者，適用本法規定」之規定，請求國家賠償；但該條規定之請求賠償要件，顯較冤獄賠償法第一條嚴格，以致依軍事審判法令受理案件遭受冤獄之人民，極難請求國家賠償，其與依刑事訴訟法令受理案件遭受冤獄之人民相較，仍

屬未具正當理由之顯著差別待遇，若仍令因依軍事審判法令受理案件遭受冤獄之受害人，不能依冤獄賠償法行使賠償請求權，益足延續人民在法律上之不平等，就此而言，自與憲法第七條之本旨有所牴觸。至於司法院與行政院會同訂定發布之前開注意事項，乃主管機關為適用冤獄賠償法，依職權訂定之解釋性行政規則，其第二點規定：「本法第一條第一項所稱受害人，指司法機關依刑事訴訟法令執行羈押之被告，或裁判確定後之受刑人，具有該項第一款或第二款之情形者而言。第二項所稱受害人，指非依刑事訴訟法令所拘禁之人而言。但仍以法院就其案件有審判權者為限」，雖符合冤獄賠償法第一條規定之意旨，但依其規定內容，使依軍事審判法令受理案件遭受冤獄之受害人，不能依冤獄賠償法行使賠償請求權，同屬不符平等原則之要求。

為符首揭憲法規定之本旨，立法者固有其自由形成之空間，在冤獄賠償法修正施行前，或規範軍事審判所致冤獄賠償事項之法律制定施行前，凡自四十八年九月一日冤獄賠償法施行後，軍事機關依軍事審判法令受理之案件，如合於冤獄賠償法第一條之規定者，均得依該法規定請求國家賠償，該法第十一條所定聲請期限二年，應從本解釋公布之日起算。至於冤獄賠償法第四條第一項規定：「冤獄賠償，由原處分或判決無罪機關管轄。但依第一條第二項規定請求賠償者，由所屬地方法院管轄」，注意事項第五點亦僅規定冤獄賠償由普通法院或檢察署管轄，於本解釋公布後，該等管轄規範均有不足，依軍事審判法令受理案件致生之冤獄賠償事件，其原處分或判決無罪或原受理之軍事檢察或審判機關，已因軍事審判法於八十八年十月二日修正公布而裁撤或改組，自應由承受其業務之軍事檢察署或法院管轄，有關該類冤獄賠償事件之初審組織、決定方式及決定書之送達，得依注意事項第十三點、第十四點規定意旨，準用軍事審判法相關規定。俟相關法令修正或制定施行後，上開程序事項則依修正或制定之法令辦理。

又冤獄賠償法第十七條第四項規定：「受害人就同一原因，已依其他法律受有損害賠償者，應於依本法支付賠償額內扣除之」，戒嚴時期人民受損權利回復條例第六條、戒嚴時期不當叛亂暨匪諜審判案件補償條例第十五條之一第三款、二二八事件處理及補償條例第二條等規定，均與冤獄賠償法第一條規定部分競合，而人民於戒嚴時期犯內亂、外患、懲治叛亂條例或檢肅匪諜條例等罪，依戒嚴法第八條及行政院訂定發布之臺灣地區戒嚴時期軍法機關自行審判及交法院審判案件劃分辦法（按已經行政院於七十六年七月十五日廢止）第二條規定，係屬軍事審判，本解釋公布後，依本解釋意旨辦理上開軍事審判冤獄賠償事件時，自應注意該等相關規定，以避免同一原因事實重複賠

償或補償，併予敘明。

釋字第六二五號解釋　（憲一四三，稽徵二一、二八，土稅一四、一五、二二、四〇、四三、四四）　　　　　　　　　　九十六年六月八日公布

地價稅之稽徵，係以土地所有權人在同一直轄市或縣（市）所有之土地之地價及面積所計算之地價總額為課稅基礎，並按照地政機關編送之地價歸戶冊及地籍異動通知資料核定之。因地籍依法重測之結果，如與重測前之土地登記標示之面積有出入者，除非否定重測之結果或確認實施重測時作業有瑕疵，否則，即應以重測確定後所為土地標示變更登記所記載之土地面積為準。而同一土地如經地政機關於實施重測時發現與鄰地有界址重疊之情形而經重測後面積減少者，即表示依重測前之土地登記標示之面積為計算基礎而核列歸戶冊之地價總額並不正確，其致土地所有權人因而負擔更多稅負者，亦應解為係屬稅捐稽徵法第二十八條所規定之「因計算錯誤溢繳之稅款」，方與實質課稅之公平原則無違。

財政部中華民國六十八年八月九日臺財稅第三五五二一號函主旨以及財政部六十九年五月十日臺財稅第三三七五六號函說明二前段所載，就地籍重測時發現與鄰地有界址重疊，重測後面積減少，亦認為不適用稅捐稽徵法第二十八條規定退稅部分之釋示，與本解釋意旨不符，應自本解釋公布之日起不再援用。依本解釋意旨，於適用稅捐稽徵法第二十八條予以退稅時，至多追溯至最近五年已繳之地價稅為限，併此指明。

　　解釋理由書

憲法第一百四十三條第一項後段規定，「私有土地應照價納稅」，本此意旨，土地稅法第十四條規定「已規定地價之土地，除依第二十二條規定課徵田賦者外，應課徵地價稅。」同法第十五條並規定「地價稅按每一土地所有權人在每一直轄市或縣（市）轄區內之地價總額計徵之。」「前項所稱地價總額，指每一土地所有權人依法定程序辦理規定地價或重新規定地價，經核列歸戶冊之地價總額。」又地價稅係採累進稅率課徵，土地所有權人之地價總額超過土地所在地之直轄市或縣（市）累進起點地價者，即累進課徵，超過累進起點地價倍數愈高者，稅率愈高（同法第十六條參照），故土地所有權人在同一直轄市或縣（市）之所有土地，面積愈多及地價總額愈高者，其地價稅之負擔將愈重，藉此以促使土地所有權人充分利用其土地或將不需要之土地移轉釋出。又主管機關於適用職權範圍內之法律條文發生疑義者，本於法定職權就相關規定為闡釋，如其解釋符合各該法律之立法目的及實質課稅之公平原則，即與租稅法律主義尚無違

背，本院釋字第四二〇、四六〇、四九六、五九七號解釋已闡示有案。

地價稅之稽徵程序，係由直轄市或縣（市）主管稽徵機關按照地政機關編送之地價歸戶冊及地籍異動通知資料核定，於查定納稅義務人每期應納地價稅額後，填發地價稅稅單，分送納稅義務人，限期向指定公庫繳納（同法第四十、四十三、四十四條規定參照）。而地價稅既以土地所有權人在同一直轄市或縣（市）所有之土地之地價及面積所計算之地價總額為課稅基礎，並採累進稅率，則課徵地價稅自應以正確之土地面積作為課稅基礎，始與實質課稅之公平原則無違。是因地籍依法重測之結果，如與重測前之土地登記標示之面積有出入者，除非否定重測之結果或確認實施重測時作業有瑕疵，否則，即應以重測確定後所為土地標示變更登記所記載之土地面積為準。而同一土地如經地政機關於實施重測時發現與鄰地有界址重疊之情形而經重測後面積減少者，即表示依重測前之土地登記標示之面積為計算基礎而核列歸戶冊之地價總額並不正確，其致土地所有權人因而負擔更多稅負者，亦應解為係屬稅捐稽徵法第二十八條所規定之「因計算錯誤溢繳之稅款」。

財政部六十八年八月九日臺財稅第三五五二一號函主旨：「土地所有權人之土地，因地政機關重測、複丈或分割等結果，致其面積與原移送稅捐機關據以課徵土地稅之土地總歸戶冊中所載者不符，稅捐機關應自土地重測、複丈或分割等確定後之年期起改按新面積課稅；其因新舊面積之增減相較之下，致有多繳或少繳稅款情事者，未便適用稅捐稽徵法第二十一條及第二十八條之規定予以追繳或退稅。」以及財政部六十九年五月十日臺財稅第三三七五六號函說明二前段：「土地所有權人之土地，因地政機關重測、複丈或分割等結果，致其面積與原移送稅捐機關據以核課土地稅之面積不符，因其既非地政機關作業上之疏失所致，又未經地政機關依法定程序更正登記，其面積業經確定，自無稅捐稽徵法第二十一條及第二十八條之適用」，就地籍重測時發現與鄰地有界址重疊，重測後面積減少，亦認為不適用稅捐稽徵法第二十八條規定退稅部分之釋示，與本解釋意旨不符，應自本解釋公布之日起不再援用。依本解釋意旨，於適用稅捐稽徵法第二十八條予以退稅時，至多追溯至最近五年已繳之地價稅為限。又本件解釋之適用，僅限於地價稅之稽徵，不及於其他，均併此指明。

釋字第六二六號解釋　（憲七、一一、二一～二三、一五九，大法官審案五，內政部組織法八，中央警察大學組織條例二）　九十六年六月八日公布

憲法第七條規定，人民在法律上一律平等；第一百五十九條復規定：「國民受教育之機

會，一律平等。」旨在確保人民享有接受各階段教育之公平機會。中央警察大學九十一學年度研究所碩士班入學考試招生簡章第七點第二款及第八點第二款，以有無色盲決定能否取得入學資格之規定，係為培養理論與實務兼備之警察專門人才，並求教育資源之有效運用，藉以提升警政之素質，促進法治國家之發展，其欲達成之目的洵屬重要公共利益；因警察工作之範圍廣泛、內容繁雜，職務常須輪調，隨時可能發生判斷顏色之需要，色盲者因此確有不適合擔任警察之正當理由，是上開招生簡章之規定與其目的間尚非無實質關聯，與憲法第七條及第一百五十九條規定並無牴觸。

解釋理由書

按人民於其憲法上所保障之權利，遭受不法侵害，經依法定程序提起訴訟，對於確定終局裁判所適用之法律或命令發生有牴觸憲法之疑義者，得聲請解釋憲法，司法院大法官審理案件法第五條第一項第二款定有明文。系爭「中央警察大學（以下簡稱警大）九十一學年度研究所碩士班入學考試招生簡章」為警大就有關九十一學年度研究所碩士班招生事項，所訂定並對外發布之一般性法規範，該當於前開審理案件法第五條第一項第二款所稱之命令，得為本院違憲審查之客體，合先說明。

大學自治為憲法第十一條講學自由之保障範圍，大學對於教學、研究與學習之事項，享有自治權，其自治事項範圍除內部組織、課程設計、研究內容、學力評鑑、考試規則及畢業條件等外（本院釋字第三八○號、第四五○號及第五六三號解釋參照），亦包括入學資格在內，俾大學得藉以篩選學生，維繫學校品質，提升競爭力，並發展特色，實現教育理念。大學對於入學資格既享有自治權，自得以其自治規章，於合理及必要之範圍內，訂定相關入學資格條件，不生違反憲法第二十三條法律保留原則之問題。警大係內政部為達成研究高深警察學術、培養警察專門人才之雙重任務而設立之大學（內政部組織法第八條及中央警察大學組織條例第二條參照），隸屬內政部，負責警察之養成教育，並與國家警政水準之提升與社會治安之維持，息息相關。其雖因組織及任務上之特殊性，而與一般大學未盡相同，然「研究高深警察學術」既屬其設校宗旨，就涉及警察學術之教學、研究與學習之事項，包括入學資格條件，警大即仍得享有一定程度之自治權。是警大就入學資格條件事項，訂定系爭具大學自治規章性質之「中央警察大學九十一學年度研究所碩士班入學考試招生簡章」，明定以體格檢查及格為錄取條件，既未逾越自治範圍，即難指摘與法律保留原則有違。惟警大自治權之行使，應受其功能本質之限制，例如不得設立與警政無關之系別，且為確保其達成國家賦予之政策功能，而應接受比一般大學更多之國家監督，自不待言。是以入學資格為例，

即使法律授權內政部得依其警察政策之特殊需求，為警大研究所碩士班之招生訂定一定資格標準，警大因而僅能循此資格標準訂定招生簡章，選取學生，或進一步要求警大擬定之招生簡章應事先層報內政部核定，雖均使警大之招生自主權大幅限縮，亦非為憲法所不許。

系爭「中央警察大學九十一學年度研究所碩士班入學考試招生簡章」乃警大為訂定入學資格條件所訂定之自治規章，在不違背自治權範圍內，固不生違反法律保留原則之問題，但仍受憲法所規定基本權之拘束。系爭招生簡章第七點第二款：「2.複試項目：含口試與體格檢查二項……」及第八點第二款：「其他人員：須通過下列檢查，不合格者，不予錄取。……3.考生有左項情形之一者，為體檢不合格：……辨色力－色盲（但刑事警察研究所及鑑識科學研究所，色弱者亦不錄取）……」之規定，因以色盲之有無決定能否取得入學資格，使色盲之考生因此不得進入警大接受教育，而涉有違反受教育權與平等權保障之虞，是否違憲，須受進一步之檢驗。

按人民受教育之權利，依其憲法規範基礎之不同，可區分為「受國民教育之權利」及「受國民教育以外教育之權利」。前者明定於憲法第二十一條，旨在使人民得請求國家提供以國民教育為內容之給付，國家亦有履行該項給付之義務。至於人民受國民教育以外教育之權利，固為憲法第二十二條所保障（本院釋字第三八二號解釋參照），惟鑑於教育資源有限，所保障者係以學生在校接受教育之權利不受國家恣意限制或剝奪為主要內容，並不包括賦予人民請求給予入學許可、提供特定教育給付之權利。是國民教育學校以外之各級各類學校訂定特定之入學資格，排除資格不符之考生入學就讀，例如系爭招生簡章排除色盲之考生進入警大就讀，尚不得謂已侵害該考生受憲法保障之受教育權。除非相關入學資格條件違反憲法第七條人民在法律上一律平等暨第一百五十九條國民受教育之機會一律平等之規定，而不當限制或剝奪人民受教育之公平機會，否則即不生牴觸憲法之問題。

至於系爭招生簡章規定以色盲為差別待遇之分類標準，使色盲之考生無從取得入學資格，是否侵害人民接受教育之公平機會，而違反平等權保障之問題，鑑於色盲非屬人力所得控制之生理缺陷，且此一差別對待涉及平等接受教育之機會，為憲法明文保障之事項，而教育對於個人日後工作之選擇、生涯之規劃及人格之健全發展影響深遠，甚至與社會地位及國家資源之分配息息相關，系爭規定自應受較為嚴格之審查。故系爭招生簡章之規定是否違反平等權之保障，應視其所欲達成之目的是否屬重要公共利益，且所採取分類標準及差別待遇之手段與目的之達成是否具有實質關聯而定。

警大因兼負培養警察專門人才與研究高深警察學術之雙重任務，期其學生畢業後均能投入警界，為國家社會治安投注心力，並在警察工作中運用所學，將理論與實務結合；若學生入學接受警察教育，卻未能勝任警察、治安等實務工作，將與警大設校宗旨不符。為求上開設校宗旨之達成及教育資源之有效運用，乃以無色盲為入學條件之一，預先排除不適合擔任警察之人。是項目的之達成，有助於警政素質之提升，並使社會治安、人權保障、警察形象及執法威信得以維持或改善，進而促進法治國家之發展，自屬重要公共利益。因警察工作之範圍廣泛、內容繁雜，職務常須輪調，隨時可能發生判斷顏色之需要，色盲者因此確有不適合擔任警察之正當理由。是系爭招生簡章規定排除色盲者之入學資格，集中有限教育資源於培育適合擔任警察之學生，自難謂與其所欲達成之目的間欠缺實質關聯。雖在現行制度下，警大畢業之一般生仍須另行參加警察特考，經考試及格後始取得警察任用資格而得擔任警察；且其於在校期間不享公費，亦不負有畢業後從事警察工作之義務，以致警大並不保障亦不強制所有一般生畢業後均從事警察工作。然此仍不妨礙警大在其所得決策之範圍內，儘可能追求符合設校宗旨及有效運用教育資源之目的，況所採排除色盲者入學之手段，亦確有助於前開目的之有效達成。是系爭招生簡章之規定與該目的間之實質關聯性，並不因此而受影響，與憲法第七條及第一百五十九條規定並無牴觸。

釋字第六二七號解釋（憲三五～四四、五二、五三、五六、一〇四，憲增二、三、五～七、九，法組六三之一，大法官審案五，民訴三〇四，刑訴一三四、一七六之一、一七九、一八三、二三〇、二三一，國家機密二、四、七、一一、一二）

　　　　　　　　　　　　　　　　　　九十六年六月十五日公布

一、總統之刑事豁免權

憲法第五十二條規定，總統除犯內亂或外患罪外，非經罷免或解職，不受刑事上之訴究。此係憲法基於總統為國家元首，對內肩負統率全國陸海空軍等重要職責，對外代表中華民國之特殊身分所為之尊崇與保障，業經本院釋字第三八八號解釋在案。

依本院釋字第三八八號解釋意旨，總統不受刑事上之訴究，乃在使總統涉犯內亂或外患罪以外之罪者，暫時不能為刑事上訴究，並非完全不適用刑法或相關法律之刑罰規定，故為一種暫時性之程序障礙，而非總統就其犯罪行為享有實體之免責權。是憲法第五十二條規定「不受刑事上之訴究」，係指刑事偵查及審判機關，於總統任職期間，就總統涉犯內亂或外患罪以外之罪者，暫時不得以總統為犯罪嫌疑人或被告而進行偵

查、起訴與審判程序而言。但對總統身分之尊崇與職權之行使無直接關涉之措施，或對犯罪現場之即時勘察，不在此限。

總統之刑事豁免權，不及於因他人刑事案件而對總統所為之證據調查與證據保全。惟如因而發現總統有犯罪嫌疑者，雖不得開始以總統為犯罪嫌疑人或被告之偵查程序，但得依本解釋意旨，為必要之證據保全，即基於憲法第五十二條對總統特殊身分尊崇及對其行使職權保障之意旨，上開因不屬於總統刑事豁免權範圍所得進行之措施及保全證據之處分，均不得限制總統之人身自由，例如拘提或對其身體之搜索、勘驗與鑑定等，亦不得妨礙總統職權之正常行使。其有搜索與總統有關之特定處所以逮捕特定人、扣押特定物件或電磁紀錄之必要者，立法機關應就搜索處所之限制、總統得拒絕搜索或扣押之事由，及特別之司法審查與聲明不服等程序，增訂適用於總統之特別規定。於該法律公布施行前，除經總統同意者外，無論上開特定處所、物件或電磁紀錄是否涉及國家機密，均應由該管檢察官聲請高等法院或其分院以資深庭長為審判長之法官五人組成特別合議庭審查相關搜索、扣押之適當性與必要性，非經該特別合議庭裁定准許，不得為之，但搜索之處所應避免總統執行職務及居住之處所。其抗告程序，適用刑事訴訟法相關規定。

總統之刑事豁免權，亦不及於總統於他人刑事案件為證人之義務。惟以他人為被告之刑事程序，刑事偵查或審判機關以總統為證人時，應準用民事訴訟法第三百零四條：「元首為證人者，應就其所在詢問之」之規定，以示對總統之尊崇。

總統不受刑事訴究之特權或豁免權，乃針對總統之職位而設，故僅擔任總統一職者，享有此一特權；擔任總統職位之個人，原則上不得拋棄此一特權。

二、總統之國家機密特權

總統依憲法及憲法增修條文所賦予之行政權範圍內，就有關國家安全、國防及外交之資訊，認為其公開可能影響國家安全與國家利益而應屬國家機密者，有決定不予公開之權力，此為總統之國家機密特權。其他國家機關行使職權如涉及此類資訊，應予以適當之尊重。

總統依其國家機密特權，就國家機密事項於刑事訴訟程序應享有拒絕證言權，並於拒絕證言權範圍內，有拒絕提交相關證物之權。立法機關應就其得拒絕證言、拒絕提交相關證物之要件及相關程序，增訂適用於總統之特別規定。於該法律公布施行前，就涉及總統國家機密特權範圍內國家機密事項之訊問、陳述，或該等證物之提出、交付，是否妨害國家之利益，由總統釋明之。其未能合理釋明者，該管檢察官或受訴法院應

審酌具體個案情形，依刑事訴訟法第一百三十四條第二項、第一百七十九條第二項及第一百八十三條第二項規定為處分或裁定。總統對檢察官或受訴法院駁回其上開拒絕證言或拒絕提交相關證物之處分或裁定如有不服，得依本解釋意旨聲明異議或抗告，並由前述高等法院或其分院以資深庭長為審判長之法官五人組成之特別合議庭審理之。特別合議庭裁定前，原處分或裁定應停止執行。其餘異議或抗告程序，適用刑事訴訟法相關規定。總統如以書面合理釋明，相關證言之陳述與證物之提交，有妨害國家利益之虞者，檢察官及法院應予以尊重。總統陳述相關證言或提交相關證物是否有妨害國家利益之虞，應僅由承辦檢察官或審判庭法官依保密程序為之。總統所陳述相關證言或提交相關證物，縱經保密程序進行，惟檢察官或法院若以之作為終結偵查之處分或裁判之基礎，仍有造成國家安全危險之合理顧慮者，應認為有妨害國家利益之虞。

法院審理個案，涉及總統已提出之資訊者，是否應適用國家機密保護法及「法院辦理涉及國家機密案件保密作業辦法」相關規定進行其審理程序，應視總統是否已依國家機密保護法第二條、第四條、第十一條及第十二條規定核定相關資訊之機密等級及保密期限而定；如尚未依法核定為國家機密者，無從適用上開規定之相關程序審理。惟訴訟程序進行中，總統如將系爭資訊依法改核定為國家機密，或另行提出其他已核定之國家機密者，法院即應改依上開規定之相關程序續行其審理程序。其已進行之程序，並不因而違反國家機密保護法及「法院辦理涉及國家機密案件保密作業辦法」相關之程序規定。至於審理總統核定之國家機密資訊作為證言或證物，是否妨害國家之利益，應依前述原則辦理。又檢察官之偵查程序，亦應本此意旨為之。

三、暫時處分部分

本件暫時處分之聲請，因本案業經作成解釋，已無須予以審酌，併予指明。

解釋理由書

一、總統之刑事豁免權

刑事司法權之行使，係以刑事正義之實踐為目的。國家元首不受刑事訴究之特權或豁免權，濫觴於專制時期王權神聖不受侵犯之觀念。現代民主法治國家，有關總統刑事豁免權之規定不盡相同。總統刑事豁免權之有無、內容與範圍，與中央政府體制並無直接關聯，尚非憲法法理上之必然，而屬各國憲法政策之決定。

憲法第五十二條規定：「總統除犯內亂或外患罪外，非經罷免或解職，不受刑事上之訴究」，是為總統之刑事豁免權。其本質為抑制國家刑事司法權，而賦予總統除涉犯內亂

或外患罪外，非經罷免或解職，不受刑事上訴究之特權，乃法治國家法律之前人人平等原則之例外。此一例外規定，係憲法基於總統為國家元首，對內肩負統率全國陸海空軍等重要職責，對外代表中華民國之特殊身分，為對總統特別尊崇與保障所為之政策決定。

中華民國八十四年十月二十七日公布之本院釋字第三八八號解釋文前段釋示：「憲法第五十二條規定，總統除犯內亂或外患罪外，非經罷免或解職，不受刑事上之訴究。此係憲法基於總統為國家元首，對內肩負統率全國陸海空軍等重要職責，對外代表中華民國之特殊身分所為之尊崇與保障。」該解釋理由書第一段載明：「憲法第五十二條規定，總統除犯內亂或外患罪外，非經罷免或解職，不受刑事上之訴究。此係憲法基於總統為國家元首，對內肩負統率全國陸海空軍、依法公布法律、任免文武官員等重要職責，對外代表中華民國之特殊身分所為之尊崇與保障。藉以確保其職權之行使，並維護政局之安定，以及對外關係之正常發展。惟此所謂總統不受刑事訴究之特權或豁免權，乃針對其職位而設，並非對其個人之保障，且亦非全無限制，如總統所犯為內亂或外患罪，仍須受刑事上之訴究；如所犯為內亂或外患罪以外之罪，僅發生暫時不能為刑事上訴追之問題，並非完全不適用刑法或相關法律之刑罰規定」，就憲法第五十二條之規範目的，與總統刑事豁免權之性質、保護對象及效力等，已作成有拘束力之解釋。依該解釋意旨，總統不受刑事上之訴究，為一種暫時性之程序障礙，而非總統就其犯罪行為享有實體之免責權。

自八十四年十月二十七日以來，歷經多次修憲，我國中央政府體制雖有所更動，如總統直選、行政院院長改由總統任命、廢除國民大會、立法院得對行政院院長提出不信任案、總統於立法院對行政院院長提出不信任案後得解散立法院、立法院對總統得提出彈劾案並聲請司法院大法官審理等。然就現行憲法觀之，總統仍僅享有憲法及憲法增修條文所列舉之權限，而行政權仍依憲法第五十三條規定概括授予行政院，憲法第三十七條關於副署之規定，僅作小幅修改。況總統刑事豁免權之有無與範圍，與中央政府體制並無必然之關聯，已如前述，而總統之刑事豁免權，乃抑制國家之刑事司法權而對總統特殊身分予以尊崇與保障其職權行使之本質未變，因此憲法第五十二條規定，尚不因憲法歷經多次修正而須另作他解，本院釋字第三八八號解釋並無變更解釋之必要。

依本院釋字第三八八號解釋意旨，總統不受刑事上之訴究，既為一種暫時性之程序障礙，而非總統就其犯罪行為享有實體之免責權，是憲法第五十二條規定「不受刑事上

之訴究」，應指刑事偵查及審判機關，於總統任職期間，就總統涉犯內亂或外患罪以外之罪者，暫時不得以總統為犯罪嫌疑人或被告而進行偵查、起訴與審判程序而言。因此總統就任前尚未開始以其為犯罪嫌疑人或被告之刑事偵查、審判程序，自其就職日起，不得開始；總統就任前已開始以其為犯罪嫌疑人或被告之刑事偵查、審判程序，自其就職日起，應即停止。但為兼顧總統經罷免、解職或卸任後仍受刑事上訴究之總統刑事豁免權之本旨，故刑事偵查、審判機關，對以總統為犯罪嫌疑人或被告之刑事案件，得為對總統之尊崇與職權之行使無直接關涉之措施，如檢察官對告訴、告發、移送等刑事案件，及法院對自訴案件，得為案件之收受、登記等；總統就任前已開始以其為犯罪嫌疑人或被告之偵查程序，於其就職之日，應即停止；總統就任前以其為被告之刑事審判程序，於其就職之日，應為停止審判之裁定等，俟總統經罷免、解職或卸任之日起，始續行偵查、審判程序。

總統之刑事豁免權僅係暫時不能為刑事上訴究之程序障礙，總統如涉有犯罪嫌疑者，於經罷免、解職或卸任後仍得依法訴究，故刑事偵查及審判機關，於總統任職期間，就總統涉犯內亂或外患罪以外之罪者，固然暫時不得以總統為犯罪嫌疑人或被告而進行偵查、起訴與審判程序，但就犯罪現場為即時勘察（刑事訴訟法第二百三十條第三項、第二百三十一條第三項參照），不在此限。總統之刑事豁免權，僅及於其個人犯罪之暫緩訴究，不及於因他人刑事案件而於偵查或審判程序對總統所為之證據調查與證據保全。惟如因而發現總統有犯罪嫌疑者，雖不得開始以總統為犯罪嫌疑人或被告之偵查程序，為避免證據湮滅，致總統經罷免、解職或卸任後已無起訴、審判之可能，仍得依本解釋意旨，為必要之證據保全程序，例如勘驗物件或電磁紀錄、勘驗現場、調閱文書及物件，以及自總統以外之人採集所需保全之檢體等。但基於憲法第五十二條對總統特殊身分尊崇及對其行使職權保障之意旨，上開證據調查與證據保全措施，均不得限制總統之人身自由，例如拘提或對其身體之搜索、勘驗與鑑定等，亦不得妨礙總統職權之正常行使。其有搜索與總統有關之特定處所以逮捕特定人、扣押特定物件或電磁紀錄之必要者，立法機關應就搜索處所之限制、總統得拒絕搜索或扣押之事由，及特別之司法審查與聲明不服等程序，增訂適用於總統之特別規定。於該法律公布施行前，除經總統同意者外，無論上開特定處所、物件或電磁紀錄是否涉及國家機密，均應由該管檢察官聲請高等法院或其分院以資深庭長為審判長之法官五人組成特別合議庭審查相關搜索、扣押之適當性與必要性，非經該特別合議庭裁定准許，不得為之，但搜索之處所應避免總統執行職務及居住之處所。其抗告程序，適用刑事訴訟

法相關規定。

總統於他人刑事案件為證人之義務，並非憲法第五十二條所謂之「刑事上之訴究」，因此不在總統刑事豁免權之範圍內。惟以他人為被告之刑事程序，刑事偵查及審判機關如以總統為證人時，應準用民事訴訟法第三百零四條：「元首為證人者，應就其所在詢問之」之規定，以示對總統之尊崇，但總統得捨棄此項優遇而到場作證。

依本院釋字第三八八號解釋意旨，所謂總統不受刑事訴究之特權或豁免權之規範目的，乃針對其職位而設，因此擔任總統職位之個人，就總統刑事豁免權保障範圍內之各項特權，原則上不得拋棄。所謂原則上不得拋棄，係指總統原則上不得事前、概括拋棄其豁免權而言，以免刑事偵查、審判程序對總統之尊崇與職權之有效行使，造成無可預見之干擾。但總統之刑事豁免權，本質上為總統之憲法上特權，行使總統職權者，就個別證據調查行為，事實上是否造成總統尊崇與職權行使之損傷或妨礙，應有其判斷餘地。故除以總統為被告之刑事起訴與審判程序，或其他客觀上足認必然造成總統尊崇之損傷與職權行使之妨礙者外，其餘個別證據調查行為，縱為總統刑事豁免權所及，惟經總統自願配合其程序之進行者，應認為總統以個別證據調查行為，事實上並未造成總統尊崇與職權行使之損傷或妨礙而拋棄其個案豁免權，與憲法第五十二條之規範目的，尚無違背。總統得隨時終止其拋棄之效力而回復其豁免權，自不待言。至總統於上開得拋棄之範圍內，其刑事豁免權之拋棄是否違反本解釋意旨，若該案件起訴者，由法院審酌之。又總統刑事豁免權既係針對其職位而設，故僅擔任總統一職者，享有此一特權，其保障不及於非擔任總統職位之第三人。共同正犯、教唆犯、幫助犯以及其他參與總統所涉犯罪之人，不在總統刑事豁免權保障之範圍內；刑事偵查、審判機關對各該第三人所進行之刑事偵查、審判程序，自不因總統之刑事豁免權而受影響。

二、總統之國家機密特權

憲法並未明文規定總統之「國家機密特權」，惟依權力分立與制衡原則，行政首長依其固有之權能，就有關國家安全、國防及外交之國家機密事項，有決定不予公開之權力，屬行政首長行政特權之一部分，本院釋字第五八五號解釋足資參照，此即我國憲法上所承認行政首長之國家機密特權。

總統依憲法及憲法增修條文所賦予之職權略為：元首權（憲法第三十五條）、軍事統帥權（憲法第三十六條）、公布法令權（憲法第三十七條、憲法增修條文第二條第二項）、締結條約、宣戰及媾和權（憲法第三十八條）、宣布戒嚴權（憲法第三十九條）、赦免

權（憲法第四十條）、任免官員權（憲法第四十一條）、授與榮典權（憲法第四十二條）、發布緊急命令權（憲法第四十三條、憲法增修條文第二條第三項）、權限爭議處理權（憲法第四十四條）、國家安全大政方針決定權、國家安全機關設置權（憲法增修條文第二條第四項）、立法院解散權（憲法增修條文第二條第五項）、提名權（憲法第一百零四條、憲法增修條文第二條第七項、第五條第一項、第六條第二項、第七條第二項）、任命權（憲法第五十六條、憲法增修條文第三條第一項、第九條第一項第一款及第二款）等，為憲法上之行政機關。總統於憲法及憲法增修條文所賦予之行政權範圍內，為最高行政首長，負有維護國家安全與國家利益之責任。是總統就其職權範圍內有關國家安全、國防及外交資訊之公開，認為有妨礙國家安全與國家利益之虞者，應負保守秘密之義務，亦有決定不予公開之權力，此為總統之國家機密特權。立法者並賦予總統單獨核定國家機密且永久保密之權限，此觀國家機密保護法第七條第一項第一款、第十二條第一項自明。其他國家機關行使職權如涉及此類資訊，應予以適當之尊重。惟源自於行政權固有權能之「國家機密特權」，其行使仍應符合權力分立與制衡之憲法基本原則，而非憲法上之絕對權力。

總統依其國家機密特權，就國家機密事項於刑事訴訟程序應享有拒絕證言權，並於拒絕證言權範圍內，有拒絕提交相關證物之權。立法機關應就其得拒絕證言、拒絕提交相關證物之要件及相關程序，增訂適用於總統之特別規定。於該法律公布施行前，就涉及總統國家機密特權範圍內國家機密事項之訊問、陳述，或該等證物之提出、交付，是否妨害國家之利益，由總統釋明之。其未能合理釋明者，該管檢察官或受訴法院應審酌具體個案情形，依刑事訴訟法第一百三十四條第二項、第一百七十九條第二項及第一百八十三條第二項規定為處分或裁定。總統對檢察官或受訴法院駁回其上開拒絕證言或拒絕提交相關證物之處分或裁定如有不服，得依本解釋意旨聲明異議或抗告，並由前述高等法院或其分院以資深庭長為審判長之法官五人組成之特別合議庭審理之。特別合議庭裁定前，原處分或裁定應停止執行。其餘異議或抗告程序，適用刑事訴訟法相關規定。總統如以書面合理釋明，相關證言之陳述與證物之提交，有妨害國家利益之虞者，檢察官及法院應予以尊重。總統陳述相關證言或提交相關證物是否有妨害國家利益之虞，應僅由承辦檢察官或審判庭法官依保密程序為之。總統所陳述相關證言或提交相關證物，縱經保密程序進行，惟檢察官或法院若以之作為終結偵查之處分或裁判之基礎，仍有造成國家安全危險之合理顧慮者，應認為有妨害國家利益之虞。

法院審理個案，涉及總統已提出之資訊者，是否應適用國家機密保護法及「法院辦理涉及國家機密案件保密作業辦法」相關規定進行其審理程序，應視總統是否已依國家機密保護法第二條、第四條、第十一條及第十二條規定核定相關資訊之機密等級及保密期限而定；如尚未依法核定為國家機密者，無從適用上開規定之相關程序審理。惟訴訟程序進行中，總統如將系爭資訊依法改核定為國家機密，或另行提出其他已核定之國家機密者，法院即應改依上開規定之相關程序續行其審理程序。其已進行之程序，並不因而違反國家機密保護法及「法院辦理涉及國家機密案件保密作業辦法」相關之程序規定。至於審理總統核定之國家機密資訊作為證言或證物，是否妨害國家之利益，應依前述原則辦理。又檢察官之偵查程序，亦應本此意旨為之。

三、暫時處分及不受理部分

本件暫時處分之聲請，因本案業經作成解釋，已無須予以審酌，併予指明。又本件聲請意旨主張總統行使職權，與臺灣臺北地方法院九十五年度矚重訴字第四號刑事案件審理之職權，發生適用憲法第五十二條之爭議；適用法院組織法第六十三條之一第一項第一款、第二款及刑事訴訟法第一百七十六條之一規定，發生有牴觸憲法第五十二條之疑義部分，核與司法院大法官審理案件法第五條第一項第一款規定不符，應不受理。

釋字第六二八號解釋（憲一五、二三，水利三，農田水利會組織通則一〇、二五～二九 (54.07.02)，農田水利會組織通則二六 (59.02.09)，農田水利會組織通則二五 (69.12.17)，臺灣省農田水利會組織規程四一）　九十六年六月二十二日公布

農田水利會係由法律設立之公法人，為地方水利自治團體，在法律授權範圍內享有自治之權限。農田水利事業之餘水管理乃農田水利會自治事項之一，農田水利會並得依法徵收餘水使用費（農田水利會組織通則第十條第一款、第二十八條規定參照）。是關於餘水管理，農田水利會組織通則已授予農田水利會得訂定自治規章以限制人民自由權利之自治權限。依該通則第二十九條（中華民國五十四年七月二日制定公布）規定，徵收餘水使用費之標準及辦法固係授權省（市）主管機關訂定，臺灣省政府據此並已就餘水使用費訂定一定之徵收標準及程序，然若有規範未盡部分，農田水利會訂定自治規章予以補充，並報請主管機關核備者，尚符合上開通則第二十九條規定之意旨。臺灣省石門農田水利會灌溉蓄水池使用要點（臺灣省政府建設廳水利處八十七年五月七日八七水農字第Ａ八七五〇一七四七六號函核備）第四點之規定，乃該會依正當程

序本於其徵收餘水使用費之自治權限，在法律授權得徵收餘水使用費範圍內，分別依餘水使用之不同情形，確定餘水使用費之徵收對象所為具體規定之自治規章，符合水資源有效利用及使用者付費之立法意旨，手段亦屬合理及必要，未逾越臺灣省政府就農田水利會徵收餘水使用費訂定命令之範圍，亦未牴觸上開法律及其授權規定，於憲法第十五條保障之財產權、第二十三條規定之法律保留原則與比例原則，尚無違背。

解釋理由書

農田水利會係秉承國家推行農田水利事業之宗旨，依法律設立之公法人，為地方水利自治團體（四十四年一月十九日修正公布之水利法第三條第二、三項參照），在法律授權範圍內享有自治之權限（本院釋字第五一八號解釋參照）。依農田水利會組織通則第十條規定，農田水利會之任務包括農田水利事業之興辦、改善、保養及管理、災害之預防及搶救、經費之籌措及基金設立、效益之研究及發展等事項，此即為法律授予農田水利會之自治事項。農田水利會為執行上開自治事項，於不牴觸法律與其授權之範圍內，自得訂定自治規章，以達成其任務。惟農田水利會訂定之自治規章，如有限制人民自由權利者，為符合憲法第二十三條所定法律保留原則之要求，仍應有法律規定或法律之授權，始得為之。又團體內部意見之形成，依憲法之民主原則，不僅應遵守多數決之原則（本院釋字第五一八號解釋理由書參照），且如事關人民權利之限制者，所形成之規定內容應符合比例原則，其訂定及執行並應遵守正當程序（本院釋字第五六三號解釋參照），農田水利會於訂定限制人民自由權利之自治規章時，亦應本此原則，乃屬當然。

依農田水利會組織通則第十條第一款規定，農田水利會具有興辦、改善、保養及管理農田水利事業之任務。而農田水利會於改善現有灌溉輸配水設施、減少輸水損失及提高用水效率後所節餘之餘水，不僅得再分配予會員供農田灌溉之用，且在不影響農田灌溉之運作下，亦得作農田灌溉以外目的之使用，以充分有效利用水資源，是農田水利事業之餘水管理自屬農田水利會之自治事項範圍，農田水利會可依調配用水現場實際節餘水量及其操作難度，調整供水優先次序。又農田水利會組織通則第二十五條（六十九年十二月十七日修正公布）、第二十六條（五十九年二月九日修正公布）、第二十七條（五十四年七月二日制定公布）及第二十八條明文規定，農田水利會有徵收會費、餘水使用費及其他費用之權限。準此以觀，足見法律已授予農田水利會就餘水使用費之徵收，得訂定自治規章限制人民自由權利之自治權限。而餘水使用者則負有繳納之公法上金錢給付義務，為餘水使用者之公法上負擔（本院釋字第五一八號解釋理由書

參照）；且餘水使用費既係向使用者徵收，自不因使用者是否為會員而有異。農田水利會據上述法律授權，於徵收餘水使用費時，應得依正當程序訂定合理、必要之自治規章。

惟農田水利會係以法律設立之公法人，其訂定自治規章之權限，立法者有自由形成之空間。自五十四年七月二日制定公布起至八十四年十一月八日止，歷次修正均未更動之農田水利會組織通則第二十九條規定：「農田水利會依前四條規定，徵收各費之標準及辦法，由省（市）主管機關訂定，並報中央主管機關核備。」對農田水利會徵收會費、工程費、建造物使用費及餘水使用費之徵收標準及辦法（同通則第二十五至二十八條參照），係授權主管機關訂定。臺灣省政府依上開通則第二十九條規定之授權，於八十四年五月二十七日修正發布臺灣省農田水利會組織規程，其第四十一條第一款規定：「餘水使用費或建造物使用費，徵收標準如左：一、餘水使用費，最低不得低於該地區最高之會費收費率。」是就餘水使用費之徵收標準設最低費率限制；另臺灣省政府於七十八年三月二十四日修正發布臺灣省農田水利會各項費用徵收要點，就農田水利會徵收各項費用之作業程序、欠費處理、帳簿設置與稽核等予以規定。除此以外，上述主管機關就如何確定餘水使用費之徵收對象、徵收之具體數額等事項均未及之。對於此種未盡部分事項，農田水利會為執行其徵收餘水使用費之自治權限，訂定自治規章予以補充，並報請主管機關核備者，尚符合上開通則第二十九條規定之意旨。

臺灣省石門農田水利會灌溉蓄水池使用要點（臺灣省政府建設廳水利處八十七年五月七日八七水農字第Ａ八七五〇一七四七六號函核備）第四點第一項規定：「用水使用費應向訂立之使用同意書人徵收之。未依前條規定訂立使用同意書而有使用情形者，應向下列規定徵收用水使用費。㈠蓄水池土地所有人或全體共有人共同使用者，應向土地所有人徵收之。㈡蓄水池出租或同意他人使用，而該承租人或使用人拒或未與本會訂立使用同意書者，得由土地所有人或全體共有人提出租賃契約書或同意書或其他具體文件由本會逕向土地承租人或使用人徵收之。㈢蓄水池為他人或他共有人占用者（即不能取得使用同意書者）應向占用人徵收。」乃該會本於其徵收餘水使用費之自治權限，在法律授權得對人民徵收餘水使用費範圍內，分別依餘水使用之不同情形，確定餘水使用費之徵收對象所為具體規定之自治規章，符合水資源有效利用及使用者付費之立法意旨，手段亦屬合理及必要。上開要點並由臺灣省石門農田水利會會務委員會審議通過（該要點第二十四點參照），復經臺灣省政府建設廳水利處准予核備，已具備正當程序之要求。是上開規定即未逾越主管機關所訂定之臺灣省農田水利會組織規程與臺

灣省農田水利會各項費用徵收要點規定之範圍，亦未牴觸上開法律及其授權之規定，於憲法第十五條保障之財產權、第二十三條規定之法律保留原則與比例原則，尚無違背。至人民與農田水利會間因徵收餘水使用費事件所生之爭議，為公法上爭議。八十九年七月一日修正行政訴訟法施行前，相關爭議已依法提起訴訟並經裁判確定者，其效力固不受影響，惟自修正行政訴訟法施行後，就此類爭議事件應循行政爭訟程序請求救濟，併予指明。

釋字第六二九號解釋（憲一六、二三，行訴二二九，民訴四二七、四三六之八）

九十六年七月六日公布

最高行政法院中華民國九十年十一月份庭長法官聯席會議暨法官會議決議：「行政訴訟法簡易程序之金額（價額）於九十一年一月一日提高為十萬元後，訴訟標的金額（價額）逾三萬元至十萬元間之事件，於提高後始提起行政訴訟者，依簡易程序審理。提高前已繫屬各高等行政法院而於提高後尚未終結者，改分為簡字案件，並通知當事人，仍由原股依簡易程序繼續審理；於提高前已終結者以及於提高前已提起上訴或抗告者，均仍依通常程序辦理。」符合行政訴訟法第二百二十九條第二項規定及司法院九十年十月二十二日（九十）院臺廳行一字第二五七四六號令之意旨，與法律保留原則、法安定性原則與法明確性原則均無違背，於憲法第十六條、第二十三條規定尚無牴觸。

　　解釋理由書

憲法第十六條所規定之訴訟權，係以人民於其權利遭受侵害時，得依法請求法院救濟為其核心內容。而訴訟救濟應循之審級、程序及相關要件，則由立法機關衡量訴訟案件之種類、性質、訴訟政策目的，以及訴訟制度之功能等因素，以法律為正當合理之規定，本院釋字第五七四號解釋足資參照。

八十七年十月二十八日修正之行政訴訟法第二百二十九條第一項第一款至第三款規定，行政訴訟事件「關於稅捐課徵事件涉訟，所核課之稅額在新臺幣三萬元以下者」、「因不服行政機關所為新臺幣三萬元以下罰鍰處分而涉訟者」、「其他關於公法上財產關係之訴訟，其標的之金額或價額在新臺幣三萬元以下者」，適用簡易訴訟程序，係以當事人起訴所得受之利益是否逾一定之金額或價額，而決定其提起行政訴訟時應適用通常訴訟程序或簡易訴訟程序之標準，乃立法者衡酌行政訴訟救濟制度之功能及訴訟事件之屬性，避免虛耗國家有限之司法資源，促使公法上爭議早日確定，以維持社會秩序所為之正當合理之限制，與憲法第十六條、第二十三條規定尚無違背。但法律之

內容難以鉅細靡遺，如有須隨社會變遷而與時俱進者，立法機關自得授權主管機關發布命令為之。其授權之範圍及內容具體明確者，並非憲法所不許。

行政訴訟既以當事人起訴所得受之利益是否逾一定之金額或價額，作為劃分通常訴訟程序與簡易訴訟程序之標準，則此一劃分標準是否有效而可發揮避免虛耗國家有限之司法資源，促使公法上爭議早日確定之功能，應視社會情勢而定。衡諸法律之修正費時，是行政訴訟法第二百二十九條第二項規定，該條第一項所定數額，授權司法院得因情勢需要，以命令減為新臺幣（下同）二萬元或增至二十萬元，以資因應。其授權之目的洵屬正當，且其範圍及內容具體明確，自無違於法律保留原則與授權明確性原則。

查八十七年十月二十八日修正之行政訴訟法第二百二十九條第一項第一款至第三款所規定之行政訴訟事件，須其金額或價額在三萬元以下，始有簡易訴訟程序之適用。由於該次行政訴訟法修正案之研議過程長達十七年之久，其間我國之經濟及社會結構已有重大變遷，以三萬元以下數額作為適用簡易訴訟程序之基準，顯然偏低，且八十八年二月三日修正之民事訴訟法第四百二十七條第一項關於適用簡易訴訟程序之事件，其金額或價額已提高為五十萬元以下，同法第四百三十六條之八第一項關於適用小額訴訟程序之事件，其金額或價額亦規定為十萬元以下。司法院鑒於簡易訴訟程序有簡便易行，迅速審理之效，為減輕人民訟累、節省司法資源，並配合經濟發展，上開適用簡易訴訟程序之金額或價額有予提高之必要，爰依行政訴訟法第二百二十九條第二項規定，以九十年十月二十二日（九十）院臺廳行一字第二五七四六號令訂定「依行政訴訟法第二百二十九條第二項之規定，將行政訴訟法第二百二十九條第一項所定適用簡易程序之數額增至新臺幣十萬元，並自中華民國九十一年一月一日起實施」（參閱九十年十一月司法院公報第四十三卷第十一期第七十四頁），以因應情勢之需要，與行政訴訟法第二百二十九條第二項規定之授權意旨，並無不符。

按法治國原則為憲法之基本原則，首重人民權利之維護、法秩序之安定及信賴保護原則之遵守。因此，法律一旦發生變動，除法律有溯及適用之特別規定者外，原則上係自法律公布生效日起，向將來發生效力，迭經本院解釋有案。司法院上開授權命令，並無溯及適用之特別規定，是最高行政法院九十年十一月份庭長法官聯席會議暨法官會議決議，乃就該命令應如何自公布生效日起向將來發生效力，所為之過渡規定，與法律不溯既往原則，自無違背。另查上開命令雖無溯及效力，而係適用於該命令生效後所進行之程序，然對人民依舊法所建立之生活秩序，仍難免發生若干影響。此時於

不違反法律平等適用之原則下，如適度排除該命令於生效後之適用，即無違法治國之法安定性原則及信賴保護原則。準此，上開最高行政法院決議：「行政訴訟法簡易程序之金額（價額）於九十一年一月一日提高為十萬元後，訴訟標的金額（價額）逾三萬元至十萬元間之事件，於提高後始提起行政訴訟者，依簡易程序審理。提高前已繫屬各高等行政法院而於提高後尚未終結者，改分為簡字案件，並通知當事人，仍由原股依簡易程序繼續審理；於提高前已終結者以及於提高前已提起上訴或抗告者，均仍依通常程序辦理。」對於簡易程序之金額（價額）提高前已提起行政訴訟者，除於提高前高等行政法院訴訟程序已終結者以及於提高前已提起上訴或抗告者，仍適用提高前規定之程序繼續審理外，其已繫屬各高等行政法院而於提高後尚未終結者，改分為簡字案件，依簡易訴訟程序繼續審理。對當事人就訴訟程序之期待，縱不能盡如其意，惟行政訴訟簡易程序與通常程序，僅事件由獨任法官審理、裁判得不經言詞辯論為之、對裁判提起上訴或抗告須經最高行政法院許可且以訴訟事件所涉之法律見解具有原則性者為限等訴訟程序之繁簡不同，就人民於其權利遭受侵害時，得依法請求法院救濟之功能而言並無二致，而相對於紓解人民訟累及節省司法資源此一重大公益之重要性與必要性，則簡易訴訟程序之金額（價額）提高前已繫屬各高等行政法院而於提高後尚未終結者，改分為簡字案件，依簡易訴訟程序繼續審理所受之不利影響，尚屬合理，與法治國家法安定性之要求，仍屬相符。是最高行政法院上開決議符合行政訴訟法第二百二十九條第二項規定及司法院九十年十月二十二日（九十）院臺廳行一字第二五七四六號令之意旨，與法律保留原則、法安定性原則與法明確性原則均無違背，於憲法第十六條、第二十三條規定尚無牴觸。

釋字第六三〇號解釋（憲八、一五、二二、二三，刑三二八、三二九）

九十六年七月十三日公布

刑法第三百二十九條之規定旨在以刑罰之手段，保障人民之身體自由、人身安全及財產權，免受他人非法之侵害，以實現憲法第八條、第二十二條及第十五條規定之意旨。立法者就竊盜或搶奪而當場施以強暴、脅迫者，僅列舉防護贓物、脫免逮捕或湮滅罪證三種經常導致強暴、脅迫行為之具體事由，係選擇對身體自由與人身安全較為危險之情形，視為與強盜行為相同，而予以重罰。至於僅將上開情形之竊盜罪與搶奪罪擬制為強盜罪，乃因其他財產犯罪，其取財行為與強暴、脅迫行為間鮮有時空之緊密連接關係，故上開規定尚未逾越立法者合理之自由形成範圍，難謂係就相同事物為不合

理之差別對待。經該規定擬制為強盜罪之強暴、脅迫構成要件行為，乃指達於使人難以抗拒之程度者而言，是與強盜罪同其法定刑，尚未違背罪刑相當原則，與憲法第二十三條比例原則之意旨並無不符。

解釋理由書

人民之身體自由、人身安全及財產權，受憲法第八條、第二十二條及第十五條規定之保障，刑法第三百二十九條規定「竊盜或搶奪，因防護贓物、脫免逮捕或湮滅罪證，而當場施以強暴、脅迫者，以強盜論。」旨在以刑罰之手段，保障人民之身體自由、人身及財產安全，免受他人非法之侵害，以實現上開憲法意旨。上開刑法規定所列舉之防護贓物、脫免逮捕或湮滅罪證三種客觀具體事由，屬於竊盜及搶奪行為事發之際，經常促使行為人對被害人或第三人施強暴、脅迫之原因，故立法者選擇該等事由所造成實施強暴、脅迫之情形，論以強盜罪，俾能有效保護被害人或第三人之身體自由、人身及財產安全不受非法侵害；其他財產犯罪行為人，雖亦可能為防護贓物、脫免逮捕或湮滅罪證而施強暴、脅迫之行為，然其取財行為與強暴、脅迫行為間鮮有時空之緊密連接關係，故上開規定尚未逾越立法者合理之自由形成範圍，難謂係就相同事物為不合理之差別對待。

查刑法第三百二十九條準強盜罪之規定，將竊盜或搶奪之行為人為防護贓物、脫免逮捕或湮滅罪證而當場施強暴、脅迫之行為，視為施強暴、脅迫使人不能抗拒而取走財物之強盜行為，乃因準強盜罪之取財行為與施強暴、脅迫行為之因果順序，雖與強盜罪相反，卻有時空之緊密連接關係，以致竊盜或搶奪故意與施強暴、脅迫之故意，並非截然可分，而得以視為一複合之單一故意，亦即可認為此等行為人之主觀不法與強盜行為人之主觀不法幾無差異；復因取財行為與強暴、脅迫行為之因果順序縱使倒置，客觀上對於被害人或第三人所造成財產法益與人身法益之損害卻無二致，而具有得予以相同評價之客觀不法。故擬制為強盜行為之準強盜罪構成要件行為，雖未如刑法第三百二十八條強盜罪之規定，將實施強暴、脅迫所導致被害人或第三人不能抗拒之要件予以明文規定，惟必於竊盜或搶奪之際，當場實施之強暴、脅迫行為，已達使人難以抗拒之程度，其行為之客觀不法，方與強盜行為之客觀不法相當，而得與強盜罪同其法定刑。據此以觀，刑法第三百二十九條之規定，並未有擴大適用於竊盜或搶奪之際，僅屬當場虛張聲勢或與被害人或第三人有短暫輕微肢體衝突之情形，因此並未以強盜罪之重罰，適用於侵害人身法益之程度甚為懸殊之竊盜或搶奪犯行，尚無犯行輕微而論以重罰之情形，與罪刑相當原則即無不符，並未違背憲法第二十三條比例原則

之意旨。

釋字第六三一號解釋（憲一二，大法官審案五，通訊監察一、二、五、七）

九十六年七月二十日公布

憲法第十二條規定：「人民有秘密通訊之自由。」旨在確保人民就通訊之有無、對象、時間、方式及內容等事項，有不受國家及他人任意侵擾之權利。國家採取限制手段時，除應有法律依據外，限制之要件應具體、明確，不得逾越必要之範圍，所踐行之程序並應合理、正當，方符憲法保護人民秘密通訊自由之意旨。中華民國八十八年七月十四日制定公布之通訊保障及監察法第五條第二項規定：「前項通訊監察書，偵查中由檢察官依司法警察機關聲請或依職權核發」，未要求通訊監察書原則上應由客觀、獨立行使職權之法官核發，而使職司犯罪偵查之檢察官與司法警察機關，同時負責通訊監察書之聲請與核發，難謂為合理、正當之程序規範，而與憲法第十二條保障人民秘密通訊自由之意旨不符，應自本解釋公布之日起，至遲於九十六年七月十一日修正公布之通訊保障及監察法第五條施行之日失其效力。

解釋理由書

按人民於其憲法上所保障之權利，遭受不法侵害，經依法定程序提起訴訟，對於確定終局裁判所適用之法律或命令發生有牴觸憲法之疑義者，得聲請解釋憲法，司法院大法官審理案件法第五條第一項第二款定有明文。查本件據以聲請之確定終局判決係以監聽取得之證據作為不利於聲請人判決證據之一，而監聽合法與否，係依八十八年七月十四日制定公布之通訊保障及監察法（以下簡稱通保法）第五條之規定定之，故該規定亦屬上述判決所適用之法律，本院自得依首開規定受理解釋。

憲法第十二條規定：「人民有秘密通訊之自由。」旨在確保人民就通訊之有無、對象、時間、方式及內容等事項，有不受國家及他人任意侵擾之權利。此項秘密通訊自由乃憲法保障隱私權之具體態樣之一，為維護人性尊嚴、個人主體性及人格發展之完整，並為保障個人生活私密領域免於國家、他人侵擾及維護個人資料之自主控制，所不可或缺之基本權利（本院釋字第六〇三號解釋參照），憲法第十二條特予明定。國家若採取限制手段，除應有法律依據外，限制之要件應具體、明確，不得逾越必要之範圍，所踐行之程序並應合理、正當，方符憲法保障人民基本權利之意旨。

通保法係國家為衡酌「保障人民秘密通訊自由不受非法侵害」及「確保國家安全、維護社會秩序」之利益衝突，所制定之法律（通保法第一條參照）。依其規定，國家僅在

為確保國家安全及維護社會秩序所必要，於符合法定之實體及程序要件之情形下，始得核發通訊監察書，對人民之私密通訊為監察（通保法第二條、第五條及第七條參照）。

通保法第五條第一項規定：「有事實足認被告或犯罪嫌疑人有下列各款罪嫌之一，並危害國家安全或社會秩序情節重大，而有相當理由可信其通訊內容與本案有關，且不能或難以其他方法蒐集或調查證據者，得發通訊監察書」，此為國家限制人民私密通訊自由之法律依據，其要件尚稱具體、明確。國家基於犯罪偵查之目的，對被告或犯罪嫌疑人進行通訊監察，乃是以監控與過濾受監察人通訊內容之方式，蒐集對其有關之紀錄，並將該紀錄予以查扣，作為犯罪與否認定之證據，屬於刑事訴訟上強制處分之一種。惟通訊監察係以未告知受監察人、未取得其同意且未給予防禦機會之方式，限制受監察人之私密通訊自由，具有在特定期間內持續實施之特性，故侵害人民基本權之時間較長，亦不受有形空間之限制；受監察人在通訊監察執行時，通常無從得知其基本權已遭侵害，致其無從行使刑事訴訟法所賦予之各種防禦權（如保持緘默、委任律師、不為不利於己之陳述等）；且通訊監察之執行，除通訊監察書上所載受監察人外，可能同時侵害無辜第三人之私密通訊自由，與刑事訴訟上之搜索、扣押相較，對人民基本權利之侵害尤有過之。

鑑於通訊監察侵害人民基本權之程度強烈、範圍廣泛，並考量國家執行通訊監察等各種強制處分時，為達成其強制處分之目的，被處分人事前防禦以避免遭強制處分之權利常遭剝奪。為制衡偵查機關之強制處分措施，以防免不必要之侵害，並兼顧強制處分目的之達成，則經由獨立、客觀行使職權之審判機關之事前審查，乃為保護人民私密通訊自由之必要方法。是檢察官或司法警察機關為犯罪偵查目的，而有監察人民私密通訊之需要時，原則上應向該管法院聲請核發通訊監察書，方符憲法上正當程序之要求。系爭通保法第五條第二項未設此項規定，使職司犯罪偵查之檢察官與司法警察機關，同時負責通訊監察書之聲請與核發，未設適當之機關間權力制衡機制，以防免憲法保障人民私密通訊自由遭受不必要侵害，自難謂為合理、正當之程序規範，而與憲法第十二條保障人民私密通訊自由之意旨不符，應自本解釋公布之日起，至遲於九十六年七月十一日修正公布之通保法第五條施行之日失其效力。另因通訊監察對人民之私密通訊自由影響甚鉅，核發權人於核發通訊監察書時，應嚴格審查通保法第五條第一項所定要件；倘確有核發通訊監察書之必要時，亦應謹守最小侵害原則，明確指示得為通訊監察之期間、對象、方式等事項，且隨時監督通訊監察之執行情形，自不待言。

釋字第六三二號解釋　（憲二八、四九，憲增修一、二、七，立院職權八、二九，大法官審案五）　　　　　　　九十六年八月十五日公布

「監察院為國家最高監察機關，行使彈劾、糾舉及審計權」，「監察院設監察委員二十九人，並以其中一人為院長、一人為副院長，任期六年，由總統提名，經立法院同意任命之」，為憲法增修條文第七條第一項、第二項所明定。是監察院係憲法所設置並賦予特定職權之國家憲法機關，為維繫國家整體憲政體制正常運行不可或缺之一環，其院長、副院長與監察委員皆係憲法保留之法定職位，故確保監察院實質存續與正常運行，應屬所有憲法機關無可旁貸之職責。為使監察院之職權得以不間斷行使，總統於當屆監察院院長、副院長及監察委員任期屆滿前，應適時提名繼任人選咨請立法院同意，立法院亦應適時行使同意權，以維繫監察院之正常運行。總統如消極不為提名，或立法院消極不行使同意權，致監察院無從行使職權、發揮功能，國家憲政制度之完整因而遭受破壞，自為憲法所不許。引發本件解釋之疑義，應依上開解釋意旨為適當之處理。

　　解釋理由書

緣第三屆監察院院長、副院長及監察委員任期於中華民國九十四年一月三十一日屆滿，總統依八十九年四月二十五日公布之中華民國憲法增修條文第七條第二項規定，於九十三年十二月二十日以華總一智字第〇九三一〇〇五二四九一號咨文，向立法院提名張建邦等二十九人為第四屆監察委員。立法院以其議案類別為總統提案之行使同意權案，未依立法院職權行使法第二十九條規定，不經討論交付全院委員會審查，提出院會表決，而依同法第八條第二項之規定，先送程序委員會編列議事日程。該委員會於同年十二月二十一日審定立法院第五屆第六會期第十二次會議議事日程時，經表決結果，多數通過總統咨請立法院同意監察院院長、副院長及監察委員被提名人案，暫緩編列議程報告事項。該委員會並於同年十二月二十八日、九十四年一月四日、十一日及十八日為相同決議。是迄第五屆立法委員最後一次會議，並未就該案進行審查。嗣第六屆立法委員於九十四年二月一日就職後，總統復於九十四年四月四日以華總一智字第〇九四〇〇〇四六〇一號咨文，請立法院依第一次咨文提名名單行使第四屆監察院人事同意權。該案仍送立法院程序委員會。該委員會於九十四年四月六日及五月十日協商通過該案「暫緩編列議程報告事項」，另於九十四年四月十二日、十九日、二十六日、同年五月三日、十七日、二十四日等，表決通過該案「暫緩編列議程報告事項」。迄至本解釋公布之日為止，立法院仍未行使該人事同意權。

聲請人立法委員賴清德等八十九人認立法院程序委員會濫用議事程序，不當阻撓監察委員人事同意權進入院會表決，導致癱瘓國家監察權運作，牽涉立法院與監察院彼此間憲法上職權行使爭議，並有動搖憲法之權力分立制度及危害民主憲政秩序之虞，質疑立法院程序委員會阻撓院會行使監察委員人事同意權，是否僭越院會職權，行使人事同意權是否屬立法院之憲法上義務，以及不行使人事同意權是否逾越立法院自律權範圍等情，爰依司法院大法官審理案件法第五條第一項第三款規定，向本院聲請解釋憲法。按立法委員現有總額三分之一以上得就其行使職權，適用憲法發生之疑義，聲請解釋憲法，前開司法院大法官審理案件法第五條第一項第三款定有明文。本件聲請書之意旨，乃聲請人等就適用憲法增修條文第七條第二項，行使監察院人事同意權，立法院擱置該同意權之行使，發生有無違憲之疑義，聲請本院解釋，符合上開規定之要件，應予受理。

憲法設置國家機關之本旨，在使各憲法機關發揮其應有之憲政功能，不致因人事更迭而有一日中斷。為避免因繼任人選一時無法產生致影響憲政機關之實質存續與正常運行，世界各國不乏於憲法或法律中明文規定適當機制，以維憲法機關於不墜之例。如美國聯邦憲法賦予總統於參議院休會期間有臨時任命權（美國聯邦憲法第二條第二項參照）；又如採取內閣制國家，於新任內閣閣員尚未任命或就任之前，原內閣閣員應繼續執行其職務至繼任人任命就職時為止（德國基本法第六十九條第三項、日本國憲法第七十一條參照）。我國憲法雖亦有類似規定，如「每屆國民大會代表之任期，至次屆國民大會開會之日為止」（憲法第二十八條第二項，依憲法增修條文第一條第二項規定，已停止適用），使前後屆國民大會代表得以連續行使職權；又如「總統缺位時，由副總統繼任，至總統任期屆滿為止」（憲法第四十九條前段），及「總統、副總統均缺位時，由行政院院長代行其職權，並依本條第一項規定補選總統、副總統，繼任至原任期屆滿為止」（憲法增修條文第二條第八項）；惟就監察院因監察院院長、副院長及監察委員任期屆滿而繼任人選未能適時產生時，如何維繫監察院之正常運作，我國憲法及法律未設適當之處理機制，則尚未以修憲或立法方式明定上開情形之解決途徑以前，更須依賴享有人事決定權之憲法機關忠誠履行憲法賦予之權責，及時產生繼任人選，以免影響國家整體憲政體制之正常運行。

「監察院為國家最高監察機關，行使彈劾、糾舉及審計權」，「監察院設監察委員二十九人，並以其中一人為院長、一人為副院長，任期六年，由總統提名，經立法院同意任命之」，為憲法增修條文第七條第一項、第二項所明定。是監察院係憲法所設置並賦

予特定職權之國家憲法機關，為維繫國家整體憲政體制正常運行不可或缺之一環，其院長、副院長與監察委員皆係憲法保留之法定職位，故確保監察院實質存續與正常運行，應屬所有憲法機關無可旁貸之職責。依據憲法增修條文第七條第二項之規定，監察院院長、副院長及監察委員係由總統提名，經立法院同意任命。此乃制憲者基於權力分立與制衡之考量所為之設計，使總統享有監察院人事之主動形成權，再由立法院就總統提名人選予以審查，以為制衡。為使監察院之職權得以不間斷行使，總統於當屆監察院院長、副院長及監察委員任期屆滿前，應適時提名繼任人選咨請立法院同意，立法院亦應適時行使同意權，以維繫監察院之正常運行。立法院就總統所提監察院人事議案積極行使同意權，不論為同意或不同意之決定，即已履行憲法所定行使同意權之義務；若因立法院為不同意之決定，致監察院暫時無從行使職權者，總統仍應繼續提名適當人選，咨請立法院同意，立法院亦應積極行使同意權，此係總統與立法院之憲法上義務。是總統如消極不為提名，或立法院消極不行使同意權，致監察院不能行使職權、發揮功能，國家憲政制度之完整因而遭受破壞，自為憲法所不許。引發本件解釋之疑義，應依上開解釋意旨為適當之處理。又監察院院長、副院長及監察委員因任期屆滿，而繼任人選尚未產生前，立法者亦得以法律明定適當之機制，以維繫監察院之正常運行，要不待言。

至於聲請人指稱本件牽涉立法院與監察院彼此間憲法上職權行使爭議部分，因該職權行使爭議尚非三分之一以上立法委員就其行使職權，適用憲法所發生之疑義，或適用法律發生有牴觸憲法之疑義時，所得聲請解釋之範圍（司法院大法官審理案件法第五條第一項第一款中段參照），是該部分聲請核與司法院大法官審理案件法第五條第一項第三款規定不符，應不受理，併此指明。

釋字第六三三號解釋　（大法官審案五，公任一八、二二、三六，真調會條例一、二、四～八之三、一一、一五）　　　　　　九十六年九月二十八日公布

一、中華民國九十五年五月一日修正公布之三一九槍擊事件真相調查特別委員會條例（以下簡稱真調會條例）第四條第二項、第八條、第八條之一、第八條之二第一項、第二項、第三項關於報告並公布部分、第五項、第六項、第八條之三、第十一條第二項關於調用行政機關人員部分、第四項、第十五條第一項規定，與憲法及本院釋字第五八五號解釋意旨並無不符。

二、同條例第八條之二第三項關於罰鍰部分、第四項規定，與本院釋字第五八五號解

釋意旨不符；第十一條第三項規定與憲法所要求之權力分立制衡原則不符，均應自本解釋公布之日起失其效力。

三、本件暫時處分之聲請，關於同條例上開規定部分因本案業經作成解釋，已無須予以審酌；同條例其他條文部分之釋憲聲請既應不受理，則該部分暫時處分之聲請亦失所附麗，併予指明。

　　解釋理由書

立法院調查權係協助立法院行使憲法職權所需之輔助性權力，其權力之行使，原則上固應由立法院依法設立調查委員會為之，然於特殊例外情形，就特定事項之調查有委任非立法委員之人士協助調查之必要時，尚非不得制定特別法，就委任之目的、委任調查之範圍、受委任人之資格、選任、任期等人事組織事項、特別調查權限、方法與程序等妥為詳細規定，並藉以為監督之基礎，業經本院釋字第五八五號解釋闡釋在案。立法院制定及修正真調會條例，並據以設置三一九槍擊事件真相調查特別委員會（以下簡稱真調會），旨在查明九十三年三月十九日槍擊總統、副總統候選人事件（以下簡稱三一九槍擊事件）真相，平息選舉爭議、安定政局（同條例第一條第一項參照），乃立法院於特殊例外情形，就特定事項委任非立法委員之人士協助調查所制定及修正之特別法。本件聲請指摘該條例第四條第二項、第八條、第八條之一、第八條之二、第八條之三、第十一條第二項關於調用行政機關人員部分、第三項、第四項、第十五條第一項規定（以下簡稱系爭規定）違憲部分，應就系爭規定所訂定真調會之組織、權限範圍、調查方法、程序與強制手段，是否違反本院釋字第五八五號解釋意旨，而有違憲法所要求之權力分立與制衡原則、比例原則、法律明確性原則及正當法律程序等以為斷，茲分述之。

一、真調會之組織

1. 真調會條例第四條第二項規定未逾越本院釋字第五八五號解釋之意旨

真調會乃立法院為查明三一九槍擊事件真相，平息選舉爭議、安定政局之特殊例外需要，依特別法委任非立法委員之專業公正人士所組成，協助立法院行使調查權之暫時性特別委員會。真調會條例第四條第二項規定「本會處理有關本條例事務所為之處分，得以本會名義行之，本會並有起訴及應訴之當事人能力」，係立法院設置真調會之特殊需要所為之例外設計，尚未逾越本院釋字第五八五號解釋之意旨。

2. 真調會條例第十一條第二項關於調用行政機關人員部分規定，與憲法尚無抵觸；同條第三項規定，違反權力分立與制衡原則

真調會條例第十一條第二項規定「本會召集委員得聘請顧問三人至五人，並得指派、調用或以契約進用適當人員兼充協同調查人員」，符合公務人員任用法第十八條、第二十二條及第三十六條進用人員之規定，其中關於調用行政機關人員部分規定，不生牴觸憲法問題。惟真調會條例第十一條第三項規定：「前項調用人員，行政機關不得拒絕。」即真調會召集委員如調用行政機關之適當人員兼充協同調查人員者，行政機關不得拒絕。然查真調會為隸屬立法院下行使調查權之暫時性特別委員會，其調用行政機關之適當人員兼充協同調查人員固無不合。惟基於權力分立與制衡原則，並尊重行政機關及被調用人員，上開調用應經被調用人員及其所屬行政機關之同意，業經本院釋字第五八五號解釋在案。前述同條第三項有關調用行政機關之適當人員，行政機關不得拒絕之規定，與上開意旨不符。

3.真調會條例第十五條第一項規定與憲法尚無不符

真調會委員係由立法院依據真調會條例第二條第一項、第二項規定推薦及聘任，受立法院之委任，就三一九槍擊事件發生前、後其事件本身或衍生之相關事項予以調查，以查明主導人及有關人員之動機、目的、事實經過及其影響等之真相（同條例第七條參照）。基於民意政治及責任政治原則，立法院就其行使調查權之成效，自應擔負政治責任，並就其有無濫用權限，受民意之監督，是立法院負有指揮監督真調會委員之職責，對於不適任之委員自得經院會決議後予以免職。同條例第十五條第一項規定：「本會委員喪失行為能力或違反法令者，得經立法院決議，予以除名。」俾立法院執行其指揮監督真調會委員職務之職責，合於上開意旨。又真調會委員須超出黨派以外，依法公正行使職權（同條例第四條第一項參照）。倘其違反法令之行為，影響執行職務之公正性或適任性，立法院本於指揮監督之職權，經院會決議該委員已不適任而予以除名，其涵義於個案中並非不能依據社會通念等加以認定及判斷，並可由司法審查予以確認，符合本院釋字第五八五號解釋意旨，與法律明確性原則尚無不合。

4.真調會條例第十一條第四項於符合預算法令規定之情形下，不生違憲問題

真調會為隸屬於立法院下行使調查權之暫時性特別委員，其所需經費自應由立法院編列預算支應。惟遇事實需要而合於預算法令規定之情形者，自得依法動支第二預備金，並未侵害行政權，業經本院釋字第五八五號解釋闡釋在案。本於上述相同意旨，真調會條例第十一條第四項規定：「本會所需經費由立法院預算支應。必要時由行政院第二預備金項下支應，行政院不得拒絕。」於符合預算法令規定之情形下，亦不生違憲問題。

二、真調會行使調查權之範圍、方法、程序與強制手段

立法院制定及修正真調會條例，並據以設置真調會之目的，在於查明三一九槍擊事件真相，平息選舉爭議、安定政局，已如前述。為達上開目的，立法院自得於該條例將三一九槍擊事件本身或衍生之相關事項之調查權，明定授權真調會或其委員為之。惟真調會既為隸屬於立法院下行使調查權之暫時性特別委員會，其所具有之權限，應限於立法院調查權所得行使之權限，並僅止於三一九槍擊事件真相之調查。如就各項調查方法所規定之程序，有涉及限制憲法所保障人民之自由權利者，必須符合憲法上比例原則、法律明確性原則及正當法律程序之要求，業經本院釋字第五八五號解釋在案。

1.真調會條例第八條規定與憲法尚無不符

真調會條例第八條第一項規定：「本會或本會委員依本條例為調查時，得為下列行為：一、通知有關機關、團體、事業或個人到場陳述事實經過或陳述意見。二、通知有關機關、團體、事業或個人提出有關檔案冊籍、文件及其他必要之資料或證物。但審判中之案件資料之調閱，應經該繫屬法院之同意。三、派員前往有關機關、團體、事業或個人之辦公場所、事務所、營業所或其他場所為必要之調查或勘驗。四、委託鑑定。五、於必要時，得就指定案件或事項，委託其他機關調查。六、其他必要之調查行為。」同條第二項規定：「各機關接受前項第五款之委託後，應即進行調查，並以書面答復。」均為獲取三一九槍擊事件真相所需相關資訊之有效手段，俾平息選舉爭議、安定政局，以維持社會秩序，與強制搜索尚屬有間，並未逾越真調會之權限範圍，亦無違於憲法所要求之權力分立與制衡原則，與本院釋字第五八五號解釋意旨，並無不符。真調會原則上應以合議方法行使其職權，如真調會委員為調查時，須其提議調查之事項，業經其他委員四人審查同意者，方得為之。其調查結果，應由真調會依同條例第六條規定處理，不得自行對外公布或發表任何意見（同條例第五條參照），與集體行使職權之意旨尚無違背。又同條例第八條第一項第二款但書規定，審判中案件資料之調閱，應經該繫屬法院之同意，乃維護法院依法獨立行使審判權所必要。而國家機關獨立行使職權受憲法之保障者，即非立法院所得調查之事物範圍，業經本院釋字第五八五號解釋在案。是依同項第二款規定向前述機關調閱資料或證物，應經各該機關之同意，乃屬當然。同項第三款所規定之勘驗，乃藉之以獲得證據資料所行使之國會調查權而言，其程序準用行政程序法之相關規定，此與司法調查權尚屬有間。真調會條例第八條第一項第六款規定之其他必要調查行為，係為補充同項第一款至第五款規定不足所定之概括條款，解釋上以與同項第一款至第五款之行為具有類似性之調查行為為限，其意義非難以理解，且為受規範者所得預見，並可經由司法審查加以確認，無違於法律明

確性原則，均併予指明。另同條第三項規定：「本會執行調查之人員依法執行公務時，應出示有關執行職務之證明文件；其未出示者，受調查者得拒絕之。」第四項規定：「本會或本會委員行使調查權時，有關受調查者之程序保障，除本條例另有規定外，準用監察法有關規定。」為保障受調查者之執行程序規定。而上開規定復未排除現有法律所得提供受調查者之程序保障，與憲法及本院釋字第五八五號解釋意旨，自無不合。

2.真調會條例第八條之一規定與憲法及本院釋字第五八五號解釋意旨尚無不合

真調會條例第八條之一第一項規定：「本會調查人員必要時得臨時封存有關證件資料，或攜去、留置其全部或一部。」第二項規定：「封存、攜去或留置屬於政府機關持有之證件資料者，應經該主管長官之允許。除經舉證證明確有妨害重大國家利益，並於七日內取得行政法院假處分裁定同意者外，該主管長官不得拒絕。」第三項規定：「凡攜去之證件，該主管人員應加蓋圖章，由調查人員給予收據。」亦為獲取三一九槍擊事件真相所需相關資訊之有效手段，且依上開第二項規定，受調查政府機關以有妨害重大國家利益，而拒絕封存、攜去或留置屬於其特有之證件資料時，應於七日內向行政法院聲請假處分裁定，並得對該項除外情形有無之爭議，依同條例第八條之二第五項規定提起確認訴訟確認之，已明定政府機關之主管長官得拒絕封存、攜去或留置該證件資料之合理要件，與強制扣押不同，並未逾越立法院所得行使之調查權範圍及權力分立與制衡原則，與憲法及本院釋字第五八五號解釋意旨尚無不合。又上開得封存、攜去或留置之證件資料，以與調查事項有關且屬必要者為限，此並得由法院加以審查，乃屬當然。

3.真調會條例第八條之二第一項、第二項、第三項關於報告並公布部分、第五項、第六項規定，與憲法及本院釋字第五八五號解釋意旨尚無不合；同條第三項關於罰鍰部分、第四項規定，與本院釋字第五八五號解釋意旨不符

真調會條例第八條之二第一項規定：「本會及本會委員行使職權，應注意遵守正當法律程序，以符合比例原則之方式為之。」乃為保障受調查者之程序規定，與憲法及本院釋字第五八五號解釋意旨並無不符。第二項規定：「接受調查之有關機關、團體、事業或有關人員，不得以任何理由規避、拖延或拒絕。但經舉證證明確有妨害重大國家利益或因配合調查致本身有遭受刑事處罰或行政罰之虞者，不在此限。」賦予真調會進行調查所需之強制權限，並准許受調查者合理之拒絕調查事由，並未逾越立法院調查權所得行使之範圍，自無不合。立法院為有效行使調查權，得以法律規定由立法院院會決議，對違反協助調查義務者裁處適當之罰鍰，此乃立法院調查權之附屬權力，本院釋

字第五八五號解釋闡釋明確。是同條第三項規定：「違反前項規定者，除向立法院報告並公布外，得按次連續處新臺幣十萬元以下罰鍰。」其中賦予真調會逕行裁處罰鍰之權力部分，核與上開解釋意旨不符；同條第四項規定：「前項罰鍰案件之處理，準用行政程序法及行政執行法之規定。」亦失所附麗。惟受調查者違反真調會條例第八條之二第二項規定之行為，真調會應將該違法行為向立法院報告並公布，亦有助於查明真相之目的，尚無不合。又同條第五項、第六項分別規定：「第二項但書及前條第二項除外情形之有無，發生爭議時，受調查者得向本會所在地之行政法院提起確認訴訟確認之。各級行政法院於受理後，應於三個月內裁判之。」「前項確認訴訟，適用行政訴訟法之規定。」特別規定上開受調查政府機關證明確有妨害重大國家利益，拒絕封存、攜去或留置證件資料，及前述受調查者證明確有妨害重大國家利益或因配合調查致本身有遭受刑事處罰或行政罰之虞，規避、拖延或拒絕調查，而發生爭議時，受調查者均得提起確認訴訟，依行政訴訟法規定之程序解決之，自屬合理之解決途徑，尚不生違憲問題。至上開確認訴訟終結確定前，受調查者是否違反協助調查義務尚未明確，自不得對其裁處罰鍰，併予指明。

4.真調會條例第八條之三規定與憲法及本院釋字第五八五號解釋意旨尚無不合

真調會條例第八條之三規定：「本會調查人員必要時，得知會當地政府、檢察機關或其他有關機關協助。」「本會調查人員於調查證據遭遇抗拒或為保全證據時，得通知憲警機關協助，作必要之措施。」按立法院調查權係立法院行使其憲法職權所必要之輔助性權力，真調會調查人員依法行使三一九槍擊事件真相立法院調查權，於必要時通知請求上開機關協助，基於機關間互相尊重，如經上開機關同意而提供協助，尚非真調會指揮調度該機關，自不生違反權力分立原則之問題。

三、結　論

1.真調會條例第四條第二項、第八條、第八條之一、第八條之二第一項、第二項、第三項關於報告並公布部分、第五項、第六項、第八條之三、第十一條第二項關於調用行政機關人員部分、第四項、第十五條第一項規定，與憲法及本院釋字第五八五號解釋意旨並無不符。

2.同條例第八條之二第三項關於罰鍰部分、第四項規定，與本院釋字第五八五號解釋意旨不符；第十一條第三項規定與憲法所要求之權力分立制衡原則不符，均應自本解釋公布之日起失其效力。

3.聲請人另聲請解釋真調會條例除系爭規定外之其他條文（以下簡稱其他條文）均違

憲部分，未具體指摘其他條文規定究竟如何牴觸憲法，是此部分聲請核與司法院大法官審理案件法第五條第一項第三款規定不合，依同條第三項規定，應不受理。

4.本件暫時處分之聲請，系爭規定部分因本案業經作成解釋，已無須予以審酌；其他條文部分之釋憲聲請既應不受理，則該部分暫時處分之聲請亦失所附麗，併此敘明。

釋字第六三四號解釋 （憲一一、一五、二三，證交一八、一七五，證券投資顧問事業管理規則二、五，證券投資信託及顧問法一二一）

九十六年十一月十六日公布

中華民國七十七年一月二十九日修正公布之證券交易法第十八條第一項原規定應經主管機關核准之證券投資顧問事業，其業務範圍依該規定之立法目的及憲法保障言論自由之意旨，並不包括僅提供一般性之證券投資資訊，而非以直接或間接從事個別有價證券價值分析或推介建議為目的之證券投資講習。八十九年十月九日修正發布之證券投資顧問事業管理規則（已停止適用）第五條第一項第四款規定，於此範圍內，與憲法保障人民職業自由及言論自由之意旨尚無牴觸。

解釋理由書

人民之工作權為憲法第十五條規定所保障，其內涵包括人民選擇職業之自由。人民之職業與公共福祉有密切關係，故對於選擇職業應具備之主觀條件加以限制者，於符合憲法第二十三條規定之限度內，得以法律或法律明確授權之命令加以限制，惟其目的須為重要之公共利益，且其手段與目的之達成有實質關聯，始符比例原則之要求。憲法第十一條保障人民之言論自由，乃在保障意見之自由流通，使人民有取得充分資訊及自我實現之機會，經濟性言論所提供之訊息，內容非虛偽不實，或無誤導作用，而有助於消費大眾為經濟上之合理抉擇者，應受憲法言論自由之保障。惟國家為重要公益目的所必要，仍得於符合憲法第二十三條規定之限度內，以法律或法律明確授權之命令，採取與目的達成有實質關聯之手段予以限制。

七十七年一月二十九日修正公布之證券交易法（以下簡稱「證交法」）第十八條第一項原規定：「經營……證券投資顧問事業……，應經主管機關之核准。」同條第二項規定：「前項事業之管理、監督事項，由行政院以命令定之。」（依據九十三年六月三十日公布之證券投資信託及顧問法第一百二十一條規定，證交法第十八條所定證券投資顧問事業之規定，自九十三年十一月一日起，不再適用）九十一年二月六日修正之同法第一百七十五條並規定：「違反第十八條第一項……之規定者，處二年以下有期徒刑、拘

役或科或併科新臺幣一百八十萬元以下罰金。」行政院於八十九年十月九日依據證交法第十八條第二項規定之授權，修正發布之證券投資顧問事業管理規則（以下簡稱「管理規則」，依據證券投資信託及顧問法第一百二十一條規定，自九十三年十一月一日起，不再適用）第二條第一項規定：「本規則所稱證券投資顧問事業，指為獲取報酬，經營或提供有價證券價值分析、投資判斷建議，或基於該投資判斷，為委任人執行有價證券投資之業務者。」第二項規定：「前項所稱報酬，包含直接或間接自委任人或第三人取得之任何利益。」第五條第一項規定：「證券投資顧問事業得經營下列業務，其種類範圍以經證期會核准者為限：一、接受委任，對證券投資有關事項提供研究分析意見或推介建議。二、接受客戶全權委託投資業務。三、發行有關證券投資之出版品。四、舉辦有關證券投資之講習。五、其他經證期會核准之有關業務。」是依上開規定，如從事管理規則第五條第一項規定之業務者，依證交法第十八條第一項規定應先經主管機關核准，如有違反，即依同法第一百七十五條規定予以處罰。

證券投資顧問事業之定義，證交法雖未作明文規定，惟依同法第十八條之意旨，及於八十九年十月九日管理規則修正發布前，證券投資顧問事業得經營之業務範圍，實務上係以提供證券投資資訊及分析建議為限，尚未及於接受客戶全權委託投資之業務等我國證券市場特性暨證券投資顧問事業之發展情形，可知上開法律規定應經主管機關核准始得經營之事業，包括提供證券投資之資訊及分析建議，或接受客戶全權委託投資等二類專業服務。是管理規則第二條將證券投資顧問事業定義為：直接或間接自委任人或第三人獲取報酬，經營或提供有價證券價值分析、投資判斷建議，或基於該投資判斷，為委任人執行有價證券投資業務者而言，並未逾越證交法第十八條第一項證券投資顧問事業所欲規範之範圍。因舉辦有關證券投資之講習，涉及證券投資之資訊提供及分析建議，故管理規則第五條第一項第四款規定，亦將舉辦有關證券投資之講習，列舉為應經主管機關核准之證券投資顧問事業之一種。

人民欲舉辦有關證券投資講習者，依前開證交法第十八條第一項及管理規則第五條第一項第四款之規定，須為經主管機關核准之證券投資顧問事業，並要求從事上開業務者須具備一定之專業資格及組織規模（管理規則第四條、第二十三條參照）；故上開規定係對欲從事有關證券投資講習者之職業選擇自由為主觀條件之限制。查證交法第十八條第一項之立法意旨，係鑑於證券投資本具有一定之風險性及專業性，而證券投資顧問事業關係證券市場秩序維持與投資人權益保護之公共利益至鉅，故就該事業之成立管理採取核准設立制度，俾提升並健全該事業之專業性，亦使主管機關得實際進行

監督管理，以保障投資，發展國民經濟（同法第一條規定參照），主管機關亦依上開意旨訂定管理規則。是證交法第十八條第一項及管理規則第五條第一項第四款之規範目的，係為建立證券投資顧問之專業性，保障委任人獲得忠實及專業服務之品質，避免發生擾亂證券市場秩序之情事，其所欲追求之目的核屬實質重要之公共利益，符合憲法第二十三條對系爭規範目的正當性之要求。

按人民舉辦有關證券投資之講習，係在提供證券投資相關資訊，其內容與經濟活動有關，為個人對證券投資之意見表達或資訊提供，其內容非虛偽不實，或無誤導作用，而使參與講習者有獲得證券投資相關資訊之機會，自應受憲法第十一條言論自由之保障。然依證交法第十八條第一項及管理規則第五條第一項第四款規定，舉辦有關證券投資講習屬證券投資顧問事業之營業範圍者，必須經主管機關核准取得證券投資顧問事業之資格，方得為之。是依上開規定之規範內涵，除限制欲舉辦有關證券投資講習者之職業自由外，亦對其言論自由有所限制。上開規定所欲追求之目的固屬實質重要之公共利益，已如前述，惟其限制手段與目的之達成須具有實質關聯，始符憲法第二十三條之比例原則，而未違背憲法保障人民職業自由及言論自由之意旨。

按證交法第十八條第一項及管理規則第五條第一項第四款規定之證券投資顧問事業，就經營或提供有價證券價值分析、投資判斷建議之業務而言，係在建立證券投資顧問之專業性，保障投資人於投資個別有價證券時，獲得忠實及專業之服務品質，並避免發生擾亂證券市場秩序之情事，依此立法目的及憲法保障言論自由之意旨，如僅提供一般性之證券投資資訊，而非以直接或間接從事個別有價證券價值分析或推介建議為目的之證券投資講習（例如講習雖係對某類型有價證券之分析，而其客觀上有導致個別有價證券價值分析之實質效果者，即屬間接提供個別有價證券價值分析之證券投資講習），自不受上開法律之限制。證交法第十八條第一項及管理規則第五條第一項第四款規定就人民舉辦有關證券投資講習業務者，須為經主管機關核准之證券投資顧問事業，並要求從事上開業務者須具備一定之專業資格及組織規模，衡諸我國證券交易市場投資人結構特性，及證券投資顧問專業制度之情況，尚屬實質有助於實現上開目的之手段；且其所納入規範之證券投資講習之範圍，於上開解釋意旨範圍內，對建立證券投資顧問之專業性與保障投資人亦有實質之助益。是證交法第十八條第一項與管理規則第五條第一項第四款規定人民舉辦有關證券投資講習業務，須經主管機關核准設立證券投資顧問事業始得為之，其限制手段與目的達成具有實質關聯，符合比例原則，與憲法保障人民職業自由及言論自由之意旨尚無牴觸。

釋字第六三五號解釋　　（憲七、一五、一九、一四三，農發二七，土稅二八、三九之二）
九十六年十一月三十日公布

中華民國七十八年十月三十日修正公布之土地稅法第三十九條之二第一項規定所為租稅之差別對待，符合憲法平等原則之要求。又財政部八十二年十月七日臺財稅第八二一四九八七九一號函，係主管機關依其法定職權就上開規定所為之闡釋，符合立法意旨及國家農業與租稅政策，並未逾越對人民正當合理之稅課範圍，與法律明確性原則及憲法第七條、第十九條之規定，均無牴觸，亦未侵害人民受憲法第十五條保障之財產權。

解釋理由書

憲法第十九條規定，人民有依法律納稅之義務，係指國家課人民以繳納稅捐之義務或給予人民減免稅捐之優惠時，應就租稅主體、租稅客體、稅基、稅率等租稅構成要件，以法律定之，惟法律之規定不能鉅細靡遺，有關課稅之技術性及細節性事項，尚非不得以行政命令為必要之釋示。故主管機關於職權範圍內適用之法律條文發生疑義者，本於法定職權就相關規定予以闡釋，如係秉持相關憲法原則，無違於一般法律解釋方法，且符合各該法律之立法目的、租稅之經濟意義，即與租稅法律主義、租稅公平原則無違（本院釋字第四二〇號、第四六〇號、第四九六號、第五一九號、第五九七號、第六〇七號、第六二二號、第六二五號解釋參照）。又納稅義務人固應按其實質稅負能力，負擔應負之稅捐，惟為增進公共利益，以法律或其明確授權之命令，設例外或特別規定，給予特定範圍納稅義務人減輕或免除租稅之優惠措施，而為有正當理由之差別待遇者，尚非憲法第七條規定所不許（本院釋字第五六五號解釋參照）。

憲法第一百四十三條第三項規定：「土地價值非因施以勞力資本而增加者，應由國家徵收土地增值稅，歸人民共享之。」故土地稅法第二十八條前段規定：「已規定地價之土地，於土地所有權移轉時，應按其土地漲價總數額徵收土地增值稅。」惟國家對於土地之分配與整理，應以扶植自耕農及自行使用土地人為原則，憲法第一百四十三條第四項定有明文，是七十二年八月一日修正公布之農業發展條例第二十七條規定：「農業用地在依法作農業使用期間，移轉與自行耕作之農民繼續耕作者，免徵土地增值稅。」為資配合，七十八年十月三十日修正公布之土地稅法第三十九條之二第一項爰明定：「農業用地在依法作農業使用時，移轉與自行耕作之農民繼續耕作者，免徵土地增值稅。」可知此係就自行耕作之農民取得農業用地者，予以免徵土地增值稅之獎勵。此乃立法者為確保農業之永續發展，促進農地合理利用與調整農業產業結構所為之租稅優惠措施，其租稅優惠之目的

甚為明確，亦有助於實現憲法第一百四十三條第四項規定之意旨。立法者就自行耕作之農民取得農業用地，與非自行耕作者取得農業用地間，為租稅之差別對待，具有正當理由，與目的之達成並有合理關聯，符合憲法平等原則之要求。

農業用地在依法作農業使用時，移轉於非自行耕作之人，而以自行耕作之農民名義為所有權移轉登記者，不符土地稅法第三十九條之二第一項之上開立法意旨，自應依憲法第一百四十三條第三項及土地稅法第二十八條前段規定，於土地所有權移轉時，按其土地漲價總數額徵收土地增值稅。財政部八十二年十月七日臺財稅第八二一四九八七九一號函略謂：「取得免徵土地增值稅之農業用地，如經查明係第三者利用農民名義購買，應按該宗土地原免徵之土地增值稅額補稅。」乃主管機關本於法定職權，就土地稅法第三十九條之二第一項規定所為具體明確之解釋性行政規則，該函釋認依上開規定得免徵土地增值稅者，係以農業用地所有權移轉於自行耕作之農民為限，符合前述農業發展條例第二十七條、土地稅法第三十九條之二第一項之立法意旨及國家之農業與租稅政策，並未逾越對人民正當合理之稅課範圍，與法律明確性原則及憲法第七條、第十九條之規定，均無抵觸，亦未侵害人民受憲法第十五條保障之財產權。

釋字第六三六號解釋　　（憲八、一六、二三，檢肅流氓二、六、七、九～一五、一九、二一～二三，檢肅流氓施六、七，刑訴一六六、一六六之六、一六八～一六九、一七六之一、一八四、一八七～一八九，證人保護一一）

九十七年二月一日公布

檢肅流氓條例（以下簡稱本條例）第二條第三款關於敲詐勒索、強迫買賣及其幕後操縱行為之規定，同條第四款關於經營、操縱職業性賭場，私設娼館，引誘或強逼良家婦女為娼，為賭場、娼館之保鏢或恃強為人逼討債務行為之規定，第六條第一項關於情節重大之規定，皆與法律明確性原則無違。第二條第三款關於霸佔地盤、白吃白喝與要挾滋事行為之規定，雖非受規範者難以理解，惟其適用範圍，仍有未盡明確之處，相關機關應斟酌社會生活型態之變遷等因素檢討修正之。第二條第三款關於欺壓善良之規定，以及第五款關於品行惡劣、遊蕩無賴之規定，與法律明確性原則不符。

本條例第二條關於流氓之認定，依據正當法律程序原則，於審查程序中，被提報人應享有到場陳述意見之權利；經認定為流氓，於主管之警察機關合法通知而自行到案者，如無意願隨案移送於法院，不得將其強制移送。

本條例第十二條第一項規定，未依個案情形考量採取其他限制較輕微之手段，是否仍

然不足以保護證人之安全或擔保證人出於自由意志陳述意見，即得限制被移送人對證人之對質、詰問權與閱卷權之規定，顯已對於被移送人訴訟上之防禦權，造成過度之限制，與憲法第二十三條比例原則之意旨不符，有違憲法第八條正當法律程序原則及憲法第十六條訴訟權之保障。

本條例第二十一條第一項相互折抵之規定，與憲法第二十三條比例原則並無不符。同條例第十三條第二項但書關於法院毋庸諭知感訓期間之規定，有導致受感訓處分人身體自由遭受過度剝奪之虞，相關機關應予以檢討修正之。

本條例第二條第三款關於欺壓善良，第五款關於品行惡劣、遊蕩無賴之規定，及第十二條第一項關於過度限制被移送人對證人之對質、詰問權與閱卷權之規定，與憲法意旨不符部分，應至遲於本解釋公布之日起一年內失其效力。

解釋理由書

人民身體自由享有充分保障，乃行使憲法所保障其他自由權利之前提，為重要之基本人權。故憲法第八條對人民身體自由之保障，特詳加規定，其第一項規定「人民身體之自由應予保障。除現行犯之逮捕由法律另定外，非經司法或警察機關依法定程序，不得逮捕拘禁。非由法院依法定程序，不得審問處罰。非依法定程序之逮捕、拘禁、審問、處罰，得拒絕之。」考其意旨，係指國家行使公權力限制人民身體自由，必須遵循法定程序，在一定限度內為憲法保留之範圍。所謂法定程序，依本院歷來之解釋，凡拘束人民身體自由於特定處所，而與剝奪人民身體自由之刑罰無異者，不問其限制人民身體自由出於何種名義，除須有法律之依據外，尚須分別踐行正當法律程序，且所踐行之程序，應與限制刑事被告人身自由所踐行之正當法律程序相類。本院釋字第三八四號、第五六七號解釋，即係本此意旨審查本條例感訓處分與戡亂時期預防匪諜再犯管教辦法管訓處分之相關規定。

基於法治國原則，以法律限制人民權利，其構成要件應符合法律明確性原則，使受規範者可能預見其行為之法律效果，以確保法律預先告知之功能，並使執法之準據明確，以保障規範目的之實現。依本院歷來解釋，法律規定所使用之概念，其意義依法條文義及立法目的，如非受規範者難以理解，並可經由司法審查加以確認，即與法律明確性原則無違（本院釋字第四三二號、第四九一號、第五二一號、第五九四號、第六〇二號、第六一七號及第六二三號解釋參照）。又依前開憲法第八條之規定，國家公權力對人民身體自由之限制，於一定限度內，既為憲法保留之範圍，若涉及嚴重拘束人民身體自由而與刑罰無異之法律規定，其法定要件是否符合法律明確性原則，自應受較

為嚴格之審查。

本條例第二條明文規定流氓之定義,其中第三款所謂霸佔地盤、敲詐勒索、強迫買賣、白吃白喝、要挾滋事及為其幕後操縱,係針對流氓行為之描述。依據一般人民日常生活與語言經驗,以及司法審查之實務,敲詐勒索與強迫買賣,足以理解為對被害人施以詐術、恐嚇、強暴、脅迫等行為,誤導或壓制被害人自由意志,而使被害人交付財物或完成一定之買賣行為;幕後操縱,則足以理解為對他人行為意思之形成、行為之決定與行為之實施為實質上之支配。上開構成要件行為之內涵,均為受規範者所得預見,並可經由司法審查加以確認,俱與法律明確性原則尚無違背。至霸佔地盤,依其文義,所謂霸佔固然足以理解為排除他人合法權益、壟斷特定利益之行為,而地盤,則可指涉特定之空間,亦可理解為佔有特定之營業利益或其他不法利益;白吃白喝,應可理解為吃喝拒不付帳,以獲取不法財物;要挾滋事之要挾,足以理解為強暴、脅迫或恐嚇等行為。此等流氓行為構成要件所涵攝之行為類型,一般人民依其日常生活及語言經驗,固然尚非完全不能預見,亦非司法審查所不能確認,惟排除他人之壟斷行為,其具體態樣及內涵如何,所謂地盤是否僅限於一定之物理空間,吃喝以外之生活消費,是否亦可涵蓋於白吃白喝構成要件範圍之內,以及滋事所指涉之行為內容究竟為何,均有未盡明確之處,相關機關應斟酌社會生活型態之變遷等因素,檢討具體描述法律構成要件之可能性。

本條例第二條第四款所謂經營、操縱職業性賭場,私設娼館,引誘或強逼良家婦女為娼,為賭場、娼館之保鏢或恃強為人逼討債務,亦均屬對於流氓行為之描述。經營、操縱職業性賭場,乃指意圖營利提供賭博場所及聚眾賭博之行為;私設娼館,足以理解為未經許可而媒介性交易並剝削性交易所得;為賭場、娼館之保鏢,乃經營、操縱賭場及經營娼館行為之協助行為;恃強為人逼討債務,乃以強暴、脅迫等方法為他人催討債務;引誘良家婦女為娼,係以非強暴脅迫之方法,使婦女產生性交易意願之行為;強逼良家婦女為娼,則係施強暴、脅迫等方法,使婦女為性交易行為。上開構成要件行為,皆為社會上所常見之經濟性剝削行為,其所涵攝之行為類型與適用範圍,並非一般人民依其日常生活及語言經驗所不能預見,亦非司法審查所不能確認,與法律明確性原則均無違背。

本條例第二條第三款規定之欺壓善良、第五款規定之品行惡劣、遊蕩無賴均屬對個人社會危險性之描述,其所涵攝之行為類型過於空泛,非一般人民依其日常生活及語言經驗所能預見,亦非司法審查所能確認,實務上常須與強暴、脅迫、恐嚇等行為或與

同條文其他各款規定合併適用。此基本構成要件所涵攝之行為內容既不明確，雖第五款另規定「有事實足認為有破壞社會秩序或危害他人生命、身體、自由、財產之習慣」，亦不能使整體構成要件適用之範圍具體明確，因此上開欺壓善良及品行惡劣、遊蕩無賴之規定，與法律明確性原則不符。

本條例第六條第一項規定「經認定為流氓而其情節重大者，直轄市警察分局、縣（市）警察局經上級直屬警察機關之同意，得不經告誡，通知其到案詢問；經合法通知，無正當理由不到場者，得報請法院核發拘票。但有事實足認為其有逃亡之虞而情況急迫者，得逕行拘提之。」所謂情節重大者，依一般社會通念，應審酌實施流氓行為之手段、被害之人數、被害人受害之程度、破壞社會秩序之程度等一切情節是否重大予以認定，核與法律明確性原則尚無牴觸。

本條例第二條規定「由直轄市警察分局、縣（市）警察局提出具體事證，會同其他有關治安單位審查後，報經其直屬上級警察機關複審認定之。」直轄市警察分局、縣（市）警察局認定流氓之初審程序，由直轄市警察分局長、縣（市）警察分局長會同所在地調查處（站）、憲兵調查組等主管首長組成檢肅流氓審查小組，並以會議方式審查認定之（本條例施行細則第六條參照）。直轄市警察局與內政部警政署認定流氓之複審程序，則設置流氓案件審議及異議委員會，由警察機關、檢察官、法學專家及社會公正人士共同組成，並以會議方式審查認定之（本條例施行細則第七條第二項參照）。此等規定旨在藉由審查委員會組成之多元化，保障被提報人獲得公正之審查結果。

審查委員會組成之多元化，固然有助於提升其審查之客觀性，惟欲保障被提報人之防禦權，必須賦予被提報人辯護之機會，除應保障其於受不利益之決定時，得以獲得事後之救濟外，更須於程序進行中使其享有陳述意見之權利。是故於審查委員會之流氓審查程序中，法律自應賦予被提報人陳述意見之機會，始符合正當法律程序原則。

本條例第六條第一項前段規定，情節重大之流氓，經警察機關合法通知，無正當理由不到場者，得報請法院核發拘票。如係依據法院核發之拘票拘提到案者，於到案後自應依法移送法院審理（本條例第九條第一項參照）；其自行到案者，經詢問後，如無意願隨案移送法院，即不得將其強制移送，方與正當法律程序原則無違。又本條例第七條第一項前段規定之程序，亦應為相同之處理，自屬當然。

本條例第十二條第一項規定「法院、警察機關為保護本條例之檢舉人、被害人或證人，於必要時得個別不公開傳訊之，並以代號代替其真實姓名、身分，製作筆錄及文書。其有事實足認檢舉人、被害人或證人有受強暴、脅迫、恐嚇或其他報復行為之虞者，

法院得依檢舉人、被害人或證人之聲請或依職權拒絕被移送裁定人與之對質、詰問或其選任律師檢閱、抄錄、攝影可供指出檢舉人、被害人或證人真實姓名、身分之文書及詰問，並得請求警察機關於法院訊問前或訊問後，採取必要之保護措施。但法官應將作為證據之筆錄或文書向被移送裁定人告以要旨，訊問其有無意見陳述。」准許法院於有足以認定檢舉人、被害人或證人可能受強暴、脅迫、恐嚇或其他報復行為之事實時，得依該等證人之聲請或依職權，剝奪被移送人及其選任律師對該等證人之對質、詰問權，以及對可供辨識該等證人身分相關資料之閱卷權。

查刑事被告詰問證人之權利，旨在保障其在訴訟上享有充分之防禦權，乃憲法第八條第一項正當法律程序規定所保障之權利，且為憲法第十六條所保障人民訴訟權之範圍（本院釋字第五八二號解釋參照）。刑事案件中，任何人（包括檢舉人、被害人）於他人案件，除法律另有規定外，皆有為證人之義務，證人應履行到場義務、具結義務、受訊問與對質、詰問之義務以及據實陳述之義務（刑事訴訟法第一百六十六條第一項、第一百六十六條之六第一項、第一百六十八條、第一百六十九條、第一百七十六條之一、第一百八十四條第二項、第一百八十七條至第一百八十九條參照）。檢肅流氓程序之被移送人可能遭受之感訓處分，屬嚴重拘束人身自由之處遇，其對證人之對質、詰問權，自應與刑事被告同受憲法之保障。故任何人於他人檢肅流氓案件，皆有為證人之義務，而不得拒絕被移送人及其選任律師之對質與詰問。惟為保護證人不致因接受對質、詰問，而遭受生命、身體、自由或財產之危害，得以具體明確之法律規定，限制被移送人及其選任律師對證人之對質、詰問權利，其限制且須符合憲法第二十三條之要求。

本條例第十二條第一項僅泛稱「有事實足認檢舉人、被害人或證人有受強暴、脅迫、恐嚇或其他報復行為之虞」，而未依個案情形，考量採取其他限制較輕微之手段，例如蒙面、變聲、變像、視訊傳送或其他適當隔離方式為對質、詰問（證人保護法第十一條第四項參照），是否仍然不足以保護證人之安全或擔保證人出於自由意志陳述意見，即驟然剝奪被移送人對證人之對質、詰問權以及對於卷證之閱覽權，顯已對於被移送人訴訟上之防禦權，造成過度之限制，而與憲法第二十三條比例原則之意旨不符，有違憲法第八條正當法律程序原則及憲法第十六條訴訟權之保障。

本條例第二十一條第一項規定「受裁定感訓處分之流氓行為，同時觸犯刑事法律者，經判決有罪確定，其應執行之有期徒刑、拘役或保安處分，與感訓期間，相互折抵之。其折抵以感訓處分一日互抵有期徒刑、拘役或保安處分一日。」係因流氓行為如同時觸

犯刑事法律，行為人可能於受刑罰及保安處分宣告之外，復因同一事實而受感訓處分，故規定感訓處分與刑罰或刑法上之保安處分應互相折抵，使行為人受憲法保障之身體自由，不致因不同之訴訟程序，而遭受過度之限制。惟因同條例第十三條第二項規定「法院審理之結果，認應交付感訓者，應為交付感訓處分之裁定，但毋庸論知其期間」；且第十九條第一項規定「感訓處分期間為一年以上三年以下。但執行滿一年，執行機關認無繼續執行之必要者，得檢具事證報經原裁定法院許可，免予繼續執行」，於先執行刑罰、保安處分已滿三年時，因可完全折抵，即無須再執行感訓處分，而無過度限制人民身體自由之疑慮；但於先執行刑罰、保安處分未滿三年時，因感訓處分之期間未經論知，無從計算可折抵之期間，如將上開第十九條規定解為應再繼續執行至少一年之感訓處分，可能使受感訓處分人之身體自由過度遭受限制。是上開第十三條第二項但書之規定，有導致受感訓處分人身體自由遭受過度限制之虞，相關機關應予以檢討修正之。

鑒於法律之修正尚須經歷一定時程，且為使相關機關能兼顧保障人民權利及維護社會秩序之需要，對本條例進行通盤檢討，本條例第二條第三款關於欺壓善良，第五款關於品行惡劣、遊蕩無賴之規定，及第十二條第一項關於過度限制被移送人對證人之對質、詰問權與閱卷權之規定，與憲法意旨不符部分，應至遲於本解釋公布之日起一年內失其效力。

至聲請人之聲請意旨主張本條例第二條第一款、第十條、第十四條、第十五條規定有違憲之疑義，查上開規定並非法官於審理原因案件時所應適用之法律，該等規定是否違憲，於裁定之結果不生影響；另聲請意旨主張本條例第二條第二款、第六條第一項但書、第七條第一項但書、第九條、第十一條、第二十二條、第二十三條與本條例之存在有違憲之疑義，查聲請人就前揭規定如何違反憲法所為之論證，尚難認已提出客觀上形成確信法律為違憲之具體理由。此二部分之聲請，核與本院釋字第三七一號及第五七二號解釋所定之聲請解釋要件不合，均應不予受理，併此指明。

釋字第六三七號解釋　（憲一五、二三，公服一四之一、二二之一）

九十七年二月二十二日公布

公務員服務法第十四條之一規定：「公務員於其離職後三年內，不得擔任與其離職前五年內之職務直接相關之營利事業董事、監察人、經理、執行業務之股東或顧問。」旨在維護公務員公正廉明之重要公益，而對離職公務員選擇職業自由予以限制，其目的洵

屬正當；其所採取之限制手段與目的達成間具實質關聯性，乃為保護重要公益所必要，並未牴觸憲法第二十三條之規定，與憲法保障人民工作權之意旨尚無違背。

解釋理由書

憲法第十五條規定人民之工作權應予保障，人民有從事工作及選擇職業之自由，迭經本院釋字第四〇四號、第五一〇號、第五八四號、第六一二號與第六三四號解釋在案。國家與公務員間具公法上職務關係，公務員依法享有身分保障權利，並對國家負有特別義務，其憲法上所保障之權利即因此受有相當之限制，本院釋字第四三三號、第五九六號與第六一八號解釋足資參照。公務員離職後與國家間公法上職務關係雖已終止，惟因其職務之行使攸關公共利益，國家為保護重要公益，於符合憲法第二十三條規定之限度內，以法律課予特定離職公務員於一定條件下履行特別義務，從而對其選擇職業自由予以限制，尚非憲法所不許。

公務員服務法第十四條之一規定：「公務員於其離職後三年內，不得擔任與其離職前五年內之職務直接相關之營利事業董事、監察人、經理、執行業務之股東或顧問。」旨在避免公務員於離職後憑恃其與原任職機關之關係，因不當往來巧取私利，或利用所知公務資訊助其任職之營利事業從事不正競爭，並藉以防範公務員於在職期間預為己私謀離職後之出路，而與營利事業掛鉤結為緊密私人關係，產生利益衝突或利益輸送等情形，乃為維護公務員公正廉明之重要公益，其目的洵屬正當。

對職業自由之限制，因其內容之差異，在憲法上有寬嚴不同之容許標準。因上開規定限制離職公務員於一定期間內不得從事特定職務，有助於避免利益衝突或利益輸送之情形，且依上開規定對離職公務員職業自由之限制，僅及於特定職務之型態，尚非全面禁止其於與職務直接相關之營利事業中任職，亦未禁止其自由選擇與職務不直接相關之職業，而公務員對此限制並非無法預見而不能預作準備，據此對其所受憲法保障之選擇職業自由所為主觀條件之限制尚非過當，與目的達成間具實質關聯性，乃為保護重要公益所必要，並未牴觸憲法第二十三條之規定，與憲法保障人民工作權之意旨尚無違背。

惟公務員服務法第十四條之一之規定，係採職務禁止之立法方式，且違反此項規定者，依同法第二十二條之一第一項規定，處二年以下有期徒刑，得併科新臺幣一百萬元以下罰金，攸關離職公務員權益甚鉅，宜由立法機關依上開法律規定之實際執行情形，審酌維護公務員公正廉明之重要公益與人民選擇職業自由之均衡，妥善設計，檢討修正，併此指明。

釋字第六三八號解釋　（憲二三，證交二六、一七八，行罰一四，公開發行公司董事、監察人股權成數及查核實施規則二、四、五、八）

九十七年三月七日公布

中華民國八十六年五月十三日修正發布之公開發行公司董事、監察人股權成數及查核實施規則第八條：「全體董事或監察人未依第四條及第五條規定期限補足第二條所定持股成數時，依證券交易法第一百七十八條第一項第四款規定處罰全體董事或監察人（第一項）。董事或監察人以法人身份當選者，處罰該法人負責人；以法人代表人身份當選者，處罰該代表人（第二項）。」其第一項及第二項後段規定，乃就違反主管機關依證券交易法第二十六條第二項所定之公開發行公司董事、監察人股權成數及查核實施規則，而應依八十九年七月十九日修正公布之證券交易法第一百七十八條第一項第四款規定處罰時之處罰對象及違反行政法上義務之人為多數時之歸責方式所為之規定，涉及人民權利之限制，並無法律依據或法律具體明確之授權，與憲法第二十三條規定之法律保留原則尚有未符，應於本解釋公布之日起六個月內失其效力。

解釋理由書

對於人民違反行政法上義務之裁罰，涉及人民權利之限制，其處罰之構成要件、法律效果，應以法律定之；以命令為之者，應有法律明確授權，始符合憲法第二十三條法律保留原則之意旨，本院釋字第三九四號、第四〇二號、第六一九號解釋足資參照。行政罰之處罰，以違反行政法上義務為前提，而實施處罰構成要件行為之義務主體，自屬依法處罰之對象。立法者並非不得就他人違反行政法上義務之行為，課特定人防止之義務，並因其違反此一防止義務而使其成為行政處罰之對象。是行政處罰之處罰對象規定，亦涉及人民權利之限制，為符合法治國家處罰法定與處罰明確性之要求，除有法律或法律具體明確授權之法規命令為依據外，不得遽以行政命令訂之。又如違反同一行政法上義務者有多數人時，其歸責方式，以按其行為情節之輕重分別處罰為原則（行政罰法第十四條第一項規定參照），若就其是否應負各平均分擔責任等歸責方式，有為不同於上開原則規定之必要者，涉及人民權利限制之程度，亦應另以法律或法律具體明確授權之法規命令為特別規定，始符合憲法第二十三條之法律保留原則。至各該法律或法規命令之內容，均應符合比例原則，自不待言。

證券交易法第二十六條規定：「凡依本法公開募集及發行有價證券之公司，其全體董事及監察人二者所持有記名股票之股份總額，各不得少於公司已發行股份總額一定之成數（第一項）。前項董事、監察人股權成數及查核實施規則，由主管機關以命令定之（第

二項)。」上開證券交易法第一百七十八條第一項第四款並規定，違反主管機關依第二十六條第二項所定之公開發行公司董事、監察人股權成數及查核實施規則之規定者，處新臺幣十二萬元以上六十萬元以下罰鍰。同條第二項復規定，主管機關除依第一項第四款規定裁處罰鍰外，並應責令限期辦理；逾期仍不辦理者，得繼續限期令其辦理，並按次連續各處新臺幣二十四萬元以上一百二十萬元以下罰鍰，至辦理為止。

主管機關依證券交易法第二十六條第二項規定之授權，數度修正發布「公開發行公司董事、監察人股權成數及查核實施規則」（以下簡稱實施規則）。七十八年四月二十五日修正發布之實施規則第二條規定，公開發行公司全體董事及監察人所持有記名股票之股份總額，各不得少於公司已發行股份總額之一定成數；七十八年一月十日修正發布之實施規則第四條規定，公開發行公司股東會選舉之全體董事或監察人，選任當時所持有記名股票之股份總額不足第二條所定成數時，應由全體董事或監察人於就任後一個月內補足之。第五條第一項規定，公開發行公司之董事或監察人，在任期中轉讓股份或部分解任，致全體董事或監察人持有股份總額低於第二條所定之成數時，全體董事或監察人應於一個月內補足之。第五條第二項規定，若全體董事或監察人持有股份總額有低於第二條所定成數者，公司應即通知全體董事或監察人依前項所訂期限補足。是公開發行公司全體董事或監察人經合法通知，而未依上開實施規則第四條或第五條規定期限補足第二條所定持股成數時，因其違反補足義務，自應依上開證券交易法第一百七十八條第一項第四款規定處罰。

八十六年五月十三日修正發布之實施規則第八條規定：「全體董事或監察人未依第四條及第五條規定期限補足第二條所定持股成數時，依證券交易法第一百七十八條第一項第四款規定處罰全體董事或監察人（第一項）。董事或監察人以法人身份當選者，處罰該法人負責人；以法人代表人身份當選者，處罰該代表人（第二項）。」第一項所謂「處罰全體董事或監察人」，除以全體董事或監察人為違反同一行政法上義務者外，並明定為「處罰全體」，則係就違反同一行政法上義務者為多數人時之歸責方式，為特別規定；第二項後段規定「處罰該代表人」，係就違反行政法上義務之人為法人者，逕以行政命令訂定應以代表該法人當選董事或監察人之人為處罰對象。惟查前開證券交易法第二十六條第二項規定授權主管機關訂定法規命令之範圍，僅及於「董事、監察人股權成數及查核實施規則」，並未就處罰對象、多數人共同違反義務時之歸責方式，授權主管機關為特別之規定，上開實施規則第八條第一項及第二項後段規定，顯然逾越證券交易法第二十六條第二項規定授權之範圍。另查上開證券交易法第一百七十八條第一項

第四款僅規定人民違反行政法上義務之行為態樣及其法律效果，既未就歸責方式或處罰對象為特別規定，亦未授權主管機關為補充之規定。綜此以觀，上開實施規則第八條第一項及第二項後段規定，係就公開發行公司全體董事或監察人持有股權成數，違反主管機關依證券交易法第二十六條第二項所定之公開發行公司董事、監察人股權成數及查核實施規則之規定，而應依前述證券交易法第一百七十八條第一項第四款規定處罰時之歸責方式及處罰對象所為之規定，並無法律依據或法律之明確授權，與憲法第二十三條規定之法律保留原則尚有未符，應於本解釋公布之日起六個月內失其效力。至於補足股份成數，係屬行政法上之義務，不具裁罰性，與罰鍰為行政制裁之性質不同，相關法令如規定違反行政法上義務之人受處罰後，仍不能免除其義務之履行，尚不生違反一事不二罰原則問題。又依證券交易法公開募集及發行有價證券之公司，其全體董事或監察人未依法定期限補足法定持股成數時，究應使個別董事或監察人負個別責任、各平均分擔責任或其他歸責方式？董事或監察人以法人代表人身分當選者，如何就其所負行政法上義務之不同，明定究應以該法人或該法人之代表人為處罰對象？均應衡酌證券交易法之立法目的，於合理且必要之範圍內，以法律或法律明確授權之命令詳為訂定，自不待言。另應否以法律強制公開發行公司全體董事及監察人持有公司已發行股份總額一定成數之記名股票，宜視證券市場發展情形，基於發展國民經濟及有效保障投資之目的等，隨時檢討改進，均併予指明。

釋字第六三九號解釋　　（憲七、八、一六、二三，刑訴二七九、四〇三、四〇四、四一六、四一八）　　　　　　　　　　　九十七年三月二十一日公布

憲法第八條所定之法院，包括依法獨立行使審判權之法官。刑事訴訟法第四百十六條第一項第一款就審判長、受命法官或受託法官所為羈押處分之規定，與憲法第八條並無牴觸。刑事訴訟法第四百十六條第一項第一款及第四百十八條使羈押之被告僅得向原法院聲請撤銷或變更該處分，不得提起抗告之審級救濟，為立法機關基於訴訟迅速進行之考量所為合理之限制，未逾立法裁量之範疇，與憲法第十六條、第二十三條尚無違背。且因向原法院聲請撤銷或變更處分之救濟仍係由依法獨立行使職權之審判機關作成決定，故已賦予人身自由遭羈押處分限制者合理之程序保障，尚不違反憲法第八條之正當法律程序。至於刑事訴訟法第四百零三條、第四百零四條第二款、第四百十六條第一項第一款與第四百十八條之規定，使羈押被告之決定，得以裁定或處分之方式作成，並因而形成羈押之被告得否抗告之差別待遇，與憲法第七條保障之平等權

尚無牴觸。

解釋理由書

憲法第八條第一項規定：「人民身體之自由應予保障。除現行犯之逮捕由法律另定外，非經司法或警察機關依法定程序，不得逮捕拘禁。非由法院依法定程序，不得審問處罰」，第二項規定：「人民因犯罪嫌疑被逮捕拘禁時，其逮捕拘禁機關應……至遲於二十四小時內移送該管法院審問。本人或他人亦得聲請該管法院，於二十四小時內向逮捕之機關提審」。本院釋字第三九二號解釋闡述其意旨，認關於羈押被告之各項處分權應限由「法院」行使，乃因法院職司獨立審判，在功能組織及程序設計上適於落實憲法對人身自由之保障。該號解釋理由書進而揭示：「就審判之訴訟程序而言，法院（狹義法院）實與法官同義，均係指行使審判權之機關，兩者原則上得予相互為替代之使用」，「關於審判權行使之事項，其所謂之法官當然即等於法院」等語。基此，憲法第八條所定之法院，自包括依法獨立行使審判權之法官。刑事訴訟法第二百七十九條第一項及第二項規定：「行合議審判之案件，為準備審判起見，得以庭員一人為受命法官，於審判期日前，使行準備程序」，「受命法官行準備程序，與法院或審判長有同一之權限」，則受命法官於準備程序中係依合議庭之授權而行使審判權，是同法第二百七十九條、第四百十六條第一項第一款有關受命法官得為關於羈押處分之規定，與憲法第八條文義相符，並無牴觸憲法之疑義。

刑事訴訟法第四百十六條第一項第一款規定：「對於審判長、受命法官、受託法官或檢察官所為下列處分有不服者，受處分人得聲請所屬法院撤銷或變更之：一、關於羈押……之處分」，第四百十八條第一項前段及第二項分別規定：「法院就第四百十六條之聲請所為裁定，不得抗告」，「依本編規定得提起抗告，而誤為撤銷或變更之聲請者，視為已提抗告；其得為撤銷或變更之聲請而誤為抗告者，視為已有聲請」，旨在求訴訟之迅速進行，並對直接影響人民自由之決定賦予即時救濟之機會。其雖限制人民提起抗告之權利，惟審級制度並非訴訟權保障之核心內容，立法機關非不得衡量訴訟案件之性質、訴訟制度之功能及司法資源之有效運用等因素，決定是否予以限制，迭經本院解釋在案（本院釋字第三九六號、第四四二號、第五一二號及第五七四號解釋參照）。上開規定為立法機關基於訴訟經濟之考量所為合理之限制，未逾立法裁量之範疇，與憲法第十六條、第二十三條尚無違背。

本院解釋固曾宣示人身自由為重要之基本人權，應受充分之保護，對人身自由之剝奪或限制尤應遵循正當法律程序之意旨（本院釋字第三八四號、第四三六號、第五六七

號解釋參照），惟相關程序規範是否正當、合理，除考量憲法有無特別規定及所涉基本權之種類外，尚須視案件涉及之事物領域、侵害基本權之強度與範圍、所欲追求之公共利益、有無替代程序及各項可能程序之成本等因素，綜合判斷而為個案認定。經查刑事訴訟法第四百十六條第一項第一款及第四百十八條係在關於訴訟程序之處分不得救濟之原則，基於憲法第八條保障人身自由在權利保護上之特殊地位，例外地賦予救濟途徑，雖不得向上級法院提起，惟仍由依法獨立行使職權之審判機關作成決定，且係由審理受羈押被告之合議庭以外之另一合議庭審理，是整體而言，系爭規定業已提供羈押之被告合理之程序保障，尚不違反憲法第八條正當法律程序之要求。

至於刑事訴訟法第四百零三條、第四百零四條第二款及同法第四百十六條第一項第一款與第四百十八條之規定，使羈押被告之決定，得以裁定或處分之方式作成，並因而形成羈押之被告向上級法院抗告或向原所屬法院另組合議庭聲請撤銷或變更之差別待遇，是否違反憲法第七條保障之平等權而違憲之問題。按行合議審判之案件，由審判長、受命法官或受託法官一人作成之羈押決定為「處分」，其餘偵查中聲請羈押之案件，由輪值法官一人或三人，及審判中由獨任法官一人或合議庭法官三人作成之羈押決定，均屬「裁定」，是刑事訴訟法第四百十六條第一項係以決定方式之不同，作為不同救濟途徑之分類標準。系爭不同救濟制度之差別待遇固涉及限制人身自由之訴訟救濟，然因審級制度尚非訴訟權保障之核心內容，且由上級法院或原所屬法院之另一合議庭管轄羈押救濟程序，其在訴訟救濟功能上均由職司獨立審判之法院為之，實質差異亦甚為有限，故無採取較嚴格審查之必要。查系爭規定僅賦予羈押之被告向原所屬法院之另一合議庭聲請撤銷或變更，而不許向上級法院抗告，乃立法者基於訴訟經濟及維繫訴訟體系一致性之考量，目的洵屬正當。且上開分類標準暨差別待遇之手段與該目的之間亦有合理關聯。是刑事訴訟法第四百十六條第一項第一款與第四百十八條之規定，未逾越立法裁量之範疇，與憲法第七條尚無抵觸。

釋字第六四〇號解釋　（憲一九，所得稅八〇、一〇三、一一〇，稅徵二一、三〇，財政部臺灣省北區國稅局書面審核綜合所得稅執行業務者及補習班幼稚園托兒所簡化查核要點七）　　　　　　　九十七年四月三日公布

中華民國五十二年一月二十九日修正公布之所得稅法第八十條第三項前段所定，納稅義務人申報之所得額如在稽徵機關依同條第二項核定各該業所得額之標準以上者，即以其原申報額為準，係指以原申報資料作為進行書面審查所得額之基準，稽徵機關自

不得逕以命令另訂查核程序，調閱帳簿、文據及有關資料，調查核定之。財政部臺灣省北區國稅局於八十六年五月二十三日訂定之財政部臺灣省北區國稅局書面審核綜合所得稅執行業務者及補習班幼稚園托兒所簡化查核要點第七點：「適用書面審查案件每年得抽查百分之十，並就其帳簿文據等有關資料查核認定之。」對申報之所得額在主管機關核定之各該業所得額之標準以上者，仍可實施抽查，再予個別查核認定，與所得稅法第八十條第三項前段規定顯不相符，增加人民法律所未規定之租稅程序上負擔，自有違憲法第十九條租稅法律主義，應自本解釋公布之日起至遲一年內失效。本院釋字第二四七號解釋應予補充。

解釋理由書

憲法第十九條規定，人民有依法律納稅之義務，係指國家課人民以繳納稅捐之義務或給予人民減免稅捐之優惠時，應就租稅主體、租稅客體、稅基、稅率、納稅方法、納稅期間等租稅構成要件及租稅稽徵程序，以法律定之。是有關稅捐稽徵之程序，除有法律明確授權外，不得以命令為不同規定，或逾越法律，增加人民之租稅程序上負擔，否則即有違租稅法律主義。

中華民國五十二年一月二十九日修正公布之所得稅法第八十條規定：「稽徵機關接到結算申報書後，應派員調查，核定其所得額及應納稅額（第一項）。前項調查，稽徵機關得視當地納稅義務人之多寡，採分業抽樣調查方法，核定各該業所得額之標準（第二項）。納稅義務人申報之所得額，如在前項規定標準以上，即以其原申報額為準，如不及前項規定標準者，應再個別調查核定之（第三項）。」是稽徵機關已依所得稅法第八十條第二項核定各該業所得額標準者，納稅義務人申報之所得額，如在上項標準以上，依同條第三項前段規定，即以其原申報額為準，旨在簡化稽徵手續，期使徵納兩便，並非謂納稅義務人申報額在標準以上者，即不負誠實申報之義務。故倘有匿報、短報或漏報等情事，仍得另依所得稅法第一百零三條、第一百十條、稅捐稽徵法第二十一條及第三十條等規定，調查課稅資料，予以補徵或裁罰（本院釋字第二四七號解釋參照）。

稅捐稽徵程序之規範，不僅可能影響納稅義務人之作業成本與費用等負擔，且足以變動人民納稅義務之內容，故有關稅捐稽徵程序，應以法律定之，如有必要授權行政機關以命令補充者，其授權之法律應具體明確，始符合憲法第十九條租稅法律主義之意旨。故所得稅法第八十條第三項前段所定，納稅義務人申報之所得額如在稽徵機關依同條第二項核定各該業所得額之標準以上者，即以其原申報額為準，係指以原申報資料作為進行書面審查所得額之基準，稽徵機關自不得逕以命令另訂查核程序，調閱帳

簿、文據及有關資料，調查核定之。財政部臺灣省北區國稅局於八十六年五月二十三日訂定之財政部臺灣省北區國稅局書面審核綜合所得稅執行業務者及補習班幼稚園托兒所簡化查核要點第七點：「適用書面審查案件每年得抽查百分之十，並就其帳簿文據等有關資料查核認定之。」對申報之所得額在主管機關核定之各該業所得額之標準以上者，仍可實施抽查，再予個別查核認定，與上開所得稅法第八十條第三項前段規定顯不相符，增加人民法律所未規定之租稅程序上負擔，揆諸首揭說明，自有違憲法第十九條租稅法律主義，應自本解釋公布之日起至遲一年內失效。至另發現有匿報、漏報所得額情事，稽徵機關自得依所得稅法第一百零三條、第一百十條、稅捐稽徵法第二十一條及第三十條等規定，調查課稅資料，予以補徵或裁罰，自不待言。本院釋字第二四七號解釋應予補充。

財稅機關如為促使納稅義務人誠實申報，維護納稅公平，認縱令申報所得額已達主管機關核定之各該業所得額標準，仍有實施抽查核定之必要時，自可檢討修正相關稅法條文予以明定，併此指明。

釋字第六四一號解釋　　（憲一五、二三，菸酒稅二一）

九十七年四月十八日公布

菸酒稅法第二十一條規定：「本法施行前專賣之米酒，應依原專賣價格出售。超過原專賣價格出售者，應處每瓶新臺幣二千元之罰鍰。」其有關處罰方式之規定，使超過原專賣價格出售該法施行前專賣之米酒者，一律處每瓶新臺幣二千元之罰鍰，固已考量販售數量而異其處罰程度，惟採取劃一之處罰方式，於個案之處罰顯然過苛時，法律未設適當之調整機制，對人民受憲法第十五條保障之財產權所為限制，顯不符妥當性而與憲法第二十三條之比例原則尚有未符，有關機關應儘速予以修正，並至遲於本解釋公布之日起屆滿一年時停止適用。

系爭規定修正前，依該規定裁罰及審判而有造成個案顯然過苛處罰之虞者，應依菸酒稅法第二十一條規定之立法目的與個案實質正義之要求，斟酌出售價格、販賣數量、實際獲利情形、影響交易秩序之程度，及個案其他相關情狀等，依本解釋意旨另為符合比例原則之適當處置，併予指明。

解釋理由書

對人民違反行政法上義務之行為處以罰鍰，其違規情節有區分輕重程度之可能與必要者，應根據違反義務情節之輕重程度為之，使責罰相當。立法者針對特別應予非難之

違反行政法上義務行為，為求執法明確，以固定之方式區分違規情節之輕重並據以計算罰鍰金額，而未預留罰鍰之裁量範圍者，或非憲法所不許，惟仍應設適當之調整機制，以避免個案顯然過苛之處罰，始符合憲法第二十三條規定限制人民基本權利應遵守比例原則之意旨。

米酒在長期菸酒專賣、價格平穩之制度下，乃國人之大量消費品，惟歷經菸酒專賣改制與加入世界貿易組織 (World Trade Organization) 談判之影響，零售商與民眾預期米酒價格上漲，而國人之料理習俗與飲食習慣，一時難以更易，故坊間出現囤積爭購行為，造成市場混亂，消費者權益受損情形。中華民國八十九年四月十九日公布、九十一年一月一日施行之菸酒稅法第二十一條規定：「本法施行前專賣之米酒，應依原專賣價格出售。超過原專賣價格出售者，應處每瓶新臺幣二千元之罰鍰。」乃課人民就該法施行前專賣之米酒應依原專賣價格出售之行政法上義務，並對違反此一行政法上義務者，處以罰鍰，以維護穩定米酒價格、維持市場供需之公共利益，本質上乃為穩定米酒市場所採之經濟管制措施，揆諸專賣改制前後，米酒短缺，市場失序，致有民眾須持戶口名簿排隊購買之情形，其立法目的洵屬正當。又罰鍰係對違反行政法上義務者施以制裁，乃督促人民履行其行政法上義務之有效方法，是該規定為達行政目的所採取處以罰鍰之手段，亦屬適合。

至於處以罰鍰之方式，於符合責罰相當之前提下，立法者得視違反行政法上義務者應受責難之程度，以及維護公共利益之重要性與急迫性等，而有其形成之空間。菸酒稅法第二十一條規定，乃以「瓶」為計算基礎，使超過原專賣價格出售該法施行前專賣之米酒者，每出售一瓶，即處以新臺幣二千元之罰鍰，受處罰者除有行政罰法減免處罰規定之適用者外，行政機關或法院並無綜合個案一切違法情狀以裁量處罰輕重之權限，立法固嚴，揆諸為平穩米酒價格及維持市場供需，其他相關法律並無與菸酒稅法第二十一條規定達成相同立法目的之有效手段，且上開規定之違法行為態樣及法律效果明確，易收遏阻不法之效，是尚屬維護公益之必要措施。但該條規定以單一標準區分違規情節之輕重並據以計算罰鍰金額，如此劃一之處罰方式，於特殊個案情形，難免無法兼顧其實質正義，尤其罰鍰金額有無限擴大之虞，可能造成個案顯然過苛之處罰，致有嚴重侵害人民財產權之不當後果，立法者就此未設適當之調整機制，其對人民受憲法第十五條保障之財產權所為限制，顯不符妥當性而有違憲法第二十三條之比例原則，有關機關應儘速予以修正，並至遲於本解釋公布之日起屆滿一年時停止適用。系爭規定修正前，依該規定裁罰及審判而有造成個案顯然過苛處罰之虞者，應依菸酒

稅法第二十一條規定之立法目的與個案實質正義之要求，斟酌出售價格、販賣數量、實際獲利情形、影響交易秩序之程度，及個案其他相關情狀等，依本解釋意旨另為符合比例原則之適當處置，併予指明。

釋字第六四二號解釋　　（憲法一五、一九、二三，稅徵一一、四四、四八之一）
九十七年五月九日公布

稅捐稽徵法第四十四條規定營利事業依法應保存憑證而未保存者，應就其未保存憑證經查明認定之總額，處百分之五罰鍰。營利事業如確已給與或取得憑證且帳簿記載明確，而於行政機關所進行之裁處或救濟程序終結前，提出原始憑證或取得與原應保存憑證相當之證明者，即已符合立法目的，而未違背保存憑證之義務，自不在該條規定處罰之列。於此範圍內，該條有關處罰未保存憑證之規定，與憲法第二十三條比例原則及第十五條保護人民財產權之意旨尚無牴觸。

財政部中華民國八十四年七月二十六日台財稅字第八四一六三七一二號函示，營利事業未依法保存憑證，須於未經檢舉及未經稽徵機關或財政部指定之調查人員進行調查前，取得與原應保存憑證相當之證明者，始得免除相關處罰，其與本解釋意旨不符部分，自本解釋公布之日起，應不予援用。

　　解釋理由書

稅捐稽徵法第四十四條規定：「營利事業依法規定應給與他人憑證而未給與，應自他人取得憑證而未取得，或應保存憑證而未保存者，應就其未給與憑證、未取得憑證或未保存憑證，經查明認定之總額，處百分之五罰鍰。」係為使營利事業據實給與、取得及保存憑證，俾交易前後手稽徵資料臻於翔實，建立正確課稅憑證制度，以實現憲法第十九條之意旨（本院釋字第二五二號解釋參照），立法目的洵屬正當。其中有關「應保存憑證」之規定，乃在以罰鍰之方式督促人民遵守稅捐稽徵法第十一條所規定之義務。依憲法第十五條保障人民財產權及第二十三條比例原則之意旨，如營利事業確已給與或取得憑證且帳簿記載明確，而於行政機關所進行之裁處或救濟程序終結前，提出原始憑證或取得與原應保存憑證相當之證明者，即已符合上開立法目的，而未違背保存憑證之義務，自不在該條規定處罰之列。於此範圍內，上開稅捐稽徵法第四十四條規定，就有關違反應保存憑證義務之行為處以罰鍰，與憲法第十五條及第二十三條之意旨尚無牴觸。

財政部八十四年七月二十六日台財稅字第八四一六三七一二號函示，營利事業未依

法保存憑證，須於未經檢舉及未經稽徵機關或財政部指定之調查人員進行調查前，取得與原應保存憑證相當之證明者，始得依同法第四十八條之一規定免除相關處罰，此一函釋未顧及營利事業帳簿記載明確，且不涉及逃漏稅捐，而於行政機關所進行之裁處或救濟程序終結前，提出原始憑證或取得與原應保存憑證相當之證明者，應不在同法第四十四條規定處罰範圍之內，上開函釋概以未經檢舉或調查前即取得與原應保存憑證相當之證明者，始予以免罰，其與本解釋意旨不符部分，自本解釋公布之日起，應不予援用。

釋字第六四三號解釋　（憲一五、二二、二三，商團一、五、七二，工商團體會務工作人員管理辦法四五）　　　　　　　　九十七年五月三十日公布

工商團體會務工作人員管理辦法第四十五條第二項規定：「前項退休金，應視團體財力，按服務年資，每滿一年發給二個月薪給之一次退休金，未滿一年部分按比例計算之；發給金額最高以不超過六十個月之薪給總額並以申領一次為限。」係主管機關為健全商業團體之人事組織，以維護公益，就會務工作人員退休金給付標準，所訂定之準則性規定，尚未逾越商業團體法第七十二條之授權範圍，對人民財產權及契約自由之限制亦未過當，與憲法第二十三條規定之意旨尚無牴觸。

關於商業團體會務工作人員之管理及財務之處理，涉及商業團體財產權及契約自由之限制，且關係退休會務工作人員權益之保障，乃有關人民權利義務之重要事項，為貫徹憲法保護人民權利之意旨，自以法律明文規定為宜，主管機關應儘速通盤檢討修正，併予指明。

　　解釋理由書

人民之財產權及契約自由，為憲法第十五條及第二十二條所保障。國家對上開自由權利之限制，應以法律定之，其限制且須符合比例原則，始符憲法第二十三條規定之意旨。以法律授權主管機關發布命令為補充規定者，其授權之目的、內容及範圍固須明確，且命令之內容須未逾越授權範圍，並符合授權之目的，惟法律概括授權發布命令者，其授權是否明確，與命令是否超越授權範圍，不應拘泥於法條所用之文字，而應就該法律本身之立法目的，及其整體規定之關聯意義為綜合判斷，迭經本院解釋闡明在案。

商業團體之中央主管機關內政部於中華民國六十三年四月二十五日訂定發布，並於六十九年六月四日修正發布之工商團體會務工作人員管理辦法，已有會務工作人員退休

金給付標準之規定。當時商業團體法並無授權主管機關訂定管理辦法之規定，而係內政部為保障會務工作人員之退休權益所發布之職權命令。嗣七十一年十二月十五日修正公布之商業團體法第七十二條規定：「商業團體會務工作人員之管理及財務之處理，其辦法由中央主管機關定之。」於增訂後，內政部又於七十九年六月二十九日修正發布上開管理辦法（下稱系爭管理辦法），可知商業團體法第七十二條增訂後，系爭管理辦法有關商業團體之部分已有法律授權依據。

依商業團體法第一條規定，商業團體係以推廣國內外貿易，促進經濟發展，協調同業關係，增進共同利益為宗旨。商業團體之任務，依同法第五條規定，為關於國內外商業之調查、統計及研究、發展事項等共計十三項，概括有經濟性、政治性、社會性、教育性等四方面之功能，可知商業團體之公益色彩濃厚。而商業團體會務工作人員秉承團體之付託，實際負責會務之推動，其素質及服務效能攸關團體功能是否有效發揮至鉅。為確保商業團體任務之達成，商業團體法第七十二條乃授權由中央主管機關訂定辦法，規範會務工作人員之管理及財務之處理，其授權目的尚屬正當。

商業團體法第七十二條僅就商業團體會務工作人員之管理及財務之處理，概括授權由中央主管機關內政部訂定辦法，至於會務工作人員管理及財務處理之內容，是否包括退休金之給付，固未為具體明確之規定。惟退休金給付事務不僅涉及會務工作人員之管理，與商業團體之財務處理亦有密切關係，是保障會務工作人員退休之權益，應屬該條授權中央主管機關就會務工作人員之管理及財務處理訂定辦法之一環，且考商業團體法於七十一年修正時，立法機關為使商業團體會務工作人員退休權益能獲得保障，以提昇會務工作人員之素質及服務效能，並考量內政部上開會務工作人員退休金給付標準之規定尚無法源依據，為使其取得授權之法源依據，乃決議增訂第七十二條之規定，則有關會務工作人員退休金之給付，自為該條授權規範之事項。

系爭管理辦法第四十五條第一、二項規定：「會務工作人員之退休，應依左列規定辦理，並給與一次退休金：一、年滿六十五歲者，限齡退休。二、服務團體滿二十五年，或年滿六十歲且服務團體滿十五年者，得申請退休。」「前項退休金，應視團體財力，按服務年資，每滿一年發給二個月薪給之一次退休金，未滿一年部分按比例計算之；發給金額最高以不超過六十個月之薪給總額並以申領一次為限。」就會務工作人員退休金之給付詳予規定，雖對商業團體財產權及契約自由予以限制，惟該等規定係在保障會務工作人員退休後之生計安養，使其等能安心全力工作，而團體亦因此得以招募優秀之會務工作人員，健全商業團體之人事組織，以達到提昇會務工作人員之素質及服務

效能之目的，進而有助於商業團體任務之達成，其規範目的洵屬正當。且若商業團體所訂服務規則之退休金給付標準低於系爭管理辦法第四十五條第二項之標準，主管機關於決定是否准予核備時，自應衡酌團體之財力，以避免商業團體無力負擔會務工作人員退休金給付之情形，而各商業團體於所訂服務規則之退休金給付標準，經主管機關核備後，自得依其所訂標準給付會務工作人員之退休金，是系爭管理辦法第四十五條第二項已顧及商業團體財力之負荷，該條項自屬準則性之規定，其對商業團體財產權與契約自由之限制應非過當，並未逾越必要之程度，與憲法第二十三條及第十五條保障人民財產權之意旨尚無牴觸。

關於商業團體會務工作人員之管理及財務之處理，涉及商業團體財產權及契約自由之限制，且關係退休會務工作人員權益之保障，乃有關人民權利義務之重要事項，為貫徹憲法保護人民權利之意旨，自以法律明文規定為宜，主管機關應儘速通盤檢討修正，併予指明。

至聲請人另主張確定終局判決適用行政程序法第一百七十四條之一違反憲法第十五條及第二十三條部分，核其所陳係爭執上開確定判決認事用法之當否，並未指摘行政程序法第一百七十四條之一有何牴觸憲法之處，此部分聲請核與司法院大法官審理案件法第五條第一項第二款規定不符，依同條第三項規定，應不受理。

釋字第六四四號解釋　　（憲一一、一四、二三，憲增修五，大法官審案五，人團二、三五、三九、四四、五三）　　　　　九十七年六月二十日公布

人民團體法第二條規定：「人民團體之組織與活動，不得主張共產主義，或主張分裂國土。」同法第五十三條前段關於「申請設立之人民團體有違反第二條……之規定者，不予許可」之規定部分，乃使主管機關於許可設立人民團體以前，得就人民「主張共產主義，或主張分裂國土」之政治上言論之內容而為審查，並作為不予許可設立人民團體之理由，顯已逾越必要之程度，與憲法保障人民結社自由與言論自由之意旨不符，於此範圍內，應自本解釋公布之日起失其效力。

　　解釋理由書

人民於其憲法上所保障之權利，遭受不法侵害，經依法定程序提起訴訟，對於確定終局裁判所適用之法律或命令發生有牴觸憲法之疑義，依司法院大法官審理案件法第五條第一項第二款規定，聲請本院解釋憲法時，本院審查之對象，非僅以聲請書明指者為限，且包含該確定終局裁判實質上援用為裁判基礎之法律或命令。本件聲請書僅指

稱人民團體法第二條規定牴觸憲法云云，惟查人民團體法第二條：「人民團體之組織與活動，不得主張共產主義，或主張分裂國土。」係屬行為要件之規定，而同法第五十三條前段關於「申請設立之人民團體有違反第二條……之規定者，不予許可」之規定部分，始屬法律效果之規定，二者必須合併適用。最高行政法院九十年度判字第三四九號判決維持主管機關以本件聲請人申請設立政治團體，違反人民團體法第二條規定而不予許可之行政處分，實質上已適用前述同法第五十三條前段部分之規定，故應一併審理，合先敘明。

憲法第十四條規定人民有結社之自由，旨在保障人民為特定目的，以共同之意思組成團體並參與其活動之權利，並確保團體之存續、內部組織與事務之自主決定及對外活動之自由等。結社自由除保障人民得以團體之形式發展個人人格外，更有促使具公民意識之人民，組成團體以積極參與經濟、社會及政治等事務之功能。各種不同團體，對於個人、社會或民主憲政制度之意義不同，受法律保障與限制之程度亦有所差異。惟結社自由之各該保障，皆以個人自由選定目的而集結成社之設立自由為基礎，故其限制之程度，自以設立管制對人民結社自由之限制最為嚴重，因此相關法律之限制是否符合憲法第二十三條之比例原則，應就各項法定許可與不許可設立之理由，嚴格審查，以符憲法保障人民結社自由之本旨。

人民團體法將人民團體分為職業團體、社會團體及政治團體。職業團體係以協調同業關係，增進共同利益，促進社會經濟建設為目的，由同一行業之單位、團體或同一職業之從業人員組成之團體（同法第三十五條）；社會團體係以推展文化、學術、醫療、衛生、宗教、慈善、體育、聯誼、社會服務或其他以公益為目的，由個人或團體組成之團體（同法第三十九條）；政治團體係國民以共同民主政治理念，協助形成國民政治意志，促進國民政治參與為目的而組成之團體（同法第四十四條）；性質上皆屬非營利團體。

人民團體法第二條規定：「人民團體之組織與活動，不得主張共產主義，或主張分裂國土。」同法第五十三條前段規定：「申請設立之人民團體有違反第二條……之規定者，不予許可」。由此可知該法對於非營利性人民團體之設立，得因其主張共產主義或分裂國土而不予許可。

言論自由有實現自我、溝通意見、追求真理、滿足人民知的權利，形成公意，促進各種合理的政治及社會活動之功能，乃維持民主多元社會正常發展不可或缺之機制（本院釋字第五○九號解釋參照），其以法律加以限制者，自應符合比例原則之要求。所謂

「主張共產主義，或主張分裂國土」原係政治主張之一種，以之為不許可設立人民團體之要件，即係賦予主管機關審查言論本身之職權，直接限制人民言論自由之基本權利。雖然憲法增修條文第五條第五項規定：「政黨之目的或其行為，危害中華民國之存在或自由民主之憲政秩序者為違憲。」惟組織政黨既無須事前許可，須俟政黨成立後發生其目的或行為危害中華民國之存在或自由民主之憲政秩序者，經憲法法庭作成解散之判決後，始得禁止，而以違反人民團體法第二條規定為不許可設立人民團體之要件，係授權主管機關於許可設立人民團體以前，先就言論之內容為實質之審查。關此，若人民團體經許可設立後發見其有此主張，依當時之事實狀態，足以認定其目的或行為危害中華民國之存在或自由民主之憲政秩序者，主管機關自得依中華民國七十八年一月二十七日修正公布之同法第五十三條後段規定，撤銷（九十一年十二月十一日已修正為「廢止」）其許可，而達禁止之目的；倘於申請設立人民團體之始，僅有此主張即不予許可，則無異僅因主張共產主義或分裂國土，即禁止設立人民團體，顯然逾越憲法第二十三條所定之必要範圍，與憲法保障人民結社自由與言論自由之意旨不符，前開人民團體法第二條及第五十三條前段之規定部分於此範圍內，應自本解釋公布之日起失其效力。

釋字第六四五號解釋　　（憲二、一七、二七、五三、五六、六二、六三、一三六、一七四，憲增修一、三、一二，大法官審案五，公投二、一〇、一四、一六、一八、三一、三三～三五、五五，行序一一四）　　　　九十七年七月十一日公布

一、公民投票法第十六條第一項規定：「立法院對於第二條第二項第三款之事項，認有進行公民投票之必要者，得附具主文、理由書，經立法院院會通過後，交由中央選舉委員會辦理公民投票。」旨在使立法院就重大政策之爭議，而有由人民直接決定之必要者，得交付公民投票，由人民直接決定之，並不違反我國憲政體制為代議民主之原則，亦符合憲法主權在民與人民有創制、複決權之意旨；此一規定於立法院行使憲法所賦予之權限範圍內，且不違反憲法權力分立之基本原則下，與憲法尚無牴觸。
二、公民投票法第三十五條第一項規定：「行政院公民投票審議委員會，置委員二十一人，任期三年，由各政黨依立法院各黨團席次比例推荐，送交主管機關提請總統任命之。」關於委員之任命，實質上完全剝奪行政院依憲法應享有之人事任命決定權，顯已逾越憲法上權力相互制衡之界限，自屬牴觸權力分立原則，應自本解釋公布之日起，至遲於屆滿一年時，失其效力。

解釋理由書

憲法第二條規定：「中華民國之主權屬於國民全體。」依憲法本文之設計，我國憲政體制係採代議民主，其後雖歷經多次修憲，惟憲法第五十三條規定行政院為國家最高行政機關，第六十二條、第六十三條規定，立法院為國家最高立法機關，由人民選舉之立法委員組織之，代表人民行使立法權；立法院有議決法律案、預算案、戒嚴案、大赦案、宣戰案、媾和案、條約案及國家其他重要事項之權。又中華民國八十六年七月二十一日修正公布之憲法增修條文第三條第二項亦維持行政院對立法院負責之精神，是代議民主之政治結構並無本質上之改變。

憲法第十七條另規定：「人民有選舉、罷免、創制及複決之權。」第一百三十六條復規定：「創制、複決兩權之行使，以法律定之。」足見憲法亦明定人民得經由創制、複決權之行使，參與國家意志之形成。在不改變我國憲政體制係採代議民主之前提下，立法機關依上開規定之意旨，制定公民投票法，提供人民對重大政策等直接表達意見之管道，以協助人民行使創制、複決權，與憲法自屬無違。

創制、複決權為人民之基本權利，是公民投票案以由人民提出為原則，惟立法院代表人民行使立法權，對國家重要事項有議決之權（憲法第六十二條、第六十三條參照），對國家重要政策之形成或變更亦有參與決策之權（本院釋字第五二○號解釋參照）。公民投票法第十六條第一項規定：「立法院對於第二條第二項第三款之事項，認有進行公民投票之必要者，得附具主文、理由書，經立法院院會通過後，交由中央選舉委員會辦理公民投票。」同法第三十一條第三款規定有關重大政策案經公民投票通過者，應由權責機關為實現該公民投票案內容之必要處置。上開規定旨在使立法院於代表人民行使前述權限之範圍內，且不違反憲法權力分立之基本原則下，就重大政策之爭議，而有由人民直接決定之必要者，得依法交付公民投票，由人民直接決定之，並不違反我國憲政體制為代議民主之原則，亦符合憲法主權在民與人民有創制、複決權之意旨，尚難遽論公民投票法第十六條第一項之規定侵犯行政權，或導致行政、立法兩權失衡之情形。

綜上所述，公民投票法第十六條第一項之規定，於本解釋意旨範圍內，與憲法尚無牴觸。為保障人民之創制、複決權，使公民投票順利正當進行，立法機關應就公民投票有關之實體與程序規範，予以詳細規定，尤應以法律明確規定有關公民投票提案之實質要件與程序進行，並設置公正、客觀之組織，處理提案之審核，以獲得人民之信賴，而提高參與公民投票之意願。惟立法者為上開立法時，除應本於主權在民原則妥為規範

外，亦當遵循權力分立原則，對於行政院應享有之人事決定權，自不得制定法律，逾越憲法上權力相互制衡之界限，而完全予以剝奪。

公民投票法第三十四條規定：「行政院應設全國性公民投票審議委員會，審議下列事項：一、全國性公民投票事項之認定。二、第三十三條公民投票案是否為同一事項之認定。」是全國性公民投票審議委員會係設於主管機關行政院之內，而負有特定之職掌。復按公民投票法第十條第二項規定：「審議委員會應於收到公民投票提案後，十日內完成審核，提案不合規定者，應予駁回。」第三項規定：「前項提案經審核完成符合規定者，審議委員會應於十日內舉行聽證，確定公民投票案之提案內容。」同法第十四條第二項規定：「公民投票案經審查無前項各款情事者，主管機關應將該提案送請各該審議委員會認定，該審議委員會應於三十日內將認定結果通知主管機關。」第三項規定：「公民投票案經前項審議委員會認定不合規定者，主管機關應予駁回；合於規定者應函請戶政機關於十五日內查對提案人。」同法第五十五條第一項規定：「全國性或地方性公民投票案經審議委員會否決者，領銜提案人於收到通知後三十日內，得依行政爭訟程序提起救濟。」準此，設於行政院內之全國性公民投票審議委員會，對全國性公民投票提案成立與否具有實質決定權限，對外則以行政院名義作成行政處分，行政院對於該委員會所為之決定並無審查權，領銜提案人對其決定如有不服，則循訴願及行政訴訟程序謀求救濟。

全國性公民投票審議委員會之組織係置於行政院內，並非獨立之行政機關，而是在行政程序上執行特定職務之組織，屬行政程序法第一百十四條第一項第四款所稱「參與行政處分作成之委員會」；其職務係就個別全國性公民投票案，審議是否符合規定而屬得交由人民創制或複決之事項，具有協助人民正當行使創制複決權之功能，性質上屬行政權。因行政掌法律之執行，執行則有賴人事，是行政權依法就所屬行政機關之具體人事，不分一般事務官或政治任命之政務人員，應享有決定權，為民主法治國家行政權發揮功能所不可或缺之前提要件。該委員會既設於行政院內，並參與行政院作成行政處分之程序，故對該委員會委員之產生，行政院自應享有人事任命決定權。惟有鑑於全國性公民投票審議委員會之功能與一般行政機關須為政策之決定及執行者不同，故其委員之產生並非憲法第五十六條之規範範圍，立法院固非不得參與或以其他方式予以適當之制衡，但其制衡應有界限。

公民投票法第三十五條第一項規定：「行政院公民投票審議委員會，置委員二十一人，任期三年，由各政黨依立法院各黨團席次比例推薦，送交主管機關提請總統任命之。」

關於委員之任命，由政黨依立法院各黨團席次之比例獨占人事任命決定權，使行政院院長對於委員之人選完全無從置喙，僅能被動接受提名與送交總統任命，實質上完全剝奪行政院應享有之人事任命決定權，顯已逾越憲法上權力相互制衡之界限，自屬牴觸權力分立原則，應自本解釋公布之日起，至遲於屆滿一年時，失其效力。

聲請意旨又指，公民投票法第十八條於立法院之審議程序，涉及違憲部分，按立法院審議法律案，須在不牴觸憲法之範圍內，依其自行訂定之議事規範為之。法律案經立法院移送總統公布者，曾否踐行其議事應遵循之程序，除明顯牴觸憲法者外，乃其內部事項，屬於議會依自律原則應自行認定之範圍，並非釋憲機關審查之對象，業經本院釋字第三四二號解釋在案。公民投票法第十八條於立法院審議之程序，是否違憲，尚非明顯，有待調查，依現行體制，釋憲機關對此種事實之調查受有限制，依本院上開解釋意旨，此部分應不予解釋。

至聲請意旨另指公民投票法第二條第二項第四款及第三十一條第四款之規定，有違反憲法第二十七條第一項第四款、第一百七十四條第二款及八十九年四月二十五日修正公布之憲法增修條文第一條第二項第一款規定部分，因九十四年六月十日修正及增訂公布之憲法增修條文第一條、第十二條已明定，憲法修正案應經公民投票複決，故公民投票法第二條第二項第四款及第三十一條第四款之違憲疑義已不復存在，無解釋之必要，應不予受理。

釋字第六四六號解釋　　（憲八、一五、二三，電子遊戲場業管理條例五～九、一一、一五、二二）　　　　　　　　　　　九十七年九月五日公布

電子遊戲場業管理條例（以下簡稱本條例）第二十二條規定：「違反第十五條規定者，處行為人一年以下有期徒刑、拘役或科或併科新臺幣五十萬元以上二百五十萬元以下罰金。」對未辦理營利事業登記而經營電子遊戲場業者，科處刑罰，旨在杜絕業者規避辦理營利事業登記所需之營業分級、營業機具、營業場所等項目之查驗，以事前防止諸如賭博等威脅社會安寧、公共安全與危害國民，特別是兒童及少年身心健全發展之情事，目的洵屬正當，所採取之手段對目的之達成亦屬必要，符合憲法第二十三條比例原則之意旨，與憲法第八條、第十五條規定尚無牴觸。

　　解釋理由書

人民身體之自由與財產權應予保障，憲法第八條及第十五條定有明文。如以刑罰予以限制者，係屬不得已之強制措施，具有最後手段之特性，自應受到嚴格之限制。如為

保護合乎憲法價值之特定重要法益，且施以刑罰有助於目的之達成，又別無其他相同有效達成目的而侵害較小之手段可資運用，而刑罰對基本權之限制與其所欲維護法益之重要性及行為對法益危害之程度，亦合乎比例之關係者，並非不得為之（本院釋字第五四四號、第五五一號解釋參照）。惟對違法行為是否採取刑罰制裁，涉及特定時空下之社會環境、犯罪現象、群眾心理與犯罪理論等諸多因素綜合之考量，而在功能、組織與決定程序之設計上，立法者較有能力體察該等背景因素，將其反映於法律制度中，並因應其變化而適時調整立法方向，是立法者對相關立法事實之判斷與預測如合乎事理而具可支持性，司法者應予適度尊重。

電子遊戲為個人休閒活動之一，電子遊戲場乃成為現代人抒解壓力及娛樂之場所。電子遊戲場業之經營，除涉及產業結構與經濟發展外，由於電子遊戲之情節引人而具輸贏結果之特性，易使兒童及少年留連忘返，而兒童及少年長時間暴露於學校與家庭保護之外，難免荒廢學業、虛耗金錢，而有成為潛在之犯罪被害人或涉及非行之虞，又因電子遊戲之操作便利、收費平價，亦吸引一般社會大眾大量進出或留滯，一方面影響公共安全與社區安寧，另一方面往往成為媒介毒品、色情、賭博及衍生其他犯罪之場所，因此電子遊戲場業之經營，亦涉及兒童、少年保護、公共安全及社區安寧等問題。為健全電子遊戲場之秩序，使基於抒壓及娛樂之目的而進入電子遊戲場所之消費者，可分別接觸適當之個人休閒活動，不致因各該場所之疏於管理，而誤涉犯罪或成為明顯之犯罪對象，並同時兼顧公共安全與社區安寧，是我國對電子遊戲場業之管制，由來已久。初期由警政機關主管，一度採取全面禁止之管制措施，中華民國七十九年起，改由教育部負責，同年訂定發布遊藝場業輔導管理規則。由於欠缺法律位階之有效法規，主管機關僅得援用公司法、商業登記法、營業稅法及其他相關法規，對包括未經登記即行營業在內之違規行為加以處罰。嗣由於電子遊戲場業之經營對社會治安與善良風俗之影響甚鉅，相關弊案引發社會普遍之關注與疑慮，電子遊戲場業於八十五年間改由經濟部為主管機關，八十九年制定公布電子遊戲場業管理條例，以期透過專法導正經營，並使電子遊戲場業之經營正常化與產業化。本條例施行後，行政院曾函送修正草案至立法院，刪除刑罰規定，惟其後鑑於電子遊戲場業經營之負面影響過大，難以與一般產業同視，為加強管理乃又恢復刑罰之制裁手段。惟兩項修法草案，均未完成立法。

由於電子遊戲場業性質特殊，其營業涉及社會安寧、善良風俗及國民身心健康等問題，故電子遊戲機之性質與內容，依本條例規定應區分為普通級及限制級，限制級電子遊

戲場雖亦可附設益智類電子遊戲機，但未滿十八歲之人仍不得進入遊樂。且為貫徹強制分級之管理措施，普通級與限制級不得在同一場所混合經營，以應實際執行管理之需要（本條例第五條第一項及第二項規定參照）。又為達前開管理目的，故電子遊戲機之製造業、進口人或軟體設計廠商，應於製造或進口前，就其軟體，向中央主管機關申請核發評鑑分類文件；並於出廠或進口時，向中央主管機關申請查驗，合格者，發給機具類別標示證（本條例第六條第一項前段規定參照）；電子遊戲場業者不得陳列、使用未經中央主管機關評鑑分類及公告之電子遊戲機及擅自修改已評鑑分類之電子遊戲機（本條例第七條第一項規定參照）。另由於電子遊戲場業其營業場所之公共安全攸關消費者生命財產安全，故電子遊戲場業之營業場所應符合都市計畫、建築與消防法令之規定（本條例第八條規定參照）。此外，由於電子遊戲場對社會安寧會造成一定之影響，故電子遊戲場業之營業場所應距離對於環境安寧有極高要求之國民中、小學、高中、職校、醫院五十公尺以上（本條例第九條第一項規定參照）。

本條例第十五條規定：「未依本條例規定辦理營利事業登記者，不得經營電子遊戲場業。」所謂「辦理營利事業登記」係兼指依本條例第十一條規定，向直轄市、縣（市）主管機關申請核發「營利事業登記證」及「營利級別證」，辦理營業級別、機具類別、營業場所管理人及營業場所地址之登記而言。而辦理營業級別、機具類別、營業場所管理人及營業場所地址之登記，應符合前述本條例第五條、第六條、第七條及第八條等之規定，足見本條例第十五條要求電子遊戲場業辦理營利事業登記，旨在透過事前管制，以達維護社會安寧、公共安全，並保護國民，特別是兒童及少年身心健全發展之目的。本條例第二十二條進而規定：「違反第十五條規定者，處行為人一年以下有期徒刑、拘役或科或併科新臺幣五十萬元以上二百五十萬元以下罰金。」對未辦理營利事業登記而經營電子遊戲場業者，科處刑罰，其立法目的在於藉由重罰杜絕業者規避辦理營利事業登記所需之營業分級、營業機具、營業場所等項目之查驗，以事前防止諸如賭博等威脅社會安寧、公共安全與危害兒童及少年身心健全發展等情事，其保護之法益符合重要之憲法價值，目的洵屬正當。本條例第二十二條所採刑罰手段，有助於上開目的之達成。雖罰鍰或屬侵害較小之管制方法，惟在暴利之驅使及集團化經營之現實下，徒以罰鍰顯尚不足以達成與限制人身自由之刑罰相同之管制效果。又立法者或可捨棄以刑罰強制事前登記之預防性管制方式，遲至賭博等危害發生時再動用刑罰制裁，惟衡諸立法者藉由本條例第十五條規定所欲達成之管制目的，涉及普遍且廣大之公共利益，尤其就維護兒童及少年身心健全發展而言，一旦危害發生，對於兒童及

少年個人與社會，均將造成難以回復之損害，況依內政部警政署提供之數據，自八十五年起至九十六年止，查獲無照營業之電子遊戲場所中有高達九成以上涉嫌賭博行為，另統計九十六年查緝之電子遊戲場賭博案件中，有照營業涉嫌賭博行為者，尚不及一成，而高達九成係無照營業者所犯，顯見未辦理營利事業登記與賭博等犯罪行為間確有高度關聯，故立法者為尋求對法益較周延之保護，毋待危害發生，就無照營業行為，發動刑罰制裁，應可認係在合乎事理而具有可支持性之事實基礎上所為合理之決定。是系爭刑罰手段具有必要性，可資肯定。

末查依本條例第二十二條規定科處刑罰，雖可能造成未辦理營利事業登記而經營電子遊戲場業之人，即使其經營未涉及賭博或其他違法情事，亦遭刑事制裁，惟因系爭規定之法定刑已賦予法院針對行為人犯罪情節之輕重，施以不同程度處罰之裁量空間，再配合刑事訴訟法第二百五十三條微罪不舉、第二百五十三條之一緩起訴、刑法第五十九條刑之酌減及第七十四條緩刑等規定，應足以避免過苛之刑罰。又現行法對其他與電子遊戲場業性質類似之娛樂事業之管制，就未辦理營利事業登記而營業者雖有僅處行政罰者，然對行政法上義務之違反，並非謂某法律一旦採行政罰，其他法律即不問相關背景事實有無不同，均不得採刑事罰。且實務上屢發現業者為規避營利事業登記之申請及其附隨之諸多管制，不再於固定地點開設電子遊戲場，而藉由散見各處之小型便利超商或一般獨資、合夥商號作為掩護，設置機檯經營賭博，相較於其他娛樂事業，電子遊戲場業此種化整為零之經營方式，顯已增加管制之難度，並相對提升對法益之危害程度，相關機關因此決定採較重之刑事罰制裁，其判斷亦屬合乎事理，應可支持，尚難驟認系爭規定對基本權之限制，與所保護法益之重要性及行為對法益危害之程度，顯失均衡，而有違比例關係。

綜上，本條例第二十二條有關未辦理營利事業登記而經營電子遊戲場業者科處刑罰之規定，符合憲法第二十三條比例原則之意旨，與憲法第八條、第十五條規定尚無牴觸。

釋字第六四七號解釋　　（憲七、一五、一九，遺贈稅二〇）

九十七年十月九日公布

遺產及贈與稅法第二十條第一項第六款規定，配偶相互贈與之財產不計入贈與總額，乃係對有法律上婚姻關係之配偶間相互贈與，免徵贈與稅之規定。至因欠缺婚姻之法定要件，而未成立法律上婚姻關係之異性伴侶未能享有相同之待遇，係因首揭規定為維護法律上婚姻關係之考量，目的正當，手段並有助於婚姻制度之維護，自難認與憲

法第七條之平等原則有違。

解釋理由書

憲法第七條揭示之平等原則非指絕對、機械之形式上平等，而係保障人民在法律上地位之實質平等。人民有依法律納稅之義務，憲法第十九條定有明文。法律如設例外或特別規定，在一定條件下減輕或免除人民租稅之負擔，而其差別待遇具有正當理由，即與平等原則無違（本院釋字第五六五號、第六三五號解釋參照）。

遺產及贈與稅法第二十條第一項第六款規定，配偶相互贈與之財產不計入贈與總額，乃係對有法律上婚姻關係之配偶間相互贈與，免徵贈與稅之規定，雖以法律上婚姻關係存在與否為分類標準，惟因屬免徵贈與稅之差別待遇，且考量贈與稅之課徵，涉及國家財政資源之分配，與公共利益之維護及國家政策之推動緊密相關，立法機關就其內容之形成本即享有較大之裁量空間，是倘系爭規定所追求之目的正當，且分類標準與差別待遇之手段與目的間具有合理關聯，即符合平等原則之要求。

查系爭規定就配偶間財產權之移轉免徵贈與稅，係立法者考量夫妻共同生活，在共同家計下彼此財產難以清楚劃分等現實情況，基於對婚姻制度之保護所訂定，目的洵屬正當。復查有配偶之人於婚姻關係外與第三人之結合，即使主觀上具有如婚姻之共同生活意思，客觀上亦有長期共同生活與共同家計之事實，但既已違背一夫一妻之婚姻制度，甚或影響配偶之經濟利益，則系爭規定之差別待遇，自非立法者之恣意，因與維護婚姻制度目的之達成有合理關聯，故與憲法第七條之平等權保障並無牴觸。

至於無配偶之人相互間主觀上具有如婚姻之共同生活意思，客觀上亦有共同生活事實之異性伴侶，雖不具法律上婚姻關係，但既與法律上婚姻關係之配偶極為相似，如亦有長期共同家計之事實，則系爭規定未就二人相互間之贈與免徵贈與稅，即不免有違反平等權保障之疑慮。惟查立法機關就婚姻關係之有效成立，訂定登記、一夫一妻等要件，旨在強化婚姻之公示效果，並維持倫理關係、社會秩序以及增進公共利益，有其憲法上之正當性。基此，系爭規定固僅就具法律上婚姻關係之配偶，其相互間之贈與免徵贈與稅，惟係為維護法律上婚姻關係之考量，目的正當，手段並有助於婚姻制度之維護，自難認與平等原則有違。至鑒於上開伴侶與具法律上婚姻關係之配偶間之相似性，立法機關自得本於憲法保障人民基本權利之意旨，斟酌社會之變遷及文化之發展等情，在無損於婚姻制度或其他相關公益之前提下，分別情形給予適度之法律保障，併此指明。

釋字第六四八號解釋　　（憲七、一五，海關緝私三、四、三七，關稅四、一六、一七、二三，進出口貨物查驗準則一五，行罰七）

九十七年十月二十四日公布

進出口貨物查驗準則第十五條第一項前段規定：「進口貨物如有溢裝，或實到貨物與原申報不符，或夾雜其他物品進口情事，除係出於同一發貨人發貨兩批以上，互相誤裝錯運，經舉證證明，並經海關查明屬實者，准予併案處理，免予議處外，應依海關緝私條例有關規定論處。」限定同一發貨人發貨兩批以上之互相誤裝錯運，其進口人始得併案處理免予議處，至於不同發貨人發貨兩批以上之互相誤裝錯運，其進口人應依海關緝私條例有關規定論處，尚未違背憲法第七條平等原則。

解釋理由書

自國外進口貨物者，其報運貨物進口，須依關稅法及有關法令規定，向海關申報，由海關依海關進口稅則課徵關稅（海關緝私條例第四條，關稅法第三條第一項、第四條、第十六條第一項參照）。為確保進口人對於進口貨物之相關事項為誠實申報，以貫徹有關法令之執行，關稅法第二十三條第一項乃規定，海關對於進口貨物，得依職權或申請，施以查驗或免驗。在海關查驗或稽核前，進口人如發現實到貨物與原申報不符者，進口人得依關稅法第十七條第五、六項規定申請更正。而海關查驗或稽核後，發現有虛報所運貨物之名稱、數量或重量，或有其他違法行為或涉及逃避管制者，海關緝私條例第三十七條亦定有處罰之規定。

海關究應如何執行各項查驗及採行何種措施，以達成防堵逃漏關稅兼顧進出口便捷通關之目的，立法機關自得授權行政機關參的國際貿易慣例、海關作業實務與執行技術而決定。有關海關對於進口、出口貨物查驗、取樣之方式、時間、地點及免驗品目範圍，中華民國九十年十月三十一日修正公布之關稅法第十九條第二項（嗣於九十三年五月五日修正公布為第二十三條第二項）授權由財政部定之。財政部基此授權，於九十年十二月三十日修正「進出口貨物查驗及取樣準則」為「進出口貨物查驗準則」時，除規定查驗免驗之相關事項外，另於該準則第十五條第一項前段規定：「進口貨物如有溢裝，或實到貨物與原申報不符，或夾雜其他物品進口情事，除係出於同一發貨人發貨兩批以上，互相誤裝錯運，經舉證證明，並經海關查明屬實者，准予併案處理，免予議處外，應依海關緝私條例有關規定論處。」（下稱系爭規定）此一有關查驗方式、時間之規定，尚在關稅法第二十三條第一項授權範圍之內，係就進口貨物之相關事項如有申報不實，依海關緝私條例有關規定論處，並就同一發貨人發貨兩批以上，單純

因發貨人誤裝錯運致實到貨物與原申報不符之情形，使進口人得以藉由併案處理更正報單，而更正上開不符之情形，因與處罰之構成要件不合，自得免受海關緝私條例第三十七條第一項第一款規定之處罰。

憲法第七條規定，人民在法律上一律平等，其內涵並非指絕對、機械之形式上平等，乃係保障人民在法律上地位之實質平等。行政機關在財稅經濟領域方面，於法律授權範圍內，以法規命令於一定條件下採取差別待遇措施，如其規定目的正當，且所採取分類標準及差別待遇之手段與目的之達成，具有合理之關聯性，其選擇即非恣意，而與平等原則無違。系爭規定乃主管機關鑑於貨物進口通商實務上，國際貿易事務繁瑣，錯失難免，在發生國外同一發貨人發貨兩批以上互相誤裝錯運，而進口人就此並不知悉之情形下，使進口人未報備或依關稅法第十七條第五項規定申請更正，即可准予併案更正報單免予議處。此一規定除確保進口人對於進口貨物之相關事項為誠實申報，以防止逃漏關稅外，並建立海關明確之處理準則，使進口人之通關程序便捷，其目的洵屬正當。

在進出口實務上，除國外同一發貨人發貨兩批以上，可能發生互相誤裝錯運外，不同發貨人發貨兩批以上，亦非無可能發生互相誤裝錯運情形。系爭規定固形成同一發貨人與不同發貨人發貨兩批以上之互相誤裝錯運，其進口人得否併案處理之差別待遇。惟不同發貨人之此種錯誤，須各該發貨人與其後之貨櫃場、運送人以及出口國之海關均未發現錯誤，始可能發生。主管機關考量貨物互相誤裝錯運，致進口貨物與申報不符，以同一發貨人發貨兩批以上較有可能，且海關查證較為容易、經濟，而不同發貨人發貨兩批以上，發生之機率甚微，且查證較為困難、複雜，如放寬併案處理，將造成查緝管制上之漏洞與困擾。主管機關基於長期海關實務經驗之累積，及海關查證作業上之成本與技術考量，乃選擇為系爭差別待遇之規定，其手段與目的之達成有合理之關聯性，其選擇並非恣意，與憲法第七條之規定尚屬無違，亦與財產權之限制無涉。至於海關緝私條例第三十七條第一項處罰之規定，仍應以受處罰人有故意或過失為必要（行政罰法第七條第一項規定參照），系爭規定並未排除不同發貨人發貨兩批以上互相誤裝錯運時，受處罰人應有故意過失之責任要件，故如進口人並無故意過失者，應不予處罰，自不待言。

釋字第六四九號解釋　　（憲七、一五、二三、一五五，憲增修一○，身心障礙者保護法三七，身障四六，視覺障礙者從事按摩業資格認定及管理辦法四，視覺功

能障礙者從事按摩或理療按摩資格認定及管理辦法四）

九十七年十月三十一日公布

中華民國九十年十一月二十一日修正公布之身心障礙者保護法第三十七條第一項前段規定：「非本法所稱視覺障礙者，不得從事按摩業。」（九十六年七月十一日該法名稱修正為身心障礙者權益保障法，上開規定之「非本法所稱視覺障礙者」，經修正為「非視覺功能障礙者」，並移列為第四十六條第一項前段，規定意旨相同）與憲法第七條平等權、第十五條工作權及第二十三條比例原則之規定不符，應自本解釋公布之日起至遲於屆滿三年時失其效力。

解釋理由書

九十年十一月二十一日修正公布之身心障礙者保護法第三十七條第一項前段規定：「非本法所稱視覺障礙者，不得從事按摩業。」（下稱系爭規定，九十六年七月十一日該法名稱修正為身心障礙者權益保障法，系爭規定之「非本法所稱視覺障礙者」，經修正為「非視覺功能障礙者」，並移列為第四十六條第一項前段，規定意旨相同）係以保障視覺障礙者（下稱視障者）工作權為目的所採職業保留之優惠性差別待遇，亦係對非視障者工作權中之選擇職業自由所為之職業禁止，自應合於憲法第七條平等權、第十五條工作權及第二十三條比例原則之規定。

查視障非屬人力所得控制之生理狀態，系爭規定之差別待遇係以視障與否為分類標準，使多數非視障者均不得從事按摩業，影響甚鉅。基於我國視障者在成長、行動、學習、受教育等方面之諸多障礙，可供選擇之工作及職業種類較少，其弱勢之結構性地位不易改變，立法者乃衡酌視障者以按摩業為生由來已久之實際情況，且認為視障狀態適合於從事按摩，制定保護視障者權益之規定，本應予以尊重，惟仍須該規定所追求之目的為重要公共利益，所採禁止非視障者從事按摩業之手段，須對非視障者之權利並未造成過度限制，且有助於視障者工作權之維護，而與目的間有實質關聯者，方符合平等權之保障。按憲法基本權利規定本即特別著重弱勢者之保障，憲法第一百五十五條後段規定：「人民之老弱殘廢，無力生活，及受非常災害者，國家應予以適當之扶助與救濟。」以及憲法增修條文第十條第七項規定：「國家對於身心障礙者之保險與就醫、無障礙環境之建構、教育訓練與就業輔導及生活維護與救助，應予保障，並扶助其自立與發展。」顯已揭櫫扶助弱勢之原則。職是，國家保障視障者工作權確實具備重要公共利益，其優惠性差別待遇之目的合乎憲法相關規定之意旨。

六十九年殘障福利法制定施行之時，視障者得選擇之職業種類較少，禁止非視障者從

事按摩業之規定，對有意選擇按摩為業之視障者確有助益，事實上視障就業者亦以相當高之比率選擇以按摩為業。惟按摩業依其工作性質與所需技能，原非僅視障者方能從事，隨著社會發展，按摩業就業與消費市場擴大，系爭規定對欲從事按摩業之非視障者造成過度限制。而同屬身心障礙之非視障者亦在禁止之列，並未如視障者享有職業保留之優惠。在視障者知識能力日漸提升，得選擇之職業種類日益增加下，系爭規定易使主管機關忽略視障者所具稟賦非僅侷限於從事按摩業，以致系爭規定施行近三十年而職業選擇多元之今日，仍未能大幅改善視障者之經社地位，目的與手段間難謂具備實質關聯性，從而有違憲法第七條保障平等權之意旨。

又按憲法第十五條規定人民之工作權應予保障，人民從事工作並有選擇職業之自由，業經本院釋字第四○四號、第五一○號、第五八四號、第六一二號、第六三四號與第六三七號解釋在案。對職業自由之限制，因其內容之差異，在憲法上有寬嚴不同之容許標準。關於從事工作之方法、時間、地點等執行職業自由，立法者為追求一般公共利益，非不得予以適當之限制。至人民選擇職業之自由，如屬應具備之主觀條件，乃指從事特定職業之個人本身所應具備之專業能力或資格，且該等能力或資格可經由訓練培養而獲得者，例如知識、學位、體能等，立法者欲對此加以限制，須有重要公共利益存在。而人民選擇職業應具備之客觀條件，係指對從事特定職業之條件限制，非個人努力所可達成，例如行業獨占制度，則應以保護特別重要之公共利益始得為之。且不論何種情形之限制，所採之手段均須與比例原則無違。

查系爭規定禁止非視障者從事按摩業，係屬對非視障者選擇職業自由之客觀條件限制。該規定旨在保障視障者之就業機會，徵諸憲法第一百五十五條後段及增修條文第十條第七項之意旨，自屬特別重要之公共利益，目的洵屬正當。惟鑑於社會之發展，按摩業之需求市場範圍擴大，而依規定，按摩業之手技甚為廣泛，包括「輕擦、揉捏、指壓、叩打、震顫、曲手、運動及其他特殊手技。」（九十七年三月五日廢止之視覺障礙者從事按摩業資格認定及管理辦法第四條、現行視覺功能障礙者從事按摩或理療按摩資格認定及管理辦法第四條第一款規定參照），系爭規定對非視障者從事按摩業之禁止，其範圍尚非明確，導致執行標準不一，使得非視障者從事類似相關工作及行業觸法之可能性大增，此有各級行政法院諸多裁判可稽。且按摩業並非僅得由視障者從事，有意從事按摩業者受相當之訓練並經檢定合格應即有就業之資格，將按摩業僅允准視障者從事，使有意投身專業按摩工作之非視障者須轉行或失業，未能形成多元競爭環境裨益消費者選擇，與所欲保障視障者工作權而生之就業利益相較，顯不相當。故系

爭規定對於非視障者職業選擇自由之限制，實與憲法第二十三條比例原則不符，而牴觸憲法第十五條工作權之保障。

保障視障者之工作權，為特別重要之公共利益，應由主管機關就適合視障者從事之職業予以訓練輔導、保留適當之就業機會等促進就業之多元手段採行具體措施，並應對按摩業及相關事務為妥善之管理，兼顧視障與非視障者、消費與供給者之權益，且注意弱勢保障與市場機制之均衡，以有效促進視障者及其他身心障礙者之就業機會，踐履憲法扶助弱勢自立發展之意旨、促進實質平等之原則與精神。此等措施均須縝密之規劃與執行，故系爭規定應自本解釋公布之日起至遲於屆滿三年時失其效力。

釋字第六五○號解釋　（憲一九，所得稅二四、八○，營利事業所得稅查核準則三六之一，行序一五○）　　　　　　　九十七年十月三十一日公布

財政部於中華民國八十一年一月十三日修正發布之營利事業所得稅查核準則第三十六條之一第二項規定，公司之資金貸與股東或任何他人未收取利息，或約定之利息偏低者，應按當年一月一日所適用臺灣銀行之基本放款利率計算利息收入課稅。稽徵機關據此得就公司資金貸與股東或他人而未收取利息等情形，逕予設算利息收入，課徵營利事業所得稅。上開規定欠缺所得稅法之明確授權，增加納稅義務人法律所無之租稅義務，與憲法第十九條規定之意旨不符，應自本解釋公布之日起失其效力。

解釋理由書

憲法第十九條規定，人民有依法律納稅之義務，係指國家課人民以繳納稅捐之義務或給予人民減免稅捐之優惠時，應就租稅主體、租稅客體、稅基、稅率等租稅構成要件，以法律或法律明確授權之命令定之；如以法律授權主管機關發布命令為補充規定時，其授權應符合具體明確之原則；若僅屬執行法律之細節性、技術性次要事項，始得由主管機關發布命令為必要之規範，迭經本院解釋在案（本院釋字第四四三號、第六二○號、第六二二號、第六四○號解釋參照）。

六十六年一月三十日修正公布之所得稅法第二十四條第一項規定：「營利事業所得之計算，以其本年度收入總額減除各項成本費用、損失及稅捐後之純益額為所得額。」所謂「收入總額」，固包括利息收入在內，惟稽徵機關如就公司資金貸與股東或他人而未約定利息等情形，設算實際上並未收取之利息，因已涉及人民繳納稅捐之客體，應以法律或由法律明確授權之命令加以訂定，方符租稅法律主義之要求。

財政部八十一年一月十三日修正發布之營利事業所得稅查核準則第三十六條之一規

定：「公司組織之股東、董事、監察人代收公司款項，不於相當期間照繳或挪用公司款項，應按當年一月一日所適用臺灣銀行之基本放款利率計算利息收入課稅。公司之資金貸與股東或任何他人未收取利息，或約定之利息偏低者，比照前項規定辦理。」稽徵機關依本條第二項規定得就公司資金貸與股東或他人而未收取利息等情形，逕予設算利息收入，據以課徵營利事業所得稅。惟上開查核準則之訂定，並無所得稅法之明確授權；其第三十六條之一第二項擬制設算利息收入之規定，亦欠缺法律之依據，縱於實務上施行已久，或有助於增加國家財政收入、減少稽徵成本，甚或有防杜租稅規避之效果，惟此一規定擴張或擬制實際上並未收取之利息，涉及租稅客體之範圍，並非稽徵機關執行所得稅法之技術性或細節性事項，顯已逾越所得稅法之規定，增加納稅義務人法律所無之租稅義務，與憲法第十九條規定之意旨不符，應自本解釋公布之日起失其效力。

所得稅法九十二年一月十五日修正公布時，於第八十條增訂第五項：「稽徵機關對所得稅案件進行書面審核、查帳審核與其他調查方式之辦法，及對影響所得額、應納稅額及稅額扣抵計算項目之查核準則，由財政部定之。」明文授權財政部訂定查核準則。惟依行政院函請立法院審議之所得稅法修正草案說明，增訂第八十條第五項係「考量稽徵機關對於所得稅案件進行調查、審核時，宜有一致之規範，財政部目前訂有營利事業所得稅結算申報書查審要點、營利事業所得稅結算申報書面審核案件抽查辦法及營利事業所得稅查核準則等規定，惟尚乏法律授權依據，為達課稅公平之目標，並為適應快速變遷之工商社會，該等要點、辦法及準則之內容，勢須經常配合修正，為維持其機動性，宜以法規命令之方式為之，又對綜合所得稅案件亦有訂定相關規定之必要，爰基於目前及未來對所得稅案件進行調查、審核之需要，依行政程序法第一百五十條第二項規定，增訂第五項授權財政部就稽徵機關對所得稅案件進行調查及對影響所得額、應納稅額及稅額扣抵計畫項目之查核訂定相關辦法及準則，俾資遵循。」可知所得稅法第八十條第五項之增訂，雖已賦予訂定營利事業所得稅查核準則之法源依據，其範圍包括「對影響所得額、應納稅額及稅額扣抵計算項目」之查核，惟該項規定之目的，僅為授權稽徵機關調查及審核所得稅申報是否真實，以促進納稅義務人之誠實申報，並未明確授權財政部發布命令對營利事業逕予設算利息收入。是營利事業所得稅查核準則第三十六條之一第二項有關設算利息收入之規定，並未因所得稅法第八十條第五項之增訂，而取得明確之授權依據，與租稅法律主義之要求仍有未符，併此指明。

釋字第六五一號解釋 （憲一九，關稅四四，軍用物品進口免稅辦法八）

九十七年十一月十四日公布

中華民國九十年十二月三十日修正發布之軍用物品進口免稅辦法第八條第一項規定：「軍事機關依政府採購法辦理招標，由得標廠商進口之軍品，招標文件上應書明得依關稅法、貨物稅條例、加值型及非加值型營業稅法及本辦法規定申請免稅。得標價格應不含免徵之稅款。」係財政部依九十年十月三十一日修正公布之關稅法第四十四條第三項（嗣於九十三年五月五日修正移列為第四十九條第三項）授權所為之補充規定，並未逾越授權範圍，與憲法第十九條租稅法律主義尚無牴觸。

解釋理由書

憲法第十九條規定，人民有依法律納稅之義務，係指國家課人民以繳納稅捐之義務或給予人民減免稅捐之優惠時，應就租稅主體、租稅客體、稅基、稅率等構成要件，以法律或法律明確授權之命令定之。如以法律授權主管機關發布命令為補充或具體化規定時，其授權應符合具體明確之原則；至命令是否符合法律授權之意旨，則不應拘泥於法條所用之文字，而應以法律本身之立法目的及其整體規定之關聯意義為綜合判斷，迭經本院釋字第五〇六號及第六五〇號解釋闡示在案。

九十年十月三十一日修正公布之關稅法第四十四條第一項第四款（嗣於九十三年五月五日修正移列為第四十九條第一項第四款）規定，軍事機關、部隊進口之軍用武器、裝備、車輛、艦艇、航空器與其附屬品，及專供軍用之物資，免稅。同條第三項並授權財政部就上開物品之免稅範圍、品目、數量及限額之事項訂定辦法。依據此項授權，財政部於九十年十二月三十日修正發布軍用物品進口免稅辦法，其中第八條第一項規定：「軍事機關依政府採購法辦理招標，由得標廠商進口之軍品，招標文件上應書明得依關稅法、貨物稅條例、加值型及非加值型營業稅法及本辦法規定申請免稅。得標價格應不含免徵之稅款。」據此，軍事機關依政府採購法辦理招標進口軍品欲享受免稅優惠者，應於招標文件上書明得依關稅法等規定申請免稅及得標價格不含免徵之稅款等事項。

按進口軍用物品固可依法享有免稅之優惠，惟申報之軍用物品究否屬於關稅法第四十四條第一項第四款之軍用物品，以及實際進口之物品與申報進口之品目、數量有無誤差、浮報或不實，尚待主管機關為補充或具體化之規定，進口地海關始得據以審核。上開關稅法第四十四條第三項乃授權財政部訂定免稅範圍，並就相關事項訂定辦法，俾有效執行前開軍用物品進口免徵關稅之規定，促使稽徵機關依法徵稅及防杜違法逃

漏稅捐。前述免稅辦法第八條第一項之規定，使進口軍用物品是否依法申請免稅之情事公開揭露，參與投標廠商均能獲悉資訊，據以決定競標價格。此一規定有利於招標作業之公平，兼為嗣後進口通關審查免稅作業時之審核依據，以促進通關程序之便捷，屬執行關稅法所必要之規範，就前開關稅法第四十四條第一項第四款、第三項之立法目的及整體規定之關聯意義為綜合判斷，並未逾越授權範圍，與憲法第十九條租稅法律主義尚無牴觸。

釋字第六五二號解釋　　（憲一五，土地一五四、一六五、二三三、二四七，土徵二〇、二二、三〇，平均地權一五、四六，行序一一七）

九十七年十二月五日公布

憲法第十五條規定，人民之財產權應予保障，故國家因公用或其他公益目的之必要，雖得依法徵收人民之財產，但應給予合理之補償，且應儘速發給。倘原補償處分已因法定救濟期間經過而確定，且補償費業經依法發給完竣，嗣後直轄市或縣（市）政府始發現其據以作成原補償處分之地價標準認定錯誤，原發給之補償費短少，致原補償處分違法者，自應於相當期限內依職權撤銷該已確定之補償處分，另為適法之補償處分，並通知需用土地人繳交補償費差額轉發原土地所有權人。逾期未發給補償費差額者，原徵收土地核准案即應失其效力，本院釋字第五一六號解釋應予補充。

解釋理由書

憲法第十五條規定，人民之財產權應予保障，故國家因公用或其他公益目的之必要，雖得依法徵收人民之財產，但應給予合理之補償。此項補償乃因財產之徵收，對被徵收財產之所有權人而言，係為公共利益所受之特別犧牲，國家自應予以補償，以填補其財產權被剝奪或其權能受限制之損失。故補償不僅需相當，更應儘速發給，方符憲法保障人民財產權之意旨，迭經本院解釋在案（本院釋字第四〇〇號、第四二五號、第五一六號解釋參照）。

按徵收土地應補償之地價及其他補償費，應於公告期滿後十五日內發給之，如徵收補償價額經復議或行政救濟結果有變動者，其應補償價額差額，應於其結果確定之日起三個月內發給之（土地法第二百三十三條前段、土地徵收條例第二十條第一項前段、第二十二條第四項參照）。本院釋字第五一六號解釋亦謂：「土地法第二百三十三條明定，徵收土地補償之地價及其他補償費，應於『公告期滿後十五日內』發給。此項法定期間，雖或因對徵收補償有異議，由該管地政機關提交評定或評議而得展延，然補

償費額經評定或評議後，主管地政機關仍應即行通知需用土地人，並限期繳交轉發土地所有權人，其期限亦不得超過土地法上述規定之十五日（本院院字第二七〇四號、釋字第一一〇號解釋參照）。倘若應增加補償之數額過於龐大，應動支預備金，或有其他特殊情事，致未能於十五日內發給者，仍應於評定或評議結果確定之日起於相當之期限內儘速發給之，否則徵收土地核准案，即應失其效力。」均係基於貫徹憲法保障人民財產權之意旨及財產權之程序保障功能，就徵收補償發給期限而為之嚴格要求。

本院釋字第五一六號解釋之上開內容，雖係就徵收補償異議程序後補償費發給期限所為之闡釋，惟關於補償費應相當並儘速發給之憲法要求，對於原補償處分因法定救濟期間經過而確定後，始發現錯誤而應發給補償費差額之情形，亦應有其適用。是倘原補償處分已確定，且補償費業經發給完竣，嗣後直轄市或縣（市）政府始發現其據以作成原補償處分之地價標準認定錯誤，原發給之補償費較之依法應發給之補償費短少，而致原補償處分違法者，依行政程序法第一百十七條前段之規定，直轄市或縣（市）政府固得依職權決定是否撤銷原補償處分、另為適法之處分並發給補償費差額。惟因原發給之補償費客觀上既有所短少，已有違補償應相當之憲法要求，而呈現嚴重之違法狀態，故於此情形，為貫徹補償應相當及應儘速發給之憲法要求，直轄市或縣（市）政府應無不為撤銷之裁量餘地；亦即應於相當期限內，依職權撤銷該已確定之違法補償處分，另為適法之補償處分，並通知需用土地人繳交補償費差額轉發原土地所有權人。逾期未發給補償費差額者，原徵收土地核准案即失其效力，方符憲法保障人民財產權之意旨，本院釋字第五一六號解釋應予補充。

上述所謂相當期限，應由立法機關本於儘速發給之憲法要求，以法律加以明定。於法律有明文規定前，鑑於前述原補償處分確定後始發現錯誤而應發給補償費差額之情形，原非需用土地人所得預見，亦無從責其預先籌措經費，以繳交補償費之差額，如適用土地法、土地徵收條例等上開法律規定，要求直轄市、縣（市）政府於十五日或三個月內通知需用土地人繳交補償費差額，並轉發原土地所有權人完竣，事實上或法律上（如預算法相關限制等）輒有困難而無可期待，故有關相當期限之認定，應本於儘速發給之原則，就個案視發給補償費差額之多寡、預算與預備金之編列及動支情形、可合理期待需用土地人籌措財源之時間等因素而定。然為避免直轄市或縣（市）政府遲未發給補償費差額，致原土地所有權人之權益受損，參酌前揭因素，此一相當期限最長不得超過二年。

關於上開相當期限之起算日，因原補償處分之違法係直轄市或縣（市）政府據以作成

原補償處分之地價標準認定錯誤所致，直轄市或縣（市）政府應提交地價及標準地價評議委員會重行評議或評定，以資更正（土地法第一百五十四條、第一百六十五條及第二百四十七條、土地徵收條例第二十二條及第三十條、平均地權條例第十五條及第四十六條等規定參照），故於法律有明文規定前，上開相當期限應自該管直轄市或縣（市）政府地價及標準地價評議委員會重行評議或評定結果確定之日起算。其中原補償處分之違法如係因原公告土地現值錯誤所致，而有所更正，則應自該管直轄市或縣（市）政府經地價及標準地價評議委員會評議更正公告土地現值之公告確定之日起算。

釋字第六五三號解釋　　（憲一六、二三，羈押六，羈押施一四）

九十七年十二月二十六日公布

羈押法第六條及同法施行細則第十四條第一項之規定，不許受羈押被告向法院提起訴訟請求救濟之部分，與憲法第十六條保障人民訴訟權之意旨有違，相關機關至遲應於本解釋公布之日起二年內，依本解釋意旨，檢討修正羈押法及相關法規，就受羈押被告及時有效救濟之訴訟制度，訂定適當之規範。

解釋理由書

憲法第十六條保障人民訴訟權，係指人民於其權利遭受侵害時，有請求法院救濟之權利（本院釋字第四一八號解釋參照）。基於有權利即有救濟之原則，人民權利遭受侵害時，必須給予向法院提起訴訟，請求依正當法律程序公平審判，以獲及時有效救濟之機會，此乃訴訟權保障之核心內容（本院釋字第三九六號、第五七四號解釋參照），不得因身分之不同而予以剝奪（本院釋字第二四三號、第二六六號、第二九八號、第三二三號、第三八二號、第四三〇號、第四六二號解釋參照）。立法機關衡量訴訟案件之種類、性質、訴訟政策目的及司法資源之有效配置等因素，而就訴訟救濟應循之審級、程序及相關要件，以法律或法律授權主管機關訂定命令限制者，應符合憲法第二十三條規定，方與憲法保障人民訴訟權之意旨無違（本院釋字第一六〇號、第三七八號、第三九三號、第四一八號、第四四二號、第四四八號、第四六六號、第五一二號、第五七四號、第六二九號、第六三九號解釋參照）。

羈押係拘束刑事被告身體自由，並將其收押於一定處所之強制處分，此一保全程序旨在確保訴訟程序順利進行，使國家刑罰權得以實現。羈押刑事被告，限制其人身自由，將使其與家庭、社會及職業生活隔離，非特予其心理上造成嚴重打擊，對其名譽、信用等人格權之影響亦甚重大，係干預人身自由最大之強制處分，自僅能以之為保全程

序之最後手段，允宜慎重從事，其非確已具備法定要件且認有必要者，當不可率然為之（本院釋字第三九二號解釋參照）。刑事被告受羈押後，為達成羈押之目的及維持羈押處所秩序之必要，其人身自由及因人身自由受限制而影響之其他憲法所保障之權利，固然因而依法受有限制，惟於此範圍之外，基於無罪推定原則，受羈押被告之憲法權利之保障與一般人民所得享有者，原則上並無不同。是執行羈押機關對受羈押被告所為之決定，如涉及限制其憲法所保障之權利者，仍須符合憲法第二十三條之規定。受羈押被告如認執行羈押機關對其所為之不利決定，逾越達成羈押目的或維持羈押處所秩序之必要範圍，不法侵害其憲法所保障之權利者，自應許其向法院提起訴訟請求救濟，始無違於憲法第十六條規定保障人民訴訟權之意旨。

羈押法第六條第一項規定：「刑事被告對於看守所之處遇有不當者，得申訴於法官、檢察官或視察人員。」第二項規定：「法官、檢察官或視察人員接受前項申訴，應即報告法院院長或檢察長。」同法施行細則第十四條第一項並規定：「被告不服看守所處分之申訴事件，依左列規定處理之：一、被告不服看守所之處分，應於處分後十日內個別以言詞或書面提出申訴。其以言詞申訴者，由看守所主管人員將申訴事實詳記於申訴簿。以文書申訴者，應敘明姓名、犯罪嫌疑、罪名、原處分事實及日期、不服處分之理由，並簽名、蓋章或按指印，記明申訴之年月日。二、匿名申訴不予受理。三、原處分所長對於被告之申訴認為有理由者，應撤銷原處分，另為適當之處理。認為無理由者，應即轉報監督機關。四、監督機關對於被告之申訴認為有理由者，得命停止、撤銷或變更原處分，無理由者應告知之。五、視察人員接受申訴事件，得為必要之調查，並應將調查結果報告其所屬機關處理。調查時除視察人員認為必要者外，看守所人員不得在場。六、看守所對於申訴之被告，不得歧視或藉故予以懲罰。七、監督機關對於被告申訴事件有最後決定之權。」上開規定均係立法機關與主管機關就受羈押被告不服看守所處遇或處分事件所設之申訴制度。該申訴制度使執行羈押機關有自我省察、檢討改正其所為決定之機會，並提供受羈押被告及時之權利救濟，其設計固屬立法形成之自由，惟仍不得因此剝奪受羈押被告向法院提起訴訟請求救濟之權利。

按羈押法第六條係制定於中華民國三十五年，其後僅對受理申訴人員之職稱予以修正。而羈押法施行細則第十四條第一項則訂定於六十五年，其後並未因施行細則之歷次修正而有所變動。考其立法之初所處時空背景，係認受羈押被告與看守所之關係屬特別權力關係，如對看守所之處遇或處分有所不服，僅能經由申訴機制尋求救濟，並無得向法院提起訴訟請求司法審判救濟之權利。司法實務亦基於此種理解，歷來均認羈押被告就不

服看守所處分事件，僅得依上開規定提起申訴，不得再向法院提起訴訟請求救濟。惟申訴在性質上屬機關內部自我審查糾正之途徑，與得向法院請求救濟之訴訟審判並不相當，自不得完全取代向法院請求救濟之訴訟制度。是上開規定不許受羈押被告向法院提起訴訟請求救濟之部分，與憲法第十六條規定保障人民訴訟權之意旨有違。

受羈押被告不服看守所之處遇或處分，得向法院提起訴訟請求救濟者，究應採行刑事訴訟、行政訴訟或特別訴訟程序，所須考慮因素甚多，諸如爭議事件之性質及與所涉刑事訴訟程序之關聯、羈押期間之短暫性、及時有效之權利保護、法院組織及人員之配置等，其相關程序及制度之設計，均須一定期間妥為規畫。惟為保障受羈押被告之訴訟權，相關機關仍應至遲於本解釋公布之日起二年內，依本解釋意旨，檢討修正羈押法及相關法規，就受羈押被告及時有效救濟之訴訟制度，訂定適當之規範。

羈押法第六條及同法施行細則第十四條第一項規定之申訴制度雖有其功能，惟其性質、組織、程序及其相互間之關聯等，規定尚非明確；相關機關於檢討訂定上開訴訟救濟制度時，宜就申訴制度之健全化、申訴與提起訴訟救濟之關係等事宜，一併檢討修正之，併此指明。

釋字第六五四號解釋　　（憲一六、二三，羈押二三、二八，看守所組織通則一，刑訴一〇三，貪污四）　　　　　　　　九十八年一月二十三日公布

羈押法第二十三條第三項規定，律師接見受羈押被告時，有同條第二項應監視之適用，不問是否為達成羈押目的或維持押所秩序之必要，亦予以監聽、錄音，違反憲法第二十三條比例原則之規定，不符憲法保障訴訟權之意旨；同法第二十八條之規定，使依同法第二十三條第三項對受羈押被告與辯護人接見時監聽、錄音所獲得之資訊，得以作為偵查或審判上認定被告本案犯罪事實之證據，在此範圍內妨害被告防禦權之行使，牴觸憲法第十六條保障訴訟權之規定。前開羈押法第二十三條第三項及第二十八條規定，與本解釋意旨不符部分，均應自中華民國九十八年五月一日起失其效力。

看守所組織通則第一條第二項規定：「關於看守所羈押被告事項，並受所在地地方法院及其檢察署之督導。」屬機關內部之行政督導，非屬執行監聽、錄音之授權規定，不生是否違憲之問題。

聲請人就上開羈押法第二十三條第三項及第二十八條所為暫時處分之聲請，欠缺權利保護要件，應予駁回。

解釋理由書

憲法第十六條規定人民有訴訟權，旨在確保人民有受公平審判之權利，依正當法律程序之要求，刑事被告應享有充分之防禦權，包括選任信賴之辯護人，俾受公平審判之保障。而刑事被告受其辯護人協助之權利，須使其獲得確實有效之保護，始能發揮防禦權之功能。從而，刑事被告與辯護人能在不受干預下充分自由溝通，為辯護人協助被告行使防禦權之重要內涵，應受憲法之保障。上開自由溝通權利之行使雖非不得以法律加以限制，惟須合乎憲法第二十三條比例原則之規定，並應具體明確，方符憲法保障防禦權之本旨，而與憲法第十六條保障訴訟權之規定無違。

受羈押之被告，其人身自由及因人身自由受限制而影響之其他憲法所保障之權利，固然因而依法受有限制，惟於此範圍之外，基於無罪推定原則，受羈押被告之憲法權利之保障與一般人民所得享有者，原則上並無不同（本院釋字第六五三號解釋理由書參照）。受羈押被告因與外界隔離，唯有透過與辯護人接見時，在不受干預下充分自由溝通，始能確保其防禦權之行使。羈押法第二十三條第三項規定，律師接見受羈押被告時，亦有同條第二項應監視之適用。該項所稱「監視」，從羈押法及同法施行細則之規範意旨、整體法律制度體系觀察可知，並非僅止於看守所人員在場監看，尚包括監聽、記錄、錄音等行為在內。且於現行實務運作下，受羈押被告與辯護人接見時，看守所依據上開規定予以監聽、錄音。是上開規定使看守所得不問是否為達成羈押目的或維持押所秩序之必要，予以監聽、錄音，對受羈押被告與辯護人充分自由溝通權利予以限制，致妨礙其防禦權之行使，已逾越必要程度，違反憲法第二十三條比例原則之規定，不符憲法保障訴訟權之意旨。惟為維持押所秩序之必要，於受羈押被告與其辯護人接見時，如僅予以監看而不與聞，則與憲法保障訴訟權之意旨尚無不符。

羈押法第二十八條規定：「被告在所之言語、行狀、發受書信之內容，可供偵查或審判上之參考者，應呈報檢察官或法院。」使依同法第二十三條第三項對受羈押被告與辯護人接見時監聽、錄音所獲得之資訊，得以作為偵查或審判上認定被告本案犯罪事實之證據，在此範圍內妨害被告防禦權之行使，牴觸憲法保障訴訟權之規定。前開羈押法第二十三條第三項及第二十八條規定，與本解釋意旨不符部分，均應自九十八年五月一日起失其效力，俾兼顧訴訟權之保障與相關機關之調整因應。如法律就受羈押被告與辯護人自由溝通權利予以限制者，應規定由法院決定並有相應之司法救濟途徑，其相關程序及制度之設計，諸如限制之必要性、方式、期間及急迫情形之處置等，應依本解釋意旨，為具體明確之規範，相關法律規定亦應依本解釋意旨檢討修正，併此指明。

看守所組織通則第一條第二項規定：「關於看守所羈押被告事項，並受所在地地方法院

及其檢察署之督導。」乃係指看守所為執行羈押之場所，看守所之職員僅實際上負責羈押之執行。其執行羈押於偵查中仍依檢察官之指揮，審判中則依審判長或受命法官之指揮（刑事訴訟法第一百零三條參照）。而看守所組織通則係有關負責執行羈押之看守所組織編制、內部單位掌理事項、人員編制與執掌等事項之組織法，其第一條第二項僅在說明法院或檢察官併具指揮執行羈押之法律地位，純屬機關內部之行政督導，非屬執行監聽、錄音之授權規定，不生是否違憲之問題。

本件聲請人因涉嫌違反貪污治罪條例第四條第一項第五款之罪，業經臺灣板橋地方法院檢察署檢察官於九十七年十一月三日提起公訴，並於同月六日移審後，已由臺灣板橋地方法院法官於同日諭知交保候傳。聲請人聲請宣告定暫時狀態之暫時處分，核與本院釋字第五八五號及第五九九號解釋意旨不符，顯然欠缺權利保護要件。故聲請人就上開羈押法第二十三條第三項、第二十八條所為暫時處分之聲請，應予駁回。

釋字第六五五號解釋　（憲八六，記帳士二、一三、三五，專技考試二，商會二）

九十八年二月二十日公布

記帳士係專門職業人員，依憲法第八十六條第二款規定，其執業資格應經考試院依法考選之。記帳士法第二條第二項之規定，使未經考試院依法考試及格之記帳及報稅代理業務人取得與經依法考選為記帳士者相同之資格，有違上開憲法規定之意旨，應自本解釋公布之日起失其效力。

解釋理由書

憲法第八十六條第二款規定，專門職業及技術人員執業資格，應經考試院依法考選之。基於上開規定，專門職業人員須經考試院依法辦理考選始取得執業資格。專門職業及技術人員考試法第二條亦明定：「本法所稱專門職業及技術人員，係指依法規應經考試及格領有證書始能執業之人員；其考試種類，由考試院定之。」又處理商業會計事務之人員，依商業會計法第二條第二項規定，指從事商業會計事項之辨認、衡量、記載、分類、彙總，及據以編製財務報表之人員，必須具備一定之會計專業知識與經驗，始能辦理，係屬專門職業人員之一種，業經本院釋字第四五三號解釋闡釋在案。

中華民國九十三年六月二日公布施行之記帳士法第二條（嗣於九十六年七月十一日修正，因增訂第二項而改列為同條第一項）規定：「中華民國國民經記帳士考試及格，並依本法領有記帳士證書者，得充任記帳士。」其第十三條第一項復規定：「記帳士得在登錄區域內，執行下列業務：一、受委任辦理營業、變更、註銷、停業、復業及其他

登記事項。二、受委任辦理各項稅捐稽徵案件之申報及申請事項。三、受理稅務諮詢事項。四、受委任辦理商業會計事務。五、其他經主管機關核可辦理與記帳及報稅事務有關之事項。」據此，記帳士之法定執行業務範圍，包括受委任辦理商業會計事務、營業登記、稅捐申報、稅務諮詢及其他經主管機關核可辦理與記帳及報稅事務有關之事項等業務，顯較商業會計法第二條第二項所規定之商業會計事務之範圍為廣，影響層面更深，不僅涉及個別納稅義務人之財產權利及租稅義務，更影響國家財稅徵收及工商管理之公共利益，是記帳士要屬專門職業人員之一種，依上開憲法規定，應經依法考選始能執業，方符憲法第八十六條第二款之意旨。

記帳士法於九十六年七月十一日修正，增訂第二條第二項規定：「依本法第三十五條規定領有記帳及報稅代理業務人登錄執業證明書者，得換領記帳士證書，並充任記帳士。」（下稱系爭規定）而該法第三十五條第一項係規定：「本法施行前已從事記帳及報稅代理業務滿三年，且均有報繳該項執行業務所得，自本法施行之日起，得登錄繼續執業。但每年至少應完成二十四小時以上之相關專業訓練。」則系爭規定使未經考試及格之記帳及報稅代理業務人得逕以登錄換照之方式，取得與經依法考選為記帳士者相同之資格。惟未經考試及格之記帳及報稅代理業務人，其專業知識未經依法考試認定，卻同以記帳士之資格、名義執行業務，不惟消費者無從辨識其差異，致難以確保其權益，且對於經考試及格取得記帳士資格者，亦欠公允，顯與憲法第八十六條第二款規定意旨不符，應自本解釋公布之日起失其效力。

記帳士法第三十五條雖與系爭規定相關，惟並非本件聲請解釋之客體，且與系爭規定是否合憲之審查得分別為之。上開第三十五條關於已從事記帳及報稅代理業務者，得登錄繼續執業之規定，不在本件解釋之範圍，併此指明。

釋字第六五六號解釋　　（憲一一、二二、二三，民債一九五，大法官審案五）

九十八年四月三日公布

民法第一百九十五條第一項後段規定：「其名譽被侵害者，並得請求回復名譽之適當處分。」所謂回復名譽之適當處分，如屬以判決命加害人公開道歉，而未涉及加害人自我羞辱等損及人性尊嚴之情事者，即未違背憲法第二十三條比例原則，而不牴觸憲法對不表意自由之保障。

解釋理由書

名譽權旨在維護個人主體性及人格之完整，為實現人性尊嚴所必要，受憲法第二十二

條所保障（本院釋字第三九九號、第四八六號、第五八七號及第六○三號解釋參照）。

民法第一百九十五條第一項規定：「不法侵害他人之身體、健康、名譽、自由、信用、隱私、貞操，或不法侵害其他人格法益而情節重大者，被害人雖非財產上之損害，亦得請求賠償相當之金額。其名譽被侵害者，並得請求回復名譽之適當處分。」其後段之規定（下稱系爭規定），即在使名譽被侵害者除金錢賠償外，尚得請求法院於裁判中權衡個案具體情形，藉適當處分以回復其名譽。至於回復名譽之方法，民事審判實務上不乏以判命登報道歉作為回復名譽之適當處分，且著有判決先例。

憲法第十一條保障人民之言論自由，依本院釋字第五七七號解釋意旨，除保障積極之表意自由外，尚保障消極之不表意自由。系爭規定既包含以判決命加害人登報道歉，即涉及憲法第十一條言論自由所保障之不表意自由。國家對不表意自由，雖非不得依法限制之，惟因不表意之理由多端，其涉及道德、倫理、正義、良心、信仰等內心之信念與價值者，攸關人民內在精神活動及自主決定權，乃個人主體性維護及人格自由完整發展所不可或缺，亦與維護人性尊嚴關係密切（本院釋字第六○三號解釋參照）。故於侵害名譽事件，若為回復受害人之名譽，有限制加害人不表意自由之必要，自應就不法侵害人格法益情節之輕重與強制表意之內容等，審慎斟酌而為適當之決定，以符合憲法第二十三條所定之比例原則。

查系爭規定旨在維護被害人名譽，以保障被害人之人格權。鑒於名譽權遭侵害之個案情狀不一，金錢賠償未必能填補或回復，因而授權法院決定適當處分，目的洵屬正當。而法院在原告聲明之範圍內，權衡侵害名譽情節之輕重、當事人身分及加害人之經濟狀況等情形，認為諸如在合理範圍內由加害人負擔費用刊載澄清事實之聲明、登載被害人判決勝訴之啟事或將判決書全部或一部登報等手段，仍不足以回復被害人之名譽者，法院以判決命加害人公開道歉，作為回復名譽之適當處分，尚未逾越必要之程度。惟如要求加害人公開道歉，涉及加害人自我羞辱等損及人性尊嚴之情事者，即屬逾越回復名譽之必要程度，而過度限制人民之不表意自由。依據上開解釋意旨，系爭規定即與憲法維護人性尊嚴與尊重人格自由發展之意旨無違。

末就聲請人其餘聲請解釋部分，關於民法第一百八十四條第一項前段、第一百九十五條第一項前段、最高法院十九年上字第二七四六號、九十年台上字第六四六號判例等，係爭執法院適用法令見解當否之問題，尚不生確定終局判決所適用之法令於客觀上有何牴觸憲法之處。至最高法院六十二年台上字第二八○六號判例，並未為確定終局判決所適用；而同院五十一年度台上字第二二三號民事判決，並非司法院大法官審理案

件法第五條第一項第二款所稱之法律或命令；是均不得以之作為聲請解釋之客體。而有關聲請補充解釋部分，查本院釋字第五〇九號解釋係就刑法第三百十條所為之解釋，有關侵權行為損害賠償部分，不在該號解釋範圍，自不生就此聲請補充解釋之問題。是上開部分之聲請，均核與司法院大法官審理案件法第五條第一項第二款規定不合，依同條第三項規定，應不受理，併此敘明。

釋字第六五七號解釋　（憲一九，所得稅二二、二四、八〇、一二一，所得稅施八二，營利事業所得稅查核準則一〇八之一）　　　九十八年四月三日公布

所得稅法施行細則第八十二條第三項規定：「營利事業帳載應付未付之費用或損失，逾二年而尚未給付者，應轉列其他收入科目，俟實際給付時，再以營業外支出列帳。」營利事業所得稅查核準則第一百零八條之一規定：「營利事業機構帳載應付未付之費用或損失，逾二年而尚未給付者，應轉列『其他收入』科目，俟實際給付時再以營業外支出列帳。」上開規定關於營利事業應將帳載逾二年仍未給付之應付費用轉列其他收入，增加營利事業當年度之所得及應納稅額，顯非執行法律之細節性或技術性事項，且逾越所得稅法之授權，違反憲法第十九條租稅法律主義，應自本解釋公布之日起至遲於一年內失其效力。

解釋理由書

憲法第十九條規定，人民有依法律納稅之義務，係指國家課人民以繳納稅捐之義務或給予人民減免稅捐之優惠時，應就租稅主體、租稅客體、稅基、稅率等租稅構成要件，以法律或法律明確授權之命令定之；如以法律授權主管機關發布命令為補充規定時，其授權應符合具體明確之原則；若僅屬執行法律之細節性、技術性次要事項，始得由主管機關發布命令為必要之規範，迭經本院解釋在案（本院釋字第四四三號、第六二〇號、第六二二號、第六四〇號、第六五〇號解釋參照）。

所得稅法第二十二條第一項前段規定：「會計基礎，凡屬公司組織者，應採用權責發生制」，中華民國六十六年一月三十日修正公布之同法第二十四條第一項規定：「營利事業所得之計算，以其本年度收入總額減除各項成本費用、損失及稅捐後之純益額為所得額。」係就公司組織之營利事業，應採用之會計基礎及收入與成本費用配合原則之所得額計算方式，以法律明定之，並未規定營利事業帳載應付未付之費用，倘經過一定期間未為給付，不問債務是否消滅，即一律應轉列營利事業之其他收入，而費用轉列收入涉及所得稅稅基之構成要件，應有租稅法律主義之適用。

所得稅法施行細則第八十二條第三項規定：「營利事業帳載應付未付之費用或損失，逾二年而尚未給付者，應轉列其他收入科目，俟實際給付時，再以營業外支出列帳。」營利事業所得稅查核準則第一百零八條之一規定：「營利事業機構帳載應付未付之費用或損失，逾二年而尚未給付者，應轉列『其他收入』科目，俟實際給付時再以營業外支出列帳。」上開規定關於營利事業應將帳載逾二年仍未給付之應付費用轉列其他收入，非但增加營利事業當年度之所得及應納稅額，且可能帶來一時不能克服之財務困難，影響該企業之經營，顯非執行法律之細節性或技術性事項；況以行政命令增加二年之期間限制，就利息而言，與民法關於消滅時效之規定亦有不符。雖上開法規分別經五十二年一月二十九日修正公布之所得稅法第一百二十一條，及所得稅法第八十條第五項之授權，惟該等規定僅賦予主管機關訂定施行細則及查核準則之依據，均未明確授權財政部發布命令，將營利事業應付未付之費用逕行轉列為其他收入，致增加營利事業法律所無之租稅義務（本院釋字第六五○號解釋參照），已逾越所得稅法之授權，違反憲法第十九條租稅法律主義，應自本解釋公布之日起至遲於一年內失其效力。

釋字第六五八號解釋　（憲一八、二三，公退六、八、一三、一六之一，公退施一三）
　　　　　　　　　　　　　　　　　　九十八年四月十日公布

公務人員退休法施行細則第十三條第二項有關已領退休（職、伍）給與或資遣給與者再任公務人員，其退休金基數或百分比連同以前退休（職、伍）金基數或百分比或資遣給與合併計算，以不超過公務人員退休法第六條及第十六條之一第一項所定最高標準為限之規定，欠缺法律具體明確授權；且其規定內容，並非僅係執行公務人員退休法之細節性、技術性事項，而係就再任公務人員退休年資採計及其採計上限等屬法律保留之事項為規定，進而對再任公務人員之退休金請求權增加法律所無之限制，與憲法第二十三條法律保留原則有違，應自本解釋公布之日起至遲於屆滿二年時失其效力。

　　解釋理由書

憲法第十八條規定人民有服公職之權利，旨在保障人民有依法令從事公務，暨由此衍生享有之身分保障、俸給與退休金請求等權利。國家則對公務人員有給予俸給、退休金等維持其生活之義務（本院釋字第五七五號、第六○五號解釋參照）。又公務人員退休年資之多寡，係計算其退休金數額之基礎，故公務人員退休年資之起算日、得計入與不得計入之任職年資種類、如何採計、退休後再任公務人員年資採計及其採計上限等有關退休年資採計事項，為國家對公務人員實現照顧義務之具體展現，對於公務人

員退休金請求權之內容有重大影響；且其有關規定之適用範圍甚廣，財政影響深遠，應係實現公務人員服公職權利與涉及公共利益之重要事項，而屬法律保留之事項，自須以法律明定之（本院釋字第四四三號、第六一四號解釋參照）。上開應以法律規定之退休年資採計事項，若立法機關以法律授權行政機關發布命令為補充規定時，其授權之目的、內容、範圍應明確。若僅屬執行法律之細節性、技術性次要事項，始得由主管機關發布命令為必要之規範，惟其內容不得牴觸母法或對公務人員之權利增加法律所無之限制（本院釋字第五六八號、第六五〇號、第六五七號解釋參照）。

按公務人員退休法第六條第二項前段規定：「一次退休金，以退休生效日在職同等級人員之本俸加一倍為基數，每任職一年給與一個半基數，最高三十五年給與五十三個基數。」同條第三項前段規定：「月退休金，以在職同等級人員之本俸加一倍為基數，每任職一年，照基數百分之二給與，最高三十五年，給與百分之七十為限。」其立法意旨係為規定退休金計算基數之依據，並受三十五年最高退休金基數之限制，惟未明確規定對於何種任職年資應予採計、公務人員退休後再任公務人員之再任年資是否併計等事項。該法第十六條之一第一項規定：「公務人員在本法修正施行前後均有任職年資者，應前後合併計算。但本法修正施行前之任職年資，仍依原法最高採計三十年。本法修正施行後之任職年資，可連同累計，最高採計三十五年。有關前後年資之取捨，應採較有利於當事人之方式行之。」其立法意旨係因配合該法第八條有關公務人員退休金制度之變革，為解決公務人員於新制施行前後均有任職年資，其年資如何計算之新舊法適用問題，乃規定其修法前後年資應合併計算，亦未明確規定公務人員重行退休年資應否與以前退休年資合併計算。是上開公務人員退休法第六條第二項前段、第三項前段及第十六條之一第一項所定年資是否包括退休後再任公務人員重行退休年資合併計算之規定，法條文義尚非明確，且無從依公務人員退休法整體解釋，推知立法者有意授權主管機關就再任公務人員重行退休年資是否合併計算之事項，以命令為補充規定。

再按中華民國四十八年十一月二日修正公布之公務人員退休法第十三條規定：「依本法退休者，如再任公務人員，其曾領一次退休金者，應將所領退休金繳回國庫，其領月退休金者，於重行退休時，其過去服務年資概不計算。」該條規定於六十八年一月二十四日修正為：「依本法退休者，如再任公務人員時，無庸繳回已領之退休金，其退休前之任職年資，於重行退休時不予計算。」迄今未修正。依其規定，於公務人員依法退休後再任公務人員之情形，係採取分段方式計算任職年資，於重行退休計算退休年資時，退休前之任職年資不予計算在內。

查公務人員退休法施行細則係依據公務人員退休法第十七條概括授權所訂定，其第十三條第一項規定：「已領退休（職、伍）給與或資遣給與者再任或轉任公務人員，其重行退休之年資，應自再任或轉任之月起，另行計算。」第二項規定：「前項人員重行退休時，其退休金基數或百分比連同以前退休（職、伍）金基數或百分比或資遣給與合併計算，以不超過本法第六條及第十六條之一第一項所定最高標準為限，其以前退休（職、伍）或資遣已達最高限額者，不再增給，未達最高限額者，補足其差額。」上開第二項規定，係將退休（職、伍）或資遣前之任職年資與再任年資合併計算，並使合併計算之年資受最高退休年資三十年或三十五年之限制，其意旨固在維持年資採計之公平，惟公務人員退休法第十三條僅係規定退休前之任職年資與再任年資應分別計算，且公務人員退休法第六條第二項前段、第三項前段及第十六條之一第一項均不能作為施行細則第十三條第二項之法律依據。是上開施行細則第二項規定欠缺法律具體明確授權；且其規定內容，並非僅係執行公務人員退休法之細節性及技術性事項，而係就再任公務人員退休年資採計及其採計上限等屬法律保留之事項為規定，進而對再任公務人員之退休金請求權增加法律所無之限制，自與憲法第二十三條法律保留原則有違。為實踐照顧退休公務人員之目的，平衡現職公務人員與退休公務人員間之合理待遇，有關退休後再任公務人員之重行退休制度，其建構所須考量之因素甚多，諸如任職年資採計項目與範圍、再任公務人員前之任職年資是否合併或分段採計、如何避免造成相同年資等條件之再任公務人員與非再任公務人員之退休給與有失衡之情形、是否基於整體公務人員退休權益之公平與國家財政等因素之考量而有限制最高退休年資之必要等，均須相當期間妥為規畫，並以法律或法律具體明確授權之法規命令詳為規定。相關機關至遲應於本解釋公布之日起二年內，依本解釋意旨，檢討修正公務人員退休法及相關法規，訂定適當之規範。屆期未完成修法者，上開施行細則第十三條第二項失其效力。

釋字第六五九號解釋　　（憲一五、二三、一六二，私校二二、二三、三二、三四）

九十八年五月一日公布

中華民國八十六年六月十八日修正公布之私立學校法第三十二條第一項規定：「董事會因發生糾紛，致無法召開會議或有違反教育法令情事者，主管教育行政機關得限期命其整頓改善；逾期不為整頓改善或整頓改善無效果時，得解除全體董事之職務。但其情節重大且情勢急迫時，主管教育行政機關得經私立學校諮詢委員會決議解除全體董

事之職務或停止其職務二個月至六個月，必要時得延長之。」關於董事會因發生糾紛，致無法召開會議或有違反教育法令情事部分，其意義依法條文義及立法目的，非受規範之董事難以理解，並可經由司法審查加以確認，與法律明確性原則尚無違背。上開但書規定，旨在維護私立學校之健全發展，保障學生之受教權利及教職員之工作權益等重要公益，目的洵屬正當，所採取之限制手段，乃為達成目的所必要，並未牴觸憲法第二十三條之比例原則，與憲法保障人民工作權之意旨尚無違背。

解釋理由書

職業自由為人民充實生活內涵及自由發展人格所必要，不因職業之性質為公益或私益、營利或非營利而有異，均屬憲法第十五條工作權保障之範疇。惟國家為增進公共利益，於符合憲法第二十三條規定之限度內，得以法律或經法律明確授權之命令，對職業自由予以限制。

八十六年六月十八日修正公布之私立學校法（下稱舊私立學校法）規定，私立學校之董事為無給職，但得酌支出席費及交通費；董事每屆任期為三年，連選得連任（第三十四條、第二十三條第一項參照）。董事會之職權包括：「一、董事之選聘及解聘；董事長之推選及解職。二、校長之選聘及解聘。三、校務報告、校務計畫及重要規章之審核。四、經費之籌措。五、預算及決算之審核。六、基金之管理。七、財務之監督。八、本法所定其他有關董事會之職權。」（第二十二條參照）準此，私立學校董事執行私立學校法上開職務之工作，屬職業自由之範疇，自應受憲法工作權之保障。

教育乃國家百年大計，影響深遠，具高度之公共性及強烈之公益性。憲法第一百六十二條規定，全國公私立之教育文化機關，依法律受國家監督。舊私立學校法即係為實現上開憲法意旨所制定之法律。舊私立學校法第三十二條第一項規定：「董事會因發生糾紛，致無法召開會議或有違反教育法令情事者，主管教育行政機關得限期命其整頓改善；逾期不為整頓改善或整頓改善無效果時，得解除全體董事之職務。但其情節重大且情勢急迫時，主管教育行政機關得經私立學校諮詢委員會決議解除全體董事之職務或停止其職務二個月至六個月，必要時得延長之。」（下稱系爭規定）其中關於解除全體董事之職務，係對於選擇職業自由所為之主觀條件限制（本院釋字第六三七號、第六四九號解釋參照），國家欲加以限制，必須基於追求重要公益目的，且所採手段與目的之達成須有實質關聯。系爭規定於董事會因發生糾紛致無法召開會議，或有違反教育法令情事，或其情節重大且情勢急迫時，授權主管教育行政機關及時介入監督，旨在維護私立學校之健全發展，保障學生之受教權利及教職員之工作權益等重要公益，

符合上開憲法基本國策之規範意旨，其目的洵屬正當。

依本院歷來解釋，法律規定所使用之概念，其意義依法條文義及立法目的，如非受規範者難以理解，並可經由司法審查加以確認，即與法律明確性原則無違（本院釋字第四三二號、第四九一號、第六〇二號及第六三六號解釋參照）。系爭規定關於董事會因發生糾紛致無法召開會議，乃以董事會因糾紛導致無法召開會議為已足，並不問其糾紛之發生是否可歸責於個別董事會成員。而董事會議每學期至少舉行一次；董事會議由董事長召集，或經現任董事三分之一以上，以書面提出會議目的及召集理由，請求召集董事會議時，董事長須自受請求之日起十日內召集之（舊私立學校法第二十七條第一項、第二項前段、第三項前段參照）；董事會之決議，應有過半數董事之出席；但重要事項之決議，應有三分之二以上董事之出席（第二十九條第二項參照）。故所謂無法召開會議，乃指無法依舊私立學校法上開規定召開會議而言。關於董事會違反教育法令情事部分，以各該教育法令明確存在為前提，其範圍應屬可得確定，對於此一規定之內涵，並無受規範之董事難以理解之處。又苟認董事會有違反教育法令情事，須以董事會發生糾紛為必要，則在董事會成員全體一致決議造成董事會有違反教育法令情事，致學生及教師權益受損之情形下，主管機關卻無法加以監督命其改善，自非系爭規定立法之本意。是私立學校董事會如有「董事會因發生糾紛，致無法召開會議」或「董事會有違反教育法令情事」之一者，即合主管教育行政機關行使其監督權之要件，系爭規定依法條文義及立法目的，非受規範之董事難以理解，且為其所得預見，並可經由司法審查加以確認，與法律明確性原則尚無違背。

對職業自由之限制，因其內容之差異，在憲法上有寬嚴不同之容許標準。系爭規定但書，使教育主管行政機關得解除全體董事之職務或停止其職務二個月至六個月，必要時得延長之，固係對董事會成員之董事職業自由加以限制。惟董事會作為私立學校法人之重要組織，其職權之行使影響私立學校之運作甚大。董事會既因發生糾紛致無法召開會議，或有違反教育法令情事，而其情節重大且情勢急迫，為確保學校之健全經營，立法者乃賦予主管教育行政機關緊急處置之權力。而處置之方式，並非以解除全體董事職務為唯一方式，尚包括停止全體董事職務可供選擇。且在程序上，主管教育行政機關設有私立學校諮詢委員會，依舊私立學校法第五條規定及教育部八十七年三月十八日訂定發布之「私立學校諮詢委員會委員遴聘及集會辦法」第三條第一項及第四條第二項前段之規定，係由學者專家、私立學校代表、社會人士及有關機關代表組成，須經全體委員二分之一以上出席，出席委員二分之一以上同意，始得作成決議，

主管教育行政機關解除或停止全體董事之職務前，須先經由私立學校諮詢委員會之決議，方得為之。而私立學校諮詢委員會係由不同屬性之代表組成，共同作成決定，應具客觀性，主管教育行政機關在作成延長停止職務期限之決定前，既先經由上開諮詢委員會之決議，其決定顯非主觀而無憑據。故縱系爭規定但書就必要時延長停止職務之期限及次數未予規範，其對董事職業自由所為之限制尚非過當，與目的之達成具有實質關聯性，乃為保護重要公益所必要，並未牴觸憲法第二十三條之比例原則，與憲法保障人民工作權之意旨尚無違背。

釋字第六六〇號解釋　（憲一九，營業稅一五、一九、三三、三五、四三、五一，營業稅施二九、三八、五二）　　　　　　　　九十八年五月二十二日公布

財政部中華民國八十九年十月十九日台財稅字第八九〇四五七二五四號函，就加值型及非加值型營業稅法施行細則第五十二條第二項第一款有關如何認定同法第五十一條第三款漏稅額之規定，釋示納稅義務人短報或漏報銷售額，於經查獲後始提出合法進項稅額憑證者，稽徵機關於計算其漏稅額時不宜准其扣抵銷項稅額部分，符合該法第三十五條第一項、第四十三條第一項第四款及第五十一條第三款之立法意旨，與憲法第十九條之租稅法律主義尚無牴觸。

　　解釋理由書

憲法第十九條規定，人民有依法律納稅之義務，係指國家課人民以繳納稅捐之義務或給予人民減免稅捐之優惠時，應就租稅主體、租稅客體、稅基、稅率等租稅構成要件，以法律定之。惟主管機關於職權範圍內適用之法律條文發生疑義者，本於法定職權就相關規定予以闡釋，如係秉持一般法律解釋方法，且符合相關憲法原則，即與租稅法律主義無違（本院釋字第六〇七號、第六二二號、第六二五號、第六三五號解釋參照）。加值型及非加值型營業稅法（下稱營業稅法）第五十一條第三款規定，納稅義務人有「短報或漏報銷售額者」，除追繳稅款外，按所漏稅額處一倍至十倍罰鍰，並得停止其營業。所謂漏稅額，依同法施行細則第五十二條第二項第一款規定係「以經主管稽徵機關依查得之資料，核定應補徵之應納稅額為漏稅額。」主管機關財政部就如何認定「短報或漏報銷售額」之漏稅額，作成八十九年十月十九日台財稅字第八九〇四五七二五四號函（下稱系爭函）說明三謂：「又依營業稅法第三十五條第一項規定，營業人不論有無銷售額，應按期填具申報書，檢附退抵稅款及其他有關文件，向主管稽徵機關申報銷售額、應納或溢付營業稅額。準此，營業人之進項稅額准予扣抵或退還，應以已

申報者為前提，故營業人違反營業稅法第五十一條第一款至第四款及第六款，據以處罰之案件，營業人如於經查獲後始提出合法進項憑證者，稽徵機關於計算其漏稅額時尚不宜准其扣抵銷項稅額。」依此函釋，准予扣抵之進項稅額，以納稅義務人已依同法第三十五條第一項規定申報者為限，納稅義務人於查獲短報或漏報銷售額後始提出之合法進項稅額憑證，不得依同法第十五條第一項規定：「營業人當期銷項稅額，扣減進項稅額後之餘額，為當期應納或溢付營業稅額。」作為扣抵之依據，而應依所查得之銷項資料及已申報之進項稅額計算應納稅額。

營業稅法第十五條第一項規定當期銷項稅額得扣減之「進項稅額」，以依法登記之營業人須取得同法第三十三條所列之合法要式憑證，且於申報期限內檢附向主管稽徵機關申報扣減，而據以計算當期應納或溢付營業稅額為前提要件（同法第十九條第一項第一款、第三十五條第一項、第四十三條第一項第四款、同法施行細則第三十八條第一項第一、三、四款等規定參照）。營業人若未依上開第三十五條第一項規定據實申報銷售額，致有短報、漏報銷售額之情形，即得適用同法第四十三條第一項第四款規定，依照查得之資料（包含已申報之進項稅額憑證）核定該期銷售額及應納稅額，故申報加值型營業稅，限營業人已經申報進項稅額憑證之進項稅額，始能與當期銷項稅額扣抵，以結算當期應納或溢付之營業稅額。主管稽徵機關得依照「查得之資料」，核定其銷售額及應納稅額時，將當期迄未申報之進項稅額憑證予以排除，係為貫徹同法第三十五條第一項規定由營業人當期自動申報繳納之意旨。又營業稅法第五十一條第三款規定，納稅義務人短報或漏報銷售額者，除追繳稅款外，按所漏稅額處一倍至十倍罰鍰，並得停止其營業，此漏稅額之認定方式，依同法施行細則第五十二條第二項第一款規定，亦以經主管稽徵機關依「查得之資料」，核定應補徵之應納稅額為漏稅額，尚不許營業人於查獲後始提出合法進項稅額憑證，而主張扣抵銷項稅額。至當期未申報扣抵之進項稅額憑證，依同法施行細則第二十九條規定：「本法第四章第一節規定計算稅額之營業人，其進項稅額憑證，未於當期申報者，得延至次期申報扣抵。次期仍未申報者，應於申報扣抵當期敘明理由。」尚能延期於他期申報扣抵，故不發生重複課稅之問題。

系爭函關於營業稅法第五十一條第三款納稅義務人短報或漏報銷售額者，於經查獲後始提出合法進項稅額憑證者，稽徵機關於計算其漏稅額時不宜准其扣抵銷項稅額部分，觀其旨趣，乃係綜合適用營業稅法第十五條第一項、第三十五條第一項、第四十三條第一項第四款、第五十一條第三款及同法施行細則第二十九條、第三十八條第一項第

一款、第三款、第四款、第五十二條第二項第一款所為之當然解釋,與上述法律規定之內涵及目的無違,符合一般法律之解釋方法,尤未增加法律或法律授權訂定之命令所無之限制,於租稅法律主義尚無違背。

釋字第六六一號解釋　（憲一九,營業稅一、三、一四、一六,大眾運輸補貼辦法一二,大法官審案五）　　　　　　九十八年六月十二日公布

財政部中華民國八十六年四月十九日台財稅字第八六一八九二三一一號函說明二釋稱:「汽車及船舶客運業係以旅客運輸服務收取代價為業,其因行駛偏遠或服務性路線,致營運量不足發生虧損,所領受政府按行車（船）次數及里（浬）程計算核發之補貼收入,係基於提供運輸勞務而產生,核屬具有客票收入之性質,……應依法報繳營業稅。」逾越七十四年十一月十五日修正公布之營業稅法第一條及第三條第二項前段之規定,對受領偏遠路線營運虧損補貼之汽車及船舶客運業者,課以法律上所未規定之營業稅義務,與憲法第十九條規定之意旨不符,應不予適用。

解釋理由書

憲法第十九條規定,人民有依法律納稅之義務,係指國家課人民以繳納稅捐之義務或給予人民減免稅捐之優惠時,應就租稅主體、租稅客體、稅基、稅率等租稅構成要件,以法律或法律明確授權之命令定之,迭經本院解釋在案。

七十四年十一月十五日修正公布之營業稅法（下稱舊營業稅法）第一條規定:「在中華民國境內銷售貨物或勞務及進口貨物,均應依本法規定課徵營業稅。」（嗣該法於九十年七月九日修正公布名稱為加值型及非加值型營業稅法,該條亦修正為:「在中華民國境內銷售貨物或勞務及進口貨物,均應依本法規定課徵加值型或非加值型之營業稅。」）同法第三條第二項前段規定:「提供勞務予他人,或提供貨物與他人使用、收益,以取得代價者,為銷售勞務。」準此,所謂銷售收入,就銷售勞務而言,係指營業人提供勞務予他人,或提供貨物與他人使用、收益,所取得之代價。

財政部八十六年四月十九日台財稅字第八六一八九二三一一號函說明二釋稱:「汽車及船舶客運業係以旅客運輸服務收取代價為業,其因行駛偏遠或服務性路線,致營運量不足發生虧損,所領受政府按行車（船）次數及里（浬）程計算核發之補貼收入,係基於提供運輸勞務而產生,核屬具有客票收入之性質,……應依法報繳營業稅。」此一函釋將上述補貼收入,認係銷售勞務之代價,應依法報繳營業稅。惟依交通部八十七年二月四日發布之大眾運輸補貼辦法（已廢止）第十二條第一項規定:「現有路（航）

線別基本營運補貼之最高金額計算公式如下：現有路（航）線別基本營運補貼之最高金額＝（每車公里或每船浬合理營運成本－每車公里或每船浬實際營運收入）×（班或航次數）×（路或航線里、浬程）」；同條第四項並規定，該公式中之合理營運成本不得包括利潤。是依該公式核給之補貼，係交通主管機關為促進大眾運輸發展之公共利益，對行駛偏遠或服務性路線之交通事業，彌補其客票收入不敷營運成本之虧損，所為之行政給付。依上開規定受補助之交通事業，並無舊營業稅法第三條第二項前段所定銷售勞務予交通主管機關之情事。是交通事業所領取之補助款，並非舊營業稅法第十六條第一項前段所稱應計入同法第十四條銷售額之代價，從而亦不屬於同法第一條規定之課稅範圍。

系爭函釋逾越舊營業稅法第一條及第三條第二項前段之規定，對受領偏遠或服務性路線營運虧損補貼之汽車及船舶客運業者，就該補貼收入，課以法律上未規定之營業稅納稅義務，與憲法第十九條規定之意旨不符，應不予適用。

至於聲請人指稱最高行政法院九十七年度裁字第四六四三號裁定適用系爭函釋並據以聲請解釋憲法部分，查前揭裁定係以聲請人對同院九十七年度判字第二一號判決提起再審而未合法表明再審理由，於程序上予以駁回，並未適用系爭函釋，是該部分聲請核與司法院大法官審理案件法第五條第一項第二款規定不符，依同條第三項規定，應不受理，併此指明。

釋字第六六二號解釋　　（憲八、二三、七八、一七一，刑四一、五一、五三、五四，大法官審案五）　　　　　　　　　　　九十八年六月十九日公布

中華民國九十四年二月二日修正公布之現行刑法第四十一條第二項，關於數罪併罰，數宣告刑均得易科罰金，而定應執行之刑逾六個月者，排除適用同條第一項得易科罰金之規定部分，與憲法第二十三條規定有違，並與本院釋字第三六六號解釋意旨不符，應自本解釋公布之日起失其效力。

本件二聲請人就刑法第四十一條第二項所為暫時處分之聲請部分，因本案業經作成解釋，已無審酌必要；又其中一聲請人關於刑法第五十三條之釋憲聲請部分，既應不受理，則該部分暫時處分之聲請亦失所附麗，均應予駁回。

　　　解釋理由書

司法院解釋憲法，並有統一解釋法律及命令之權，憲法第七十八條定有明文。法律與憲法牴觸者無效，法律與憲法有無牴觸發生疑義時，由司法院解釋之，憲法第一百七

十一條規定甚明。是司法院大法官就憲法所為之解釋，不問其係闡明憲法之真義、解決適用憲法之爭議、抑或審查法律是否違憲，均有拘束全國各機關及人民之效力，業經本院釋字第一八五號解釋在案。立法院基於民主正當性之立法責任，為符合變遷中社會實際需求，得制定或修正法律，乃立法形成之範圍及其固有權限。立法院行使立法權時，雖有相當廣泛之自由形成空間，惟基於權力分立與立法權受憲法拘束之原理，自不得逾越憲法規定及司法院所為之憲法解釋。

二十四年一月一日制定公布，同年七月一日施行之刑法第四十一條：「犯最重本刑為三年以下有期徒刑以下之刑之罪，而受六月以下有期徒刑或拘役之宣告，因身體、教育、職業或家庭之關係，執行顯有困難者，得以一元以上三元以下折算一日，易科罰金」之規定，對於裁判確定前犯數罪，分別宣告之有期徒刑均未逾六個月，依該條之規定各得易科罰金者，因依同法第五十一條併合處罰定其應執行之刑逾六個月，致其原宣告刑不得易科罰金時，將造成對人民自由權利之不必要限制。對於前述因併合處罰所定執行刑逾六個月之情形，上開刑法第四十一條關於易科罰金以六個月以下有期徒刑為限之規定部分，與憲法第二十三條規定未盡相符，業經本院釋字第三六六號解釋在案。嗣於九十年一月十日修正公布之刑法第四十一條第一項規定：「犯最重本刑為五年以下有期徒刑以下之刑之罪，而受六個月以下有期徒刑或拘役之宣告，因身體、教育、職業、家庭之關係或其他正當事由，執行顯有困難者，得以一元以上三元以下折算一日，易科罰金。但確因不執行所宣告之刑，難收矯正之效，或難以維持法秩序者，不在此限」。另增訂第二項：「併合處罰之數罪，均有前項情形，其應執行之刑逾六月者，亦同」之規定，即已符合本院釋字第三六六號解釋之意旨。然又於九十四年二月二日公布，九十五年七月一日施行之刑法第四十一條第二項修正為：「前項規定於數罪併罰，其應執行之刑未逾六月者，亦適用之。」（九十八年一月二十一日公布，定於同年九月一日施行之刑法修正為第四十一條第八項）致使各得易科罰金之數罪，因併合處罰定其應執行之刑逾有期徒刑六個月時，不得再依同條第一項之規定易科罰金，而應受自由刑之執行。

按人民身體之自由應予保障，為憲法第八條所明定，以徒刑拘束人民身體之自由，乃遏止不法行為之不得已手段，對於不法行為之遏止，如以較輕之處罰手段即可達成效果，則國家即無須動用較為嚴厲之處罰手段，此為憲法第二十三條規定之本旨。易科罰金制度將原屬自由刑之刑期，在符合法定要件下，更易為罰金刑之執行，旨在防止短期自由刑之流弊，並藉以緩和自由刑之嚴厲性。刑法第五十一條第五款數罪併罰之

規定，目的在於將各罪及其宣告刑合併斟酌，予以適度評價，而決定所犯數罪最終具體實現之刑罰，以符罪責相當之要求。依該款規定，分別宣告之各刑均為有期徒刑時，於各刑中之最長期以上，各刑合併之刑期以下，定其刑期，原無使受刑之宣告者，處於更不利之地位之意。惟對各得易科罰金之數罪，由於併合處罰定其應執行刑之結果逾六個月，而不得易科罰金時，將使原有得易科罰金之機會喪失，非受自由刑之執行不可，無異係對已定罪之行為，更為不利之評價，已逾越數罪併罰制度之本意，業經本院釋字第三六六號解釋予以闡明。

現行刑法第四十一條第二項之立法理由，認數宣告刑均得易科罰金，而定應執行之刑逾有期徒刑六個月時，如仍准易科罰金，恐有鼓勵犯罪之嫌，目的固屬正當。惟若法官認為犯罪者，不論所犯為一罪或數罪，確有受自由刑執行之必要，自可依法宣告逾六個月之有期徒刑而不得易科罰金；另檢察官如認定確因不執行所宣告之刑，難收矯正之效，或難以維持法秩序，而不宜易科罰金時，依刑法第四十一條第一項但書之規定，亦可不准易科罰金。是數罪併罰定應執行刑逾有期徒刑六個月，縱使准予易科罰金，並不當然導致鼓勵犯罪之結果，如一律不許易科罰金，實屬對人民身體自由之過度限制。是現行刑法第四十一條第二項，關於數罪併罰，數宣告刑均得易科罰金，而定應執行之刑逾六個月者，排除適用同條第一項得易科罰金之規定部分，與憲法第二十三條規定有違，並與本院釋字第三六六號解釋意旨不符，應自本解釋公布之日起失其效力。

另查聲請人之一認刑法第五十三條合併定應執行刑之規定，違反一事不二罰原則，聲請解釋憲法部分，乃以個人主觀見解爭執法院認事用法之當否，並未具體指摘該條規定客觀上究有何牴觸憲法之處；又該聲請人就刑法第五十四條聲請解釋憲法部分，查其所據以聲請解釋之確定終局裁定，並未適用該條規定，均核與司法院大法官審理案件法第五條第一項第二款規定不合，依同條第三項規定，應不受理。

本件二聲請人就刑法第四十一條第二項所為暫時處分之聲請部分，因本案業經作成解釋，已無審酌必要；又其中一聲請人關於刑法第五十三條之釋憲聲請部分，既應不受理，則該部分暫時處分之聲請亦失所附麗，均應予駁回。

釋字第六六三號解釋　　（憲一五、一六，稅徵一九、三五，行序三六）

　　　　　　　　　　　　　　　　　九十八年七月十日公布

稅捐稽徵法第十九條第三項規定，為稽徵稅捐所發之各種文書，「對公同共有人中之一

人為送達者，其效力及於全體。」此一規定，關於稅捐稽徵機關對公同共有人所為核定稅捐之處分，以對公同共有人中之一人為送達，即對全體公同共有人發生送達效力之部分，不符憲法正當法律程序之要求，致侵害未受送達之公同共有人之訴願、訴訟權，與憲法第十六條之意旨有違，應自本解釋公布日起，至遲於屆滿二年時，失其效力。

解釋理由書

人民之財產權、訴願及訴訟權，為憲法第十五條及第十六條所保障。核定稅捐通知書之送達，不僅涉及人民財產權之限制，亦攸關人民得否知悉其內容，並對其不服而提起行政爭訟之權利。人民之權利遭受公權力侵害時，根據憲法第十六條規定，有權循國家依法所設之程序，提起訴願或行政訴訟，俾其權利獲得適當之救濟。此程序性基本權之具體內容，應由立法機關制定合乎正當法律程序之相關法律，始得實現。而相關程序規範是否正當，除考量憲法有無特別規定及所涉基本權之種類外，尚須視案件涉及之事物領域、侵害基本權之強度與範圍、所欲追求之公共利益、有無替代程序及各項可能程序之成本等因素，綜合判斷而為認定（本院釋字第四五九號、第六一〇號、第六三九號解釋參照）。

稅捐稽徵法第十九條第三項規定，為稽徵稅捐所發之各種文書，「對公同共有人中之一人為送達者，其效力及於全體。」（下稱「系爭規定」）依系爭規定，稅捐稽徵機關對公同共有人所為核定稅捐之處分，無論是否已盡查明有無其他公同共有人之義務，並對不能查明其所在之公同共有人為公示送達，而皆以對已查得之公同共有人中之一人為送達，即對全體公同共有人發生送達之效力。考其立法意旨，乃係認為公同共有財產如祭祀公業等，其共有人為數甚夥且常分散各地，個別送達或有困難，其未設管理人者，更難為送達（立法院公報第六十五卷第七十九期第四十八、四十九頁參照），足見該項立法之目的旨在減少稽徵成本、提升行政效率等公共利益。

惟基於法治國家正當行政程序之要求，稅捐稽徵機關應依職權調查證據，以探求個案事實及查明處分相對人，並據以作成行政處分（行政程序法第三十六條參照），且應以送達或其他適當方法，使已查得之行政處分相對人知悉或可得知悉該項行政處分，俾得據以提起行政爭訟。而稅捐稽徵法第三十五條第一項規定，納稅義務人不服核定稅捐之處分時，若該處分載有應納稅額或應補徵稅額，應於繳款書送達後，繳納期間屆滿翌日起算三十日內，申請復查；若該處分未載應納稅額或應補稅額者，則納稅義務人應於核定稅額通知書送達後三十日內，申請復查。準此，未受送達之公同共有人，依系爭規定，核定稅捐之處分應於他公同共有人受送達時，對其發生送達之效力，故

其得申請復查之期間，亦應以他公同共有人受送達時起算。然因受送達之公同共有人未必通知其他公同共有人，致其他未受送達之公同共有人未必能知悉有核課處分之存在，並據以申請復查，且因該期間屬不變期間，一旦逾期該公同共有人即難以提起行政爭訟，是系爭規定嚴重侵害未受送達公同共有人之訴願、訴訟權。

縱使考量上開應受送達之已查得之處分相對人中，或有應受送達之處所不明等情形，稅捐稽徵機關不得已時，仍非不能採用公示送達，或其他不致產生過高行政成本，而有利於相對人知悉處分內容之送達方法，以達成送達核定稅捐通知書之目的，故系爭規定剝奪該等相對人應受送達之程序，對人民訴願、訴訟權之限制，已逾必要之程度。綜上考量，系爭規定於上開解釋意旨之範圍內，實非合理、正當之程序規範，不符憲法正當法律程序之要求，而與憲法第十六條保障人民訴願、訴訟權之意旨有違。鑑於對每一已查得相對人為送達，核定稅捐處分之確定日期，將因不同納稅義務人受送達之日而有異，可能影響滯納金之計算；且於祭祀公業或其他因繼承等原因發生之公同共有，或因設立時間久遠，派下員人數眾多，或因繼承人不明，致稅捐稽徵機關縱已進行相當之調查程序，仍無法或顯難查得其他公同共有人之情形，如何在符合正當法律程序原則之前提下，以其他適當方法取代個別送達，因須綜合考量人民之行政爭訟權利、稽徵成本、行政效率等因素，尚需相當時間妥為規劃，系爭規定於本解釋意旨範圍內，應自本解釋公布日起，至遲於屆滿二年時，失其效力。

釋字第六六四號解釋　　（憲八、二二、二三、一五六，少年事件一～三、二六、二七、四〇～四二、五三、五六，少年觀護所設置及實施通則二、三、一四、二〇、二五～三六，少年輔育院條例二、六、三八～四四、四七～四九，少年矯正學校設置及教育實施通則一、三、四、一九、二〇、二三、六九～七四、七七、七八）　　　　　　　　　　　　　　九十八年七月三十一日公布

少年事件處理法第三條第二款第三目規定，經常逃學或逃家之少年，依其性格及環境，而有觸犯刑罰法律之虞者，由少年法院依該法處理之，係為維護虞犯少年健全自我成長所設之保護制度，尚難逕認其為違憲；惟該規定仍有涵蓋過廣與不明確之嫌，應儘速檢討改進。又少年事件處理法第二十六條第二款及第四十二條第一項第四款規定，就限制經常逃學或逃家虞犯少年人身自由部分，不符憲法第二十三條之比例原則，亦與憲法第二十二條保障少年人格權之意旨有違，應自本解釋公布之日起，至遲於屆滿一個月時，失其效力。

解釋理由書

法官於審理案件時，對於應適用之法律，依其合理之確信，認為有牴觸憲法之疑義，顯然於該案件之裁判結果有影響者，各級法院得以之為先決問題，裁定停止訴訟程序，並提出客觀上形成確信法律為違憲之具體理由，聲請本院大法官解釋，本院釋字第三七一號、第五七二號、第五九〇號解釋闡釋甚明。本院審查之對象，非僅以聲請書明指者為限，且包含案件審理須援引為裁判基礎之法律，並與聲請人聲請釋憲之法律具有重要關聯者在內。本件聲請人於審理案件時，認其所應適用之少年事件處理法第三條第二款第三目規定有違憲疑義，聲請本院解釋，符合聲請解釋之要件，應予受理。又同法第二十六條第二款規定，少年法院認有必要時得以裁定命少年收容於少年觀護所，第四十二條第一項第四款規定少年法院得以裁定令少年入感化教育處所施以感化教育，均為聲請人依同法第三條第二款第三目規定而進行少年事件處理程序時，所須適用之後續處置規定，與第三條第二款第三目規定有重要關聯，均得為本院審查之對象，應一併納入解釋範圍，合先敘明。

人格權乃維護個人主體性及人格自由發展所不可或缺，亦與維護人性尊嚴關係密切，是人格權應受憲法第二十二條保障。為保護兒童及少年之身心健康及人格健全成長，國家負有特別保護之義務（憲法第一百五十六條規定參照），應基於兒童及少年之最佳利益，依家庭對子女保護教養之情況，社會及經濟之進展，採取必要之措施，始符憲法保障兒童及少年人格權之要求（本院釋字第五八七號、第六〇三號及第六五六號解釋參照）。國家對兒童及少年人格權之保護，固宜由立法者衡酌社經發展程度、教育與社會福利政策、社會資源之合理調配等因素，妥為規劃以決定兒童少年保護制度之具體內涵。惟立法形成之自由，仍不得違反憲法保障兒童及少年相關規範之意旨。

少年事件處理法係立法者為保障十二歲以上十八歲未滿之少年「健全之自我成長，調整其成長環境，並矯治其性格」所制定之法律（同法第一條、第二條參照）。該法第三條第二款第三目規定，少年經常逃學或逃家，依其性格及環境，而有觸犯刑罰法律之虞者，由少年法院依該法處理之。上開規定將經常逃學、逃家但未犯罪之虞犯少年，與觸犯刑罰法律行為之少年同受少年保護事件之司法審理，係立法者綜合相關因素，為維護虞犯少年健全自我成長所設之保護制度，尚難遽認其即屬違憲。惟如其中涉及限制少年憲法所保障權利之規定者，仍應分別情形審查其合憲性。

按少年事件處理法第二十六條規定：「少年法院於必要時，對於少年得以裁定為左列之處置：一、責付於少年之法定代理人、家長、最近親屬、現在保護少年之人或其他適

當之機關、團體或個人，並得在事件終結前，交付少年調查官為適當之輔導。二、命收容於少年觀護所。但以不能責付或以責付為顯不適當，而需收容者為限。」且同法第二十六條之二第一項復規定：「少年觀護所收容少年之期間，調查或審理中均不得逾二月。但有繼續收容之必要者，得於期間未滿前，由少年法院裁定延長之；延長收容期間不得逾一月，以一次為限。」是少年法院於調查或審理程序中，於必要時，得裁定令經常逃學或逃家之虞犯少年收容於少年觀護所，且收容期間最長可達六個月。查少年觀護所隸屬於高等法院檢察署，其任務在執行少年保護事件少年之收容，以協助調查收容少年之品性、經歷、身心狀況、教育程度、家庭情形、社會環境及其他必要事項，供處理之參考。就其組織、人員選任及管理措施（如處遇及賞罰）等相關規範（少年觀護所設置及實施通則第二條、第三條、第十四條、第二十條、第二十五條至第三十六條等規定參照）以觀，核屬司法收容措施之執行機構。

另經少年法院審理結果，除認有少年事件處理法第二十七條之情形，而為移送有管轄權之法院檢察署檢察官之裁定（同法第四十條規定參照），或認為事件不應或不宜付保護處分者，應裁定諭知不付保護處分之處置（同法第四十一條規定參照）外，依同法第四十二條第一項第四款規定，少年法院得令少年入感化教育處所施以感化教育之保護處分。依同法第五十三條及第五十六條規定，感化教育之執行，其期間為逾六個月至三年。按少年感化教育係由少年輔育院及少年矯正學校等機構執行，受法務部指導、監督，其任務在於矯正少年不良習性，使其悔過自新，並授予生活技能及實施補習教育等。又揆諸少年輔育院及少年矯正學校之人員選任、管理措施及獎懲規定（少年輔育院條例第二條、第四條、第六條、第三十八條至第四十四條、第四十七條至第四十九條、少年矯正學校設置及教育實施通則第一條、第三條、第四條、第十九條、第二十條、第二十三條、第六十九條至第七十四條、第七十七條、第七十八條規定參照）等，少年感化教育實屬司法矯治性質甚明。

依上開第二十六條第二款及第四十二條第一項第四款規定，使經常逃學或逃家而未觸犯刑罰法律之虞犯少年，收容於司法執行機構或受司法矯治之感化教育，與保護少年最佳利益之意旨已有未符。而上開規定對經常逃學或逃家之虞犯少年施以收容處置或感化教育處分，均涉及對虞犯少年於一定期間內拘束其人身自由於一定之處所，而屬憲法第八條第一項所規定之「拘禁」，對人身自由影響甚鉅，其限制是否符合憲法第二十三條規定，應採嚴格標準予以審查。查上開第二十六條之規定，旨在對少年為暫時保護措施，避免少年之安全遭受危害，並使法官得對少年進行觀察，以利其調查及審

理之進行，目的洵屬正當。同條第二款雖明定收容處置須為不能責付或責付顯不適當者之最後手段，惟縱須對不能責付或責付顯不適當之經常逃學逃家少年為拘束人身自由之強制處置，亦尚有其他可資選擇之手段，如命交付安置於適當之福利或教養機構，使少年人身自由之拘束，維持在保護少年人身安全，並使法官調查審理得以進行之必要範圍內，實更能提供少年必要之教育輔導及相關福利措施，以維少年之身心健全發展。上開第四十二條第一項規定之保護處分，旨在導正少年之偏差行為，以維護少年健全成長，其目的固屬正當；惟就經常逃學或逃家之虞犯少年而言，如須予以適當之輔導教育，交付安置於適當之福利或教養機構，使其享有一般之學習及家庭環境，即能達成保護經常逃學或逃家少年學習或社會化之目的。是少年事件處理法第二十六條第二款及第四十二條第一項第四款規定，就限制經常逃學或逃家虞犯少年人身自由部分，不符憲法第二十三條之比例原則，亦與憲法第二十二條保障少年人格權，國家應以其最佳利益採取必要保護措施，使其身心健全發展之意旨有違，應自本解釋公布之日起，至遲於屆滿一個月時，失其效力。

至本解釋公布前，已依上開規定對經常逃學或逃家之虞犯少年以裁定命收容於少年觀護所或令入感化教育者，該管少年法院法官應參酌本解釋意旨，自本解釋公布之日起一個月內儘速處理；其中關於感化教育部分，準用少年事件處理法第四十二條第一項第一款至第三款之規定，另為適當之處分。

又同法第三條第二款第三目關於「經常逃學或逃家」之規定，易致認定範圍過廣之虞，且逃學或逃家之原因非盡可歸責於少年，或雖有該等行為但未具社會危險性，均須依該目規定由少年法院處理；至「依其性格及環境，而有觸犯刑罰法律之虞」，所指涉之具體行為、性格或環境條件為何，亦有未盡明確之處；規定尚非允當，宜儘速檢討修正之。

至聲請人併請解釋少年事件處理法第三條第二款第一目、第二目、第四目、第五目及第七目規定，係構成少年虞犯事件之其他情形，並非本件原因事件應予適用且非顯對裁定結果有所影響之規定，與本院釋字第三七一號、第五七二號、第五九〇號解釋意旨不符，應不受理，併此指明。

釋字第六六五號解釋　（憲八、一六、二三、八〇，刑訴三、六、七、一〇一、一〇一之二、一一四、四〇三、四〇四，法組五、一三、一五、七八、七九、八一，大法官審案五）　　　　　　　　　　九十八年十月十六日公布

一、臺灣臺北地方法院刑事庭分案要點第十點及第四十三點規定，與憲法第十六條保障人民訴訟權之意旨，尚無違背。

二、刑事訴訟法第一百零一條第一項第三款規定，於被告犯該款規定之罪，犯罪嫌疑重大，且有相當理由認為有逃亡、湮滅、偽造、變造證據或勾串共犯或證人之虞，非予羈押，顯難進行追訴、審判或執行者，得羈押之。於此範圍內，該條款規定符合憲法第二十三條之比例原則，與憲法第八條保障人民身體自由及第十六條保障人民訴訟權之意旨，尚無牴觸。

三、刑事訴訟法第四百零三條第一項關於檢察官對於審判中法院所為停止羈押之裁定得提起抗告之規定部分，與憲法第十六條保障人民訴訟權之意旨，並無不符。

四、本件關於聲請命臺灣臺北地方法院停止審理九十七年度金矚重訴字第一號刑事案件，改依該法院中華民國九十七年十二月十二日之分案結果進行審理之暫時處分部分，已無審酌必要；關於聲請命該法院立即停止羈押聲請人之暫時處分部分，核與本院釋字第五八五號及第五九九號解釋意旨不符，均應予駁回。

解釋理由書

一、臺灣臺北地方法院刑事庭分案要點第十點及第四十三點規定

憲法第十六條規定保障人民之訴訟權，其核心內容在於人民之權益遭受侵害時，得請求法院依正當法律程序公平審判，以獲得及時有效之救濟。為確保人民得受公平之審判，憲法第八十條並規定，法官須超出黨派以外，依據法律獨立審判，不受任何干涉。法院經由案件分配作業，決定案件之承辦法官，與司法公正及審判獨立之落實，具有密切關係。為維護法官之公平獨立審判，並增進審判權有效率運作，法院案件之分配，如依事先訂定之一般抽象規範，將案件客觀公平合理分配於法官，足以摒除恣意或其他不當干涉案件分配作業者，即與保障人民訴訟權之憲法意旨，並無不符。法官就受理之案件，負有合法、公正、妥速處理之職責，而各法院之組織規模、案件負擔、法官人數等情況各異，且案件分配涉及法官之獨立審判職責及工作之公平負荷，於不牴觸法律、司法院訂定之法規命令及行政規則（法院組織法第七十八條、第七十九條參照）時，法院就受理案件分配之事務，自得於合理及必要之範圍內，訂定補充規範，俾符合各法院受理案件現實狀況之需求，以避免恣意及其他不當之干預，並提升審判運作之效率。

世界主要法治國家中，德意志聯邦共和國基本法第一百零一條第一項雖明文規定，非常法院不得設置；任何人受法律所定法官審理之權利，不得剝奪——此即為學理所稱

之法定法官原則，其內容包括應以事先一般抽象之規範明定案件分配，不得恣意操控由特定法官承辦，以干預審判；惟該原則並不排除以命令或依法組成（含院長及法官代表）之法官會議 (Präsidium) 訂定規範為案件分配之規定（德國法院組織法第二十一條之五第一項參照）。其他如英國、美國、法國、荷蘭、丹麥等國，不論為成文或不成文憲法，均無法定法官原則之規定。惟法院案件之分配不容恣意操控，應為法治國家所依循之憲法原則。我國憲法基於訴訟權保障及法官依法獨立審判，亦有相同之意旨，已如前述。

訴訟案件分配特定法官後，因承辦法官調職、升遷、辭職、退休或其他因案件性質等情形，而改分或合併由其他法官承辦，乃法院審判實務上所不可避免。按刑事訴訟法第七條規定：「有左列情形之一者，為相牽連之案件：一、一人犯數罪者。二、數人共犯一罪或數罪者。三、數人同時在同一處所各別犯罪者。四、犯與本罪有關係之藏匿人犯、湮滅證據、偽證、贓物各罪者。」第六條規定：「數同級法院管轄之案件相牽連者，得合併由其中一法院管轄。（第一項）前項情形，如各案件已繫屬於數法院者，經各該法院之同意，得以裁定將其案件移送於一法院合併審判之。有不同意者，由共同之直接上級法院裁定之。（第二項）不同級法院管轄之案件相牽連者，得合併由其上級法院管轄。已繫屬於下級法院者，其上級法院得以裁定命其移送上級法院合併審判。但第七條第三款之情形，不在此限。（第三項）」上開第六條規定相牽連刑事案件分別繫屬於有管轄權之不同法院時，得合併由其中一法院管轄，旨在避免重複調查事證之勞費及裁判之歧異，符合訴訟經濟及裁判一致性之要求。且合併之後，仍須適用相同之法律規範審理，如有迴避之事由者，並得依法聲請法官迴避，自不妨礙當事人訴訟權之行使。惟相牽連之數刑事案件分別繫屬於同一法院之不同法官時，是否以及如何進行合併審理，相關法令對此雖未設明文規定，因屬法院內部事務之分配，且與刑事訴訟法第六條所定者，均同屬相牽連案件之處理，而有合併審理之必要，故如類推適用上開規定之意旨，以事先一般抽象之規範，將不同法官承辦之相牽連刑事案件改分由其中之一法官合併審理，自與首開憲法意旨無違。

法院組織法第七十九條第一項規定：「各級法院及分院於每年度終結前，由院長、庭長、法官舉行會議，按照本法、處務規程及其他法令規定，預定次年度司法事務之分配及代理次序。」各級法院及分院之處務規程係由法院組織法第七十八條授權司法院定之。臺灣臺北地方法院刑事庭分案要點（下稱系爭分案要點）乃本於上開法院組織法規定之意旨，並經臺灣臺北地方法院法官會議授權，由該法院刑事庭庭務會議決議，事先

就該法院受理刑事案件之分案、併案、折抵、改分、停分等相關分配事務，所為一般抽象之補充規範。系爭分案要點第十點規定：「刑事訴訟法第七條所定相牽連案件，業已分由數法官辦理而有合併審理之必要者，由各受理法官協商併辦並簽請院長核准；不能協商時，由後案承辦法官簽請審核小組議決之。」其中「有合併審理之必要」一詞，雖屬不確定法律概念，惟其意義非難以理解，且是否有由同一法官合併審理之必要，係以有無節省重複調查事證之勞費及避免裁判上相互歧異為判斷基準。而併案與否，係由前後案件之承辦法官視有無合併審理之必要而主動協商決定，由法官兼任之院長（法院組織法第十三條參照）就各承辦法官之共同決定，審查是否為相牽連案件，以及有無合併審理之必要，決定是否核准。倘院長准予併案，即依照各受理法官協商結果併辦；倘否准併案，則係維持由各受理法官繼續各自承辦案件，故此併案程序之設計尚不影響審判公平與法官對於個案之判斷，並無恣意變更承辦法官或以其他不當方式干涉案件分配作業之可能。復查該分案要點第四十三點規定：「本要點所稱審核小組，由刑事庭各庭長（含代庭長）組成，並以刑一庭庭長為召集人。（第一項）庭長（含代庭長）不能出席者，應指派該庭法官代理之，惟有利害關係之法官應迴避。（第二項）審核小組會議之決議，應以過半數成員之出席及出席成員過半數意見定之；可否同數時，取決於召集人。（第三項）」審核小組係經刑事庭全體法官之授權，由兼庭長之法官（法院組織法第十五條第一項參照）組成，代表全體刑事庭法官行使此等權限。前述各受理法官協商併辦不成時，僅後案承辦法官有權自行簽請審核小組議決併案爭議，審核小組並不能主動決定併案及其承辦法官，且以合議制方式作成決定，此一程序要求，得以避免恣意變更承辦法官。是綜觀該分案要點第十點後段及第四十三點之規定，難謂有違反明確性之要求，亦不致違反公平審判與審判獨立之憲法意旨。

綜上，系爭分案要點第十點及第四十三點係依法院組織法第七十八條、第七十九條第一項之規定及臺灣臺北地方法院法官會議之授權，由該法院刑事庭庭務會議，就相牽連案件有無合併審理必要之併案事務，事先所訂定之一般抽象規範，依其規定併案與否之程序，足以摒除恣意或其他不當干涉案件分配作業之情形，屬合理及必要之補充規範，故與憲法第十六條保障人民訴訟權及第八十條法官依據法律獨立審判之意旨，尚無違背。

二、刑事訴訟法第一百零一條第一項第三款規定

憲法第八條第一項前段規定：「人民身體之自由應予保障。」羈押作為刑事保全程序時，旨在確保刑事訴訟程序順利進行，使國家刑罰權得以實現。惟羈押係拘束刑事被告身

體自由，並將之收押於一定處所，乃干預身體自由最大之強制處分，使刑事被告與家庭、社會及職業生活隔離，非特予其心理上造成嚴重打擊，對其名譽、信用等人格權之影響甚為重大，自僅能以之為保全程序之最後手段，允宜慎重從事（本院釋字第三九二號、第六五三號、第六五四號解釋參照）。是法律規定羈押刑事被告之要件，須基於維持刑事司法權之有效行使之重大公益要求，並符合比例原則，方得為之。

刑事訴訟法第一百零一條第一項規定：「被告經法官訊問後，認為犯罪嫌疑重大，而有左列情形之一，非予羈押，顯難進行追訴、審判或執行者，得羈押之：一、逃亡或有事實足認為有逃亡之虞者。二、有事實足認為有湮滅、偽造、變造證據或勾串共犯或證人之虞者。三、所犯為死刑、無期徒刑或最輕本刑為五年以上有期徒刑之罪者。」該項規定羈押之目的應以保全刑事追訴、審判或執行程序為限。故被告所犯縱為該項第三款之重罪，如無逃亡或滅證導致顯難進行追訴、審判或執行之危險，尚欠缺羈押之必要要件。亦即單以犯重罪作為羈押之要件，可能背離羈押作為保全程序的性質，其對刑事被告武器平等與充分防禦權行使上之限制，即可能違背比例原則。再者，無罪推定原則不僅禁止對未經判決有罪確定之被告執行刑罰，亦禁止僅憑犯罪嫌疑就施予被告類似刑罰之措施，倘以重大犯罪之嫌疑作為羈押之唯一要件，作為刑罰之預先執行，亦可能違背無罪推定原則。是刑事訴訟法第一百零一條第一項第三款如僅以「所犯為死刑、無期徒刑或最輕本刑為五年以上有期徒刑之罪」，作為許可羈押之唯一要件，而不論是否犯罪嫌疑重大，亦不考量有無逃亡或滅證之虞而有羈押之必要，或有無不得羈押之情形，則該款規定即有抵觸無罪推定原則、武器平等原則或過度限制刑事被告之充分防禦權而違反比例原則之虞。

惟查依刑事訴訟法第一百零一條第一項第三款及第一百零一條之二之規定，法官決定羈押被告之要件有四：犯罪嫌疑重大，有法定之羈押事由，有羈押之必要（即非予羈押，顯難進行追訴、審判或執行），無同法第一百十四條不得羈押被告之情形。是被告縱符合同法第一百零一條第一項第三款之羈押事由，法官仍須就犯罪嫌疑是否重大、有無羈押必要、有無不得羈押之情形予以審酌，非謂一符合該款規定之羈押事由，即得予以羈押。

刑事訴訟法第一百零一條第一項第三款規定之羈押，係因被告所犯為死刑、無期徒刑或最輕本刑為五年以上有期徒刑之罪者，其可預期判決之刑度既重，該被告為規避刑罰之執行而妨礙追訴、審判程序進行之可能性增加，國家刑罰權有難以實現之危險，該規定旨在確保訴訟程序順利進行，使國家刑罰權得以實現，以維持重大之社會秩序

及增進重大之公共利益，其目的洵屬正當。又基於憲法保障人民身體自由之意旨，被告犯上開條款之罪嫌疑重大者，仍應有相當理由認為其有逃亡、湮滅、偽造、變造證據或勾串共犯或證人等之虞，法院斟酌命該被告具保、責付或限制住居等侵害較小之手段，均不足以確保追訴、審判或執行程序之順利進行，始符合該條款規定，非予羈押，顯難進行追訴、審判或執行之要件，此際羈押乃為維持刑事司法權有效行使之最後必要手段，於此範圍內，尚未逾越憲法第二十三條規定之比例原則，符合本院釋字第三九二號、第五五三號、第六五四號解釋意旨，與憲法第八條保障人民身體自由及第十六條保障人民訴訟權之意旨，尚無違背。

三、刑事訴訟法第四百零三條第一項關於檢察官對於審判中法院所為停止羈押之裁定
　　得提起抗告之規定部分

憲法第十六條規定人民有訴訟權，旨在確保人民得依法定程序提起訴訟及受公平之審判。至於訴訟救濟應循之審級、程序及相關要件，應由立法機關衡量訴訟案件之種類、性質、訴訟政策目的以及訴訟制度之功能等因素，以法律為合理之規定（本院釋字第四四二號、第五一二號、第五七四號解釋參照）。檢察官對於審判中法院所為停止羈押之裁定是否得提起抗告，乃刑事訴訟制度之一環，衡諸本院上開解釋意旨，立法機關自得衡量相關因素，以法律為合理之規定。

羈押之強制處分屬於法官保留事項，刑事訴訟法第四百零三條第一項規定：「當事人對於法院之裁定有不服者，除有特別規定外，得抗告於直接上級法院。」第四百零四條規定：「對於判決前關於管轄或訴訟程序之裁定，不得抗告。但下列裁定，不在此限：……二、關於羈押、具保、責付、限制住居、搜索、扣押或扣押物發還、因鑑定將被告送入醫院或其他處所之裁定及依第一百零五條第三項、第四項所為之禁止或扣押之裁定。」又第三條規定：「本法稱當事人者，謂檢察官、自訴人及被告。」是依上開法律規定，檢察官對於審判中法院所為停止羈押之裁定自得提起抗告。檢察官依上開規定對於審判中法院所為停止羈押之裁定提起抗告，並未妨礙被告在審判中平等獲得資訊之權利及防禦權之行使，自無違於武器平等原則；且法院就該抗告，應依據法律獨立公平審判，不生侵害權力分立原則之問題。是刑事訴訟法第四百零三條第一項關於檢察官對於審判中法院所為停止羈押之裁定得提起抗告之規定部分，乃立法機關衡量刑事訴訟制度，以法律所為合理之規定，核與憲法第十六條保障人民受公平審判之意旨並無不符。

四、不受理及暫時處分部分

聲請人關於法院組織法第五條、第七十八條、第七十九條及第八十一條，地方法院及其分院處務規程第四條第二項規定聲請解釋憲法部分，因確定終局裁定並未適用上開法令，自不得以上開法令為聲請解釋之客體。是此部分之聲請核與司法院大法官審理案件法第五條第一項第二款規定不合，依同條第三項規定，應不受理。

本件關於聲請命臺灣臺北地方法院停止審理九十七年度金矚重訴字第一號刑事案件，改依該法院九十七年十二月十二日之分案結果進行審理之暫時處分部分，因前述系爭分案要點之規定業經作成解釋，已無審酌必要；關於聲請命該法院立即停止羈押聲請人之暫時處分部分，因聲請人對於其羈押裁定，得隨時依刑事訴訟法第一百十條第一項規定，向法院聲請具保停止羈押，難謂其基本權利已受不可回復或難以回復之重大損害，是此部分之聲請核與本院釋字第五八五號及第五九九號解釋意旨不符。上開聲請均應予駁回。

釋字第六六六號解釋　　（憲七、二三，社維八〇）　　九十八年十一月六日公布

社會秩序維護法第八十條第一項第一款就意圖得利與人姦、宿者，處三日以下拘留或新臺幣三萬元以下罰鍰之規定，與憲法第七條之平等原則有違，應自本解釋公布之日起至遲於二年屆滿時，失其效力。

　　解釋理由書

憲法第七條所揭示之平等原則非指絕對、機械之形式上平等，而係保障人民在法律上地位之實質平等，要求本質上相同之事物應為相同之處理，不得恣意為無正當理由之差別待遇。法律為貫徹立法目的，而設行政罰之規定時，如因處罰對象之取捨，而形成差別待遇者，須與立法目的間具有實質關聯，始與平等原則無違。

社會秩序維護法第八十條第一項第一款規定（下稱系爭規定），意圖得利與人姦、宿者，處三日以下拘留或新臺幣三萬元以下罰鍰，其立法目的，旨在維護國民健康與善良風俗（立法院公報第八十卷第二十二期第一〇七頁參照）。依其規定，對於從事性交易之行為人，僅以意圖得利之一方為處罰對象，而不處罰支付對價之相對人。

按性交易行為如何管制及應否處罰，固屬立法裁量之範圍，社會秩序維護法係以處行政罰之方式為管制手段，而系爭規定明文禁止性交易行為，則其對於從事性交易之行為人，僅處罰意圖得利之一方，而不處罰支付對價之相對人，並以主觀上有無意圖得利作為是否處罰之標準，法律上已形成差別待遇，系爭規定之立法目的既在維護國民健康與善良風俗，且性交易乃由意圖得利之一方與支付對價之相對人共同完成，雖意

圖得利而為性交易之一方可能連續為之，致其性行為對象與範圍廣泛且不確定，固與支付對價之相對人有別，然此等事實及經驗上之差異並不影響其共同完成性交易行為之本質，自不足以作為是否處罰之差別待遇之正當理由，其雙方在法律上之評價應屬一致。再者，系爭規定既不認性交易中支付對價之一方有可非難，卻處罰性交易圖利之一方，鑑諸性交易圖利之一方多為女性之現況，此無異幾僅針對參與性交易之女性而為管制處罰，尤以部分迫於社會經濟弱勢而從事性交易之女性，往往因系爭規定受處罰，致其業已窘困之處境更為不利。系爭規定以主觀上有無意圖得利，作為是否處罰之差別待遇標準，與上述立法目的間顯然欠缺實質關聯，自與憲法第七條之平等原則有違。

為貫徹維護國民健康與善良風俗之立法目的，行政機關可依法對意圖得利而為性交易之人實施各種健康檢查或宣導安全性行為等管理或輔導措施；亦可採取職業訓練、輔導就業或其他教育方式，以提昇其工作能力及經濟狀況，使無須再以性交易為謀生手段；或採行其他有效管理措施。而國家除對社會經濟弱勢之人民，盡可能予以保護扶助外，為防止性交易活動影響第三人之權益，或避免性交易活動侵害其他重要公益，而有限制性交易行為之必要時，得以法律或授權訂定法規命令，為合理明確之管制或處罰規定。凡此尚須相當時間審慎規劃，系爭規定應自本解釋公布之日起至遲於二年屆滿時，失其效力。

釋字第六六七號解釋　（憲一六，訴願一、四七、五六，行訴一、五七、六七～六九、七一～八三，民訴一三八）　　　　九十八年十一月二十日公布

訴願法第四十七條第三項準用行政訴訟法第七十三條，關於寄存送達於依法送達完畢時，即生送達效力部分，尚與憲法第十六條保障人民訴願及訴訟權之意旨無違。

　　解釋理由書

人民之訴願及訴訟權為憲法第十六條所保障。人民於其權利遭受公權力侵害時，有權循法定程序提起行政爭訟，俾其權利獲得適當之救濟。此項程序性基本權之具體內容，包括訴訟救濟應循之審級、程序及相關要件，須由立法機關衡酌訴訟案件之種類、性質、訴訟政策目的以及訴訟制度之功能等因素，制定合乎正當法律程序之相關法律，始得實現。而相關程序規範是否正當，須視訴訟案件涉及之事物領域、侵害基本權之強度與範圍、所欲追求之公共利益、有無替代程序及各項可能程序之成本等因素，綜合判斷而為認定（本院釋字第六六三號解釋參照）。

訴願及行政訴訟文書之送達，係訴願法及行政訴訟法所定之送達機關將應送達於當事人或其他關係人之文書，依各該法律之規定，交付於應受送達人本人；於不能交付本人時，以其他方式使其知悉文書內容或居於可得知悉之地位，俾其決定是否為必要之行為，以保障其個人權益。為使人民確實知悉文書之內容，人民應有受合法通知之權利，此項權利應受正當法律程序之保障。就訴願決定書之送達而言，攸關人民得否知悉其內容，並對其不服而提起行政訴訟之權利，至為重要。訴願法第四十七條第一項規定：「訴願文書之送達，應註明訴願人、參加人或其代表人、訴願代理人住、居所、事務所或營業所，交付郵政機關以訴願文書郵務送達證書發送。」第二項規定：「訴願文書不能為前項送達時，得由受理訴願機關派員或囑託原行政處分機關或該管警察機關送達，並由執行送達人作成送達證書。」第三項並規定：「訴願文書之送達，除前二項規定外，準用行政訴訟法第六十七條至第六十九條、第七十一條至第八十三條之規定。」故關於訴願文書之送達，原則上應向應受送達人本人為送達（行政訴訟法第七十一條規定參照）；惟如不能依行政訴訟法第七十一條、第七十二條之規定為送達者，得將文書寄存於送達地之自治或警察機關、郵政機關，並作成送達通知書二份，一份黏貼於應受送達人住居所、事務所或營業所門首，另一份交由鄰居轉交或置於應受送達人之信箱或其他適當之處所，以為寄存送達。且寄存之文書自寄存之日起，寄存機關應保存三個月（行政訴訟法第七十三條規定參照）。是寄存送達之文書，已使應受送達人可得收領、知悉，其送達之目的業已實現，自應發生送達之效力。

訴願及行政訴訟係處理人民與國家間之公法爭議，其目的除在保障人民權益外，並確保國家行政權之合法行使（訴願法第一條第一項、行政訴訟法第一條規定參照）。立法機關衡酌訴願及行政訴訟制度之功能及事件之特性，雖得就訴願及行政訴訟制度所應遵循之審級、程序及相關要件，制定相關法律加以規範，但仍應合乎憲法正當法律程序之要求。按行政訴訟法第七十三條雖未如民事訴訟法第一百三十八條第二項就寄存送達之生效日期另設明文，惟訴願人或當事人於提起訴願或行政訴訟時，於訴願書或當事人書狀即應載明其住、居所、事務所或營業所（訴願法第五十六條第一項、行政訴訟法第五十七條規定參照），俾受理訴願機關或行政法院得將文書送達於該應受送達人；受理訴願機關或行政法院依上開載明之住、居所、事務所或營業所而為送達，於不能依行政訴訟法第七十一條、第七十二條規定為送達時，自得以寄存送達使應受送達人知悉文書內容，且寄存送達程序尚稱嚴謹，應受送達人亦已居於可得知悉之地位。又訴願及行政訴訟文書之送達屬相關制度所應遵循程序之一環，並有確保訴願及行政

訴訟程序迅速進行，以維護公共利益之目的。寄存送達既已使應受送達人處於可得迅速知悉其事並前往領取相關文書之狀態，則以訴願文書寄存送達完畢時作為發生送達效力之時點，已得確保人民受合法通知之權利，就整體而言，尚合乎憲法正當法律程序之要求，並與憲法第十六條保障人民訴願及訴訟權之意旨無違。

行政訴訟與民事訴訟，因訴訟目的、性質、功能之差異，其訴訟種類、有無前置程序、當事人地位或應為訴訟行為之期間等，皆可能有不同之規定。行政訴訟法與民事訴訟法雖多有類似之制度，但其具體規範內容，除屬於憲法保障訴訟權具有重要性者外，並非須作一致之規定。基於精簡法條之立法考量，行政訴訟法雖設有準用部分民事訴訟法之規定，亦非表示二者須有相同之規定。就送達制度而言，人民權利受寄存送達影響之情形極為複雜，非可一概而論。受寄存送達者，如於文書寄存當日即前往領取，其權利所受影響，即與送達機關於會晤應受送達人時交付文書之送達無異，如增設寄存送達之生效期間，反而形成差別待遇。反之，於文書寄存多日後始前往領取者，其能主張或維護權利之時間，雖不免縮短，惟人民於行政訴訟之前，既已歷經行政程序與訴願程序，當可預計行政機關或法院有隨時送達文書之可能，如確有因外出工作、旅遊或其他情事而未能即時領取之情形，衡諸情理，亦得預先指定送達代收人或採行其他適當之因應措施，以避免受寄存送達或未能即時領取而影響其權利。故訴願、訴訟文書之寄存送達，其發生送達效力之時間，雖可能影響當事人得為訴訟行為之時機，但立法政策上究應如同現行行政訴訟法第七十三條規定，於寄存送達完畢時發生效力，或應如同民事訴訟法第一百三十八條第二項規定，自寄存之日起經十日發生效力，抑或應採較十日為更長或更短之期間，宜由立法者在不牴觸憲法正當程序要求之前提下，裁量決定之，自不能僅因行政訴訟法第七十三條規定未如同民事訴訟法第一百三十八條第二項設有自寄存之日起經十日發生送達效力之規定，即遽認違反平等原則。

送達制度攸關憲法保障人民訴願及訴訟權是否能具體落實。鑑於人民可能因外出工作、旅遊或其他情事而臨時不在應送達處所，為避免其因外出期間受寄存送達，不及知悉寄存文書之內容，致影響其權利，中華民國九十二年二月七日修正公布、同年九月一日施行之民事訴訟法第一百三十八條第二項，增訂寄存送達，自寄存之日起，經十日發生效力之規定，係就人民訴訟權所為更加妥善之保障。立法機關就訴願法及行政訴訟法未與上開民事訴訟法設有相同規定，基於上開說明，行政訴訟法第七十三條規定所設之程序及方式，雖已符合憲法正當法律程序之要求，並無違於平等原則，然為求人民訴願及訴訟權獲得更為妥適、有效之保障，相關機關允宜考量訴願及行政訴訟文

書送達方式之與時俱進，兼顧現代社會生活型態及人民工作狀況，以及整體法律制度之體系正義，就現行訴願及行政訴訟關於送達制度適時檢討以為因應，併此指明。

釋字第六六八號解釋　（民繼施一、八）　　　　九十八年十二月十一日公布

民法繼承編施行法第八條規定：「繼承開始在民法繼承編施行前，被繼承人無直系血親卑親屬，依當時之法律亦無其他繼承人者，自施行之日起，依民法繼承編之規定定其繼承人。」其所定「依當時之法律亦無其他繼承人者」，應包含依當時之法律不能產生選定繼承人之情形，故繼承開始於民法繼承編施行前，依當時之法規或習慣得選定繼承人者，不以在民法繼承編施行前選定為限。惟民法繼承編施行於臺灣已逾六十四年，為避免民法繼承編施行前開始之繼承關係久懸不決，有礙民法繼承法秩序之安定，凡繼承開始於民法繼承編施行前，而至本解釋公布之日止，尚未合法選定繼承人者，自本解釋公布之日起，應適用現行繼承法制，辦理繼承事宜。

　　解釋理由書

中華民國二十年一月二十四日制定公布、同年五月五日施行之民法繼承編施行法（下稱施行法）第一條規定：「繼承在民法繼承編施行前開始者，除本施行法有特別規定外，不適用民法繼承編之規定。」又同法第八條規定：「繼承開始在民法繼承編施行前，被繼承人無直系血親卑親屬，依當時之法律亦無其他繼承人者，自施行之日起，依民法繼承編之規定定其繼承人。」旨在使繼承開始於民法繼承編施行前之繼承事件，繼續適用民法繼承編施行前之繼承法規或習慣。故發生於三十四年十月二十四日之前，應適用臺灣繼承舊慣之繼承事件，不因之後民法繼承編規定施行於臺灣而受影響。

最高法院四十七年度台上字第二八九號民事判決（業經選為判例）認為，繼承開始於民法繼承編施行於臺灣之前，應適用當時臺灣繼承習慣辦理，於戶主即被繼承人死亡時，如無法定或指定繼承人，得由被繼承人之親屬會議合法選定戶主以為繼承，所選定之繼承人不分男女皆得繼承，選定期間亦無限制。而高雄高等行政法院九十六年度訴字第九五九號判決（經上訴後，業經最高行政法院九十七年度裁字第三七二六號裁定上訴駁回），則認為自民法繼承編施行於臺灣後，已不得再由親屬會議選定戶主繼承人，從而未於民法繼承編施行前選定繼承人者，於民法繼承編施行後即不得再行選定，而應循現行民法繼承編規定處理繼承事宜。就施行法第八條規定之適用，不同審判系統法院之見解有異。

查選定繼承人必在繼承事件發生之後，如被繼承人死亡時間距民法繼承編施行時不遠，

或於民法繼承編施行後，方由法院判決宣告死亡於繼承編施行前者，即難以期待或無從於民法繼承編施行前為繼承人之選定。故施行法第八條所定「依當時之法律亦無其他繼承人者」，應包含依當時之法律不能產生選定繼承人之情形，故繼承開始於民法繼承編施行前，依當時之法規或習慣得選定繼承人者，不以在民法繼承編施行前選定為限。惟民法繼承編施行於臺灣迄今已逾六十四年，民法繼承編施行前開始之繼承關係，猶有至今尚未能確定者，顯非民法繼承編立法者所能預見，為避免民法繼承編施行前開始之繼承關係久懸不決，有礙現行民法繼承法秩序之安定，凡繼承開始於民法繼承編施行前，至本解釋公布之日止，尚未合法選定繼承人者，自本解釋公布之日起，應適用現行繼承法制，辦理繼承事宜。

釋字第六六九號解釋　　（憲八、二三，槍彈管八）

九十八年十二月二十五日公布

槍砲彈藥刀械管制條例第八條第一項規定：「未經許可，製造、販賣或運輸鋼筆槍、瓦斯槍、麻醉槍、獵槍、空氣槍或第四條第一項第一款所定其他可發射金屬或子彈具有殺傷力之各式槍砲者，處無期徒刑或五年以上有期徒刑，併科新臺幣一千萬元以下罰金。」其中以未經許可製造、販賣、運輸具殺傷力之空氣槍為處罰要件部分，不論行為人犯罪情節之輕重，均以無期徒刑或五年以上有期徒刑之重度自由刑相繩，對違法情節輕微、顯可憫恕之個案，法院縱適用刑法第五十九條規定酌減其刑，最低刑度仍達二年六月以上之有期徒刑，無從具體考量行為人所應負責任之輕微，為易科罰金或緩刑之宣告，尚嫌情輕法重，致罪責與處罰不相對應。首揭規定有關空氣槍部分，對犯該罪而情節輕微者，未併為得減輕其刑或另為適當刑度之規定，對人民受憲法第八條保障人身自由權所為之限制，有違憲法第二十三條之比例原則，應自本解釋公布之日起至遲於一年屆滿時，失其效力。

解釋理由書

人民身體之自由應予保障，憲法第八條定有明文。鑑於限制人身自由之刑罰，嚴重限制人民之基本權利，係屬不得已之最後手段。立法機關如為保護合乎憲法價值之特定重要法益，並認施以刑罰有助於目的之達成，又別無其他相同有效達成目的而侵害較小之手段可資運用，雖得以刑罰規範限制人民身體之自由，惟刑罰對人身自由之限制與其所欲維護之法益，仍須合乎比例之關係，尤其法定刑度之高低應與行為所生之危害、行為人責任之輕重相符，始符合罪刑相當原則，而與憲法第二十三條比例原則無

違（本院釋字第六四六號、第五五一號、第五四四號解釋參照）。

槍砲彈藥刀械管制條例第八條第一項規定：「未經許可，製造、販賣或運輸鋼筆槍、瓦斯槍、麻醉槍、獵槍、空氣槍或第四條第一項第一款所定其他可發射金屬或子彈具有殺傷力之各式槍砲者，處無期徒刑或五年以上有期徒刑，併科新臺幣一千萬元以下罰金。」係為防止暴力犯罪，以保障人民生命、身體、自由及財產等之安全，立法目的符合重要之憲法價值。其中關於空氣槍之規定部分（下稱系爭規定），由於空氣槍之取得、使用、改造較為便利，且具有物理上之危險性，容易成為犯罪之工具，是製造、運輸、販賣具有殺傷力空氣槍之行為，雖對一般民眾之生命、身體、自由及財產等法益尚未構成直接之侵害，但立法機關認前述行為已足造成高度危險，為保護上開重要法益，乃採取刑罰之一般預防功能予以管制，可認係有助於重要公益目的之達成。此外，因別無其他與上開刑罰規定相同有效，但侵害較小之替代手段可資採用，是該刑罰手段亦具有必要性。

惟系爭規定所禁止製造、運輸、販賣之客體相對廣泛，一部分殺傷力較低之空氣槍，亦在處罰範圍內。基於預防犯罪之考量，立法機關雖得以特別刑法設置較高之法定刑，但其對構成要件該當者，不論行為人犯罪情節之輕重，均以無期徒刑或五年以上有期徒刑之重度自由刑相繩，未能具體考量行為人違法行為之惡害程度，對違法情節輕微、顯可憫恕之個案，可能構成顯然過苛之處罰，而無從兼顧實質正義。按不具殺傷力且無危害安全之虞之空氣槍係合法而容易取得之休閒娛樂商品，而改造此類空氣槍，所需零件易於取得，亦無須高度之技術。倘人民僅出於休閒、娛樂等動機而改造合法之空氣槍，雖已達殺傷力標準，但若其殺傷力甚微，對他人生命、身體、自由、財產等法益之危險甚低，或有其他犯罪情節輕微情況，法院縱適用刑法第五十九條規定酌減其刑，最低刑度仍達二年六月以上之有期徒刑，無從具體考量行為人所應負責任之輕微，而為易科罰金或緩刑之宣告，尚嫌情輕法重，致責與處罰不相對應。系爭規定對犯該罪而情節輕微者，未併為得減輕其刑或另為適當刑度之規定，對人民受憲法第八條保障人身自由權所為之限制，有違憲法第二十三條之比例原則。

國家以法律限制人民自由權利者，法律規定所使用之概念，其意義依法條文義及立法目的，為受規範者所得預見，並可經由司法審查加以確認，即與法律明確性原則無違，迭經本院解釋在案。系爭規定所謂之殺傷力，依據一般人民日常生活與語言經驗，應能理解係指彈丸擊中人體可對皮膚造成穿透性傷害。而揆諸現行司法審判實務，亦係以其在最具威力之適當距離，以彈丸可穿入人體皮肉層之動能為槍械具殺傷力之基準

（本院秘書長中華民國八十一年六月十一日秘台廳（二）字第○六九八五號函參照）。法院於具體個案中，並審酌專業鑑定機關對槍砲發射動能之鑑定報告，據以認定槍砲是否具有殺傷力。是系爭規定以是否具有殺傷力為構成要件，其意義為受規範者所得預見，亦得經司法審查予以確認，尚與法律明確性原則無違。

有關機關應自本解釋公布之日起一年內，依本解釋之意旨檢討修正槍砲彈藥刀械管制條例第八條第一項有關空氣槍之規定，以兼顧國家刑罰權之妥善運作及保障人民之人身自由，逾期未為修正者，該部分規定失其效力。

釋字第六七○號解釋　（憲八、一五、二三，刑訴一○一，軍審一○二，冤賠一、二）

九十九年一月二十九日公布

受無罪判決確定之受害人，因有故意或重大過失行為致依刑事訴訟法第一百零一條第一項或軍事審判法第一百零二條第一項受羈押者，依冤獄賠償法第二條第三款規定，不得請求賠償，並未斟酌受害人致受羈押之行為，係涉嫌實現犯罪構成要件或係妨礙、誤導偵查審判，亦無論受害人致受羈押行為可歸責程度之輕重及因羈押所受損失之大小，皆一律排除全部之補償請求，並非避免補償失當或浮濫等情事所必要，不符冤獄賠償法對個別人民身體之自由，因實現國家刑罰權之公共利益，受有超越一般應容忍程度之特別犧牲時，給予所規範之補償，以符合憲法保障人民身體自由及平等權之立法意旨，而與憲法第二十三條之比例原則有違，應自本解釋公布之日起至遲於屆滿二年時失其效力。

解釋理由書

人民受憲法第十五條保障之財產權，因公益需要而受特別犧牲者，應由國家依法律予以補償，已迭經本院解釋在案（本院釋字第四○○號、第四二五號、第五一六號、第六五二號解釋參照）。人民受憲法第八條保障身體之自由，乃行使其憲法上所保障其他自由權利之前提，為重要基本人權，尤其應受特別保護，亦迭經本院解釋在案（本院釋字第三八四號、第五八八號解釋參照）。是特定人民身體之自由，因公共利益受公權力之合法限制，諸如羈押、收容或留置等，而有特別情形致超越人民一般情況下所應容忍之程度，構成其個人之特別犧牲者，自應有依法向國家請求合理補償之權利，以符合憲法保障人民身體自由及平等權之意旨。

冤獄賠償法第一條第一項規定：「依刑事訴訟法、軍事審判法、少年事件處理法或檢肅流氓條例受理之案件，具有下列情形之一者，受害人得依本法請求國家賠償：一、不

起訴處分或無罪、不受理之判決確定前，曾受羈押或收容。二、依再審或非常上訴程序判決無罪、不受理或撤銷強制工作處分確定前，曾受羈押、收容、刑之執行或強制工作。三、不付審理或不付保護處分之裁定確定前，曾受收容。四、依重新審理程序裁定不付保護處分確定前，曾受收容或感化教育之執行。五、不付感訓處分之裁定確定前，曾受留置。六、依重新審理程序裁定不付感訓處分確定前，曾受留置或感訓處分之執行。」本條項規定之國家賠償，並非以行使公權力執行職務之公務員有故意或過失之不法侵害行為為要件。是冤獄賠償法於形式上為國家賠償法之特別法，然本條項所規定之國家賠償，實係國家因實現刑罰權或為實施教化、矯治之公共利益，對特定人民為羈押、收容、留置、刑或保安處分之執行，致其憲法保障之自由權利，受有超越一般應容忍程度之限制，構成其個人之特別犧牲時，依法律之規定，以金錢予以填補之刑事補償（以下稱本條項之賠償為補償）。

人民之自由權利因公共利益受有超越一般應容忍程度之特別犧牲，法律規定給予補償時，為避免補償失當或浮濫等情事，受害人對損失之發生或擴大，如有可歸責之事由，固得審酌不同情狀而排除或減少其補償請求權，惟仍須為達成該目的所必要，始無違憲法第二十三條之比例原則。冤獄賠償法第二條第三款規定，因故意或重大過失行為致受羈押者，不得請求補償部分（以下稱系爭規定），就刑事訴訟法第一百零一條第一項及軍事審判法第一百零二條第一項所規定之羈押而言，並未斟酌受害人致受羈押之行為，係涉嫌實現犯罪構成要件，或係妨礙、誤導偵查審判（例如逃亡、串供、湮滅證據或虛偽自白等），亦無論受害人致受羈押行為可歸責程度之輕重及其因羈押所受損失之大小，皆一律排除全部之補償請求，並非避免補償失當或浮濫等情事所必要，不符冤獄賠償法對特定人民身體之自由，因實現刑罰權之公共利益受有干涉，構成超越一般應容忍程度之特別犧牲時，給予所規範之補償，以實現憲法保障人民身體自由及平等權之立法意旨，而與憲法第二十三條之比例原則有違。系爭規定應由相關機關自本解釋公布之日起二年內，依本解釋之意旨，衡酌受害人致受羈押行為之情狀、可歸責程度及所受損失等事由，就是否限制其補償請求權，予以限制時係全面排除或部分減少等，配合冤獄賠償法相關規定通盤檢討，妥為規範，屆期未完成修法者，系爭規定失其效力。

釋字第六七一號解釋　（憲一五，民物八一九、八二五、八六八，土登一〇七）

九十九年一月二十九日公布

憲法第十五條關於人民財產權應予保障之規定，旨在確保個人依財產之存續狀態行使其自由使用、收益及處分之權能，不得因他人之法律行為而受侵害。分別共有不動產之應有部分，於設定抵押權後，共有物經分割者，其抵押權不因此而受影響（民法第八百二十五條及第八百六十八條規定參照）。於分割前未先徵得抵押權人同意者，於分割後，自係以原設定抵押權而經分別轉載於各宗土地之應有部分，為抵押權之客體。是強制執行時，係以分割後各宗土地經轉載抵押權之應有部分為其執行標的物。於拍定後，因拍定人取得抵押權客體之應有部分，由拍定人與其他共有人，就該不動產全部回復共有關係，其他共有人回復分割前之應有部分，經轉載之應有部分抵押權因已實行而消滅，從而得以維護其他共有人及抵押權人之權益。準此，中華民國九十年九月十四日修正發布之土地登記規則第一百零七條之規定，符合民法規定之意旨，亦與憲法第十五條保障人民財產權之規定，尚無牴觸。

解釋理由書

憲法第十五條關於人民財產權應予保障之規定，旨在確保個人依財產之存續狀態行使其自由使用、收益及處分之權能，不得因他人之法律行為而受侵害。共有物之應有部分乃共有人對共有物所有權之比例，性質上與所有權本無不同（本院釋字第四〇〇號、第五六二號解釋參照）。民法第八百十九條第一項規定，各分別共有人得自由處分其應有部分。該條項所謂處分，包括讓與應有部分，或以應有部分為客體設定抵押權（本院釋字第一四一號解釋參照），旨在保障應有部分之財產權。又抵押權亦屬憲法財產權保障之範圍，惟因分別共有人就其應有部分設定抵押權得單獨為之，不須其他分別共有人之同意；故就應有部分設定及實行抵押權之結果，無害於其他共有人之利益者，符合私法自治原則及憲法第十五條保障人民財產權規定之意旨。

分別共有不動產之應有部分，於設定抵押權後，共有物經分割者，其抵押權不因此而受影響（民法第八百二十五條及第八百六十八條規定參照）。九十年九月十四日修正發布之土地登記規則第一百零七條規定：「分別共有土地，部分共有人就應有部分設定抵押權者，於辦理共有物分割登記時，該抵押權按原應有部分轉載於分割後各宗土地之上。但經先徵得抵押權人同意者，該抵押權僅轉載於原設定人分割後取得之土地上。」（下稱系爭規定）亦即限於分割前已先徵得抵押權人同意之情形，始以原設定人分割後取得之土地為抵押權之客體。對於分割前未先徵得抵押權人同意之情形，系爭規定抵押權之轉載方式，固可避免應有部分之抵押權人因分割而受不利益，但系爭規定將該抵押權轉載於分割後各宗土地之上，致使其他分別共有人取得之土地，亦有抵押權

負擔，且抵押權人得以轉載於該土地經抵押之應有部分拍賣取償。然抵押權之客體既為原共有物之應有部分，故於分割前未先徵得抵押權人同意者，於分割後，自係以原設定抵押權而經分別轉載於各宗土地之應有部分，為抵押權之客體。是強制執行時，係以轉載於分割後各宗土地經抵押之應有部分，為其執行標的物。於拍定後，因拍定人取得抵押權客體之應有部分，由拍定人與其他共有人，就該不動產全部回復共有關係，其他共有人回復分割前之應有部分，經轉載之應有部分抵押權因已實行而消滅，從而得以維護其他共有人及抵押權人之權益。準此，系爭規定符合民法規定之意旨，亦與憲法第十五條保障人民財產權之規定，尚無牴觸。

釋字第六七二號解釋 （憲一五、二三，管理外匯一一、二四，行序一五四、一五七，中標三） 九十九年二月十二日公布

管理外匯條例第十一條、第二十四條第三項及財政部中華民國九十二年三月二十一日台財融（五）字第〇九二五〇〇〇〇七五號令，關於攜帶外幣出入國境須報明登記，違反者應予沒入之規定，與憲法第十五條保障人民財產權、第二十三條之比例原則及法律明確性原則，尚無牴觸。

解釋理由書

憲法第十五條規定人民財產權應予保障，旨在確保個人依財產之存續狀態行使其自由使用、收益及處分之權能，並免於遭受公權力或第三人之侵害，俾能實現個人自由、發展人格及維護尊嚴（本院釋字第四〇〇號解釋參照）。立法機關對人民財產權之限制，如合於憲法第二十三條所定必要程度，並以法律定之或明確授權行政機關訂定法規命令者，即與上開憲法意旨無違，迭經本院解釋在案（本院釋字第三一三號、第四八八號、第六〇〇號解釋參照）。行政罰之沒入，係對人民財產不法所得或違反行政法上義務之行為，對其財產加以強制剝奪，其規定應合乎上開意旨，乃屬當然。

管理外匯條例第十一條規定：「旅客或隨交通工具服務之人員，攜帶外幣出入國境者，應報明海關登記；其有關辦法，由財政部會同中央銀行定之。」財政部九十二年三月二十一日台財融（五）字第〇九二五〇〇〇〇七五號令：「旅客或隨交通工具服務之人員，攜帶外幣出、入國境超過等值壹萬美元者，應報明海關登記。」同條例第二十四條第三項規定：「攜帶外幣出入國境，不依第十一條規定報明登記者，沒入之；申報不實者，其超過申報部分沒入之。」上開關於申報與沒入之規定（下稱系爭規定），係為平衡國際收支，穩定金融（同條例第一條參照），兼有防制經濟犯罪之作用，其目的洵屬正當。

系爭規定之出入國境申報外幣制度，僅對攜帶超過等值壹萬美元外幣之旅客或隨交通工具服務之人員，課予申報義務，一經依法申報即不違反系爭規定，對於依規定應申報者、無須申報者及執行機關均有其便利性。此申報之規定，有助於主管機關掌握外匯資金進出與外匯收支動態，並得適時採取必要之因應措施，以穩定金融及經濟，並防制經濟犯罪，係管理外匯之必要手段。

為確保申報制度之實效，對於違反申報義務者，施以強制或處罰，實有必要。至其強制或處罰之措施應如何訂定，宜由立法者兼顧外匯管理政策與人民權利之保護，為妥適之決定。管理外匯條例第二十四條第三項之規定，係對於攜帶外幣超過等值壹萬美元而未申報者，予以沒入，以督促主動誠實申報，較科處刑罰之方式為輕，且鑑於旅客或隨交通工具服務人員攜帶外幣出入國境之動態與特性，上開處罰規定尚未牴觸憲法第二十三條之比例原則，而與憲法保障人民財產權之意旨無違。且系爭規定對出入國境旅客或隨交通工具服務之人員課予申報義務，其有關違反時之處罰規定，尚屬明確，並未牴觸法律明確性之要求。

管理外匯條例第十一條規定，外幣申報之「有關辦法，由財政部會同中央銀行定之」，係授權主管機關共同就申報之程序、方式及其他有關事項訂定法規命令，其訂定並應遵循中央法規標準法及行政程序法之相關規定。惟上開財政部令，既未以辦法之名稱與法條形式，復未履行法規命令應遵循之預告程序，亦未會銜中央銀行發布，且其內容僅規定超過等值壹萬美元者應報明海關登記之意旨，對於申報之程序、方式等事項則未規定，與管理外匯條例第十一條之授權意旨、行政程序法第一百五十四條、第一百五十七條及中央法規標準法第三條等規定不符，應由有關機關儘速檢討修正。

釋字第六七三號解釋　　（憲七、一五、一九、二三，所得稅七、七一、八八、八九、九二、九四、一一四，會計九五、一〇一，稅徵四八之三）

九十九年三月二十六日公布

中華民國七十八年十二月三十日修正公布之所得稅法第八十九條第一項第二款前段，有關以機關、團體之主辦會計人員為扣繳義務人部分，及八十八年二月九日修正公布與九十五年五月三十日修正公布之同條款前段，關於以事業負責人為扣繳義務人部分，與憲法第二十三條比例原則尚無牴觸。

七十八年十二月三十日修正公布及九十年一月三日修正公布之所得稅法第一百十四條第一款，有關限期責令扣繳義務人補繳應扣未扣或短扣之稅款及補報扣繳憑單，暨就

已於限期內補繳應扣未扣或短扣之稅款及補報扣繳憑單，按應扣未扣或短扣之稅額處一倍之罰鍰部分；就未於限期內補繳應扣未扣或短扣之稅款，按應扣未扣或短扣之稅額處三倍之罰鍰部分，尚未牴觸憲法第二十三條比例原則，與憲法第十五條保障人民財產權之意旨無違。

上開所得稅法第一百十四條第一款後段，有關扣繳義務人不按實補報扣繳憑單者，應按應扣未扣或短扣之稅額處三倍之罰鍰部分，未賦予稅捐稽徵機關得參酌具體違章狀況，按情節輕重裁量罰鍰之數額，其處罰顯已逾越必要程度，就此範圍內，不符憲法第二十三條之比例原則，與憲法第十五條保障人民財產權之意旨有違，應自本解釋公布之日起停止適用。有關機關對未於限期內按實補報扣繳憑單，而處罰尚未確定之案件，應斟酌個案情節輕重，並參酌稅捐稽徵法第四十八條之三之規定，另為符合比例原則之適當處置，併予指明。

解釋理由書

所得稅法設有就源扣繳制度，責成特定人為扣繳義務人，就納稅義務人之所得，於給付時依規定之扣繳率或扣繳辦法，扣取稅款，在法定期限內，向國庫繳清，並開具扣繳憑單彙報該管稽徵機關，及填具扣繳憑單發給納稅義務人（所得稅法第七條第五項、第八十八條、第八十九條第一項、第九十二條規定參照）。此項扣繳義務，其目的在使國家得即時獲取稅收，便利國庫資金調度，並確實掌握課稅資料，為增進公共利益所必要（本院釋字第三一七號解釋參照）。至於國家課予何人此項扣繳義務，立法機關自得在符合比例原則之前提下，斟酌可有效貫徹上開扣繳制度之人選而為決定。

七十八年十二月三十日修正公布之所得稅法第八十九條第一項第二款前段規定：「薪資、利息、租金、佣金、權利金、執行業務報酬、競技、競賽或機會中獎獎金或給與，及給付在中華民國境內無固定營業場所或營業代理人之國外營利事業之所得，其扣繳義務人為機關、團體之主辦會計人員、事業負責人及執行業務者」。八十八年二月九日修正公布之同條款前段規定：「薪資、利息、租金、佣金、權利金、執行業務報酬、競技、競賽或機會中獎獎金或給與，及給付在中華民國境內無固定營業場所或營業代理人之國外營利事業之所得，其扣繳義務人為機關、團體之責應扣繳單位主管、事業負責人及執行業務者」，及九十五年五月三十日修正公布之同條款前段規定：「薪資、利息、租金、佣金、權利金、執行業務報酬、競技、競賽或機會中獎獎金或給與、退休金、資遣費、退職金、離職金、終身俸、非屬保險給付之養老金、告發或檢舉獎金，及給付在中華民國境內無固定營業場所或營業代理人之國外營利事業之所得，其扣繳

義務人為機關、團體、學校之責應扣繳單位主管、事業負責人、破產財團之破產管理人及執行業務者」。上開規定其中以機關、團體之主辦會計人員及事業負責人為扣繳義務人，旨在使就源扣繳事項得以有效執行，目的洵屬正當。

納稅義務人自機關、團體或事業受有所得稅法第八十八條第一項第二款之所得，雖給付各該所得者為機關、團體或事業，並非機關、團體之主辦會計人員或事業負責人。惟政府機關出納人員據以辦理扣繳事務等出納工作之會計憑證，須由主辦會計人員或其授權人簽名、蓋章，會計人員並負責機關內部各項收支之事前審核與事後複核（會計法第一百零一條第一項、第九十五條規定參照），因此係由會計人員實質參與扣繳事務；而於團體之情形，可能由會計人員實際辦理團體之扣繳事務。另事業負責人則代表事業執行業務，實際負該事業經營成敗之責，有關財務之支出，包括所得稅法上之扣繳事項，自為其監督之事務。是上開規定課予主辦會計人員及事業負責人扣繳義務，較能貫徹就源扣繳制度之立法目的，且對上開人員業務執行所增加之負擔亦屬合理，並非不可期待，與憲法第二十三條比例原則尚無牴觸。

扣繳為稽徵機關掌握稅收、課稅資料及達成租稅公平重要手段，扣繳義務人如未扣繳或扣繳不實，或未按實申報扣繳憑單，不僅使稅源無法掌握，影響國家資金調度，亦造成所得人易於逃漏稅。尤以所得人為非中華民國境內居住之個人或在中華民國境內無固定營業場所或營業代理人之國外營利事業，係以就源扣繳作為主要課稅手段，倘扣繳義務人未依規定辦理扣繳稅款，可能導致逃漏稅之結果，損及國家稅收。七十八年十二月三十日修正公布及九十年一月三日修正公布之所得稅法第一百十四條第一款（九十年一月三日僅就同條第二款而為修正，第一款並未修正）規定：「扣繳義務人未依第八十八條規定扣繳稅款者，除限期責令補繳應扣未扣或短扣之稅款及補報扣繳憑單外，並按應扣未扣或短扣之稅額處一倍之罰鍰；其未於限期內補繳應扣未扣或短扣之稅款，或不按實補報扣繳憑單者，應按應扣未扣或短扣之稅額處三倍之罰鍰。」（下稱系爭所得稅法第一百十四條第一款規定）（九十八年五月二十七日修正公布之本款規定，已將前、後段處一倍、三倍之罰鍰，分別修正為一倍以下、三倍以下之罰鍰）於扣繳義務人未依所得稅法第八十八條規定扣繳稅款者，限期責令其補繳應扣未扣或短扣之稅款及補報扣繳憑單，並予以處罰，以督促為扣繳義務人之機關、團體主辦會計人員、事業負責人依規定辦理扣繳稅款事項，乃為確保扣繳制度之貫徹及公共利益所必要。

違反行政法上之義務應如何制裁，本屬立法機關衡酌事件之特性、侵害法益之輕重程

度以及所欲達到之管制效果，所為立法裁量之權限，苟未逾越比例原則，要不能遽指其為違憲（本院釋字第五一七號解釋參照）。上開責令補繳稅款及補報扣繳憑單暨處罰之規定中，基於確保國家稅收，而命扣繳義務人補繳應扣未扣或短扣之稅款，扣繳義務人於補繳上開稅款後，納稅義務人固可抵繳其年度應繳納之稅額，然扣繳義務人仍可向納稅義務人追償之（所得稅法第七十一條第一項前段、第九十四條但書規定參照），亦即補繳之稅款仍須由納稅義務人負返還扣繳義務人之責，是責令扣繳義務人補繳稅款及補報扣繳憑單部分，並未對扣繳義務人財產權造成過度之損害。而扣繳義務人已於限期內補繳應扣未扣或短扣之稅款及補報扣繳憑單者，因所造成國庫及租稅公平損害情節較輕，乃按應扣未扣或短扣之稅額處一倍之罰鍰，處罰尚未過重；其於通知補繳後仍拒未於限期內補繳應扣未扣或短扣之稅款者，因違反國家所課予扣繳稅捐之義務，尤其所得人如非中華民國境內居住之個人或在中華民國境內無固定營業場所或營業代理人之國外營利事業，扣繳義務人未補繳稅款，對國家稅收所造成損害之結果，與納稅義務人之漏稅實無二致，且又係於通知補繳後仍拒未補繳，違規情節自較已補繳稅款之情形為重，乃按上開稅額處三倍之罰鍰，其處罰尚非過當。準此，系爭所得稅法第一百十四條第一款規定，限期責令扣繳義務人補繳應扣未扣或短扣之稅款及補報扣繳憑單部分，暨就已於限期內補繳應扣未扣或短扣之稅款及補報扣繳憑單，按應扣未扣或短扣之稅額處一倍之罰鍰部分；就未於限期內補繳應扣未扣或短扣之稅款，按應扣未扣或短扣之稅額處三倍之罰鍰部分，尚未牴觸憲法第二十三條之比例原則，與憲法保障人民財產權之意旨無違，亦無違背憲法第七條平等權、第十九條租稅法律主義可言。

惟扣繳義務人之扣繳義務，包括扣繳稅款義務及申報扣繳憑單義務，二者之違反對國庫稅收及租稅公益之維護所造成之損害，程度上應有所差異。系爭所得稅法第一百十四條第一款後段規定中，如扣繳義務人已於限期內補繳應扣未扣或短扣之稅款，僅不按實補報扣繳憑單者，雖影響稅捐稽徵機關對課稅資料之掌握及納稅義務人之結算申報，然因其已補繳稅款，較諸不補繳稅款對國家稅收所造成之不利影響為輕，乃系爭所得稅法第一百十四條第一款後段規定，就此部分之處罰，與未於限期內補繳稅款之處罰等同視之，一律按應扣未扣或短扣之稅額處三倍之罰鍰，未賦予稅捐稽徵機關得參酌具體違章狀況，按情節輕重裁量罰鍰之數額，其處罰顯已逾越必要程度，不符憲法第二十三條之比例原則，與憲法第十五條保障人民財產權之意旨有違，應自本解釋公布之日起停止適用。有關機關對未於限期內按實補報扣繳憑單，而處罰尚未確定之

案件，應斟酌個案情節輕重，並參酌稅捐稽徵法第四十八條之三之規定，另為符合比例原則之適當處置，併予指明。

釋字第六七四號解釋　　（憲一九，土稅一四、二二，平均地權二二，建築四四）
九十九年四月二日公布

財政部於中華民國八十二年十二月十六日發布之台財稅字第八二〇五七〇九〇一號函明示：「不能單獨申請建築之畸零地，及非經整理不能建築之土地，應無土地稅法第二十二條第一項第四款課徵田賦規定之適用」；內政部九十三年四月十二日台內地字第〇九三〇〇六九四五〇號令訂定發布之「平均地權條例第二十二條有關依法限制建築、依法不能建築之界定作業原則」第四點規定：「畸零地因尚可協議合併建築，不得視為依法限制建築或依法不能建築之土地」。上開兩項命令，就都市土地依法不能建築，仍作農業用地使用之畸零地適用課徵田賦之規定，均增加法律所無之要件，違反憲法第十九條租稅法律主義，其與本解釋意旨不符部分，應自本解釋公布之日起不再援用。

　　解釋理由書

憲法第十九條規定，人民有依法律納稅之義務，係指國家課人民以繳納稅捐之義務或給予人民減免稅捐之優惠時，應就租稅主體、租稅客體、租稅客體對租稅主體之歸屬、稅基、稅率、納稅方法及納稅期間等租稅構成要件，以法律明文規定。主管機關本於法定職權就相關法律規定所為之闡釋，自應秉持憲法原則及相關法律之立法意旨，遵守一般法律解釋方法而為之；如逾越法律解釋之範圍，而增加法律所無之租稅義務，則非憲法第十九條規定之租稅法律主義所許（本院釋字第六二〇號、第六二二號、第六二五號解釋參照）。

土地稅法第十四條規定：「已規定地價之土地，除依第二十二條規定課徵田賦者外，應課徵地價稅」；依同法第二十二條第一項第四款及平均地權條例第二十二條第一項第四款之規定，非都市土地依法編定之農業用地或未規定地價者，徵收田賦；而都市土地「依法不能建築，仍作農業用地使用者」，亦同。依土地稅法規定，田賦之負擔，一般較地價稅為輕（土地稅法第二章、第三章參照；實務上田賦自七十六年第二期起停徵，見行政院七十六年八月二十日台七十六財字第一九三六五號函）。都市土地已規定地價者，原應改課徵地價稅，惟依法不能建築之都市土地，仍作農業用地使用者，收益有限，為減輕農民負擔，仍課徵田賦（立法院公報第六十五卷第七十一期第八頁、第十一頁、第十八頁；第六十五卷第九十五期第二十八頁；第六十六卷第四十四期第六頁、

第二十六頁；第六十六卷第五十一期第十九至二十頁；第七十五卷第四十五期第三十九頁參照）。

所謂「依法不能建築」，土地稅法及平均地權條例未明定其意義，亦未明確授權主管機關以命令為補充之規定。而依建築法第四十四條規定：「直轄市、縣（市）（局）政府應視當地實際情形，規定建築基地最小面積之寬度及深度；建築基地面積畸零狹小不合規定者，非與鄰接土地協議調整地形或合併使用，達到規定最小面積之寬度及深度，不得建築。」故建築基地面積畸零狹小不合規定之土地（即「畸零地」），如欲建築者，必須與鄰接土地協議合併使用，達到規定最小面積之寬度及深度後，始得為之。是畸零地在與鄰接土地合併使用前，依建築法規定既不得單獨建築，應屬上開土地稅法第二十二條第一項第四款及平均地權條例第二十二條第一項第四款「依法不能建築」之情形。而仍作農業用地使用之畸零地，在與鄰接土地合併使用前，既無法建築以獲取較高之土地收益，依土地稅法及平均地權條例上開規定之立法意旨，自應課徵田賦。財政部八十二年十二月十六日台財稅字第八二○五七○九○一號函明示：「不能單獨申請建築之畸零地，及非經整理不能建築之土地，應無土地稅法第二十二條第一項第四款課徵田賦規定之適用」；內政部九十三年四月十二日台內地字第○九三○○六九四五○號令訂定發布之「平均地權條例第二十二條有關依法限制建築、依法不能建築之界定作業原則」第四點規定：「畸零地因尚可協議合併建築，不得視為依法限制建築或依法不能建築之土地」。上開兩項命令，固為主管機關本於法定職權所發布，惟都市土地仍作農業用地使用之畸零地，因而無從適用土地稅法第二十二條第一項第四款及平均地權條例第二十二條第一項第四款之規定課徵田賦，逾越法律解釋之範圍，增加土地稅法及平均地權條例上開課徵田賦規定所無之要件，違反憲法第十九條租稅法律主義，其與本解釋意旨不符部分，應自本解釋公布之日起不再援用。

至於聲請人指稱財政部六十五年十月三十日台財稅字第三七二七八號（聲請書誤植為第三七三七八號）函釋亦有違憲疑義，並據以聲請解釋憲法部分，查聲請人並未具體指摘該號函釋如何侵害其受憲法所保障之權利，核與司法院大法官審理案件法第五條第一項第二款規定不符，依同條第三項規定，應不受理，併此指明。

釋字第六七五號解釋　（憲七，行政院金融重建基金設置及管理條例一、四、五，存保一、一五、一七，銀行六二，大法官審案五）　　九十九年四月九日公布

中華民國九十四年六月二十二日修正公布之行政院金融重建基金設置及管理條例第四

條第五項，關於「本條例修正施行後，主管機關或農業金融中央主管機關處理經營不善金融機構時，該金融機構非存款債務不予賠付」之規定，就非存款債務不予賠付部分，旨在增進行政院金融重建基金之使用效益，保障金融機構存款人權益及穩定金融信用秩序，其目的洵屬正當，該手段與立法目的之達成具有合理關聯性，與憲法第七條規定尚無牴觸。

解釋理由書

本件聲請人就最高法院九十七年度台上字第二二五二號民事判決（下稱確定終局判決）所適用之九十四年六月二十二日修正公布之行政院金融重建基金設置及管理條例第四條第五項規定（下稱系爭規定）有違憲疑義，聲請解釋。查確定終局判決認中華商業銀行（即被接管之金融機構）遭接管後，應暫停非存款債務之清償，係引用行政院金融監督管理委員會九十七年四月十六日金管銀（二）字第〇九七〇〇〇九五三一〇號函之說明，而該函亦係依據系爭規定，認為主管機關處理經營不善金融機構時，該金融機構非存款債務不予賠付。可見確定終局判決已援用系爭規定作為判決理由之基礎，應認系爭規定已為確定終局判決所適用，合先敘明。

憲法第七條規定，中華民國人民在法律上一律平等，其內涵並非指絕對、機械之形式上平等，而係保障人民在法律上地位之實質平等，立法機關基於憲法之價值體系及立法目的，自得斟酌規範事物性質之差異而為合理之區別對待（本院釋字第四八五號、第五九六號解釋參照）。

九十年七月九日制定公布之行政院金融重建基金設置及管理條例第五條第三項原規定：「中央存款保險公司依存款保險條例第十五條第一項、第十七條第二項前段規定辦理時，得申請運用本基金，全額賠付經營不善金融機構之存款及非存款債權⋯⋯。」此規定於九十四年六月二十二日修正公布為第四條第五項：「本條例修正施行後，主管機關或農業金融中央主管機關處理經營不善金融機構時，該金融機構非存款債務不予賠付。」將行政院金融重建基金（下稱重建基金）賠付債務之範圍，由原規定全額賠付經營不善金融機構之存款及非存款債務，改為僅就存款債務予以賠付，對上開條例於九十四年修正施行後發生之非存款債務不予賠付。系爭規定回歸存款保險制度，就存款及非存款債務是否予以賠付作差別待遇，旨在增進重建基金之使用效益，保障金融機構存款人權益及穩定金融信用秩序（存款保險條例第一條及行政院金融重建基金設置及管理條例第一條規定參照），其立法目的洵屬正當。

重建基金賠付之範圍究應限於存款債務，或尚應包括非存款債務，既涉及重建基金應

如何有效分配與運用之問題，立法機關自得斟酌國家財政狀況及維護金融市場秩序之必要性，而為適當之決定。況存款債務與非存款債務之法律性質究屬不同，且重建基金之設置，在於確保存款人對於金融機構之信心，以穩定金融信用秩序。立法機關考量重建基金規模有限，為減輕該重建基金之負擔，使重建基金之運用更有效率，系爭規定乃修正就非存款債務不予賠付，該手段與立法目的之達成具有合理關聯性，與憲法第七條規定尚無抵觸。

至於聲請人主張銀行法第六十二條關於主管機關接管經營不善之金融機構有侵害其財產權及契約自由之疑義，其並未具體敘明上開規定有如何侵害其受憲法所保障之權利；而聲請人就本院釋字第四八八號解釋聲請補充解釋部分，查本案原因案件之確定終局判決並未適用上開解釋，尚不得對之聲請本院補充解釋。是此部分聲請，核與司法院大法官審理案件法第五條第一項第二款規定不符，依同條第三項規定，均應不受理，併此指明。

釋字第六七六號解釋 　（憲一五、二三、一五五、一五七，憲增修一○，健保八、二一、二二、八六，健保施四一） 　　　　　　　九十九年四月三十日公布

中華民國八十四年八月二日修正發布之全民健康保險法施行細則第四十一條第一項第七款：「無一定雇主或自營作業而參加職業工會……者，按投保金額分級表第六級起申報。」及八十八年十一月十八日修正發布之同施行細則同條款：「無一定雇主或自營作業而參加職業工會者，按投保金額分級表第六級起申報。」之規定（九十一年十一月二十九日修正改列第四款），與憲法第十五條保障人民財產權、第二十三條法律保留原則，以及法律授權明確性原則，尚無牴觸。惟於被保險人實際所得未達第六級時，相關機關自應考量設立適當之機制，合理調降保險費，以符社會保險制度中量能負擔之公平性及照顧低所得者之互助性，落實國家推行全民健康保險之憲法意旨，上開規定應本此意旨檢討改進，併予指明。

　　解釋理由書

國家為謀社會福利，應實施社會保險制度；國家為增進民族健康，應普遍推行衛生保健事業及公醫制度，憲法第一百五十五條及第一百五十七條分別定有明文。又憲法增修條文第十條第五項前段規定，國家應推行全民健康保險。全民健康保險法（下稱全民健保法）採強制納保並課被保險人繳納保險費之公法上金錢給付義務，並對於不同所得者，收取不同保險費，以符量能負擔之公平性，為全民健康保險賴以維繫之基礎。

惟有關保險費之計算及額度決定方式之相關法令規定，涉及人民財產權之限制，自應遵守法律保留、授權明確性原則，迭經本院釋字第四七二號、第四七三號、第五二四號解釋在案。

全民健保法第八條將「無一定雇主或自營作業而參加職業工會者」，列屬第二類被保險人，該類人員申報投保金額之等級則依八十四年八月二日修正發布之全民健保法施行細則第四十一條第一項第七款：「無一定雇主或自營作業而參加職業工會……者，按投保金額分級表第六級起申報。」及八十八年十一月十八日修正發布之同施行細則同條款規定：「無一定雇主或自營作業而參加職業工會者，按投保金額分級表第六級起申報。」（下稱系爭規定，九十一年十一月二十九日修正改列第四款）按投保金額之等級，係保險費實際應負擔數額之重要因素，並決定保險費量能負擔之標準。且系爭規定之適用，關係政府財務公共利益，並涉及人民財產權之限制，自非純屬技術性或細節性事項，是原則上應以法律明定之。若立法機關以法律授權行政機關發布命令為補充規定時，其授權之內容、目的、範圍應具體明確，命令之內容並應符合母法授權意旨。至授權條款之明確程度，不應拘泥於法條所用之文字，而應由法律整體解釋認定，或依其整體規定所表明之關聯意義為判斷（本院釋字第四二六號、第五三八號解釋參照）。

全民健保法第八十六條規定：「本法施行細則，由主管機關擬訂，報行政院核定後發布之。」系爭規定之訂定，固係以此一規定為依據。惟從全民健保法整體規定所表明之關聯意義上，實係聯結母法第二十一條第一項規定：「第一類至第三類被保險人之投保金額，由主管機關擬訂分級表，報請行政院核定之。」（經九十年一月三十日修正公布，修正前原規定「第一類至第四類」）以及同法第二十二條第二項規定：「第一類及第二類被保險人為無固定所得者，其投保金額，由該被保險人依投保金額分級表所定數額自行申報，並由保險人查核；如申報不實，保險人得逕予調整。」（經九十年一月三十日修正公布，修正前原列第三項，規定相同）該等規定係以有效辦理全民健康保險為目的，而以類型化方式計算投保金額為內容與範圍，授權之意尚屬明確。依上開授權，主管機關乃以類型化方式訂定投保金額分級表，作為被保險人應負擔保險費之計算依據，而系爭規定鑒於被保險人均係於工作型態上具一定獨立性，工時勞務所得上有不特定性，衡酌行政效率及被保險人之所得狀況，指定投保金額分級表第六級為申報下限，尚難謂有違母法授權意旨致抵觸憲法第十五條保障人民財產權之規定。是系爭規定與憲法第十五條保障人民財產權、第二十三條法律保留原則，以及法律授權明確性原則，尚無抵觸。

全民健保法係以被保險人經常性所得為計算保險費之基礎，被保險人依所得高低承擔不同財務責任，於量能負擔下，形成兼具共同分擔健康風險與社會互助之安全保障制度，故個人投保金額等級之事先指定，應儘量與實際所得契合。然系爭規定所涉之被保險人職業種類不一，所得又經常隨社會或個人因素浮動，於其實際所得未達第六級時，仍應按第六級申報，造成該等本屬低所得之被保險人超額負擔保險費。是相關機關自應考量設立適當之機制，合理調降保險費，以符社會保險制度中量能負擔之公平性及照顧低所得者之互助性，落實國家推行全民健康保險之憲法意旨，系爭規定應本此意旨檢討改進，併予指明。

釋字第六七七號解釋　（憲八、二三，民總一二一，刑訴六五，監刑八三）

九十九年五月十四日公布

監獄行刑法第八十三條第一項關於執行期滿者，應於其刑期終了之次日午前釋放之規定部分，使受刑人於刑期執行期滿後，未經法定程序仍受拘禁，侵害其人身自由，有違正當法律程序，且所採取限制受刑人身體自由之手段亦非必要，牴觸憲法第八條及第二十三條之規定，與本解釋意旨不符部分，應自中華民國九十九年六月一日起失其效力。有關機關應儘速依本解釋意旨，就受刑人釋放事宜予以妥善規範。相關規定修正前，受刑人應於其刑期終了當日之午前釋放。

本件聲請人就上開監獄行刑法第八十三條第一項規定所為暫時處分之聲請部分，因本案業經作成解釋，無作成暫時處分之必要，應予駁回。

解釋理由書

憲法第八條第一項規定：「人民身體之自由應予保障。除現行犯之逮捕由法律另定外，非經司法或警察機關依法定程序，不得逮捕拘禁。非由法院依法定程序，不得審問處罰。非依法定程序之逮捕、拘禁、審問、處罰，得拒絕之。」本條規定之法定程序，係指凡限制人民身體自由之處置，不問其是否屬於刑事被告之身分，除須有法律之依據外，尚應分別踐行必要之司法程序或其他正當法律程序，並符合憲法第二十三條之規定，始得為之（本院釋字第三八四號、第五八八號解釋參照）。

監獄行刑法第八十三條第一項關於「執行期滿者，……應於其刑期終了之次日午前釋放」之規定部分（下稱系爭規定），考其立法之初所處時空背景，係認監獄於深夜時間作業困難，且過往監獄對外交通聯繫不便，亦難強令受刑人於深夜立即離去等情所為之權宜處置，乃於刑期執行期滿之次日上午辦公時間始行辦理釋放作業，以兼顧受刑

人釋放後之交通與人身安全（法務部九十九年三月二十五日法矯字第〇九九〇九〇〇九六二號函參照）。然依刑事訴訟法第六十五條：「期間之計算，依民法之規定。」本此意旨，有關刑期期間之計算應類推適用民法第一百二十一條第一項規定，以日、星期、月或年定期間者，以期間末日之終止，為期間之終止。刑期執行期滿，除另有合憲之法定事由外，受刑人即應予以釋放，始與憲法第八條保障人民身體自由之意旨無違。國家對於受刑人之刑罰權，於刑期執行期滿即已消滅。系爭規定以執行期滿者，應於其刑期終了之次日午前釋放，將使受刑人於刑期期滿後，仍拘束人民身體自由於特定處所，而與剝奪人民身體自由之刑罰無異，系爭規定未明確規範類似限制刑事被告人身自由所應踐行之正當法律程序，與憲法第八條規定之正當法律程序即屬有違。另系爭規定考量受刑人釋放後之交通與人身安全，延至刑期終了之次日午前始行釋放受刑人，目的固屬正當，惟所謂刑期執行期滿當日，就執行刑罰目的之達成，並不以執行至午夜二十四時為必要，是於期滿當日之午前釋放，既無違刑期執行期滿之意旨，亦無受刑人交通與人身安全之顧慮，足見系爭規定關於受刑人應於其刑期終了次日午前釋放部分，尚非必要，亦與憲法第二十三條所定比例原則之意旨有違。系爭規定與本解釋意旨不符部分，應自九十九年六月一日起失其效力。有關機關應儘速依本解釋意旨，就受刑人釋放事宜予以妥善規範。相關規定修正前，受刑人應於其刑期終了當日之午前釋放。

本件聲請人就系爭規定所為暫時處分之聲請部分，因本案業經作成解釋，無作成暫時處分之必要，應予駁回。

釋字第六七八號解釋　（憲一一、一五、二三，電信四八、四九、五八、六〇、六七，國家通訊傳播委員會組織法二，聯合國所屬國際電信聯合會之無線電規則一八，聯合國海洋法公約一〇九）　　　　　　　九十九年七月二日公布

電信法第四十八條第一項前段、第五十八條第二項及第六十條關於未經核准擅自使用無線電頻率者，應予處罰及沒收之規定部分，與憲法第二十三條之比例原則尚無牴觸，亦與憲法第十一條保障人民言論自由、第十五條保障人民財產權之意旨無違。

　　解釋理由書

憲法第十一條規定，人民之言論自由應予保障，鑒於言論自由具有實現自我、溝通意見、追求真理、滿足人民知的權利，形成公意，促進各種合理之政治及社會活動之功能，乃維持民主多元社會正常發展不可或缺之機制，國家應給予最大限度之保障（本

院釋字第五〇九號解釋參照)。前開規定所保障之言論自由,其內容尚包括通訊傳播自由之保障,亦即人民得使用無線電廣播、電視或其他通訊傳播網路等設施,以取得資訊及發表言論之自由(本院釋字第六一三號解釋參照)。惟憲法對言論自由及其傳播方式之保障,並非絕對,應依其特性而有不同之保護範疇及限制之準則,國家尚非不得於符合憲法第二十三條規定意旨之範圍內,制定法律為適當之限制(本院釋字第六一七號解釋參照)。

電信法第四十八條第一項前段規定:「無線電頻率、電功率、發射方式及電臺識別呼號等有關電波監理業務,由交通部統籌管理,非經交通部核准,不得使用或變更」(依國家通訊傳播委員會組織法第二條規定,電信法等有關通訊傳播之相關法規,其原屬交通部之職權而涉及國家通訊傳播委員會職掌者,自中華民國九十五年二月二十二日國家通訊傳播委員會成立之日起,其主管機關變更為該委員會)。電信法第五十八條第二項規定:「違反第四十八條第一項規定,未經核准擅自使用或變更無線電頻率者,處拘役或科或併科新臺幣二十萬元以下罰金。」同法第六十條復規定,犯第五十八條第二項之罪者,其電信器材,不問屬於犯人與否,沒收之。準此,人民使用無線電頻率,依電信法第四十八條第一項前段規定,應先經主管機關核准,如有違反,即依同法第五十八條第二項及第六十條規定科處拘役、罰金,併沒收其電信器材。

無線電波頻率屬於全體國民之公共資源,為避免無線電波頻率之使用互相干擾、確保頻率和諧使用之效率,以維護使用電波之秩序及公共資源,增進重要之公共利益,政府自應妥慎管理。立法機關衡酌上情,乃於電信法第四十八條第一項前段規定,人民使用無線電波頻率,採行事前許可制,其立法目的尚屬正當。上開規定固限制人民使用無線電波頻率之通訊傳播自由,惟為保障合法使用者之權益,防範發生妨害性干擾,並維護無線電波使用秩序及無線電通信安全(聯合國所屬國際電信聯合會──International Telecommunication Union 之無線電規則──Radio Regulations 第十八條,及聯合國海洋法公約──United Nations Convention on the Law of the Sea 第一百零九條參照)。兩相權衡,該條項規定之限制手段自有必要,且有助於上開目的之達成,與比例原則尚無抵觸,並無違憲法第十一條保障人民言論自由之意旨。

為貫徹電信法第四十八條第一項前段採行事前許可制,對未經核准而擅自使用無線電波頻率者,依同法第五十八條第二項規定處拘役或科或併科新臺幣二十萬元以下罰金,係立法者衡酌未經核准擅自使用無線電頻率之行為,違反證照制度,為維護無線電波使用秩序,俾澈底有效取締非法使用電波行為(立法院公報第八十八卷第三十七期第

二四八頁參照），認為採取行政罰之手段，不足以達成立法目的，乃規定以刑罰為管制手段，與憲法第二十三條之比例原則尚無牴觸。至電信法第六十條規定，對於犯同法第五十八條第二項之罪者，其使用之電信器材，不問屬於犯人與否沒收之，旨在防範取締之後，再以相同工具易地反覆非法使用，具有預防再犯之作用，且無線電臺發射電波頻率所使用之無線電發射機等電信管制射頻器材，係屬管制物品，不得任意持有、使用（同法第四十九條第一項、第六十七條第三項、第四項參照）。是上開第六十條有關違反第五十八條第二項之沒收規定，尚未逾越必要之程度，與憲法第二十三條之比例原則、第十五條人民財產權之保障，均無違背。

為保障憲法第十一條規定之言論自由，國家應對電波頻率之使用為公平合理之分配。鑒於無線電波通訊技術之研發進步迅速，主管機關並應依科技發展之情況，適時檢討相關管理規範，併此指明。

釋字第六七九號解釋　（憲八、二三，刑四一）　　九十九年七月十六日公布

本院院字第二七〇二號及釋字第一四四號解釋與憲法第二十三條尚無牴觸，無變更之必要。

解釋理由書

人民身體之自由應予保障，為憲法第八條所明定，以徒刑拘束人民身體之自由，乃遏止不法行為之不得已手段，如未逾越必要之程度者，即與憲法第二十三條規定之比例原則無違。易科罰金制度係將原屬自由刑之刑期，於為達成防止短期自由刑之流弊，並藉以緩和自由刑之嚴屬性時，得在一定法定要件下，更易為罰金刑之執行。而數罪併罰合併定應執行刑，旨在綜合斟酌犯罪行為之不法與罪責程度，及對犯罪行為人施以矯正之必要性，而決定所犯數罪最終具體應實現之刑罰，以符罪責相當之要求（本院釋字第六六二號解釋參照）。至若數罪併罰，於各宣告刑中，有得易科罰金者，亦有不得易科罰金者，於定應執行刑時，其原得易科罰金之罪，得否准予易科罰金，立法者自得於符合憲法意旨之範圍內裁量決定之。

本院院字第二七〇二號解釋認為得易科罰金之罪與不得易科罰金之罪，因併合處罰之結果，不得易科罰金，故於諭知判決時，無庸為易科折算標準之記載。本院釋字第一四四號解釋進而宣示「數罪併罰中之一罪，依刑法規定得易科罰金，若因與不得易科之他罪併合處罰結果而不得易科罰金時，原可易科部分所處之刑，自亦無庸為易科折算標準之記載。」係考量得易科罰金之罪與不得易科罰金之罪併合處罰，犯罪行為人因

不得易科罰金之罪,本有受自由刑矯正之必要,而對犯罪行為人施以自由刑較能達到矯正犯罪之目的,故而認為得易科罰金之罪,如與不得易科罰金之罪併合處罰時,不許其易科罰金。上開解釋旨在藉由自由刑之執行矯正犯罪,目的洵屬正當,亦未選擇非必要而較嚴厲之刑罰手段,與數罪併罰定應執行刑制度之本旨無違,亦與憲法第二十三條規定之比例原則尚無牴觸,並無變更之必要。

惟本院釋字第一四四號解釋乃針對不同機關對法律適用之疑義,闡明本院院字第二七〇二號解釋意旨,並非依據憲法原則,要求得易科罰金之罪與不得易科罰金之罪併合處罰時,即必然不得准予易科罰金。立法機關自得基於刑事政策之考量,針對得易科罰金之罪與不得易科罰金之罪併合處罰時,就得易科罰金之罪是否仍得准予易科罰金,於符合憲法意旨之範圍內裁量決定之。

另本院釋字第三六六號、第六六二號解釋乃法院宣告數罪併罰,且該數宣告刑均得易科罰金,而定應執行之刑逾六個月時,仍否准予得易科罰金之情形所為之解釋。如各罪中,有不得易科罰金者,即非上述二號解釋之範圍,而無上述二號解釋意旨之適用。至是否得依刑法第四十一條規定易服社會勞動,乃屬檢察官指揮刑事執行之職權範圍,均併此指明。

釋字第六八〇號解釋 　（懲私二、一一,大法官審案五）

九十九年七月三十日公布

懲治走私條例第二條第一項規定:「私運管制物品進口、出口逾公告數額者,處七年以下有期徒刑,得併科新臺幣三百萬元以下罰金。」第三項規定:「第一項所稱管制物品及其數額,由行政院公告之。」其所為授權之目的、內容及範圍尚欠明確,有違授權明確性及刑罰明確性原則,應自本解釋公布之日起,至遲於屆滿二年時,失其效力。

解釋理由書

本件聲請人認最高法院九十八年度台上字第三四一七號刑事判決及臺灣高等法院高雄分院九十七年度上訴字第二〇三二號刑事判決,所適用之懲治走私條例第二條第一項「私運管制物品進口、出口逾公告數額者,處七年以下有期徒刑,得併科新臺幣三百萬元以下罰金」之規定,有違憲疑義,向本院聲請解釋。因同條第三項規定:「第一項所稱管制物品及其數額,由行政院公告之。」該條第一項與第三項規定須相結合,始為一完整之刑罰規定,而併得為釋憲之客體,合先說明。

立法機關以委任立法之方式,授權行政機關發布命令,以為法律之補充,雖為憲法所

許，惟其授權之目的、內容及範圍應具體明確。至於授權條款之明確程度，則應與所授權訂定之法規命令對人民權利之影響相稱。刑罰法規關係人民生命、自由及財產權益至鉅，自應依循罪刑法定原則，以制定法律之方式規定之。法律授權主管機關發布命令為補充規定時，須自授權之法律規定中得預見其行為之可罰，其授權始為明確，方符刑罰明確性原則（本院釋字第五二二號解釋參照）。其由授權之母法整體觀察，已足使人民預見行為有受處罰之可能，即與得預見行為可罰之意旨無違，不以確信其行為之可罰為必要。

懲治走私條例第二條第一項所科處之刑罰，對人民之自由及財產權影響極為嚴重。然有關管制物品之項目及數額等犯罪構成要件內容，同條第三項則全部委由行政院公告之，既未規定為何種目的而為管制，亦未指明於公告管制物品項目及數額時應考量之因素，且授權之母法亦乏其他可據以推論相關事項之規定可稽，必須從行政院訂定公告之「管制物品項目及其數額」中，始能知悉可罰行為之內容，另縱由懲治走私條例整體觀察，亦無從預見私運何種物品達何等數額將因公告而有受處罰之可能，自屬授權不明確，而與上述憲法保障人民權利之意旨不符。鑑於懲治走私條例之修正，涉及國家安全、社會秩序及經貿政策等諸多因素，尚須經歷一定時程，該條例第二條第一項及第三項規定，應自本解釋公布之日起，至遲於屆滿二年時，失其效力。

本件聲請人認懲治走私條例第十一條規定及中華民國九十二年十月二十三日行政院修正公告之「管制物品項目及其數額」丙項違憲部分，僅係以個人見解質疑其合憲性，並未具體指摘上開規定有何牴觸憲法之處。此部分聲請核與司法院大法官審理案件法第五條第一項第二款規定不合，依同條第三項規定，應不受理。

釋字第六八一號解釋　（憲七、八、一六，刑訴四○五、四一五、四八四，刑七七、七八，監刑八一，保執七四之二、七四之三，肅清煙毒條例一六，大法官審案五）　　　　　　　　　　　　　　　　九十九年九月十日公布

最高行政法院中華民國九十三年二月份庭長法官聯席會議決議：「假釋之撤銷屬刑事裁判執行之一環，為廣義之司法行政處分，如有不服，其救濟程序，應依刑事訴訟法第四百八十四條之規定，即俟檢察官指揮執行該假釋撤銷後之殘餘徒刑時，再由受刑人或其法定代理人或配偶向當初諭知該刑事裁判之法院聲明異議，不得提起行政爭訟。」及刑事訴訟法第四百八十四條規定：「受刑人或其法定代理人或配偶以檢察官執行之指揮為不當者，得向諭知該裁判之法院聲明異議。」並未剝奪人民就撤銷假釋處分依法向

法院提起訴訟尋求救濟之機會，與憲法保障訴訟權之意旨尚無牴觸。惟受假釋人之假釋處分經撤銷者，依上開規定向法院聲明異議，須俟檢察官指揮執行殘餘刑期後，始得向法院提起救濟，對受假釋人訴訟權之保障尚非周全，相關機關應儘速予以檢討改進，俾使不服主管機關撤銷假釋之受假釋人，於入監執行殘餘刑期前，得適時向法院請求救濟。

解釋理由書

憲法第十六條保障人民訴訟權，係指人民於其權利遭受侵害時，有請求法院救濟之權利（本院釋字第四一八號解釋參照），不得因身分之不同而予以剝奪（本院釋字第二四三號、第三八二號、第四三〇號、第四六二號、第六五三號解釋參照）。至訴訟權之具體內容，應由立法機關制定合乎正當法律程序之相關法律，始得實現。而相關程序規範是否正當，除考量憲法有無特別規定及所涉基本權之種類外，尚須視案件涉及之事物領域、侵害基本權之強度與範圍、所欲追求之公共利益、有無替代程序及各項可能程序之成本等因素，綜合判斷而為認定（本院釋字第六三九號、第六六三號、第六六七號解釋參照）。

假釋制度之目的在使受徒刑執行而有悛悔實據並符合法定要件者，得停止徒刑之執行，以促使受刑人積極復歸社會（刑法第七十七條、監獄行刑法第八十一條參照）。假釋處分經主管機關作成後，受假釋人因此停止徒刑之執行而出獄，如復予以撤銷，再執行殘刑，非特直接涉及受假釋人之人身自由限制，對其因復歸社會而業已享有之各種權益，亦生重大影響。是主管機關所為之撤銷假釋決定，允宜遵循一定之正當程序，慎重從事。是對於撤銷假釋之決定，應賦予受假釋人得循一定之救濟程序，請求法院依正當法律程序公平審判，以獲適時有效救濟之機會，始與憲法保障人民訴訟權之意旨無違。

最高行政法院九十三年二月份庭長法官聯席會議決議：「假釋之撤銷屬刑事裁判執行之一環，為廣義之司法行政處分，如有不服，其救濟程序，應依刑事訴訟法第四百八十四條之規定，即俟檢察官指揮執行該假釋撤銷後之殘餘徒刑時，再由受刑人或其法定代理人或配偶向當初諭知該刑事裁判之法院聲明異議，不得提起行政爭訟。」刑事訴訟法第四百八十四條規定：「受刑人或其法定代理人或配偶以檢察官執行之指揮為不當者，得向諭知該裁判之法院聲明異議。」故受假釋人對於撤銷假釋執行殘刑如有不服，仍得依刑事訴訟法第四百八十四條規定，向當初諭知該刑事裁判之法院聲明異議，以求救濟。是上開最高行政法院決議及刑事訴訟法第四百八十四條規定並未剝奪人民依

法向法院提起訴訟尋求救濟之機會，與憲法保障訴訟權之意旨尚無牴觸。惟受假釋人之假釋處分經撤銷者，依刑事訴訟法第四百八十四條規定向法院聲明異議，須俟檢察官指揮執行殘餘刑期後，始得向法院提起救濟，對受假釋人訴訟權之保障尚非周全。相關機關應綜合考量相關因素，就該部分儘速予以檢討改進，俾使不服主管機關撤銷假釋之受假釋人，於入監執行殘餘刑期前，得適時向法院請求救濟。

末查聲請人之一認保安處分執行法第七十四條之二第一款、第二款及第七十四條之三第二項等規定違反刑法第七十八條及無罪推定原則，與憲法第八條保障人身自由及司法院釋字第三九二號解釋意旨不符；另一聲請人認刑事訴訟法第四百零五條、第四百十五條第二項及八十一年七月二十七日修正公布之肅清煙毒條例第十六條等規定違反訴訟程序從新原則，牴觸憲法第七條及第十六條規定，聲請解釋憲法部分，均係以個人主觀見解爭執法院認事用法之當否，並未具體指摘該等規定於客觀上究有何牴觸憲法之處，核與司法院大法官審理案件法第五條第一項第二款規定不合，依同條第三項規定，應不受理，併此指明。

釋字第六八二號解釋　　（憲七、一五、一八、二三、八六，專技考試二、三、九、一○、一一、一五、一九、二二，醫師一、三，專技考試施一○、一五，專門職業及技術人員考試總成績計算規則三，專門職業及技術人員特種考試中醫師考試規則九）　　　　　　　　　　　九十九年十一月十九日公布

中華民國九十年七月二十三日修正發布之專門職業及技術人員考試法施行細則第十五條第二項規定：「前項總成績滿六十分及格……者，若其應試科目有一科成績為零分、專業科目平均不滿五十分、特定科目未達規定最低分數者，均不予及格。」（九十七年五月十四日修正發布之現行施行細則第十條第二項規定亦同）、專門職業及技術人員考試總成績計算規則第三條第一項規定：「……採總成績滿六十分及格……者，其應試科目有一科成績為零分，或專業科目平均成績不滿五十分，或特定科目未達規定最低分數者，均不予及格；……」及九十年七月二十五日修正發布之專門職業及技術人員特種考試中醫師考試規則第九條第三項規定：「本考試應試科目有一科成績為零分或專業科目平均成績未滿五十分或專業科目中醫內科學成績未滿五十五分或其餘專業科目有一科成績未滿四十五分者，均不予及格。」尚未牴觸憲法第二十三條法律保留原則、比例原則及第七條平等權之保障，與憲法第十五條保障人民工作權及第十八條保障人民應考試權之意旨無違。

解釋理由書

人民之工作權受憲法第十五條所保障,其內涵包括選擇及執行職業之自由,以法律或法律明確授權之命令對職業自由所為之限制是否合憲,因其內容之差異而有寬嚴不同之審查標準。憲法第八十六條第二款規定,專門職業人員之執業資格,應經考試院依法考選之。因此人民選擇從事專門職業之自由,根據憲法之規定,即受限制。憲法第十八條對人民應考試權之規定,除保障人民參加考試取得公務人員任用資格之權利外,亦包含人民參加考試取得專門職業及技術人員執業資格之權利,以符憲法保障人民工作權之意旨。又為實踐憲法保障人民應考試權之意旨,國家須設有客觀公平之考試制度,並確保整體考試結果之公正。對於參加考試資格或考試方法之規定,性質上如屬應考試權及工作權之限制,自應符合法律保留原則、比例原則及平等權保障等憲法原則。惟憲法設考試院賦予考試權,由總統提名、經立法院同意而任命之考試委員,以合議之方式獨立行使,旨在建立公平公正之考試制度;就專門職業人員考試而言,即在確保相關考試及格者具有執業所需之知識與能力,故考試主管機關有關考試資格及方法之規定,涉及考試之專業判斷者,應給予適度之尊重,始符憲法五權分治彼此相維之精神。

依醫師法第一條規定,中華民國人民經醫師考試及格並依該法領有醫師證書者,得充醫師。又依專門職業及技術人員考試法第二條規定,該法所稱專門職業人員,係指依法規應經考試及格領有證書始能執業之人員。是立法者將中醫師列為專門職業人員,其執業資格應依相關法令規定取得(本院釋字第五四七號解釋參照)。專門職業及技術人員考試法第十五條規定:「專門職業及技術人員各種特種考試之考試規則,由考選部報請考試院定之(第一項)。前項考試規則應包括考試等級及其分類、分科之應考資格、應試科目(第二項)。」第十九條規定:「專門職業及技術人員考試得視等級或類科之不同,其及格方式採科別及格,總成績滿六十分及格或以錄取各類科全程到考人數一定比例為及格(第一項)。前項及格方式,由考選部報請考試院定之(第二項)。專門職業及技術人員考試總成績計算規則,由考選部報請考試院定之(第三項)。」專門職業人員考試之應試科目暨及格標準之決定,關係人民能否取得專門職業之執業資格,對人民職業自由及應考試權雖有限制,惟上開事項涉及考試專業之判斷,除由立法者直接予以規定外,尚非不得由考試機關基於法律授權以命令規定之。上開規定除規定專門職業人員考試得採「科別及格」、「總成績滿六十分及格」及「錄取該類科全程到考人數一定比例為及格」三種及格方式外,就各類專門職業人員考試應採之及格方式、

各種特種考試之考試規則（包括考試等級及其分類、分科之應考資格、應試科目）、總成績計算規則等，明文授權考試機關本其職權及專業判斷訂定發布補充規定。考其立法意旨，即在賦予考試機關依其專業針對各該專門職業人員考試之需要，決定適合之及格方式暨及格標準，以達鑑別應考人是否已具專門職業人員執業所需之知識及能力之目的。考試院依據上開法律規定之授權，於中華民國九十年七月二十三日修正發布之專門職業及技術人員考試法施行細則第十五條第二項規定：「前項總成績滿六十分及格……者，若其應試科目有一科成績為零分、專業科目平均不滿五十分、特定科目未達規定最低分數者，均不予及格。」（九十七年五月十四日修正發布之現行施行細則第十條第二項規定亦同）、專門職業及技術人員考試總成績計算規則第三條第一項規定：「……採總成績滿六十分及格……者，其應試科目有一科成績為零分，或專業科目平均成績不滿五十分，或特定科目未達規定最低分數者，均不予及格；……」，及於九十年七月二十五日修正發布之專門職業及技術人員特種考試中醫師考試規則第九條第三項規定：「本考試應試科目有一科成績為零分或專業科目平均成績未滿五十分或專業科目中醫內科學成績未滿五十五分或其餘專業科目有一科成績未滿四十五分者，均不予及格。」（以下併稱系爭規定）就中醫師特種考試所採「總成績滿六十分及格」之具體內容，明定尚包括應試科目不得有一科成績為零分、專業科目平均成績不得未滿五十分及特定科目應達最低分數之標準，尚未逾越上開法律授權範圍，與憲法第二十三條法律保留原則尚無牴觸。

國人依賴中醫診療之患者眾多，早年因中醫正規教育尚未普及，考試院為甄拔適格之中醫人才以供社會所需，依據當時考試法規定之授權，於五十一年二月二十三日發布特種考試中醫師考試規則、同年三月二十三日發布中醫師檢覈辦法，及於五十七年四月二日發布中醫師考試檢定考試規則，以應考人學經歷之不同定其應考資格，分別舉辦中醫師特種考試、檢覈考試及檢定考試，通過中醫師特種考試或檢覈考試者，始取得中醫師執業資格。嗣因社會變遷，大學或獨立學院之中醫學教育日漸普及，立法者雖選擇以大學或獨立學院之中醫學教育培養人才為中醫師之養成政策，仍於醫師法第三條第三項規定，經中醫師檢定考試及格者，得應中醫師特種考試，以保障非大學或獨立學院中醫學系畢業者、非醫學系、科畢業而修習中醫必要課程者或非醫學系選中醫學系雙主修畢業者，亦有參與考試以取得中醫師執業資格之機會，符合憲法第十八條保障人民應考試權之意旨。考試院即依此規定，依應考人是否經正式中醫學教育養成，而分別舉辦中醫師高等考試與中醫師特種考試兩類考試，並依專門職業及技術人

員考試法規定之授權，及基於專業之判斷依法定程序訂定系爭規定。其就中醫師特種考試及格方式所為之規定，乃為鑑別應考人是否具有取得中醫師執業資格之合理手段，與憲法第二十三條規定之比例原則尚無牴觸，亦未違反第十五條保障人民職業自由及第十八條保障人民應考試權之意旨。

憲法第七條保障人民平等權，旨在防止立法者恣意，並避免對人民為不合理之差別待遇。法規範是否符合平等權保障之要求，其判斷應取決於該法規範所以為差別待遇之目的是否合憲，其所採取之分類與規範目的之達成之間，是否存有一定程度之關聯性而定。相關機關以應考人學經歷作為分類考試之標準，並進而採取不同考試內容暨及格標準，雖與人民職業選擇自由之限制及應考試權密切關聯，惟因考試方法之決定涉及考選專業判斷，如該分類標準及所採手段與鑑別應考人知識能力之考試目的間具合理關聯，即與平等原則無違。按立法者於專門職業及技術人員考試法第三條規定，專門職業及技術人員考試分為高等考試、普通考試、初等考試三等，並得為適應特殊需要而舉行相當於上開三等之特種考試；同法第九條、第十條及第十一條所規定各該等級考試之應考資格，係與應考人之學歷及經歷結合，第二十二條並明定得視類科需要於錄取後施以訓練或學習，期滿成績及格者，始發給考試及格證書。究其意旨即係認專門職業人員固應由考選機關依法考選，考選機關所舉辦之考試亦應符合整體結果公平公正之要求，惟無論採筆試、口試、測驗、實地考試、審查著作或發明、審查知能有關學歷經歷證明等考試方法，就應考人之專業素養鑑別度均有其侷限。且專門職業人員執業能力及倫理素養概須藉由相當程度系統化之教育始能培養，難謂僅憑考試方式即得予以鑑別。是為確保考試及格者之專業素養能達一定之執業程度，立法者即於上開規定依應考人教育養成之不同，舉行不同考試，並視需要於錄取後施以實務訓練或學習，相互接軌配套，期以形成合理之專業人員考選制度。考試院依醫師法第三條規定及專門職業及技術人員考試法相關規定，將中醫師執業資格考試區分為高等考試與特種考試兩類，並因中醫師特種考試與高等考試兩類考試應考人所接受中醫學教育及訓練養成背景、基本學養等均有不同，為配合此一養成背景之差異，其考試規則有關及格方式、應試科目等之規定因而有所不同；且系爭專門職業及技術人員特種考試中醫師考試規則第九條第三項規定，就中醫師特考應考人之專業科目中醫內科學成績必須滿五十五分，其餘專業科目均須滿四十五分之及格要求，亦為考試主管機關依法定程序所為之專業判斷，與鑑別中醫師特考應考人是否具有中醫師執業所需之知識、技術與能力，有合理關聯性，並非考試主管機關之恣意選擇。是上開考試院發布之系

爭規定尚無違背憲法第七條保障人民平等權之意旨。

綜上所述，系爭規定與憲法第二十三條法律保留原則、比例原則及第七條平等權之保障尚無牴觸，亦無違背憲法第十五條保障人民工作權及第十八條保障人民應考試權之意旨。

釋字第六八三號解釋　（憲一五三、一五五，憲增修一〇，勞保一七，勞保施五七）　　　　　　　　　　　　　　　　九十九年十二月二十四日公布

中華民國八十五年九月十三日修正發布之勞工保險條例施行細則第五十七條規定：「被保險人或其受益人申請現金給付手續完備經審查應予發給者，保險人應於收到申請書之日起十日內發給之。」旨在促使勞工保險之保險人儘速完成勞工保險之現金給付，以保障被保險勞工或其受益人於保險事故發生後之生活，符合憲法保護勞工基本國策之本旨。

　　解釋理由書

憲法第一百五十三條第一項規定：「國家為改良勞工及農民之生活，增進其生產技能，應制定保護勞工及農民之法律，實施保護勞工及農民之政策。」第一百五十五條前段規定：「國家為謀社會福利，應實施社會保險制度。」而憲法增修條文第十條第八項亦要求國家應重視社會保險之社會福利工作。故國家就勞工因其生活及職業可能遭受之損害，應建立共同分擔風險之社會保險制度。為落實上開憲法委託，立法機關乃制定勞工保險條例，使勞工於保險事故發生時，能儘速獲得各項保險給付，以保障勞工生活，促進社會安全。

八十五年九月十三日修正發布之勞工保險條例施行細則第五十七條規定：「被保險人或其受益人申請現金給付手續完備經審查應予發給者，保險人應於收到申請書之日起十日內發給之。」旨在促使勞工保險之保險人儘速完成勞工保險之現金給付，以保障被保險勞工或其受益人於保險事故發生後之生活，符合勞工保險條例保障勞工生活之意旨，與憲法保護勞工基本國策之本旨無違。至於被保險勞工或其受益人，因可歸責於保險人之遲延給付而受有損害時，如何獲得救濟，立法者固有自由形成之權限，惟基於上開憲法保護勞工之本旨，立法者自應衡酌社會安全機制之演進，配合其他社會保險制度之發展，並參酌勞工保險條例第十七條已有滯納金及暫行拒絕保險給付之規定，就勞工在保險關係地位之改善，隨時檢討之，併此指明。

釋字第六八四號　　（憲一六）　　　　　　　一百年一月十七日公布

大學為實現研究學術及培育人才之教育目的或維持學校秩序，對學生所為行政處分或其他公權力措施，如侵害學生受教育權或其他基本權利，即使非屬退學或類此之處分，本於憲法第十六條有權利即有救濟之意旨，仍應許權利受侵害之學生提起行政爭訟，無特別限制之必要。在此範圍內，本院釋字第三八二號解釋應予變更。

解釋理由書

人民之訴願權及訴訟權為憲法第十六條所保障。人民於其權利遭受公權力侵害時，得循法定程序提起行政爭訟，俾其權利獲得適當之救濟（本院釋字第四一八號、第六六七號解釋參照），而此項救濟權利，不得僅因身分之不同而予以剝奪。

本院釋字第三八二號解釋就人民因學生身分受學校之處分得否提起行政爭訟之問題，認為應就其處分內容分別論斷，凡依有關學籍規則或懲處規定，對學生所為退學或類此之處分行為，足以改變其學生身分及損害其受教育之機會時，因已對人民憲法上受教育之權利有重大影響，即應為訴願法及行政訴訟法上之行政處分，而得提起行政爭訟。至於學生所受處分係為維持學校秩序、實現教育目的所必要，且未侵害其受教育之權利者（例如記過、申誡等處分），則除循學校內部申訴途徑謀求救濟外，尚無許其提起行政爭訟之餘地。惟大學為實現研究學術及培育人才之教育目的或維持學校秩序，對學生所為行政處分或其他公權力措施，如侵害學生受教育權或其他基本權利，即使非屬退學或類此之處分，本於憲法第十六條有權利即有救濟之意旨，仍應許權利受侵害之學生提起行政爭訟，無特別限制之必要。在此範圍內，本院釋字第三八二號解釋應予變更。

大學教學、研究及學生之學習自由均受憲法之保障，在法律規定範圍內享有自治之權（本院釋字第五六三號解釋參照）。為避免學術自由受國家不當干預，不僅行政監督應受相當之限制（本院釋字第三八〇號解釋參照），立法機關亦僅得在合理範圍內對大學事務加以規範（本院釋字第五六三號、第六二六號解釋參照），受理行政爭訟之機關審理大學學生提起行政爭訟事件，亦應本於維護大學自治之原則，對大學之專業判斷予以適度之尊重（本院釋字第四六二號解釋參照）。

另聲請人之一認行政訴訟法第四條第一項規定，違反憲法第十六條，且與司法院釋字第六五三號解釋意旨不符，聲請解釋憲法部分，係以個人主觀見解爭執法院認事用法之當否，並未具體指摘該規定於客觀上究有何抵觸憲法之處，核與司法院大法官審理

案件法第五條第一項第二款規定不合，依同條第三項規定，應不受理，併此指明。

釋字第六八五號解釋　（憲七、一五、一九、二三，營業稅二、三、一四～一六、一九、三二、三三、三五，營業稅施二九，稅徵四四）　一百年三月四日公布

財政部中華民國九十一年六月二十一日台財稅字第九一○四五三九○二號函，係闡釋營業人若自己銷售貨物，其銷售所得之代價亦由該營業人自行向買受人收取，即為該項營業行為之銷售貨物人；又行政法院（現改制為最高行政法院）八十七年七月份第一次庭長評事聯席會議決議，關於非交易對象之人是否已按其開立發票之金額報繳營業稅額，不影響銷售貨物或勞務之營業人補繳加值型營業稅之義務部分，均符合加值型及非加值型營業稅法（營業稅法於九十年七月九日修正公布名稱為加值型及非加值型營業稅法，以下簡稱營業稅法）第二條第一款、第三條第一項、第三十二條第一項前段之立法意旨，與憲法第十九條之租稅法律主義尚無牴觸。

七十九年一月二十四日修正公布之稅捐稽徵法第四十四條關於營利事業依法規定應給與他人憑證而未給與，應自他人取得憑證而未取得者，應就其未給與憑證、未取得憑證，經查明認定之總額，處百分之五罰鍰之規定，其處罰金額未設合理最高額之限制，而造成個案顯然過苛之處罰部分，逾越處罰之必要程度而違反憲法第二十三條之比例原則，與憲法第十五條保障人民財產權之意旨有違，應不予適用。

解釋理由書

一、財政部九十一年六月二十一日台財稅字第九一○四五三九○二號函，以及行政法院八十七年七月份第一次庭長評事聯席會議決議關於非交易對象之人是否已按其開立發票之金額報繳營業稅額，不影響銷售貨物或勞務之營業人補繳加值型營業稅之義務部分

憲法第十九條規定，人民有依法律納稅之義務，係指國家課人民以繳納稅捐之義務或給予人民減免稅捐之優惠時，應就租稅主體、租稅客體、租稅客體對租稅主體之歸屬、稅基、稅率、納稅方法及納稅期間等租稅構成要件，以法律定之。惟主管機關於職權範圍內適用之法律條文，本於法定職權就相關規定予以闡釋，如係秉持憲法原則及相關之立法意旨，遵守一般法律解釋方法為之，即與租稅法律主義無違（本院釋字第六○七號、第六二五號、第六三五號、第六六○號、第六七四號解釋參照）；最高行政法院以決議之方式表示法律見解者，亦同（本院釋字第六二○號、第六二二號解釋參照）。租稅義務之履行，首應依法認定租稅主體、租稅客體及租稅客體對租稅主體之歸屬，

始得論斷法定納稅義務人是否已依法納稅或違法漏稅。第三人固非不得依法以納稅義務人之名義，代為履行納稅義務，但除法律有特別規定外，不得以契約改變法律明定之納稅義務人之地位，而自為納稅義務人。因此非法定納稅義務人以自己名義向公庫繳納所謂「稅款」，僅生該筆「稅款」是否應依法退還之問題，但對法定納稅義務人而言，除法律有明文規定者外，並不因第三人將該筆「稅款」以該第三人名義解繳公庫，即可視同法定納稅義務人已履行其租稅義務，或法定納稅義務人之租稅義務得因而免除或消滅，換言之，公庫財政上之收支情形，或加值型營業稅事實上可能發生之追補效果，均不能改變法律明定之租稅主體、租稅客體及租稅客體對租稅主體之歸屬，而租稅義務之履行是否符合法律及憲法意旨，並非僅依公庫財政上之收支情形或特定稅制之事實效果進行審查，仍應就法定納稅義務人是否及如何履行其納稅義務之行為認定之，始符前揭租稅法律主義之本旨。

營業稅法第二條第一款規定：「營業稅之納稅義務人如左：一、銷售貨物或勞務之營業人。」同法第三條第一項規定：「將貨物之所有權移轉與他人，以取得代價者，為銷售貨物。」同法第三十二條第一項前段規定：「營業人銷售貨物或勞務，應依本法營業人開立銷售憑證時限表規定之時限，開立統一發票交付買受人。」是國家課人民以繳納營業稅之義務時，就營業稅之租稅主體、租稅客體、租稅客體對租稅主體之歸屬等租稅構成要件，以及營業稅納稅義務人（營業人）應開立銷售憑證等納稅義務人之協力義務，皆係以法律為明文之規定。

財政部九十一年六月二十一日台財稅字第九一○四五三九○二號函稱：「○○公司於合作店銷售之經營型態雖與於百貨公司設專櫃銷售之型態類似，且均以合約約定按銷售額之一定比率支付佣金，惟該公司於合作店銷售貨物所得之貨款，係由該公司自行收款，其交易性質應認屬該公司之銷貨，應由該公司依規定開立統一發票交付買受人。」（以下簡稱系爭財政部函釋）係闡釋營業人若自己銷售貨物，其銷售所得之代價亦由該營業人自行向買受人收取，即為該營業人「將貨物之所有權移轉與他人，以取得代價」，而屬該項營業行為之銷售貨物人，其合作店並未參與該營業人將貨物之所有權移轉與他人，以取得代價之營業行為，自非該項營業行為之銷售貨物人，依營業稅法第二條第一款、第三條第一項、第三十二條第一項前段之規定，應由銷售貨物之營業人開立統一發票，交付買受人。而財政部七十七年四月二日台財稅字第七六一一二六五五五號函（九十八年三月十九日廢止）所闡釋百貨公司採專櫃銷售貨物之經營型態，則係由百貨公司將專櫃貨物銷售買受人，向買受人收取價款，故為該百貨公司「將貨

物之所有權移轉與他人，以取得代價」，而非專櫃之貨物供應商銷售，依上開營業稅法之規定，自應以該百貨公司為營業人，開立統一發票，交付買受人。因兩者經營型態不同，其應由何人開立統一發票自應有所不同，系爭財政部函釋並未增加法律所未規定之租稅義務，與憲法第十九條之租稅法律主義及第七條之平等原則尚無抵觸。又該函釋既僅闡釋營業人若自己銷售貨物，且自行向買受人收款，應由該營業人依規定開立統一發票交付買受人，並未限制經營型態之選擇，自不生限制營業自由之問題。

加值型營業稅係對貨物或勞務在生產、提供或流通之各階段，就銷售金額扣抵進項金額後之餘額（即附加價值）所課徵之稅（本院釋字第三九七號解釋參照）。依營業稅法第十四條、第十五條、第十六條、第十九條、第三十三條及第三十五條規定，加值型營業稅採稅額相減法，並採按期申報銷售額及統一發票明細表暨依法申報進項稅額憑證，據以計算當期之應納或溢付營業稅額（本院釋字第六六○號解釋、同法施行細則第二十九條規定參照）。是我國現行加值型營業稅制，係就各個銷售階段之加值額分別予以課稅之多階段銷售稅，各銷售階段之營業人皆為營業稅之納稅義務人。行政法院八十七年七月份第一次庭長評事聯席會議決議，其中所稱：「我國現行加值型營業稅係就各個銷售階段之加值額分別予以課稅之多階段銷售稅，各銷售階段之營業人皆為營業稅之納稅義務人。故該非交易對象之人是否已按其開立發票之金額報繳營業稅額，並不影響本件營業人補繳營業稅之義務。」部分，乃依據我國採加值型營業稅制，各銷售階段之營業人皆為營業稅之納稅義務人之法制現況，敘明非交易對象，亦即非銷售相關貨物或勞務之營業人，依法本無就該相關銷售額開立統一發票或報繳營業稅額之義務，故其是否按已開立統一發票之金額報繳營業稅額，僅發生是否得依法請求返還之問題，既無從視同法定納稅義務人已履行其租稅義務，亦不發生法定納稅義務人之租稅義務因而免除或消滅之效果，自不影響法定納稅義務人依法補繳營業稅之義務，法定納稅義務人如未依法繳納營業稅者，自應依法補繳營業稅，核與營業稅法第二條第一款、第三條第一項、第三十二條第一項前段規定之意旨無違，符合一般法律解釋方法，並未增加法律所未規定之租稅義務，於憲法第十九條之租稅法律主義尚無違背。至對於應依法補繳營業稅款之納稅義務人，依營業稅法裁處漏稅罰時，除須納稅義務人之違法行為符合該法之處罰構成要件外，仍應符合行政罰法受處罰者須有故意、過失之規定，並按個案之情節，注意有無阻卻責任、阻卻違法以及減輕或免除處罰之事由，慎重審酌，乃屬當然。

二、七十九年一月二十四日修正公布之稅捐稽徵法第四十四條關於營利事業依法規定

應給與他人憑證而未給與，應自他人取得憑證而未取得者，應就其未給與憑證、未取得憑證，經查明認定之總額，處百分之五罰鍰之規定

七十九年一月二十四日修正公布之稅捐稽徵法第四十四條規定，營利事業依法規定應給與他人憑證而未給與，應自他人取得憑證而未取得者，應就其未給與憑證、未取得憑證，經查明認定之總額，處百分之五罰鍰（以下簡稱系爭規定），係為使營利事業據實給與、取得憑證，俾交易前後手稽徵資料臻於翔實，建立正確課稅憑證制度，以實現憲法第十九條之意旨（本院釋字第二五二號、第六四二號解釋參照），立法目的洵屬正當。

至於處以罰鍰之內容，於符合責罰相當之前提下，立法者得視違反行政法上義務者應受責難之程度，以及維護公共利益之重要性與急迫性等，而有其形成之空間（本院釋字第六四一號解釋參照）。系爭規定以經查明認定未給與憑證或未取得憑證之總額之固定比例為罰鍰計算方式，固已考量違反協力義務之情節而異其處罰程度，惟如此劃一之處罰方式，於特殊個案情形，難免無法兼顧其實質正義，尤其罰鍰金額有無限擴大之虞，可能造成個案顯然過苛之處罰，致有嚴重侵害人民財產權之不當後果。依統計，九十五年至九十七年間，營利事業依稅捐稽徵法第四十四條處罰之罰鍰金額合計為新臺幣二十四億八千萬餘元，其中處罰金額逾新臺幣一百萬元案件之合計處罰金額，約占總處罰金額之百分之九十（參閱立法院公報第九十八卷第七十五期第三二六頁、第三二七頁），稅捐稽徵法第四十四條因而於九十九年一月六日修正公布增訂第二項規定：「前項之處罰金額最高不得超過新臺幣一百萬元。」已設有最高額之限制。系爭規定之處罰金額未設合理最高額之限制，而造成個案顯然過苛之處罰部分，逾越處罰之必要程度而違反憲法第二十三條之比例原則，與憲法第十五條保障人民財產權之意旨有違，應不予適用。

三、不受理部分

本件中三聲請人指稱財政部賦稅署（最高行政法院九十六年度判字第八五一號、臺北高等行政法院九十八年度訴字第一三八號判決及該三聲請人之聲請書均誤載為財政部）九十二年一月二十八日台稅二發字第九二〇四五〇七六一號函有違憲疑義，聲請解釋憲法部分，查該函係財政部賦稅署就個案事實對同部臺北市國稅局所為之函覆，非屬司法院大法官審理案件法第五條第一項第二款所稱之命令，自不得作為聲請解釋之客體；又該三聲請人主張行政法院八十七年七月份第一次庭長評事聯席會議決議其餘部分違憲聲請解釋部分，查上開決議其餘部分並未經該三聲請人據以聲請解釋之確

定終局判決所適用，亦不得以之為聲請解釋之客體。其中一聲請人復聲請補充解釋本院釋字第六六〇號解釋部分，該聲請人並未具體指明上開解釋有何文字晦澀或論證不周而有補充之必要，其補充解釋之聲請難謂有正當理由，並無受理補充解釋之必要。是前述部分之聲請，均核與司法院大法官審理案件法第五條第一項第二款規定不合，依同條第三項規定，應不受理，併此指明。

釋字第六八六號解釋　（憲七、一六，行訴二七三）一百年三月二十五日公布

本院就人民聲請解釋之案件作成解釋公布前，原聲請人以外之人以同一法令牴觸憲法疑義聲請解釋，雖未合併辦理，但其聲請經本院大法官決議認定符合法定要件者，其據以聲請之案件，亦可適用本院釋字第一七七號解釋所稱「本院依人民聲請所為之解釋，對聲請人據以聲請之案件，亦有效力」。本院釋字第一九三號解釋應予補充。

　　解釋理由書

關於本院大法官解釋憲法對於個案之效力，本院釋字第一七七號解釋：「本院依人民聲請所為之解釋，對聲請人據以聲請之案件，亦有效力」，旨在使聲請人聲請解釋憲法之結果，於聲請人有利者，得依法定程序請求救濟。又依本院釋字第一九三號解釋意旨，如同一聲請人有數案發生同一法令牴觸憲法疑義，於解釋公布前已先後提出聲請解釋，雖未經本院合併辦理，但其聲請符合法定要件者，其據以聲請之案件，亦可適用上開釋字第一七七號解釋，而為解釋效力所及。惟於本院就人民聲請解釋之案件作成解釋公布前，不同聲請人以同一法令牴觸憲法疑義聲請解釋，而未經合併辦理者，如其聲請符合法定要件者，其據以聲請之案件，是否亦可適用上開釋字第一七七號解釋，本院釋字第一九三號解釋尚未明確闡示，自有補充解釋之必要。

為貫徹上述釋字第一七七號及第一九三號解釋使聲請人得依法定程序請求救濟之意旨，且基於平等原則，對均於解釋公布前提出聲請且符合法定要件之各聲請人，不應予以差別待遇，故本院就人民聲請解釋之案件作成解釋公布前，原聲請人以外之人以同一法令牴觸憲法疑義聲請解釋，雖未合併辦理，但其聲請經本院大法官決議認定符合法定要件者，其據以聲請之案件，亦可適用本院釋字第一七七號解釋所稱「本院依人民聲請所為之解釋，對聲請人據以聲請之案件，亦有效力」。本院釋字第一九三號解釋應予補充。

另行政訴訟法第二百七十三條第二項之規定，係依本院釋字第一七七號、第一八五號解釋意旨所為之具體規定，同一聲請人以同一法令牴觸憲法疑義而聲請解釋之各案件，

固得依本院釋字第一九三號解釋意旨加以適用。即不同聲請人以同一法令牴觸憲法疑義而於解釋公布前聲請解釋,且符合聲請法定要件之各案件,自亦有本號解釋之適用而得提起再審之訴請求救濟。

釋字第六八七號解釋 （憲七,稅徵四一、四七） 一百年五月二十七日公布

中華民國六十五年十月二十二日制定公布之稅捐稽徵法第四十七條第一款規定:「本法關於納稅義務人……應處徒刑之規定,於左列之人適用之: 一、公司法規定之公司負責人。」(即九十八年五月二十七日修正公布之同條第一項第一款)係使公司負責人因自己之刑事違法且有責之行為,承擔刑事責任,與無責任即無處罰之憲法原則並無牴觸。至「應處徒刑之規定」部分,有違憲法第七條之平等原則,應自本解釋公布日起,至遲於屆滿一年時,失其效力。

解釋理由書

基於無責任即無處罰之憲法原則,人民僅因自己之刑事違法且有責行為而受刑事處罰,法律不得規定人民為他人之刑事違法行為承擔刑事責任。又憲法第七條規定平等原則,旨在防止立法者恣意對人民為不合理之差別待遇。如對相同事物,為無正當理由之差別待遇,即與憲法第七條之平等原則有違。

六十五年十月二十二日制定公布之稅捐稽徵法第四十七條第一款規定:「本法關於納稅義務人……應處徒刑之規定,於左列之人適用之: 一、公司法規定之公司負責人。」(九十八年五月二十七日增訂第二項,原條文移列為第一項,並修正「左列」為「下列」;下稱系爭規定)所稱「本法關於納稅義務人……應處徒刑之規定」,經查立法紀錄,係指同法第四十一條行政院原草案之規定「納稅義務人故意以詐欺或其他不正當方法逃漏稅捐者,處六月以上五年以下有期徒刑」。立法院審議時認為「按逃漏稅捐行為,就其犯罪情狀言,多與刑法第三三九條第二項之詐欺罪及第二一○條、第二一四條偽造文書罪相當。茲參照各該條所定刑度,規定最重本刑為五年以下有期徒刑,並得科處拘役、罰金。俾法院得就逃漏稅捐行為之一切情狀,注意刑法第五十七條所定各事項,加以審酌,從而量定適當之刑,以免失之過嚴,而期妥適」,乃將上開行政院原草案法定刑修正為「處五年以下有期徒刑、拘役或科或併科一千元以下罰金」(立法院公報第六十五卷第六十六期第四頁至第五頁、同卷第七十九期第八五頁至第八六頁及同卷第八十二期第一一頁參照;其中罰金部分於七十九年一月二十四日修正公布為新臺幣六萬元以下罰金),惟系爭規定並未隨之更改文字,所謂「應處徒刑之規定」,即限於「處

五年以下有期徒刑」。

依據系爭規定，公司負責人如故意指示、參與實施或未防止逃漏稅捐之行為，應受刑事處罰。故系爭規定係使公司負責人因自己之刑事違法且有責之行為，承擔刑事責任，並未使公司負責人為他人之刑事違法且有責行為而受刑事處罰，與無責任即無處罰之憲法原則並無牴觸。

又公司負責人有故意指示、參與實施或未防止逃漏稅捐之行為，造成公司短漏稅捐之結果時，系爭規定對公司負責人施以刑事制裁，旨在維護租稅公平及確保公庫收入。查依系爭規定處罰公司負責人時，其具體構成要件行為及法定刑，均規定於上開稅捐稽徵法第四十一條。該規定所處罰之對象，為以詐術或其他不正當方法逃漏稅捐之行為，所設定之法定刑種類包括有期徒刑、拘役及罰金，係立法者對於故意不實申報稅捐導致稅捐短漏之行為，所為刑事不法之評價。系爭規定既根據同一逃漏稅捐之構成要件行為，處罰公司負責人，竟另限定僅適用有期徒刑之規定部分，係對同一逃漏稅捐之構成要件行為，為差別之不法評價。故系爭規定「應處徒刑之規定」部分，係無正當理由以設定較為嚴屬之法定刑為差別待遇，有違憲法第七條之平等原則，應自本解釋公布日起，至遲於屆滿一年時，失其效力。

聲請人併聲請解釋六十五年十月二十二日制定公布之稅捐稽徵法第四十七條第二款至第四款規定部分，依聲請意旨所述，上開條款並非本件原因案件應適用之規定；另聲請解釋之最高法院六十九年台上字第三〇六八號、七十三年台上字第五〇三八號判例部分，因判例乃該院為統一法令上之見解，所表示之法律見解，與法律尚有不同，非屬法官得聲請解釋之客體。上開二聲請解釋部分，均核與本院釋字第三七一號及第五七二號解釋所定之聲請解釋要件有所不合，應不予受理，併此敘明。

釋字第六八八號解釋　　（憲七、一五、二三，營業稅三二、三五）

一百年六月十日公布

加值型及非加值型營業稅法（下稱營業稅法）之營業人開立銷售憑證時限表，有關包作業之開立憑證時限規定為「依其工程合約所載每期應收價款時為限」，尚無悖於憲法第七條平等原則及第二十三條比例原則，而與第十五條保障人民財產權及營業自由之意旨無違。惟營業人開立銷售憑證之時限早於實際收款時，倘嗣後買受人因陷於無資力或其他事由，致營業人無從將已繳納之營業稅，轉嫁予買受人負擔，此際營業稅法對營業人已繳納但無從轉嫁之營業稅，宜為適當處理，以符合營業稅係屬消費稅之立

法意旨暨體系正義。主管機關應依本解釋意旨就營業稅法相關規定儘速檢討改進。

解釋理由書

憲法第七條保障人民平等權，旨在防止立法者恣意，避免對人民為不合理之差別待遇。法規範是否符合平等權保障之要求，其判斷應取決於該法規範所以為差別待遇之目的是否合憲，其所採取之分類與規範目的之達成之間，是否存有一定程度之關聯性而定（本院釋字第六八二號解釋參照）。有關稅捐稽徵協力義務課予之相關事項，因涉及稽徵技術之專業考量，如立法機關係出於正當目的所為之合理區別，而非恣意為之，司法審查即應予以尊重。又營業人何時應開立銷售憑證之時限規定，為前開協力義務之具體落實，雖關係營業人營業稅額之申報及繳納，而影響其憲法第十五條保障之財產權與營業自由，惟如係為正當公益目的所採之合理手段，即與憲法第十五條及第二十三條之意旨無違。

營業稅法對於營業稅之課徵係採加值型營業稅及累積型轉手稅合併立法制，前者依營業稅法第四章第一節規定，係按營業人進、銷項稅額之差額課稅；後者依同法第四章第二節規定，係按營業人銷售總額課徵營業稅（本院釋字第三九七號解釋參照）。營業人原則上須以每二月為一期，按期申報銷售額、應納或溢付營業稅額（營業稅法第三十五條參照）。為使營業人之銷售事實及銷售額等，有適時、適當之證明方法，營業稅法第三十二條乃對營業人課以依法定期日開立銷售憑證之協力義務，規定營業人銷售貨物或勞務，應依同法所定營業人開立銷售憑證時限表（下稱時限表）規定之時限，開立統一發票交付買受人。

時限表明文規範營業人應履行憑證義務之時點，並依營業人所屬不同行業別，定有不同之開立銷售憑證時限。其中銷售貨物之營業人，如買賣業、製造業、手工業等，時限表原則上將其銷售憑證開立時限定於發貨時；銷售勞務之營業人，如勞務承攬業、倉庫業、租賃業等，時限表原則上將其開立銷售憑證時限定於收款時。至包作業之營業人開立銷售憑證，時限表則定於「依其工程合約所載每期應收價款時為限」。

時限表所定之包作業，即「凡承包土木建築工程、水電煤氣裝置工程及建築物之油漆粉刷工程，而以自備之材料或由出包人作價供售材料施工者之營業。包括營造業、建築業、土木包作業、路面鋪設業、鑿井業、水電工程業、油漆承包業等」。其營業人既自備材料又出工施作，同時兼具銷售貨物及勞務之性質，與單純銷售貨物或勞務之營業人不同。其備料銷售部分即近似銷售貨物之營業人，但另方面，按包作業一般之交易習慣，合約常以完成特定施作進度作為收取部分價款之條件，如僅因其有銷售貨物

性質，即要求其比照銷售貨物營業人於發貨時開立銷售憑證，產生銷項稅額，則包作業營業人負擔過重。又因其雖有銷售勞務性質，但雙方既屬分期給付，通常已可排除價款完全未獲履行之風險，是時限表就包作業之開立憑證時限乃折衷定為「依其工程合約所載每期應收價款時為限」，俾使營業人及稽徵機關有明確客觀之期日可稽。準此，系爭時限規定係為促進稽徵效率與確立國家稅捐債權之公益目的，考量包作業之特性與交易習慣所為與銷售勞務者之不同規定，且該差別待遇與目的間具有合理關聯，尚非屬恣意為之；又所採之手段，係為確保營業稅之稽徵，有適時之證明方法可稽，對包作業之營業人難謂因系爭時限規定而對其財產權及營業自由構成過度負擔。是系爭時限規定尚無悖於憲法第七條平等原則及第二十三條比例原則，而與第十五條保障人民財產權及營業自由之意旨無違。

依營業稅之制度精神，營業稅係對買受貨物或勞務之人，藉由消費所表彰之租稅負擔能力課徵之稅捐，稽徵技術上雖以營業人為納稅義務人，但經由後續之交易轉嫁於最終之買受人，亦即由消費者負擔。是以營業人轉嫁營業稅額之權益應予適當保護，以符合營業稅係屬消費稅之立法意旨暨體系正義。為確保營業稅稽徵之正確及效率，雖非不得按營業別之特性，將營業人銷售憑證開立之時限，定於收款之前。惟營業人於收款前已依法開立銷售憑證、申報並繳納之銷項稅額，嗣後可能因買受人陷於無資力或其他事由，而未給付價款致無從轉嫁。此固不影響納稅義務人於實際收款前，即應開立銷售憑證及報繳營業稅之合憲性。然對於營業人因有正當之理由而無從轉嫁予買受人負擔之稅額，營業稅法仍宜有適當之處理，例如於適當要件與程序下，允許營業人雖不解除契約辦理銷貨退回，亦可請求退還營業人已納稅額或允其留抵應納稅額等。就此主管機關應儘速對營業稅法相關規定予以檢討改進。

釋字第六八九號解釋　　（憲一一、一五、二二、二三，大法官審案五、一三，社維五五、八九，民一八、一九五，電腦處理個人資料保護法二八，違警罰法七七）

一百年七月二十九日公布

社會秩序維護法第八十九條第二款規定，旨在保護個人之行動自由、免於身心傷害之身體權、及於公共場域中得合理期待不受侵擾之自由與個人資料自主權，而處罰無正當理由，且經勸阻後仍繼續跟追之行為，與法律明確性原則尚無牴觸。新聞採訪者於有事實足認特定事件屬大眾所關切並具一定公益性之事務，而具有新聞價值，如須以跟追方式進行採訪，其跟追倘依社會通念認非不能容忍者，即具正當理由，而不在首

開規定處罰之列。於此範圍內，首開規定縱有限制新聞採訪行為，其限制並未過當而符合比例原則，與憲法第十一條保障新聞採訪自由及第十五條保障人民工作權之意旨尚無牴觸。又系爭規定以警察機關為裁罰機關，亦難謂與正當法律程序原則有違。

解釋理由書

本件係因王煒博認臺灣臺北地方法院九十七年度北秩聲字第一六號裁定所適用之社會秩序維護法第八十九條第二款規定（以下簡稱系爭規定）有違憲疑義，聲請解釋憲法，經大法官議決應予受理，並依司法院大法官審理案件法第十三條第一項規定，通知聲請人及訴訟代理人、關係機關內政部指派代表及訴訟代理人，於中華民國一○○年六月十六日在憲法法庭行言詞辯論，並邀請鑑定人到庭陳述意見。

本件聲請人主張系爭規定違反法律明確性原則、比例原則及正當法律程序原則，侵害人民受憲法所保障之新聞自由及工作權，其理由略謂：一、新聞記者得自由蒐集、採訪並查證新聞資料之權利，為憲法第十一條所保障：㈠依據憲法第十一條所謂之「出版」自由，參以司法院釋字第六一三號解釋意旨，新聞自由應為憲法第十一條所保障之基本權利。㈡新聞之產生流程，包括採訪行為及其後之編輯、報導行為，新聞自由之保障範圍應及於為蒐集查證資訊來源所必須進行之採訪行為，否則將形同架空憲法保障新聞自由之意旨。㈢應受新聞自由保障之新聞，除政治、經濟相關資訊以外，娛樂新聞亦在保障範圍內，故蒐集查證娛樂新聞資訊之採訪行為，亦應受新聞自由所保障。㈣凡從事新聞工作之每個個人，無論其在新聞產生過程之分工為何，均應為新聞自由所保障之主體，又因現代化新聞經營多採企業組織方式為之，該組織亦享有新聞自由之保障。二、系爭規定所限制者，包括新聞記者之採訪自由及工作權：㈠新聞記者持續近距離接觸新聞事件之被採訪者，以便觀察、拍攝或訪問，乃新聞採訪所必要之行為，而系爭規定所禁止之跟追他人行為，即對新聞採訪自由形成限制。㈡系爭規定限制新聞記者之採訪行為，因而同時涉及新聞從業人員之工作權限制。三、系爭規定違反法律明確性原則：㈠依系爭規定立法說明，無法具體得知系爭規定所欲保護之法益究為他人之行動自由、人身安全、抑或免於恐懼之自由，其規範目的是否為一般人民所能理解，不無疑問。㈡系爭規定之行為規範要件包括「跟追他人」、「經勸阻不聽」及「無正當理由」，雖以跟追他人為中心，然系爭規定未言明須由何人以何種方式勸阻，以及如何情況下始可勸阻，且所謂正當理由之有無，須透過利益衡量判斷，惟系爭規定所欲保護之法益模糊不清，則受規範之一般人民顯然難以預見須受規範處罰之跟追行為為何，其違反法律明確性原則甚明。四、系爭規定違反比例原則：㈠於本

件聲請，系爭規定所干預者，至少包括新聞採訪自由。(二)縱認系爭規定所欲保護者，係被跟追者之行動自由、人身安全或隱私，其所採取手段未將對於新聞採訪自由之干預效果降至最小，例如區分跟追手段是否具備高度攻擊性或侵入性，而限縮處罰要件，形成過度侵害新聞採訪自由，而與比例原則有違。五、系爭規定違反正當法律程序原則：與外國立法例相較，系爭規定有關裁罰之規定，係循行政程序而非司法程序進行，並將衡量採訪自由與被跟追者權益之責全然委諸警察機關判斷，程序保障顯有不足，難謂符合正當法律程序原則等語。

關係機關內政部略稱：一、聲請人主張基於新聞採訪之理由而跟追他人，不應受系爭規定所規範云云，係爭執系爭規定於該個案之解釋適用，並非系爭規定是否牴觸憲法之疑義，與司法院大法官審理案件法第五條第一項第二款規定不合，應不予受理。二、系爭規定符合比例原則：(一)依立法理由可知，系爭規定所保護之法益為個人之隱私及人格權、行動自由與決定自由權等，應受憲法第二十二條所保障，且依世界人權宣言、公民與政治權利國際公約及歐洲人權公約規定，私人生活領域有不受他人任意干涉之權利，國家負有積極的保護義務，應提供法律保護，以免個人之私人生活領域遭受不當干涉，是系爭規定之目的殊屬正當。(二)系爭規定所處罰之跟追，係故意或惡意對被跟追人重複緊追不捨之行為，形成被跟追人恐懼、不安；各國對於惡意跟追行為，若侵犯他人之基本權利，嚴重干擾被跟追人之生活作息，或對身體、生命法益形成威脅者，多以刑罰手段加以制裁，相對而言，系爭規定處以申誡或新臺幣三千元以下之行政罰鍰，可認對隱私權之保護密度較為寬鬆，而提供個人隱私權最基本之保障，既符合刑罰謙抑原則，亦未逾越必要性及適當性之要求，而與比例原則無違。三、系爭規定仍應適用於新聞記者之採訪行為，並採合憲性解釋方式，而非全面排除適用，以保護他人自由權利：(一)新聞自由係一制度性基本權利，乃為保障新聞媒體自主獨立，免於政府干預，以發揮監督政府之功能，而與為維護人性尊嚴所設之其他人民基本權利有所不同。(二)新聞媒體雖享有新聞自由，其為蒐集、查證新聞資料而採跟追方式進行採訪，雖在所難免，惟若因此侵害他人權利行使，仍應受必要之限制。(三)新聞採訪之自由雖以真實報導為目的，但其手段方法仍應合法正當，本於誠信原則為之。系爭規定適用於新聞採訪行為侵害他人隱私，僅於以下情形，新聞記者得主張免責：1.被跟追人明示或默示的同意；2.被跟追人於公共場所參與社會公共活動。(四)新聞採訪自由與隱私權界限之判斷標準，主要應以事件公共性為區分界限，並參酌美國聯邦最高法院之見解，以下列因素為基準：1.新聞價值之有無；2.區分公眾人物與公共事務之關

聯度，而採寬嚴不同的審查基準，關聯度愈高，隱私權保障愈為限縮； 3.是否具有正當公共關切等語。

本院斟酌全辯論意旨，作成本解釋，理由如下：

基於人性尊嚴之理念，個人主體性及人格之自由發展，應受憲法保障（本院釋字第六○三號解釋參照）。為維護個人主體性及人格自由發展，除憲法已保障之各項自由外，於不妨害社會秩序公共利益之前提下，人民依其意志作為或不作為之一般行為自由，亦受憲法第二十二條所保障。人民隨時任意前往他方或停留一定處所之行動自由（本院釋字第五三五號解釋參照），自在一般行為自由保障範圍之內。惟此一行動自由之保障並非絕對，如為防止妨礙他人自由，維護社會秩序所必要，尚非不得以法律或法律明確授權之命令予以適當之限制。而為確保新聞媒體能提供具新聞價值之多元資訊，促進資訊充分流通，滿足人民知的權利，形成公共意見與達成公共監督，以維持民主多元社會正常發展，新聞自由乃不可或缺之機制，應受憲法第十一條所保障。新聞採訪行為則為提供新聞報導內容所不可或缺之資訊蒐集、查證行為，自應為新聞自由所保障之範疇。又新聞自由所保障之新聞採訪自由並非僅保障隸屬於新聞機構之新聞記者之採訪行為，亦保障一般人為提供具新聞價值之資訊於眾，或為促進公共事務討論以監督政府，而從事之新聞採訪行為。惟新聞採訪自由亦非絕對，國家於不違反憲法第二十三條之範圍內，自得以法律或法律明確授權之命令予以適當之限制。

社會秩序維護法第八十九條第二款規定，無正當理由，跟追他人，經勸阻不聽者，處新臺幣三千元以下罰鍰或申誡（即系爭規定）。依系爭規定之文字及立法過程，可知其係參考違警罰法第七十七條第一款規定（三十二年九月三日國民政府公布，同年十月一日施行，八十年六月二十九日廢止）而制定，旨在禁止跟追他人之後，或盯梢婦女等行為，以保護個人之行動自由。此外，系爭規定亦寓有保護個人身心安全、個人資料自主及於公共場域中不受侵擾之自由。

系爭規定所保護者，為人民免於身心傷害之身體權、行動自由、生活私密領域不受侵擾之自由、個人資料之自主權。其中生活私密領域不受侵擾之自由及個人資料之自主權，屬憲法所保障之權利，迭經本院解釋在案（本院釋字第五八五號、第六○三號解釋參照）；免於身心傷害之身體權亦與上開闡釋之一般行為自由相同，雖非憲法明文列舉之自由權利，惟基於人性尊嚴理念，維護個人主體性及人格自由發展，亦屬憲法第二十二條所保障之基本權利。對個人前述自由權利之保護，並不因其身處公共場域，而失其必要性。在公共場域中，人人皆有受憲法保障之行動自由。惟在參與社會生活

時，個人之行動自由，難免受他人行動自由之干擾，於合理範圍內，須相互容忍，乃屬當然。如行使行動自由，逾越合理範圍侵擾他人行動自由時，自得依法予以限制。在身體權或行動自由受到侵害之情形，該侵害行為固應受限制，即他人之私密領域及個人資料自主，在公共場域亦有可能受到干擾，而超出可容忍之範圍，該干擾行為亦有加以限制之必要。蓋個人之私人生活及社會活動，隨時受他人持續注視、監看、監聽或公開揭露，其言行舉止及人際互動即難自由從事，致影響其人格之自由發展。尤以現今資訊科技高度發展及相關設備之方便取得，個人之私人活動受注視、監看、監聽或公開揭露等侵擾之可能大為增加，個人之私人活動及隱私受保護之需要，亦隨之提升。是個人縱於公共場域中，亦應享有依社會通念得不受他人持續注視、監看、監聽、接近等侵擾之私人活動領域及個人資料自主，而受法律所保護。惟在公共場域中個人所得主張不受此等侵擾之自由，以得合理期待於他人者為限，亦即不僅其不受侵擾之期待已表現於外，且該期待須依社會通念認為合理者。系爭規定符合憲法課予國家對上開自由權利應予保護之要求。

系爭規定所稱跟追，係指以尾隨、盯梢、守候或其他類似方式，持續接近他人或即時知悉他人行蹤，足以對他人身體、行動、私密領域或個人資料自主構成侵擾之行為。至跟追行為是否無正當理由，須視跟追者有無合理化跟追行為之事由而定，亦即綜合考量跟追之目的，行為當時之人、時、地、物等相關情況，及對被跟追人干擾之程度等因素，合理判斷跟追行為所構成之侵擾，是否逾越社會通念所能容忍之界限。至勸阻不聽之要件，具有確認被跟追人表示不受跟追之意願或警示之功能，若經警察或被跟追人勸阻後行為人仍繼續跟追，始構成經勸阻不聽之不法行為。如欠缺正當理由且經勸阻後仍繼續為跟追行為者，即應受系爭規定處罰。是系爭規定之意義及適用範圍，依據一般人民日常生活與語言經驗，均非受規範者所難以理解，亦得經司法審查予以確認，尚與法律明確性原則無違。

又系爭規定雖限制跟追人之行動自由，惟其係為保障被跟追者憲法上之重要自由權利，而所限制者為依社會通念不能容忍之跟追行為，對該行為之限制與上開目的之達成有合理關聯，且該限制經利益衡量後尚屬輕微，難謂過當。況依系爭規定，須先經勸阻，而行為人仍繼續跟追，始予處罰，已使行為人得適時終止跟追行為而避免受處罰。是系爭規定核與憲法第二十三條比例原則尚無牴觸。至系爭規定對於跟追行為之限制，如影響跟追人行使其他憲法所保障之權利，其限制是否合憲，自應為進一步之審查。考徵系爭規定之制定，原非針對新聞採訪行為所為之限制，其對新聞採訪行為所造成

之限制，如係追求重要公益，且所採手段與目的之達成間具有實質關聯，即與比例原則無違。新聞採訪者縱為採訪新聞而為跟追，如其跟追已達緊迫程度，而可能危及被跟追人身心安全之身體權或行動自由時，即非足以合理化之正當理由，系爭規定授權警察及時介入、制止，要不能謂與憲法第十一條保障新聞採訪自由之意旨有違。新聞採訪者之跟追行為，如侵擾個人於公共場域中得合理期待其私密領域不受他人干擾之自由或個人資料自主，其行為是否受系爭規定所限制，則須衡量採訪內容是否具一定公益性與私人活動領域受干擾之程度，而為合理判斷，如依社會通念所認非屬不能容忍者，其跟追行為即非在系爭規定處罰之列。是新聞採訪者於有事實足認特定事件之報導具一定之公益性，而屬大眾所關切並具有新聞價值者（例如犯罪或重大不當行為之揭發、公共衛生或設施安全之維護、政府施政之妥當性、公職人員之執行職務與適任性、政治人物言行之可信任性、公眾人物影響社會風氣之言行等），如須以跟追方式進行採訪，且其跟追行為依社會通念所認非屬不能容忍，該跟追行為即具正當理由而不在系爭規定處罰之列。依此解釋意旨，系爭規定縱有限制新聞採訪行為，其限制係經衡酌而並未過當，尚符合比例原則，與憲法第十一條保障新聞採訪自由之意旨並無牴觸。又系爭規定所欲維護者屬重要之利益，而限制經勸阻不聽且無正當理由，並依社會通念認屬不能容忍之侵擾行為，並未逾越比例原則，已如上述，是系爭規定縱對以跟追行為作為執行職業方法之執行職業自由有所限制，仍難謂有違憲法第十五條保障人民工作權之意旨。

憲法上正當法律程序原則之內涵，除要求人民權利受侵害或限制時，應有使其獲得救濟之機會與制度，亦要求立法者依據所涉基本權之種類、限制之強度及範圍、所欲追求之公共利益、決定機關之功能合適性、有無替代程序或各項可能程序成本等因素綜合考量，制定相應之法定程序。按個人之身體、行動、私密領域或個人資料自主遭受侵擾，依其情形或得依據民法、電腦處理個人資料保護法（九十九年五月二十六日修正公布為個人資料保護法，尚未施行）等有關人格權保護及侵害身體、健康或隱私之侵權行為規定，向法院請求排除侵害或損害賠償之救濟（民法第十八條、第一百九十五條、電腦處理個人資料保護法第二十八條規定參照），自不待言。立法者復制定系爭規定以保護個人之身體、行動、私密領域或個人資料自主，其功能在使被跟追人得請求警察機關及時介入，制止或排除因跟追行為對個人所生之危害或侵擾，並由警察機關採取必要措施（例如身分查證及資料蒐集、記錄事實等解決紛爭所必要之調查）。依系爭規定，警察機關就無正當理由之跟追行為，經勸阻而不聽者得予以裁罰，立法者

雖未採取直接由法官裁罰之方式，然受裁罰處分者如有不服，尚得依社會秩序維護法第五十五條規定，於五日內經原處分之警察機關向該管法院簡易庭聲明異議以為救濟，就此而言，系爭規定尚難謂與正當法律程序原則有違。惟就新聞採訪者之跟追行為而論，是否符合上述處罰條件，除前述跟追方式已有侵擾被跟追人之身體安全、行動自由之虞之情形外，就其跟追僅涉侵擾私密領域或個人資料自主之情形，應須就是否侵害被跟追人於公共場域中得合理期待不受侵擾之私人活動領域、跟追行為是否逾越依社會通念所認不能容忍之界限、所採訪之事件是否具一定之公益性等法律問題判斷，並應權衡新聞採訪自由與個人不受侵擾自由之具體內涵，始能決定。鑑於其所涉判斷與權衡之複雜性，並斟酌法院與警察機關職掌、專業、功能等之不同，為使國家機關發揮最有效之功能，並確保新聞採訪之自由及維護個人之私密領域及個人資料自主，是否宜由法院直接作裁罰之決定，相關機關應予檢討修法，或另定專法以為周全規定，併此敘明。

釋字第六九〇號解釋　　（憲八、二三，傳染病四、三七）

一百年九月三十日公布

中華民國九十一年一月三十日修正公布之傳染病防治法第三十七條第一項規定：「曾與傳染病病人接觸或疑似被傳染者，得由該管主管機關予以留驗；必要時，得令遷入指定之處所檢查，或施行預防接種等必要之處置。」關於必要之處置應包含強制隔離在內之部分，對人身自由之限制，尚不違反法律明確性原則，亦未牴觸憲法第二十三條之比例原則，與憲法第八條依正當法律程序之意旨尚無違背。

曾與傳染病病人接觸或疑似被傳染者，於受強制隔離處置時，人身自由即遭受剝奪，為使其受隔離之期間能合理而不過長，仍宜明確規範強制隔離應有合理之最長期限，及決定施行強制隔離處置相關之組織、程序等辦法以資依循，並建立受隔離者或其親屬不服得及時請求法院救濟，暨對前述受強制隔離者予以合理補償之機制，相關機關宜儘速通盤檢討傳染病防治法制。

解釋理由書

人民身體之自由應予保障，為憲法第八條所明定。惟國家以法律明確規定限制人民之身體自由者，倘與憲法第二十三條之比例原則無違，並踐行必要之司法程序或其他正當法律程序，即難謂其牴觸憲法第八條之規定（本院釋字第六〇二號及第六七七號解釋參照）。而於人身自由之限制達到剝奪之情形，則應按其實際剝奪之方式、目的與造

成之影響，在審查上定相當之標準（本院釋字第三九二號、第五八八號、第六三六號及第六六四號解釋參照）。

鑒於各種傳染病之發生、傳染及蔓延，危害人民生命與身體之健康，政府自應採行適當之防治措施以為因應。為杜絕傳染病之傳染及蔓延，九十一年一月三十日修正公布之傳染病防治法（下稱舊傳染病防治法）第三十七條第一項規定：「曾與傳染病病人接觸或疑似被傳染者，得由該管主管機關予以留驗；必要時，得令遷入指定之處所檢查，或施行預防接種等必要之處置。」（下稱系爭規定）。所謂必要之處置，係指為控制各種不同法定、指定傳染病之傳染及蔓延所施行之必要防疫處置，而不以系爭規定所例示之留驗、令遷入指定之處所檢查及施行預防接種為限。九十二年五月二日制定公布溯自同年三月一日施行之嚴重急性呼吸道症候群防治及紓困暫行條例（已於九十三年十二月三十一日廢止）第五條第一項明定：「各級政府機關為防疫工作之迅速有效執行，得指定特定防疫區域實施管制；必要時，並得強制隔離、撤離居民或實施各項防疫措施。」可認立法者有意以此措施性法律溯及補強舊傳染病防治法，明認強制隔離屬系爭規定之必要處置。又行政院衛生署九十二年五月八日衛署法字第○九二一七○○○二二號公告之「政府所為嚴重急性呼吸道症候群防疫措施之法源依據」，亦明示系爭規定所謂必要處置之防疫措施，包括集中隔離。而強制隔離使人民在一定期間內負有停留於一定處所，不與外人接觸之義務，否則應受一定之制裁，已屬人身自由之剝奪。

法律明確性之要求，非僅指法律文義具體詳盡之體例而言，立法者於立法定制時，仍得衡酌法律所規範生活事實之複雜性及適用於個案之妥當性，從立法上適當運用不確定法律概念而為相應之規定。如法律規定之意義，自立法目的與法體系整體關聯性觀點非難以理解，且個案事實是否屬於法律所欲規範之對象，為一般受規範者所得預見，並可經由司法審查加以認定及判斷者，即無違反法律明確性原則（本院釋字第四三二號、第五二一號、第五九四號及第六○二號解釋參照）。又依憲法第八條之規定，國家公權力對人民身體自由之限制，若涉及嚴重拘束人民身體自由而與刑罰無異之法律規定，其法定要件是否符合法律明確性原則，固應受較為嚴格之審查（本院釋字第六三六號解釋參照），惟強制隔離雖拘束人身自由於一定處所，因其乃以保護人民生命安全與身體健康為目的，與刑事處罰之本質不同，且事涉醫療及公共衛生專業，其明確性之審查自得採一般之標準，毋須如刑事處罰拘束人民身體自由之採嚴格審查標準。又系爭規定雖未將強制隔離予以明文例示，惟系爭規定已有令遷入指定處所之明文，則將曾與傳染病病人接觸或疑似被傳染者令遷入一定處所，使其不能與外界接觸之強制

隔離，係屬系爭規定之必要處置，自法條文義及立法目的，並非受法律規範之人民所不能預見，亦可憑社會通念加以判斷，並得經司法審查予以確認，與法律明確性原則尚無違背。

系爭規定必要處置所包含之強制隔離，旨在使主管機關得將曾與傳染病病人接觸或疑似被傳染者留置於指定之處所，使與外界隔離，並進而為必要之檢查、治療等處置，以阻絕傳染病之傳染蔓延，維護國民生命與身體健康，其立法目的洵屬正當。雖強制隔離將使受隔離者人身自由遭受剝奪，其是否違反比例原則，仍應採嚴格標準予以審查。惟系爭規定之強制隔離，其目的並非直接出於拘束上開受隔離者之人身自由，而面對新型傳染病之突然爆發，或各種法定、指定傳染病之快速蔓延，已（或將）造成全國各地多人受感染死亡或重大傷害之嚴重疫情（例如九十二年三月間爆發之嚴重急性呼吸道症候群，Severe Acute Respiratory Syndrome，以下簡稱 SARS），為阻絕疫情之蔓延，使疫情迅速獲得控制，降低社會之恐懼不安等重大公共利益，將曾與傳染病病人接觸或疑似被傳染者令遷入指定之處所施行適當期間之必要強制隔離處置，進而予以觀察、檢查、預防接種及治療，除可維護受隔離者個人之生命與身體健康外，且因無其他侵害較小之方法，自屬必要且有效控制疫情之手段。又雖系爭規定並未就強制隔離之期間詳為規定，惟必要處置期間之長短，事涉傳染病之病源、傳染途徑、潛伏期及其傷害之嚴重性，自應由該管主管機關衡酌各種情況，並參酌世界衛生組織 (World Health Organization, WHO) 之意見而為符合比例原則之決定（以前述 SARS 疫情為例，該管主管機關臺北市政府於衡量當時世界各國對該疫情尚無處理之經驗、醫界處理之方法亦無定論，及該疫情已造成國內外民眾嚴重之傷亡等情況，暨參酌世界衛生組織之意見，因而決定受隔離處分者之隔離期間為十四日，見臺北市政府衛生局一〇〇年一月十八日北市衛疾字第〇九九四五六八六四〇〇號函）。且自人身自由所受侵害角度觀之，系爭規定必要處置所包含之強制隔離，雖使受隔離者人身自由受剝奪，但除可維護其生命與身體健康外，並無如拘禁處分對受拘禁者人格權之重大影響。綜上，強制隔離乃為保護重大公益所採之合理必要手段，對受隔離者尚未造成過度之負擔，並未牴觸憲法第二十三條之比例原則。

人身自由為重要之基本人權，應受充分之保護，對人身自由之剝奪或限制尤應遵循正當法律程序之意旨，惟相關程序規範是否正當、合理，除考量憲法有無特別規定及所涉基本權之種類外，尚須視案件涉及之事物領域、侵害基本權之強度與範圍、所欲追求之公共利益、有無替代程序及各項可能程序之成本等因素，綜合判斷而為認定（本

院釋字第六三九號解釋參照)。強制隔離既以保障人民生命與身體健康為目的,而與刑事處罰之本質不同,已如前述,故其所須踐行之正當法律程序,自毋須與刑事處罰之限制被告人身自由所須踐行之程序相類。強制隔離與其他防疫之決定,應由專業主管機關基於醫療與公共衛生之知識,通過嚴謹之組織程序,衡酌傳染病疫情之嚴重性及其他各種情況,作成客觀之決定,以確保其正確性,與必須由中立、公正第三者之法院就是否拘禁加以審問作成決定之情形有別。且疫情之防治貴在迅速採行正確之措施,方得以克竟其功。傳染病防治之中央主管機關須訂定傳染病防治政策及計畫,包括預防接種、傳染病預防、疫情監視、通報、調查、檢驗、處理及訓練等措施;地方主管機關須依據中央主管機關訂定之傳染病防治政策、計畫及轄區特殊防疫需要,擬訂執行計畫,並付諸實施(舊傳染病防治法第四條第一項第一款第一目、第二款第一目規定參照)。是對傳染病相關防治措施,自以主管機關較為專業,由專業之主管機關衡酌傳染病疫情之嚴重性及其他各種情況,決定施行必要之強制隔離處置,自較由法院決定能收迅速防治之功。另就法制面而言,該管主管機關作成前述處分時,亦應依行政程序法及其他法律所規定之相關程序而為之。受令遷入指定之處所強制隔離者如不服該管主管機關之處分,仍得依行政爭訟程序訴求救濟。是系爭規定之強制隔離處置雖非由法院決定,與憲法第八條正當法律程序保障人民身體自由之意旨尚無違背。

系爭規定未就強制隔離之期間予以規範,及非由法院決定施行強制隔離處置,固不影響其合憲性,惟曾與傳染病病人接觸或疑似被傳染者,於受強制隔離處置時,人身自由即遭受剝奪,為使其受隔離之期間能合理而不過長,仍宜明確規範強制隔離應有合理之最長期限,及決定施行強制隔離處置相關之組織、程序等辦法以資依循,並建立受隔離者或其親屬不服得及時請求法院救濟,暨對前述受強制隔離者予以合理補償之機制,相關機關宜儘速通盤檢討傳染病防治法制。

至聲請人認舊傳染病防治法第十一條、第二十四條第一項第二款、第三十四條第一項,違反憲法第八條、第二十三條規定,聲請解釋憲法部分,均係以個人主觀見解爭執法院認事用法之當否,並未具體指摘該等規定於客觀上究有何抵觸憲法之處,核與司法院大法官審理案件法第五條第一項第二款規定不合,依同條第三項規定,應不受理,併此指明。

釋字第六九一號解釋　　(憲一六,刑七七,刑訴四八四,監刑六、八一,行累七五、七六,行訴二)
　　　　　　　　　　　　　　　　　　　　　　　　一百年十月二十一日公布

受刑人不服行政機關不予假釋之決定者，其救濟有待立法為通盤考量決定之。在相關法律修正前，由行政法院審理。

解釋理由書

刑法第七十七條第一項規定：「受徒刑之執行而有悛悔實據者，無期徒刑逾二十五年，有期徒刑逾二分之一、累犯逾三分之二，由監獄報請法務部，得許假釋出獄。」監獄行刑法第八十一條第一項規定：「對於受刑人累進處遇進至二級以上，悛悔向上，而與應許假釋情形相符合者，經假釋審查委員會決議，報請法務部核准後，假釋出獄。」行刑累進處遇條例第七十五條規定：「第一級受刑人合於法定假釋之規定者，應速報請假釋。」同條例第七十六條規定：「第二級受刑人已適於社會生活，而合於法定假釋之規定者，得報請假釋。」上開規定，乃係規範假釋之要件及核准程序，惟受刑人不服不予假釋之決定者，除得依監獄行刑法第六條第一項及第三項規定，經由典獄長申訴於監督機關、視察人員，或於視察人員蒞監獄時逕向其提出外，監獄行刑法並無明文規定其他救濟途徑。

最高行政法院九十九年度裁字第二三九一號裁定認為，聲請人不服行政機關不予假釋之決定，依據刑事訴訟法第四百八十四條規定向臺灣高等法院高雄分院聲明異議，並經該院及最高法院九十九年度台抗字第六○五號刑事裁定以無理由駁回，顯示職司刑事裁判之普通法院認為其就受刑人不予假釋之聲明異議具有審判權。參照同屬刑事裁判執行一環之假釋撤銷，其救濟程序係向刑事裁判之普通法院提出，則受刑人不服行政機關不予假釋之決定，於相關法律修正前，其救濟程序自仍應由刑事裁判之普通法院審判。而最高法院九十九年度台抗字第六○五號刑事裁定，則以受刑人不服行政機關不予假釋之決定，因假釋與否非由檢察官決定，不生檢察官執行之指揮是否違法或執行方法是否不當，而得向法院聲明異議之問題，於現行法下僅得依監獄行刑法相關規定提出申訴，於修法增列救濟途徑前，尚非該法院所得審究。是以，修法前受刑人不服行政機關不予假釋之決定，得向何法院訴請救濟，最高行政法院與最高法院所表示之見解發生歧異。

假釋與否，關係受刑人得否停止徒刑之執行，涉及人身自由之限制。現行假釋制度之設計，係以受刑人累進處遇進至二級以上，悛悔向上，而與假釋要件相符者，經監獄假釋審查委員會決議後，由監獄報請法務部予以假釋（刑法第七十七條、監獄行刑法第八十一條規定參照）。是作成假釋決定之機關為法務部，而是否予以假釋，係以法務部對受刑人於監獄內所為表現，是否符合刑法及行刑累進處遇條例等相關規定而為決

定。受刑人如有不服，雖得依據監獄行刑法上開規定提起申訴，惟申訴在性質上屬行政機關自我審查糾正之途徑，與得向法院請求救濟並不相當，基於憲法第十六條保障人民訴訟權之意旨，自不得完全取代向法院請求救濟之訴訟制度（本院釋字第六五三號解釋參照）。從而受刑人不服行政機關不予假釋之決定，而請求司法救濟，自應由法院審理。然究應由何種法院審理、循何種程序解決，所須考慮因素甚多，諸如爭議案件之性質及與所涉訴訟程序之關聯、即時有效之權利保護、法院組織及人員之配置等，其相關程序及制度之設計，有待立法為通盤考量決定之。在相關法律修正前，鑑於行政機關不予假釋之決定具有行政行為之性質，依照行政訴訟法第二條以下有關規定，此類爭議由行政法院審理。

釋字第六九二號解釋　（憲一九，所得稅一七，兩岸人民關係二二，大法官審案五）　　　　　　　　　　　　　　　　　　　一百年十一月四日公布

中華民國九十年一月三日及九十二年六月二十五日修正公布之所得稅法第十七條第一項第一款第二目均規定，納稅義務人之子女滿二十歲以上，而因在校就學受納稅義務人扶養者，納稅義務人依該法規定計算個人綜合所得淨額時，得減除此項扶養親屬免稅額。惟迄今仍繼續援用之財政部八十四年十一月十五日台財稅第八四一六五七八九六號函釋：「現階段臺灣地區人民年滿二十歲，就讀學歷未經教育部認可之大陸地區學校，納稅義務人於辦理綜合所得稅結算申報時，不得列報扶養親屬免稅額。」限縮上開所得稅法之適用，增加法律所無之租稅義務，違反憲法第十九條租稅法律主義，應自本解釋公布之日起不再援用。

解釋理由書

憲法第十九條規定，人民有依法律納稅之義務，係指國家課人民以繳納稅捐之義務或給予人民減免稅捐之優惠時，應就租稅主體、租稅客體、租稅客體對租稅主體之歸屬、稅基、稅率、納稅方法及納稅期間等租稅構成要件，以法律明文規定。主管機關本於法定職權就相關法律所為之闡釋，自應秉持憲法原則及相關法律之立法意旨，遵守一般法律解釋方法而為之；如逾越法律解釋之範圍，而增加法律所無之租稅義務，則非憲法第十九條規定之租稅法律主義所許（本院釋字第六二〇號、第六二二號、第六四〇號、第六七四號解釋參照）。

九十年一月三日及九十二年六月二十五日修正公布之所得稅法第十七條第一項第一款第二目均規定：「按前三條規定計得之個人綜合所得總額，減除下列免稅額及扣除額後

之餘額，為個人之綜合所得淨額：一、免稅額：納稅義務人按規定減除其本人、配偶及合於下列規定扶養親屬之免稅額；……『㈡納稅義務人之子女……滿二十歲以上，而因在校就學……受納稅義務人扶養者。』（下稱上開所得稅法）」惟迄今仍繼續援用之財政部八十四年十一月十五日台財稅第八四一六五七八九六號函則認為：「現階段臺灣地區人民年滿二十歲，就讀學歷未經教育部認可之大陸地區學校，納稅義務人於辦理綜合所得稅結算申報時，不得列報扶養親屬免稅額。」（下稱系爭函釋）

依上開所得稅法規定，納稅義務人扶養之子女滿二十歲以上，而在校就學者，納稅義務人得減除其扶養親屬免稅額。惟並未限制該子女以在臺灣地區就學者為限。至於在校就學之認定標準如何，所得稅法並未明白規定。在臺灣地區就學者，其入學資格經學校報我國主管教育行政機關核備並領有學生證者，即具正式學籍，如其並依學校行事曆至校上課或其學籍在學年度內為有效之在校肄業學生者，固屬在校就學（參見教育部八十三年五月三十日台社字第二七七五六號函說明二），然在大陸地區就學者，既不可能期待其入學資格經大陸地區學校報我國主管教育行政機關核備，自無從比照於臺灣地區求學之情形認定是否符合在校就學之要件，則在大陸地區求學是否具備在校就學之要件，自應秉持所得稅法之立法意旨及依一般法律解釋方法為闡釋，始符首開租稅法律主義之要求。查上開所得稅法之立法意旨在於維護我國重視子女教育之固有美德，考量納稅義務人因之增加扶養支出，而減少負擔所得稅之經濟能力；再參酌前述於臺灣地區在校就學之認定標準，對前往大陸地區求學，是否符合上開所得稅法在校就學之要件，應以確有就學之事實，且該子女所就讀者為當地政府權責機關所認可之正式學校，具有正式學籍，如其學籍在學年度內為有效之在校肄業學生，即堪認為在校就學，而符合上開所得稅法之要件。對在校就學之認定，縱因考量兩地區差異而有其他標準，仍應以符合在校就學之事實，且與上開所得稅法規定之意旨確實相關者為限，始不逾越租稅法律主義之界限。

鑒於兩地區教育學制及課程不一，九十二年十月二十九日修正公布之臺灣地區與大陸地區人民關係條例第二十二條規定，授權教育部擬訂採認辦法，就大陸地區高等學校之研究及教學品質進行認可，並公告認可名冊，俾據以辦理採認大陸地區學校學歷。此大陸地區學校學歷之認可，旨在採認與臺灣地區同級同類學校相當之大陸地區學歷，與上開所得稅法規定之立法意旨、適用對象，顯然有別，並無正當合理之關聯，亦與納稅義務人負稅能力減少之考量無涉，自非得據大陸地區學校學歷是否認可資為認定有無在校就學之標準。是系爭函釋逕以教育部對大陸地區學校學歷認可作為認定是否

在校就學之標準，與上開所得稅法之立法意旨不符，逾越法律解釋之範圍，限制人民依法享有減除扶養親屬免稅額之權利，增加法律所無之租稅義務，違反憲法第十九條租稅法律主義，應自本解釋公布之日起不再援用。

本件聲請人另認臺北高等行政法院九十五年度簡字第五七六號及九十六年度簡字第八三號確定終局判決所適用之財政部八十三年七月二十七日台財稅第八三一六○二三二五號函釋，有違憲疑義。核其所陳，關於前述九十五年度簡字第五七六號判決部分，聲請人僅係爭執法院適用上開函釋之法律見解為不當，並未具體指摘該函釋究有如何牴觸憲法之疑義；至於前述九十六年度簡字第八三號判決部分，經查該判決並未適用上開函釋。依司法院大法官審理案件法第五條第一項第二款及第三項之規定，此等部分之聲請，均應不受理，併此指明。

釋字第六九三號解釋　　（憲七、一九，所得稅四之一、二四）

一百年十二月九日公布

財政部中華民國八十六年十二月十一日台財稅第八六一九二二四六四號函前段謂：「認購（售）權證發行人於發行時所取得之發行價款，係屬權利金收入」，意指該發行價款係權利金收入，而非屬證券交易收入，無所得稅法第四條之一之適用，與憲法第十九條之租稅法律主義尚無違背。

同函中段謂：「認購（售）權證發行人於發行後，因投資人行使權利而售出或購入標的股票產生之證券交易所得或損失，應於履約時認列損益，並依所得稅法第四條之一規定辦理。」及財政部八十六年七月三十一日台財稅第八六一九○九三一一號函稱：「認購（售）權證持有人如於某一時間或特定到期日，以現金方式結算者……並依前開所得稅法規定停止課徵所得稅。」與憲法第十九條之租稅法律主義並無牴觸，亦不生違反憲法第七條平等原則之問題。

解釋理由書

憲法第十九條規定，人民有依法律納稅之義務，係指國家課人民以繳納稅捐之義務或給予人民減免稅捐之優惠時，應就租稅主體、租稅客體、租稅客體對租稅主體之歸屬、稅基、稅率、納稅方法及納稅期間等租稅構成要件，以法律定之。惟主管機關於職權範圍內適用之法律條文，本於法定職權就相關規定予以闡釋，如係秉持憲法原則及相關之立法意旨，遵守一般法律解釋方法為之，即與租稅法律主義無違（本院釋字第六二二號、第六六○號、第六八五號解釋參照）。

主管機關核准發行之認購（售）權證，係指標的證券發行公司以外之第三者所發行表彰認購（售）權證持有人於履約期間內或特定到期日，有權按約定履約價格向發行人購入或售出標的證券，或以現金結算方式收取差價之有價證券（發行人申請發行認購（售）權證處理準則第二點第二項）。是認購（售）權證係表彰證券買賣選擇權之有價證券，其發行人將該權證交付後尚負有履行該權證所載選擇權債務之義務，此與發行後之權證持有人賣出該權證，僅負將該權證交付買受人之義務不同。

發行認購（售）權證之收入是否課徵所得稅，關鍵在於該發行交易是否為所得稅法第四條之一：「自中華民國七十九年一月一日起，證券交易所得停止課徵所得稅，證券交易損失亦不得自所得額中減除。」所稱之「證券交易」。查所得稅法第四條之一停徵證券交易所得稅之立法理由，係為簡化證券交易所得之稽徵手續並予合理課徵，以修正證券交易稅條例提高證券交易稅稅率方式，將原應併入所得總額課徵所得稅之證券交易所得稅停止課徵。而依證券交易稅條例第一條第一項規定，僅就買賣已發行之有價證券課徵證券交易稅，足見所得稅法第四條之一所稱之證券交易，亦應限於買賣已發行之有價證券，始符合該條以證券交易稅取代證券交易所得稅之意旨。發行認購（售）權證之之交易與買賣認購（售）權證不同，自無庸課徵證券交易稅（證券交易稅條例實施注意事項第二點參照），若因發行交易而有收入，則應依所得稅法其他規定計算其所得並課徵所得稅。財政部八十六年十二月十一日台財稅第八六一九二二四六四號函（下稱系爭函一）前段謂：「認購（售）權證發行人於發行時所取得之發行價款，係屬權利金收入」，意指該發行價款係權利金收入，而非屬證券交易收入，無所得稅法第四條之一之適用，符合一般法律解釋方法，並未增加法律所未規定之租稅義務，與憲法第十九條之租稅法律主義尚無違背。

至認購（售）權證發行後，發行人為履行或為準備履行（避險）約定之權證債務所為之相關證券交易（以下簡稱履約或避險交易），其所得如何課徵所得稅，則應依所得稅法之規定辦理。所得稅法第二十四條第一項前段規定：「營利事業所得之計算，以其本年度收入總額減除各項成本費用、損失及稅捐後之純益額為所得額。」是認購（售）權證發行人履約或避險交易之收入或支出，原應依前開規定合併其他收入支出計算營利事業全年課稅所得。惟七十八年十二月三十日增訂同法第四條之一規定，既就證券交易之所得已另設特別規定，停止課徵證券交易所得稅，則認購（售）權證發行後相關之證券交易所得，即不得列為應稅所得課徵所得稅；相應於此，與發行認購（售）權證後履約或避險交易之相關證券交易損失，亦不得將其自應稅所得中減除。此亦即須

俟九十六年七月十一日增訂所得稅法第二十四條之二第一項前段，排除同法第四條之一特別規定之適用，發行認購（售）權證始得回歸同法第二十四條第一項前段，其相關證券買賣之收入均應併計課稅、損失亦均應減除之常態規定之故。系爭函一中段：「認購（售）權證發行人於發行後，因投資人行使權利而售出或購入標的股票產生之證券交易所得或損失，應於履約時認列損益，並依所得稅法第四條之一規定辦理。」及財政部八十六年七月三十一日台財稅第八六一九○九三一一號函（下稱系爭函二）：「認購（售）權證持有人如於某一時間或特定到期日，以現金方式結算者……並依前開所得稅法規定停止課徵所得稅。」（後函業經財政部一○○年十一月十六日台財稅字第一○○○○四○○二六○號令廢止）均核與所得稅法增訂第二十四條之二以前之相關規定之意旨無違，符合一般法律解釋方法，亦未增加法律所無之租稅義務，無違憲法第十九條之租稅法律主義。

有證券交易所得而不課徵所得稅，為有所得即應課徵所得稅之例外，其目的為以稅代稅業如前述，非在實現量能課稅。系爭函一中段及系爭函二闡明認購（售）權證之發行人，應依所得稅法第四條之一規定，免徵證券交易所得稅，亦不得減除證券交易損失。而所有其他有證券交易所得之個人及營利事業，適用所得稅法第四條之一時，並未規定得為不同之處理，故亦不生該二函違反量能課稅致牴觸憲法上平等原則之問題。本件聲請人聲請意旨另認為，關於認購（售）權證發行人於發行時自行認購其發行之權證，並無系爭函一前段所稱權利金收入，以及認為所得稅法第四條之一規定、行政法院（現改制為最高行政法院）六十二年判字第九六號判例亦有違憲疑義等語。查其所陳，僅係爭執法院認事用法之不當，並未具體指摘前開函釋、規定及判例究有如何牴觸憲法之疑義。依司法院大法官審理案件法第五條第一項第二款及第三項之規定，此等部分之聲請，均應不受理，併此指明。

釋字第六九四號解釋　　（所得稅一七，民一一一四、一一二三）

一百年十二月三十日公布

中華民國九十年一月三日修正公布之所得稅法第十七條第一項第一款第四目規定：「按前三條規定計得之個人綜合所得總額，減除下列免稅額及扣除額後之餘額，為個人之綜合所得淨額：一、免稅額：納稅義務人按規定減除其本人、配偶及合於下列規定扶養親屬之免稅額；……㈣納稅義務人其他親屬或家屬，合於民法第一千一百十四條第四款及第一千一百二十三條第三項之規定，未滿二十歲或滿六十歲以上無謀生能力，

確係受納稅義務人扶養者。……」其中以「未滿二十歲或滿六十歲以上」為減除免稅額之限制要件部分（一○○年一月十九日修正公布之所得稅法第十七條第一項第一款第四目亦有相同限制），違反憲法第七條平等原則，應自本解釋公布日起，至遲於屆滿一年時，失其效力。

解釋理由書

憲法第七條所揭示之平等原則非指絕對、機械之形式上平等，而係保障人民在法律上地位之實質平等，要求本質上相同之事物應為相同之處理，不得恣意為無正當理由之差別待遇（本院釋字第五四七號、第五八四號、第五九六號、第六○五號、第六一四號、第六四七號、第六四八號、第六六六號解釋參照）。法規範是否符合平等權保障之要求，其判斷應取決於該法規範所以為差別待遇之目的是否合憲，其所採取之分類與規範目的之達成之間，是否存有一定程度之關聯性而定（本院釋字第六八二號解釋參照）。

九十年一月三日修正公布之所得稅法第十七條第一項第一款第四目規定：「按前三條規定計得之個人綜合所得總額，減除下列免稅額及扣除額後之餘額，為個人之綜合所得淨額：一、免稅額：納稅義務人按規定減除其本人、配偶及合於下列規定扶養親屬之免稅額；……㈣納稅義務人其他親屬或家屬，合於民法第一千一百十四條第四款及第一千一百二十三條第三項之規定，未滿二十歲或滿六十歲以上無謀生能力，確係受納稅義務人扶養者。……」（一○○年一月十九日修正公布之所得稅法第十七條第一項第一款第四目規定，就有關以「未滿二十歲或滿六十歲以上」為減除免稅額之限制要件部分亦同；上開第四目規定以下簡稱系爭規定），其減除免稅額之要件，除受扶養人須為納稅義務人合於上開民法規定之親屬或家屬（以下簡稱其他親屬或家屬），無謀生能力並確係受納稅義務人扶養者外，且須未滿二十歲或滿六十歲以上。系爭規定之年齡限制，使納稅義務人扶養滿二十歲而未滿六十歲無謀生能力之其他親屬或家屬，卻無法同樣減除免稅額，形成因受扶養人之年齡不同而為差別待遇。

憲法第十五條規定，人民之生存權應予保障。憲法第一百五十五條規定，人民之老弱殘廢，無力生活者，國家應予以適當之扶助與救濟。國家所採取保障人民生存與生活之扶助措施原有多端，所得稅法有關扶養無謀生能力者之免稅額規定，亦屬其中之一環。如因無謀生能力者之年齡限制，而使納稅義務人無法減除免稅額，將影響納稅義務人扶養滿二十歲而未滿六十歲無謀生能力者之意願，進而影響此等弱勢者生存或生活上之維持。故系爭規定所形成之差別待遇是否違反平等原則，應受較為嚴格之審查，

除其目的須係合憲外，所採差別待遇與目的之達成間亦須有實質關聯，始合於平等原則。

依財政部一〇〇年十一月二十一日台財稅字第一〇〇〇四一三四九二〇號函所示，系爭規定以無謀生能力之受扶養人之年齡作為分類標準，旨在鼓勵國人孝親、課稅公平、徵起適足稅收及提昇稅務行政效率。惟無謀生能力而有受扶養之需要者，不因其年齡滿二十歲及未滿六十歲，而改變其對於受扶養之需要，為扶養之納稅義務人亦因扶養而有相同之財務負擔，不因無謀生能力者之年齡而有所差異。系爭規定影響納稅義務人扶養較為年長而未滿六十歲之其他親屬或家屬之意願，致此等親屬或家屬可能無法獲得扶養，此與鼓勵國人孝親之目的有違；且僅因受扶養者之年齡因素，致已扶養其他親屬或家屬之納稅義務人不能減除扶養親屬免稅額，亦難謂合於課稅公平原則。再者，依系爭規定主張減除免稅額之納稅義務人，本即應提出受扶養者無謀生能力之證明文件，系爭規定除以受扶養者無謀生能力為要件外，另規定未滿二十歲或滿六十歲為限制要件，並無大幅提升稅務行政效率之效益，卻對納稅義務人及其受扶養親屬之權益構成重大不利影響。是系爭規定所採以年齡為分類標準之差別待遇，其所採手段與目的之達成尚欠實質關聯，其差別待遇乃屬恣意，違反憲法第七條平等原則。系爭規定有關年齡限制部分，應自本解釋公布日起，至遲於屆滿一年時，失其效力。

釋字第六九五號解釋　（森林五）　　　　　一百年十二月三十日公布

行政院農業委員會林務局所屬各林區管理處對於人民依據國有林地濫墾地補辦清理作業要點申請訂立租地契約未為准許之決定，具公法性質，申請人如有不服，應依法提起行政爭訟以為救濟，其訴訟應由行政法院審判。

解釋理由書

我國關於民事訴訟與行政訴訟之審判，依現行法律之規定，分由不同性質之法院審理。除法律別有規定外，關於因私法關係所生之爭執，由普通法院審判；因公法關係所生之爭議，則由行政法院審判之（本院釋字第四四八號、第四六六號解釋參照）。至於人民依行政法規向主管機關為訂約之申請，若主管機關依相關法規須基於公益之考量而為是否准許之決定，其因未准許致不能進入訂約程序者，此等申請人如有不服，應依法提起行政爭訟（本院釋字第五四〇號解釋參照）。

行政院農業委員會為接續清理前依臺灣省政府中華民國五十八年五月二十七日農祕字第三五八七六號令公告「臺灣省國有林事業區內濫墾地清理計畫」，尚未完成清理之舊

有溢墾地，於九十七年四月二十三日訂定發布國有林地溢墾地補辦清理作業要點（下稱系爭要點）暨國有林地溢墾地補辦清理實施計畫，將違法墾植者導正納入管理，以進行復育造林，提高林地國土保安等公益功能。行政院農業委員會林務局所屬各林區管理處（下稱林區管理處）於人民依據系爭要點申請訂立租地契約時，經審查確認合於系爭要點及相關規定，始得與申請人辦理訂約。

按補辦清理之目的在於解決國有林地遭人民溢墾之問題，涉及國土保安長遠利益（森林法第五條規定參照）。故林區管理處於審查時，縱已確認占用事實及占用人身分與系爭要點及有關規定相符，如其訂約有違林地永續經營或國土保安等重大公益時，仍得不予出租。是林區管理處之決定，為是否與人民訂立國有林地租賃契約之前，基於公權力行使職權之行為，仍屬公法性質，如有不服，自應提起行政爭訟以為救濟，其訴訟應由行政法院審判。

釋字第六九六號解釋　（憲七、一五、二三，所得稅一五）

一百零一年一月二十日公布

中華民國七十八年十二月三十日修正公布之所得稅法第十五條第一項規定：「納稅義務人之配偶，及合於第十七條規定得申報減除扶養親屬免稅額之受扶養親屬，有前條各類所得者，應由納稅義務人合併報繳。」（該項規定於九十二年六月二十五日修正，惟就夫妻所得應由納稅義務人合併報繳部分並無不同。）其中有關夫妻非薪資所得強制合併計算，較之單獨計算稅額，增加其稅負部分，違反憲法第七條平等原則，應自本解釋公布之日起至遲於屆滿二年時失其效力。

財政部七十六年三月四日台財稅第七五一九四六三號函：「夫妻分居，如已於綜合所得稅結算申報書內載明配偶姓名、身分證統一編號，並註明已分居，分別向其戶籍所在地稽徵機關辦理結算申報，其歸戶合併後全部應繳納稅額，如經申請分別開單者，准按個人所得總額占夫妻所得總額比率計算，減除其已扣繳及自繳稅款後，分別發單補徵。」其中關於分居之夫妻如何分擔其全部應繳納稅額之計算方式規定，與租稅公平有違，應不予援用。

解釋理由書

憲法第七條所揭示之平等原則非指絕對、機械之形式上平等，而係保障人民在法律上地位之實質平等，要求本質上相同之事物應為相同之處理，不得恣意為無正當理由之差別待遇（本院釋字第五四七號、第五八四號、第五九六號、第六〇五號、第六一四

號、第六四七號、第六四八號、第六六六號、第六九四號解釋參照）。法規範是否符合平等權保障之要求，其判斷應取決於該法規範所以為差別待遇之目的是否合憲，其所採取之分類與規範目的之達成之間，是否存有一定程度之關聯性而定（本院釋字第六八二號、第六九四號解釋參照）。

中華民國七十八年十二月三十日修正公布之所得稅法第十五條第一項規定：「納稅義務人之配偶，及合於第十七條規定得申報減除扶養親屬免稅額之受扶養親屬，有前條各類所得者，應由納稅義務人合併報繳。」（該項規定於九十二年六月二十五日修正，惟就夫妻所得應由納稅義務人合併報繳部分並無不同；下稱系爭規定）第二項前段規定：「納稅義務人之配偶得就其薪資所得分開計算稅額，由納稅義務人合併報繳。」（九十二年六月二十五日修正為：「納稅義務人得就其本人或配偶之薪資所得分開計算稅額，由納稅義務人合併報繳。」）是夫妻非薪資所得應由納稅義務人及其配偶合併申報且合併計算其稅額。

按合併申報之程序，係為增進公共利益之必要，與憲法尚無牴觸，惟如納稅義務人與有所得之配偶及其他受扶養親屬合併計算課稅時，較之單獨計算稅額，增加其稅負者，即與租稅公平原則不符，業經本院釋字第三一八號解釋在案。茲依系爭規定納稅義務人及其配偶就非薪資所得合併計算所得淨額後，適用累進稅率之結果，其稅負仍有高於分別計算後合計稅負之情形，因而形成以婚姻關係之有無而為稅捐負擔之差別待遇。按婚姻與家庭植基於人格自由，為社會形成與發展之基礎，受憲法制度性保障（本院釋字第五五四號解釋參照）。如因婚姻關係之有無而為稅捐負擔之差別待遇，致加重夫妻之經濟負擔，則形同對婚姻之懲罰，而有違憲法保障婚姻與家庭制度之本旨，故系爭規定所形成之差別待遇是否違反平等原則，應受較為嚴格之審查，除其目的須係合憲外，所採差別待遇與目的之達成間亦須有實質關聯，始合於平等原則。查系爭規定之立法目的旨在忠實反映家計單位之節省效果、避免納稅義務人不當分散所得、考量稽徵成本與財稅收入等因素（參照立法院公報第七十九卷第五十九期第二十八頁及第三十一頁、財政部賦稅署代表於九十九年九月二十一日到本院之說明及財政部一○○年五月三十日台財稅字第一○○○○一九○八一○號函第十三頁）。惟夫妻共同生活，因生活型態、消費習慣之不同，未必產生家計單位之節省效果，且縱有節省效果，亦非得為加重課徵所得稅之正當理由。又立法者固得採合併計算制度，以避免夫妻間不當分散所得，惟應同時採取配套措施，消除因合併計算稅額，適用較高級距累進稅率所增加之負擔，以符實質公平原則。再立法者得經由改進稽徵程序等方式，以減少稽

徵成本，而不得以影響租稅公平之措施為之。至於維持財政收入，雖攸關全民公益，亦不得採取對婚姻與家庭不利之差別待遇手段。綜上所述，系爭規定有關夫妻非薪資所得強制合併計算，較之單獨計算稅額，增加其稅負部分，因與上述立法目的之達成欠缺實質關聯，而與憲法第七條平等原則有違。

上述違憲部分，考量其修正影響層面廣泛，以及稅捐制度設計之繁複性，主管機關需相當期間始克完成，應自本解釋公布之日起至遲於屆滿二年時失其效力。

財政部七十六年三月四日台財稅第七五一九四六三號函規定：「夫妻分居，如已於綜合所得稅結算申報書內載明配偶姓名、身分證統一編號，並註明已分居，分別向其戶籍所在地稽徵機關辦理結算申報，其歸戶合併後全部應繳納稅額，如經申請分別開單者，准按個人所得總額占夫妻所得總額比率計算，減除其已扣繳及自繳稅款後，分別發單補徵。」（下稱系爭函；該函依財政部九十八年九月十四日台財稅字第○九八○四五五八六八○號令不再援用）系爭函係主管機關為顧及分居中夫妻合併報繳之實際困難，而在申報程序上給予若干彈性，並以分別發單補徵之方式處理。查該函關於分居之夫妻如何分擔其全部應繳納稅額之計算方式規定，係依個人所得總額占夫妻所得總額之比率計算，以致在夫妻所得差距懸殊之情形下，低所得之一方須分擔與其所得顯然失衡之較重稅負，即與租稅公平有違，應不予援用。

關於聲請人指摘財政部七十七年三月二十五日台財稅第七七○六五三三四七號函違反憲法第七條、第十五條及第二十三條部分，查臺北高等行政法院九十六年度訴字第一九八二號判決僅於事實概要中述及該函，並未援用該函為裁判，是此部分聲請核與司法院大法官審理案件法第五條第一項第二款規定不合，依同條第三項規定，應不受理。

釋字第六九七號解釋　（憲七、一九、二三，貨物稅二、八、一九、三二，貨物稅稽徵規則一○、一五、一七、一八）　　　　一百零一年三月二日公布

貨物稅條例（下稱本條例）第二條第一項第二款規定：「貨物稅於應稅貨物出廠或進口時徵收之。其納稅義務人如左：……二、委託代製之貨物，為受託之產製廠商。」與法律明確性原則尚無違背。惟於委託多家廠商分工之情形，立法機關宜考量產製之分工、製程及各種委託製造關係，明定完成應稅貨物之產製階段，作為認定受託產製廠商之依據，適時檢討相關規定改進之。

本條例第八條第一項規定：「飲料品：凡設廠機製之清涼飲料品均屬之。其稅率如左：一、稀釋天然果蔬汁從價徵收百分之八。二、其他飲料品從價徵收百分之十五」。其中

有關清涼飲料品之規定，與法律明確性原則尚無不合。又上開規定僅對設廠機製之清涼飲料品課徵貨物稅，而未對非設廠機製者課徵貨物稅，並不違反憲法第七條之平等原則。

財政部中華民國七十九年十一月一日台財稅第七九○三六七三二四號函，以內含固體量是否達到百分之五十作為飲料品之認定標準，及財政部八十四年十一月二十四日台財稅第八四一六六○九六一號函，對廠商進口或產製之燕窩類飲料，認屬貨物稅條例第八條規定之應稅飲料品，尚不違反租稅法律主義之意旨。

八十六年五月七日修正公布，九十一年一月一日施行之貨物稅條例第三十二條第一款規定：「納稅義務人有左列情形之一者，除補徵稅款外，按補徵稅額處五倍至十五倍罰鍰：一、未依第十九條規定辦理登記，擅自產製應稅貨物出廠者。」（九十八年十二月三十日修正為一倍至三倍罰鍰）與憲法比例原則並無牴觸。

解釋理由書

憲法第十九條規定，人民有依法律納稅之義務，而法律規範之租稅構成要件，應遵守法律明確性原則。惟立法使用不確定法律概念或其他抽象概念者，苟其意義非難以理解，且為受規範者所得預見，並可經由司法審查加以確認，即不得謂與法律明確性原則相違（本院釋字第五二一號解釋參照）。

本條例第二條第一項第一款、第二款規定：「貨物稅於應稅貨物出廠或進口時徵收之。其納稅義務人如左：一、國內產製之貨物，為產製廠商。二、委託代製之貨物，為受託之產製廠商。」是國內產製應稅貨物者，以產製廠商為納稅義務人。至於委託代製應稅貨物者，則以受託之產製廠商為納稅義務人。但不論係自行產製應稅貨物或是受託產製應稅貨物之廠商，均有依本條例第十九條，以及貨物稅稽徵規則（下稱稽徵規則）第十條、第十五條完成廠商登記及產品登記之協力義務，並經主管稽徵機關准予登記後，始得產製應稅貨物。且受託產製廠商，依稽徵規則第十七條第一項，尚須將委託代製合約書一併送請主管稽徵機關審查，經審查核准後，始得產製應稅貨物。再依稽徵規則第十八條之規定：「應稅貨物使用包裝者，除依第十六條規定辦理及經專案核准之規格外，其包裝上均應以中文載明貨物之名稱及產製廠商之名稱、地址。」本條例第二條第一項第二款之受委託代製廠商，如僅係單一產製廠商獨立完成產製，由其承擔納稅義務，自無疑問。如係多家廠商分工，各自先後所為部分之產製行為，均為完成應稅貨物所必須。本條例第二條第一項第二款之規定，雖未明定何階段之受託產製廠商為貨物稅繳納義務人，尚非不能根據貨物類型特徵及其產製過程認定之。是本條例

第二條第一項第二款規定由受委託之產製廠商為納稅義務人，為該等廠商產製前所能預見，並可經由司法審查加以確認，與法律明確性原則尚無違背。惟於委託多家廠商分工之情形，立法機關宜考量產製之分工、製程及各種委託製造關係，明定完成應稅貨物之產製階段，作為認定受託產製廠商之依據，適時檢討相關規定改進之。

本條例第八條第一項規定：「飲料品：凡設廠機製之清涼飲料品均屬之。其稅率如左：一、稀釋天然果蔬汁從價徵收百分之八。二、其他飲料品從價徵收百分之十五。」同條第三項雖就「設廠機製」為明文之定義，而未就「清涼飲料品」予以定義。惟所謂「清涼」者，乃相對之概念，並非與溫度有絕對關連，而市售此類飲料種類眾多，立法者實無從預先鉅細靡遺悉加以規定。消費者於購買飲料品後，開封即可飲用，凡符合此一特性者，即屬於清涼飲料品，此非受規範者所不能預見，與法律明確性原則尚無不合。

凡設廠機製之清涼飲料品應課徵貨物稅，本條例第八條第一項定有明文。又同條第三項規定：「第一項所稱設廠機製，指左列情形之一：一、設有固定製造場所，使用電動或非電動之機具製造裝瓶（盒、罐、桶）固封者。二、設有固定製造場所，使用電動或非電動機具製造飲料品之原料或半成品裝入自動混合販賣機製造銷售者。」至於市面上非設廠而以手工或機具調製之清涼飲料品，產量有限，對之課徵貨物稅不符稽徵成本，與設廠產製之清涼飲料品，係以機具裝填、充入或分裝原物料，大量製造運銷出廠，始再轉售與消費者之情形不同。貨物稅之課徵，乃立法者針對國內產製或自國外輸入特定類別貨物所課徵之一種單一階段銷售稅，原則上以設廠集中生產、產量較大與標準化生產為課徵對象。立法者選擇設廠機製之清涼飲料品課稅，係基於國家經濟、財政政策之考量，自非恣意。是本條例第八條僅對設廠機製之清涼飲料品課徵貨物稅，而未對非設廠機製者課徵貨物稅，並不違反憲法第七條之平等原則。

至於本條例第八條第一項第二款「其他飲料品」之定義，除其須非屬同條第一項第一款之稀釋天然果蔬汁及同條第二項合於國家標準之純天然與濃縮果、蔬菜汁（漿）外，財政部七十九年十一月一日台財稅第七九〇三六七三二四號函示：「二、設廠機製之罐裝綠豆湯、花生湯等，依本部 (72) 台財稅第三六二八六號函及 (74) 台財稅第二四七九號函規定之原則，應查明其內含固體量是否達到百分之五十，其內容量如未達百分之五十以上者，應按飲料品從價徵收百分之十五貨物稅。」（下稱七十九年函，上開 (72) 台財稅第三六二八六號函業經財政部九十八年十月二十六日台財稅字第〇九八〇四五六四九五〇號令廢止）準此，設廠機製之飲料品，內含可供飲用及食用之液體與添加

物，應否課徵貨物稅，以該項飲料品是否「內含固體量達到百分之五十」作為認定標準。此係由主管機關本於職權作成解釋性函釋，以供下級機關於個案中具體判斷，該認定標準符合社會通念對於飲料品之認知，與一般法律解釋方法無違，尚不違反租稅法律主義之意旨（本院釋字第六三五號、第六八五號解釋參照）。另財政部八十四年十一月二十四日台財稅第八四一六六〇九六一號函謂：「廠商進口或產製之燕窩類飲料，核屬貨物稅條例第八條規定之應稅飲料品，應依法課徵貨物稅。」乃屬主管機關循上開七十九年函釋認定飲料品之標準，就燕窩類飲料是否為清涼飲料之解釋性函釋，符合社會通念關於清涼飲料品概念之認知，亦未違反租稅法律主義。惟飲料品之種類繁多，產品日新月異，是否屬應課徵貨物稅之清涼飲料，其認定標準，有無由立法者以法律或授權主管機關以法規命令規定之必要，相關機關宜適時檢討改進，併此指明。

八十六年五月七日修正公布，九十一年一月一日施行之貨物稅條例第三十二條第一款規定：「納稅義務人有左列情形之一者，除補徵稅款外，按補徵稅額處五倍至十五倍罰鍰：一、未依第十九條規定辦理登記，擅自產製應稅貨物出廠者。」（九十八年十二月三十日修正為一倍至三倍罰鍰）上開規定係對納稅義務人未依法辦理廠商登記及產品登記，即自行產製應稅貨物出廠而逃漏稅捐所為之處罰，具漏稅罰性質。其按補徵稅額處五倍至十五倍罰鍰，乃為防止漏稅，以達正確課稅之目的，尚未逾越立法裁量範圍，與憲法比例原則並無牴觸。

釋字第六九八號解釋 （憲七、一九，貨物稅一一、三二）

一百零一年三月二十三日公布

貨物稅條例第十一條第一項第二款規定：「電器類之課稅項目及稅率如左：……二、彩色電視機：從價徵收百分之十三。」與憲法第七條平等原則並無牴觸。

財政部中華民國九十六年六月十四日台財稅字第〇九六〇四五〇一八七〇號令：「一、貨物稅條例第十一條第一項第二款規定之彩色電視機須同時具備彩色顯示器及電視調諧器二大主要部分。二、廠商產製（或進口）之彩色顯示器，本體不具有電視調諧器(TV Tuner)裝置，且產品名稱、功能型錄及外包裝未標示有電視字樣，亦未併同具有電視調諧器功能之機具出廠（或進口）者，因無法直接接收電視視頻訊號及播放電視節目，核非屬彩色電視機之範圍，免於出廠（或進口）時課徵貨物稅。三、廠商產製（或進口）電視調諧器或具有電視調諧器功能之機具，本體不具有影像顯示功能，且未併同彩色顯示器出廠（或進口）者，亦免於出廠（或進口）時課徵貨物稅。」部分，

與租稅法律主義及平等原則尚屬無違。

　　解釋理由書

聲請人以最高行政法院九十七年度裁字第四二二四號裁定（下稱系爭裁定）為確定終局裁判，認其所適用之貨物稅條例第十一條第一項第二款、財政部九十六年六月十四日台財稅字第○九六○四五○一八七○號令（下稱系爭令）及八十六年五月七日修正公布、九十一年一月一日施行之同條例第三十二條有違憲疑義，聲請解釋憲法。查系爭裁定以聲請人未具體表明臺北高等行政法院九十六年度訴字第五一七號判決有何不適用法規、適用法規不當或有其他違背法令之情形，而認上訴為不合法，從程序上裁定駁回上訴，應以上開臺北高等行政法院判決為本件聲請之確定終局判決。次查系爭令形式上雖未經確定終局判決所援用，惟確定終局判決所審酌之財政部七十三年八月七日台財稅第五七二七五號函及九十二年十一月十八日台財稅字第○九二○四五五六一六號令，其內容實質上為確定終局判決時已發布實施之系爭令所涵括（財政部於發布系爭令之同時廢止上開二函令），應認系爭令業經確定終局判決實質援用（本院釋字第三九九號、第五八二號、第六二二號及第六七五號解釋參照），合先敘明。

貨物稅條例第十一條第一項第二款規定：「電器類之課稅項目及稅率如左：……二、彩色電視機：從價徵收百分之十三。」（下稱系爭規定）查立法者選擇對彩色電視機課徵貨物稅，而未對其他具有彩色收視功能之電器產品課徵貨物稅，原寓有國家稅收、產業政策、節約能源等多種考量，並未逾越立法裁量之範圍，尚難謂為恣意，與憲法平等原則無違（本院釋字第六九七號解釋參照）。

財政部為協助所屬機關統一認定系爭規定所稱彩色電視機，以系爭令釋示：「一、貨物稅條例第十一條第一項第二款規定之彩色電視機須同時具備彩色顯示器及電視調諧器二大主要部分。二、廠商產製（或進口）之彩色顯示器，本體不具有電視調諧器 (TV Tuner) 裝置，且產品名稱、功能型錄及外包裝未標示有電視字樣，亦未併同具有電視調諧器功能之機具出廠（或進口）者，因無法直接接收電視視頻訊號及播放電視節目，核非屬彩色電視機之範圍，免於出廠（或進口）時課徵貨物稅。三、廠商產製（或進口）電視調諧器或具有電視調諧器功能之機具，本體不具有影像顯示功能，且未併同彩色顯示器出廠（或進口）者，亦免於出廠（或進口）時課徵貨物稅。……」查其意旨，乃以彩色電視機可分為顯示器及電視調諧器二大主要部分，倘顯示器未標示電視字樣，二者亦未併同出廠，即非屬彩色電視機之範圍，免於出廠時課徵貨物稅。上開令釋既未不當擴張應稅貨物之定義，又未對其他情形造成差別待遇，應不違反租稅法

律主義及平等原則。惟鑑於彩色電視機相關產品日新月異，主管機關宜考量貨物稅性質及消費大眾對於單一或組合之相關產品於出廠時主要功能之認知等，訂定較為明確之課徵貨物稅認定標準，以利遵行。

八十六年五月七日修正公布，九十一年一月一日施行之貨物稅條例第三十二條第一款規定：「納稅義務人有左列情形之一者，除補徵稅款外，按補徵稅額處五倍至十五倍罰鍰：一、未依第十九條規定辦理登記，擅自產製應稅貨物出廠者」，與憲法第二十三條比例原則尚無牴觸，業經本院釋字第六九七號解釋在案，無再為解釋之必要，併此指明。

釋字第六九九號解釋　（憲一五、二二、二三，交通處罰一、三五、六八，警察二，警察職權八，刑一八五之三，交通安全一一四）

一百零一年五月十八日公布

道路交通管理處罰條例第三十五條第四項前段規定，汽車駕駛人拒絕接受同條第一項第一款酒精濃度測試之檢定者，吊銷其駕駛執照。同條例第六十七條第二項前段復規定，汽車駕駛人曾依第三十五條第四項前段規定吊銷駕駛執照者，三年內不得考領駕駛執照。又中華民國九十四年十二月十四日修正公布之同條例第六十八條另規定，汽車駕駛人因第三十五條第四項前段規定而受吊銷駕駛執照處分者，吊銷其持有各級車類之駕駛執照。上開規定與憲法第二十三條比例原則尚無牴觸，而與憲法保障人民行動自由及工作權之意旨無違。

解釋理由書

人民有隨時任意前往他方或停留一定處所之行動自由，於不妨害社會秩序公共利益之前提下，受憲法第二十二條所保障（本院釋字第五三五號、第六八九號解釋參照）。此一行動自由應涵蓋駕駛汽車或使用其他交通工具之自由。又人民之工作權應予保障，亦為憲法第十五條所明定。惟上揭自由權利於合乎憲法第二十三條要件下，以法律或法律明確授權之命令加以適當之限制，尚非憲法所不許。

依法維持公共秩序，保護社會安全，防止一切危害，促進人民福利，乃警察之任務（警察法第二條規定參照）。警察對於已發生危害或依客觀合理判斷易生危害之交通工具，得予以攔停，要求駕駛人接受酒精濃度測試之檢定（以下簡稱酒測；警察職權行使法第八條第一項第三款、刑法第一百八十五條之三、道路交通管理處罰條例第三十五條及道路交通安全規則第一百十四條第二款規定參照），是駕駛人有依法配合酒測之義

務。而主管機關已依上述法律，訂定取締酒後駕車作業程序，規定警察對疑似酒後駕車者實施酒測之程序，及受檢人如拒絕接受酒測，警察應先行勸導並告知拒絕之法律效果，如受檢人仍拒絕接受酒測，始得加以處罰。

立法者為加強道路交通管理，維護交通秩序，確保交通安全之目的，制定道路交通管理處罰條例（同條例第一條規定參照；下稱系爭條例）。有鑒於酒後駕車為道路交通事故主要肇事原因之一，立法者乃於系爭條例第三十五條第四項前段規定汽車駕駛人拒絕接受同條第一項第一款酒測，除處新臺幣六萬元罰鍰，當場移置保管該汽車外，並吊銷其駕駛執照。系爭條例第六十七條第二項前段復規定，汽車駕駛人曾依第三十五條第四項前段規定吊銷駕駛執照者，三年內不得考領駕駛執照。九十四年十二月十四日修正公布之系爭條例第六十八條另規定，汽車駕駛人因違反第三十五條第四項前段規定而受吊銷駕駛執照處分者，吊銷其持有各級車類之駕駛執照。上開系爭條例第三十五條第四項前段吊銷駕駛執照部分、第六十七條第二項前段暨第六十八條規定關於違反第三十五條第四項前段部分（以下合稱系爭規定），係為考量道路交通行車安全，保護大眾權益，其目的洵屬正當，且所採吊銷駕駛執照等手段，亦可促使駕駛人接受酒測，進而遏止酒後駕車之不當行為，防範發生交通事故，有助於上開目的之達成。為強化取締酒後駕車，維護交通安全，立法者於八十八年四月二十一日增訂刑法第一百八十五條之三規定（嗣後於九十七年一月二日及一〇〇年十一月三十日更兩度修正提高法定刑）。惟依內政部警政署八十八年至九十年間之統計數字卻顯示，酒後駕車肇事傷亡事件有逐年上升之趨勢。鑒於汽車駕駛人拒絕接受酒測，或係為逃避其酒後駕車致可能受刑法第一百八十五條之三公共危險罪之處罰。立法者遂於九十年一月十七日修正系爭條例第三十五條提高拒絕酒測之罰責（參考立法院公報第九十一卷第四十期，第五七七頁以下，立法委員章孝嚴等之提案說明），以防堵酒駕管制之漏洞，有效遏阻酒後駕車行為。系爭規定所採手段，具有杜絕此種僥倖心理，促使汽車駕駛人接受酒測之效果，且尚乏可達成相同效果之較溫和手段，自應認系爭規定係達成前述立法目的之必要手段。

系爭規定之處罰，固限制駕駛執照持有人受憲法保障之行動自由，惟駕駛人本有依法配合酒測之義務，且由於酒後駕駛，不只危及他人及自己之生命、身體、健康、財產，亦妨害公共安全及交通秩序，是其所限制與所保護之法益間，尚非顯失均衡。縱對於以駕駛汽車為職業之駕駛人或其他工作上高度倚賴駕駛汽車為工具者（例如送貨員、餐車業者）而言，除行動自由外，尚涉工作權之限制，然作為職業駕駛人，本應更遵

守道路交通安全法規，並具備較一般駕駛人為高之駕駛品德。故職業駕駛人因違反系爭規定而受吊銷駕駛執照之處罰者，即不得因工作權而受較輕之處罰。況在執行時警察亦已先行勸導並告知拒絕之法律效果，顯見受檢人已有將受此種處罰之認知，仍執意拒絕接受酒測，是系爭規定之處罰手段尚未過當。綜上所述，尚難遽認系爭規定牴觸憲法第二十三條之比例原則，其與憲法保障人民行動自由及工作權之意旨尚無違背。系爭規定雖不違反比例原則，惟立法者宜本其立法裁量，針對不同情況增設分別處理之規定，使執法者在能實現立法目的之前提下，斟酌個案具體情節，諸如駕駛人是否曾有酒駕或拒絕酒測之紀錄、拒絕酒測時所駕駛之車輛種類、所吊銷者是否屬其賴以維持生活之職業駕駛執照等狀況，而得為妥適之處理；另系爭條例有關酒後駕車之檢定測試，其檢測方式、檢測程序等事項，宜以法律或法律明確授權之規範為之，相關機關宜本此意旨通盤檢討修正有關規定，併此指明。

釋字第七○○號解釋　（憲一九，營業稅三三、三五、四三，營業稅施五二，稅徵四八之一）　一百零一年六月二十九日公布

財政部中華民國八十九年十月十九日台財稅第八九○四五七二五四號函說明三，就同年六月七日修正發布之營業稅法施行細則第五十二條第二項第一款，有關如何認定八十四年八月二日修正公布，同年九月一日施行之營業稅法第五十一條第一款漏稅額所為釋示，符合該法第十五條第一項、第三十三條、第三十五條第一項、第四十三條第一項第三款及第五十一條第一款規定之立法意旨，與憲法第十九條之租稅法律主義尚無牴觸。

解釋理由書

憲法第十九條規定，人民有依法律納稅之義務，係指國家課人民以繳納稅捐之義務或給予人民減免稅捐之優惠時，應就租稅主體、租稅客體、租稅客體對租稅主體之歸屬、稅基、稅率等租稅構成要件，以法律定之。惟法律之規定不能鉅細靡遺，有關課稅之技術性及細節性事項，尚非不得以行政命令為必要之釋示。故主管機關本於法定職權就相關規定為闡釋，如其解釋符合各該法律之立法目的、租稅之經濟意義及實質課稅之公平原則，即與租稅法律主義尚無牴觸（本院釋字第四二○號、第四六○號、第四九六號、第五一九號、第五九七號、第六二五號解釋參照）。

八十四年八月二日修正公布，同年九月一日施行之營業稅法，於九十年七月九日修正公布更名為加值型及非加值型營業稅法（下稱營業稅法），其第五十一條（九十九年十

二月八日修正降低罰鍰倍數、一○○年一月二十六日增訂第二項）第一款規定，納稅義務人「未依規定申請營業登記而營業者」，追繳稅款並按所漏稅額科處罰鍰。所謂漏稅額，依八十九年六月七日修正發布之營業稅法施行細則，於九十年十月十七日修正發布更名為加值型及非加值型營業稅法施行細則（下稱營業稅法施行細則），其第五十二條第二項第一款規定，係「以經主管稽徵機關依查得之資料，核定應補徵之應納稅額為漏稅額」（一○○年六月二十二日修正為：「以經主管稽徵機關依查得之資料，包含已依本法第三十五條規定申報且非屬第十九條規定之進項稅額及依本法第十五條之一第二項規定計算之進項稅額，核定應補徵之應納稅額為漏稅額」）。主管機關財政部就前開漏稅額之認定，復作成八十九年十月十九日台財稅第八九○四五七二五四號函之說明三謂：「又依營業稅法第三十五條第一項規定，營業人不論有無銷售額，應按期填具申報書，檢附退抵稅款及其他有關文件，向主管稽徵機關申報銷售額、應納或溢付營業稅額。準此，營業人之進項稅額准予扣抵或退還，應以已申報者為前提，故營業人違反營業稅法第五十一條第一款至第四款及第六款，據以處罰之案件，營業人如於經查獲後始提出合法進項憑證者，稽徵機關於計算其漏稅額時尚不宜准其扣抵銷項稅額。」其中有關認定營業稅法第五十一條第三款漏稅額部分，業經本院釋字第六六○號解釋，認與憲法第十九條之租稅法律主義尚無牴觸。至於該函有關營業稅法第五十一條第一款部分（下稱系爭函）是否違憲，不在本院釋字第六六○號解釋範圍，應據本件聲請予以解釋。

依營業稅法第十四條、第十五條、第十六條、第十九條、第三十三條及第三十五條規定，加值型營業稅採稅額相減法，並採按期申報銷售額及統一發票明細表暨依法申報進項稅額憑證，據以計算當期之應納或溢付營業稅額（本院釋字第六八五號解釋參照）。且同法第十五條第一項規定當期銷項稅額得扣減之進項稅額，以依法登記之營業人取得同法第三十三條所列之合法要式憑證，且於申報期限內檢附向主管稽徵機關申報扣減，而據以計算當期應納或溢付營業稅額為前提要件（本院釋字第六六○號解釋參照）。故營業人未依規定申請營業登記而營業者，除於主管稽徵機關查獲前補辦理營業登記及報繳營業稅，而得適用稅捐稽徵法第四十八條之一第一項規定，免依營業稅法第五十一條第一款規定處罰外，如經主管稽徵機關查獲未履行定期申報之義務，於查獲後始提出之進項稅額，自與上開規定得扣抵銷項稅額之要件不符。

對未依規定申請營業登記而營業者，系爭函綜合營業稅法第十五條第一項、第三十三條、第三十五條第一項、第四十三條第一項第三款、第五十一條第一款及營業稅法施

行細則第二十九條、第五十二條第二項第一款等規定，限以取得合法進項憑證，且依規定期限申報者，始得據以扣抵銷項稅額，符合加值型營業稅按週期課徵，並能自動勾稽之整體營業稅法立法目的，亦無違於依法履行協力義務之營業人得將營業稅轉嫁消費者負擔之經濟意義及實質課稅之公平原則，不使未依法履行協力義務之營業人，亦得與依法履行協力義務之營業人立於相同之法律地位，致破壞加值型營業稅立基之登記及申報制度。故系爭函以經稽徵機關循前開規定核定之應納稅額為漏稅額，並據以計算漏稅罰，並未增加營業人法律上所未規定之義務，於憲法第十九條之租稅法律主義尚無牴觸。

本件聲請人中一人指稱，營業稅法第三十三條就營業人以進項稅額扣抵銷項稅額時，不論營業人已、未辦妥登記，均要求應具有載明其名稱、地址、及統一編號之憑證始得為之，有違憲法第七條之平等原則、第二十三條之比例原則；財政部九十年六月六日台財稅字第○九○○四五三五一七號函亦屬違憲，聲請解釋憲法。查其所陳，並未具體指摘營業稅法第三十三條規定究有何牴觸憲法之疑義；而上開財政部函文係個案之函復，非屬法令，不得據以聲請釋憲。依司法院大法官審理案件法第五條第一項第二款及第三項之規定，此等部分之聲請，均應不受理，併此指明。

釋字第七○一號解釋　（憲法七、一五、一五五，所得稅一七）

一百零一年七月六日公布

中華民國九十四年十二月二十八日修正公布之所得稅法第十七條第一項第二款第二目之3前段規定：「……㈡列舉扣除額：……3.醫藥……費：納稅義務人及其配偶或受扶養親屬之醫藥費……，以付與公立醫院、公務人員保險特約醫院、勞工保險特約醫療院、所，或經財政部認定其會計紀錄完備正確之醫院者為限」（上開規定之「公務人員保險特約醫院、勞工保險特約醫療院、所」，於九十七年十二月二十六日經修正公布為「全民健康保險特約醫療院、所」，規定意旨相同），就身心失能無力自理生活而須長期照護者（如失智症、植物人、極重度慢性精神病、因中風或其他重症長期臥病在床等）之醫藥費，亦以付與上開規定之醫療院所為限始得列舉扣除，而對於付與其他合法醫療院所之醫藥費不得列舉扣除，與憲法第七條平等原則之意旨不符，在此範圍內，系爭規定應不予適用。

解釋理由書

憲法第七條規定人民之平等權應予保障。法規範是否符合平等權保障之要求，其判斷

應取決於該法規範所以為差別待遇之目的是否合憲，其所採取之分類與規範目的之達成之間，是否存有一定程度之關聯性而定（本院釋字第六八二號、第六九四號解釋參照）。

九十四年十二月二十八日修正公布之所得稅法第十七條第一項第二款第二目之 3 前段規定：「按前三條規定計得之個人綜合所得總額，減除下列免稅額及扣除額後之餘額，為個人之綜合所得淨額：……二、扣除額：納稅義務人就下列標準扣除額或列舉扣除額擇一減除外，並減除特別扣除額：……㈡列舉扣除額：…… 3.醫藥……費：納稅義務人及其配偶或受扶養親屬之醫藥費……，以付與公立醫院、公務人員保險特約醫院、勞工保險特約醫療院、所，或經財政部認定其會計紀錄完備正確之醫院者為限」（上開規定之「公務人員保險特約醫院、勞工保險特約醫療院、所」，於九十七年十二月二十六日經修正公布為「全民健康保險特約醫療院、所」，規定意旨相同，下稱系爭規定），明定納稅義務人及其配偶或受扶養親屬之醫藥費須以付與上開醫療院所者，始得列舉扣除。系爭規定關於身心失能無力自理生活而須長期照護者（如失智症、植物人、極重度慢性精神病、因中風或其他重症長期臥病在床等；以下簡稱受長期照護者）所須支付之醫藥費部分，仍以付與上開醫療院所為限，始得列舉扣除，而對於付與其他合法醫療院所之醫藥費，卻不得申報列舉扣除，形成因就診醫療院所不同所為之差別待遇，爰以此部分有無違反憲法第七條平等原則，為本件解釋範圍。

憲法第十五條規定，人民之生存權應予保障。又憲法第一百五十五條規定，人民之老弱殘廢，無力生活，及受非常災害者，國家應予以適當之扶助與救濟。國家所採取保障人民生存與生活之扶助措施原有多端，租稅優惠亦屬其中之一環。依系爭規定，納稅義務人就受長期照護者所支付之醫藥費，一律以付與上開醫療院所為限，始得列舉扣除，而對因受國家醫療資源分配使用及上開醫療院所分布情形之侷限，而至上開醫療院所以外之其他合法醫療院所就醫所支付之醫藥費，卻無法列舉扣除，將影響受長期照護者生存權受憲法平等保障之意旨。故系爭規定所形成之差別待遇是否違反平等原則，應受較為嚴格之審查，除其目的須係合憲外，所採差別待遇與目的之達成間亦須有實質關聯，始與憲法平等原則之意旨相符（本院釋字第六九四號解釋參照）。

系爭規定以上開醫療院所作為得否申報醫藥費列舉扣除額之分類標準，旨在避免浮濫或淪為規避稅負之工具；抑且，因全體納稅義務人之醫藥費支出，數量眾多龐雜，而稅捐稽徵機關人力有限，逐一查證不易，為使稅捐稽徵機關正確掌握醫藥費用支出，考量上開醫療院所健全會計制度具有公信力，有利稅捐稽徵機關之查核，而就醫藥費

申報列舉扣除額須以付與上開醫療院所者為限始准予減除（財政部九十九年七月八日台財稅字第○九九○○一八一二三○號函參照）。惟受長期照護者因醫療所生之費用，其性質屬維持生存所必需之支出，於計算應稅所得淨額時應予以扣除，不應因其醫療費用付與上開醫療院所以外之其他合法醫療院所而有所差異。況是否屬醫藥費支出，稅捐稽徵機關仍可基於職權予以審核，以免規避稅負，不致增加過多行政稽徵成本。故系爭規定所為之差別待遇對避免浮濫或淪為規避稅負達成之效果尚非顯著，卻對受長期照護者之生存權形成重大不利之影響，難謂合於憲法保障受長期照護者生存權之意旨。是系爭規定就受長期照護者之醫藥費，以付與上開醫療院所為限始得列舉扣除，而對於付與其他合法醫療院所之醫藥費不得列舉扣除，其差別待遇之手段與目的之達成間欠缺實質關聯，與憲法第七條平等原則之意旨不符，在此範圍內，系爭規定應不予適用。

釋字第七○二號解釋　　（憲一五、二三、一五八，教師一四，大學二○、二一，教員任用三一）　　　　　　　　　一百零一年七月二十七日公布

中華民國九十八年十一月二十五日修正公布之教師法第十四條第一項規定，教師除有該項所列各款情形之一者外，不得解聘、停聘或不續聘，其中第六款（即一○一年一月四日修正公布之同條第一項第七款）所定「行為不檢有損師道，經有關機關查證屬實」之要件，與憲法上法律明確性原則之要求尚無違背。又依同條第三項（即一○一年一月四日修正公布之同條第三項，意旨相同）後段規定，已聘任之教師有前開第六款之情形者，應報請主管教育行政機關核准後，予以解聘、停聘或不續聘，對人民職業自由之限制，與憲法第二十三條比例原則尚無牴觸，亦與憲法保障人民工作權之意旨無違。惟同條第三項前段使違反前開第六款者不得聘任為教師之規定部分，與憲法第二十三條比例原則有違，應自本解釋公布之日起，至遲於屆滿一年時失其效力。

　　解釋理由書

憲法第十五條規定，人民之工作權應予保障，其內涵包括人民之職業自由。法律若課予人民一定職業上應遵守之義務，即屬對該自由之限制，有關該限制之規定應符合明確性原則。惟立法者仍得衡酌法律所規範生活事實之複雜性及適用於個案之妥當性，適當運用不確定法律概念或概括條款而為相應之規定，苟其意義非難以理解，且為受規範者所得預見，並可經由司法審查加以確認，即不得謂與前揭原則相違（本院釋字第五二一號、第五四五號、第六五九號解釋參照）。另對職業自由之限制，因內容之差

異，在憲法上有寬嚴不同之容許標準，若所限制者為從事一定職業所應具備之主觀條件，則需所欲實現者為重要之公共利益，且其手段屬必要時，方得為適當之限制，始符合憲法第二十三條比例原則之要求，迭經本院解釋在案（本院釋字第五八四號、第六四九號解釋參照）。

九十八年十一月二十五日修正公布之教師法第十四條第一項第六款規定：「教師聘任後除有下列各款之一者外，不得解聘、停聘或不續聘：……六、行為不檢有損師道，經有關機關查證屬實。」（一〇一年一月四日修正增訂同條第一項第三款，原條文移列同項第七款；下稱系爭規定一）其以「行為不檢有損師道，經有關機關查證屬實」為解聘、停聘或不續聘之構成要件，係因行為人嚴重違反為人師表之倫理規範，致已不宜繼續擔任教職。惟法律就其具體內涵尚無從鉅細靡遺詳加規定，乃以不確定法律概念加以表述，而其涵義於個案中尚非不能經由適當組成、立場公正之機構，例如各級學校之教師評審委員會（教師法第十一條、第十四條第二項、大學法第二十條及高級中等以下學校教師評審委員會設置辦法參照），依其專業知識及社會通念加以認定及判斷；而教師亦可藉由其養成教育及有關教師行為標準之各種法律、規約（教師法第十七條、公立高級中等以下學校教師成績考核辦法、全國教師自律公約等參照），預見何種作為或不作為將構成行為不檢有損師道之要件。且教育實務上已累積許多案例，例如校園性騷擾、嚴重體罰、主導考試舞弊、論文抄襲等，可供教師認知上之參考。綜上，系爭規定一之行為不檢有損師道，其意義非難以理解，且為受規範之教師得以預見，並可經由司法審查加以確認，與法律明確性原則尚無違背。惟所謂行為不檢有損師道之行為態樣，於實務形成相當明確之類型後，為提高其可預見性，以明文規定於法律為宜，並配合社會變遷隨時檢討調整，併此指明。

前開教師法第十四條就有系爭規定一情形，以同條第三項前段規定：「不得聘任為教師」（一〇一年一月四日修正公布之教師法第十四條第三項前段之意旨相同，以下即以該前段適用於系爭規定一之情形為系爭規定二）；其已聘任者，則以後段規定：「應報請主管教育行政機關核准後，予以解聘、停聘或不續聘」（一〇一年一月四日修正公布之教師法第十四條第三項後段之意旨相同，以下即以該後段適用於系爭規定一之情形為系爭規定三）。以致因系爭規定一之原因而被解聘、停聘或不續聘為教師者，亦不得再次聘任。使教師於有系爭規定一之情形，不僅應受三種強制退出現任教職方式之一之處置，且終身禁止再任教職。不論無法保留教職或無法再任教職，均屬對人民職業選擇自由所為主觀條件之限制，是否符合比例原則，首應審查其所欲實現之公共利益是

否重要。憲法第一百五十八條宣示之教育文化目的，包括發展國民之「自治精神」及「國民道德」，其意無非以教育為國家百年大計，為改善國民整體素質，提升國家文化水準之所繫，影響既深且遠。系爭規定二、三明定教師於行為不檢有損師道時，即可剝奪其教職，係為確保學生良好之受教權及實現上開憲法規定之教育目的，其所欲維護者，確屬重要之公共利益，其目的洵屬正當（本院釋字第六五九號解釋參照）。

我國素有尊師重道之文化傳統，學生對教師之尊崇與學習，並不以學術技能為限，教師之言行如有嚴重悖離社會多數共通之道德標準與善良風俗，若任其擔任教職，將對眾多學子身心影響至鉅；其經傳播者，更可能有害於社會之教化。系爭規定二、三對行為不檢有損師道之教師施以較嚴之處置，自有助於上開目的之達成。至於手段是否必要與限制是否過當，系爭規定二、三則有分別審究之必要。

現行教育法規對於教師行為不檢之各種情形，已多有不同之處置，以公立高級中等以下學校教師成績考核辦法而言，其第四條即有就「品德生活較差，情節尚非重大」為留支原薪，同辦法第六條就「有不實言論或不當行為致有損學校名譽」為申誡，就「有不當行為，致損害教育人員聲譽」為記過，或就「言行不檢，致損害教育人員聲譽，情節重大」為記大過等不同程度之處置，顯然「行為不檢」之情節須已達相當嚴重程度，始得認為構成「有損師道」。大學法雖未規定類似之成績考核制度，但通過授權各校訂定之教師評鑑辦法（大學法第二十一條可參），對於教師行為不檢但未達有損師道之情形，亦可以自治方式為不同之處置。另按教師法第十四條第三項之規定，有同條第一項所列與行為不檢相關之事由者，既生相同之法律效果，解釋上系爭規定一之嚴重性自亦應達到與其他各款相當之程度，始足當之。故系爭規定三對行為不檢而有損師道之教師，予以解聘、停聘、不續聘，其所為主觀條件之限制，並無其他較溫和手段可達成同樣目的，尚未過當，自未牴觸憲法第二十三條之比例原則，與憲法保障人民工作權之意旨尚無違背。

系爭規定二限制教師終身不得再任教職，不啻完全扼殺其改正之機會，對其人格發展之影響至鉅。倘行為人嗣後因已自省自新，而得重返教職，繼續貢獻所學，對受教學生與整體社會而言，實亦不失為體現教育真諦之典範。系爭規定二一律禁止終身再任教職，而未針對行為人有改正可能之情形，訂定再受聘任之合理相隔期間或條件，使客觀上可判斷確已改正者，仍有機會再任教職，就該部分對人民工作權之限制實已逾越必要之程度，有違憲法第二十三條之比例原則。有關機關應依本解釋意旨於本解釋公布之日起一年內完成系爭規定二之檢討修正，逾期未完成者，該部分規定失其效力。

釋字第七○三號解釋　　（憲一九，所得稅二四）　　　一百零一年十月五日公布

財政部賦稅署中華民國八十四年十二月十九日台稅一發第八四一六六四○四三號函一（五）決議 1 與 3，關於財團法人醫院或財團法人附屬作業組織醫院依教育文化公益慈善機關或團體免納所得稅適用標準第二條第一項第八款規定之免稅要件，就其為醫療用途所購置之建物、設備等資產之支出，選擇全額列為購置年度之資本支出，於計算課稅所得額時，應自銷售貨物或勞務以外之收入中減除及以後年度不得再提列折舊部分，違反憲法第十九條租稅法律主義，應自本解釋公布之日起不再援用。

解釋理由書

本件聲請人主張最高行政法院九十六年度判字第一八六二號判決、臺北高等行政法院九十五年度訴字第二六八六號、第三一○三號、九十六年度訴字第二七三一號、九十七年度訴字第二八三八號、九十八年度訴字第一八六二號、九十九年度訴字第一八六六號及一○○年度訴字第一四七六號判決（下併稱確定終局判決）所援用之財政部賦稅署八十四年十二月十九日台稅一發第八四一六六四○四三號函一（五）決議（下稱系爭決議）3 有違憲疑義，聲請解釋。查其中臺北高等行政法院九十五年度訴字第三一○三號判決理由中雖未明確援用系爭決議 3，但由其所持法律見解判斷，應認其已實質援用，應併予受理（本院釋字第三九九號、第五八二號、第六二二號、第六七五號、第六九八號解釋參照）。

人民於其憲法上所保障之權利，遭受不法侵害，經依法定程序提起訴訟，對於確定終局裁判所適用之法律或命令發生有抵觸憲法之疑義，依司法院大法官審理案件法第五條第一項第二款規定聲請本院解釋憲法時，本院審查之對象，不以聲請書所指摘者為限，尚可包含該確定終局裁判援引為裁判基礎之法令中，與聲請人聲請釋憲之法令具有重要關聯者在內（本院釋字第六六四號、第五七六號解釋參照）。本件聲請人就確定終局判決援用之系爭決議 3，認為有違憲疑義，聲請本院解釋，符合聲請解釋之要件。又同決議 1 關於「全額列為購置年度與其創設目的之活動有關之資本支出，自銷售貨物或勞務以外之收入中減除」部分，因與決議 3 具有成本歸屬意義下之重要關聯，故應為本案審查之對象，一併納入解釋範圍。

憲法第十九條規定，人民有依法律納稅之義務，係指國家課人民以繳納稅捐之義務或給予人民減免稅捐之優惠時，應就租稅主體、租稅客體、租稅客體對租稅主體之歸屬、稅基、稅率、納稅方法及納稅期間等租稅構成要件，以法律明文規定。主管機關本於法定職權就相關法律所為之闡釋，自應秉持憲法原則及相關法律之立法意旨，遵守一

般法律解釋方法而為之；如逾越法律解釋之範圍，而增加法律所無之租稅義務，則非憲法第十九條規定之租稅法律主義所許（本院釋字第六二○號、第六二二號、第六四○號、第六七四號、第六九二號解釋參照）。

所得稅法第二十四條第一項前段規定：「營利事業所得之計算，以其本年度收入總額減除各項成本費用、損失及稅捐後之純益額為所得額。」（本條項於九十五年五月三十日修正增訂後段規定，其修正前第一項之規定即為修正後第一項前段之規定）亦即營利事業之收入，於減除各項成本費用、損失及稅捐後之純益額，始為營利事業所得額。依收入與成本費用配合原則，得自收入減除之各項成本費用、損失及稅捐，應以為取得該收入所發生者為限。耐用年數二年以上之固定資產應以其逐年折舊數認列為成本（所得稅法第五十一條規定參照），以正確反映固定資產之採購使用在各年度之成本費用。要之，成本費用如可直接合理明確歸屬於應稅所得及免稅所得，即應依其實際之歸屬核實認列，始符合所得稅法第二十四條第一項之規定。

系爭決議1：「財團法人醫院或財團法人附屬作業組織醫院依免稅標準第二條之一（現行第三條）計算課稅所得額時，其為醫療用途新購置之建物、設備等資產，應比照適用所得稅法相關規定按年提列折舊，列為銷售貨物或勞務之成本費用。上開資本支出如與其創設目的活動有關，得選擇按年提列折舊，自銷售貨物或勞務之收入中減除，或全額列為購置年度與其創設目的活動有關之資本支出，自銷售貨物或勞務以外之收入中減除；……」同決議3：「財團法人醫院或財團法人附屬作業組織醫院為醫療用途所購置之資產全額列為購置年度與其創設目的活動有關之資本支出者，以後年度不得再提列折舊。」依上述決議，上開資本支出如選擇全額列為購置年度與其創設目的活動有關之資本支出，於計算課稅所得額時，自銷售貨物或勞務以外之收入中減除，而不得按年自銷售貨物或勞務之收入中減除。

查所得稅法第四條第一項第十三款規定，教育、文化、公益、慈善機關或團體（下稱公益團體），符合行政院規定標準者，其本身之所得及其附屬作業組織之所得，免納所得稅。依該款之授權，行政院訂定並於八十三年十二月三十日修正發布之教育文化公益慈善機關或團體免納所得稅適用標準（下稱免稅適用標準）第二條第一項第八款規定：「教育、文化、公益、慈善機關或團體符合左列規定者，其本身之所得及其所附屬作業組織之所得，除銷售貨物或勞務之所得外，免納所得稅。……八、其用於與其創設目的有關活動之支出，不低於基金之每年孳息及其他經常性收入百分之八十者，但經主管機關查明函請財政部同意者，不在此限。」（本款於九十二年三月二十六日修正

為：「八、其用於與其創設目的有關活動之支出，不低於基金之每年孳息及其他各項收入百分之七十者。但經主管機關查明函請財政部同意者，不在此限。」）該款規定，公益團體之支出占收入之比率達百分之八十，為免稅適用標準所定免稅要件之一。縱然非銷售貨物或勞務所得達到免稅適用標準，惟於計算銷售貨物或勞務之所得時，就其為醫療用途所購置之建物、設備等資產之支出，仍應依所得稅法相關規定，按年提列折舊，列為銷售貨物或勞務之成本費用，自銷售貨物或勞務之收入中減除，俾成本費用依其實際之歸屬核實計算。系爭決議 1 准許財團法人醫院或財團法人附屬作業組織醫院得選擇將其為醫療用途新購之建物、設備等資產，全額列為購置年度與其創設目的活動有關之資本支出，則其於以後年度，即不得再將上開資本支出列為計算免稅適用標準之支出，然其銷售貨物或勞務所得之計算，則仍應按年提列折舊，列為銷售貨物或勞務之成本費用，始符所得稅法第二十四條第一項前段之規定。系爭決議 1，有關上開資本支出如為適用上開免稅要件，而選擇全額列為購置年度之資本支出，於計算課稅所得額時，應自銷售貨物或勞務以外之收入中減除部分，及同決議 3 所示以後年度不得再提列折舊，此否准法律所定得為扣除之成本費用，與上開所得稅法第二十四條第一項前段之規定不符，無異以命令變更法律所規定之稅基，違反憲法第十九條租稅法律主義，應自本解釋公布之日起不再援用。惟在銷售貨物或勞務所得之計算上，財團法人醫院或財團法人附屬作業組織醫院為醫療用途所購置資產之支出，既經核實認列為銷售貨物或勞務之成本費用，而依所得稅法相關規定許其按年提列折舊，則在非銷售貨物或勞務所得之計算上，同筆資產支出即不得全額認列為購置年度之資本支出，並自銷售貨物或勞務以外之收入中減除，始能貫徹所得稅法第二十四條第一項前段規定之意旨，並符租稅公平之原則，乃屬當然。

本件違憲爭議實源於所得稅法對公益團體所得免徵所得稅之規定。為落實立法意旨、兼顧鼓勵從事公益及租稅公平之考量，被授權訂定免稅適用標準之行政院，先開放公益團體同時從事收益活動，再明確排除其營利所得之免稅；且為促使公益團體集中其資源投入於符合創設目的之活動，並儘量降低營利所得於一定比率範圍內，而設有收支比之管制。此一管制對於主要活動為單純公益之團體，在免稅上已造成諸多困擾。而對本件解釋涉及之醫院而言，一則對於其投入公益原已處於目的事業主管機關之高度管制下，二則均以銷售貨物或勞務為主，公益與非公益團體之醫院間存有直接競爭關係，使得此一管制之操作極易影響租稅公平與競爭中立。主管機關允宜就此一併檢討，併此指明。

至聲請人指稱最高行政法院九十八年度判字第四八八號判決援用系爭決議 3，並據以聲請解釋憲法部分，查上開判決並未援用該決議，是其聲請核與司法院大法官審理案件法第五條第一項第二款規定不符，依同條第三項規定，應不受理。

釋字第七〇四號解釋　（憲一六、八〇，陸海空軍軍官士官服役條例一七、二一、二二，陸海空軍軍官士官任職條例九）　　　一百零一年十一月十六日公布

中華民國九十一年十一月二十七日修正發布之陸海空軍軍官士官志願留營入營甄選服役規則第七條（九十五年十一月十三日全文修正，條次、內容無異），關於後備役軍官志願入營服役期滿而志願繼續服現役者，應依志願留營規定辦理，其中應經之核准程序規定，適用於經考試院特種考試及格志願入營服役，而尚未經核准得服現役至最大年限（齡）之軍事審判官部分，以及陸海空軍軍官士官服役條例第十七條關於服現役期滿予以解除召集之規定，適用於上開情形部分，與司法權建制之審判獨立憲政原理及憲法第十六條保障人民訴訟權之意旨不符，應自本解釋公布之日起至遲於屆滿二年時，對於上開類型軍事審判官不予適用。為保障上開類型軍事審判官之身分，有關機關應於上開期限內，依本解釋意旨，修正相關法律，明定適用於上開類型軍事審判官志願留營之甄選標準及應遵循之正當法律程序。

解釋理由書

按軍事審判機關所行使者，屬國家刑罰權之一種，具司法權之性質。其審判權之發動與運作應符合正當法律程序之最低要求，包括獨立、公正之審判機關與程序，並不得違背憲法第八十條等有關司法權建制之憲政原理（本院釋字第四三六號解釋參照）。次按職司審判者固不以終身職為必要（本院釋字第六〇一號解釋參照），然如同法官身分之保障與一般公務員不同，軍事審判官身分之保障亦應有別於一般軍官。為確保職司審判之軍事審判官唯本良知及其對法律之確信獨立行使審判職權，使受軍事審判之現役軍人能獲獨立、公正審判之憲法第十六條所保障之訴訟權得以實現，軍事審判官非受刑事或懲戒處分、監護宣告或有與受刑事或懲戒處分或監護宣告相當程度之法定原因，並經正當法律程序，不得免職；非依法律，不得停職、轉任或減俸。此亦為司法權建制原理之重要內涵。

中華民國九十一年十一月二十七日修正發布之陸海空軍軍官士官志願留營入營甄選服役規則（下稱服役規則）第七條：「後備役軍官……志願入營，服役期限，以三年為一期。但後備役常備軍官……再入營服現役期滿後，申請繼續服現役，經核准者，得繼

續服現役至最大年限或年齡（第一項）。前項人員服役期滿志願繼續服現役者，依本規則志願留營之規定辦理（第二項）。」（九十五年十一月十三日全文修正，條次、內容無異；下稱系爭規定一）依此規定，應召（陸海空軍軍官士官士兵志願留營入營甄選服役作業規定《下稱服役作業規定》拾參六參照）申請志願入營服役經核准之後備役常備軍官，服役期限為三年，三年期滿時需再申請志願留營，經核准者，始得繼續服現役至最大年限（齡）。而應召申請志願入營服役經核准之後備役預備軍官，於服役三年期滿，亦需再申請志願留營，經核准者，始得依其被核准之一或二或三年之志願留營年限（服役規則第四條參照），繼續服現役；於各該繼續服役之年限屆滿時，需再為志願留營之申請，至前後經核准之志願服役年限滿六年時（陸海空軍軍官士官服役條例《下稱服役條例》第二十二條參照），始得轉服常備軍官，繼續服現役至最大年限（齡）。是尚未得繼續服現役至最大年限（齡）之軍官，為繼續其軍官職務，皆須申請志願留營，填具「官兵志願留營申請書」，經政戰主管、主官依據體格、考績考核、學歷、階級、職務需要、員額配置以及智力測驗等甄選標準（服役規則第三條、第五條參照）為初審，保防官、人事部門主管為複審後，由編階中將以上單位主官核定（服役規則第五條、服役作業規定拾貳一、三及附件「官兵志願留營申請書」參照）。對於未獲核准志願留營之各次申請者，即依服役條例第十七條規定：「常備軍官……預備役，應召再服現役人員，於再服現役期滿……者，予以解除召集。」（下稱系爭規定二，此規定於預備軍官準用之，服役條例第二十一條參照）並依陸海空軍軍官士官任職條例第九條第一款規定，免除其現役軍官職務。

系爭規定一、二亦適用於經考試院特種考試及格志願入營服役之尚未經核准得服現役至最大年限（齡）之軍事審判官（以下所稱軍事審判官係指系爭類型之軍事審判官），並未因其審判官之身分而有特別考量。軍事審判官能否續任審判職務繫於權責長官對於志願留營申請之核定。然查關此准否繼續留營申請之核定，除程序上未遵循諸如由立場公正之委員會決定、給予軍事審判官陳述申辯機會等正當法律程序為之（本院釋字第四九一號解釋參照）外，所依據之甄選標準，亦可能使軍事審判官非受刑事或懲戒處分、監護宣告且無與受刑事或懲戒處分或監護宣告相當程度之事由，又無依正當法律程序審查其學識能力、敬業精神、裁判品質及品德操守，認定確不適任軍事審判官職務之法定原因，而不能續任審判職務，致軍事審判官之身分無從確保。是系爭規定一關於後備役軍官志願入營服役期滿而志願繼續服現役者，應經上開核准程序之規定，適用於軍事審判官部分，以及系爭規定二關於服現役期滿予以解除召集之規定，

適用於上開情形部分,與司法權建制之審判獨立憲政原理及憲法第十六條保障人民訴訟權之意旨不符,應自本解釋公布之日起至遲於屆滿二年時,對於軍事審判官不予適用。為保障軍事審判官之身分,有關機關應於上開期限內,依本解釋意旨,修正相關法律,明定適用於軍事審判官志願留營之甄選標準及應遵循之正當法律程序。

本件聲請人另因銓敘事件,認最高行政法院九十六年度裁字第三一八九號裁定所適用之軍事審判法第二十三條、第二十四條及八十九年七月十四日修正發布之特種考試軍法官考試規則第九條規定(下併稱系爭規定三),違反憲法第七十七條、第八十五條、第八十六條及第一百四十條之規定。查上開最高行政法院裁定係以聲請人就臺北高等行政法院九十四年度訴字第三○八四號判決所為上訴不合法為由予以駁回,應以上開臺北高等行政法院判決為確定終局判決,合先敘明。核聲請人所陳,係在爭執法院就經考試院特種考試及格志願入營之軍法官應以武職任用等認事用法之當否,尚難謂於客觀上已具體指摘系爭規定三有何抵觸憲法之處。是其聲請,核與司法院大法官審理案件法第五條第一項第二款規定不合,依同條第三項規定,應不受理。

釋字第七○五號解釋 (憲一九,所得稅一三、一七)

一百零一年十一月二十一日公布

財政部中華民國九十二年六月三日、九十三年五月二十一日、九十四年二月十八日、九十五年二月十五日、九十六年二月七日、九十七年一月三十日發布之台財稅字第○九二○四五二四六四號、第○九三○四五一四三二號、第○九四○四五○○○七○號、第○九五○四五○七六八○號、第○九六○四五○四八五○號、第○九七○四五一○五三○號令,所釋示之捐贈列舉扣除額金額之計算依財政部核定之標準認定,以及非屬公共設施保留地且情形特殊得專案報部核定,或依土地公告現值之百分之十六計算部分,與憲法第十九條租稅法律主義不符,均應自本解釋公布之日起不予援用。

解釋理由書

憲法第十九條規定人民有依法律納稅之義務,係指國家課人民以繳納稅捐之義務或給予人民減免稅捐之優惠時,應就租稅主體、租稅客體、租稅客體對租稅主體之歸屬、稅基、稅率、納稅方法及納稅期間等租稅構成要件,以法律或法律具體明確授權之法規命令定之;若僅屬執行法律之細節性、技術性次要事項,始得由主管機關發布行政規則為必要之規範(本院釋字第六五○號、第六五七號解釋參照)。

所得稅法第十七條第一項第二款第二目之 1 固就捐贈之列舉扣除額規定:「納稅義務

人、配偶及受扶養親屬對於教育、文化、公益、慈善機構或團體之捐贈總額最高不超過綜合所得總額百分之二十為限。但有關國防、勞軍之捐贈及對政府之捐獻，不受金額之限制。」惟所捐贈者若為實物，例如土地，究應以何標準計算認列減除之扣除額度，所得稅法未有明文，亦未具體明確授權主管機關以命令定之。財政部中華民國九十二年六月三日台財稅字第〇九二〇四五二四六四號令：「三、個人以購入之土地捐贈未能提具土地取得成本確實證據或土地係受贈取得者，其捐贈列舉扣除金額之計算，稽徵機關得依本部核定之標準認定之。該標準由本部各地區國稅局參照捐贈年度土地市場交易情形擬訂，報請本部核定。」九十三年五月二十一日台財稅字第〇九三〇四五一四三二號令：「個人以繼承之土地捐贈，……，其綜合所得稅捐贈列舉扣除金額之計算，依本部九十二年六月三日台財稅字第 0920452464 號令第 3 點規定之標準認定之。」九十四年二月十八日台財稅字第〇九四〇四五〇〇〇七〇號令及九十五年二月十五日台財稅字第〇九五〇四五〇七六八〇號令，均以：「個人以購入之土地捐贈而未能提示土地取得成本確實證據，或土地係受贈或繼承取得者，除非屬公共設施保留地且情形特殊，經稽徵機關研析具體意見專案報部核定者外，其綜合所得稅捐贈列舉扣除金額依土地公告現值之 16% 計算。」九十六年二月七日台財稅字第〇九六〇四五〇四八五〇號令及九十七年一月三十日台財稅字第〇九七〇四五一〇五三〇號令分項說明，意旨相同。以上六令（下併稱系爭令），就個人捐贈土地如何計算列舉扣除金額，上述九十二年、九十三年令僅概括規定由稽徵機關依財政部核定之標準認定，九十四年令進而確定認定標準，九十五年、九十六年及九十七年令則採取與九十四年令相同之認定標準。

所得稅法第十三條規定：「個人之綜合所得稅，就個人綜合所得總額，減除免稅額及扣除額後之綜合所得淨額計徵之。」上級機關為協助下級機關或屬官統一解釋法令、認定事實、及行使裁量權，而訂頒之解釋性規定及裁量基準，性質上屬行政規則（行政程序法第一百五十九條參照），其僅得就執行法律之細節性、技術性之次要事項為必要之規範。系爭令針對所捐獻之土地原係購入但未能提示土地取得成本確實證據，或原係受贈或繼承取得者，如何依前揭所得稅法第十七條第一項第二款第二目之1規定認列所得稅減除之扣除額，所為之補充規定。惟其所釋示之捐贈列舉扣除額金額之計算依財政部核定之標準認定，以及非屬公共設施保留地且情形特殊得專案報部核定，或依土地公告現值之百分之十六計算，皆涉及稅基之計算標準，攸關列舉扣除額得認列之金額，並非僅屬執行前揭所得稅法規定之細節性或技術性事項，而係影響人民應納稅

額及財產權實質且重要事項，自應以法律或法律具體明確授權之命令定之。是系爭令上開釋示部分與憲法第十九條租稅法律主義不符，均應自本解釋公布之日起不予援用。

釋字第七〇六號解釋　　（憲一九，營業稅一、一〇、一五、三二、三三，營業稅施三八，強執一、三、六〇、七三、一一三）一百零一年十二月二十一日公布

財政部中華民國七十七年六月二十八日修正發布之修正營業稅法實施注意事項（一〇〇年八月十一日廢止）第三點第四項第六款：「營業人報繳營業稅，以載有營業稅額之進項憑證扣抵銷項稅額者，除本法施行細則第三十八條所規定者外，包括左列憑證：六、……法院……拍賣貨物，由稽徵機關填發之營業稅繳款書第三聯（扣抵聯）。」（改列於一〇〇年六月二十二日修正發布之加值型及非加值型營業稅法施行細則第三十八條第一項第十一款：「……法院……拍賣或變賣貨物，由稽徵機關填發之營業稅繳款書扣抵聯。」一〇一年三月六日再度修正發布該條款，此部分相同）及八十五年十月三十日台財稅第八五一九二一六九九號函：「……二、法院拍賣或變賣之貨物屬應課徵營業稅者，稽徵機關應於取得法院分配之營業稅款後，就所分配稅款填發『法院拍賣或變賣貨物營業稅繳款書』，……如買受人屬依營業稅法第四章第一節計算稅額之營業人，其扣抵聯應送交買受人作為進項憑證，據以申報扣抵銷項稅額。三、至未獲分配之營業稅款，……如已徵起者，對買受人屬依營業稅法第四章第一節計算稅額之營業人，應通知其就所徵起之稅額專案申報扣抵銷項稅額。」部分，均違反憲法第十九條租稅法律主義，應不予援用。

　　解釋理由書

憲法第十九條規定，人民有依法律納稅之義務，係指國家課人民以繳納稅捐之義務或給予人民減免稅捐之優惠時，應就租稅主體、租稅客體、稅基、稅率、納稅方法及納稅期間等租稅構成要件，以法律或法律明確授權之命令定之；主管機關本於法定職權就相關法律所為之闡釋，自應秉持憲法原則及相關法律之立法意旨，遵守一般法律解釋方法而為之；如逾越法律解釋之範圍，而增加法律所無之租稅義務，則非憲法第十九條規定之租稅法律主義所許（本院釋字第六二二號、第六四〇號、第六七四號、第六九二號、第七〇三號解釋參照）。

凡在中華民國境內適用加值型營業稅之營業人銷售應稅貨物，應將營業稅額內含於貨物之定價（原規定於中華民國七十七年六月二十八日修正發布之修正營業稅法實施注意事項《一〇〇年八月十一日廢止》第三點第一項，嗣於一〇〇年一月二十六日另增

訂於加值型及非加值型營業稅法《下稱營業稅法》第三十二條第二項），並依「營業人開立銷售憑證時限表」規定，於收款或發貨時開立、交付載明買方營業人名稱、地址、統一編號及營業稅額之統一發票或其他經財政部核定載有營業稅額之憑證（營業稅法第一條、第三十二條第一項、第三項、第三十三條第一款、第三款參照）。買方營業人於交付價金予賣方營業人時，因已支付買受該特定貨物而依法受轉嫁之營業稅，自得據該憑證行使進項稅額扣抵權，由當期銷項稅額中扣減，僅就其餘額負申報繳納營業稅之義務，不以開立憑證之賣方營業人已依限申報繳納營業稅款為要件（營業稅法第十五條第一項參照）。又營業稅法第三十三條第三款規定：「其他經財政部核定載有營業稅額之憑證。」乃為因應需要，授權財政部對於賣方營業人依法開立之同條前二款統一發票以外之憑證為核定。

強制執行法上之拍賣或變賣，係由執行法院代債務人立於出賣人之地位，經由強制執行程序，為移轉拍賣或變賣物所有權以收取價金之行為。出賣人如係適用加值型營業稅之營業人，而拍賣或變賣應稅貨物者，其拍定或承受價額亦內含營業稅（法院行政執行機關及海關拍賣或變賣貨物課徵貨物營業稅作業要點第四點參照）。民事強制執行事件係由地方法院民事執行處之法官或司法事務官命書記官督同執達員辦理，並由書記官於拍賣或變賣程序終結後，作成經執行拍賣人簽名之載明拍賣或變賣物種類、數量、債權人、債務人、買受人之姓名、住址及其應買之最高價額之筆錄（強制執行法第一條、第三條、第六十條、第七十三條、第一百十三條參照）。執行法院依法進行之拍賣或變賣程序嚴謹，填發之非統一發票之收據有其公信力，拍定或承受價額內含之營業稅額可依法定公式計算而確定，相關資料亦可以上開法院筆錄為證（營業稅法第十條、法院行政執行機關及海關拍賣或變賣貨物課徵貨物營業稅作業要點第二點、第四點、統一發票使用辦法第四條第二十二款參照）。故執行法院於受領拍定或承受價額時開立予買方營業人之收據，亦相當於賣方營業人開立之憑證。

修正營業稅法實施注意事項第三點第四項第六款：「營業人報繳營業稅，以載有營業稅額之進項憑證扣抵銷項稅額者，除本法施行細則第三十八條所規定者外，包括左列憑證：六、……法院……拍賣貨物，由稽徵機關填發之營業稅繳款書第三聯（扣抵聯）。」（改列於一〇〇年六月二十二日修正發布之營業稅法施行細則第三十八條第一項第十一款：「……法院……拍賣或變賣貨物，由稽徵機關填發之營業稅繳款書扣抵聯。」一〇一年三月六日再度修正發布該條款，此部分相同。下稱系爭規定）及八十五年十月三十日台財稅第八五一九二一六九九號函：「……二、法院拍賣或變賣之貨物屬應課徵

營業稅者，稽徵機關應於取得法院分配之營業稅款後，就所分配稅款填發『法院拍賣或變賣貨物營業稅繳款書』，……如買受人屬依營業稅法第四章第一節計算稅額之營業人，其扣抵聯應送交買受人作為進項憑證，據以申報扣抵銷項稅額。三、至未獲分配之營業稅款，……如已徵起者，對買受人屬依營業稅法第四章第一節計算稅額之營業人，應通知其就所徵起之稅額專案申報扣抵銷項稅額。」明定法院拍賣或變賣應稅貨物之買方營業人須以非賣方營業人之稽徵機關所填發之營業稅繳款書第三聯（扣抵聯）作為進項稅額憑證，又附加以營業稅款之收取或徵起為稽徵機關填發營業稅繳款書之要件，排除執行法院所出具已載明或另以拍賣筆錄等文書為附件標示拍賣或變賣物種類與其拍定或承受價額之收據，得作為進項稅額之憑證，牴觸營業稅法第三十二條第一項賣方營業人應於收取價金時就營業稅之全額開立憑證，及第三十三條第三款財政部係對賣方營業人開立憑證為核定，而非命以稽徵機關開立之憑證為限之規定，使買方營業人不能依營業稅法第十五條第一項規定將其於該拍定或承受價額中受轉嫁之進項稅額，扣減其當期之銷項稅額，影響其於當期應納營業稅額，而增加法律所無之租稅義務，與租稅法律主義不符，均應不予援用。

相關機關應依本解釋意旨儘速協商，並由財政部就執行法院出具已載明或另以拍賣筆錄等文書為附件標示拍賣或變賣物種類與其拍定或承受價額之收據，依營業稅法第三十三條第三款予以核定，作為買方營業人進項稅額之憑證。

釋字第七○七號解釋 （憲一五、一六五，教師一九、二○、三九，教育基本八、一七）　　　　　　　　　　　　　　　　一百零一年十二月二十八日公布

教育部於中華民國九十三年十二月二十二日修正發布之公立學校教職員敘薪辦法（含附表及其所附說明），關於公立高級中等以下學校教師部分之規定，與憲法上法律保留原則有違，應自本解釋公布之日起，至遲於屆滿三年時失其效力。

　　解釋理由書

基於憲法上法律保留原則，政府之行政措施雖未限制人民之自由權利，但如涉及公共利益或實現人民基本權利之保障等重大事項者，原則上仍應有法律或法律明確之授權為依據，主管機關始得據以訂定法規命令（本院釋字第四四三號、第六一四號、第六五八號解釋參照）。教育為國家社會發展之根基，教師肩負為國家造育人才之任務，其執行教育工作之良窳，攸關教育成敗至鉅，並間接影響人民之受教權。為使教師安心致力於教育工作，以提昇教育品質，其生活自應予以保障。憲法第一百六十五條即規

定，國家應保障教育工作者之生活，並依國民經濟之進展，隨時提高其待遇。教師待遇之高低，包括其敘薪核計，關係教師生活之保障，除屬憲法第十五條財產權之保障外，亦屬涉及公共利益之重大事項。是有關教師之待遇事項，自應以法律或法律明確授權之命令予以規範，始為憲法所許。

有關教師之敘薪，除尚未施行之教師法第十九條規定外，教師法及其他法律尚無明文規定。教育部於六十二年九月十三日訂定發布公立學校教職員敘薪辦法（含附表及其所附說明），嗣於九十三年十二月二十二日修正發布（下稱系爭辦法），作為教師待遇完成法律制定前，公立高級中等以下學校教師（下稱上開教師）敘薪之處理依據（系爭辦法第一條參照）。按系爭辦法固係教師待遇相關法律制定前之因應措施，惟此種情形實不宜任其長久繼續存在。系爭辦法自六十二年訂定施行迄今已久，其間，八十四年八月九日制定公布之教師法第二十條（尚未經行政院以命令定施行日期）及八十八年六月二十三日制定公布之教育基本法第八條第一項，均分別明定教師之待遇，應以法律定之，惟有關教師之待遇，迄今仍未能完成法律之制定。系爭辦法係規範上開教師薪級、薪額、計敘標準、本職最高薪級以及在職進修取得較高學歷之改敘等事項，事涉上開教師待遇之所得，係屬涉及上開教師財產權之保障及公共利益之重大事項，其未經法律之授權以為依據，核諸首開說明，與憲法上法律保留原則自屬有違。

聲請人雖僅就公立學校教職員敘薪標準表說明第五點第一項關於上開教師在職進修取得較高學歷改按新學歷起敘時，不採計進修期間內服務成績優良年資部分之規定，有抵觸憲法之疑義，聲請解釋。因上開說明為系爭辦法第二條附表所附之說明，即屬系爭辦法之一部分，系爭辦法既違反憲法上法律保留原則，本院自得以系爭辦法為解釋之對象予以解釋（本院釋字第二八九號解釋意旨參照）。惟上開教師之待遇制度，以法律明文或法律明確授權之命令加以規定，需相當期間妥為規劃，相關機關應於本解釋公布之日起三年內，依本解釋意旨，制定上開教師待遇相關法律，以完成上開教師待遇之法制化，屆期未完成制定者，系爭辦法關於上開教師部分之規定，失其效力。

釋字第七○八號解釋　（憲八，入出國三八）　　一百零二年二月六日公布

中華民國九十六年十二月二十六日修正公布之入出國及移民法第三十八條第一項：「外國人有下列情形之一者，入出國及移民署得暫予收容……」（即一○○年十一月二十三日修正公布同條項：「外國人有下列情形之一，……入出國及移民署得暫予收容……」）之規定，其因遣送所需合理作業期間之暫時收容部分，未賦予受暫時收容人即時之司法救

濟；又逾越上開暫時收容期間之收容部分，非由法院審查決定，均有違憲法第八條第一項保障人民身體自由之意旨，應自本解釋公布之日起，至遲於屆滿二年時，失其效力。

解釋理由書

人民身體自由享有充分保障，乃行使其憲法上所保障其他自由權利之前提，為重要之基本人權。故憲法第八條第一項即明示：「人民身體之自由應予保障。除現行犯之逮捕由法律另定外，非經司法或警察機關依法定程序，不得逮捕拘禁。非由法院依法定程序，不得審問處罰。非依法定程序之逮捕、拘禁、審問、處罰，得拒絕之。」是國家剝奪或限制人民身體自由之處置，不問其是否屬於刑事被告之身分，除須有法律之依據外，尚應踐行必要之司法程序或其他正當法律程序，始符合上開憲法之意旨（本院釋字第五八八號、第六三六號解釋參照）。又人身自由係基本人權，為人類一切自由、權利之根本，任何人不分國籍均應受保障，此為現代法治國家共同之準則。故我國憲法第八條關於人身自由之保障亦應及於外國人，使與本國人同受保障。

九十六年十二月二十六日修正公布之入出國及移民法第三十八條第一項規定：「外國人有下列情形之一者，入出國及移民署得暫予收容……」（即一〇〇年十一月二十三日修正公布同條項：「外國人有下列情形之一，……入出國及移民署得暫予收容……」，下稱系爭規定）。據此規定，內政部入出國及移民署（下稱入出國及移民署）得以行政處分收容外國人。

系爭規定所稱之「收容」，雖與刑事羈押或處罰之性質不同，但仍係於一定期間拘束受收容外國人於一定處所，使其與外界隔離（入出國及移民法第三十八條第二項及「外國人收容管理規則」參照），亦屬剝奪人身自由之一種態樣，係嚴重干預人民身體自由之強制處分（本院釋字第三九二號解釋參照），依憲法第八條第一項規定意旨，自須踐行必要之司法程序或其他正當法律程序。惟刑事被告與非刑事被告之人身自由限制，在目的、方式與程度上畢竟有其差異，是其踐行之司法程序或其他正當法律程序，自非均須同一不可（本院釋字第五八八號解釋參照）。查外國人並無自由進入我國國境之權利，而入出國及移民署依系爭規定收容外國人之目的，在儘速將外國人遣送出國，非為逮捕拘禁犯罪嫌疑人，則在該外國人可立即於短期間內迅速遣送出國之情形下，入出國及移民署自須有合理之作業期間，以利執行遣送事宜，例如代為洽購機票、申辦護照及旅行文件、聯繫相關機構協助或其他應辦事項，乃遣送出國過程本質上所必要。因此，從整體法秩序為價值判斷，系爭規定賦予該署合理之遣送作業期間，且於此短暫期間內得處分暫時收容該外國人，以防範其脫逃，俾能迅速將該外國人遣送出

國，當屬合理、必要，亦屬國家主權之行使，並不違反憲法第八條第一項保障人身自由之意旨，是此暫時收容之處分部分，尚無須經由法院為之。惟基於上述憲法意旨，為落實即時有效之保障功能，對上述處分仍應賦予受暫時收容之外國人有立即聲請法院審查決定之救濟機會，倘受收容人於暫時收容期間內，對於暫時收容處分表示不服，或要求由法院審查決定是否予以收容，入出國及移民署應即於二十四小時內將受收容人移送法院迅速裁定是否予以收容；且於處分或裁定收容之後，亦應即以受收容之外國人可理解之語言及書面，告知其處分收容之原因、法律依據及不服處分之司法救濟途徑，並通知其指定之在臺親友或其原籍國駐華使領館或授權機關，俾受收容人善用上述救濟程序，得即時有效維護其權益，方符上開憲法保障人身自由之意旨。至於因執行遣送作業所需暫時收容之期間長短，則應由立法者斟酌行政作業所需時程及上述遣送前應行處理之事項等實際需要而以法律定之。惟考量暫時收容期間不宜過長，避免過度干預受暫時收容人之人身自由，並衡酌入出國及移民署現行作業實務，約百分之七十之受收容人可於十五日內遣送出國（入出國及移民署一○二年一月九日移署專一蓮字第一○二○○一一四五七號函參照）等情，是得由該署處分暫時收容之期間，其上限不得超過十五日。

至受收容人於暫時收容期間內，未表示不服或要求由法院審查決定是否收容，且暫時收容期間將屆滿者，入出國及移民署倘認有繼續收容之必要，因事關人身自由之長期剝奪，基於上述憲法保障人身自由之正當法律程序之要求，系爭規定關於逾越前述暫時收容期間之收容部分，自應由公正、獨立審判之法院依法審查決定。故入出國及移民署應於暫時收容期間屆滿之前，將受暫時收容人移送法院聲請裁定收容，始能續予收容；嗣後如依法有延長收容之必要者，亦同。

綜上所述，系爭規定授權入出國及移民署對受驅逐出國之外國人得以行政處分暫予收容，其中就遣送所需合理作業期間之暫時收容部分，固非憲法所不許，惟對受收容人必要之保障，雖於一○○年十一月二十三日已修正增訂入出國及移民法第三十八條第八項，規定收容之處分應以當事人理解之語文作成書面通知，附記處分理由及不服處分提起救濟之方法、期間、受理機關等相關規定，並聯繫當事人原籍國駐華使領館或授權機構，但仍未賦予受暫時收容人即時有效之司法救濟，難認已充分保障受收容人之基本人權，自與憲法第八條第一項正當法律程序有違；又逾越上開暫時收容期間之收容部分，系爭規定由入出國及移民署逕為處分，非由法院審查決定，亦牴觸上開憲法規定保障人身自由之意旨。

衡酌本案相關法律修正尚須經歷一定之時程，且須妥為研議完整之配套規定，例如是否增訂具保責付、法律扶助，以及如何建構法院迅速審查及審級救濟等審理機制，並應規範收容場所設施及管理方法之合理性，以維護人性尊嚴，兼顧保障外國人之權利及確保國家安全；受收容人對於暫時收容處分表示不服，或要求由法院審查決定是否予以收容，而由法院裁定時，原暫時收容處分之效力為何，以及法院裁定得審查之範圍，有無必要就驅逐出國處分一併納入審查等整體規定，相關機關應自本解釋公布之日起二年內，依本解釋意旨檢討修正系爭規定及相關法律，屆期未完成修法者，系爭規定與憲法不符部分失其效力。

聲請人主張提審法第一條之拘禁應包括系爭規定之收容，無須因犯罪嫌疑受逮捕拘禁，亦得聲請提審，而分別指摘臺灣高等法院臺中分院九十九年度抗字第三〇〇號及臺灣高等法院九十九年度抗字第五四三號刑事確定終局裁定之見解不當云云，係爭執確定終局裁定認事用法之當否，尚非具體指摘提審法第一條之規定客觀上有何牴觸憲法之處；又聲請人指摘九十六年十二月二十六日修正公布之入出國及移民法第三十八條第二項，與聲請人之一另指摘同條第三項，以及一〇〇年十一月二十三日修正公布之同法第三十六條第二項至第五項、第三十八條第一項第四款，暨提審法第八條等規定違憲部分，因各該條項款未經該聲請人執以聲請之確定終局裁定所適用，自不得對之聲請解釋。上揭聲請部分核與司法院大法官審理案件法第五條第一項第二款規定不合，依同條第三項規定，均應不受理。

釋字第七〇九號解釋　（憲七、八、一〇、一五、一六、二三、七七、一四二、一四三、一四五，行序一、三～九、三四、五四、一〇二～一〇九，九二一震災重建暫行條例一二、一七之二，行訴四二、二四二、二四三，大法官審案五、八，民總八八、八九、九二、九五，民物七七四、七九八、七九九、八一七、八一九、八二〇、八二八，刑二一三～二一七，土地三四之一、三六、一三五、一四二，土登九四，土徵一〇、三四～五六，都市計畫六三～七三，都市更新一、三～三二、三六、三八、三九、四一，都市更新施五、六、一〇，都市更新權利變換實施辦法六～八、一一、一六、二〇，新市鎮五，建築九、八一、八二，大廈管理一三、一四、三一、五八，住宅法一五、四五，文化保存一二、三三、三四，公民與政治權利國際公約及經濟社會文化權利國際公約施行法二，產創三三，農再一六，環境影響五、一二、一三，土壤二四，兩岸人民關係九五之三，公服五～

七，經濟社會文化權利國際公約一）　　　　一百零二年四月二十六日公布

中華民國八十七年十一月十一日制定公布之都市更新條例第十條第一項（於九十七年一月十六日僅為標點符號之修正）有關主管機關核准都市更新事業概要之程序規定，未設置適當組織以審議都市更新事業概要，且未確保利害關係人知悉相關資訊及適時陳述意見之機會，與憲法要求之正當行政程序不符。同條第二項（於九十七年一月十六日修正，同意比率部分相同）有關申請核准都市更新事業概要時應具備之同意比率之規定，不符憲法要求之正當行政程序。九十二年一月二十九日修正公布之都市更新條例第十九條第三項前段（該條於九十九年五月十二日修正公布將原第三項分列為第三項、第四項）規定，並未要求主管機關應將該計畫相關資訊，對更新單元內申請人以外之其他土地及合法建築物所有權人分別為送達，且未規定由主管機關以公開方式舉辦聽證，使利害關係人得到場以言詞為意見之陳述及論辯後，斟酌全部聽證紀錄，說明採納及不採納之理由作成核定，連同已核定之都市更新事業計畫，分別送達更新單元內各土地及合法建築物所有權人、他項權利人、囑託限制登記機關及預告登記請求權人，亦不符憲法要求之正當行政程序。上開規定均有違憲法保障人民財產權與居住自由之意旨。相關機關應依本解釋意旨就上開違憲部分，於本解釋公布之日起一年內檢討修正，逾期未完成者，該部分規定失其效力。

九十二年一月二十九日及九十七年一月十六日修正公布之都市更新條例第二十二條第一項有關申請核定都市更新事業計畫時應具備之同意比率之規定，與憲法上比例原則尚無牴觸，亦無違於憲法要求之正當行政程序。惟有關機關仍應考量實際實施情形、一般社會觀念與推動都市更新需要等因素，隨時檢討修正之。

九十二年一月二十九日修正公布之都市更新條例第二十二條之一（該條於九十四年六月二十二日為文字修正）之適用，以在直轄市、縣（市）主管機關業依同條例第七條第一項第一款規定因戰爭、地震、火災、水災、風災或其他重大事變遭受損壞而迅行劃定之更新地區內，申請辦理都市更新者為限；且係以不變更其他幢（或棟）建築物區分所有權人之區分所有權及其基地所有權應有部分為條件，在此範圍內，該條規定與憲法上比例原則尚無違背。

　　解釋理由書

查本件原因案件之確定終局判決（最高行政法院一〇〇年度判字第一九〇五號、第二〇〇四號、第二〇九二號判決及臺北高等行政法院九十八年度訴字第二四六七號判決）所適用之法律，包括八十七年十一月十一日制定公布之都市更新條例第十條第一項、

第二項及九十二年一月二十九日修正公布之都市更新條例第二十二條第一項、增訂公布第二十二條之一（九十二年一月二十九日修正公布後都市更新條例下稱舊都市更新條例），以及九十七年一月十六日修正公布之都市更新條例第二十二條第一項（現行及舊都市更新條例合稱本條例），依司法院大法官審理案件法第五條第一項第二款規定，均為解釋之客體。又查最高行政法院一○○年度判字第一九○五號確定終局判決所適用之舊都市更新條例第十九條第三項前段雖未經聲請人聲請釋憲，惟此係規定直轄市、縣（市）政府主管機關核定都市更新事業計畫前應遵行之程序，乃同條例第十條第一項直轄市、縣（市）主管機關核准都市更新事業概要之後續階段，都市更新事業概要是否核准為都市更新事業計畫是否核定之前提問題，足見舊都市更新條例第十九條第三項前段與第十條第一項之規範功能，具有重要關聯性，爰將舊都市更新條例第十九條第三項前段一併納入審查範圍，合先敘明。

憲法第十五條規定人民財產權應予保障，旨在確保個人依財產之存續狀態行使其自由使用、收益及處分之權能，並免於遭受公權力或第三人之侵害，俾能實現個人自由、發展人格及維護尊嚴（本院釋字第四○○號解釋參照）。又憲法第十條規定人民有居住之自由，旨在保障人民有選擇其居住處所，營私人生活不受干預之自由（本院釋字第四四三號解釋參照）。然國家為增進公共利益之必要，於不違反憲法第二十三條比例原則之範圍內，非不得以法律對於人民之財產權或居住自由予以限制（本院釋字第五九六號、第四五四號解釋參照）。

都市更新為都市計畫之一環，乃用以促進都市土地有計畫之再開發利用，復甦都市機能，改善居住環境，增進公共利益。都市更新條例即為此目的而制定，除具有使人民得享有安全、和平與尊嚴之適足居住環境之意義（經濟社會文化權利國際公約第十一條第一項規定參照）外，並作為限制財產權與居住自由之法律依據。都市更新之實施涉及政治、經濟、社會、實質環境及居民權利等因素之考量，本質上係屬國家或地方自治團體之公共事務，故縱使基於事實上需要及引入民間活力之政策考量，而以法律規定人民在一定條件下得申請自行辦理，國家或地方自治團體仍須以公權力為必要之監督及審查決定。依本條例之規定，都市更新事業除由主管機關自行實施或委託都市更新事業機構、同意其他機關（構）實施外，亦得由土地及合法建築物所有權人在一定條件下經由法定程序向直轄市、縣（市）主管機關申請核准，自行組織更新團體或委託都市更新事業機構實施（本條例第九條、第十條、第十一條規定參照）。而於土地及合法建築物所有權人自行組織更新團體或委託都市更新事業機構實施之情形，主管

機關對私人所擬具之都市更新事業概要（含劃定更新單元，以下同）所為之核准（本條例第十條第一項規定參照），以及對都市更新事業計畫所為之核定（本條例第十九條第一項規定參照），乃主管機關依法定程序就都市更新事業概要或都市更新事業計畫，賦予法律上拘束力之公權力行為，其法律性質均屬就具體事件對特定人所為之行政處分（行政程序法第九十二條第一項規定參照）。其中經由核准都市更新事業概要之行政處分，在更新地區內劃定可單獨實施都市更新事業之更新單元範圍，影響更新單元內所有居民之法律權益，居民如有不願被劃入更新單元內者，得依法定救濟途徑謀求救濟。而主管機關核定都市更新事業計畫之行政處分，涉及建築物配置、費用負擔、拆遷安置、財務計畫等實施都市更新事業之規制措施。且於後續程序貫徹執行其核准或核定內容之結果，更可使土地或建築物所有權人或其他權利人，乃至更新單元以外之人之權利受到不同程度影響，甚至在一定情形下喪失其權利，並被強制遷離其居住處所（本條例第二十一條、第二十六條第一項、第三十一條第一項、第三十六條第一項等規定參照）。故上述核准或核定均屬限制人民財產權與居住自由之行政處分。

憲法上正當法律程序原則之內涵，應視所涉基本權之種類、限制之強度及範圍、所欲追求之公共利益、決定機關之功能合適性、有無替代程序或各項可能程序之成本等因素綜合考量，由立法者制定相應之法定程序（本院釋字第六八九號解釋參照）。都市更新之實施，不僅攸關重要公益之達成，且嚴重影響眾多更新單元及其週邊土地、建築物所有權人之財產權及居住自由，並因其利害關係複雜，容易產生紛爭。為使主管機關於核准都市更新事業概要、核定都市更新事業計畫時，能確實符合重要公益、比例原則及相關法律規定之要求，並促使人民積極參與，建立共識，以提高其接受度，本條例除應規定主管機關應設置公平、專業及多元之適當組織以行審議外，並應按主管機關之審查事項、處分之內容與效力、權利限制程度等之不同，規定應踐行之正當行政程序，包括應規定確保利害關係人知悉相關資訊之可能性，及許其適時向主管機關以言詞或書面陳述意見，以主張或維護其權利。而於都市更新事業計畫之核定，限制人民財產權及居住自由尤其直接、嚴重，本條例並應規定由主管機關以公開方式舉辦聽證，使利害關係人得到場以言詞為意見之陳述及論辯後，斟酌全部聽證紀錄，說明採納及不採納之理由作成核定，始無違於憲法保障人民財產權及居住自由之意旨。

舊都市更新條例第十條第一項規定：「經劃定應實施更新之地區，其土地及合法建築物所有權人得就主管機關劃定之更新單元，或依所定更新單元劃定基準自行劃定更新單元，舉辦公聽會，擬具事業概要，連同公聽會紀錄申請當地直轄市、縣（市）主管機

關核准,自行組織更新團體實施該地區之都市更新事業或委託都市更新事業機構為實施者實施之。」(於九十七年一月十六日僅為標點符號之修正)雖有申請人或實施者應舉辦公聽會之規定,惟尚不足以保障利害關係人適時向主管機關陳述意見,以主張或維護其權利。上開規定及其他相關規定並未要求主管機關應設置適當組織以審議都市更新事業概要,且未確保利害關係人知悉相關資訊可能性,與前述憲法要求之正當行政程序不符,有違憲法保障人民財產權與居住自由之意旨。

人民依法申請行政機關為特定行政行為時,行政機關須就其申請是否符合法定程序要件予以審查,於認為符合法定程序要件後,始據以作成行政處分,故人民申請之要件亦屬整體行政程序之一環,法律有關人民申請要件之規定,自亦應符合正當行政程序之要求。本條例既規定土地及合法建築物所有權人在一定條件下,得申請主管機關核准都市更新事業概要與核定都市更新事業計畫,則基於國家保護人民財產權與居住自由之憲法上義務,就提出申請時應具備之同意比率,亦應有適當之規定。舊都市更新條例第十條第二項規定:「前項之申請應經該更新單元範圍內土地及合法建築物所有權人均超過十分之一,並其所有土地總面積及合法建築物總樓地板面積均超過十分之一之同意。」(於九十七年一月十六日修正公布為:「前項之申請,應經該更新單元範圍內私有土地及私有合法建築物所有權人均超過十分之一,並其所有土地總面積及合法建築物總樓地板面積均超過十分之一之同意;……」)依其規定,申請核准都市更新事業概要之同意比率,不論土地或合法建築物所有權人,或其所有土地總面積或合法建築物總樓地板面積,僅均超過十分之一即得提出合法申請,其規定之同意比率太低,形成同一更新單元內少數人申請之情形,引發居民參與意願及代表性不足之質疑,且因提出申請前溝通協調之不足,易使居民顧慮其權利可能被侵害,而陷於價值對立與權利衝突,尤其於多數人不願參與都市更新之情形,僅因少數人之申請即應進行行政程序(行政程序法第三十四條但書規定參照),將使多數人被迫參與都市更新程序,而面臨財產權與居住自由被侵害之危險。則此等同意比率太低之規定,尚難與尊重多數、擴大參與之民主精神相符,顯未盡國家保護人民財產權與居住自由之憲法上義務,即不符憲法要求之正當行政程序,亦有違於憲法保障人民財產權與居住自由之意旨。

舊都市更新條例第十九條第三項前段規定:「都市更新事業計畫擬定或變更後,送該管直轄市、縣(市)政府都市更新審議委員會審議前,應於各該直轄市、縣(市)政府或鄉(鎮、市)公所公開展覽三十日,並應將公開展覽日期及地點登報周知及舉行公聽會;任何人民或團體得於公開展覽期間內,以書面載明姓名或名稱及地址,向該管

直轄市、縣（市）政府提出意見，由該管直轄市、縣（市）政府都市更新審議委員會
予以參考審議。」（該條於九十九年五月十二日修正公布，將原第三項分列為第三項、
第四項：「都市更新事業計畫擬訂或變更後，送各級主管機關審議前，應於各該直轄市、
縣（市）政府或鄉（鎮、市）公所公開展覽三十日，並舉辦公聽會；實施者已取得更
新單元內全體私有土地及私有合法建築物所有權人同意者，公開展覽期間得縮短為十
五日。」「前二項公開展覽、公聽會之日期及地點，應登報周知，並通知更新單元範圍
內土地、合法建築物所有權人、他項權利人、囑託限制登記機關及預告登記請求權人；
任何人民或團體得於公開展覽期間內，以書面載明姓名或名稱及地址，向各級主管機
關提出意見，由各級主管機關予以參考審議。……」）上開規定就都市更新事業計畫之
核定雖已明文，送都市更新審議委員會審議前，應將都市更新事業計畫公開展覽，任
何人民或團體得於公開展覽期間內提出意見，惟上開規定及其他相關規定並未要求主
管機關應將該計畫相關資訊（含同意參與都市更新事業計畫之私有土地、私有合法建
築物之所有權人清冊），對更新單元內申請人以外之其他土地及合法建築物所有權人分
別為送達。且所規定之舉辦公聽會及由利害關係人向主管機關提出意見，亦僅供主管
機關參考審議，並非由主管機關以公開方式舉辦聽證，使利害關係人得到場以言詞為
意見之陳述及論辯後，斟酌全部聽證紀錄，說明採納及不採納之理由作成核定，連同
已核定之都市更新事業計畫，分別送達更新單元內各土地及合法建築物所有權人、他
項權利人、囑託限制登記機關及預告登記請求權人。凡此均與前述憲法要求之正當行
政程序不符，有違憲法保障人民財產權與居住自由之意旨。

上述各段論述違憲部分，相關機關應依本解釋意旨，於本解釋公布之日起一年內檢討
修正，逾期未完成者，該部分規定失其效力。

舊都市更新條例第二十二條第一項規定：「實施者擬定或變更都市更新事業計畫報核
時，其屬依第十條規定申請獲准實施都市更新事業者，除依第七條劃定之都市更新地
區，應經更新單元範圍內土地及合法建築物所有權人均超過二分之一，並其所有土地
總面積及合法建築物總樓地板面積均超過二分之一之同意外，應經更新單元範圍內土
地及合法建築物所有權人均超過五分之三，並其所有土地總面積及合法建築物總樓地
板面積均超過三分之二之同意；其屬依第十一條規定申請獲准實施都市更新事業者，
應經更新單元範圍內土地及合法建築物所有權人均超過三分之二，並其所有土地總面
積及合法建築物總樓地板面積均超過四分之三以上之同意。」該項規定於九十七年一月
十六日修正公布為：「實施者擬定或變更都市更新事業計畫報核時，其屬依第十條規定

申請獲准實施都市更新事業者，除依第七條劃定之都市更新地區，應經更新單元範圍內私有土地及私有合法建築物所有權人均超過二分之一，並其所有土地總面積及合法建築物總樓地板面積均超過二分之一之同意外，應經更新單元範圍內私有土地及私有合法建築物所有權人均超過五分之三，並其所有土地總面積及合法建築物總樓地板面積均超過三分之二之同意；其屬依第十一條規定申請獲准實施都市更新事業者，應經更新單元範圍內私有土地及私有合法建築物所有權人均超過三分之二，並其所有土地總面積及合法建築物總樓地板面積均超過四分之三之同意。……」考其立法目的，一方面係為落實推動都市更新，避免因少數人之不同考量而影響多數人改善居住環境、促進都市土地有計畫再開發利用之權益，因而規定達一定人數及一定面積之同意比率，即得申請核定都市更新事業計畫；另一方面又為促使居民事先溝通協調，以減少抗爭，使都市更新事業計畫得以順利執行，同意比率亦不宜太低；復考量災區迅速重建之特殊需要，因而視更新單元是否在已劃定之更新地區內及是否屬迅行劃定之更新地區，而於上開條文分別就第七條、第十條或第十一條之情形為各種同意比率之規定（參考立法院公報第八十七卷第四期委員會紀錄第三〇二頁至第三〇三頁、第十二期委員會紀錄第二九一頁至第三〇四頁、第四十二期院會紀錄第二八二頁至第二八三頁、第三三〇頁至第三三一頁；第九十二卷第六期委員會紀錄第一〇九頁至第一一〇頁、第一四九頁至第一五〇頁、第五期院會紀錄第七十七頁至第七十八頁、第八十四頁至第八十五頁）。其目的洵屬正當，且以一定比率之同意規定亦可達成上述立法目的。又查上開規定之同意比率均已過半，並無少數人申請之情形；而斟酌都市更新不僅涉及不願參加都市更新者之財產權與居住自由，亦涉及重要公益之實現、願意參與都市更新者之財產與適足居住環境之權益，以及更新單元周邊關係人之權利，立法者應有利益衡量空間；且有關同意之比率如非太低而違反憲法要求之正當行政程序，當屬立法形成之自由。立法者於斟酌實際實施情形、公益受影響之程度、社會情狀之需要及其他因素，而為上述同意比率之規定，核屬必要，且於相關利益之衡量上亦非顯失均衡，自未違反憲法上比例原則，亦無違於憲法要求之正當行政程序。惟有關機關仍應考量實際實施情形、一般社會觀念與推動都市更新需要等因素，隨時檢討修正之。又依本條例之規定，都市更新處理方式分為重建、整建、維護三種，其對土地及合法建築物所有權人權益影響之程度亦有重輕之別，則法律就相關申請之同意比率，允宜有不同之規定。另為使同意比率之計算基礎臻於確實，在同意都市更新事業計畫之徵詢時，是否應將權利變換內容納入同意之項目，以及在徵詢同意後，實施者就經同意之都市更

新事業計畫之內容有變更者，是否應重新徵詢同意，亦應予檢討改進。

舊都市更新條例第二十二條之一規定：「依第七條劃定之都市更新地區，於實施都市更新事業時，其同一建築基地上有數幢建築物，其中部分建築物毀損而辦理重建、整建或維護時，得在不變更其他幢建築物區分所有權人之區分所有權及其基地所有權應有部分之情形下，以各該幢受損建築物區分所有權人之人數、區分所有權及其基地所有權應有部分為計算基礎，分別計算其同意之比例。」（於九十四年六月二十二日修正公布，將「數幢」修正為「數幢或數棟」、「其他幢」修正為「其他幢或棟」、「各該幢」修正為「各該幢或棟」、「區分所有權人之人數、區分所有權」修正為「所有權人之人數、所有權」，其餘未修正）係參考九二一震災重建暫行條例第十七條之二規定而增訂，其目的係考量於同一建築基地內有多幢大樓，部分建築物因災害受損倒塌時，以該受損倒塌部分計算同意比率，較可迅速有效解決重建之困難問題（參考立法院公報第八十九卷第五十八期院會紀錄第三十八頁、第四十七頁至第四十八頁；第九十二卷第六期委員會紀錄第一○七頁及第一○九頁、第五期院會紀錄第七十五頁至第七十八頁、第八十五頁）。再者，既已因災害造成毀損，如能促使受損建築物迅速重建，自亦有避免危害擴散以維護公益之意義。準此以觀，該條規定之立法目的洵屬正當，且依其規定計算同意比率，當可迅速有效達成其立法目的。又綜觀上開規定之文義與立法目的，其適用既以在直轄市、縣（市）主管機關業依本條例第七條第一項第一款規定因戰爭、地震、火災、水災、風災或其他重大事變遭受損壞而迅行劃定之更新地區內，申請辦理都市更新者為限；且係以不變更其他幢（或棟）建築物區分所有權人之區分所有權及其基地所有權應有部分為條件，已兼顧其他幢（或棟）居民之權利。復考量受損倒塌之建築物已危及人民之生命、身體、財產與居住自由等權利，而有災後迅速重建、避免危害擴散之必要性與公益性，則上開規定以各該幢（或棟）受損建築物區分所有權人之人數、區分所有權及其基地所有權應有部分為同意比率之計算基礎，核屬必要，且於相關利益之衡量上亦非顯失均衡，自與憲法上比例原則無違。惟考量同一建築基地一體利用與同時更新在居民權利保障與公益實現上較具意義，且為避免因割裂更新而可能產生之不良影響，如無窒礙難行之情形，宜儘可能使同一建築基地之其他幢（或棟）參與更新，故上開規定未設有受損建築物居民或其委託之實施者於都市更新事業計畫報核前，應先徵詢同一建築基地之其他幢（或棟）居民是否有參與更新意願之規定，亦有未周，允宜檢討改進。

聲請人之一據最高行政法院一○○年度判字第一九○五號確定終局判決，指摘九十七

年一月十六日增訂公布之都市更新條例第二十二條第三項中有關「所有權人不同意公開展覽之都市更新事業計畫者，得於公開展覽期滿前，撤銷其同意」之規定違憲乙節，經查該確定終局判決並未適用上開規定，自不得以之為聲請解釋之客體。至聲請人等指摘九十九年五月十二日修正公布之都市更新條例第三十六條第一項前段規定：「權利變換範圍內應行拆除遷移之土地改良物，由實施者公告之，並通知其所有權人、管理人或使用人，限期三十日內自行拆除或遷移；屆期不拆除或遷移者，實施者得予代為或請求當地直轄市、縣（市）主管機關代為之，直轄市、縣（市）主管機關有代為拆除或遷移之義務；……」（八十七年十一月十一日制定公布及九十七年一月十六日修正公布之同條例第三十六條第一項前段規定之意旨相同）中，有關授權實施者得代為或請求主管機關代為拆除或遷移，並課予主管機關代為拆除或遷移義務之規定違憲乙節，經查確定終局判決均未適用該項規定，自亦不得以之為聲請解釋之客體。綜上所述，上開聲請均核與司法院大法官審理案件法第五條第一項第二款規定不合，依同條第三項規定，應不予受理，併此敘明。

釋字第七一○號解釋　（憲一、二、七～二三、二七、一七四，憲增修一一，訴願一、二、九三，行序三～一○、一○二、一一七、一一八、一二五，中標五，行訴四、五、一二，大法官審案五，民總七一、七六、八七，民親九八二、九九五、一○○一、一○六一，民訴一九九、二五五、四四六，提審一，冤賠三，戶籍一、九、一五、五一、五七，都市更新一○、一九，檢肅流氓一三，入出國五、一五、三六、三八，大陸地區人民申請進入臺灣地區面談管理辦法五、六、一○、一一、一四、一五，護照一、九，財劃一八，稅徵一九、二四，國教一六，國賠二，監刑八三，傳染病三，兩岸人民關係四、一○、一○之一、一七、一八、五二、五三、五七、九五之三、九五之四，兩岸人民關係施一五、七二，港澳關係一四，陸港澳強制出境一、二、四～六、一二，大陸地區人民及香港澳門居民收容處所設置及管理辦法四、六、九、一○、一二、一三、一五～一八，大陸地區人民進入臺灣地區許可辦法二、一九、二○，大陸地區人民在臺灣地區依親居留長期居留或定居許可辦法一四、一五，公民與政治權利國際公約一）

一百零二年七月五日公布

中華民國九十二年十月二十九日修正公布之臺灣地區與大陸地區人民關係條例第十八條第一項規定：「進入臺灣地區之大陸地區人民，有下列情形之一者，治安機關得逕行

強制出境。……」（該條於九十八年七月一日為文字修正）除因危害國家安全或社會秩序而須為急速處分之情形外，對於經許可合法入境之大陸地區人民，未予申辯之機會，即得逕行強制出境部分，有違憲法正當法律程序原則，不符憲法第十條保障遷徙自由之意旨。同條第二項規定：「前項大陸地區人民，於強制出境前，得暫予收容……」（即九十八年七月一日修正公布之同條例第十八條第三項），未能顯示應限於非暫予收容顯難強制出境者，始得暫予收容之意旨，亦未明定暫予收容之事由，有違法律明確性原則；於因執行遣送所需合理作業期間內之暫時收容部分，未予受暫時收容人即時之司法救濟；於逾越前開暫時收容期間之收容部分，未由法院審查決定，均有違憲法正當法律程序原則，不符憲法第八條保障人身自由之意旨。又同條例關於暫予收容未設期間限制，有導致受收容人身體自由遭受過度剝奪之虞，有違憲法第二十三條比例原則，亦不符憲法第八條保障人身自由之意旨。前揭第十八條第一項與本解釋意旨不符部分及第二項關於暫予收容之規定均應自本解釋公布之日起，至遲於屆滿二年時失其效力。臺灣地區與大陸地區人民關係條例施行細則第十五條規定：「本條例第十八條第一項第一款所定未經許可入境者，包括持偽造、變造之護照、旅行證或其他相類之證書、有事實足認係通謀虛偽結婚經撤銷或廢止其許可或以其他非法之方法入境者在內。」九十三年三月一日訂定發布之大陸地區人民申請進入臺灣地區面談管理辦法第十條第三款規定：「大陸地區人民接受面談，有下列情形之一者，其申請案不予許可；已許可者，應撤銷或廢止其許可：……三、經面談後，申請人、依親對象無同居之事實或說詞有重大瑕疵。」（即九十八年八月二十日修正發布之同辦法第十四條第二款）及第十一條規定：「大陸地區人民抵達機場、港口或已入境，經通知面談，有前條各款情形之一者，其許可應予撤銷或廢止，並註銷其入出境許可證件，逕行強制出境或限令十日內出境。」（九十八年八月二十日修正發布之同辦法第十五條刪除「逕行強制出境或限令十日內出境」等字）均未逾越九十二年十月二十九日修正公布之臺灣地區與大陸地區人民關係條例第十八條第一項之規定，與法律保留原則尚無違背。

八十八年十月二十七日訂定發布之大陸地區人民及香港澳門居民強制出境處理辦法第五條規定：「強制出境前，有下列情形之一者，得暫予收容：一、前條第二項各款所定情形。二、因天災或航空器、船舶故障，不能依規定強制出境者。三、得逕行強制出境之大陸地區人民、香港或澳門居民，無大陸地區、香港、澳門或第三國家旅行證件者。四、其他因故不能立即強制出境者。」（九十九年三月二十四日修正發布移列為同辦法第六條：「執行大陸地區人民、香港或澳門居民強制出境前，有下列情形之一者，

得暫予收容：一、因天災或航空器、船舶故障，不能依規定強制出境。二、得逕行強制出境之大陸地區人民、香港或澳門居民，無大陸地區、香港、澳門或第三國家旅行證件。三、其他因故不能立即強制出境。」）未經法律明確授權，違反法律保留原則，應自本解釋公布之日起，至遲於屆滿二年時失其效力。

解釋理由書

憲法第八條第一項規定：「人民身體之自由應予保障。除現行犯之逮捕由法律另定外，非經司法或警察機關依法定程序，不得逮捕拘禁。非由法院依法定程序，不得審問處罰。非依法定程序之逮捕、拘禁、審問、處罰，得拒絕之。」是國家剝奪或限制人民身體自由之處置，不問其是否屬於刑事被告之身分，除須有法律之依據外，尚應踐行必要之司法程序或其他正當法律程序，始符合上開憲法之意旨（本院釋字第三八四號、第五八八號、第六三六號、第七〇八號解釋參照）。憲法上正當法律程序原則之內涵，應視所涉基本權之種類、限制之強度及範圍、所欲追求之公共利益、決定機關之功能合適性、有無替代程序或各項可能程序之成本等因素綜合考量，由立法者制定相應之適當程序（本院釋字第六八九號解釋參照）。又憲法第十條規定：「人民有居住及遷徙之自由」，係指人民有選擇其居住處所，營私人生活不受干預之自由，且有得依個人意願自由遷徙或旅居各地之權利（本院釋字第四四三號解釋參照）。

憲法增修條文前言明揭：「為因應國家統一前之需要，依照憲法第二十七條第一項第三款及第一百七十四條第一款之規定，增修本憲法條文如左：……」憲法增修條文第十一條明定：「自由地區與大陸地區間人民權利義務關係及其他事務之處理，得以法律為特別之規定。」臺灣地區與大陸地區人民關係條例（下稱兩岸關係條例）即為規範國家統一前，臺灣地區與大陸地區間人民權利義務及其他事務，所制定之特別立法（本院釋字第六一八號解釋參照）。兩岸關係條例第十條第一項規定：「大陸地區人民非經主管機關許可，不得進入臺灣地區。」是在兩岸分治之現況下，大陸地區人民入境臺灣地區之自由受有限制（本院釋字第四九七號、第五五八號解釋參照）。惟大陸地區人民形式上經主管機關許可，且已合法入境臺灣地區者，其遷徙之自由原則上即應受憲法保障（參酌聯合國公民與政治權利國際公約第十二條及第十五號一般性意見第六點）。除因危害國家安全或社會秩序而須為急速處分者外，強制經許可合法入境之大陸地區人民出境，應踐行相應之正當程序（參酌聯合國公民與政治權利國際公約第十三條、歐洲人權公約第七號議定書第一條）。尤其強制經許可合法入境之大陸配偶出境，影響人民之婚姻及家庭關係至鉅，更應審慎。九十二年十月二十九日修正公布之兩岸關係條

例第十八條第一項規定:「進入臺灣地區之大陸地區人民,有下列情形之一者,治安機關得逕行強制出境。但其所涉案件已進入司法程序者,應先經司法機關之同意:一、未經許可入境者。二、經許可入境,已逾停留、居留期限者。三、從事與許可目的不符之活動或工作者。四、有事實足認為有犯罪行為者。五、有事實足認為有危害國家安全或社會安定之虞者。」(本條於九十八年七月一日修正公布,第一項僅為文字修正)九十八年七月一日修正公布同條例第十八條第二項因增訂:「進入臺灣地區之大陸地區人民已取得居留許可而有前項第三款至第五款情形之一者,內政部入出國及移民署於強制其出境前,得召開審查會,並給予當事人陳述意見之機會。」惟上開第十八條第一項規定就因危害國家安全或社會秩序而須為急速處分以外之情形,於強制經許可合法入境之大陸地區人民出境前,並未明定治安機關應給予申辯之機會,有違憲法上正當法律程序原則,不符憲法第十條保障遷徙自由之意旨。此規定與本解釋意旨不符部分,應自本解釋公布之日起,至遲於屆滿二年時失其效力。

九十二年十月二十九日修正公布之兩岸關係條例第十八條第二項規定:「前項大陸地區人民,於強制出境前,得暫予收容……。」(即九十八年七月一日修正公布之同條例第十八條第三項)按暫予收容既拘束受收容人於一定處所,使與外界隔離(內政部發布之大陸地區人民及香港澳門居民收容處所設置及管理辦法參照),自屬對人民身體自由之剝奪。暫予收容之事由爰應以法律直接規定或法律具體明確授權之命令定之(本院釋字第四四三號、第五二三號解釋參照),始符合法律保留原則;法律規定之內容並應明確,始符合法律明確性原則(本院釋字第六三六號、第六九〇號解釋參照)。前揭第十八條第二項僅規定大陸地區人民受強制出境處分者,於強制出境前得暫予收容,其文義過於寬泛,未能顯示應限於非暫予收容顯難強制出境者,始得暫予收容之意旨,亦未明定暫予收容之事由,與法律明確性原則不符。次按人身自由乃人民行使其憲法上各項自由權利所不可或缺之前提,國家以法律明確規定限制人民之身體自由者,須踐行正當法律程序,並須符合憲法第二十三條之比例原則,方為憲法所許(本院釋字第三八四號、第五八八號解釋參照)。鑑於刑事被告與非刑事被告之人身自由限制,在目的、方式與程序上均有差異,是兩者應踐行之司法程序或其他正當法律程序,自非均須相同(本院釋字第五八八號、第七〇八號解釋參照)。為防範受強制出境之大陸地區人民脫逃,俾能迅速將之遣送出境,治安機關依前揭第十八條第二項規定暫時收容受強制出境之大陸地區人民,於合理之遣送作業期間內,尚屬合理、必要,此暫時收容之處分固無須經由法院為之,惟仍應予受收容人即時司法救濟之機會,始符合憲法

第八條第一項正當法律程序之意旨。是治安機關依前揭兩岸關係條例第十八條第二項作成暫時收容之處分時，應以書面告知受收容人暫時收容之原因及不服之救濟方法，並通知其所指定在臺之親友或有關機關；受收容人一經表示不服，或要求由法院審查決定是否予以收容者，暫時收容機關應即於二十四小時內移送法院迅速裁定是否收容。至於暫時收容期間屆滿前，未能遣送出境者，暫時收容機關應將受暫時收容人移送法院聲請裁定收容，始能續予收容（本院釋字第七○八號解釋參照）。另兩岸關係條例關於暫予收容之期限未設有規定，不符合「迅速將受收容人強制出境」之目的，並有導致受收容人身體自由遭受過度剝奪之虞，有違憲法第二十三條比例原則，亦不符第八條保障人民身體自由之意旨。相關機關應自本解釋公布之日起二年內，依本解釋之意旨，審酌實際需要並避免過度干預人身自由，以法律或法律具體明確授權之命令規定得暫予收容之具體事由，並以法律規定執行遣送所需合理作業期間、合理之暫予收容期間及相應之正當法律程序。屆期未完成者，前揭兩岸關係條例第十八條第二項關於「得暫予收容」部分失其效力。

對人民自由權利之限制，應以法律或法律明確授權之命令為之（本院釋字第四四三號、第五五九號解釋參照）；至授權明確與否，則不應拘泥於法條所用之文字，而應由法律整體解釋認定，或依其整體規定所表明之關聯意義為判斷（本院釋字第六一二號、第六七六號解釋參照）。兩岸關係條例第九十五條之四固僅概括授權行政院訂定施行細則，惟自該條例整體觀之，應認已授權行政院為有效執行法律、落實入出境管理，得以施行細則闡明九十二年十月二十九日修正公布之兩岸關係條例第十八條第一項第一款所稱「未經許可入境」之涵義。兩岸關係條例施行細則第十五條規定：「本條例第十八條第一項第一款所定未經許可入境者，包括持偽造、變造之護照、旅行證或其他相類之證書、有事實足認係通謀虛偽結婚經撤銷或廢止其許可或以其他非法之方法入境者在內」，旨在闡明「未經許可入境」乃指以自始非法之方法入境臺灣地區而言。核其內容並未逾越前揭兩岸關係條例第十八條第一項第一款之文義，與法律保留原則尚屬無違。

九十三年三月一日訂定發布之大陸地區人民申請進入臺灣地區面談管理辦法（下稱面談管理辦法）第十一條規定：「大陸地區人民抵達機場、港口或已入境，經通知面談，有前條各款情形之一者，其許可應予撤銷或廢止，並註銷其入出境許可證件，逕行強制出境或限令十日內出境。」（九十八年八月二十日修正發布之同辦法第十五條刪除「逕行強制出境或限令十日內出境」等字）同辦法第十條第三款規定：「大陸地區人民接受

面談，有下列情形之一者，其申請案不予許可；已許可者，應撤銷或廢止其許可：……
三、經面談後，申請人、依親對象無同居之事實或說詞有重大瑕疵。……」（即九十八
年八月二十日修正發布之同辦法第十四條第二款）按兩岸關係條例第十條之一規定：
「大陸地區人民申請進入臺灣地區團聚、居留或定居者，應接受面談、按捺指紋並建
檔管理之；未接受面談、按捺指紋者，不予許可其團聚、居留或定居之申請。其管理
辦法，由主管機關定之。」是面談為大陸地區人民申請進入臺灣地區團聚、居留或定居
之法定程序。自該條例整體觀之，應認主管機關於面談時，發現有九十二年十月二十
九日修正公布之兩岸關係條例第十八條第一項第一款所稱「未經許可入境」之情事，
自得依法撤銷或廢止其入境許可。次按同條例第十七條第一項規定：「大陸地區人民為
臺灣地區人民配偶，得依法令申請進入臺灣地區團聚；有下列情形之一者，得申請在
臺灣地區依親居留：一、結婚已滿二年者。二、已生產子女者。」（九十八年七月一日
修正文字為「大陸地區人民為臺灣地區人民配偶，得依法令申請進入臺灣地區團聚，
經許可入境後，得申請在臺灣地區依親居留。」）同條第七項並規定：「第一項人員經許
可依親居留、長期居留或許可定居，有事實足認係通謀而為虛偽結婚者，撤銷其依親
居留、長期居留、定居許可及戶籍登記，並強制出境。」（該條於九十八年七月一日為
文字修正）足徵前揭面談管理辦法第十條第三款所稱「說詞有重大瑕疵」，係指有事實
足認申請人與依親對象間，自始即為通謀虛偽結婚，惟治安機關一時未察，而核發入
境許可者而言。面談管理辦法第十條第三款規定就此並未增加前揭兩岸關係條例第十
八條第一項第一款所稱「未經許可入境」所無之限制，與法律保留原則尚無違背。
八十八年十月二十七日訂定發布之大陸地區人民及香港澳門居民強制出境處理辦法
（下稱強制出境辦法）第五條規定：「強制出境前，有下列情形之一者，得暫予收容：
一、前條第二項各款所定情形。二、因天災或航空器、船舶故障，不能依規定強制出
境者。三、得遞行強制出境之大陸地區人民、香港或澳門居民，無大陸地區、香港、
澳門或第三國家旅行證件者。四、其他因故不能立即強制出境者。」（九十九年三月二
十四日修正移列為同辦法第六條：「執行大陸地區人民、香港或澳門居民強制出境前，
有下列情形之一者，得暫予收容：一、因天災或航空器、船舶故障，不能依規定強制
出境。二、得遞行強制出境之大陸地區人民、香港或澳門居民，無大陸地區、香港、
澳門或第三國家旅行證件。三、其他因故不能立即強制出境。」）惟暫予收容乃剝奪人
身自由之處分，其事由應以法律或法律具體明確授權之命令定之；如授權以命令定之，
授權條款之明確程度應與所授權訂定之法規命令對人民權利之影響相稱（本院釋字第

六八〇號解釋參照）。九十二年十月二十九日修正公布之兩岸關係條例第十八條第六項
（九十八年七月一日修正公布改列第七項）僅授權內政部訂定強制境辦法及收容處所
之設置及管理辦法，並未明確授權主管機關以前揭強制出境辦法補充規定得暫予收容
之事由。前揭強制出境辦法第五條（現行第六條）之規定未經法律明確授權，牴觸法
律保留原則，應自本解釋公布之日起，至遲於屆滿二年時失其效力。

釋字第七一一號解釋 （憲五、七、八、一四、一五、一八、二二、二三、七八、
八六、一五三、一五五、一五六、一七二，憲增修一〇，法組七八，最高法院處
務規程三二，行序一五九、一六〇，中標三，行訴九八、一七八之一、二一八，
大法官審案四、五，行罰七、一一，民訴一七〇、一七三、一七五、三八五、三
八六，身障三七，所得稅一四，國賠一〇～一二，交通處罰六七、六七之一，行
政院衛生署組織法一、二、四、六、一七，醫師四之二、七之一、八、八之二，
醫療八八，醫療機構設置標準九，治療師九，物療師九，具有多重醫事人員資格
者執業管理辦法二、三，醫事放射九，醫檢師九，牙體技術師法一一，護理人員
八、九、一二、一三、一六、一七，藥事三七、一〇二、一〇三，藥師一、五、
一一、一四～一八、二〇、二三、二四、二七，營師一〇，獸醫師七，專技考試
二，公服二、三，經濟社會文化權利國際公約一）

一百零二年七月三十一日公布

藥師法第十一條規定：「藥師經登記領照執業者，其執業處所應以一處為限。」未就藥
師於不違反該條立法目的之情形下，或於有重大公益或緊急情況之需要時，設必要合
理之例外規定，已對藥師執行職業自由形成不必要之限制，有違憲法第二十三條比例
原則，與憲法第十五條保障工作權之意旨相牴觸，應自本解釋公布之日起，至遲於屆
滿一年時失其效力。

改制前之行政院衛生署（現已改制為衛生福利部）中華民國一〇〇年四月一日衛署醫
字第一〇〇〇〇〇七二四七號函限制兼具藥師及護理人員資格者，其執業場所應以同
一處所為限，違反憲法第二十三條法律保留原則，應自本解釋公布之日起不再援用。

解釋理由書

本件係因一、楊岫涓等五人分別對附表所示之確定終局判決所適用之藥師法第十一條
（下稱系爭規定）及所援用之改制前之行政院衛生署中華民國一〇〇年四月一日衛署
醫字第一〇〇〇〇〇七二四七號函（下稱系爭函釋），認有違憲疑義，聲請解釋憲法；

二、臺灣桃園地方法院行政訴訟庭法官錢建榮於審理該院一〇一年度簡字第四五號藥事法事件時，對於應適用之系爭規定，依其合理之確信，認有牴觸憲法之疑義，依本院釋字第三七一號、第五七二號、第五九〇號解釋意旨及行政訴訟法第一百七十八條之一規定，聲請解釋。經大法官議決應予受理及將上開各案合併審理，並依司法院大法官審理案件法第十三條第一項通知聲請人及關係機關改制前之行政院衛生署指派代表及訴訟代理人，於一〇二年六月十三日到場，在憲法法庭行言詞辯論，並邀請鑑定人到庭陳述意見。

聲請人楊岫涓等五人主張系爭規定違反比例原則與平等原則，及系爭函釋違反法律保留原則與平等原則，而侵害人民受憲法保障之工作權，其理由略謂：一、系爭規定侵害憲法保障之工作權：聲請人執業之藥局如休息不營業時，欲支援其他藥局工作，卻受限於系爭規定不得為之，已侵害其工作權。二、系爭規定未有例外規定，違反平等原則：其他各類醫事專業人員相關管理法規，與藥師法在性質上同為追求國民健康之公共利益，雖原則上亦限制執業處所以一處為限，但均設有報准制度，可因醫療機構間會診、應邀出診、急救等情形至他處支援之例外規定，系爭規定完全未設有例外規定，明顯違反平等原則。三、系爭規定立法時，目的在落實藥師專任，防止不肖藥師出租借牌外，更兼負管理藥商之行政目的。惟今日全民健康保險與醫藥分業制度業已建立，配合主管機關就醫事人員執業登錄之管理，系爭規定已有重新檢討修正之必要。四、系爭規定限制藥師執業處所，將導致專任藥師超時工作，醫療機構租借牌照情形更加猖獗，偏遠地區民眾反無法接受專業藥師服務，其欲保障國民用藥安全之目的更難達成。五、藥師人力仍有不足：根據相關學術研究，目前門診藥師人力尚嫌不足，已導致專任藥師超時工作，危害國民健康。六、關於系爭函釋，規定兼具藥師及護士雙重醫事人員資格者，執業登記處所以同一處為限，乃牴觸法律保留原則及平等原則：㈠現行對多重醫事人員限制，既然無法律依據，本無從管制，況現行醫事人員擁有多項專業證照者，均可自由選擇工作（例如醫師兼有律師或會計師證照者），但具有多重醫事資格者卻受到管制，違反憲法保障之平等權。㈡執業處所不限於同一處，僅增加交通成本，對提供的專業服務品質不致造成影響。㈢將多重醫事人員資格之執業處所限於「同一處」，由於各醫事人員申請執業處所都有設備資格上的限制，故只有醫院診所才能同時具備多項醫事人員資格之登記條件，不無獨厚醫院診所之嫌等情。另聲請人錢建榮法官主張系爭規定違反比例原則與平等原則，而侵害人民受憲法保障之工作權，其理由略謂：一、系爭規定對人民職業選擇自由形成客觀限制，侵害憲法第十五

條工作權：㈠職業自由為人民充實生活內涵及自我發展人格所必要，不因職業之性質而有差異，均應受憲法第十五條工作權所保障。其內涵包括選擇職業自由與執行職業自由。參照司法院釋字第五八四號解釋意旨，人民對於從事一定職業應具備之資格或其他要件，於符合憲法第二十三條規定之限度內，得以法律或法律明確授權之命令加以限制。㈡對職業自由之限制，因其內容之差異，在憲法上有寬嚴不同之容許標準。關於從事職業之方法、時間、地點、對象或內容等執行職業之自由，立法者為公共利益之必要，即非不得予以適當之限制。而人民選擇職業應具備之客觀條件，係指對從事特定職業之條件限制，非個人努力所可達成，則應以保護特別重要之公共利益始得為之。惟不論何種情形之限制，所採之手段均須與比例原則無違。㈢系爭規定限制藥師執業處所以一處為限，已非單純對於執行職業自由之限制，而係對於職業選擇自由之客觀限制。則其立法目的須在追求特別重要之公共利益，方能符合憲法第二十三條比例原則之要求。㈣惟系爭規定禁止藥師支援他處，致使需要藥師人力支援之醫療機構，迫於成本考量，藉租用牌照方式來執行業務，反有害於國民健康，無助於公共利益之追求。二、主管機關對藥事人力之統計，是以「領照人數」為依據，惟「實際執業人數」與「領照人數」有高達一萬兩千七百人之落差，能否遽稱我國藥事人力充足，不無可議之處。三、系爭規定違反平等原則：㈠平等原則為所有基本權之基礎，國家公權力之行使，必須保障人民在法律上地位之實質平等，要求本質上相同之事物應為相同之處理，不得恣意為無正當理由之差別待遇。㈡法規範是否符合平等原則之要求，參照司法院釋字第六九四號解釋意旨，其判斷取決於該法規範所以為差別待遇之目的是否合憲，其所採取之分類與規範目的之達成之間，是否存有一定程度之關聯性而定，因此差別待遇都必須具備憲法之正當性方可。㈢與藥師同樣在性質上特重維護或促進國民健康之公益要求的其他醫事專業人員，雖原則上限制於一處執業，但法律上均設有報備支援之例外規定，且以我國目前統計資料可知，醫師與藥師之領證人數約略相當，但醫師登記執業者猶多於藥師甚多，卻許可醫師於例外時可支援他處醫療機構執行業務，顯見對藥師產生更不合理之差別對待，有違平等原則等語。

關係機關改制前之行政院衛生署略稱：一、系爭規定雖侵害人民工作權，但未違反比例原則，仍屬合憲：㈠從立法理由可知，系爭規定係為配合並落實任藥師駐店（廠）管理（監製）之制度及親自主持藥局業務而設，乃為保障用藥安全，建構整體公共衛生體系，並維護憲法第一百五十七條國民健康權，所採取不得不然之必要措施。㈡醫療業務執行係高密度、持續性、專業性及技術性之行為。是以在維護醫療品質考量下，

我國現行醫事人員法規對登記執業處所概以限於一處為原則。㈢藥師業務除執行調劑相關業務外，也負擔管理藥品責任，包括產品管理、監製等，其執業場所也更具多樣性，因此必須專職一處以厚植專業。㈣系爭規定對藥師從事工作地點之職業自由有所限制，惟審酌其立法目的係出於落實藥師專任，達成國民健康權保障之重大公共利益；且限制手段與目的間具有合理關聯，並為保全公共利益之必要手段，對藥師之工作權尚無造成過度之限制，與比例原則無違。二、系爭規定未開放藥師如其他各類醫事人員一般，可支援他處，乃基於保障國民健康之考量：㈠依現行相關法規，醫事人員概以限於一處執業為原則，其目的在確保醫療資源被妥適運用，僅有在人力不足，緊急狀況下才例外准予支援，協助緊急狀況下之病患。㈡由藥師業務內容可知，在藥品儲備管理上，結合執業處所一併採行風險控管措施，有其必要性。㈢系爭規定未比照其他醫事人員法規，開放藥師支援他處執業，乃基於藥品管理安全上及民眾用藥安全之重大公益考量所採取之必要手段。三、開放藥師支援，將使其真正執業處所無法確定，形成有登錄之名卻無在場之實之流弊，直接造成醫療資源分布不均、人力分布無法掌握之窘境，更增加健保費用核付勾稽等審理作業成本負擔，影響全體國民之健康。四、基於整體醫療資源分配及緊急醫療救護之考量，現行實務對系爭規定已採取合目的性之限縮解釋，彈性准許藥師於下述情形，得例外前往執行業務：㈠藥事人員以執業登錄處所之藥局、醫院或診所名義至護理之家、安養機構提供藥事諮詢服務。㈡基於推廣公共衛生業務及義診服務需求，參與醫療團體義診服務，執行藥品調劑工作。㈢巡迴醫療於山地、離島或於無藥事人員執業之偏遠地區執行藥品調劑工作等。五、藥師人力充足：㈠根據至一○一年十二月為止統計，我國藥師人力將近四萬五千人，依據改制前之行政院衛生署委託財團法人國家衛生研究院進行之「藥事人力發展評估計畫」，至一○九年我國藥師人力總需求在三萬五千九百八十六人至三萬六千三百二十一人之間，人力不虞匱乏。㈡禁止藥師支援他處醫療機構或藥局工作，並不影響國民健康或醫療權利，相對而言是透過系爭規定建立藥師專任責任制，更有助其專業服務質量之提升。六、系爭規定並不違反平等原則：憲法平等原則並非絕對、機械之形式上平等，而係保障人民在法律上地位之實質平等，立法機關基於憲法之價值體系及立法目的，自得斟酌規範事務性質之差異而為合理之不同規定。故系爭規定未如其他各類醫事人員，明文許可支援或報備許可，無非期能以此健全完整藥品安全管理機制，使國民享有穩定而安全之藥事服務環境，具有合理性，而無違反平等原則。七、關於系爭函釋的合憲性：㈠基於專業可以多重、人格不可分之原則，又為維護國民健康及就

醫安全、提升醫療專業品質等公益考量，限制兼具多重醫事人員資格者執業登記有其必要性。㈡依現行法制，不論藥師或護士，其法定登記執業處所本即以一處為限，是不論兼具藥師與護士資格者係本於何資格別登記執行業務，本均以一處為限而無例外。㈢藥師兼具其他醫事人員資格者，囿於藥師業務內容之特殊性，同時執業已非妥適，至於其執業處所，由其兼具雙重身分執行業務本應肩負多重權責義務，並適用全部各該身分別之法令規範以觀，法理上本即應適用較嚴格之藥師執業處所限制，以同一處所為限，故不違反法律保留原則等語。

本院斟酌全辯論意旨，作成本解釋，理由如下：

憲法第十五條規定，人民之工作權應予保障，其內涵包括人民之職業自由。法律若課予人民一定職業上應遵守之義務，即屬對該自由之限制。法律對職業自由之限制，因其內容之差異，在憲法上有寬嚴不同之容許標準。關於從事工作之方法、時間、地點等執行職業自由，立法者為追求公共利益，且採行之限制手段確屬必要者，始符合憲法第二十三條比例原則之要求，迭經本院解釋在案（本院釋字第五八四號、第六四九號、第七○二號解釋參照）。

系爭規定明定：「藥師經登記領照執業者，其執業處所應以一處為限。」限制藥師於登記領照執業後，僅得於一處所執業，核屬對藥師執行職業之方法、地點所為之限制。查系爭規定之立法目的，係為推行藥師專任之政策及防止租借牌照營業之不法情事（立法院公報第六十七卷第八十七期委員會紀錄第三十一頁參照）。且自八十二年二月五日修正公布之藥事法第一百零二條規定，推行醫藥分業制度後，藥師係以專門知識技能，核對醫師開立之處方以調配藥劑，並為病人提供正確藥物資訊、諮詢等服務。系爭規定限制藥師執業處所於一處，乃出於確保醫藥管理制度之完善、妥善運用分配整體醫療人力資源，並維護人民用藥安全等公共利益之考量。立法者為此限制，其目的雖屬正當，惟仍不得逾越必要之程度，而對藥師之執行職業自由為過度限制，始符憲法第二十三條之比例原則。

系爭規定將藥師執業處所限於一處，固有助於前揭立法目的之達成。惟藥師依法本得執行各種不同之業務（藥師法第十五條參照），社會對執行不同業務藥師之期待因而有所不同，且因執業場所及其規模之差異而應有彈性有效運用藥師專業知識之可能。又於醫療義診，或於缺乏藥師之偏遠地區或災區，配合巡迴醫療工作及至安養機構提供藥事諮詢服務等活動，由執業之藥師前往支援，並不違反前揭立法目的，實無限制之必要。且參諸現行實務，主管機關於有上揭情形時皆對系爭規定為彈性解釋，有條件

允許之。足見就藥師執業處所僅限於一處之規範，設置一定條件之例外確有其必要。

系爭規定於藥師不違反前揭立法目的之情形下，或於有重大公益或緊急情況之需要時，一律禁止藥師於其他處所執行各種不同之藥事業務，未設必要合理之例外規定，已對藥師執行職業自由形成不必要之限制，有違憲法第二十三條比例原則，而與憲法第十五條保障工作權之意旨相牴觸。相關機關至遲應於本解釋公布之日起一年內，依本解釋意旨檢討修正，屆時未完成修法者，系爭規定失其效力。

按各類醫事人員如何提供醫療服務，具有高度專業及技術之差異性。立法者基於維護醫療品質與保障國民健康之考量，得針對各類專門醫事人員執業之方法、時間及地點而為不同限制。系爭規定與規範其他醫事人員執業處所之規定雖有不同，惟係立法者衡量藥師與其他醫事人員職業性質之差異及其他相關因素所為之不同規定，尚不生牴觸憲法第七條平等原則之問題。

有關人民之自由權利，於符合憲法第二十三條規定之限度內，得以法律或法律明確授權之命令加以限制，迭經本院解釋在案（本院釋字第五八四號、第六五九號解釋參照）。醫事人員如具備多重醫事人員執業資格，關於醫事人員執業資格、方式或執業場所之限制等規範，涉及人民職業自由之限制及維護國民健康之公共利益等重要事項，應由立法機關以法律明定或明確授權行政機關發布命令為補充規定，始符合憲法第二十三條法律保留原則。系爭函釋謂：「四、至於藥師兼具護士雙重醫事人員資格，雖得依各該醫事人員專門職業法律之規定，分別申請執業執照，惟其雙重資格執業場所以同一處所為限。」惟藥師法並未規定人民同時領有藥師及護理人員證書，其執業場所僅得以同一處所為限。系爭函釋已對人民工作權增加法律所無之限制，與法律保留原則有違，應自本解釋公布之日起，不再援用。

聲請人之一主張臺灣高等法院臺南分院一〇〇年度上國易字第一二號確定終局判決所適用之藥師法第三十七條及醫療機構設置標準第九條之附表㈥關於中醫診所設置標準部分，違反平等原則及法律明確性原則；另一聲請人主張高雄高等行政法院一〇〇年度訴字第六〇六號確定終局判決所適用之護理人員法第八條規定，侵害其工作權等語。核其所陳，均未具體敘明上開規定究有何牴觸憲法之處。是此部分聲請核與司法院大法官審理案件法第五條第一項第二款規定不合，依同條第三項規定，應不予受理，併此敘明。

釋字第七一二號解釋　（憲五、七、二二、二三、二七、六三、七三、一七四，

憲增修一一，行序七、四四、一一〇、一一一、一一三、一一四、一一六，大法
官審案五、八、一三，民親一〇七三、一〇七四、一〇七九之一、一〇七九之二、
一一二二，民訴四四四、四八一、四九五之一，非訟二一、四五、四六、一一五，
家事一〇六，國籍一〇，兒少福一八，藥師一一，兩岸人民關係一〇、一〇之一、
一六、一七、二一、六五、九五之三，大陸地區人民在臺灣地區依親居留長期居
留或定居許可辦法三四，經濟社會文化權利國際公約一，公民與政治權利國際公
約一）　　　　　　　　　　　　　　　　　　　一百零二年十月四日公布

臺灣地區與大陸地區人民關係條例第六十五條第一款規定:「臺灣地區人民收養大陸地
區人民為養子女，……有下列情形之一者，法院亦應不予認可:一、已有子女或養子
女者。」其中有關臺灣地區人民收養其配偶之大陸地區子女，法院亦應不予認可部分，
與憲法第二十二條保障收養自由之意旨及第二十三條比例原則不符，應自本解釋公布
之日起失其效力。

　　解釋理由書

基於人性尊嚴之理念，個人主體性及人格之自由發展，應受憲法保障（本院釋字第六
八九號解釋參照）。婚姻與家庭為社會形成與發展之基礎，受憲法制度性保障（本院釋
字第三六二號、第五五二號、第五五四號及第六九六號解釋參照）。家庭制度植基於人
格自由，具有繁衍、教育、經濟、文化等多重功能，乃提供個人於社會生活之必要支
持，並為社會形成與發展之基礎。而收養為我國家庭制度之一環，係以創設親子關係
為目的之身分行為，藉此形成收養人與被收養人間教養、撫育、扶持、認同、家業傳
承之人倫關係，對於收養人及被收養人之身心發展與人格之形塑具有重要功能。是人
民收養子女之自由，攸關收養人及被收養人之人格自由發展，應受憲法第二十二條所
保障。

憲法增修條文前言明揭:「為因應國家統一前之需要，依照憲法第二十七條第一項第三
款及第一百七十四條第一款之規定，增修本憲法條文如左:……。」憲法增修條文第十
一條亦明定:「自由地區與大陸地區間人民權利義務關係及其他事務之處理，得以法律
為特別之規定。」而臺灣地區與大陸地區人民關係條例即為規範國家統一前，臺灣地區
與大陸地區間人民權利義務及其他事務所制定之特別立法（本院釋字第六一八號、第
七一〇號解釋參照）。該條例第六十五條第一款規定:「臺灣地區人民收養大陸地區人
民為養子女，……有下列情形之一者，法院亦應不予認可:一、已有子女或養子女者。」
（下稱系爭規定）是在兩岸分治之現況下，就臺灣地區人民已有子女或養子女而欲收

養大陸地區人民者，明定法院應不予認可，對臺灣地區人民收養大陸地區人民之自由有所限制。

鑑於兩岸關係事務，涉及政治、經濟與社會等諸多因素之考量與判斷，對於代表多元民意及掌握充分資訊之立法機關就此所為之決定，如非具有明顯之重大瑕疵，職司法律違憲審查之釋憲機關固宜予以尊重（本院釋字第六一八號解釋參照）。惟對臺灣地區人民收養大陸地區人民自由之限制，仍應符合憲法第二十三條比例原則之要求。

立法者鑑於臺灣與大陸地區人民血統、語言、文化相近，如許臺灣地區人民依民法相關規定收養大陸地區人民，而無其他限制，將造成大陸地區人民大量來臺，而使臺灣地區人口比例失衡，嚴重影響臺灣地區人口發展及社會安全，乃制定系爭規定，以確保臺灣地區安全及社會安定（立法院公報第八十一卷第五十一期（上）第一五二頁參照），核屬維護重要之公共利益，目的洵屬正當。系爭規定就已有子女或養子女之臺灣地區人民收養大陸地區人民時，明定法院應不予認可，使大陸地區人民不致因被臺灣地區人民收養而大量進入臺灣地區，亦有助於前揭立法目的之達成。

惟臺灣地區人民收養其配偶之大陸地區子女，將有助於其婚姻幸福、家庭和諧及其與被收養人之身心發展與人格之形塑，系爭規定並未就此種情形排除法院應不予認可之適用，實與憲法強調人民婚姻與家庭應受制度性保障，及維護人性尊嚴與人格自由發展之意旨不符。就此而言，系爭規定對人民收養其配偶之大陸地區子女自由限制所造成之效果，與其所欲保護之公共利益，顯失均衡，其限制已屬過當，與憲法第二十三條比例原則不符，而抵觸憲法第二十二條保障人民收養子女自由之意旨。於此範圍內，系爭規定與本解釋意旨不符部分，應自本解釋公布之日起失其效力。

為減少干預人民收養子女之自由，相關機關對臺灣地區人民收養大陸地區人民之其他相關規定，仍應考量兩岸政治、經濟及社會因素之變遷，適時檢討修正，併此指明。

釋字第七一三號解釋　　（憲七、八、一五、一九、二三、一七一、一七二，行訴九八、二五五，大法官審案五，行罰五，刑五九、七四，刑訴二五三、二五三之一，槍彈管八，菸酒稅二一，稅徵六、四八、四八之二、四八之三，所得稅三、八、一一、七一、七九、八八、八九、九二、九四、一〇二、一〇二之二、一〇二之三、一〇四、一〇八、一〇八之一、一一〇、一一四，稅務違章案件減免處罰標準六，營業稅四九，電子遊戲場業管理條例二二，衛星電視二）

一百零二年十月十八日公布

財政部中華民國九十一年六月二十日修正發布之稅務違章案件減免處罰標準第六條第一項第二款規定：「依所得稅法第一百十四條第一款規定應處罰鍰案件，有下列情事之一者，減輕或免予處罰：……二、扣繳義務人已於期限內補繳應扣未扣或短扣之稅款，未在期限內補報扣繳憑單，於裁罰處分核定前已按實補報者，按應扣未扣或短扣之稅額處一‧五倍之罰鍰」（一○○年五月二十七日修正刪除），關於裁處罰鍰數額部分，已逾越必要程度，就此範圍內，不符憲法第二十三條之比例原則，與憲法第十五條保障人民財產權之意旨有違，應自本解釋公布之日起不再適用。

解釋理由書

聲請人以最高行政法院九十七年度判字第一○○○號判決（下稱確定終局判決）所適用之財政部九十一年六月二十日修正發布之稅務違章案件減免處罰標準第六條第一項第二款：「依所得稅法第一百十四條第一款規定應處罰鍰案件，有下列情事之一者，減輕或免予處罰：……二、扣繳義務人已於期限內補繳應扣未扣或短扣之稅款，未在期限內補報扣繳憑單，於裁罰處分核定前已按實補報者，按應扣未扣或短扣之稅額處一‧五倍之罰鍰」（下稱系爭規定，嗣於一○○年五月二十七日修正刪除）有違憲疑義，聲請解釋憲法。查確定終局判決雖未明載系爭規定，然由其所持法律見解，可判斷係以系爭規定為判決之部分基礎，應認確定終局判決實質上業已適用系爭規定，系爭規定自得作為憲法解釋之客體（本院釋字第三九九號、第五八二號、第六二二號、第六七五號及第六九八號解釋參照）。

扣繳義務人之扣繳義務，包括扣繳稅款義務及申報扣繳憑單義務，二者之違反對國庫稅收及租稅公益之維護所造成之損害，程度上顯有差異。如扣繳義務人已於限期內補繳應扣未扣或短扣之稅款，僅不按實補報扣繳憑單者，雖影響稅捐稽徵機關對課稅資料之掌握及納稅義務人之結算申報，然因其已補繳稅款，所造成之不利影響較不補繳稅款為輕，乃系爭規定就此部分之處罰，與同標準第六條第一項第三款所定未於限期內補繳應扣未扣或短扣之稅款，於裁罰處分核定前已按實補繳者之處罰等同視之，一律按應扣未扣或短扣之稅額處一‧五倍之罰鍰，未許稅捐稽徵機關得參酌具體違章狀況，依情節輕重裁量罰鍰之數額，其處罰顯已逾越必要程度，不符憲法第二十三條之比例原則，與憲法第十五條保障人民財產權之意旨有違，應自本解釋公布之日起不再適用。有關機關對未於限期內補報扣繳憑單，於裁罰處分核定前已按實補報之案件，應斟酌個案情節輕重，並依稅捐稽徵法第四十八條之三之規定，另為符合比例原則之適當處置，併予指明。

聲請人另以所得稅法第八條第十一款規定：「本法稱中華民國來源所得，係指左列各項所得：……十一、在中華民國境內取得之其他收益」有違憲疑義，聲請解釋。惟查其指摘前揭「中華民國來源所得」之定義過於模糊，有違法律明確性部分，尚難謂已具體敘明前揭規定於客觀上有何牴觸憲法之處；至其指摘該款規定違反平等原則部分，乃爭執確定終局判決將聲請人支付國外機構之衛星傳送費，認定為「中華民國來源所得」之見解不當，核屬關於法院認事用法之爭執，均與司法院大法官審理案件法第五條第一項第二款規定不合，依同條第三項規定，應不受理，併此指明。

釋字第七一四號解釋　（憲一五、二三，憲增修一〇，行序五、六、八、一一一、一三一，行訴九八、二四三、二五五、二五八，大法官審案五、八，行罰二七，民總一八，民債一八四、一九一之三、二一五、二八〇，民物七六七、九六二，民繼一一四八，民總施一八，刑一、二，土地三七之一，國賠二，公司七五、三一九，國營八，消保七，菸害防制八、二一，水污染三二，廢棄物四、一三～一九、二一、二二，土壤一、二、六～九、一一～一八、二〇、二五、三一、三二、三四、三六、三八、四一、四八、五二、五三，土壤及地下水污染控制場址初步評估辦法二）　　　　　　　　　　　　　一百零二年十一月十五日公布

中華民國八十九年二月二日制定公布之土壤及地下水污染整治法第四十八條規定：「第七條、第十二條、第十三條、第十六條至第十八條、第三十二條、第三十六條、第三十八條及第四十一條之規定，於本法施行前已發生土壤或地下水污染之污染行為人適用之。」其中有關「於本法施行前已發生土壤或地下水污染之污染行為人適用之」部分，係對該法施行後，其污染狀況仍繼續存在之情形而為規範，尚未牴觸法律不溯及既往原則及憲法第二十三條之比例原則，與憲法第十五條保障人民工作權及財產權之意旨均無違背。

　　解釋理由書

八十九年二月二日制定公布之土壤及地下水污染整治法（下稱土污法）第四十八條規定：「第七條、第十二條、第十三條、第十六條至第十八條、第三十二條、第三十六條、第三十八條及第四十一條之規定，於本法施行前已發生土壤或地下水污染之污染行為人適用之。」（下稱系爭規定）所列規定係課污染行為人就土污法施行後仍繼續存在之污染狀況，有避免污染擴大及除去之整治等相關義務，以防止或減輕該污染對國民健康及環境之危害，並對違反土污法所定前述義務之處罰及強制執行。系爭規定將所列

規定適用於本法施行前已發生土壤或地下水污染之污染行為人（下稱施行前之污染行為人），使其就土污法施行後之污染狀況負整治義務等。其意旨僅在揭示前述整治義務以仍繼續存在之污染狀況為規範客體，不因污染之行為發生於土污法施行前或施行後而有所不同；反之，施行前終了之污染行為，如於施行後已無污染狀況，系爭規定則無適用之餘地，是尚難謂牴觸法律不溯及既往原則。且依土污法第二條第十二款規定：「污染行為人：指因有下列行為之一而造成土壤或地下水污染之人：㈠非法排放、洩漏、灌注或棄置污染物。㈡仲介或容許非法排放、洩漏、灌注或棄置污染物。㈢未依法令規定清理污染物。」該污染係由施行前之污染行為人之非法行為（例如六十三年七月二十六日制定公布之廢棄物清理法第十三條；六十四年五月二十一日訂定發布、九十一年二月一日廢止之同法臺灣省施行細則第十八條、第二十條規定）造成，亦無值得保護之信賴而須制定過渡條款或為其他合理補救措施之問題。

土壤及地下水之污染多肇因於農、工、商之執業或營業行為，系爭規定課土污法施行前之污染行為人就施行後仍繼續存在之污染狀況負整治、支付費用及停業、停工等義務，即屬對憲法第十五條所保障之人民工作權、財產權及其內涵之營業自由所為限制，自應符合憲法第二十三條之比例原則。

查土污法之制定，係為整治土壤及地下水污染，確保土地及地下水資源永續利用，改善生活環境，維護國民健康（土污法第一條參照）。系爭規定為妥善有效處理前述土壤或地下水污染問題，使土污法施行前發生而施行後仍繼續存在之污染問題可併予解決，俾能全面進行整治工作，避免污染繼續擴大，目的洵屬正當，且所採手段亦有助於上開目的之達成。

對施行前之污染行為人若不命其就現存污染狀況負整治責任，該污染狀況之危害，勢必由其他人或國家負擔，有違社會正義，並衝擊國家財政。是系爭規定明定施行前之污染行為人負整治責任，始足以妥善有效處理土壤及地下水污染問題，而又無其他侵害較小之手段可產生相同效果，自應認系爭規定係達成前述立法目的之必要手段。

土污法施行前發生之污染狀況於土污法施行後仍繼續存在者，將對國民健康及環境造成危害，須予以整治，方能妥善有效解決污染問題，以維公共利益。況施行前之污染行為人之污染行為原屬非法，在法律上本應負一定除去污染狀況之責任，系爭規定課予相關整治責任，而對其財產權等所為之限制，與所保護之公共利益間，並非顯失均衡。綜上，系爭規定尚未牴觸憲法第二十三條之比例原則，與憲法保障人民工作權、財產權及其內涵之營業自由之意旨均無違背。

依土污法第二條第十二款規定，污染行為人指為該款所列各目行為之人。是系爭規定係以為上開污染行為之行為人為規範對象。至污染行為人之概括繼受人是否承受其整治義務，非屬系爭規定之規範範疇，自亦不生系爭規定未區分污染行為人與概括繼受人之整治義務是否違反平等原則之問題，併此指明。

釋字第七一五號解釋　（憲二、七～二三、八三～八六、九一、一三〇、一三八～一四〇，行序二、一六、一五〇、一五一、一五九、一六〇，中標五，行訴二七三，大法官審案五，地方二八，民債四八七之一，刑一四、三六、六四、六六、七六、二六七、二六八、三五〇，少年事件八三、八三之一，公職選罷二、二六、二七、三二，警察職權一五，國防四、五、一一、一五，兵役一、五、九～一一，預備軍官預備士官選訓服役實施辦法二、三、五、一六，軍事學校及軍事訓練機構學員生修業規則八之三，軍事教育條例二、五，教員任用三一、三三，財產申報二，公職人員利益衝突迴避法二，就業服務四、五，公務考七、一五，公務考施九，公任九、一七、二八，警員人事一〇之一，公服一、二四，經濟社會文化權利國際公約一，公民與政治權利國際公約一）一百零二年十二月二十日公布

中華民國九十九年國軍志願役專業預備軍官預備士官班考選簡章壹、二、㈡規定：「曾受刑之宣告……者，不得報考。……」與憲法第二十三條法律保留原則無違。惟其對應考試資格所為之限制，逾越必要程度，牴觸憲法第二十三條比例原則，與憲法第十八條保障人民服公職之權利意旨不符。相關機關就嗣後同類考試應依本解釋意旨妥為訂定招生簡章。

解釋理由書

按人民於其憲法上所保障之權利，遭受不法侵害，經依法定程序提起訴訟，對於確定終局裁判所適用之法律或命令發生有牴觸憲法之疑義者，得聲請解釋憲法，司法院大法官審理案件法第五條第一項第二款定有明文。國防部九十八年十二月十四日國力規劃字第〇九八〇〇三七四六號令頒「九十九年國軍志願役專業預備軍官預備士官班考選簡章」（下稱系爭簡章）係就有關九十九年國軍志願役專業預備軍官預備士官班之招生考選（下稱系爭考選）事項所訂定，並對外發布之一般性法規範，屬前開規定所稱之命令，得為本院違憲審查之客體，合先敘明。

憲法第十八條規定人民有服公職之權利，旨在保障人民有依法令從事於公務之權利。志願役預備軍官及預備士官為軍中基層幹部，係依法定程序選訓、任官，並依國防法

等相關法令執行訓練、作戰、後勤、協助災害防救等勤務，自屬憲法第十八條所稱之公職。人民依法令所定方式及程序選擇擔任預備軍官或預備士官以服公職之權利，自應予以保障。九十八年四月二十七日修正發布之預備軍官預備士官選訓服役實施辦法（下稱選訓服役辦法）第十六條第一項規定，受預備軍官或預備士官基礎教育期滿成績合格者，除該辦法另有規定外，分別以少尉或下士任官分發，並自任官之日起服現役。故大學或專科以上畢業者，如志願以預備軍官或預備士官官階服軍旅，須經系爭考選錄取及完成基礎教育。系爭簡章壹、二、㈡規定：「曾受刑之宣告……者，不得報考。……」（下稱系爭規定）雖非直接禁止受刑之宣告者擔任預備軍官或預備士官之公職，然參加國軍志願役專業預備軍官預備士官班之考選，為大學或專科畢業者擔任前述軍事公職之必要條件；且入學考選錄取者，於受基礎教育期滿成績合格時，即分別以少尉或下士任官分發，而無另外任官考試之程序。系爭規定所為消極資格之限制，使曾受刑之宣告者不得參加系爭考選，因而造成其無法選擇服志願役預備軍官預備士官之公職之結果，自屬對人民服公職權利之限制。

兵役法第十一條第一項規定：「前二條預備軍官、預備士官選訓服役實施辦法，由國防部會同相關機關定之。」軍事教育條例第五條規定：「基礎教育以培養國軍軍官及士官為目的，由軍事學校辦理，其類別及宗旨如下：……四、軍事養成教育：以對具有大學、專科或中等教育學歷者，施予軍事養成教育為宗旨；得設常備軍官班、常備士官班、預備軍官班、預備士官班或同等班隊（第一項）。……第一項第四款……入學資格……等事項之規則，由國防部定之（第三項）。」而選訓服役辦法第三條規定：「預備軍官或預備士官年度考選之對象、方式、員額、專長職類、資格、報名方式及其他相關事宜，由國防部訂定考選計畫實施，或委任國防部陸軍司令部、國防部海軍司令部、國防部空軍司令部、國防部聯合後勤司令部、國防部後備司令部、國防部憲兵司令部……，擬訂考選計畫陳報國防部核定後實施。」同辦法第五條第一項規定：「預備軍官或預備士官之考選，由國防部、內政部、教育部等相關機關依考選計畫組成考選委員會，訂定考選簡章辦理。但志願役預備軍官、志願役預備士官或義務役預備士官之考選，得由委任機關依國防部核定之考選計畫組成考選委員會，訂定考選簡章辦理。」故志願役預備軍官預備士官之選訓服役及入學資格等事項之規範，係由立法者基於國防事務之特殊性及專業性，授權國防部訂定；國防部復於依立法授權訂定之選訓服役辦法，明定志願役預備軍官預備士官之考選，得委任機關訂定計畫並經其核定後實施，再依該計畫實際組成考選委員會訂定考選簡章，據以辦理考選。是系爭考選之重要事

項如考選對象、方式、員額、專長職類、資格、報名方式等，均係由國防部自行訂定或依其核定之考選計畫形成規範，以為實施之依據。系爭簡章形式上最終雖係由考選委員會依考選計畫所訂定，惟系爭考選之事項仍屬由國防部決定至明。參以軍事教育條例第五條第三項及該條例其他相關規定所訂定之軍事學校學員生修業規則第八條之三第三款亦規定：「學員生入學，應具備下列條件：……三、未曾受刑之宣告……者。但符合少年事件處理法第八十三條之一第一項規定者不在此限。」其雖非直接規定應考資格，然入學資格與考試資格，有直接密切關聯，其入學規定之限制與系爭規定類似。足見系爭規定並未逾越兵役法第十一條第一項及軍事教育條例第五條第三項規定之直接或間接授權範圍，與憲法第二十三條法律保留原則無違。

國家機關因選用公職人員而舉辦考選，為達鑑別並選取適當人才之目的，固非不得針對其需要而限制應考資格，此係主管機關裁量範圍，本應予尊重，然其限制仍應符合憲法第二十三條比例原則。

國軍志願役預備軍官預備士官可合法持有國防武器、裝備，必要時並能用武力執行軍事任務；而軍校學生日後均為國軍成員或幹部，其個人品德、能力之優劣與國軍戰力之良窳關係至鉅。為確保軍事學校學生及國軍幹部之素質，維持軍隊指揮監督，系爭規定乃以是否曾受刑之宣告，作為有無應考資格之限制，以預防報考之考生品德、能力不足等情事，肇生危害國家或軍事安全之虞，所欲維護者，確屬重要之公共利益，其目的洵屬正當，且所採手段亦有助於前揭目的之達成。

行為人觸犯刑事法律而受刑之宣告，如係出於故意犯罪，顯示其欠缺恪遵法紀之品德；如屬過失犯，則係欠缺相當之注意能力，倘許其擔任國軍基層幹部，或將不利於部隊整體素質及整體職能之提升，或有危害國防安全之虞。系爭規定限制其報考，固屬必要。然過失犯因疏忽而觸法，本無如同故意犯罪之惡性可言，苟係偶然一次，且其過失情節輕微者，難認其必然欠缺應具備之服役品德、能力而影響國軍戰力。系爭規定剝奪其透過系爭考選以擔任軍職之機會，非屬達成目的之最小侵害手段，逾越必要程度，牴觸憲法第二十三條比例原則，與憲法第十八條保障人民服公職之權利意旨不符。相關機關就嗣後同類考試應依本解釋意旨妥為訂定招生簡章。

釋字第七一六號解釋　　（憲七、一一、一四、一五、二二、二三、一七二，行序八、三二、一一九、一二〇、一二六，政府採購一、一五、一〇五，行訴二五二，大法官審案五，行罰七、八、一八，地方三六、三八、四八，刑五八，刑訴一一

二，管理外匯二四，財產申報二，公職人員利益衝突迴避法一～七、九～一一、一四～一八，公平交易一九、四一，公服五、六）

一百零二年十二月二十七日公布

公職人員利益衝突迴避法第九條規定：「公職人員或其關係人，不得與公職人員服務之機關或受其監督之機關為買賣、租賃、承攬等交易行為。」尚未牴觸憲法第二十三條之比例原則，與憲法第十五條、第二十二條保障人民工作權、財產權及契約自由之意旨均無違背。惟於公職人員之關係人部分，若因禁止其參與交易之競爭，將造成其他少數參與交易者之壟斷，反而顯不利於公共利益，於此情形，苟上開機關於交易過程中已行公開公平之程序，而有充分之防弊規制，是否仍有造成不當利益輸送或利益衝突之虞，而有禁止公職人員之關係人交易之必要，相關機關應儘速通盤檢討改進。

公職人員利益衝突迴避法第十五條規定：「違反第九條規定者，處該交易行為金額一倍至三倍之罰鍰。」於可能造成顯然過苛處罰之情形，未設適當之調整機制，其處罰已逾越必要之程度，不符憲法第二十三條之比例原則，與憲法第十五條保障人民財產權之意旨有違，應自本解釋公布之日起，至遲於屆滿一年時失其效力。

　　解釋理由書

憲法第十五條保障人民之工作權及財產權，人民營業之自由亦為其所保障之內涵。基於憲法上工作權之保障，人民得自由選擇從事一定之營業為其職業，而有開業、停業與否及從事營業之時間、地點、對象及方式之自由；基於憲法上財產權之保障，人民並有營業活動之自由，例如對其商品之生產、交易或處分均得自由為之（本院釋字第五一四號、第六〇六號解釋參照）。又契約自由為個人自主發展與實現自我之重要機制，為憲法第十五條財產權及第二十二條所保障之權利，使契約當事人得自由決定其締約方式、內容及對象，以確保與他人交易商品或交換其他生活資源之自由（本院釋字第五七六號、第五八〇號解釋意旨參照）。國家對人民上開自由權利之限制，均應符合憲法第二十三條之比例原則。另對人民違反行政法上義務之行為處以罰鍰，其違規情節有區分輕重程度之可能與必要者，應根據違反義務情節之輕重程度為之，使責罰相當。立法者針對特別應予非難之違反行政法上義務行為，視違規情節之輕重處以罰鍰，固非憲法所不許，惟為避免個案顯然過苛之處罰，應設適當之調整機制（本院釋字第六四一號解釋意旨參照）。

公職人員利益衝突迴避法（下稱利益衝突迴避法）第九條規定：「公職人員或其關係人，不得與公職人員服務之機關或受其監督之機關為買賣、租賃、承攬等交易行為。」（下

稱系爭規定一）第十五條規定：「違反第九條規定者，處該交易行為金額一倍至三倍之罰鍰。」（下稱系爭規定二）系爭規定一禁止公職人員及其關係人（利益衝突迴避法第二條、第三條規定參照）與公職人員服務之機關或受其監督之機關（下稱上開機關）為買賣等交易行為，就公職人員而言，乃屬對其財產權及契約自由所為之限制；就公職人員之關係人而言，乃屬對其工作權、財產權及其內涵之營業自由暨契約自由所為之限制。系爭規定二對公職人員及其關係人違反系爭規定一者處以罰鍰，則屬對憲法第十五條所保障之人民財產權所為限制。

鑑於公職人員之親屬或其他關係人，與上開機關為買賣、租賃、承攬等交易行為，易衍生不公平競爭、不當利益輸送之弊端，立法者為促進廉能政治、端正政治風氣，建立公職人員利益衝突迴避之規範，有效遏阻貪污腐化暨不當利益輸送，乃制定利益衝突迴避法（該法第一條參照）。系爭規定一旨在防範公職人員及其關係人憑恃公職人員在政府機關任職所擁有之職權或影響力，取得較一般人更為優越或不公平之機會或條件，而與政府機關進行交易，造成利益衝突或不當利益輸送甚或圖利之弊端；系爭規定二乃欲藉由處罰鍰之手段，以確保公職人員及其關係人不致違反系爭規定一，進而有效遏阻上開情弊之發生，其目的均屬正當，且所採手段均有助於上開立法目的之達成。

於上開機關行買賣、租賃或承攬等交易行為之際，苟不禁止公職人員及其關係人與上開機關交易，易使公職人員利用其職務上之權力、機會或方法進行不當之利益輸送或造成利益衝突情形。系爭規定一一律禁止公職人員及其關係人為上開交易行為；系爭規定二明定違反系爭規定一者處以罰鍰，以確保系爭規定一規範之事項能獲得落實，從而杜絕公職人員及其關係人有上述不當利益輸送或造成利益衝突之機會。而又無其他侵害較小之手段可產生相同效果，自應認系爭規定一、二係達成前揭立法目的之必要手段。

系爭規定一雖限制公職人員及其關係人之工作權、財產權及其內涵之營業自由暨契約自由，惟禁止交易之對象僅及於上開機關，並非全面禁止與上開機關以外之對象進行交易，公職人員及其關係人尚非不能與其他營業對象交易，以降低其因交易對象受限所遭受之損失，系爭規定一對公職人員及其關係人工作權、財產權等之限制尚未過當，與其所保護之公共利益間，並非顯失均衡。綜上，系爭規定一尚未牴觸憲法第二十三條之比例原則，與憲法第十五條、第二十二條保障人民工作權、財產權及其內涵之營業自由暨契約自由之意旨均無違背。

系爭規定一完全禁止公職人員及其關係人與上開機關為買賣、租賃、承攬等交易行為，固難謂為違憲。惟公務員本應誠實清廉，謹慎勤勞，不得有驕恣貪惰等損害名譽之行為；公職人員亦依法有迴避及不得假藉職務上之權力、機會或方法圖其本人及其關係人利益之義務，違反者應受處罰（公務員服務法第五條、第六條；利益衝突迴避法第六條、第七條、第十四條、第十六條至第十八條；行政程序法第三十二條規定參照）。而公職人員之關係人因未具有公職人員身分，並無上開迴避或禁止圖利之義務可言。故國家對公職人員之要求自應較公職人員之關係人為高。系爭規定一就公職人員之關係人部分，若因禁止其參與交易之競爭，將造成其他少數參與交易者之壟斷，反而顯不利於公共利益，於此情形，苟上開機關於交易過程中已行公開公平之程序，而有充分之防弊規制，是否仍有造成不當利益輸送或利益衝突之虞，而有禁止公職人員之關係人交易之必要，相關機關應儘速通盤檢討改進。

系爭規定二處違規交易行為金額一倍至三倍之罰鍰，固已預留視違規情節輕重而予處罰之裁量範圍，惟交易行為之金額通常遠高甚或數倍於交易行為所得利益，又例如於重大工程之交易，其交易金額往往甚鉅，縱然處最低度交易金額一倍之罰鍰，違規者恐亦無力負擔。系爭規定二可能造成個案顯然過苛之處罰，立法者就此未設適當之調整機制，其處罰已逾越必要之程度，不符憲法第二十三條之比例原則，與憲法第十五條保障人民財產權之意旨有違，應自本解釋公布之日起，至遲於屆滿一年時失其效力。至聲請人認利益衝突迴避法第二條規定（下稱系爭規定三）規範對象過廣，違反憲法比例原則；法務部中華民國九十三年十一月十六日法政決字第○九三○○四一九九八號函釋（下稱系爭函釋），牴觸憲法平等原則、比例原則、法律明確性原則、信賴保護原則及法律不溯及既往原則之疑義，聲請解釋部分，核其等指摘，僅係爭執法院認事用法之當否，泛稱系爭規定三及系爭函釋違憲，尚難謂於客觀上已具體指摘系爭規定三及系爭函釋有何牴觸憲法之處。是此部分之聲請，核與司法院大法官審理案件法第五條第一項第二款規定不合，依同條第三項規定，應不受理，併此指明。

釋字第七一七號解釋　（憲九、一五、一八、二二、二三、六三、八五、一七二，憲增修六、一○，考院組六，立院職權六二，行序四～六、八、一○、一一一、一一九、一二○、一五○、一五一、一五八、一五九、一七四之一，中標三、五、七、一一，大法官審案五，民債二二七之二、三○九、三八四，所得稅一四，銀行八，退休公務人員一次退休金優惠存款辦法三，勞資五八，勞基五六、八四之

二，勞退一四，銓敘部組織法一，公俸二～五，公考七，公保八、一二、一四、
一六，公退二、六、八、九、一六、二七、三二，公退施三一、三二，公教人員
退休金其他現金給與補償金發給辦法二、五，退休公務人員一次退休金與養老給
付優惠存款辦法四、六）　　　　　　　　　一百零三年二月十九日公布

銓敘部中華民國九十五年一月十七日增訂發布、同年二月十六日施行之退休公務人員
公保養老給付金額優惠存款要點（已廢止）第三點之一第一項至第三項、第七項及第
八項、教育部九十五年一月二十七日增訂發布、同年二月十六日施行之學校退休教職
員公保養老給付金額優惠存款要點（已廢止）第三點之一第一項至第三項、第七項及
第八項，有關以支領月退休金人員之每月退休所得，不得超過依最後在職同等級人員
現職待遇計算之退休所得上限一定百分比之方式，減少其公保養老給付得辦理優惠存
款金額之規定，尚無涉禁止法律溯及既往之原則。上開規定生效前退休或在職之公務
人員及學校教職員對於原定之優惠存款利息，固有值得保護之信賴利益，惟上開規定
之變動確有公益之考量，且衡酌其所欲達成之公益及退休或在職公教人員應受保護之
信賴利益，上開規定所採措施尚未逾越必要合理之程度，未違反信賴保護原則及比例
原則。

　　解釋理由書

信賴保護原則涉及法秩序安定與國家行為可預期性，屬法治國原理重要內涵，其作用
非僅在保障人民權益，更寓有藉以實現公益之目的。人民對依法規而取得之有利法律
地位或可合理預期取得之利益，於客觀上有表現其信賴之事實，而非純為願望或期待，
並具有值得保護之價值者（本院釋字第五二五號解釋參照），其信賴之利益即應加以保
護。法規變動（制定、修正或廢止）時，在無涉禁止法律溯及既往原則之情形，對於
人民既存之有利法律地位（本院釋字第五二九號解釋參照）或可得預期之利益（本院
釋字第六〇五號解釋參照），國家除因有憲政制度之特殊考量外（本院釋字第五八九號
解釋參照），原則上固有決定是否予以維持以及如何維持之形成空間，惟仍應注意人民
對於舊法有無值得保護之信賴及是否符合比例原則。

授予人民經濟利益之法規預先定有施行期間者，在該期間內即應予較高程度之信賴保
護，非有極為重要之公益，不得加以限制；若於期間屆滿後發布新規定，則不生信賴
保護之問題。其未定有施行期間者，如客觀上可使規範對象預期將繼續施行，並通常
可據為生活或經營之安排，且其信賴值得保護時，須基於公益之必要始得變動。凡因
公益之必要而變動法規者，仍應與規範對象應受保護之信賴利益相權衡，除應避免將

全部給付遽予終止外，於審酌減少給付程度時，並應考量是否分階段實施及規範對象承受能力之差異，俾避免其可得預期之利益遭受過度之減損。

銓敘部鑒於早期公務人員退休所得偏低，乃於六十三年十二月十七日訂定發布退休公務人員公保養老給付金額優惠存款要點（已於一百年一月一日廢止；下稱系爭要點一）；嗣因於八十四年七月一日實施公務人員退撫新制，退休金基數之計算內涵提高為本（年功）俸加一倍，造成部分同時具有新舊制年資選擇支（兼）領月退休金人員，其月退休金加上公保養老給付每月優惠存款利息之每月所得，高於同等級在職人員之現職每月所得，顯不合理，乃於九十五年一月十七日增訂發布、同年二月十六日施行第三點之一（參見退休公務人員公保養老給付金額優惠存款要點第三點之一修正總說明），其第一項至第三項、第七項及第八項分別規定：「支領月退休金人員之每月退休所得，不得超過依最後在職同等級人員現職待遇計算之退休所得上限百分比；退休所得上限百分比計算如下：㈠核定退休年資二十五年以下者，以百分之八十五為上限；核定退休年資超過二十五年者，每增一年，上限增加百分之一，最高增至百分之九十五。滿六個月以上未滿一年之畸零年資，以一年計。㈡最後在職經銓敘審定簡任第十二職等或相當職等以上，並依公務人員俸給法規規定支領主管職務加給之人員，核定退休年資二十五年以下者，以百分之七十五為上限；核定退休年資超過二十五年者，每增一年，上限增加百分之零點五，最高增至百分之八十。滿六個月以上未滿一年之畸零年資，以一年計。但選擇依第六項第二款第二目第二子目計算主管職務加給者，應依前款規定，計算退休所得上限百分比。」「前項人員每月退休所得超過退休所得上限百分比者，在依公務人員退休法所支領退休給與不作變動之前提下，減少其養老給付得辦理優惠存款之金額，使不超過退休所得上限百分比。」「依前項退休所得上限百分比規定計算之養老給付優惠存款金額高於依第二點、第三點規定所計算養老給付之金額者，應按後者較低金額辦理優惠存款。」「本點規定實施前已退休之公務人員，於本點規定實施後優惠存款期滿續存時，應依最後退休等級及最後服務機關核實證明最後在職時具有前項第二款之俸給項目；其中除技術或專業加給按前項第二款第一目後段之定額標準計算外，應按本點規定實施時待遇標準及當年度（如當年度尚未訂定，則依前一年度）軍公教人員年終工作獎金（慰問金）發給注意事項計算每月退休所得及最後在職同等級人員現職待遇。但已退休之公務人員認為以本點規定實施時待遇標準依前項第二款第二目計算主管職務加給較為有利，且可提出證明並經最後服務機關切實審核者，得以該較為有利標準計算之。」「前項人員每月退休所得超過依第一項計算之退休所得上

限百分比者，減少其養老給付得辦理優惠存款之金額，使不超過退休所得上限百分比；兼領月退休金者，並依第四項規定計算之。但原儲存之金額較低者，以原儲存之金額為限。」（下稱系爭規定一）限制公務人員退休後以公保養老給付辦理優惠存款之額度。教育部基於相同理由，於六十四年二月三日訂定發布學校退休教職員公保養老給付金額優惠存款要點（已於一百年一月一日廢止；下稱系爭要點二）；嗣因於八十五年二月一日實施學校教職員退撫新制，亦於九十五年一月二十七日增訂發布、同年二月十六日施行第三點之一，其第一項至第三項、第七項及第八項分別規定：「支領月退休金人員之每月退休所得，不得超過依最後在職同薪級人員現職待遇計算之退休所得上限百分比；退休所得上限百分比計算如下：㈠核定退休年資二十五年以下者，以百分之八十五為上限；核定退休年資超過二十五年者，每增一年，上限增加百分之一，最高增至百分之九十五。滿六個月以上未滿一年之畸零年資，以一年計。但教師或校長服務滿三十五年，並有擔任教職三十年之資歷，且辦理退休時往前逆算連續任教師或校長五年以上，成績優異者，自第三十六年起，每年增加百分之零點五，以增至百分之九十七點五為限。㈡大專校院校長或教師兼任行政職務支領相當公務人員簡任第十二職等以上主管職務加給者，核定退休年資二十五年以下者，以百分之七十五為上限；核定退休年資超過二十五年者，每增一年，上限增加百分之零點五，最高增至百分之八十。滿六個月以上未滿一年之畸零年資，以一年計；符合增核退休金基數要件者，自第三十六年起，每年增加百分之零點五，最高四十年，上限百分比為百分之八十二點五。但選擇依第六項第二款第三目第二子目計算主管職務加給者，應依前款規定，計算退休所得上限百分比。」「前項人員每月退休所得超過退休所得上限百分比者，在依學校教職員退休條例所支領退休給與不作變動之前提下，減少其養老給付得辦理優惠存款之金額，使不超過退休所得上限百分比。」「依前項退休所得上限百分比規定計算之養老給付優惠存款金額高於依第二點、第三點規定所計算養老給付之金額者，應按後者較低金額辦理優惠存款。」「本點規定施行前已退休之教育人員，於本點規定施行後優惠存款期滿續存時，應依最後退休薪級及最後服務機關學校核實證明最後在職時具有前項第二款之待遇項目，按本點規定施行時待遇標準及當年度（如當年度尚未訂定，則依前一年度）軍公教人員年終工作獎金（慰問金）發給注意事項計算每月退休所得及最後在職同薪級人員現職待遇。但已退休之教育人員認為以本點規定施行時待遇標準依前項第二款第三目計算主管職務加給較為有利，且可提出證明並經最後服務機關學校切實審核者，得以該較為有利標準計算之。」「前項人員每月退休所得超過依

第一項計算之退休所得上限百分比者，減少其養老給付得辦理優惠存款之金額，使不超過退休所得上限百分比；兼領月退休金者，並依第四項規定計算之。但原儲存之金額較低者，以原儲存之金額為限。」（下稱系爭規定二）限制學校教職員退休後以公保養老給付辦理優惠存款之額度。惟系爭規定一、二（下併稱系爭規定）僅適用於核定年資兼具退撫新舊制年資之已退休支領月退休金及未退休擬支領月退休金之公務人員及學校教職員（下併稱公教人員），並未影響支領一次退休金、僅具有新制年資或舊制年資之退休及在職公教人員。

按新訂之法規，原則上不得適用於該法規生效前業已終結之事實或法律關係，是謂禁止法律溯及既往原則。倘新法規所規範之法律關係，跨越新、舊法規施行時期，而構成要件事實於新法規生效施行後始完全實現者，除法規別有規定外，應適用新法規（本院釋字第六二〇號解釋參照）。此種情形，係將新法規適用於舊法規施行時期內已發生，且於新法規施行後繼續存在之事實或法律關係，並非新法規之溯及適用，故縱有減損規範對象既存之有利法律地位或可得預期之利益，無涉禁止法律溯及既往原則。系爭規定以退休公教人員每月退休所得不得超過依最後在職同等級或同薪級人員現職待遇計算之退休所得一定百分比之方式，對公保養老給付金額優惠存款設有上限，使其原得以優惠利率存款之金額，於系爭規定發布施行後減少，致其退休後之優惠存款利息所得顯有降低；同時亦減損在職公教人員於系爭規定生效前原可得預期之相同利益。惟系爭規定僅係適用於其生效後國家與退休公教人員、在職公教人員之間仍繼續存在之法律關係，並非溯及適用於系爭規定生效前業已終結之事實或法律關係。況且退休公教人員依據系爭要點辦理優惠存款，係以定期簽約方式辦理，對於已簽約而期限未屆至之部分，並未一體適用系爭規定。核諸上開說明，系爭規定之適用，尚無涉禁止法律溯及既往原則。

系爭要點一、二（下併稱系爭要點）並未訂有實施期限，且其實施迄九十五年修正增訂系爭規定，歷時已久，客觀上可使規範對象預期將繼續施行，公教人員不免將優惠存款作為其繼續服務與否之考量。且公教人員退休後，多數無法如退休前按月領取相同額度之薪給，故符合優惠存款資格之公教人員於退休時，因有系爭要點之規定，多將優惠存款之利益，納入其退休後之財務規劃或作為考量自願退休與否之重要因素；尤其於面臨一次領取或按月領取退休金之選擇時，亦必然以此為其計算比較之基礎，從而應認得享優惠存款之退休公教人員就系爭要點所提供之優惠存款措施，在客觀上已具體表現其信賴，而非僅屬單純之願望，其信賴利益在憲法上亦值得保護。

系爭要點自六十三年訂定以迄於九十五年修正，已逾三十餘年，國家各項社經發展、人事制度均有重大變動，公教人員之待遇、退休所得亦皆已大幅提升。且此期間之經濟環境與市場利率變動甚鉅，與優惠存款制度設計當時之情形亦有極大差異。加以退撫新制之實施，產生部分公教人員加計公保養老給付優惠存款利息之退休所得偏高之不合理現象。系爭規定係為處理此種不合理情形，避免優惠存款利息差額造成國家財政嚴重負擔，進而產生排擠其他給付行政措施預算（如各項社會福利支出），以及造成代際間權益關係失衡等問題（銓敘部一○○年一月七日部退二字第一○○三三○三一七一號函所附說明書及教育部九十九年九月一日台人㈢字第○九九○一三六五三五號函參照）。且系爭規定亦有兼顧國家財政資源永續運用之重要目的。故系爭要點之訂定確有公益之考量。又系爭規定並未驟然取消優惠存款，而係考量優惠存款之制度，其性質本為對公務人員於退休金額度偏低時之政策性補貼，而非獨立於退休金外之經常性退休給付，始修正為一般退休制度應含之所得替代率，並納入高低職等承受變動能力之差異，暨參酌國際勞工組織所訂退休所得之所得替代率，設置所得上限百分比，以消除或減少部分不合理情形，緩和預算之不當排擠效果。衡酌系爭規定所欲達成之公益及退休或在職公教人員應受保護之信賴利益，系爭規定所採措施尚未逾越必要合理之程度，故未違反信賴保護原則及比例原則。

公教人員退休制度，目的在保障退休公教人員之生活條件與尊嚴，俾使其於在職時得以無後顧之憂，而戮力從公。相關機關檢討退休人員優惠存款之規定時，除應符合本解釋意旨外，亦應避免使其退休所得降低至影響生活尊嚴之程度。在衡量公教人員退休所得合理性時，對較低階或情況特殊之退休公教人員，應通過更細緻之計算方式，以減緩其退休後生活與財務規劃所受之衝擊。

聲請人之一就臺北市政府教育局九十六年六月六日北市教人字第○九六三三八三六九○Ｊ號函聲請解釋部分，經查該函係臺北市政府教育局就個案所為之行政處分，非屬具抽象規範效果之法令，是此部分聲請，核與司法院大法官審理案件法第五條第一項第二款規定不合，依同條第三項規定，應不受理，併此指明。

釋字第七一八號解釋　（憲七、一一、一四、一六、二三、七八～八○、一七一、一七三，國安二，大法官審案五，刑二九、一四九，人團二、五三，集遊一～六、八～一二、一四～一六、一八、二二～三○，戒嚴一一，公民與政治權利國際公約及經濟社會文化權利國際公約施行法一，公民與政治權利國際公約一）

一百零三年三月二十一日公布

集會遊行法第八條第一項規定，室外集會、遊行應向主管機關申請許可，未排除緊急性及偶發性集會、遊行部分，及同法第九條第一項但書與第十二條第二項關於緊急性集會、遊行之申請許可規定，違反憲法第二十三條比例原則，不符憲法第十四條保障集會自由之意旨，均應自中華民國一〇四年一月一日起失其效力。本院釋字第四四五號解釋應予補充。

解釋理由書

憲法第十四條規定人民有集會之自由，旨在保障人民以集體行動之方式和平表達意見，與社會各界進行溝通對話，以形成或改變公共意見，並影響、監督政策或法律之制定，係本於主權在民理念，為實施民主政治以促進思辯、尊重差異，實現憲法兼容並蓄精神之重要基本人權。為保障該項自由，國家除應提供適當集會場所，採取有效保護集會之安全措施外，並應在法律規定與制度設計上使參與集會、遊行者在毫無恐懼的情況下行使集會自由（本院釋字第四四五號解釋參照）。以法律限制人民之集會自由，須遵守憲法第二十三條之比例原則，方符合憲法保障集會自由之本旨。

室外集會、遊行需要利用場所、道路等諸多社會資源，本質上即易對社會原有運作秩序產生影響，且不排除會引起相異立場者之反制舉措而激發衝突，主管機關為兼顧集會自由保障與社會秩序維持（集會遊行法第一條參照），應預為綢繆，故須由集會、遊行舉行者本於信賴、合作與溝通之立場適時提供主管機關必要資訊，俾供瞭解事件性質，盱衡社會整體狀況，就集會、遊行利用公共場所或路面之時間、地點與進行方式為妥善之規劃，並就執法相關人力物力妥為配置，以協助集會、遊行得順利舉行，並使社會秩序受到影響降到最低程度。在此範圍內，立法者有形成自由，得採行事前許可或報備程序，使主管機關能取得執法必要資訊，並妥為因應。此所以集會遊行法第八條第一項規定，室外之集會、遊行，原則上應向主管機關申請許可，為本院釋字第四四五號解釋所肯認。惟就事起倉卒非即刻舉行無法達到目的之緊急性集會、遊行，實難期待俟取得許可後舉行；另就群眾因特殊原因未經召集自發聚集，事實上無所謂發起人或負責人之偶發性集會、遊行，自無法事先申請許可或報備。雖同法第九條第一項但書規定：「但因不可預見之重大緊急事故，且非即刻舉行，無法達到目的者，不受六日前申請之限制。」同法第十二條第二項又規定：「依第九條第一項但書之規定提出申請者，主管機關應於收受申請書之時起二十四小時內，以書面通知負責人。」針對緊急性集會、遊行，固已放寬申請許可期間，但仍須事先申請並等待主管機關至長二

十四小時之決定許可與否期間；另就偶發性集會、遊行，亦仍須事先申請許可，均係以法律課予人民事實上難以遵守之義務，致人民不克申請而舉行集會、遊行時，立即附隨得由主管機關強制制止、命令解散之法律效果（集會遊行法第二十五條第一款規定參照），與本院釋字第四四五號解釋：「憲法第十四條規定保障人民之集會自由，並未排除偶發性集會、遊行」，「許可制於偶發性集會、遊行殊無適用之餘地」之意旨有違。至為維持社會秩序之目的，立法機關並非不能視事件性質，以法律明確規範緊急性及偶發性集會、遊行，改採許可制以外相同能達成目的之其他侵害較小手段，故集會遊行法第八條第一項未排除緊急性及偶發性集會、遊行部分；同法第九條第一項但書與第十二條第二項關於緊急性集會、遊行之申請許可規定，已屬對人民集會自由之不必要限制，與憲法第二十三條規定之比例原則有所牴觸，不符憲法第十四條保障集會自由之意旨，均應自中華民國一〇四年一月一日起失其效力。就此而言，本院釋字第四四五號解釋應予補充。

聲請人等併聲請就集會遊行法第二條第二項、第三條第一項、第四條、第六條、第八條第二項、第九條第一項前段、第十一條第二款、第三款、第十二條第一項、第三項、第十四條至第十六條、第十八條、第二十二條、第二十四條、第二十五條第一項第二款至第四款、第二十八條及第三十條規定解釋部分，或非本件原因案件應適用之規定，或非確定終局判決所適用之規定；另就原因案件應適用及確定終局判決所適用之第二十五條第一項第一款、第二項、第二十九條，與確定終局判決所適用之第二條第一項規定聲請解釋部分，聲請意旨尚難謂已提出客觀上形成確信法律為違憲之具體理由，或於客觀上具體敘明究有何違反憲法之處。以上聲請解釋之部分，與本院釋字第三七一號、第五七二號、第五九〇號解釋意旨或司法院大法官審理案件法第五條第一項第二款規定不符，應不受理，併此指明。

釋字第七一九號解釋　（憲五、七、一五、一九、二二、二三、一四三、一五五、一六九，憲增修一〇，行序五，政府採購一、八、二二、八三、九八、一一三，政府採購施一〇七、一〇八，行訴二四二、二四三，大法官審案五、八、一三，身障三一、三七、三八、四六，身障施一二、一五，原住身分二、四、六、九，原住工作一、四、五、一一、一二、二四，稅徵四四，資訊公開一八，中小企業三七，勞基九、一一，工平一、二、一六、三三、三四、三八，就業服務五）

一百零三年四月十八日公布

原住民族工作權保障法第十二條第一項、第三項及政府採購法第九十八條，關於政府採購得標廠商於國內員工總人數逾一百人者，應於履約期間僱用原住民，人數不得低於總人數百分之一，進用原住民人數未達標準者，應向原住民族綜合發展基金之就業基金繳納代金部分，尚無違背憲法第七條平等原則及第二十三條比例原則，與憲法第十五條保障之財產權及其與工作權內涵之營業自由之意旨並無不符。

解釋理由書

人民營業之自由為憲法第十五條工作權及財產權所保障之內涵（本院釋字第五一四號、第六〇六號、第七一六號解釋參照）。國家對於財產權及營業自由之限制，應符合憲法第七條平等原則及第二十三條比例原則。法規範是否符合平等原則之要求，應視該法規範所以為差別待遇之目的是否正當，其所採取之分類與規範目的之達成之間，是否存有一定程度之關聯性而定（本院釋字第六八二號、第六九四號、第七〇一號解釋參照）。另為正當公益之目的限制人民權利，其所採手段必要，且限制並未過當者，始與憲法第二十三條比例原則無違。

原住民族工作權保障法第十二條第一項規定：「依政府採購法得標之廠商，於國內員工總人數逾一百人者，應於履約期間僱用原住民，其人數不得低於總人數百分之一。」同條第三項規定：「得標廠商進用原住民人數未達第一項標準者，應向原住民族綜合發展基金之就業基金繳納代金。」又政府採購法第九十八條亦規定：「得標廠商其於國內員工總人數逾一百人者，應於履約期間僱用身心障礙者及原住民，人數不得低於總人數百分之二，僱用不足者，……應繳納代金……。」其百分之二係包含身心障礙者及原住民至少各百分之一（身心障礙者權益保障法第三十八條第一項、第二項、政府採購法施行細則第一百零七條第二項規定參照；有關原住民部分併稱系爭規定）。系爭規定要求國內員工總人數逾一百人以上之政府採購得標廠商（下稱得標廠商），於履約期間須進用原住民總人數不得低於百分之一（下稱進用一定比例之原住民），係對其是否增僱或選擇受僱對象等營業自由形成一定限制，侵害其財產權及其與工作權內涵之營業自由。而得標廠商未達進用原住民之標準者須繳納代金，則屬對其財產權之侵害。

憲法第五條規定：「中華民國各民族一律平等。」憲法增修條文第十條第十二項並規定：「國家應依民族意願，保障原住民族之地位及政治參與，並對其教育文化、交通水利、衛生醫療、經濟土地及社會福利事業予以保障扶助並促其發展……。」系爭規定係立法者為貫徹上開憲法暨憲法增修條文之意旨，促進原住民就業、改善其經濟與社會狀況，而透過得標廠商比例進用之手段所為優惠措施，亦符合國際保障原住民族之精神（原

住民族工作權保障法第一條、聯合國原住民族權利宣言 (United Nations Declarationon the Rights of Indigenous Peoples, 2007) 第二十一條第二項前段:「各國應採取有效措施,並在適當情況下採取特別措施,確保原住民族的經濟和社會狀況持續得到改善」及國際勞工組織原住民和部落人民公約 (Indigenous and Tribal Peoples Convention, 1989 (No. 169)) 第二十條第一項:「各國政府在適用於一般勞動者之法律無法對原住民族提供有效保障之情形,應於各該國法令架構下,與原住民族合作,採行特殊措施,以確保原住民族所屬勞動者在受僱及勞動條件上受到有效保障」參照)。是系爭規定係為維護重要之公共利益,目的洵屬正當。

政府採購係國家公務運作之一環,涉及國家預算之運用,與維護公共利益具有密切關係。系爭規定固然限制得標廠商之財產權及營業自由,然其僅係要求該廠商於其國內員工總人數每逾一百人者,應於履約期間僱用原住民一名,進用比例僅為百分之一,比例不大,整體而言,對廠商選擇僱用原住民之負擔尚無過重之虞;如未進用一定比例之原住民,亦得按每月基本工資為標準繳納代金代替,對於得標廠商營業自由之限制並未過當。又系爭規定並非規定得標廠商一律須繳納代金,而僅係於未進用一定比例之原住民時,始令得標廠商負繳納代金之義務;至代金是否過高而難以負擔,廠商於參與投標前本得自行評估。參諸得標廠商之繳納代金,係用以充實原住民族綜合發展基金之就業基金,進而促進原住民就業,改善其經濟與社會狀況,系爭規定就有關得標廠商繳納代金之規定,對得標廠商財產權之限制,與其所維護之公共利益間,尚非顯失均衡。綜上,系爭規定並未牴觸憲法第二十三條之比例原則,與憲法第十五條保障之財產權及其與工作權內涵之營業自由之意旨並無不符。

基於上開憲法暨憲法增修條文之意旨,國家具有保障扶助並促進原住民族發展之義務。系爭規定乃規範於政府採購制度下,以國內員工總人數是否逾一百人為分類標準,使逾百人之得標廠商,於履約期間負有進用一定比例原住民,以及未達比例者須繳納代金之義務,在政府採購市場形成因企業規模大小不同而有差別待遇。按系爭規定所以為差別待遇,係因國內員工總人數逾百人之廠商,其經營規模較大,僱用員工較具彈性,進用原住民以分擔國家上開義務之能力較高;且系爭規定所為進用比例為百分之一,以百人為差別待遇之分界,其用意在降低實現前開目的所為差別待遇造成之影響。至於此一差別待遇對於目的之達成,仍應有合理之關聯,鑑於現今原住民所受之教育及職業技能訓練程度,通常於就業市場中之競爭力處於相對弱勢,致影響其生活水準,其所採取之分類與達成上開差別待遇之目的間,具有合理之關聯性,與憲法第七條平

等原則亦無牴觸。

國家所採取原住民族之保障扶助發展措施原有多端，系爭規定要求得標廠商於履約期間進用一定比例之原住民，亦屬其中之一環。然因此所能提供者，多屬短期或不具技術性之工作，難以增進原住民長期穩定之工作機會及專業技能，國家仍應透過具體政策與作為，積極實踐上開憲法增修條文對於原住民族工作權之保障，並應就該積極優惠措施，依國家與社會時空環境與保障原住民族工作權之需求，定期檢討修正。又得標廠商未僱用一定比例之原住民而須繳納代金，其金額如超過政府採購金額者，允宜有適當之減輕機制。有關機關應依本解釋意旨，就政府採購法及原住民族工作權保障法相關規定儘速檢討改進。

附表（略）所示聲請人一、三指摘中華民國九十一年十一月二十七日修正發布之政府採購法施行細則第一百零七條、第一百零八條規定，與憲法平等原則、法律保留原則、比例原則、授權明確性原則有違部分，核其所陳，並未具體指明上開規定客觀上究有何牴觸憲法之處；又聲請人一、三指稱原住民族工作權保障法第二十四條第二項、第三項、聲請人二指稱同條第一項及聲請人四指稱同條第二項等規定，侵害其受憲法保障之平等權及財產權部分，惟查該規定未為各該案確定終局判決所適用，不得執以聲請釋憲。是聲請人等上開部分之聲請，均核與司法院大法官審理案件法第五條第一項第二款規定不合，依同條第三項規定，應不受理，併此指明。

釋字第七二〇號解釋　（憲八、一五、一六、二三、七八、一七一、一七二，行序三，行訴二、六、七、一〇四、二〇九、二七三、二七八、二八三，法扶二，大法官審案五、一七，民債一九五，民訴七八、九五、二二六，刑訴一、三四、一〇五、一六七之一、二八八之三、四一六、四八四、四八六，少年事件四二，集遊八、九、一二，菸酒稅二一，監組一，看所組一，監刑六，監刑施五，羈押四、五、五之一、六、七之一、二二、三八，羈押施一四，公職人員利益衝突迴避法一五，交通處罰八、八七、八九，兩岸人民關係六五，公務保障二五、七二、八四）　　　　　　　　　　　　　　一百零三年五月十六日公布

羈押法第六條及同法施行細則第十四條第一項之規定，不許受羈押被告向法院提起訴訟請求救濟之部分，業經本院釋字第六五三號解釋，以其與憲法第十六條保障人民訴訟權之意旨有違，宣告相關機關至遲應於解釋公布之日起二年內，依解釋意旨，檢討修正羈押法及相關法規，就受羈押被告及時有效救濟之訴訟制度，訂定適當之規範在

案。在相關法規修正公布前，受羈押被告對有關機關之申訴決定不服者，應許其準用刑事訴訟法第四百十六條等有關準抗告之規定，向裁定羈押之法院請求救濟。本院釋字第六五三號解釋應予補充。

解釋理由書

羈押為重大干預人身自由之強制處分，受羈押被告認執行羈押機關對其所為之不利決定，逾越達成羈押目的或維持羈押處所秩序之必要範圍，不法侵害其憲法所保障之權利者，自應許其向法院提起訴訟請求救濟。羈押法第六條及同法施行細則第十四條第一項之規定，不許受羈押被告向法院提起訴訟請求救濟之部分，業經本院釋字第六五三號解釋，以其與憲法第十六條保障人民訴訟權之意旨有違，宣告相關機關至遲應於該解釋公布之日（中華民國九十七年十二月二十六日）起二年內，依該解釋意旨，檢討修正羈押法及相關法規在案。惟相關規定已逾檢討修正之二年期間甚久，仍未修正。為保障受羈押被告不服看守所之處遇或處分者之訴訟權，在相關法規修正公布前，受羈押被告對有關機關之申訴決定不服者，應許其準用刑事訴訟法第四百十六條等有關準抗告之規定，向裁定羈押之法院請求救濟。本院釋字第六五三號解釋應予補充。
聲請人就聲請釋憲原因案件之隔離處分及申訴決定，得依本解釋意旨，自本件解釋送達後起算五日內，向裁定羈押之法院請求救濟。

釋字第七二一號解釋　（憲一、二、五、七、一一、一四、一七、二三、二五、二六、四六、六二、六四、六五、七八～八〇、九一、一二九、一三〇、一三二、一三四、一五九、一七一、一七三、一七四，憲增修一、二、四、五、一二，大法官審案五、八、一七，民訴二五五、二七〇之一、二七七、三八六、四四六、四六三，公職選罷三五、四二、六七、一一八、一二〇，國民大會代表選舉法二一，國民大會職權行使法八，人團四四、四五，公民與政治權利國際公約一）

一百零三年六月六日公布

憲法增修條文第四條第一項及第二項關於單一選區兩票制之並立制、政黨比例代表席次及政黨門檻規定部分，並未違反現行憲法賴以存立之自由民主憲政秩序。公職人員選舉罷免法第六十七條第二項關於並立制及政黨門檻規定部分，與上開增修條文規定內容相同，亦不生牴觸憲法之疑義。

解釋理由書

憲法為國家根本大法，其修改應由修憲機關循正當修憲程序為之。國民大會為憲法所

設置之修憲機關，基於修憲職權所制定之憲法增修條文與未經修改之憲法條文，係處於同等位階，惟憲法條文中具有本質之重要性而為規範秩序存立之基礎者，如聽任修改條文予以變更，則憲法整體規範秩序將形同破毀，該修改之條文即失其應有之正當性。憲法條文中，諸如：第一條民主共和國原則、第二條國民主權原則、第二章保障人民權利、以及有關權力分立與制衡之原則，具有本質之重要性，亦為憲法整體基本原則之所在。基於前述規定所形成之自由民主憲政秩序，乃現行憲法賴以存立之基礎，凡憲法設置之機關均有遵守之義務。憲法之修改，除其程序有明顯重大瑕疵或內容涉及自由民主憲政秩序之違反者外，自應予尊重（本院釋字第四九九號解釋參照）。申言之，憲法之修改如未違反前述民主共和國原則、國民主權原則，或未涉人民基本權核心內涵之變動，或不涉權力分立與制衡原則之違反，即未違反自由民主憲政秩序。

憲法增修條文第四條第一項及第二項規定：「立法院立法委員自第七屆起一百一十三人，任期四年，連選得連任，於每屆任滿前三個月內，依左列規定選出之，不受憲法第六十四條及第六十五條之限制：一、自由地區直轄市、縣市七十三人。每縣市至少一人。二、自由地區平地原住民及山地原住民各三人。三、全國不分區及僑居國外國民共三十四人。」「前項第一款依各直轄市、縣市人口比例分配，並按應選名額劃分同額選舉區選出之。第三款依政黨名單投票選舉之，由獲得百分之五以上政黨選舉票之政黨依得票比率選出之，各政黨當選名單中，婦女不得低於二分之一。」（下分稱系爭憲法增修規定一、二）係採單一選區兩票制，即單一選區制與比例代表制混合之兩票制。直轄市、縣市選出之區域立法委員依系爭憲法增修規定二前段規定，採行單一選區制選舉，每選區選出立法委員一人。全國不分區及僑居國外國民立法委員部分，依系爭憲法增修規定二後段規定，依政黨名單投票採比例代表制選舉，並設有百分之五之席次分配門檻，獲得政黨選舉票百分之五以上之政黨始得分配全國不分區及僑居國外國民立法委員席次。單一選區之區域選舉結果與政黨選舉票之選舉結果分開計算兩類立法委員當選人名額（其計算方式以下簡稱並立制，中華民國九十四年十月出版之國民大會會議實錄第三〇四頁參照）。

憲法第一百二十九條規定：「本憲法所規定之各種選舉，除本憲法別有規定外，以普通、平等、直接及無記名投票之方法行之。」其平等方法部分，為憲法第七條、第十七條有關平等權及選舉權之具體化規定。從其文義可知，修憲機關仍保有衡情度勢、斟酌損益之空間，但選舉既為落實民意政治、責任政治之民主基本原則不可或缺之手段，並同時彰顯主權在民之原則，則所定選舉方法仍不得有礙民主共和國及國民主權原則之

實現，亦不得變動選舉權、平等權之核心內涵。而關於各國國會選舉，有重視選區代表性而採相對多數決者，有重視政黨差異而採政黨比例代表制者，實為民主政治之不同選擇，反映各國政治文化之差異。系爭憲法增修規定一、二有關立法院立法委員選舉方式之調整，採並立制及設定政黨比例代表席次為三十四人，反映我國人民對民主政治之選擇，有意兼顧選區代表性與政黨多元性，其以政黨選舉票所得票數分配政黨代表席次，乃藉由政黨比例代表，以強化政黨政治之運作，俾與區域代表相輔，此一混合設計及其席次分配，乃國民意志之展現，並未牴觸民主共和國與國民主權原則，自不得以其他選舉制度（例如聯立制）運作之情形，對系爭憲法增修規定一、二所採取之並立制，指摘為違反自由民主憲政秩序。至系爭憲法增修規定二關於百分之五之政黨門檻規定部分，雖可能使政黨所得選票與獲得分配席次之百分比有一定差距，而有選票不等值之現象。惟其目的在避免小黨林立，政黨體系零碎化，影響國會議事運作之效率，妨礙行政立法互動關係之順暢，何況觀之近年立法委員政黨比例代表部分選舉結果，並未完全剝奪兩大黨以外政黨獲選之可能性，是系爭憲法增修規定二有關政黨門檻規定部分，既無損於民主共和國與國民主權基本原則之實現，而未變動選舉權及平等權之核心內涵，即應屬修憲機關得衡情度勢，斟酌損益之範疇，自未違反上開自由民主憲政秩序。至公職人員選舉罷免法第六十七條第二項規定有關並立制及政黨門檻規定部分，係依系爭憲法增修規定二而制定，內容相同，自無違憲疑義。

聲請人制憲聯盟係政黨比例代表選舉部分之候選政黨，系爭憲法增修規定一第一款規定每縣市至少一人，係關於區域選舉選區劃分規定，與政黨比例代表選舉無關，且未敘明其憲法之權利如何因此受有損害，此部分聲請核與司法院大法官審理案件法第五條第一項第二款規定不合，依同條第三項規定，應不受理。另聲請人綠黨係確定終局判決之參加人，非當事人，其憲法上權利並未因該判決受有侵害，尚不得據以聲請憲法解釋，依前開規定亦應不受理。併此敘明。

釋字第七二二號解釋　（憲七、一五、一九、二三、一七二，行序七、三六、四三、一一七、一二〇、一五〇、一五八、一七五，大法官審案五，民總六六、六七，稅徵一之一、一二之一，所得稅一一、一四、二一、二二、二四、三八、三九、七六、七六之一、八〇、八八、一二一，所得稅施三一之一，執行業務所得查核辦法一～三、一〇、三一，營利事業所得稅查核準則三六之一、九七、一〇三、一〇八之一，產業升級施四二，商會一〇、二三、五九，會計一七）

一百零三年六月二十七日公布

執行業務所得查核辦法第十條第二項規定:「聯合執行業務者或執行業務收入經由公會代收轉付者,得按權責發生制計算所得,惟須於年度開始一個月前,申報該管稽徵機關核准,變更者亦同。」未涵蓋業務收支跨年度、經營規模大且會計事項複雜而與公司經營型態相類之單獨執行業務者在內,其差別待遇之手段與目的之達成間欠缺合理關聯,在此範圍內,與憲法第七條平等原則之意旨不符。

解釋理由書

憲法第七條規定人民之平等權應予保障。法規範是否符合平等權保障之要求,其判斷應取決於該法規範所以為差別待遇之目的是否合憲,其所採取之分類與規範目的之達成之間,是否存有一定程度之關聯性而定(本院釋字第六八二號、第六九四號、第七〇一號解釋參照)。

執行業務所得查核辦法第三條規定:「執行業務所得之計算,除本辦法另有規定外,以收付實現為原則。」同辦法第十條第二項規定:「聯合執行業務者或執行業務收入經由公會代收轉付者,得按權責發生制計算所得,惟須於年度開始一個月前,申報該管稽徵機關核准,變更者亦同。」(後者下稱系爭規定)其規定僅使聯合執行業務者或執行業務收入經由公會代收轉付者,得選擇權責發生制,而不適用收付實現制,以計算其執行業務所得。形成執行業務者因經營型態是否為聯合執業或執行業務收入是否經由公會代收轉付,其執行業務所得之計算有得否選擇權責發生制之差別待遇。

系爭規定以經營型態是否為聯合執業或執行業務收入是否經由公會代收轉付之不同,作為得選擇權責發生制之基礎,其分類標準係基於聯合執行業務者與公司組織之營利事業較為類似,經營較具規模,業務收支及盈餘分配等會計事項較為複雜;另執行業務收入經由公會代收轉付者,常有跨年度延後收款情形,其收入不宜全於收取年度計算所得,故設系爭規定,以資兼顧(財政部中華民國一〇一年六月二十五日台財稅字第一〇一〇四〇二三二〇號函檢附之說明參照)。系爭規定使受其涵蓋範圍之執行業務者,有選擇權責發生制之權,以適應其事業之性質及營運,目的尚屬合憲。

系爭規定賦予執行業務者選擇權責發生制,係以經營型態及業務收入方式為標準。然單獨執行業務亦常有相當經營規模者,並非必然小於聯合執行業務之情形。較大規模之單獨執行業務者業務收入及支出,其會計事項可能與聯合執業者有相同甚至更高之複雜程度。反之聯合執業者,其經營規模未必大於單獨執業者,且其業務收支與盈餘分配未必涉及複雜會計事項。又單獨執業者,因其業務特性或經營規模,其收款或付

款亦可能常有跨年度延後，且不宜完全由收取或支出年度計算所得之情形。系爭規定之目的在放寬經營較具規模且會計事項較為複雜，以及收入有跨年度延後收款之執行業務者之所得計算方式，使其有選擇權責發生制之權。然此目的無法以經營型態及業務收入之方式作為分類而達成。系爭規定未涵蓋業務收支跨年度、經營規模大且會計事項複雜而與公司經營型態相類之單獨執行業務者在內，其差別待遇之手段與目的之達成間欠缺合理關聯，在此範圍內，與憲法第七條平等原則之意旨不符。

聲請人另指摘執行業務所得查核辦法第三條、第十條第一項、第三十一條第一款規定及財政部八十六年七月三十一日臺財稅第八六一九○七五六二號函，有違憲疑義，聲請解釋憲法部分，僅係爭執法院認事用法之當否，並未具體指摘該等規定於客觀上究有何抵觸憲法之處；又聲請人就本院釋字第三七七號解釋聲請補充解釋部分，查該號解釋並無文字晦澀或論證不周之情形，核無補充解釋之必要；是上開部分核與司法院大法官審理案件法第五條第一項第二款規定不合，依同條第三項規定，應不受理，併此指明。

釋字第七二三號解釋　　（憲七～一九、二一～二三、六一、七六、七八、八二、八九、一○六、一七○，立院職權六○～六三，行序一三一、一五七，中標五～七，行訴二、八、九八、一○七、二七三、二七六，大法官審案四、五，民總一四四、一四五，民訴四九六、五○○，建築一五，健保五○、五二、六二，全民健康保險醫療費用申報與核付及醫療服務審查辦法四～六、一○、一四）

一百零三年七月二十五日公布

中華民國八十九年十二月二十九日修正發布之全民健康保險醫事服務機構醫療服務審查辦法第六條第一項規定：「保險醫事服務機構申報醫療服務點數，逾前條之申報期限二年者，保險人應不予支付。」（該辦法於九十一年三月二十二日修正發布全文，該條項規定並未修正，一○一年十二月二十四日修正刪除）有違法律保留原則，侵害人民之財產權，與憲法第十五條及第二十三條規定之意旨不符，應不予適用。

聲請人聲請暫時處分部分，因本案業經作成解釋，無作成暫時處分之必要，應予駁回。

　　解釋理由書

消滅時效制度之目的在於尊重既存之事實狀態，及維持法律秩序之安定，與公益有關，且與人民權利義務有重大關係，不論其係公法上或私法上之請求權消滅時效，均須遲由法律明定，自不得授權行政機關衡情以命令訂定或由行政機關依職權以命令訂之，

始符憲法第二十三條法律保留原則之意旨（本院釋字第四七四號解釋參照）。

中華民國八十三年八月九日制定公布之全民健康保險法第五十條第一項規定：「保險醫事服務機構應依據醫療費用支付標準及藥價基準，向保險人申報其所提供醫療服務之點數及藥品費用。」同條第二項規定：「保險人應依前條分配後之醫療給付費用總額經其審查後之醫療服務總點數，核算每點費用；並按各保險醫事服務機構經審查後之點數，核付其費用。」對保險醫事服務機構申報醫療服務點數，並未規定申報期限。主管機關依據同法第五十二條規定：「保險人為審查保險醫事服務機構辦理本保險之醫療服務項目、數量及品質，應遴聘具有臨床或實際經驗之醫藥專家，組成醫療服務審查委員會；其審查辦法，由主管機關定之。」訂定發布全民健康保險醫事服務機構醫療服務審查辦法，嗣於八十九年十二月二十九日修正發布第六條第一項規定：「保險醫事服務機構申報醫療服務點數，逾前條之申報期限二年者，保險人應不予支付。」（該辦法於九十一年三月二十二日修正發布全文，該條項規定並未修正，下稱系爭規定，一〇一年十二月二十四日修正發布全文，其名稱改為全民健康保險醫療費用申報與核付及醫療服務審查辦法，並刪除系爭規定；另於一〇〇年一月二十六日修正公布全民健康保險法，將第五十條改列為第六十二條，並增訂第二項規定：「前項費用之申報，應自保險醫事服務機構提供醫療服務之次月一日起六個月內為之。但有不可抗力因素時，得於事實消滅後六個月內為之。」）是系爭規定就保險醫事服務機構申報醫療服務點數之期限規定為二年。

保險醫事服務機構向保險人申報其所提供醫療服務之點數，係行使本於全民健康保險法有關規定所生之公法上請求權，而經保險人審查醫療服務總點數及核算每點費用以核付其費用，其點數具有財產價值，故系爭規定之申報期限即屬公法上請求權之消滅時效期間。是系爭規定就醫療服務點數之申報，逕以命令規定公法上請求權之消滅時效期間，增加法律所無之限制，有違法律保留原則，侵害人民之財產權，與憲法第十五條及第二十三條規定之意旨不符，應不予適用。

聲請人聲請暫時處分部分，因本案業經作成解釋，無作成暫時處分之必要，應予駁回。

釋字第七二四號解釋　（憲一四、一五、一八、二二、二三、一五二～一五四、憲增修五，行序一一一、一一四、一七四之一，中標五、七，行訴九八、一〇四、一〇七、二五五、二五六、二六〇，大法官審案五、八，行罰七，民總一、二七、三三、五六，民債一七三、一九七、三一四、三三九，民物八一一、九六二，民

訴七八、八五、四四九、四八一，人團一、二、四、七、八、一七〜二一、三五、
三九、四四、五八，督導各級人民團體實施辦法一、一〇、一六〜二〇之四、二
一、二一之一，人團選罷五、三三，商團二、三、五、八、一二、一四、一六、
二〇、二五、二七、三一、三二、六三、六七，商業團體法施行細則八、九、一
二、一五，工團二、四、七、一三、一四、二〇、二三、五九、六三，教育會法
一八、四二，教育會整理及解散重行組織辦法一〜六，地政士四一，建築師四〇，
會計師五八，私校三三，法務部組織法一，法務部法規委員會組織規程二，法醫
三一，律師五、一一、一八、四一，技師三六，公司一九五、二〇八之一，水利
五，醫師四〇，物療師五五之一，漁會四八，漁會施四〇，農會施四一，農田水
利會組織通則六、一〇、一四、一六、二八，公考一二）

　　　　　　　　　　　　　　　　　　　一百零三年八月一日公布

內政部中華民國九十五年六月十五日修正發布之督導各級人民團體實施辦法第二十條
第一項：「人民團體經主管機關限期整理者，其理事、監事之職權應即停止」規定部分，
違反憲法第二十三條法律保留原則，侵害憲法第十四條、第十五條保障之人民結社自
由及工作權，應自本解釋公布之日起，至遲於屆滿一年時，失其效力。

　　解釋理由書

憲法第十四條結社自由規定，不僅保障人民得自由選定結社目的以集結成社、參與或
不參與結社團體之組成與相關事務，並保障由個別人民集合而成之結社團體就其本身
之形成、存續及與結社相關活動之推展，免受不法之限制（本院釋字第四七九號解釋
參照）。另職業自由為人民充實生活內涵及自由發展人格所必要，不因職業之性質為公
益或私益、營利或非營利而有異，均屬憲法第十五條工作權保障之範疇（本院釋字第
六五九號解釋參照）。人民團體理事、監事之選任及執行職務，涉及結社團體之運作，
會員結社理念之實現，以及理事、監事個人職業自由之保障。對人民之上開自由權利
加以限制，須以法律定之或經立法機關明確授權行政機關以命令訂定，始無違於憲法
第二十三條之法律保留原則（本院釋字第四四三號解釋參照）。

人民團體法第五十八條第一項規定：「人民團體有違反法令、章程或妨害公益情事者，
主管機關得予警告、撤銷其決議、停止其業務之一部或全部，並限期令其改善；屆期
未改善或情節重大者，得為左列之處分：一、撤免其職員。二、限期整理。三、廢止
許可。四、解散。」其中限期整理部分，因事涉結社自由與理事、監事工作權所為之限
制，其應遵行程序及法律效果，自應以法律定之，或由立法機關明確授權行政機關以

命令訂定。

內政部九十五年六月十五日修正發布之督導各級人民團體實施辦法第二十條第一項：「人民團體經主管機關限期整理者，其理事、監事之職權應即停止」規定部分，其效果限制人民之結社自由及理事、監事之工作權，卻欠缺法律明確授權依據，違反憲法第二十三條法律保留原則，侵害憲法第十四條、第十五條保障之人民結社自由及工作權，應自本解釋公布之日起，至遲於屆滿一年時，失其效力。

人民團體中之職業團體，其現行相關法制，基於歷史背景，雖強制會員入會，但並未普遍賦予公權力，相關法規對其又採較強之監督，主管機關宜考量當前社會變遷，於立法政策上審慎調整各種職業團體應有之功能及相應配合之監督強度，建立適當之法制規範，併此指明。

釋字第七二五號解釋　　（憲七、八、一〇、一四～一六、一九、二三、七七～八〇、一一六、一四三、一七一～一七三，憲增修五，行訴二四、二七三、二七六、二八三，大法官審案四、五、七、八，民訴四九六、五〇〇，刑訴一〇一、二七六、四一六、四二三、四四一，冤賠一、二、一七、二一、二二、三九，少年事件六四之一，戶籍八，軍屬優待三二，督導各級人民團體實施辦法二〇，平均地權四七、六二之一，都市更新一、六、一〇、一九、二二、二九、三六，集遊八，社維二九、八〇，軍審一〇二，菸酒稅二一，稅徵四八之三，土稅三〇，證交二六、一七八、一七九，公開發行公司董事監察人股權成數及查核實施規則二、四、五，羈押六，羈押施一四，公退施一三，經濟社會文化權利國際公約一，公民與政治權利國際公約一）　　　　　　　一百零三年十月二十四日公布

本院就人民聲請解釋憲法，宣告確定終局裁判所適用之法令於一定期限後失效者，聲請人就聲請釋憲之原因案件即得據以請求再審或其他救濟，檢察總長亦得據以提起非常上訴；法院不得以該法令於該期限內仍屬有效為理由駁回。如本院解釋諭知原因案件具體之救濟方法者，依其諭知；如未諭知，則俟新法令公布、發布生效後依新法令裁判。本院釋字第一七七號及第一八五號解釋應予補充。最高行政法院九十七年判字第六一五號判例與本解釋意旨不符部分，應不再援用。行政訴訟法第二百七十三條第二項得提起再審之訴之規定，並不排除確定終局判決所適用之法令經本院解釋為牴觸憲法而宣告定期失效之情形。

　　解釋理由書

本院釋字第一七七號解釋：「本院依人民聲請所為之解釋，對聲請人據以聲請之案件，亦有效力。」第一八五號解釋：「司法院解釋憲法，並有統一解釋法律及命令之權，為憲法第七十八條所明定，其所為之解釋，自有拘束全國各機關及人民之效力，各機關處理有關事項，應依解釋意旨為之，違背解釋之判例，當然失其效力。確定終局裁判所適用之法律或命令……，經本院依人民聲請解釋認為與憲法意旨不符，其受不利確定終局裁判者，得以該解釋為再審或非常上訴之理由……。」均在使有利於聲請人之解釋，得作為聲請釋憲之原因案件（下稱原因案件）再審或非常上訴之理由。惟該等解釋並未明示於本院宣告違憲之法令定期失效者，對聲請人之原因案件是否亦有效力，自有補充解釋之必要。

本院宣告違憲之法令定期失效者，係基於對相關機關調整規範權限之尊重，並考量解釋客體之性質、影響層面及修改法令所須時程等因素，避免因違憲法令立即失效，造成法規真空狀態或法秩序驟然發生重大之衝擊，並為促使主管機關審慎周延立法，以符合本院解釋意旨，然並不影響本院宣告法令違憲之本質。本院釋字第一七七號及第一八五號解釋，就本院宣告法令違憲且立即失效者，已使聲請人得以請求再審或檢察總長提起非常上訴等法定程序，對其原因案件循求個案救濟，以保障聲請人之權益，並肯定其對維護憲法之貢獻。為貫徹該等解釋之意旨，本院就人民聲請解釋憲法，宣告確定終局裁判所適用之法令定期失效者，聲請人就原因案件應得據以請求再審或其他救濟（例如少年事件處理法第六十四條之一第一項第一款所規定聲請少年法院重新審理），檢察總長亦得據以提起非常上訴；法院不得以法令定期失效而於該期限內仍屬有效為理由駁回。為使原因案件獲得實質救濟，如本院解釋諭知原因案件具體之救濟方法者，依其諭知；如未諭知，則俟新法令公布、發布生效後依新法令裁判。本院釋字第一七七號及第一八五號解釋應予補充。最高行政法院九十七年判字第六一五號判例：「司法院釋字第一八五號解釋……僅係重申司法院釋字第一七七號解釋……之意旨，須解釋文未另定違憲法令失效日者，對於聲請人據以聲請之案件方有溯及之效力。如經解釋確定終局裁判所適用之法規違憲，且該法規於一定期限內尚屬有效者，自無從對於聲請人據以聲請之案件發生溯及之效力。」與本解釋意旨不符部分，應不再援用。

行政訴訟法第二百七十三條第二項規定：「確定終局判決所適用之法律或命令，經司法院大法官依當事人之聲請解釋為牴觸憲法者，其聲請人亦得提起再審之訴。」並不排除確定終局判決所適用之法令經本院解釋為牴觸憲法而宣告定期失效之情形，與本院釋字第一七七號、第一八五號及本解釋所示，聲請人得依有利於其之解釋就原因案件請

求依法救濟之旨意，並無不符，亦不生牴觸憲法之問題。

部分聲請人聲請補充解釋本院釋字第一八八號解釋，查該解釋係就統一解釋之效力問題所為，與本件所涉因解釋憲法而宣告法令定期失效之問題無關。聲請人之一就行為時即中華民國八十九年七月十九日修正公布之證券交易法第一百七十八條第一項第四款、行政訴訟法第二百七十三條第一項第一款聲請解釋部分，其聲請意旨尚難謂於客觀上已具體敘明究有何違反憲法之處。其另就行為時即八十六年五月十三日修正發布之公開發行公司董事監察人股權成數及查核實施規則第八條第一項及第二項後段聲請解釋，然該等規定業經本院釋字第六三八號解釋為違憲，無再為解釋之必要。另一聲請人指摘九十九年五月十二日修正公布之都市更新條例第三十六條第一項前段（八十七年十一月十一日制定公布及九十七年一月十六日修正公布之同條例第三十六條第一項前段規定之意旨相同）規定違憲部分，經查其原因案件之確定終局裁定並未適用該項規定，自不得以之為聲請解釋之客體。又另二聲請人分別聲請補充本院釋字第六五八號及第七〇九號解釋，然其並未具體指明該等解釋有何文字晦澀或論證不周而有補充之必要，其聲請依法亦有未合。聲請人等上開部分之聲請，核與司法院大法官審理案件法第五條第一項第二款規定不合，依同條第三項規定，均應不予受理，併此敘明。

釋字第七二六號解釋　（憲一五、二二、一五三，行訴二三五、二四三，大法官審案七、八，地方二，民總七一、一一一，民債二〇五，民物七五七、七五八、七六一，國宅一二、一三，國產四二，金融合併五，公平交易一一、一三，交通處罰九二，交通安全一五、一六，工會五，團體協約三、一二，勞基一～三、一三、二〇、二一、二四、三〇、三〇之一、三二、三六、三七、三九、四一、四九、七〇、七七、七九、八四之一，勞基施七、二〇之一、五〇之一、五〇之二）

一百零三年十一月二十一日公布

勞動基準法第八十四條之一有關勞雇雙方對於工作時間、例假、休假、女性夜間工作有另行約定時，應報請當地主管機關核備之規定，係強制規定，如未經當地主管機關核備，該約定尚不得排除同法第三十條、第三十二條、第三十六條、第三十七條及第四十九條規定之限制，除可發生公法上不利於雇主之效果外，如發生民事爭議，法院自應於具體個案，就工作時間等事項另行約定而未經核備者，本於落實保護勞工權益之立法目的，依上開第三十條等規定予以調整，並依同法第二十四條、第三十九條規定計付工資。

解釋理由書

勞動基準法（下稱本法）第八十四條之一規定：「經中央主管機關核定公告之下列工作者，得由勞雇雙方另行約定，工作時間、例假、休假、女性夜間工作，並報請當地主管機關核備，不受第三十條、第三十二條、第三十六條、第三十七條、第四十九條規定之限制。一、監督、管理人員或責任制專業人員。二、監視性或間歇性之工作。三、其他性質特殊之工作。（第一項）前項約定應以書面為之，並應參考本法所定之基準且不得損及勞工之健康及福祉。（第二項）」（下稱系爭規定）係為因應部分性質特殊工作之需要，在法定條件下，給予雇主與特定勞工合理協商工作時間等之彈性，而於中華民國八十五年十二月二十七日增訂公布。

最高法院一〇二年度臺上字第一八六六號民事判決認為，經中央主管機關核定公告得適用系爭規定之工作，其由勞雇雙方所為，有關每日正常工作時間、每月基本服勤時數、加班時數及加班費費率計算方式之另行約定，依系爭規定，並非無效，不因未報請當地主管機關核備，有違行政管理規定，而有不同。綜合該判決整體意旨，勞雇雙方之另行約定，雖未經當地主管機關核備，仍有規範勞動關係之效力，從而可排除本法第三十條、第三十二條、第三十六條、第三十七條及第四十九條規定（下合稱第三十條等規定）之限制。惟最高行政法院一〇〇年度判字第二二六號判決則認為，系爭規定明定須在「勞雇雙方另行約定」並「報請當地主管機關核備」二項要件具備下，始不受本法第三十條等規定之限制。循其見解，勞雇雙方之另行約定，如未經當地主管機關核備，其勞動關係仍應受本法第三十條等規定之限制。最高行政法院九十八年度裁字第四〇〇號裁定亦持相同見解。是最高法院及最高行政法院二不同審判系統之終審法院間，就勞雇雙方依系爭規定所為之另行約定，如未經當地主管機關核備，效力是否受影響及其影響程度為何，發生見解之歧異。

憲法第十五條規定：「人民之生存權、工作權及財產權，應予保障。」第一百五十三條規定：「國家為改良勞工及農民之生活，增進其生產技能，應制定保護勞工及農民之法律，實施保護勞工及農民之政策。（第一項）婦女兒童從事勞動者，應按其年齡及身體狀態，予以特別之保護。（第二項）」基於上開意旨，本法乃以保障勞工權益，加強勞雇關係，促進社會與經濟發展為目的，規定關於工資、工作時間、休息、休假、退休、職業災害補償等勞工勞動條件之最低標準。雇主固得依事業性質及勞動態樣與勞工另行約定勞動條件，但仍不得低於本法所定之最低標準（本院釋字第四九四號、第五七八號解釋參照）。衡酌本法之立法目的並考量其規範體例，除就勞動關係所涉及之相關

事項規定外，尚課予雇主一定作為及不作為義務，於違反特定義務時亦有相關罰則，賦予一定之公法效果，其規範具有強制之性質，以實現保護勞工之目的（本法第一條規定參照）。而工作時間、例假、休假、女性夜間工作（下稱工作時間等事項）乃勞動關係之核心問題，影響勞工之健康及福祉甚鉅，故透過本法第三十條等規定予以規範，並以此標準作為法律保障之最低限度，除本法有特別規定外，自不容勞雇雙方以契約自由為由規避之。

惟社會不斷變遷，經濟活動愈趨複雜多樣，各種工作之性質、內容與提供方式差異甚大，此所以立法者特就相關最低條件為相應之不同規範。為因應特殊工作類別之需要，系爭規定乃就經中央主管機關核定公告之特殊工作者，容許勞雇雙方就其工作時間等事項另行約定，經當地主管機關核備，排除本法第三十條等規定之限制。中央主管機關之公告與地方主管機關之核備等要件，係為落實勞工權益之保障，避免特殊工作之範圍及勞雇雙方之約定恣意浮濫。故對於業經核定公告之特殊工作，如勞雇雙方之約定未依法完成核備程序即開始履行，除可發生公法上不利於雇主之效果外，其約定之民事效力是否亦受影響，自應基於前述憲法保護勞工之意旨、系爭規定避免恣意浮濫及落實保護勞工權益之目的而為判斷。

民法第七十一條規定：「法律行為，違反強制或禁止之規定者，無效。但其規定並不以之為無效者，不在此限。」係在平衡國家管制與私法自治之原則。在探究法規範是否屬本條之強制規定及違反該強制規定之效力時，自須考量國家管制之目的與內容。勞雇雙方就其另行約定依系爭規定報請核備，雖屬行政上之程序，然因工時之延長影響勞工之健康及福祉甚鉅，且因相同性質之工作，在不同地區，仍可能存在實質重大之差異，而有由當地主管機關審慎逐案核實之必要。又勞方在談判中通常居於弱勢之地位，可能受到不當影響之情形，亦可藉此防杜。系爭規定要求就勞雇雙方之另行約定報請核備，其管制既係直接規制勞動關係內涵，且其管制之內容又非僅單純要求提供勞雇雙方約定之內容備查，自應認其規定有直接干預勞動關係之民事效力。否則，如認為其核備僅發生公法上不利於雇主之效果，系爭規定之前揭目的將無法落實；且將與民法第七十一條平衡國家管制與私法自治之原則不符。故系爭規定中「並報請當地主管機關核備」之要件，應為民法第七十一條所稱之強制規定。而由於勞雇雙方有關工作時間等事項之另行約定可能甚為複雜，並兼含有利及不利於勞方之內涵，依民法第七十一條及本法第一條規定之整體意旨，實無從僅以勞雇雙方之另行約定未經核備為由，遽認該另行約定為無效。系爭規定既稱：「……得由勞雇雙方另行約定……，並報請當

地主管機關核備，不受……規定之限制」，亦即如另行約定未經當地主管機關核備，尚不得排除本法第三十條等規定之限制。故如發生民事爭議，法院自應於具體個案，就工作時間等事項另行約定而未經核備者，本於落實保護勞工權益之立法目的，依本法第三十條等規定予以調整，並依本法第二十四條、第三十九條規定計付工資。

關於聲請人認最高法院一○二年度臺上字第一八六六號民事判決與本院釋字第四九四號解釋理由書表示之見解有異，而聲請統一解釋部分，按本院大法官解釋有拘束全國各機關及人民之效力（本院釋字第一八五號解釋參照）；故如法院見解與本院大法官解釋有異，自應以本院解釋為準。此部分之聲請，核與司法院大法官審理案件法第七條第一項第二款之要件不符，依同條第三項規定，應不受理。

釋字第七二七號解釋　（憲七、一○、一五、一八、二三，憲增修一○，行序一○二、一五九、一七四之一，中標七，行訴一八九、二四三，大法官審案五，民債四二五、四二六、四二六之二、四七○、四七二，土地三四之一、一○○、一○五、一四一，農村社區土地重劃條例七、九，都市計畫四一，都市更新一○、二二、二二之一，大廈管理一三、三一，國軍軍眷業務處理辦法二九、三一、三四～三七，眷村改建一、三、五、八、一二、二○～二三，眷村改建施一三、一四、一九，國產三三、三五，國產施一三、二七，勞基二，勞保施三二）

一百零四年二月六日公布

中華民國八十五年二月五日制定公布之國軍老舊眷村改建條例（下稱眷改條例）第二十二條規定：「規劃改建之眷村，其原眷戶有四分之三以上同意改建者，對不同意改建之眷戶，主管機關得逕行註銷其眷舍居住憑證及原眷戶權益，收回該房地，並得移送管轄之地方法院裁定後強制執行。」（九十六年一月三日修正公布將四分之三修正為三分之二，並改列為第一項）對於不同意改建之原眷戶得逕行註銷其眷舍居住憑證及原眷戶權益部分，與憲法第七條之平等原則尚無牴觸。惟同意改建之原眷戶除依眷改條例第五條第一項前段規定得承購住宅及輔助購宅款之權益外，尚得領取同條例施行細則第十三條第二項所定之搬遷補助費及同細則第十四條所定之拆遷補償費，而不同意改建之原眷戶不僅喪失前開承購住宅及輔助購宅款權益，並喪失前開搬遷補助費及拆遷補償費；況按期搬遷之違占建戶依眷改條例第二十三條規定，尚得領取拆遷補償費，不同意改建之原眷戶竟付之闕如；又對於因無力負擔自備款而拒絕改建之極少數原眷戶，應為如何之特別處理，亦未有規定。足徵眷改條例尚未充分考慮不同意改建所涉

各種情事，有關法益之權衡並未臻於妥適，相關機關應儘速通盤檢討改進。

解釋理由書

憲法第七條平等原則並非指絕對、機械之形式上平等，而係保障人民在法律上地位之實質平等，立法機關基於憲法之價值體系及立法目的，自得斟酌規範事物性質之差異而為合理之差別待遇。法規範是否符合平等原則之要求，應視該法規範所以為差別待遇之目的是否合憲，及其所採取之分類與規範目的之達成間，是否存有一定程度之關聯性而定（本院釋字第六八二號、第六九四號、第七○一號、第七一九號、第七二二號解釋參照）。國家機關為達成公行政任務，以私法形式所為之行為，亦應遵循上開憲法之規定（本院釋字第四五七號解釋參照）。立法機關就各種社會給付之優先順序、規範目的、受益人範圍、給付方式及額度等有關規定，自有充分之形成自由，得斟酌對人民保護照顧之需求及國家財政狀況等因素，制定法律，將福利資源為限定性之分配（本院釋字第四八五號解釋參照），倘該給付規定所以為差別待遇之目的係屬正當，且所採手段與目的之達成間具合理關聯，即與平等原則無違。

八十五年二月五日制定公布之眷改條例第二十二條規定：「規劃改建之眷村，其原眷戶有四分之三以上同意改建者，對不同意改建之眷戶，主管機關得逕行註銷其眷舍居住憑證及原眷戶權益，收回該房地，並得移送管轄之地方法院裁定後強制執行。」（九十六年一月三日修正公布將四分之三修正為三分之二，並改列為第一項；下稱系爭規定）對於不同意改建之原眷戶得逕行註銷其眷舍居住憑證及原眷戶權益，而不能如同意改建之原眷戶享有依眷改條例第五條第一項前段規定承購依同條例興建之住宅及由政府給與輔助購宅款等權益，形成與同意改建者間之差別待遇。

軍人之眷舍配住，為使用借貸性質之福利措施（本院釋字第四五七號解釋意旨參照），其終止原不以配住眷戶之同意為必要。系爭規定之立法目的，係考量老舊眷村之特殊環境，為避免眷戶持續觀望而影響眷村改建整體工作之執行進度，徒使改建成本不斷增高，乃藉同意門檻之設定暨對不同意改建之原眷戶註銷其眷舍居住憑證及原眷戶權益之差別待遇手段，促使原眷戶間相互說服，以加速凝聚共識，並據以要求按期搬遷，達成土地使用之最佳經濟效益，以維護公共利益。所有原眷戶均有相同機會同意改建而取得相關權益，並明知不同意改建即無法獲得相關權益。是系爭規定所為差別待遇之目的要屬正當，且所採差別待遇手段與前開立法目的之達成間具有合理關聯，與憲法第七條平等原則尚無抵觸。

惟同意改建之原眷戶除依眷改條例第五條第一項前段規定得承購住宅及輔助購宅款之

權益外，尚得領取同條例施行細則第十三條第二項所定之搬遷補助費及同細則第十四條所定之拆遷補償費，而不同意改建之原眷戶不僅喪失前開承購住宅及輔助購宅款權益，並喪失前開搬遷補助費及拆遷補償費；況按期搬遷之違占建戶依眷改條例第二十三條規定，尚得領取拆遷補償費，不同意改建之原眷戶竟付之闕如；又對於因無力負擔自備款而拒絕改建之極少數原眷戶，應為如何之特別處理，亦未有規定。足徵眷改條例尚未充分考慮不同意改建所涉各種情事，有關法益之權衡並未臻於妥適，相關機關應儘速通盤檢討改進。

附表（略）編號一聲請人指摘眷改條例就系爭規定關於註銷部分，未設除斥期間，有違憲疑義，聲請解釋憲法部分，尚難謂已提出客觀上形成確信法律為違憲之具體理由，與本院釋字第三七一號、第五七二號、第五九〇號解釋所闡釋法官聲請解釋憲法之要件不合，應不受理。又附表（略）編號二聲請人指摘最高行政法院九十九年度判字第三九一號判決所適用之系爭規定有違憲疑義，聲請解釋憲法部分，因其等並非前開判決之當事人，此部分聲請與司法院大法官審理案件法第五條第一項第二款規定不合，應不受理。另附表（略）編號三聲請人指摘九十七年五月三十日修正發布之國軍老舊眷村改建基地完工後無法辦理交屋處理原則第六點之㈣及九十七年六月十七日修正發布之辦理國軍老舊眷村改建注意事項第伍點之三，有違憲疑義，聲請解釋憲法部分，並未具體敘明該規定於客觀上究有何抵觸憲法之處，而使其憲法上權利因此受有如何之侵害，核與司法院大法官審理案件法第五條第一項第二款規定不合，依同條第三項規定，應不受理，併此指明。

釋字第七二八號解釋　（憲三、七、一四、一五、二二、二三、八五，憲增修一〇，大法官審案五，民總七一～七三、一四八，民債四一二，民親九八三、一〇〇一、一〇〇二、一〇一七、一〇八九，民繼一一八七，少年事件三、二六、四二，祭祀公業條例一～五、七、一四、二一、四八、五〇、五一、五五、五九，集遊八、九、一一、二九，社維八〇，工平一一）一百零四年三月二十日公布

祭祀公業條例第四條第一項前段規定：「本條例施行前已存在之祭祀公業，其派下員依規約定之。」並未以性別為認定派下員之標準，雖相關規約依循傳統之宗族觀念，大都限定以男系子孫（含養子）為派下員，多數情形致女子不得為派下員，但該等規約係設立人及其子孫所為之私法上結社及財產處分行為，基於私法自治，原則上應予尊重，以維護法秩序之安定。是上開規定以規約認定祭祀公業派下員，尚難認與憲法第七條

保障性別平等之意旨有違，致侵害女子之財產權。

解釋理由書

本件聲請人對最高法院九十九年度台上字第九六三號民事判決（下稱確定終局判決）所引中華民國七十五年七月三十一日訂定之祭祀公業呂萬春管理章程第四條有違憲疑義，聲請解釋。查該管理章程非司法院大法官審理案件法第五條第一項第二款所稱之法律或命令，本不得據以聲請解釋，惟確定終局判決係適用祭祀公業條例第四條第一項前段規定：「本條例施行前已存在之祭祀公業，其派下員依規約定之。」（下稱系爭規定）為主要之判決基礎，而引用上開管理章程之內容，聲請人既據司法院大法官審理案件法上開規定（聲請書誤植為司法院大法官會議法第四條第一項第二款）聲請解釋，應可認係就系爭規定而為聲請，本院自得以之作為審查之標的，合先敘明。

祭祀公業係由設立人捐助財產，以祭祀祖先或其他享祀人為目的之團體（祭祀公業條例第三條第一款規定參照）。其設立及存續，涉及設立人及其子孫之結社自由、財產權與契約自由。系爭規定雖因相關規約依循傳統之宗族觀念以男系子孫（含養子）為派下員，多數情形致女子不得為派下員，實質上形成差別待遇，惟系爭規定形式上既未以性別作為認定派下員之標準，且其目的在於維護法秩序之安定及法律不溯及既往之原則，況相關規約係設立人及其子孫所為之私法上結社及財產處分行為，基於憲法第十四條保障結社自由、第十五條保障財產權及第二十二條保障契約自由及私法自治，原則上應予以尊重。是系爭規定實質上縱形成差別待遇，惟並非恣意，尚難認與憲法第七條保障性別平等之意旨有違，致侵害女子之財產權。

惟祭祀公業條例第四條第一項後段規定：「無規約或規約未規定者，派下員為設立人及其男系子孫（含養子）。」係以性別作為認定派下員之分類標準，而形成差別待遇，雖同條第二項規定：「派下員無男系子孫，其女子未出嫁者，得為派下員……。」第三項規定：「派下之女子、養女、贅婿等有下列情形之一者，亦得為派下員：一、經派下現員三分之二以上書面同意。二、經派下員大會派下現員過半數出席，出席人數三分之二以上同意通過。」等部分，已有減緩差別待遇之考量，且第五條規定：「本條例施行後，祭祀公業及祭祀公業法人之派下員發生繼承事實時，其繼承人應以共同承擔祭祀者列為派下員。」亦已基於性別平等原則而為規範，但整體派下員制度之差別待遇仍然存在。按「中華民國人民，無分男女……，在法律上一律平等」、「國家應維護婦女之人格尊嚴，保障婦女之人身安全，消除性別歧視，促進兩性地位之實質平等。」憲法第七條及憲法增修條文第十條第六項分別定有明文。上開憲法增修條文既然課予國家應

促進兩性地位實質平等之義務，並參酌聯合國大會一九七九年十二月十八日決議通過之消除對婦女一切形式歧視公約 (Convention on the Elimination of All Forms of Discrimination against Women) 第二條、第五條之規定，國家對於女性應負有積極之保護義務，藉以實踐兩性地位之實質平等。對於祭祀公業條例施行前已存在之祭祀公業，其派下員認定制度之設計，有關機關自應與時俱進，於兼顧上開憲法增修條文課予國家對女性積極保護義務之意旨及法安定性原則，視社會變遷與祭祀公業功能調整之情形，就相關規定適時檢討修正，俾能更符性別平等原則與憲法保障人民結社自由、財產權及契約自由之意旨。

釋字第七二九號解釋　（憲八、五七、六一～六三、六七、七一、七七、七八、八〇、八一、八八、九五、九六、一一四、一七一、一七三，憲增修三、五、七，法組六一、六三之一、六六，立院職權四五、四七、四八、五〇～五二，行序一，行訴一二五，大法官審案五、七、九，監察二六，刑訴六、七、一六三、一六三之二、二四五、二八七之一，大學三二，通保五、一五，國家機密二二、二四、二五，公投三五，國家通訊傳播委員會組織法四，法官八九，公平交易委員會組織法八，中央政府建設公債發行條例二）　　　一百零四年五月一日公布

檢察機關代表國家進行犯罪之偵查與追訴，基於權力分立與制衡原則，且為保障檢察機關獨立行使職權，對於偵查中之案件，立法院自不得向其調閱相關卷證。立法院向檢察機關調閱已偵查終結而不起訴處分確定或未經起訴而以其他方式結案之案件卷證，須基於目的與範圍均屬明確之特定議案，並與其行使憲法上職權有重大關聯，且非屬法律所禁止者為限。如因調閱而有妨害另案偵查之虞，檢察機關得延至該另案偵查終結後，再行提供調閱之卷證資料。其調閱偵查卷證之文件原本或與原本內容相同之影本者，應經立法院院會決議；要求提供參考資料者，由院會或其委員會決議為之。因調閱卷證而知悉之資訊，其使用應限於行使憲法上職權所必要，並注意維護關係人之權益（如名譽、隱私、營業秘密等）。本院釋字第三二五號解釋應予補充。

　　解釋理由書

本件緣於立法院司法及法制委員會（下稱司法及法制委員會）為審查通訊保障及監察法部分條文修正草案等法律案，依立法院職權行使法第四十五條規定，向聲請人最高法院檢察署調閱該署一〇〇年度特他字第六一號偵查卷證之通訊監察聲請書、筆錄、監聽譯文、公文等卷證文書影本及監聽光碟片。聲請人認依司法院釋字第三二五號、

第五八五號解釋意旨，檢察官之偵查係對外獨立行使職權，與法官之刑事審判，應同受憲法保障，且偵查卷證係偵查行為之一部，為犯罪偵查不公開之事項，非屬立法院所得調閱之事物範圍。即令案件偵查終結後，若檢察官有違法、不當之情事，亦應由監察院調查。立法院僅能在制度、預算、法律等事項對檢察機關進行通案監督，應無介入個案調閱偵查卷證之餘地等情，而拒絕提供調閱之卷證。司法及法制委員會因認聲請人之檢察總長迴避監督、藐視國會，將檢察總長函送監察院調查。是聲請人即有本於偵查職權而與立法院調閱文件之職權發生適用憲法之爭議，乃報請其上級機關法務部，層轉行政院聲請解釋憲法。經核與司法院大法官審理案件法第五條第一項第一款、第九條之規定相符，應予受理，合先敘明。

立法院為行使憲法上所賦予之職權，除依憲法第六十七條第二項及憲法增修條文第三條第二項第一款辦理外，得經院會或其委員會之決議，要求有關機關就議案涉及事項提供參考資料；必要時並得經院會決議調閱文件原本。受要求調閱之機關非依法律規定或有其他正當理由不得拒絕。但國家機關獨立行使職權受憲法之保障者，如訴訟案件在裁判確定前就偵查、審判所為之處置及其卷證等，立法院對之調閱文件本受有限制，業經本院釋字第三二五號解釋在案。嗣依循本院上開解釋意旨制定之立法院職權行使法第四十五條規定：「立法院經院會決議，得設調閱委員會，或經委員會之決議，得設調閱專案小組，要求有關機關就特定議案涉及事項提供參考資料（第一項）。調閱委員會或調閱專案小組於必要時，得經院會之決議，向有關機關調閱前項議案涉及事項之文件原本（第二項）。」第四十七條第一項前段復規定：「受要求調閱文件之機關，除依法律或其他正當理由得拒絕外，應於五日內提供之。」立法院要求提供參考資料權及文件調閱權，係輔助立法院行使憲法職權之權力，故必須基於與議決法律案、預算案或人事同意權案等憲法上職權之特定議案有重大關聯者，始得為之。為判斷文件調閱權之行使是否與立法院職權之行使有重大關聯，上開立法院職權行使法第四十五條第一項所稱特定議案，其目的及範圍均應明確。

按檢察機關之偵查卷證與偵查追訴犯罪有重要關係，有其特殊性與重要性。正在進行犯罪偵查中之案件，其偵查內容倘若外洩，將使嫌疑犯串證或逃匿，而妨礙偵查之成效，影響社會治安，基於權力分立與制衡原則及憲法保障檢察機關獨立行使職權，立法院自不得調閱偵查中之相關卷證。至於偵查終結後，經不起訴處分確定或未經起訴而以其他方式結案（例如檢察實務上之簽結）之案件，既已終結偵查程序及運作，如立法院因審查目的與範圍均屬明確、且與其憲法上職權有重大關聯之特定議案所必要，

又非屬法律所禁止，並依法定組織及程序調閱者，因尚無實質妨礙偵查權行使之虞，自得於經其院會決議調閱上述已偵查終結之卷證。另個案雖已偵查終結經不起訴處分確定或未經起訴而以其他方式結案，惟卷內證據資料如與檢察官續查同一被告或他被告另案犯罪相關者，倘因調閱而洩漏，將有妨害另案偵查追訴之虞，為實現檢察官獨立行使職權追訴犯罪，以落實國家刑罰權，檢察機關得延至該另案偵查終結提起公訴、或不起訴處分確定或未經起訴而以其他方式結案後，再行提供調閱之卷證資料。至調閱與偵查卷宗文件原本內容相符之影本，因影本所表彰文書之內容與原本相同，依前述意旨，亦應經立法院院會決議。本院釋字第三二五號解釋應予補充。另立法院行使文件調閱權，如未符合憲法或法律上之要求，自構成受調閱機關得予拒絕之正當理由。立法院行使憲法上職權，向檢察機關調閱偵查卷證之文件原本或影本，由於偵查卷證之內容或含有國家機密、個人隱私、工商秘密及犯罪事證等事項，攸關國家利益及人民權利，是立法院及其委員因此知悉之資訊，其使用自應限於行使憲法上職權所必要，並須注意維護關係人之權益（如名譽、隱私、營業秘密等），對依法應予保密之事項亦應善盡保密之義務；且不得就個案偵查之過程、不起訴處分或未經起訴而以其他方式結案之結論及內容，為與行使憲法上職權無關之評論或決議，始符合權力分立、相互制衡並相互尊重之憲政原理，乃屬當然。

立法院與監察院職權不同，各有所司。立法院之文件調閱權，以調閱文件所得資訊作為行使立法職權之資料；而監察院之調查權，則係行使彈劾、糾舉、糾正等監察職權之手段，二者之性質、功能及目的均屬有別，並無重疊扞格之處。是立法院行使文件調閱權，自無侵犯監察院調查權之問題，檢察機關自不得執此拒絕調閱。

立法院行使文件調閱權，如與受調閱之機關發生諸如：所調閱之事項是否屬於國家機關獨立行使職權受憲法保障之範疇、是否基於與立法院憲法上職權之特定議案有重大關聯、是否屬於法律所禁止調閱之範圍、是否依法定組織及程序調閱、以及拒絕調閱是否有正當理由等爭議時，立法院與受調閱之機關，宜循協商途徑合理解決，或以法律明定相關要件與程序，由司法機關審理解決之。相關機關應儘速建立解決機關爭議之法律機制，併此指明。

聲請人指摘司法及法制委員會決議通過之「監聽調閱專案小組運作要點」（下稱運作要點）第十一點、第十二點之內容，逾越立法院職權行使法第四十五條之範圍，牴觸憲法第六十三條及本院釋字第三二五號等解釋，聲請解釋。經查該運作要點僅係司法及法制委員會為行使立法院職權行使法第四十五條之文件調閱權，就如何調閱一○○年

度特他字第六一號偵查卷證之目的而自行訂定，俾作為該監聽調閱專案小組內部議事運作之作業準則（立法院中華民國一〇三年五月七日台立院司字第一〇三四三〇〇二八〇號函參照）。是該運作要點性質上乃該委員會之內規，用以協助所設調閱專案小組運作而訂定，要屬該委員會內部議事運作之事項，尚不生法律或命令牴觸憲法之問題。此部分聲請，核與司法院大法官審理案件法第五條第一項第一款規定不符，依同條第三項規定，應不受理。聲請意旨另以，司法及法制委員會依立法院職權行使法第四十五條第一項向聲請人調閱偵查卷證，惟聲請人依司法院釋字第五八五號、第六三三號解釋意旨及政府資訊公開法等法律規定，並無提供給閱之義務；再依法院組織法第六十六條第十項規定，檢察總長除年度預算案及法律案外，無須至立法院列席備詢，此與運作要點第十一點規定調閱專案小組會議召開時，得邀請被調閱文件之機關首長含檢察總長率同有關人員列席說明之見解，亦屬有異。為此，聲請統一解釋云云。按司法院大法官審理案件法第七條第一項第一款本文規定：「中央或地方機關，就其職權上適用法律或命令所持見解，與本機關或他機關適用同一法律或命令時所已表示之見解有異者」得聲請統一解釋。核聲請人所陳，並未敘明其與他機關對同一法律或命令所已表示之見解有異。是此部分統一解釋之聲請，核與司法院大法官審理案件法第七條第一項第一款之規定不合，依同條第三項規定，亦應不受理。

釋字第七三〇號解釋　（憲一一、一五、一七～一九、二二、二三、八〇、八一、八六、一六五、一七二，行序一三一，大法官審案五，教師一九，教育基本八，教員退休五、八、一四、二一之一，教員退休施一九，教員任用二一，公退六、九、一六之一 (97.8.6)、一七、二九，公退施一三、一六，公民與政治權利國際公約一八，公保一六）　　　　　　　一百零四年六月十八日公布

學校教職員退休條例施行細則第十九條第二項有關已領退休（職、伍）給與或資遣給與者再任或轉任公立學校教職員重行退休時，其退休金基數或百分比連同以前退休（職、伍）基數或百分比或資遣給與合併計算，以不超過同條例第五條及第二十一條之一第一項所定最高標準為限之規定，欠缺法律具體明確之授權，對上開人員依同條例請領退休金之權利，增加法律所無之限制，侵害其受憲法第十五條保障之財產權，與憲法第二十三條法律保留原則有違，應自本解釋公布之日起，至遲於屆滿一年時失其效力。

　　解釋理由書

人民之財產權應予保障，憲法第十五條定有明文。公立學校教職員依學校教職員退休條例（下稱系爭條例）請領退休金之權利，乃屬憲法保障之財產權。對上開權利加以限制，須以法律定之或經立法機關具體明確授權行政機關以命令訂定，始無違於憲法第二十三條之法律保留原則（本院釋字第四四三號、第四八八號解釋參照）。系爭條例施行細則第十九條第二項規定：「前項人員重行退休時，其退休金基數或百分比連同以前退休（職、伍）基數或百分比或資遣給與合併計算，以不超過本條例第五條及第二十一條之一第一項所定最高標準為限……。」（下稱系爭規定）係限制同條第一項所指已領退休（職、伍）給與或資遣給與者再任或轉任公立學校之教職員，依系爭條例請領退休金之權利，自應經法律具體明確授權始得定之。

系爭條例第五條第二項前段規定：「一次退休金，以退休生效日在職同薪級人員之本薪加一倍為基數，每任職一年給與一個半基數，最高三十五年給與五十三個基數。」同條第三項前段規定：「月退休金，以在職同薪級人員之本薪加一倍為基數，每任職一年，照基數百分之二給與，最高三十五年，給與百分之七十為限。」其立法意旨係為規定退休金計算之基數，並受三十五年最高退休金基數之限制，惟未明確規定對於何種任職年資應予採計、退休後再任公立學校教職員之再任年資是否併計等事項。另系爭條例第二十一條之一第一項規定：「教職員在本條例修正施行前後均有任職年資者，應前後合併計算。但本條例修正施行前之任職年資，仍依本條例原規定最高採計三十年。本條例修正施行後之任職年資，可連同累計，最高採計三十五年……有關前後年資之取捨，應採較有利於當事人之方式行之。」其立法意旨係為配合該條例第八條有關公立學校教職員退休金制度之變革，解決公立學校教職員於新制施行前後均有任職年資，其年資如何計算之新舊法適用問題，乃明定其修法前後年資應合併計算，惟亦未明確規定公立學校教職員重行退休年資應與前次退休年資合併計算最高採計三十五年。又系爭條例第十四條規定：「依本條例退休者，如再任公教人員時，無庸繳回已領之退休金；其退休前之任職年資，於重行退休時不予計算。」於公立學校教職員依法退休後再任公立學校教職員之情形，係採取分段方式計算任職年資，仍未明確規定公立學校教職員重行退休年資應與前次退休年資合併計算其年資之最高標準。

系爭條例第十四條僅規定退休前之任職年資與再任年資應分別計算，且同條例第五條第二項前段、第三項前段及第二十一條之一第一項均不能作為系爭規定之授權依據，而系爭條例施行細則又僅係依據同條例第二十二條概括授權所訂定，是系爭規定欠缺法律具體明確授權；且無從依系爭條例整體解釋，推知立法者有意授權主管機關就再

任或轉任公立學校教職員重行退休年資是否合併計算其最高退休年資之事項，以命令為補充規定。系爭規定就再任或轉任公立學校教職員重行退休時，其退休金基數或百分比連同以前退休（職、伍）基數或百分比或資遣給與合併計算，以不超過系爭條例第五條及第二十一條之一第一項所定最高標準為限，對其退休金請求權增加法律所無之限制，侵害其受憲法第十五條保障之財產權，自與憲法第二十三條法律保留原則有違。

為實踐照顧退休公立學校教職員之目的，平衡現職教職員與退休教職員間之合理待遇，有關退休後再任公立學校教職員之重行退休制度，其建構所須考量之因素甚多，諸如任職年資採計項目與範圍、再任公立學校教職員前之任職年資是否合併或分段採計、如何避免造成相同年資等條件之再任公立學校教職員與非再任公立學校教職員之退休給與有失衡之情形、是否基於整體公立學校教職員退休權益之公平與國家財政等因素之考量而有限制最高退休年資之必要等，均應妥為規畫，並以法律或法律具體授權之法規命令詳為規定。相關機關至遲應於本解釋公布之日起一年內，依本解釋意旨，檢討修正系爭條例及相關法規，訂定適當之規範。屆期未完成修法者，系爭規定失其效力。

聲請人之一認最高行政法院九十九年度裁字第一八一七號裁定及臺北高等行政法院九十九年度訴字第一〇〇號判決，所適用之銓敘部九十年四月十日九〇退三字第二〇一〇七五七號書函（下稱系爭書函），有牴觸憲法第十八條及第二十三條規定之疑義，聲請解釋。查該聲請人曾就上開臺北高等行政法院判決提起上訴，經上開最高行政法院裁定，以未具體指摘原判決違背法令，上訴不合法駁回確定，是應以上開臺北高等行政法院判決為確定終局判決，合先敘明。次查系爭書函係銓敘部就公務人員退休法所為函釋，確定終局判決則依學校教職員退休條例及其施行細則規定為裁判，並非援用系爭書函作為裁判依據，不得據以聲請解釋。另一聲請人認系爭條例施行細則第十九條第一項規定，有牴觸憲法第十五條、第二十三條及第一百七十二條規定之疑義，聲請解釋部分，核其聲請意旨，尚難謂客觀上已具體敘明該規定究有何違反憲法之處。是聲請人等上開聲請，均核與司法院大法官審理案件法第五條第一項第二款規定不合，依同條第三項規定，應不受理。

釋字第七三一號解釋　（憲八、一五、二二、二三、一〇八、一二七，行序三、七、一五、三九、四三、五四、五五、六六、九六、一〇〇、一〇二、一〇九、

一一〇，政府採購六一，地制二、一四、二九，民債二一三，土地二〇八、二二七、二二九、二三一，土地施五九，平均地權二八、七九，市地重劃一二，地籍測量實施規則一九九，土徵四、五、一〇、一三、一八(89.2.2、101.1.4)、一九～二四、二六、三〇～三五、三八、三九、四〇(89.2.2、101.1.4)、四一、四二、四三之一、四四～四六、四八，土徵施二一、二六、三〇、三五、三六、三九、四〇、四二、五〇，都市更新事業接管辦法四，財劃三七，區段徵收實施辦法二、民間參與教育設施接管營運辦法三、一一，濕地保育施二、四)

一百零四年七月三十一日公布

中華民國八十九年二月二日制定公布之土地徵收條例第四十條第一項規定：「實施區段徵收時，原土地所有權人不願領取現金補償者，應於徵收公告期間內，檢具有關證明文件，以書面向該管直轄市或縣（市）主管機關申請發給抵價地。……」（該條於一〇一年一月四日修正公布，惟該項規定並未修正；下稱系爭規定）關於應於公告期間內申請部分，於上開主管機關依同條例第十八條規定以書面通知土地所有權人，係在徵收公告日之後送達者，未以送達日之翌日為系爭規定申請期間起算日，而仍以徵收公告日計算申請期間，要求原土地所有權人在徵收公告期間內為申請之規定，不符憲法要求之正當行政程序，有違憲法第十五條保障人民財產權之意旨，應自本解釋公布之日起一年內檢討修正。逾期未修正者，該部分失其效力。

解釋理由書

人民之財產權應受憲法第十五條之保障。國家因公用或其他公益目的之必要，雖得依法徵收人民之財產，但應儘速給予合理、相當之補償，方符憲法保障財產權之意旨（本院釋字第四〇〇號、第五一六號、第五七九號、第六五二號解釋參照）。土地徵收條例（下稱系爭條例）之區段徵收，原土地所有權人得申請以徵收後可供建築之抵價地折算抵付補償費（系爭條例第三十九條第一項參照），該抵價地之抵付，自屬徵收補償之方式。而申請發給抵價地之申請期限，涉及人民財產權之限制，自應踐行正當之行政程序，包括應確保利害關係人及時獲知相關資訊，俾得適時向主管機關主張或維護其權利（本院釋字第六六三號、第六八九號、第七〇九號解釋參照）。

系爭條例第十八條規定：「直轄市或縣（市）主管機關於接到中央主管機關通知核准徵收案時，應即公告，並以書面通知土地或土地改良物所有權人及他項權利人。（第一項）前項公告之期間為三十日。（第二項）」準此，關於徵收處分，直轄市或縣（市）主管機關應踐行公告及書面通知之程序，以確保土地或土地改良物所有權人及他項權利人

知悉相關資訊，俾適時行使其權利，必要時並請求行政救濟。而於區段徵收之情形，依系爭條例第三十九條第一項規定，有現金補償及抵價地補償二種法定補償方式可供原土地所有權人選擇。如原土地所有權人不願領取現金補償，依系爭規定，則應於徵收公告期間內向該管直轄市或縣（市）主管機關申請發給抵價地。惟於徵收公告內容以書面通知原土地所有權人，係在徵收公告日之後送達者，如不以送達之翌日為該申請期限之起算日，而仍以徵收公告日計算前揭三十日之期間，要求原土地所有權人在徵收公告期間內為申請，將無法確保原土地所有權人適時取得選擇補償方法所需之資訊，並享有前述三十日之選擇期間，不符憲法要求之正當行政程序，有違憲法第十五條保障人民財產權之意旨，應自本解釋公布之日起一年內檢討修正。逾期未修正者，該部分失其效力。

為確保原土地所有權人取得充分資訊以決定是否申請抵價地，主管機關宜於徵收公告及書面通知時，一併告知預估之抵價地單位地價；又原土地所有權人對於徵收補償價額提出異議時（系爭條例第二十二條參照），其申請發給抵價地之期間宜否隨之展延，均事涉區段徵收土地所有權人之權益保障，主管機關應就相關規定一併檢討，併予指明。

法規簡稱索引

筆畫	字	簡　　　　稱	法　規　全　稱	筆畫	字	簡　　　稱	法　規　全　稱
四	公	公　　　　任	公務人員任用法	四		公　　　　營	公營事業移轉民營條例
		公　任　施	公務人員任用法施行細則			公　營　施	公營事業移轉民營條例施行細則
		公　　　　考	公務人員考績法			公　職　選　罷	公職人員選舉罷免法
		公　考　施	公務人員考績法施行細則			公職選罷施	公職人員選舉罷免法施行細則
		公　　　　投	公民投票法			公　　　　懲	公務員懲戒法
		公　投　施	公民投票法施行細則			公　　　　證	公證法
		公　　　　服	公務員服務法			公　證　施	公證法施行細則
		公　　　　保	公教人員保險法			公　　　　辯	公設辯護人條例
		公　害　處　理	公害糾紛處理法	少		少　年　事　件	少年事件處理法
		公害處理施	公害糾紛處理法施行細則			少年事件施	少年事件處理法施行細則
		公　　　　庫	公庫法			少　保　審　細	少年保護事件審理細則
		公　　　　俸	公務人員俸給法			少　童　保　執	少年及兒童保護事件執行辦法
		公　俸　施	公務人員俸給法施行細則	引		引　　　　水	引水法
		公　　　　退	公務人員退休法			引　　　　渡	引渡法
		公　退　施	公務人員退休法施行細則	戶		戶　　　　籍	戶籍法
		公　務　考	公務人員考試法			戶　籍　施	戶籍法施行細則
		公　務　考　施	公務人員考試法施行細則	化		化粧品管理	化粧品衛生管理條例
		公　務　保　障	公務人員保障法	水		水　污　染	水污染防治法
		公　　　　陞	公務人員陞遷法			水　污　染　施	水污染防治法施行細則
		公　　　　登	公司之登記及認許辦法			水　　　　利	水利法
		公　　　　路	公路法			水　利　施	水利法施行細則
		公　路　使　用	公路用地使用規則			水　　　　保	水土保持法
		公　　　　債	公共債務法	文		文　化　保　存	文化資產保存法
		公　　　　電	公共電視法			文化保存施	文化資產保存法施行細則
		公　　　　撫	公務人員撫卹法				
		公　撫　施	公務人員撫卹法施行細則				
畫				畫			

筆畫	字	簡　　　稱	法　規　全　稱	筆畫	字	簡　　　稱	法　規　全　稱
六	刑	刑	中華民國刑法	六	在	在途期間標準	法院訴訟當事人在途期間標準
		刑　　　施	中華民國刑法施行法	畫	安	安緩醫療	安寧緩和醫療條例
		刑　　　訴	刑事訴訟法	七	更	更　　　生	更生保護法
		刑　訴　施	刑事訴訟法施行法			更　生　施	更生保護法施行細則
		刑　訴　須　知	法院刑事訴訟須知	妨	妨　　　兵	妨害兵役治罪條例
		刑　訴　事　項	法院辦理刑事訴訟案件應行注意事項	估	估　價　師	不動產估價師法
	企	企　業　併　購	企業併購法	戒	戒　　　嚴	戒嚴法
	合	合　作　社	合作社法	兵	兵　　　役	兵役法
		合　作　社　施	合作社法施行細則			兵　役　施	兵役法施行法
	地	地　　　方	地方制度法	役	役　男　出　境	役男出境處理辦法
		地　方　稅	地方稅法通則	助	助　產　人　員	助產人員法
		地　政　士	地政士法	技	技　　　師	技師法
	印	印　花　稅	印花稅法			技　師　施	技師法施行細則
		印　花　稅　施	印花稅法施行細則	社	社　工　師	社會工作師法
	有	有　線　電　視	有線廣播電視法		社　　　維	社會秩序維護法
	自	自　來　水	自來水法		社　　　救	社會救助法
	存	存　　　保	存款保險條例		社　救　施	社會救助法施行細則
		存　保　施	存款保險條例施行細則		社　　　教	社會教育法
	多	多　層　次　傳　銷	多層次傳銷管理辦法（廢）	汽	汽　車　運　輸	汽車運輸業管理規則
	仲	仲　　　裁	仲裁法	決	決　　　算	決算法
	扣	扣　　　押	法院處理扣押物應行注意事項	私	私　　　校	私立學校法
					私　校　施	私立學校法施行細則
	交	交　通　安　全	道路交通安全規則	志	志　願　服　役	志願士兵服役條例
		交　通　事　故	道路交通事故處理辦法	身	身　　　障	身心障礙者權益保障法
		交　通　案　件	道路交通案件處理辦法		身　障　施	身心障礙者權益保障法施行細則
		交　通　處　罰	道路交通管理處罰條例	災	災　害　防　救	災害防救法
畫				罕	罕　病　防　制	罕見疾病防治及藥物法
				畫		

筆畫	字	簡　　稱	法　規　全　稱	筆畫	字	簡　　稱	法　規　全　稱
九		保　業　管	保險業務員管理規則	九		食　衛　施	食品安全衛生管理法施行細則
	重	重大刑案速審	法院辦理重大刑事案件速審速結注意事項		看	看　所　組	看守所組織通則
					要	要　　塞	要塞堡壘地帶法
	軍	軍　　刑	陸海空軍刑法		洗	洗　錢　防　制	洗錢防制法
		軍　　保	軍人保險條例		科	科　　技	科學技術基本法
		軍　　撫	軍人撫卹條例		音	音樂強制授權	音樂著作強制授權申請許可及使用報酬辦法
		軍　撫　施	軍人撫卹條例施行細則	畫			
		軍　　審	軍事審判法	十	海	海　　捕	海上捕獲條例
		軍　審　施	軍事審判法施行法			海　　商	海商法
		軍　　懲	陸海空軍懲罰法			海　　巡	海岸巡防法
		軍屬優待	軍人及其家屬優待條例			海　污　防　治	海洋污染防治法
						海　關　緝　私	海關緝私條例
	建	建　　築	建築法		涉	涉　外　民　事	涉外民事法律適用法
		建　築　師	建築師法		個	個　資　保　護	個人資料保護法
	信	信　　合	信用合作社法			個資保護施	個人資料保護法施行細則
		信　合　施	信用合作社法施行細則		航	航　　業	航業法
		信　　託	信託法		破	破　　產	破產法
		信　託　業	信託業法			破　產　施	破產法施行法
	契	契　　稅	契稅條例		財	財　　劃	財政收支劃分法
	度	度　量　衡	度量衡法			財　產　申　報	公職人員財產申報法
	律	律　　師	律師法				
		律　師　施	律師法施行細則			財產申報施	公職人員財產申報法施行細則
		律　師　倫理	律師倫理規範		高	高　　中	高級中學法
		律　師　懲	律師懲戒規則		消	消　　防	消防法
	政	政　府　採　購	政府採購法			消　防　施	消防法施行細則
		政府採購施	政府採購法施行細則			消　　保	消費者保護法
	派	派　　用	派用人員派用條例			消　保　施	消費者保護法施行細則
	飛	飛　事　故	飛航事故調查法		氣	氣　　象	氣象法
	食	食　　衛	食品安全衛生管理法		師	師　　培	師資培育法
畫				畫			

筆畫	字	簡　稱	法　規　全　稱	筆畫	字	簡　稱	法　規　全　稱
十		師　培　施	師資培育法施行細則	十	捷	捷　運	大眾捷運法
	特	特　教	特殊教育法		健	健　保	全民健康保險法
	記	記　帳　士	記帳士法			健　保　施	全民健康保險法施行細則
	原	原　子　能	原子能法			健康食品	健康食品管理法
		原住工作	原住民族工作權保障法		區	區　畫	區域計畫法
		原住民教	原住民族教育法			區　畫　施	區域計畫法施行細則
		原住身分	原住民身分法		動	動物傳染	動物傳染病防治條例
	娛	娛　樂　稅	娛樂稅法			動物保育	野生動物保育法
	能	能　源	能源管理法			動物保育施	野生動物保育法施行細則
	家	家　事	家事事件法			動物保護	動物保護法
		家　事　處	家事事件處理辦法			動物藥品	動物用藥品管理法
		家　教	家庭教育法			動　擔	動產擔保交易法
		家　教　施	家庭教育法施行細則			動　擔　施	動產擔保交易法施行細則
		家　暴	家庭暴力防治法	一		動擔物品	動產擔保交易標的物品類表
		家　暴　施	家庭暴力防治法施行細則		國	國大同意權	國民大會同意權行使法
		家暴案注意	法院辦理家庭暴力案件應行注意事項			國　大　組	國民大會組織法
	冤	冤　賠	刑事補償法			國家公園	國家公園法
	核	核　損	核子損害賠償法			國家公園施	國家公園法施行細則
		核酸採樣	去氧核醣核酸採樣條例			國　安	國家安全法
	被	被害人保護	犯罪被害人保護法			國　安　施	國家安全法施行細則
		被害人保護施	犯罪被害人保護法施行細則			國　安　組	國家安全局組織法
畫	畜	畜　牧	畜牧法			國安會組	國家安全會議組織法
十一	陸	陸委會組	行政院大陸委員會組織條例			國　防	國防法
		陸港澳強制出境	大陸地區人民及香港澳門居民強制出境處理辦法			國家標準	國家標準制定辦法
畫				畫		國家機密	國家機密保護法

筆畫	字	簡　　稱	法　規　全　稱	筆畫	字	簡　　稱	法　規　全　稱
十		國　　庫	國庫法	十		商　　團	商業團體法
		國　　教	國民教育法			商　　標	商標法
		國　教　施	國民教育法施行細則			商　標　施	商標法施行細則
		國　　產	國有財產法			商　　檢	商品檢驗法
		國　產　施	國有財產法施行細則		專	專　　利	專利法
		國　　賠	國家賠償法			專　利　施	專利法施行細則
		國　賠　施	國家賠償法施行細則			專　利　師	專利師法
		國　賠　注　意	法院辦理國家賠償事件應行注意事項			專　　校	專科學校法
						專　技　考　試	專門職業及技術人員考試法
		國　際　金　融	國際金融業務條例			專技考試施	專門職業及技術人員考試法施行細則
		國　　營	國營事業管理法		港	港澳入臺許可	香港澳門居民進入臺灣地區及居留定居許可辦法
		國　　籍	國籍法				
		國　籍　施	國籍法施行細則		貨	貨　物　稅	貨物稅條例
一		國　　宅	國民住宅條例（廢）	一	船	船　　員	船員法
		國　宅　施	國民住宅條例施行細則（廢）			船　　舶	船舶法
	通	通　　保	通訊保障及監察法			船　　登	船舶登記法
		通　保　施	通訊保障及監察法施行細則		產	產　業　升　級	促進產業升級條例（廢）
		通　傳　基　本	通訊傳播基本法			產業升級施	促進產業升級條例施行細則（廢）
	票	票　　券	票券金融管理法			產　　創	產業創新條例
		票　　據	票據法		強	強　入　學	強迫入學條例
		票　據　施	票據法施行細則			強　制　車　險	強制汽車責任保險法
		票　止　規	票據掛失止付處理規範			強　　執	強制執行法
	商	商　品　標　示	商品標示法			強　執　須　知	強制執行須知
		商　　港	商港法		基	基　本　稅　額	所得基本稅額條例
		商　　登	商業登記法		赦	赦　　免	赦免法
		商　登　施	商業登記法施行細則		教	教　育　基　本	教育基本法
						教　　師	教師法
畫		商　　會	商業會計法	畫		教　師　施	教師法施行細則

筆畫	字	簡　　　　稱	法　規　全　稱	筆畫	字	簡　　　稱	法　規　全　稱
十二畫	港	港澳關係	香港澳門關係條例	十三畫	違	違維護法	違反社會秩序維護法案件處理辦法
		港澳關係施	香港澳門關係條例施行細則		傳	傳　染　病	傳染病防治法
	替	替　代　役	替代役實施條例			傳　染　病施	傳染病防治法施行細則
		替　代　役施	替代役實施條例施行細則		牌	牌　照　稅	使用牌照稅法
	植	植　物　防疫	植物防疫檢疫法		新	新　市　鎮	新市鎮開發條例
十三畫	會	會　　　　計	會計法			新　市　鎮施	新市鎮開發條例施行細則
		會　計　師	會計師法	十四畫	銀	銀　　　行	銀行法
	當	當　舖　業	當舖業法			銀　行　施	銀行法施行細則
	聘	聘　　　用	聘用人員聘用條例		管	管　理　外匯	管理外匯條例
	溫	溫　　　泉	溫泉法			管　　　收	管收條例
	農	農　　　再	農村再生條例			管　制　藥品	管制藥品管理條例
		農　　　保	農民健康保險條例		精	精　神　衛生	精神衛生法
		農　保　施	農民健康保險條例施行細則			精神衛生施	精神衛生法施行細則
		農　　　金	農業金融法		漁	漁　　　港	漁港法
		農　產　交易	農產品市場交易法			漁　　　業	漁業法
		農　產　交易施	農產品市場交易法施行細則			漁　業　施	漁業法施行細則
		農　產　驗證	農產品生產及驗證管理法			漁　　　會	漁會法
		農　　　發	農業發展條例			漁　會　施	漁會法施行細則
		農　發　施	農業發展條例施行細則		製	製　　　劑	血液製劑條例
		農　　　會	農會法		監	監　　　刑	監獄行刑法
		農　會　施	農會法施行細則			監　刑　施	監獄行刑法施行細則
		農　　　藥	農藥管理法			監　院　組	監察院組織法
		農　藥　施	農藥管理法施行細則			監　　　組	監獄組織通則
	資	資　訊　公開	政府資訊公開法			監　　　試	監試法
	預	預　　　算	預算法			監　　　察	監察法
	電	電　　　信	電信法			監　察　施	監察法施行細則
		電　　　業	電業法		槍	槍　彈　管	槍砲彈藥刀械管制條例
	電	電　　　影	電影法			槍　彈　許	槍砲彈藥刀械許可及管理辦法

筆畫	字	簡　　稱	法　規　全　稱	筆畫	字	簡　　稱	法　規　全　稱
十四畫	臺	臺陸貿易	臺灣地區與大陸地區貿易許可辦法	十六畫		積體電路施	積體電路電路布局保護法施行細則
		臺灣關係	美國臺灣關係法		錄	錄影要點	法院使用錄影實施要點
	圖	圖書館	圖書館法	十	檢	檢肅流氓	檢肅流氓條例（廢）
	團	團體協約	團體協約法			檢肅流氓施	檢肅流氓條例施行細則（廢）
十五畫	調	調　警	調度司法警察條例			檢驗師	醫事檢驗師法
	審	審　計	審計法		營	營利登記	營利事業登記規則
		審計施	審計法施行細則			營　師	營養師法
	標	標　準	標準法			營業稅	加值型及非加值型營業稅法
	請	請　願	請願法				
	廢	廢棄物	廢棄物清理法			營業稅施	加值型及非加值型營業稅法施行細則
	衛	衛星電視	衛星廣播電視法				
	廣	廣　電	廣播電視法			營業登記	營業登記規則
		廣電施	廣播電視法施行細則			營造業	營造業法
十六畫	憲	憲	中華民國憲法			營　秘	營業秘密法
		憲增修	中華民國憲法增修條文		優	優　生	優生保健法
	遺	遺贈稅	遺產及贈與稅法	十七畫		優生施	優生保健法施行細則
		遺贈稅施	遺產及贈與稅法施行細則		檔	檔　案	檔案法
	噪	噪　音	噪音管制法		總	總統府組	中華民國總統府組織法
		噪音施	噪音管制法施行細則			總統選罷	總統副總統選舉罷免法
	學	學　位	學位授予法				
		學校衛生	學校衛生法			總統選罷施	總統副總統選舉罷免法施行細則
	器	器官移植	人體器官移植條例				
		器官移植施	人體器官移植條例施行細則			總統禮遇	卸任總統副總統禮遇條例
	戰	戰士授田	戰士授田憑據處理條例		擴	擴大公設	擴大公共建設投資特別條例
	辦	辦理強執注意	辦理強制執行事件應行注意事項		環	環境影響	環境影響評估法
	積	積體電路	積體電路電路布局保護法			環境影響施	環境影響評估法施行細則

筆畫	字	簡　　　稱	法　規　全　稱	筆畫	字	簡　　　稱	法　規　全　稱
十	醫	醫事放射	醫事放射師法	十		藥　　師	藥師法
		醫　　師	醫師法			藥害救濟	藥害救濟法
		醫　師　施	醫師法施行細則		簽	簽　　章	電子簽章法
		醫　檢　師	醫事檢驗師法			簽　章　施	電子簽章法施行細則
		醫　　療	醫療法				則
		醫　療　施	醫療法施行細則	九	關	關　　稅	關稅法
		醫療救護	緊急醫療救護法			關　稅　施	關稅法施行細則
	職	職　　校	職業學校法		獸	獸　醫　師	獸醫師法
八		職　災　保護	職業災害勞工保護法		藝	藝　　教	藝術教育法
					懲	懲　　私	懲治走私條例
		職災保護施	職業災害勞工保護法施行細則	畫	離	離島建設	離島建設條例
				二	礦	礦　　安	礦場安全法
		職　　訓	職業訓練法			礦　　業	礦業法
		職　訓　施	職業訓練法施行細則		警	警　　械	警械使用條例
畫	糧	糧　　管	糧食管理法	十		警員人事	警察人員人事條例
十	證	證人保護	證人保護法			警　　察	警察法
		證人保護施	證人保護法施行細則			警　　察　施	警察法施行細則
		證　　交	證券交易法	畫		警察職權	警察職權行使法
		證　交　施	證券交易法施行細則	二	護	護理人員	護理人員法
				一		護　　照	護照條例
		證　交　稅	證券交易稅條例			護　照　施	護照條例施行細則
九		證券投顧	證券投資信託及顧問法	畫	鐵	鐵　　路	鐵路法
		證期交易人保護	證券投資人及期貨交易人保護法	二三畫	竊	竊贓保安	竊盜犯贓物犯保安處分條例
	爆	爆竹煙火	爆竹煙火管理條例	二四畫	羈	羈　　押	羈押法
	藥	藥　　事	藥事法			羈　押　施	羈押法施行細則
畫		藥　事　施	藥事法施行細則	二五畫	觀	觀　　光	發展觀光條例

Civil Law
法學啟蒙　民法系列

保　證
林廷機／著

　　想多了解保證之法律制度，卻因為法律條文太過龐雜，專業之法律教科書又太過艱深，讓您「不得其門而入」嗎？

　　龐雜的法律條文常令剛入門的學習者產生「見樹不見林」、「只知其然，不知其所以然」的困惑。本書以淺顯的用語，引導讀者領略保證契約之「意義」、「成立」、「效力」，並輔以圖示說明當事人間權利義務關係。建立基本觀念架構後，再進一步探究特殊種類保證與實務操作模式，相信您也能成為保證達人！

法律行為
陳榮傳／著

　　本書討論法律行為的基本問題，筆者儘量以接近白話的語法寫作，並降低各種法學理論的爭辯評斷，以方便初學者入門。此外，為使讀者掌握相關司法實務的全貌，筆者在寫作期間蒐集、參考了數百則實務的裁判，並在內文中儘可能納入最高法院的相關判例及較新的裁判，希望藉由不同時期的案例事實介紹，描繪出圍繞著這些條文的社會動態及法律發展，讓讀者在接受真正的法律啟蒙之外，還能有一種身在其中的感覺。

民法上權利之行使
林克敬／著

　　民法主要規範人與人之間的權利與義務，本書專門討論權利之行使與義務之履行。內容不僅介紹民法中之各種權利，也探討了如何行使權利，才不會超過權利應有的界限。司法實務上最容易產生的民法爭議主要集中於權利界限模糊的問題，本書特別論述民法的「誠實信用原則」（民法的帝王條款）與「禁止權利濫用原則」對於處理權利界限模糊所具有的特殊功能，並探討以上兩原則對於人民如何守法、國會如何立法及法院如何進行司法審判所具有之深遠影響。